MINSHI XINGZHENG JIANCHA
JINGPIN ANLI XUAN

民事行政检察精品案例选

· 第一辑 ·

最高人民检察院民事行政检察厅／编

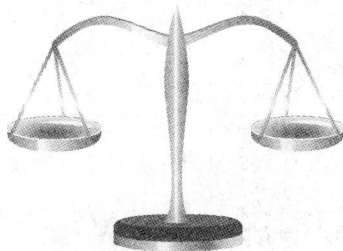

中国检察出版社

图书在版编目（CIP）数据

民事行政检察精品案例选．第 1 辑/最高人民检察院民事行政检察厅编．
—北京：中国检察出版社，2013.12
ISBN 978 - 7 - 5102 - 1018 - 1

Ⅰ.①民…　Ⅱ.①最…　Ⅲ.①民事诉讼 - 检察 - 案例 - 汇编 - 中国
②行政诉讼 - 检察 - 案例 - 汇编 - 中国　Ⅳ.①D926.3

中国版本图书馆 CIP 数据核字（2013）第 236508 号

民事行政检察精品案例选（第一辑）

最高人民检察院民事行政检察厅　编

出版发行：中国检察出版社
社　　址：北京市石景山区香山南路 111 号（100144）
网　　址：中国检察出版社（www. zgjccbs. com）
电　　话：(010)68630385(编辑)　68650015(发行)　68636518(门市)
经　　销：新华书店
印　　刷：河北省三河市燕山印刷有限公司
开　　本：720 mm×960 mm　16 开
印　　张：29.5 印张
字　　数：543 千字
版　　次：2013 年 12 月第一版　　2014 年 2 月第三次印刷
书　　号：ISBN 978 - 7 - 5102 - 1018 - 1
定　　价：65.00 元

编写说明

对民事诉讼和行政诉讼实行法律监督是检察机关法律监督工作的重要内容，是中国特色社会主义检察制度的重要组成部分。近年来，全国检察机关紧紧围绕党和国家的工作大局，忠实履行宪法和法律赋予的职责，不断强化民事、行政检察监督，依法办理了一大批民事、行政检察案件，为维护司法公正和法制统一、维护社会和谐稳定、促进经济社会发展作出了积极贡献。

为了进一步提高民事、行政检察案件的质量和检察人员的办案能力，实现民事、行政检察办案工作规范科学发展，最高人民检察院民事行政检察厅于 2012 年组织开展了首届"民事行政检察精品案件"评选活动，从全国检察机关近年来办理的民事、行政检察案件中评选出一批监督理由充分、监督方式适当、监督程序规范、监督效果明显的精品案件和优秀案件，其中"民事行政检察精品案件" 10 件，"民事行政检察优秀案件" 100 件。我们在评选出的 110 件案件中，去掉了部分仅存在认定事实争议以及相类似的案件，选取了 74 件案件编辑整理形成本书。今后，"民事行政检察精品案件"评选活动将每两年组织一次，我们将对每届评选出的精品案件和优秀案件汇编结集出版。本书是"民事行政检察精品案例选"的第一辑，书中案例主要按照监督方式和地域进行排序，案例后所附承办人均为选送案件的人民检察院的案件承办人员。

本书汇编的案例具有以下几个特点：一是内容丰富，形式多样。案例涵盖了合同、侵权、专利、环境保护、国有资产保护、特殊群体利益保护、行政纠纷等多种法律关系，触及社会生活各个层面。案例的类型既包括民事检察案件，也包括行政检察案件；监督对象既有对生效裁判结果（判决、裁定和调解书）的监督，也有对审判程序中审判人员违法行为的监督，还有对执行活动的监督；监督方式既有抗诉，也有检察建议。二是全面地展现整个诉讼过程。案例的编写以时间为主线，完整地还原了每一个案件从诉讼开始到监督结束的全部诉讼过程，案例内容包含基本案情、诉讼过程、监督意见、监督结果几个部分，能够使读者清晰、完整地把握整个案件的发展进程，对检察机关在民事、行政诉讼活动中监督职能的履行有着更加深刻的认识和理解。三是具有一定的理论性和实践性。本书汇编的案例均是从全国检察机关办理的民事、行政检察案件中精选出的典型案例，对理论研究和司法实践具有一定的探讨价值和借鉴意义。同时，我们对每一个案例都设置了"点评"部分，对案件的主要争议焦点和法律关系结合法学理论进行分析，使读者能够更加深入地理解案件中涉及的法律关系，并为法学理论研究和民事、行政检察立法提供实践范例。

编　者
2013 年 10 月

目　录

精品案例篇

优秀案例篇

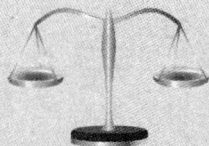

精品案例篇

1. 北京孚信永得国际拍卖有限公司与北京敏捷净化系统有限公司财产损害赔偿纠纷抗诉案

【监督机关】最高人民检察院、北京市人民检察院
【监督方式】抗诉
【基本案情】

申请人（一审被告、二审上诉人）：北京孚信永得国际拍卖有限公司。

其他当事人（一审原告、二审被上诉人）：北京敏捷净化系统有限公司。

2004 年 2 月 9 日，沧州市中级人民法院出具委托书，委托北京孚信永得国际拍卖有限公司（以下简称孚信永得拍卖公司）对朝阳区十里河综合楼项目进行拍卖。2004 年 2 月 10 日，沧州市中级人民法院（甲方）与孚信永得拍卖公司（乙方）签订《委托拍卖合同》，内容为：甲方委托乙方拍卖，起拍价成交的，佣金为成交价的百分之一（1%），甲方应付的佣金，自甲方拍卖成交款到账之日起 7 日内给付乙方。

2004 年 3 月 21 日，孚信永得拍卖公司对上述拍卖物进行了拍卖。2004 年 3 月 22 日，敏捷公司（买受人）与孚信永得拍卖公司（拍卖人）签订《成交确认书》，内容为：拍卖标的为朝阳区十里河的土地使用权（土地性质：划拨土地）及该地上建筑物。拍卖成交总额 11550 万元人民币，其中拍卖物成交金额 11000 万元人民币，买受人向拍卖人支付拍卖物成交金额 5% 的拍卖佣金，金额为 550 万元人民币。买受人在拍卖成交并签订《成交确认书》后，应当场按成交总价的 5% 支付拍卖佣金，并应于 2004 年 3 月 31 日向沧州市中级人民法院指定账户汇入部分成交款 3000 万元，2004 年 4 月 30 日前将余款 7000 万元汇至沧州市中级人民法院指定账户。《成交确认书》签订后，敏捷公司陆续付款，共支付拍卖款及佣金 4695.852 万元（含保证金 1000 万元）。

2004 年 5 月 20 日，孚信永得拍卖公司向沧州市中级人民法院致函，内容为：敏捷公司就综合楼问题提出需要解决和解答的问题，据了解，该楼手续的确不全，标的物由振海公司人员看管，无法入内查看。2004 年 7 月 9 日，沧

州市中级人民法院通知孚信永得拍卖公司因拍卖款最终未能全部到位，决定撤销拍卖委托，解除委托拍卖合同。2004年10月27日，敏捷公司与孚信永得拍卖公司签订《补充协议》，将《成交确认书》中余款7000万元的付款期限由2004年4月30日改为2004年12月15日。同日，双方签订《备忘录》，确认《补充协议》的内容，并写明待敏捷公司付款后，孚信永得拍卖公司负责办理综合楼归敏捷公司所有的法院裁定书和协助执行通知书。

2004年12月31日，沧州市中级人民法院向孚信永得拍卖公司发出《通知书》，内容为：我院又重新对标的物进行拍卖，敏捷公司共付款4495.852万元（含保证金1000万元），2004年10月18日我院将暂无争议的3000万元退给敏捷公司，现我院决定将指定账户中剩余的1395.852万元退给你公司，要求你公司依法律规定对此款妥善处理。2005年1月18日，孚信永得拍卖公司向敏捷公司出具拍卖终结退款确认函及电汇凭证，内容为：对于1395.852万元款项，应扣除拍卖佣金（5%）及委托人的拍卖佣金（1%）（共计660万元人民币，敏捷公司已付200万元佣金，且拍卖公司已扣除委托人佣金100万元，因此所剩应扣款为360万元人民币）后的1035.852万元退还给敏捷公司。孚信永得拍卖公司在扣除660万元后将余款退还敏捷公司。

敏捷公司诉至北京市第一中级人民法院，要求确认《成交确认书》、《补充协议》和《备忘录》无效，由孚信永得拍卖公司及其董事长唐殿翔退还660万元，赔偿损失202万元。

【原审裁判情况】

北京市第一中级人民法院经审理认为：依据《城市房地产管理法》的规定，以划拨方式取得土地使用权的，转让房地产时，应当按照国务院规定，报有批准权的人民政府审批。有批准权的人民政府准予转让的，应当由受让方办理土地使用权出让手续，并依照国家有关规定缴纳土地使用权出让金。最高人民法院《关于审理涉及国有土地使用权合同纠纷案件适用法律问题的解释》规定：土地使用权人未经有批准权的人民政府批准，与受让方订立合同转让划拨土地使用权的，应当认定合同无效。《拍卖法》规定：拍卖标的应当是委托人所有或者依法可以处分的物品或者财产权利。依照法律或者按照国务院规定需经审批才能转让的物品或者财产权利，在拍卖前，应当依法办理审批手续。本案综合楼土地为国有划拨土地，孚信永得拍卖公司对未经行政审批的划拨土地使用权进行拍卖，违反法律强制性规定，拍卖行为应为无效。《成交确认书》无效的责任在于孚信永得拍卖公司，孚信永得拍卖公司基于《成交确认书》取得的财产应当予以返还，敏捷公司要求孚信永得拍卖公司返还660万元，本院予以支持。孚信永得拍卖公司与敏捷公司签订《补充协议》及《备忘录》之时，委托单位已解除了对孚信永得拍卖公司的委托，此时孚信永得拍卖公司已无权以拍卖人的身份对买受人作出任何承诺、签订协议，因此《补充协议》及《备忘录》无效。敏捷公司要求孚信永得拍卖公司赔偿损失200余万元，没有证据，本院不予支持。判决：一、北京敏捷净化系统有限公司与孚信永得拍卖公司签订的《成交确认书》、《补充协议》、《备忘录》无效。二、孚信永得拍卖公司返还敏捷公司拍卖佣金人民币660万元。三、驳回敏捷公司其他诉讼请求。

孚信永得拍卖公司不服一审判决，上诉至北京市高级人民法院。

北京市高级人民法院经审理认为：拍卖活动应依法进行。《拍卖法》第8条规定："依照法律或者按照国务院规定需经审批才能转让的物品或者财产权利，在拍卖前，应当依法办理审批手续。"《城市房地产管理法》第39条规定："以划拨方式取得土地使用权的，转让房地产时，应当按照国务院规定，报有批准权的人民政府审批。有批准权的人民政府准予转让的，应当由受让方办理土地使用权出让手续，并依照国家有关规定缴纳土地使用权出让金。"最高人民法院《关于审理涉及国有土地使用权合同纠纷案件适用法律问题的解释》第11条规定："土地使用权人未经有批准权的人民政府批准，与受让方订立合同转让划拨土地使用权的，应当认定合同无效。"本案竞拍标的物北京市朝阳区十八里店乡十里河综合楼的土地性质为国有划拨土地。依据上述法律规定，划拨土地的转让必须经有批准权的人民政府批准，未经批准的转让行为应属无效，以此为基础的《成交确认书》亦属无效。孚信永得拍卖公司基于《成交确认书》取得的财产应当予以返还，故孚信永得拍卖公司收取敏捷公司的拍卖佣金，应予返还。关于《补充协议》及《备忘录》的效力问题。孚信永得拍卖公司在与敏捷公司签订《补充协议》及《备忘录》时，拍卖的委托单位已解除了与孚信永得拍卖公司的委托拍卖合同，此时孚信永得拍卖公司已无权以拍卖人的身份对买受人作出任何承诺、签订协议，故孚信永得拍卖公司与敏捷公司签订的《补充协议》及《备忘录》亦属无效。综上，原审法院确认《成交确认书》、《补充协议》、《备忘录》无效，并判决孚信永得拍卖公司返还敏捷公司拍卖佣金660万元并无不当，孚信永得拍卖公司的上诉理由没有事实及法律依据，法院不予支持。原审判决认定事实清楚，适用法律正确，应予维持。判决：驳回上诉，维持原判。

【监督意见】

孚信永得拍卖公司不服终审判决，向北京市人民检察院申请监督。北京市人民检察院经审查后向最高人民检察院提请抗诉。2009年5月6日，最高人民检察院作出高检民抗〔2009〕32号抗诉书，向最高人民法院提出抗诉。

认为：

1. 终审判决依照《拍卖法》、《城市房地产管理法》及最高人民法院《关于审理涉及国有土地使用权合同纠纷案件适用法律问题的解释》，认为本案竞拍标的物"北京市十里河综合楼"的所属土地为国有划拨土地，转让必须经有批准权的人民政府批准，未经批准转让应属无效，系适用法律错误。

（1）《拍卖法》第 8 条的规定不应适用于法院强制拍卖的情形。法院强制拍卖是法院依法行使强制执行权，就查封、扣押物所为的一种变价行为。在法院的强制拍卖中，法院与拍卖人之间不是平等主体的关系，拍卖人接受法院的委托从性质上讲是一种司法协助行为。最高人民法院《关于人民法院民事执行中拍卖、变卖财产的规定》中规定了法院对拍卖人的监督权及一定情形下对拍卖的撤销权，这些更加体现了法院强制拍卖与一般委托拍卖的区别。因此，法院强制拍卖行为与一般的委托拍卖行为性质不同，属于公法范畴，应优先适用《民事诉讼法》及相关司法解释对人民法院强制执行的规定。

《民事诉讼法》第 230 条规定：执行中，需要办理有关财产权证照转移手续的，人民法院可以向有关单位发出协助执行通知书，有关单位必须办理。《民事诉讼法》是人民法院行使强制执行权的法律依据，其中没有将划拨土地使用权排除在法院可执行的财产之外，也没有对划拨土地强制拍卖必须取得有审批权人民政府审批的规定。国家土地管理局《关于人民法院裁定转移土地使用权问题对最高人民法院经〔1997〕18 号函的复函》第 4 条规定："对通过划拨方式取得的土地使用权，由于不属于当事人的自有财产，不能作为当事人财产进行裁定。但在裁定转移地上建筑物、附着物涉及有关土地使用权时，在与当地土地管理部门取得一致意见后，可裁定随地上物同时转移。凡属于裁定中改变土地用途及使用条件的，需征得土地管理部门同意，补交出让金的，应在裁定中明确，经办理出让手续，方可取得土地使用权。"

从上述规定可以看出，法院执行有地上建筑物的划拨土地使用权时，不需要经有批准权的人民政府批准，只要人民法院取得土地管理部门一致意见即可。应该说，人民法院的裁定系法院行使司法权的表现，其实施不以行政许可行为为前提。且人民法院的裁定对外具有公信力，拍卖公司对人民法院裁定应当协助执行，而无审查人民法院裁定中的土地使用权是否经有批准权的人民政府批准的义务。另，本案诉争标的在本案前曾被北京市第一中级人民法院委托拍卖过，振海公司即是通过强制拍卖程序取得了诉争国有土地的使用权，朝阳区发展计划委员会依据人民法院的执行裁定等将建设单位变更为振海公司。如果依本案终审判决的认定，上述两次拍卖均为无效，与司法实践的处理原则明显相悖。终审判决依照《拍卖法》第 8 条，认定划拨土地的转让必须经有批准权的人民政府批准，错误地将划拨土地的转让行为与人民法院依强制执行力裁定拍卖划拨土地的行为混淆，属于适用法律错误。

（2）终审判决适用《城市房地产管理法》第 39 条及最高人民法院《关于审理涉及国有土地使用权合同纠纷案件适用法律问题的解释》第 11 条审理本案，属于适用法律有误。《城市房地产管理法》第 39 条及最高人民法院《关于审理涉及国有土地使用权合同纠纷案件适用法律问题的解释》第 11 条的适用前提是房地产转让行为，即房地产权利人或土地使用人将房地产权利转让给受让人的行为，协议双方应为房地产权利人与受让人。人民法院强制拍卖不是私法行为，而是公法行为，系国家司法权的实现，具有强制性。这种强制性表现在无须征得当事人同意，不以当事人的意志为转移，区别于任意拍卖中需有"合意"的特征，不能用一般的买卖契约来规定，不适用民法的买卖契约原则。因此，法院强制委托拍卖房地产或土地使用权的行为不属于平等主体之间"房地产转让或土地使用权出让"的行为，不应适用《城市房地产管理法》及最高人民法院《关于审理涉及国有土地使用权合同纠纷案件适用法律问题的解释》的规定。

综上，本案中，孚信永得拍卖公司系受沧州市中级人民法院的委托对"十里河综合楼"进行拍卖，拍卖性质不属于房地产转让或土地使用权转让。人民法院有权对划拨土地的拍卖作出裁定，因此，孚信永得拍卖公司的拍卖行为及其与敏捷公司签订的《成交确认书》的效力应予确认。终审判决适用上述法律规定认为拍卖行为及《成交确认书》无效，属适用法律错误。

2. 终审判决回避了敏捷公司未按《成交确认书》的约定期限支付拍卖款导致沧州市中级人民法院撤销拍卖委托的事实，判决孚信永得拍卖公司返还拍卖佣金，责任承担确定有误，裁判明显不公。

本案的基本事实是，孚信永得拍卖公司与敏捷公司在《成交确认书》中约定，4 月 30 日前将成交价款汇至沧州市中级人民法院指定的账户。截至 2004 年 5 月 18 日，敏捷公司只付款 4000 余万元，尚有 7000 万元未付。沧州市中级人民法院于 2004 年 5 月 19 日向孚信永得拍卖公司发出通知书，要求孚信永得拍卖公司催促买受人严格履行《成交确认书》。同年 7 月 9 日，沧州市中级人民法院再次向孚信永得拍卖公司发出通知书，通知书中明确："约定付款时间到期后，我院多次催款，两次向你公司发出催款通知书。经你公司和买受人请求，我院同意将付款时间顺延至 6 月底，但截至 2004 年 7 月 9 日，尚有 6504.2 万元未付。根据最高人民法院《关于执行工作若干问题的规定》第 49 条第 1 款'拍卖、变卖被执行人的财产成交后，必须即时钱物两清'的规定和《中华人民共和国合同法》、《中华人民共和国拍卖法》的有关规定，我院决定解除与你公司签订的《委托拍卖合同》。"2004 年 10 月 8 日，沧州市中级人民法院又向孚信永得拍卖公司发出通知书，指出：在拍卖过程中，由于买受人敏捷公司违反《成交确认书》的约定，多次逾期付款，致使拍卖款不能按时到位，严重影响了案件的执行，双方当事人由此遭受重大经济损失，买受人敏捷公司应承担未按约定付款的违约责任，并赔偿由其违约行为造成的相应损失。从上述事实可以看出，法院撤销拍卖委托书及孚信永得拍卖公司与敏捷公司的《成交确认书》未能继续履行的原因不是划拨土地使用权未经审批不能转让，而是敏捷公司未能按期支付拍卖款的违约行为，对于《成交确认书》不能继续履行的责任应由敏捷公司承担，孚信永得拍卖公司已收取的佣金不应返还。因此，终审判决在适用法律错误的基础上，回避了敏捷公司逾期付款导致沧州市中级人民法院撤销委托拍卖的重要事实，未确认敏捷公司的违约行为，判决孚信永得拍卖公司返还拍卖佣金，责任承担确定有误。

【监督结果】

最高人民法院受理抗诉后将本案指令北京市高级人民法院再审。2010 年 2 月 4 日，北京市高级人民法院作出〔2009〕高民再终字第 4408 号民事判决。判决认为：法院强制拍卖行为与一般的委托拍卖行为性质不同，属于公法范畴，应适用《中华人民共和国民事诉讼法》及相关司法解释关于人民法院强制执行的规定。本案拍卖公司系受沧州市中级人民法院的委托对"北京市十里河综合楼"进行拍卖，拍卖性质不属于房地产转让或土地使用权转让，原审判决认为双方签订的《成交确认书》无效属适用法律有误，本院再审予以纠正；拍卖公司与敏捷公司签订的《补充协议》和《备忘录》无效正确。

在敏捷公司签认的《竞买须知》及与拍卖公司签订的《成交确认书》上都写明拍卖项目土地性质是划拨土地，因此敏捷公司在拍卖前对土地性质是明知的。根据双方签订的《成交确认书》，敏捷公司应在 2004 年 4 月 30 日前将拍卖款全部付清，但敏捷公司在此日期前并未全部付清拍卖款，故敏捷公司应对此承担相应过错责任。孚信永得拍卖公司未将拍卖物存在的瑕疵告知敏捷公司，未尽到告知义务，对此拍卖公司应承担相应过错责任。鉴于双方均存在过错，原审判令拍卖公司全部返还拍卖佣金不妥，本院将根据双方各自过错确定各方应承担的责任及拍卖公司返还拍卖佣金的数额。综上，依照《中华人民共和国民事诉讼法》第 186 条第 1 款、第 153 条第 1 款第 2 项之规定，判决：（1）撤销北京市高级人民法院〔2007〕高民终字第 674 号民事判决及北京市第一中级人民法院〔2006〕一中民初字第 5941 号民事判决；（2）孚信永得拍卖公司与敏捷公司签订的《成交确认书》有效，双方签订的《补充协议》及《备忘录》无效；（3）孚信永得拍卖公司返还敏捷公司拍卖佣金人民币 300 万元；（4）驳回敏捷公司的其他诉讼请求。

【点评】

本案涉及的核心法律问题是法院强制拍卖的性质，该问题在现有的法律条文中没有明确规定，在学术界亦存有一定争议，实践中也无先例可循，属于较为疑难复杂的案件。

一、法院强制拍卖的性质及《成交确认书》的效力问题

（一）法院强制拍卖是否属于《拍卖法》中的拍卖行为

法院强制拍卖与一般拍卖行为均需委托拍卖公司进行，所履行的程序也与一般的拍卖行为大致相同。因此，得出法院的强制拍卖也应当适用《拍卖法》的各项规定似乎是顺理成章。但在本案中，如果依照原审法院的判决，本案适用《拍卖法》有关依照法律或者按照国务院规定需经审批才能转让的物品或者财产权利，在拍卖前，应当依法办理审批手续的规定，裁判明显不公。本案中受委托的拍卖公司并无过错，判决合同无效并让拍卖公司返还拍卖佣金，明显不当。应该确认的是，法院强制拍卖行为与一般的委托拍卖行为的性质不同，属于公法范畴。

在确认法院强制执行程序中的拍卖行为性质后，下一个问题随之而来，即司法权与行政权哪项权力优先？本案中，一方面《城市房地产管理法》规定，以划拨方式取得土地使用权的，转让房地产时，应当按照国务院规定，报有批准权的人民政府审批。这是行政权力对划拨土地流转的强制性规定。但另一方面，司法机关裁判内容涉及划拨土地使用权的，是否也必须由有批准权的人民政府先行审批？应该说，人民法院的裁判是法院行使司法权的表现，其实施不以行政许可为前提。司法实践中，国有划拨土地经法院委托强制拍卖后，由买受人拿着法院的《协助执行通知书》和《成交确认书》即可到国土资源管理部门办理土地使用权变更手续。因此，法院强制拍卖不受行政许可行为的限制。

（二）法院强制拍卖导致的房地产转让是否适用《城市房地产管理法》的有关规定

《城市房地产管理法》对房地产转让给出了明确定义，即房地产转让，是指房地产权利人通过买卖、赠与或者其他合法方式将其房地产转移给他人的行为。受人民法院委托的房地产拍卖行为，其性质不属于《城市房地产管理法》中的房地产转让行为，法院委托拍卖是依据生效裁判实施的执行行为，是国家法律强制力的体现和延伸，因此，法院强制委托拍卖房地产或土地使用权的行为不属于平等主体之间"房地产转让或土地使用权出让"的行为，不应适用《城市房地产管理法》及最高人民法院《关于审理涉及国有土地使用权合同纠

纷案件适用法律问题的解释》的规定。

二、关于合同不能履行的双方责任

本案无论判定双方《成交确认书》有效还是无效，都涉及对双方责任的确定。目前《成交确认书》实际已无法履行，那导致该协议无法履行的原因是什么，应如何划分双方责任，则是法院必须厘清的问题。本案中，大量事实可以证明，法院撤销拍卖委托书及孚信永得拍卖公司与敏捷公司的《成交确认书》未能继续履行的原因，不是划拨土地使用权未经审批不能转让，而是敏捷公司未能按期支付拍卖款的违约行为。对于《成交确认书》不能继续履行的责任应由敏捷公司承担，孚信永得拍卖公司已收取的佣金不应返还。

综上所述，检察机关在分析了法院强制拍卖行为的性质的基础上，认为法院强制拍卖属于公法范畴，应当适用《民事诉讼法》及相关司法解释对强制执行的规定。同时，抗诉书对双方合同履行情况进行了梳理，抓住了原审法院回避敏捷公司违约事实、判决责任承担有误的错误，针对法院的三项法律依据进行了逐一驳斥，说理充分。再审裁判全部采纳了检察机关的抗诉观点，确认法院强制拍卖区别于一般委托拍卖行为而属于公法范畴，其性质不属于房地产转让或土地使用权的转让，并依此重新划分了双方责任，使判决结果更加公平合理。同时，再审判决对法院强制执行程序中拍卖行为性质的明确认定，是司法实践对学术争议的一个正面回应，对将来此类案件的审判有很强的案例指导意义，该案抗诉具有突出的法律示范意义。

【承办人简介】

王真，女，1980年7月出生，中国政法大学法学硕士，北京市人民检察院民事行政检察处指导组组长。2005年入选北京市政法系统"十百千"专门型人才。连续3年承担市院重点课题的组织撰写工作，多篇文章和案例公开发表。

2. 天津开发区荟菁华实业发展有限公司与河南省建筑安装工程有限公司建设工程施工合同纠纷抗诉案

【监督机关】最高人民检察院、天津市人民检察院

【监督方式】抗诉

【基本案情】

申请人（一审被告、反诉原告，二审上诉人）：天津开发区荟菁华实业发展有限公司。

其他当事人（一审原告、反诉被告，二审上诉人）：河南省建筑安装工程有限公司。

2004年5月16日，河南省建筑安装工程有限公司（以下简称河南建筑公司）为顺利中标天津开发区荟菁华实业发展有限公司（以下简称荟菁华公司）开发的某住宅楼工程（以下简称诉争工程），与荟菁华公司先行签订《菁华苑施工承包补充协议书》（以下简称《承包补充协议》），由河南建筑公司承建称诉争工程，并对总承包价、承包范围、工期、违约责任等内容进行了约定。此后，河南建筑公司参加诉争工程的招投标手续并于2004年6月中标，双方正式签订《建设工程施工合同》（以下简称《施工合同》）。《施工合同》约定"竣工日期为2005年7月15日，合同价款24088223.84元；竣工验收合格一个月内付至总价的95%；发包人违约支付工程款，每拖延一天，按总价款的万分之三支付违约金，且工期顺延；承包人违约拖延工期，每拖延一天，按总价款的万分之三支付违约金"等内容。随后，双方将该合同向建设工程管理部门进行备案。2005年1月18日，荟菁华公司（甲方）又与河南建筑公司（乙方）签订《菁华苑工程补充协议》（以下简称《工程补充协议》），约定：（1）该工程实际没有进行甲方供料，乙方为了避税，所有采购、进货、保管、材质均由乙方负责及办理，甲方发包的形式为包工包料；（2）按乙方要求，用"材料票"抵工程款发票，为使甲方财务工作正常进行，甲方将部分材料委托乙方全权办理负责（包括采购、材质、供货至现场、现场材料保管、竣工后的维

修等，以及对外分包的单项价格、结算等均由乙方负责），与甲方无关；（3）该项目工程的所用木料、塑钢门窗、防盗门、对讲门视为"甲供材"，增补到正式施工合同中的"甲供材一览表"中，只填写以上材料名称，并到有关部门备案……（4）甲方执行的原合同包干造价，不承担"甲供材"的材料差价及市场材料价格调整的任何风险；（5）凡用"甲供材"发票抵工程款发票款额，均在工程总造价中扣除……2005 年 11 月 10 日，诉争工程竣工，荟菁华公司已支付工程款 21619425.80 元。

2006 年 9 月，河南建筑公司以荟菁华公司未按合同约定支付工程款为由诉至法院，要求荟菁华公司支付拖欠工程款、迟延付款违约金、安全文明施工措施费等。荟菁华公司反诉，要求河南建筑公司支付工程逾期违约金。

诉讼期间，法院委托天津市晨星工程造价咨询有限责任公司对诉争工程进行鉴定，该公司出具鉴定报告结论（以下简称《鉴定报告》）：主要内容为："1. 工程实际做法与招标约定做法不一致产生的差价鉴定为 820331 元，其中，外墙工程实际做法与招标约定做法不一致产生的差价为 526625 元；2. 塑钢窗、卷帘门、防盗门的造价为 1521790 元。"另外，该鉴定报告补充说明："墙体保温灰招标补充条件为 4mm，图纸标明为 40mm，按建筑工程施工规范：墙体保温灰最薄也应为 20mm 以上（含 20mm），故此处招标补充条件应视为笔误；合同及协议中均未有真正意义的甲供材条款，故塑钢门及防盗门的材料款应在合同价款内；仅卷帘门实际做法与招标不符，实际为铁制卷帘门，应该补退材料价差。"另外，荟菁华公司向建设管理部门缴纳文明施工费 233655元，建设管理部门在缴费收据上注明文明施工费交齐。

【原审裁判情况】

天津市第二中级人民法院经审理认为：根据最高人民法院《关于审理建设工程施工合同纠纷案件适用法律问题的解释》（以下简称《解释》）第 21 条的规定，本案应以在行政主管部门备案的《施工合同》为结算依据。《鉴定报告》已经与双方当事人充分质证，对《鉴定报告》予以确认。关于荟菁华公司主张的固定价款问题，因出现增项问题后不能以固定价款抗辩，对增项部分应以鉴定为准。关于逾期付款违约金问题，因工期有超期，且双方未进行结算，确定违约金的起算日期为河南建筑公司的起诉之日。关于荟菁华公司反诉部分，因荟菁华公司违约在先，且工程有增项，两相折抵，反诉请求不予支持。根据《民法通则》第 84 条，《合同法》第 8 条、第 109 条、第 114 条，《解释》第 21 条之规定，判决：（1）荟菁华公司支付河南建筑公司工程款2768210.06 元；（2）荟菁华公司支付河南建筑公司文明施工费 43100 元；（3）荟菁华公司支付河南建筑公司质保金 1204411 元；（4）荟菁华公司支付河南建筑公司逾期付款违约金，起止时间为 2006 年 9 月 18 日至本判决生效日止；(5) 驳回双方当事人其他诉讼请求。

荟菁华公司与河南建筑公司均不服，双方上诉至天津市高级人民法院。

天津市高级人民法院经审理认为：根据相关法律规定，应以在建设行政主管部门备案的《施工合同》作为双方进行工程结算的依据。

1. 关于塑钢窗、卷帘门、防盗门造价 1521790 元的问题。第一，在《荟菁华工程投标文件》中没有对塑钢窗、卷帘门、防盗门等该部分进行投标报价。第二，《施工合同》附件 2 中约定了木材、塑钢窗、防盗门是由发包人供应的。第三，《工程补充协议》中也约定，按河南建筑公司要求用"材料票"抵工程款发票，荟菁华公司将部分材料委托河南建筑公司全权办理负责。第四，实际施工中，荟菁华公司与案外人签订了防盗门的供货和安装协议，并全部支付了货款。综上，《菁华苑工程施工招标文件》、《菁华苑工程投标文件》、《施工合同》、《工程补充协议》及防盗门供货安装协议等能够证明塑钢窗、卷帘门、防盗门等材料的造价不包括在《施工合同》造价内。

2. 关于文明施工费的问题。虽然荟菁华公司已向建设行政主管部门交纳了文明施工费 233655 元，建设行政部门在其开具的收据上写明文明施工费交齐。但荟菁华公司并未将交纳文明施工费的票据复印件交与河南建筑公司，造成河南建筑公司无法向建设行政主管部门领取该文明施工措施费。因建设行政主管部门已认定荟菁华公司已将文明施工费交齐，应以建设行政主管部门确认的 233655 元为准。

3. 关于质保金 1204411 元的问题。双方在《施工合同》中约定，预留 5% 作为质保金，质保期满 1 年后半个月内付清；质保期分为装修工程、给排水、供热管道 3 项工程为 2 年，防水工程为 5 年。诉争工程于 2005 年 11 月 10 日竣工，至原审法院判决之时，主要保修工程已超过质保期，应由荟菁华公司支付质保金 1204411 元给河南建筑公司。

4. 关于工程实际做法与招标约定做法不一致产生的差价 293706 元的问题。荟菁华公司招标文件的《补充条件》和《施工图招标补充条件》对部分工程的做法作了明确要求，在实际施工过程做法发生变化，增加了造价，荟菁华公司根据《施工合同》应支付这部分工程的造价。

5. 关于河南建筑公司逾期竣工是否应支付违约金 58 万元的问题。双方在《施工合同》中约定的竣工日期是 2005 年 7 月 15 日，实际竣工日为 2005 年 11 月 10 日，超期 118 天。在工程施工过程中，由于荟菁华公司存在逾期支付工程预付款和工程增项等情况，造成工期的延长，应适当顺延相应的工期 60 天。河南建筑公司实际逾期竣工 58 天，依据双方当事人约定违约金 5000 元/天，河南建筑公司应支付逾期违约金 29 万元。

6. 关于外墙保温做法差价 526625 元的问题。在荟菁华公司招标文件的《补充条件》和《施工图招标补充条件》中要求保温层厚度为 4mm。河南建筑公司按照上述文件的要求进行了投标报价，而实际施工图纸的外墙保温做法要求保温层 40mm 厚，河南建筑公司按保温层 40mm 厚进行了工程施工，荟菁华公司应支付该笔工程款。

7. 关于河南建筑公司主张的违约金计算的问题。根据《施工合同》约定，工程款在竣工验收合格后 1 个月付至总价的 95%。荟菁华公司在工程竣工时，所付工程款数额未达到合同的约定，荟菁华公司应按合同中逾期付款的约定向河南建筑公司支付逾期付款违约金。具体为，以 24088223.84 元为基数按日万分之三自 2006 年 9 月 18 日起至本判决生效之日止的违约金。

综上所述，依据《民事诉讼法》第 153 条第 1 款第 3 项的规定，判决：（1）荟菁华公司给付河南建筑公司工程款 3051624.06 元；（2）荟菁华公司给付河南建筑公司质保金 1204411 元；（3）荟菁华公司给付河南建筑公司文明施工费 233655 元；（4）荟菁华公司以 24088223.84 元为基数按日万分之三自 2006 年 9 月 18 日起至本判决生效之日止给付逾期付款违约金；（5）河南建筑公司给付荟菁华公司逾期违约金 29 万元；（6）驳回荟菁华公司、河南建筑公司的其他上诉请求。

【监督意见】

河南建筑公司不服终审判决，向检察机关提出申诉。天津市人民检察院审查后认为，终审判决认定基本事实缺乏证据证明，适用法律确有错误，向最高人民检察院提请抗诉。最高人民检察院审查后，向最高人民法院提出抗诉。抗诉理由为：

一、终审判决认定的基本事实缺乏证据证明

1. 终审判决认为塑钢窗、卷帘门、防盗门等材料的造价不包含在施工合同总造价内，缺乏证据证明。第一，备案的《施工合同》第 2 条载明"工程承包范围：土建、安装施工图中全部内容（达到初装修标准）"，而《施工合同》所附的施工图标明"承包范围包含塑钢窗、卷帘门、防盗门"，即卷帘门、防盗门等材料的造价含在总包范围内。第二，根据《工程补充协议》载明的内容证实，荟菁华公司对诉争工程实际没有进行供材，双方在备案的《施工合同》附件 2 中所填写的荟菁华公司供材实为后增补内容，并未实际执行。第三，荟菁华公司与案外人虽然签订了防盗门的供货和安装协议，并支付了货款，但并不能因此证明应由荟菁华公司承担防盗门的供材义务。第四，《鉴定报告》亦说明"合同及协议中均未有真正意义的荟菁华公司供材条款，塑钢门及防盗门的材料款应在合同价款内"。综上所述，塑钢窗、卷帘门、防盗门应含在工程总造价内，终审判决认定塑钢窗、卷帘门、防盗门等材料的造价不包含在施工合同总造价内，缺乏证据证明。

2. 终审判决认定由荟菁华公司向河南建筑公司支付质保金，缺乏证据证明。质保金是指由合同双方约定从应付合同价款中预留的，当标的物出现质量问题，需要进行维修时，用于支付修理费用的资金。只有在维修期满后，如未发生质量问题或维修资金有剩余时，发包方才将质保金支付给承包方。《施工合同》及所附的《房屋建筑工程质量保修书》载明"预留5%作为质保金，质保期满1年后半个月内付清"、"防水工程的保修期为5年"。涉诉工程于2005年11月10日竣工，即终审判决作出之日保修期防水工程并未到期。因此，终审判决认为主要保修工程已超过质保期，应由荟菁华公司向河南建筑公司支付全部质保金，缺乏证据证明。

3. 终审判决认定荟菁华公司应向河南建筑公司支付工程做法与招标约定做法不一致产生的差价293706元，外墙保温做法差价526625元，缺乏证据证明。《施工合同》为双方进行工程结算的依据，工程差价应当是指工程实际做法与《施工合同》约定不一致产生的差价。招标约定在性质上是要约邀请，不属于《施工合同》内容，故工程做法与招标约定不一致产生的差价293706元，应不属荟菁华公司承担的义务。另，由于招标补充文件在性质也是要约邀请，不属于《施工合同》内容，故关于保温墙的标准不应当以招标补充文件为准，而应以《施工合同》为准。由于《施工合同》所附的施工图纸上已明确标注"外墙保温层40mm"，涉诉工程外墙保温实际做法并未高于《施工合同》标准，故不存在差价的问题。综上所述，终审判决认定荟菁华公司应向河南建筑公司支付工程做法与招标约定做法不一致产生的差价293706元，外墙保温做法差价526625元，均缺乏证据证明。

4. 终审判决认定荟菁华公司逾期支付工程预付款和工程增项情况，应适当顺延相应的工期60天，逾期一天的违约金是5000元，缺乏证据证明。根据《施工合同》约定"工程竣工日为2005年7月15日；发包人违约支付工程款，每拖延一天，按总价款的万分之三支付违约金，且工期顺延；承包人违约拖延工期，每拖延一天，按总价款的万分之三支付违约金"。终审判决在未认定荟菁华公司逾期支付工程款具体天数的情况下，却认定应当顺延工期60天且逾期一天的违约金为5000元，显然不符合《施工合同》关于"工期顺延"及"总价款的万分之三支付违约金"的约定，属缺乏证据证明。

二、终审判决适用法律确有错误

1. 终审判决认定由荟菁华公司给付河南建筑公司文明施工费233655元，

属适用法律错误。根据《天津市建设工程安全文明施工措施费用管理办法》相关规定，文明施工费是基于行政主管部门的相关规定而产生的费用，不属于工程价款的范围。荟菁华公司将文明施工费交付行政主管部门后，应由建设行政主管部门根据河南建筑公司的施工现场情况，决定是否应给其发放。另外，双方当事人在《承包补充协议书》中也约定，由河南建筑公司向建委有关部门领取文明施工费。因此，荟菁华公司没有直接给付河南建筑公司文明施工费的义务。终审判决在认定荟菁华公司已向行政主管部门交付了文明施工费的情况下，仍然判决由荟菁华公司直接给付河南建筑公司文明施工费 233655 元，不符合文明施工费管理的相关规定，属适用法律错误。

2. 终审判决认定以 24088223.84 元为基数，按日万分之三，自 2006 年9 月18 日起至判决生效之日止的违约金，属适用法律错误。首先，终审判决认定承担违约责任的期间为本诉讼期间，这一期间的长短并不是当事人所能决定的，无论审理时间多长均要当事人承担按日累计违约金的责任，明显不符合公平原则。其次，违约金主要是用来补偿无过错一方当事人所受损失以保证合同正常履行，我国法律关于违约损害赔偿一般以补偿实际损失为原则。在本案中，荟菁华公司仅欠付河南建筑公司工程款 125 万余元（扣除河南建筑公司违约金及河南建筑公司所欠水电费等外，荟菁华公司仅还欠河南建筑公司 30余万元）。而终审判决却以合同总价款 24088223.84 元为基数（该基数 80 余倍于实际欠款数），判令荟菁华公司承担每日万分之三的违约金，导致违约金总数高达 660 多万元，远远高于实际损失。最后，荟菁华公司在诉讼中一直进行不违约的抗辩，显然也包含了减少承担违约金的意愿。依据最高人民法院《关于适用〈中华人民共和国合同法〉若干问题解释（二）》第 29 条规定，当事人约定的违约金超过造成损失的 30% 的，一般认定为过分高于造成的损失。当事人主张约定的违约金过高请求予以适当减少的，人民法院应当以实际损失为基础，兼顾合同的履行情况、当事人的过错程度以及预期利益等综合利益，根据公平原则和诚实信用原则予以衡量。因此，终审判决"以 24088223.84 元为基数，按日万分之三自 2006 年 9 月 18 日起至本判决生效之日止的违约金"，明显违背立法本意，根据最高人民法院《关于适用〈中华人民共和国民事诉讼法〉审判监督程序若干问题的解释》第 13 条规定，属适用法律错误。

【监督结果】

本案经最高人民检察院抗诉后，最高人民法院裁定指令天津市高级人民法院再审。2011 年 12 月 20 日，天津市高级人民法院作出〔2010〕津高民再字第 0025 号民事判决。判决：（1）撤销原一、二审判决；（2）荟菁华公司支付河南建筑公司所欠工程款 1252870.06 元；（3）荟菁华公司以所欠付工程款

1252870.06 元为基数按日万分之三向河南建筑公司支付逾期违约金，起止时间为 2006 年 9 月 18 日至本判决生效之日止；（4）因考虑再审判决时涉诉工程质保期已经届满，为减少当事人的诉累，荟菁华公司在扣减已经发生的维修费后支付河南建筑公司质保金 966347.15 元；（5）准许荟菁华公司放弃其反诉请求；（6）驳回河南建筑公司其他诉讼请求。

【点评】

本案是一起典型的建设工程施工合同纠纷案件，在建设工程合同领域中常见的各种典型问题在本案中几乎均有体现。本案涉诉标的额较大，法律关系复杂，争议焦点繁多，既涉及深刻的法学理论问题，又涉及前沿的审判实务问题。

本案涉及合同法中一个重要审判实务问题，即在约定违约金过高，当事人只进行不违约抗辩，而未提出减少违约金请求的情况下，法院应否调整违约金。根据《合同法》及相关司法解释的规定，违约金的赔付一般是以补偿守约方实际损失为原则，法院应根据当事人的请求，以实际损失为基础，兼顾合同的履行情况、当事人的过错程度以及预期利益等综合利益，按照公平原则和诚实信用原则予以裁量。本案中，合同约定的违约金远远高于实际损失，但是当事人只进行不违约的抗辩，而未向法院提出减少违约金的请求，法院是否应当调整违约金。对此，理论界和实务界一直有不同观点。检察机关认为，在诉讼中，当事人往往有这种心理——当认为自己不违约而无须支付违约金时，若再向法院请求减少违约金就有承认违约之嫌。因此，他们在坚持不违约抗辩时，当然地不向法院提出减少违约金的请求。此时，当事人的真实意志是不承担违约金，根据举重以明轻的逻辑，不承担违约金的意思表示显然包含了少承担违约金的意愿。在这种情况下，法院应当综合案件实际情况，对违约金进行调整，这也符合"依申请"调整违约金的法律规定。检察机关抗诉理由寓理于法、法理交融，再审法院完全采纳检察机关的抗诉理由，双方当事人亦再无异议。

本案涉及的另外一个问题，即文明施工费的性质。所谓文明施工费，是指按照国家现行的建筑施工安全、施工现场环境与卫生标准和有关规定，购置和更新施工防护用具及设施、改善安全生产条件和作业环境所需要的费用。根据建设管理委员会相关文件规定，建设单位在编制工程概算时，应按规定确定安全文明施工措施费用，在工程概算未编制时，按最高限额取费；建设单位应于办理安全施工措施资料备案之前一次性存入指定的银行专项账号；建设单位在存入专项资金后，应将存款凭证复印件交给施工单位，专项资金存款凭证复印件是施工单位领取安全文明施工措施费用的有效凭证之一。从上述规定不难看出，文明施工费是基于行政管理关系产生的费用，它不属于当事人之间的民事争议范畴。原审判决对此有相关论述，但其判决结果却与其前段论述大相径庭，混淆了行政管理关系与民事法律关系，令人惋惜。法院再审判决采纳了检察机关的抗诉意见，对此不再正面提及，但同时在判决中强调了建设单位的协助、配合义务，处理结果较为妥当。

本案涉及的其他法律问题也值得探讨。如：合同实际履行问题，终审判决将合同中约定的"视为甲供材"理解为"实际甲供材"，进而错误地认定相关材料的造价不包含在施工合同总造价内；质保金的支付问题，涉诉工程质保期尚未届满，法院却错误地判决发包方支付全部质保金；招标文件的效力问题，终审判决将属于要约邀请性质的招标文件视为要约，将要约邀请的内容错误地认定为合同的组成部分，因而得出发包人要承担工程实际做法与招标文件约定不一致差价的错误结论；违约行为认定与违约责任承担的问题，终审判决以甲合同（备案合同）为依据来认定是否构成违约行为，却又以乙合同（承包补充协议）约定的标准来认定违约责任，即在双方当事人前后订立内容不一致的合同情况下，法院只采用对一方当事人有利的合同，明显偏袒一方当事人，违反了司法解释关于备案合同与同一工程中订立的其他合同实质内容不一致时，应当以备案的中标合同作为根据的规定。

检察机关在抗诉中紧紧抓住原终审判决的诸多错误，逐项进行深入论证和有力反驳，做到了抗点准确、论据充分、论证有力，为再审判决完全采纳抗诉意见奠定了坚实的基础。本案经检察机关抗诉，再审法院进行了"颠覆式"改判，彻底纠正了原审判决错误，既维护了法律正确统一实施，又取得了良好的社会效果。

【承办人简介】

肖晓峰，男，1977 年 3 月出生，湖南永州人，民商法学硕士研究生，天津市人民检察院民事行政检察处助理检察员。

3. 李云华、何永龙与上海巴士四汽公共交通有限公司、中建八局基础设施建设有限公司道路交通事故人身损害赔偿纠纷抗诉案

【监督机关】上海市人民检察院

【监督方式】抗诉

【基本案情】

申请人（一审原告、反诉被告，二审上诉人）：李云华，女，1966年1月5日出生，汉族，住四川省江油市重兴乡新街村4组。

申请人（一审原告、反诉被告，二审上诉人）：何永龙，男，1988年9月14日出生，汉族，住四川省江油市重兴乡新街村4组。

其他当事人（一审被告、反诉原告，二审被上诉人）：上海巴士四汽公共交通有限公司，住所地：上海市茅台路1028号；法定代表人：黄伟荣，董事长。

其他当事人（一审被告、二审被上诉人）：中建八局基础设施建设有限公司，住所地：上海市浦东南路1036号第27层；法定代表人：丁旭彬，总经理。

何有成与李云华系夫妻，何永龙系其子。2009年2月5日11时50分许，上海巴士四汽公共交通有限公司（以下简称巴士四汽）员工顾其均驾驶沪AT0898大型普通客车沿A8高速公路由西向东行驶至21km+400m处，与骑电动自行车横穿该路口的何有成发生碰撞，4天后，何有成伤重不治身亡。事发路口仅东西向设有交通信号灯。3月6日，上海市公安局松江分局交通警察支队出具《道路交通事故证明》：顾其均超速行驶，属过错行为，事发时，西向东交通信号灯情况无法查证，无法认定其有无违反交通信号灯的指示通行；事发路口信号灯和升降杆的管理者中建八局基础设施建设有限公司（以下简称中建八局）有无履行应尽义务也无法查证；因无法查清事故原因，故事故责任无法认定。嗣后，双方就赔偿事宜协商未果，李云华与何永龙向上海市松江区人民法院提起诉讼，请求判令巴士四汽承担赔偿责任。庭审中，法院依巴士四汽申请追加中建八局为被告。另查明，事发前何有成在上海市连续居住1年

以上，且在上海市有固定收入。

【原审裁判情况】

上海市松江区人民法院经审理认为：本案属机动车与非机动车之间发生的交通事故，事发前巴士四汽已向保险公司投保了机动车交通事故责任强制保险（以下简称交强险），故对于李云华、何永龙的损失，应由巴士四汽在交强险限额范围内予以赔偿。对于超过限额部分，因无证据证明非机动车一方存在过错，故何有成在本次事故中不承担事故责任。事发路口的信号灯和升降杆系中建八局的工作人员控制，现机动车一方有无违反信号灯的指示通行无法查实，故中建八局是否履行禁止义务也无法查证。据此，法院认定巴士四汽与中建八局对超过限额部分各承担50%的赔偿责任。经法院释明，李云华、何永龙表示放弃追究中建八局的民事责任，故巴士四汽对李云华、何永龙放弃部分的民事责任无须承担连带责任。判决：（1）巴士四汽在交强险限额内赔付李云华、何永龙死亡赔偿金、精神损害抚慰金、医疗费、住院伙食补助费、物损费共计119678.02元；（2）巴士四汽赔偿李云华、何永龙超过交强险限额部分之死亡赔偿金、丧葬费、误工费、护理费、交通费、日用品费、评估费、查档费、尸检费、律师费共492795元的50%，计246397.50元；（3）驳回李云华、何永龙的其余诉讼请求；（4）驳回巴士四汽的反诉请求。

判后，李云华、何永龙不服，上诉至上海市第一中级人民法院。

上海市第一中级人民法院经审理认为：李云华、何永龙作为原告，其在一审审理期间对已诉求所指的具体内容已予以明确，且在一审法院于审理中询问李云华、何永龙如果最终中建八局应当承担责任，李云华、何永龙所欲追求的责任人时，李云华、何永龙也明确表示认为中建八局一方没有责任。故在李云华、何永龙特别授权委托的律师参加诉讼作此明确表示时，一审法院有理由认为李云华、何永龙是放弃追究中建八局的相关责任，据此在最终判决时未对中建八局作出判定符合相关法律规定。判决：驳回上诉，维持原判。

【监督意见】

抗诉机关认为，生效判决以巴士四汽与中建八局构成共同侵权，李云华、何永龙放弃追究中建八局之责任为由，判决巴士四汽对李云华、何永龙放弃部分的民事责任无须承担连带责任，系适用法律错误。理由如下：

一、巴士四汽与中建八局并不构成共同侵权

根据最高人民法院《关于审理人身损害赔偿案件适用法律若干问题的解释》（以下简称《解释》）第3条第1款之规定，所谓共同侵权，系指两个或两个以上加害人共同故意或者共同过失侵害他人合法民事权益，或者虽无共同故意、共同过失，但其侵害行为直接结合发生同一损害后果的，各加害人应当承担连带责任的侵权行为。本案交通事故发生于 A8 高速公路拓宽改建工程施工区域，事发路口的信号灯和升降杆由施工方中建八局的工作人员控制。根据事后交警部门开具的《道路交通事故证明》，机动车一方超速行驶，存有过错，其有无违反信号灯的指示通行，中建八局是否履行禁止义务则无法查证。可见并无证据证明，李云华、何永龙甚至巴士四汽亦未举证证明中建八局对何有成死亡之损害后果的发生存有过错，因此中建八局无须承担侵权之责任。即便中建八局未履行禁止之义务，其与巴士四汽之间既无共同联络之故意，亦无共同疏忽之过失，亦不足以也不必然导致该损害后果之发生。换言之，何有成之人身损害与中建八局之侵权行为并无必然的直接因果关系，二者的结合具有相当的偶然性，并不构成共同侵权。根据《解释》第 3 条第 2 款之规定，中建八局之侵权行为与巴士四汽之直接侵权行为的间接结合导致同一损害结果的发生，应当根据双方的过失大小或者原因力比例各自承担相应的赔偿责任。巴士四汽作为机动车方超速行驶，是交通事故肇事者，其行为直接导致了损害结果的发生，是直接责任人，应承担主要赔偿责任；中建八局之侵权行为为交通事故的发生提供了可能，但其行为与事故发生并未达到相当因果关系的程度，故应承担次要责任。生效判决认定巴士四汽与中建八局构成共同侵权，应对超过交强险限额部分的损失各承担 50% 的同等赔偿责任，缺乏法律依据。

二、李云华、何永龙并未放弃对中建八局的诉讼请求

基于对何有成系中建八局施工人员的认识及利益最大化原则，李云华、何永龙分别向巴士四汽主张交通事故人身损害赔偿及向中建八局主张工伤保险待遇合情合理合法。根据庭审笔录，在巴士四汽申请追加中建八局为被告的情形下，法院并未征求原告李云华、何永龙是否要追加中建八局为被告，而是反复询问"原告要求被告承担怎样的责任？"、"如果最终中建八局应当承担责任的话，你方认为他们应当承担怎样的责任？"，仅凭原告代理人之回答"只要求巴士公司承担责任"、"我们认为他们在本案中是没有责任的"，即断定其放弃对中建八局的诉讼请求，失之偏颇。上述回答系李云华、何永龙坚持认为承担责任的主体应为巴士四汽，系对赔偿责任归属认知上的判断，并不意味着对中建八局诉请的放弃。在另案李云华、何永龙起诉原审代理人生效判决中，法院亦做如是认定，是为佐证。原审法院错误适用《解释》第 5 条之规定，致使李云华、何永龙丧失应得之赔偿，损害了其合法权益。

【监督结果】

上海市高级人民法院受理抗诉后，裁定提审本案。经再审认为，根据原一审查明的事实，本案何有成的人身损害由巴士公司直接造成。中建八局虽负责施工路段的信号灯和升降杆，但目前尚无证据证实中建八局控制过程中有过

错，且控制信号灯和升降杆的行为亦不属于法律规定的承担推定过错责任或无过错责任的情形，故判令中建八局对系争损害承担侵权责任缺乏法律依据。本案所涉全部损害由直接责任人巴士公司承担。原一、二审认定巴士公司与中建八局构成共同侵权，应对超出强制责任保险限额部分的损失各承担50%的赔偿责任，李云华、何永龙在诉讼中放弃追究中建八局的相关责任，无事实与法律依据，本院予以纠正。据此，判决如下：（1）维持原判第1、3、4项；（2）撤销原判第2项；（3）巴士四汽赔偿李云华、何永龙超过交强险限额部分之死亡赔偿金、丧葬费、误工费、护理费、交通费、日用品费、评估费、查档费、尸检费、律师费共492795元。

【点评】

共同侵权责任，是指两个或者两个以上赔偿义务人对同一损害后果共同承担损害赔偿侵权责任。多数赔偿义务人对同一损害后果承担赔偿责任，可能是因为他们实施了具有意思联络或没有意思联络的加害行为、共同危险行为，也可能是法律对他们承担某种形式的共同责任作出了特别规定。而这里的共同责任的形式包括连带责任、补充责任和按份责任。

本案中，巴士四汽与中建八局之间显然不是有意思联络的共同侵权，因为二者不存在共同的故意或过失，也非实施了共同危险行为，因为共同危险行为不能确定加害人，每个人承担责任的基础都是可能的因果关系。按照原审法院判决的观点，显然认为中建八局与巴士四汽之间构成无意思联络的共同侵权，即最高人民法院《关于审理人身损害赔偿案件适用法律若干问题的解释》第3条第2款规定的："二人以上没有共同故意或者共同过失，但其分别实施的数个行为间接结合发生同一损害后果的，应当根据过失大小或者原因力比例各自承担相应的赔偿责任。"综观本案，首先，由于本案是道路交通事故人身损害赔偿纠纷，巴士四汽作为机动车一方对非机动车一方要承担无过错责任，而中建八局非法律明确规定的承担无过错责任的主体。其次，如果交通信号灯正常运转，超速行驶的机动车辆也有可能肇事；如果交通信号灯未正常运转，机动车也可能不肇事。交通信号灯是否正常运转是本次事故的既非充分条件也非必要条件。另外，在本案中，信号灯是否正常运转无法查证，故原审判决中建八局承担50%的责任显属不当。

【承办人简介】

孙波，男，1972年5月20日出生，医学博士。2009年由第二军医大学附属长海医院转入上海市人民检察院民事行政检察处工作，现为民事检察科助理检察员，民商事检察专业研究小组成员，在办理劳动争议、一般民事侵权领域具有丰富的办案经验。

4. 青岛九方集团有限公司与上海陆海建设有限公司建设工程施工合同纠纷抗诉案

【监督机关】最高人民检察院、山东省人民检察院
【监督方式】抗诉
【基本案情】

申请人（一审原告、反诉被告，二审被上诉人）：青岛九方集团有限公司，住所地：胶南市珠海路 230 号；法定代表人：张立平，董事长。

其他当事人（一审被告、反诉原告，二审上诉人）：上海陆海建设有限公司，住所地：上海市徐家汇乐山路 25 号；法定代表人：沈志华，董事长。

2002 年 2 月 8 日，青岛九方集团有限公司（以下简称九方集团）经过招、投标与上海陆海建设有限公司（以下简称陆海公司）签订《建设工程施工合同》，约定：九方集团开发的胶南市九方海悦园 1—16 号楼承包给陆海公司承建，承包范围为土建、水、电、暖，开工日期为 2002 年 4 月 10 日至 5 月 1 日，竣工日期为 2002 年 11 月 30 日，合同工期 210 天，工程质量标准为优良，合同价款按每平方米 492 元乘以建筑面积；合同补充条款第 1 条约定，陆海公司所有承包内容必须于 2002 年 11 月 30 日前完成，并通过有关部门验收，否则，每拖延一天，按工程总造价的 3‰罚款，并赔偿由此造成九方集团的直接损失及间接损失；该项目按 492 元/平方米一次性包死，除此以外与工程有关的其他费用，均由陆海公司承担；合同补充条款第 4 条约定，阁楼及空架层不计算面积，阳台不论是否封闭，计算一半面积。2002 年 4 月 10 日，陆海公司开始施工。

2002 年 6 月 12 日，九方集团与陆海公司签订《施工合同追加条款》一份，约定陆海公司所承建的工程必须做到：（1）严格按照合同约定期限竣工。（2）保证工程质量合格。（3）保证所建工程不渗不漏。如违反上述任一约定，其责任及损失均由陆海公司承担，并承担由此所导致九方集团所负的赔偿责任。

由于陆海公司未按合同约定的进度施工，到期后未能竣工。2003 年 2 月 10 日，九方集团作为发包人、陆海公司作为承包人、胶南市兴城建筑安装工程有限公司（以下简称兴城建筑公司）作为施工方，签订《建设施工合同补充和修改协议》一份，约定：九方集团与陆海公司于 2002 年 2 月 8 日签订的建设工程施工合同中规定的工程交付日期为 2002 年 11 月 30 日，根据现时工程进度推算，2003 年 5 月都难以交工，其延缓的原因是由陆海公司造成的，严重影响了发包方的社会信誉和形象，并给发包方造成了较大的经济损失……上述协议签订后，兴城建筑公司进入施工现场进行施工。2003 年 6 月 23 日，胶南市九方海悦园 1—16 号楼竣工，并经验收合格。

2003 年 11 月 11 日，陆海公司结合设计变更和实际施工情况进行工程造价结算，并向九方集团提交胶南市九方海悦园 1—16 号楼决算单，载明工程总造价为 22183779.64 元，九方集团和陆海公司均签字认可。

2004 年 6 月，九方集团以陆海公司延迟交工构成违约，给其造成重大经济损失为由，诉至胶南市人民法院，要求陆海公司支付违约金 11065393.80 元；陆海公司主张涉案工程造价应为 25107849.67 元，以九方集团欠付工程款 5240678.43 元为由提出反诉，并要求九方集团支付违约金 35000 元。

一审诉讼中，九方集团与陆海公司均认可按照合同补充条款约定的计算办法，并确定诉争工程建筑面积为 41649.33 平方米。经九方集团与陆海公司核对账目，九方集团已支付陆海公司工程款、材料款等款项 13757756.12 元，已支付兴城建筑公司工程款、材料款等款项 2719248.78 元。2004 年 3 月 25 日，九方集团以建筑安装工程造价 2000 万元的数额代陆海公司缴纳税款 66 万元。

另查明，因陆海公司所施工的胶南市九方海悦园 1—16 号楼逾期竣工、工程质量不合格等原因，致使部分购房业主向九方集团提起违约之诉，造成九方集团巨大经济损失。

【原审裁判情况】

本案历经山东省胶南市人民法院一审、山东省青岛市中级人民法院二审、山东省人民检察院抗诉、山东省青岛市中级人民法院再审、最高人民检察院抗诉、山东省高级人民法院再审。其中，二审期间，陆海公司提出工程中的阁楼面积少算工程款和决算漏项，请求依法对以上漏项工程进行司法鉴定。九方集团于 2005 年 8 月 31 日递交《司法鉴定异议申请书》，不同意进行工程造价司法鉴定。青岛市中级人民法院委托青岛市司法鉴定中心对工程进行了鉴定，鉴定结论载明工程建筑面积为 54175.75 平方米，对工程总造价有两种结论，一是按丙级中间价取费工程造价鉴定值为 27939092.46 元，二是按无取费资质工程造价鉴定值为 19969706.45 元。九方集团对上述鉴定结论不予认可。山东省青岛市中级人民法院依据该鉴定结论二审判决陆海公司支付九方集团逾期交付工程违约金 5021570 元，九方集团支付陆海公司工程欠款 4519504.84 元及利息损失 35000 元。

2006 年 6 月 7 日，因山东省人民检察院对本案二审判决提出抗诉，山东省高级人民法院以〔2006〕鲁民监抗字第 76 号民事裁定，指令山东省青岛市中级人民法院对该案进行再审。2007 年 3 月 1 日，山东省青岛市中级人民法院作出〔2006〕青民再终字第 252 号民事判决，认为：（1）依据最高人民法院《关于审理建设工程施工合同纠纷案件适用法律问题的解释》（以下简称《解释》）第 23 条的规定："当事人对部分案件事实有争议的，仅对有争议的事实进行鉴定，但争议事实范围不能确定，或者双方当事人请求对全部事实鉴定的除外。"虽然当事人在合同中约定按照固定价计算工程款，但由于双方当事人对工程量的变更存在争议，争议事实范围无法确定，而且存在工程结算漏项，二审根据原审上诉人的申请进行鉴定并无不当。本案涉案工程经过有关部门进行鉴定，鉴定的工程款额虽高于原审上诉人主张的数额，但原审上诉人在诉讼中主张涉案工程价款为 25107849.67 元，属诉讼自认，二审认定工程总造价为 25107849.67 元正确，原审上诉人主张工程总造价为 27939092.46 元不予支持。（2）原审被上诉人依据合同向原审上诉人主张的违约金数额高达 11065393 元，远远超出其实际损失。二审根据上诉人提出减少的请求，考虑被上诉人损失情况，依法予以适当减少，符合法律规定。（3）关于延误工期责任问题，原审被上诉人在再审中未提供新的证据证明其主张。原审上诉人在二审中提供的证据足以证明因原审被上诉人打桩试桩延误工期，二审认定正确。……综上，原判事实清楚，证据充分，适用法律正确，应予维持。依照《中华人民共和国民事诉讼法》第 153 条第 1 款第 1 项的规定，判决：维持本院〔2005〕青民一终字第 569 号民事判决。

【监督意见】

九方集团不服再审判决，向检察机关申请监督，山东省人民检察院提请最高人民检察院抗诉。最高人民检察院以高检民抗〔2009〕10 号民事抗诉书向最高人民法院提出抗诉。理由主要为：

1. 再审判决认定工程造价 25107849.67 元，系认定本案基本事实缺乏证据证明，适用法律确有错误。第一，原审适用《解释》第 23 条的规定，该解释自 2005 年 1 月 1 日起施行。本案一审判决作出时间为 2004 年 11 月，因此该《解释》不能适用于本案。第二，假若适用该《解释》也不存在对全部事实进行鉴定的条件。九方集团在得知该鉴定时就已于 2005 年 8 月 31 日递交了《司法鉴定异议申请书》，陆海公司提出对漏项工程进行审计并不是鉴定，审计和鉴定不是一回事。双方签订的合同已明确显示了该工程项目的造价，并且 2003 年 11 月 11 日由陆海公司编制决算单提交给九方集团，双方均签字认可，若在施工过程中发生了设计量变更，陆海公司在决算时必然充分考虑因设计变更导致建设工程的工程量标准变化以及合同关于建筑面积计算方法的约定。陆海公司主张建筑面积计算错误以及漏项是在 2003 年 11 月 11 日以后提出，其不能抗辩双方签订的《建设工程施工合同》，且在一审庭审中陆海公司对合同总建筑面积 41649.33 平方米没有异议。二审中虽提出部分变更，但没有提供证据予以证明。如双方对部分事实有争议，也仅是在变更事项上有争议，并不是争议事实范围不能确定。第三，鉴定报告存在瑕疵。鉴定报告只显示了 1 号和 8 号楼工程的鉴定情况，现场签证鉴定结论只是说明工程应投入多少，而没有说明实际投入多少。第四，本案中，双方当事人在合同补充条款中明确约定了价格结算方式，其中含风险范围和风险费用的计算方法，是固定价格。即使存在变更图纸的事实，陆海公司在规定的期限内未提出异议，也未决定是否调整合同价款和具体金额，且合同约定：（1）阁楼及架空层不计算面积；（2）阳台不论是否封闭，计算一半面积；双方按一次性包死价格进行结算。陆海公司也承认已将阁楼面积计算进去了。2003 年 11 月 11 日，在该工程已完工后，由陆海公司编制的工程造价结算表对该工程决算，提出工程总造价为 22183779.64 元。陆海公司将该决算单提交给了九方集团，九方集团签字认可了决算单的工程总造价，这一过程说明双方当事人是在履行双方认可的工程总造价。

2. 再审判决认可二审法院依职权改变合同约定的违约金错误。双方合同明确约定工期每拖延一天，按工程总造价的 3‰ 罚款。该约定是双方当事人的真实意思表示，虽然合同法规定约定的违约金过分高于造成的损失，当事人可以请求人民法院或者仲裁机构适当减少，但是陆海公司并未提供证据证明违约金过分高于造成的损失。

【监督结果】

最高人民法院受理抗诉后，于 2009 年 3 月 20 日以〔2009〕民抗字第 13 号民事裁定，指令山东省高级人民法院再审。山东省高级人民法院再审后，于 2010 年 11 月 30 日作出〔2009〕鲁民再字第 310 号民事判决。判决认为：本案争议的焦点一是陆海公司施工的工程造价是多少，二是工程逾期违约责任以及违约金的计算问题。双方于 2002 年 2 月 8 日签订的《建设工程施工合同》以及 2003 年 2 月 10 日签订的《建设施工补充合同》和《修改协议》是双方当事人真实意思表示，其内容符合法律规定，应当是有效的。该《建设工程施工合同》第 4 条约定："该项目每平方米按 492 元一次性包死，工程总造价为每平方米按 492 元乘以建筑面积，除此以外与工程有关的其他费用均由陆海公司承担……"从该条约定可以看出，本案工程价款是一次性包死价格乘以建筑面积。该工程竣工后，2003 年 11 月 11 日，双方对工程造价进行了决算，为工程总造价 22183779.64 元，该决算单经过了双方当事人的签字认可，应当作为本案的定案依据。虽然施工过程中发生了设计变更，但该决算是陆海公司单方制作并充分考虑工程设计变更导致工程量的变化以及合同关于建筑面积计算方法约定后提交九方集团审核后签字，因此，该决算单是双方当事人真实意思表示。陆海公司在原审时，提出在决算中计算阁楼少算面积和实际漏项少算工程款并申请鉴定，而二审鉴定是对整个工程进行鉴定，在鉴定结论有两种结论的情况下，原审采用丙级取费标准认定工程总造价，其必然改变了当事人之间的合同一次性包死价格的约定，且原审时双方当事人均认可工程建筑面积为41649.33 平方米，现鉴定结论为 54175.75 平方米，亦与双方当事人认可的工程建筑面积不相符。原审判决依据鉴定结论总造价 27939092.46 元，扣除双方工程决算单造价 22183779.64 元，得出漏项工程为 5755312.82 元，没有事实和法律依据，应当予以纠正。在九方集团已支付陆海公司工程款及材料款13757756.12 元，扣除兴城建筑公司施工工程款 6013695.35 元，九方集团代缴税款 531644.52 元，保修金 805522.02 元，加上九方集团另应支付给陆海公司按三方协议约定的管理费 120273.18 元，材料费 40 万元，九方集团应支付陆海公司工程款为 1585434.81 元并支付相应利息损失 35000 元。

综上所述，原审认定事实不清，适用法律欠当，检察机关抗诉理由部分有理，应当予以纠正。判决：（1）撤销山东省青岛市中级人民法院〔2005〕青民一终字第 569 号、〔2006〕青民再终字第 252 号和山东省胶南市人民法院〔2004〕胶南民初字第 3809 号民事判决；（2）九方集团支付被申诉人陆海公司工程款 1585434.81 元及利息损失 35000 元；（3）陆海公司支付申诉人九方集团工程逾期违约金 4436756 元；（4）驳回九方集团其他诉讼请求和陆海公司其他反诉请求。

【点评】

本案争议的主要焦点问题是：九方集团与陆海公司所涉工程总造价的数额如何确定，对此涉及的法律问题主要有两个方面：一是双方签订的《建设工程施工合同》是否有效；二是法院判决在认定合同有效且双方已经决算的情况下采信司法鉴定结论作为确定工程总造价的依据是否合法。

一、双方所签订《建设工程施工合同》的效力问题

合同效力的认定是正确处理合同纠纷的前提，审理建设工程施工合同纠纷，尤其是涉及工程价款问题的纠纷，更须首先对合同效力进行认定。具体本

案而言，陆海公司作为涉案工程的承包方，具有相应的施工资质，对此双方均无异议。并且，双方所签《建设工程施工合同》是通过招、投标的方式正式签订的《建设工程施工合同》，合同中明确约定："该项目每平方米按 492 元一次性包死，工程总造价为每平方米 492 元乘以建筑面积，除此以外与工程有关其他费用均由陆海公司承担；阁楼及架空层不计算面积，阳台不论是否封闭，计算一半面积。"上述合同均符合法律、行政法规的强制性规定，是双方当事人的真实意思表示，依法应当认定为有效合同。本案经过多次审理，双方当事人未对合同效力提出异议，法院判决亦认为合同有效，在此情形下该合同对各方当事人均产生法律约束力，当事人应当按照约定全面履行自己的义务，不得擅自变更或者解除合同。事实上，即使在本案一审诉讼中，九方集团与陆海公司均认可按照合同补充条款约定的计算办法，确认诉争工程建筑面积为 41649.33 平方米。

二、法院判决在认定合同有效且双方已经决算的情况下采信司法鉴定结论作为确定工程总造价的依据的合法性分析

如前所述，双方当事人签订的《建设工程施工合同》合法有效，并已按合同约定对工程总造价进行了决算，决算结果亦经双方签字认可。在此情况下，法院判决采信司法鉴定结论作为确定工程总造价的依据是否合法，值得商榷。

（一）本案合同中工程款计价标准的考量

鉴于双方所签订的合同中明确约定"该项目每平方米按 492 元一次性包死，工程总造价为每平方米 492 元乘以建筑面积，除此以外与工程有关的其他费用均由陆海公司承担"，且该合同亦被各方认为有效，笔者认为应当首先厘清本案工程款的计价标准。工程款的计价标准主要有固定合同价、可调合同价、成本加酬金合同价三种。固定合同价可分为固定合同总价和固定合同单价两种。本案所涉结算方式即为固定合同单价确定方式，即合同约定的工程价款中所包含的工程量清单项目的综合单价在约定条件及范围内是固定的，不予调整，工程量允许调整；工程量清单项目综合单价在约定的条件及范围外，允许调整；调整方式和方法应在招标文件中明确或在合同中约定。具体本案而言，虽然在施工过程中发生部分设计变更，但 2003 年 11 月 11 日的决算单是陆海公司结合设计变更和实际施工情况按照合同约定的工程价款确定方式对工程造价进行结算后单方作出的，九方集团和陆海公司均签字认可。因此，陆海公司作为索要工程款的一方在决算时必然会充分考虑因设计变更导致建设工程的工程量变化以及合同关于建筑面积计算方法的约定，不应因所谓"设计变更"和"漏算阁楼面积"而导致漏算工程总造价。

（二）建设工程造价司法鉴定的理性分析

依据最高人民法院《人民法院司法鉴定工作暂行规定》（法发〔2001〕23号）中第一章第 2 条的规定，所谓建设工程造价鉴定是指在诉讼过程中，为查明案件事实，人民法院依据职权或者当事人及其他诉讼参与人的申请，指派或委托具有工程造价专业知识的人员，对待裁决的工程造价问题进行检验、鉴别和评定的活动。在诉讼中对有争议的工程造价进行鉴定，首先要解决的是采用的计价方法或计价标准问题。实务中，建设工程造价鉴定应当以当事人约定的合同价格条件作为依据，除非案件中没有可以援引的具体合同条款，或者没有其他可以印证构成价格条件的相关诉讼证据，法官才可以按照以专业技术方法推算的价格，来解决工程造价争议。《解释》第 16 条第 1 款关于"当事人对建设工程的计价标准或者计价方法有约定的，按照约定结算工程价款"的规定，体现的就是这个原则。在合同关系依法成立的情况下，只有当事人在合同中明确约定采用行业统一定额作为价格条件，或者价格条件约定不明，并且也没有其他可以确定工程造价的合同依据时，才可以套用行业统一定额作为工程造价鉴定的依据。按照工程造价鉴定的契约性原则，合同约定的价格条件应当是工程造价鉴定的基本依据。在工程造价鉴定中，单纯依赖鉴定机构以行业统一定额计和费用标准计算有争议的工程造价，并以之作为"公正"或"公平"的裁判理由，是极不适当的。因此，《解释》第 22 条规定："当事人约定按照固定价结算工程价款，一方当事人请求对建设工程造价进行鉴定的，不予支持"；第 23 条规定："当事人对部分案件事实有争议的，仅对有争议的事实进行鉴定，但争议事实范围不能确定，或者双方当事人请求对全部事实鉴定的除外。"就本案而言，双方既已在合同中确定采用固定单价乘以建筑面积的方式计算工程总造价，单价和已完工建筑面积双方均予以认可，又形成了双方签字认可的书面决算单并已实际履行。因此，陆海公司的司法鉴定申请不应得到支持。但青岛市中级人民法院在二审过程中以陆海公司提出有漏项为由，认为依据公平合理原则，应当依据统一定额标准对双方有争议的事实依法进行鉴定，明显违反上述司法解释的规定，既破坏了双方既定有效的合同约定，又有违契约性原则。

（三）陆海公司提出司法鉴定申请的举证责任分析

即使如青岛市中级人民法院在〔2006〕青民再终字第 252 号民事判决中所阐述的理由，此次鉴定系依据《解释》第 23 条关于"当事人对部分案件事实有争议的，仅对有争议的事实进行鉴定，但争议事实范围不能确定，或者双方当事人请求对全部事实鉴定的除外"的规定所进行，本案仍存在陆海公司是否完成其举证义务的问题，即陆海公司是否有证据证明 2003 年 11 月 11 日的决算单存在漏项。

目前，我国举证责任法律规定的分配标准体现在《民事诉讼法》（本法已于 2012 年 8 月 31 日修改）第 64 条第 1 款，即"当事人对自己提出的主张，有责任提供证据"，即通俗地理解为"谁主张，谁举证"。最高人民法院《关于民事诉讼证据的若干规定》第 2 条对举证责任进行了完善，即"当事人对自己提出的诉讼请求所依据的事实或者反驳对方诉讼请求所依据的事实有责任提供证据加以证明。没有证据或者证据不足以证明当事人的事实主张的由负有举证责任的当事人承担不利后果"。就本案而言，陆海公司主张 2003 年 11 月 11 日的决算单存在工程量变更和漏算阁楼面积，依照上述举证责任的分配原则，陆海公司应当提供证据证明 2003 年 11 月 11 日的《决算单》存在漏项。然而，陆海公司在诉讼中只是笼统地主张工程量存在变更和漏算阁楼面积，而此前双方均认可诉争工程建筑面积为 41649.33 平方米，既未提供证据证明漏项出在何处，亦未提供证据证明双方曾协商变更，因此其并未完成法律分配的举证责任，应当承担不利后果，法院在此情况下不应支持其对工程总造价进行司法鉴定的申请。

综上，青岛市中级人民法院依陆海公司申请对涉案工程总造价所作的司法鉴定干涉了当事人的合同自由原则，在陆海公司未提供充分证据证明 2003 年 11 月 11 日决算单存在漏项的情况下即委托鉴定，具有严重的程序瑕疵，不应采信该鉴定结论作为确定工程总造价的依据。终审判决改变了原审判决采信司法鉴定结论作为结算依据的错误做法，对双方于 2003 年 11 月 11 日依据合同作出的决算单重新予以确认，说明检察机关的抗诉正确认定了合同以及决算单的效力，对涉案合同工程款确定条款的理解是正确的。

【承办人简介】

高峰，男，38 岁，法律硕士，现任山东省院民行一处助理检察员。1998 年以来，该同志累计办案 2000 余件，先后被省检察院记二等功、三等功各一次，七次受省检察院嘉奖。

5. 毕本立与李国臣借贷纠纷抗诉案

【监督机关】郑州市人民检察院

【监督方式】抗诉

【基本案情】

原审原告：毕本立，男，汉族，1960年3月3日出生，住郑州市商城路商城花园6号楼2单元2楼西。

原审被告：李国臣，男，汉族，1958年6月18日出生，住郑州市文化宫南路文隆小区8号楼3单元附34号。

2005年4月10日，河南省郑州市二七区人民法院以李国臣犯巨额财产来源不明罪，判处其有期徒刑2年。2006年1月2日，李国臣获减刑后被释放出狱。为达到推翻巨额财产来源不明罪的目的，李国臣找到毕本立，与其协商伪造一份借款协议，由毕本立向法院提起民事诉讼。于是双方伪造一份签订于2001年1月20日的借款协议，内容为："毕本立以代管代存方式借给李国臣人民币现金柒拾万元（70万元），并严格遵守以下约定：（1）严格保密，不得向第三者泄露，否则负一切后果；（2）分批筹措，代管代存期叁年，年息2.25%，到期分批本息一起归还。每笔借款在本协议上记录，并注明签收时间、地点及钱数；（3）到期还不上款以固定资产抵还；（4）本协议只壹份，由毕本立保存，全部还清本息后，双方当面销毁。借钱记录：（1）2001.1.20收到现金贰拾万元（20万元）郑州大酒店11楼毕办，李国臣；（2）2001.5.12收到现金叁拾万元（30万元）郑州大酒店11楼毕办，李国臣；（3）2002.2.23收到现金贰拾万元（20万元）郑州大酒店11楼毕办，李国臣。"2006年7月16日，毕本立以李国臣欠其70万元未还为由，将李国臣诉至郑州市中原区人民法院，请求判令李国臣还款70万元及利息47250元。

【原审裁判情况】

郑州市中原区人民法院于2006年8月30日作出〔2006〕中民一初字第2115号民事判决，认为：合法的借贷关系，应受法律保护。债权人有权要求债务人按照合同的约定或者依照法律的规定履行义务。李国臣向毕本立借款

70 万元，有双方签订的协议为证，事实清楚，证据充分，予以认定。故李国臣应偿还毕本立借款本金 70 万元，按照双方约定的年息 2.25%，该 70 万元 3 年的利息应为 47250 元，故毕本立要求李国臣偿还借款及利息 47250 元的诉讼请求，符合法律规定，予以支持。综上，依据《中华人民共和国合同法》第 205 条、第 206 条之规定，判决：李国臣自本判决生效后 10 日内偿还毕本立借款 70 万元及利息 47250 元，以上共计 747250 元。案件受理费 12485 元，由李国臣负担。

【监督意见】

2007 年 10 月 20 日，李国臣持上述借款协议和民事判决书，以法院刑事判决判定其所犯巨额财产来源不明罪不能成立为由，向郑州市人民检察院提出申诉。郑州市人民检察院在审查过程中，认为该案涉及民事案件，建议民事行政检察部门介入审查。根据李国臣申诉材料中所反映的问题，郑州市人民检察院调取了法院对其职务犯罪案件的审判卷宗，通过审查发现，在法院审理环节，李国臣及其辩护人对检察机关指控其所犯受贿罪有异议，辩称其行为不构成受贿罪，而对检察机关指控其所犯巨额财产来源不明罪没有异议，只是数额有异议，针对此项指控李国臣还向法院提供其相关财产情况，但由始至终李国臣均未提及其与毕本立之间存在 70 万元的借款关系。鉴于对本案借款关系的真实性存有疑问，郑州市人民检察院委托西南政法大学司法鉴定中心对李国臣与毕本立 2001 年 1 月 20 日所签订借款协议的形成时间进行鉴定，鉴定结果表明：该协议并非在标称时间 2001 年 1 月 20 日形成，应为 2004 年 6 月以后形成。后毕本立承认李国臣找其帮忙制造虚假民事案件的事实。

郑州市人民检察院作出郑检民抗〔2008〕10 号民事抗诉书，以原判决认定事实的主要证据是伪造的为由，向郑州市中级人民法院提出抗诉。理由如下：

郑州市中原区人民法院〔2006〕中民一初字第 2115 号民事判决书认定毕本立与李国臣借款事实成立的主要证据是双方的借款协议。郑州市人民检察院在审查李国臣刑事申诉案件过程中，委托鉴定机构对本案的借款协议进行了司法鉴定。西南政法大学司法鉴定中心作出的司鉴字〔2007〕第 2023 号《鉴定书》结论证明本案的主要证据即借款协议的形成时间并非标称时间 2001 年 1 月 20 日，而是在 2004 年 6 月以后形成，从形式上证明了该借款协议存在虚假性。2008 年 1 月 28 日，郑州市公安局以涉嫌帮助毁灭、伪造证据犯罪对毕本立立案侦查，毕本立在公安机关据实供述了李国臣找其帮忙，伪造双方借款协议，制造虚假诉讼的过程和事实。2008 年 5 月 27 日，毕本立在检察机关对本案的审查过程中，又进一步证实其与李国臣共同伪造借款协议，虚构借款

70 万元给李国臣的事实。由此可见，本案是当事人为达到掩盖罪行，逃避罪责的目的，利用伪造证据，虚拟事实的手段，制造的一起虚假民事诉讼案件。因此，人民法院应依法予以纠正。

【监督结果】

郑州市中级人民法院受理抗诉后，指令由郑州市中原区人民法院对该案再审。郑州市中原区人民法院再审认为：本案的民事法律事实清楚，毕本立作为民事案件的权利人明确认可李国臣并未曾向其借款，原审诉讼是在李国臣的要求下签订假协议，虚构借款事实提起的诉讼，其与李国臣之间的借款事实并不存在。对于毕本立的陈述，应予采信。毕本立与李国臣之间并不存在借款事实，毕本立本人也明确表示原审诉讼请求予以放弃，故检察机关的抗诉理由成立，原审判决应予撤销，驳回原审原告的诉讼请求。依照《中华人民共和国民事诉讼法》第 179 条第 1 款第 3 项之规定，判决：（1）撤销本院〔2006〕中民一初字第 2115 号民事判决；（2）驳回原审原告毕本立的诉讼请求。

【点评】

1. 本案系当事人企图利用虚假的民事诉讼规避其应负刑事责任，具有代表意义，对于打击当前日益增多的虚假诉讼也有着积极意义。随着经济社会的快速发展，法治进程的不断深入，诉讼成为解决纠纷的一种有效机制，大量的民商事案件涌入法院，在当前民事诉讼的"当事人主义"和法院的司法被动性原则及整个社会诚信较为低下的环境下，虚假诉讼有了滋生的土壤且日趋增多。一些人把虚假诉讼作为谋取不正当利益的手段，这种行为不但干扰了人民法院的公正审判，浪费司法资源，还侵害了他人、集体、国家的合法权益，虚假诉讼的屡屡得逞更是损害了司法公正和权威，亵渎了道德和法律。一般意义上的虚假诉讼，当事人是为了使自己从中获得一定的经济利益，而侵犯国家、集体或他人的利益；而本案系由李国臣采取虚构债权债务关系，并以诉讼的方式借助欺骗法院所得民事判决确认的案件"事实"，企图推翻先前已生效的刑事判决所认定的罪行，以此为自己"洗冤"，这是李国臣蓄意制造虚假民事诉讼的真实目的所在。检察机关在查清事实基础上，对李国臣、毕本立分别以涉嫌妨碍作证罪、帮助伪造证据犯罪移送公安机关查处，对两起虚假民事诉讼案件，依法向法院提出抗诉。该案的办理对当前日益增多的虚假诉讼案件，起到了很好的警示作用。

2. 该案的办理过程体现了检察机关内部各部门之间的相互协作、相互配合的工作格局，充分发挥了检察机关的法律监督职能。该案首先受理的部门是控告申诉检察部门，在控告申诉检察部门对李国臣的刑事申诉材料进行审查过程中，认为中间涉及民事诉讼，遂建议民事行政检察部门给予协作、配合，发挥各部门的职能优势，取长补短，共同做好案件的办理工作，这充分体现了检察机关内部协作一致的工作局面，形成监督合力，充分发挥检察机关的监督职责。

3. 该案的成功办理，不仅取得了良好的法律效果和社会效果，而且对于维护法律尊严、司法权威和法治建设具有重大意义。该两件虚假诉讼案件的成功改判，相关责任人员被追究刑事责任，引起了社会各界及多家媒体的关注，《检察日报》、《河南法制报》、郑州市电视台、《郑州晚报》等多家媒体对这一事件进行了跟踪报道。《检察日报》以"虚假诉讼，怎能'洗白'财产来源"为题，《河南法制报》以"制造百万欠款掩盖巨额不明财产"为题，《公民与法》以"虚假诉讼难掩腐败真相"为题进行了大篇幅的跟踪报道，郑州市电视台第五套节目还将该案件拍摄成题为"为逃罪责虚假诉讼，聪明反被聪明误"专题片，通过大型电视法制栏目"检察官手记"于 2009 年 11 月 14 日在郑州市电视台播出，社会影响广泛。该案件同时还在《河南商报》、《郑州日报》、《郑州晚报》等新闻媒体上进行了报道。该案同时作为一个典型案例在全国职务犯罪预防工作会议上予以展示。

【承办人简介】

王娜，女，1976 年 3 月出生，汉族，研究生学历，河南省郑州市高新区人民检察院民事行政检察科科长，曾在河南省人民检察院举办的首届民行办案能手竞赛中获得"十佳办案能手"第一名。

6. 中国农业银行股份有限公司重庆渝中支行与重庆雨田房地产开发有限公司借款、抵押担保合同纠纷抗诉案

【监督机关】 最高人民检察院、重庆市人民检察院

【监督方式】 抗诉

【基本案情】

申请人（一审被告、二审上诉人）：中国农业银行股份有限公司重庆渝中支行；住所地：重庆市渝中区五一路 110 号；负责人：欧建成，该行行长。

其他当事人（一审原告、二审被上诉人）：重庆雨田房地产开发有限公司；住所地：重庆市渝中区八一路 177 号；法定代表人：雷鸣，该公司董事长。

1999 年 7 月 9 日，中国农业银行重庆市分行直属支行（后经多次变更为现名中国农业银行股份有限公司重庆渝中支行，以下简称渝中农行）与重庆雨田房地产开发有限公司（以下简称雨田公司）签订《中国农业银行重庆市分行直属支行总额借款合同》（以下简称《总额借款合同》），约定：渝中农行在 1999 年 7 月 9 日至 2004 年 7 月 9 日期间，向雨田公司发放贷款，所贷款项的本息总金额在 8700 万元内。根据雨田公司的资金要求和中国人民银行的贷款人核准的计划、规模，经渝中农行审核后，可一次或分次向雨田公司发放并逐笔签订借款合同。同年 7 月 13 日，双方签订《重庆市房地产抵押合同》（以下简称《抵押合同》），该合同约定，本合同为最高额抵押合同。雨田公司将其所有的位于重庆市渝中区八一路 177 号雨田大厦价值 16347.9 万元的房屋作为向渝中农行贷款 8700 万元债务的担保，并在原重庆市土地房屋管理局（以下简称房管局）办理了抵押登记手续。合同签订后，雨田公司多次要求渝中农行发放贷款，渝中农行收到相关报告、用款计划表、资金使用说明后，一直未与雨田公司签订借款分合同，也未发放贷款。

1999 年 10 月 20 日，渝中农行与雨田公司签订《补充协议》，主要约定：为促进雨田公司开发承建的雨田大厦工程如期竣工，确定本项目追加工程扫尾

资金贷款额度为 5000 万元（包括建设期利息），时间从 1999 年 10 月 20 日起，雨田公司需支付工程用款，应提供施工单位的用款计划、工程量结算报告及清单、购料合同等资料，经渝中农行审查同意后方可支付。若雨田公司有违反前述规定，有骗付资金挪作他用、拒绝接受检查监督、不提供施工进度的有关资料、从他行倒进支票、整个大厦的售房款及经营收入未按协议要求进入所开立的账户进行结算以及其他违反信贷管理的规定等行为，渝中农行有权停止发放新贷款或强制提前收回原贷款。补充协议签订后，渝中农行与雨田公司未到房地产登记部门就原抵押财产办理抵押变更手续。

1999 年 10 月 27 日，雨田公司向渝中农行提交 5000 万元贷款的资金使用说明。1999 年 10 月 29 日、2000 年 1 月 27 日、2 月 24 日、3 月 8 日、3 月 22 日、4 月 27 日，渝中农行与雨田公司签订了金额分别为 200 万元、300 万元、300 万元、100 万元、200 万元、400 万元的 6 份借款合同，该 6 份合同约定的担保方式均为抵押担保，合同后附房地产抵押清单上载明的抵押物均系双方于 1999 年 7 月 13 日订立的《抵押合同》中的同一抵押物。在上述 6 份合同签订后，渝中农行按约共计向雨田公司发放贷款 1500 万元。

2000 年 6 月 6 日，雨田公司致函渝中农行请求发放贷款，并随附 2000 年 6 月 7 日至 7 月 6 日期间共计 3900 万元的用款计划。

2000 年 6 月 27 日、7 月 20 日雨田公司又分别向渝中农行催发贷款。渝中农行未向雨田公司复函，也未与雨田公司签订借款合同和发放贷款。

另查明，1999 年 11 月 13 日，雨田公司向房产局报送《关于解除房屋抵押的请求报告》。同年 12 月 1 日，雨田公司向该局提交《关于解除房屋抵押的再次请求报告》，要求解除其抵押给渝中农行未能贷款的剩余房屋的抵押。同年 12 月 16 日，该局以渝地房函〔1999〕202 号《重庆市房产局对重庆雨田公司房地产开发有限公司关于解除房屋抵押问题的复函》答复雨田公司："债务未清偿不能解除抵押；办理房屋抵押的注销登记必须经抵押权人的同意，抵押人单方是不能申请解除抵押登记的，渝中农行不同意解除剩余房产的抵押，市场处不能办理。"雨田公司就此向法院提起行政诉讼，要求撤销行政机关不解除抵押的决定，后撤回起诉。

2001 年 9 月 17 日，雨田公司向渝中农行发出《关于解除多余抵押房屋的函》称，雨田公司多次要求渝中农行发放贷款，但渝中农行不予贷款，造成资金缺口；雨田公司多次要求解除多余抵押房屋，渝中农行也均未答复；请渝中农行立即解除多余抵押房屋，否则一切损失由渝中农行承担。同年 9 月 28 日渝中农行复函称，雨田公司提出解除多余抵押房屋，是一种变更要约，需双方进一步协商。之后，渝中农行仍未向雨田公司发放贷款，也未解除多余抵押房屋的登记。

2001年11月30日，雨田公司向重庆市第一中级人民法院提起诉讼，请求：解除借款合同；渝中农行支付未按期发放贷款的违约金607.089万元。2002年9月9日，雨田公司增加诉讼请求，请求判令渝中农行赔偿因其行为而造成抵押房屋闲置的资金占用损失1980万元。

一审诉讼中，经雨田公司申请，重庆市第一中级人民法院于2002年2月6日作出〔2002〕渝一中民初字第2号裁定，先予解除雨田公司与渝中农行签订的抵押合同中，渝中农行对雨田公司所有的位于重庆市渝中区八一路177号房产的负二层、第二层、第三层、第二十一层、第二十二层、第二十三层的抵押权。

二审诉讼中，渝中农行提交了雨田公司与中信实业银行重庆分行解放碑支行于1999年11月12日签订的《商品房预售（预购）合同》复印件，以此证明雨田公司的房屋可预售，本案中所涉抵押房屋也可预售。渝中农行又提交一份经重庆市公共停车楼场建设管理办公司于2000年4月13日批准同意的雨田公司《重庆市公共停车楼（场）申报表》复印件，以此证明雨田公司本案所抵押的房屋中，负二层车库已投入使用，并未因闲置而致损失。渝中农行还提交2000年10月26日的《重庆晚报》复印件，以此证明雨田公司已将本案所抵押的房屋中第二至四层作重庆雨田百货商场使用，并在该《重庆晚报》广而告之，重庆雨田百货将于10月28日试营业。因此该房屋也未因闲置而致损失。雨田公司对以上证据的真实性均不持异议。

【原审裁判情况】

2002年2月6日，重庆市第一中级人民法院作出〔2002〕渝一中民初字第2号民事判决。判决认为：雨田公司与渝中农行签订的借款合同、抵押合同为有效合同。雨田公司将其所有的价值1.6亿元的房产抵押给渝中农行，作为贷款8700万元，后变更为贷款5000万元设定物之担保，并办理了抵押登记手续，该担保物权已依法产生。渝中农行应当在雨田公司有书面的贷款意思表示时，按中国人民银行规定的贷款程序向其发放贷款或与其签订借款分合同。渝中农行对雨田公司要求按约发放贷款5000万元，渝中农行仅发放了贷款1500万元，对贷款余额未发放，亦未与其签订借款分合同的行为，系违约行为，该违约行为造成了雨田公司巨额资产的闲置损失，应当依法承担违约责任。双方虽未在合同中约定违约金，但按照对等原则，贷款人亦应依借款人逾期还款的利率标准，承担法定的违约金责任。由于渝中农行违约，致雨田公司1999年12月商场竣工的合同目的不能实现，其有权依法在合同有效期内请求解除该借款合同及抵押合同。借款合同解除后，双方在合同中约定的权利义务，尚未履行的，终止履行，已经成立并已履行了贷款义务的分合同双方继续履行。抵押合同解除后，双方的抵押关系消灭，渝中农行对本案借款合同所享有的抵押权亦消灭。但对已经成立并履行的分合同，雨田公司仍应提供物的担保。判决：（1）解除雨田公司与渝中农行的借款合同（已经履行的1500万元分合同除外）。（2）解除雨田公司与渝中农行的抵押合同中，农行对雨田大厦负二层、第二层、第三层、第二十一层、第二十二层、第二十三层的抵押权。（3）渝中农行给付雨田公司从2000年6月7日起至本判决确定的给付之日止的违约金。

渝中农行不服一审判决，提出上诉。重庆市高级人民法院裁定撤销原判，发回重审。

2002年12月17日，重庆市第一中级人民法院作出〔2002〕渝一中民初字第403号判决。判决认定：雨田公司与渝中农行签订的抵押合同、《补充协议》、《借款合同》均合法有效。虽然总额借款合同约定的期限是5年，但并未具体约定发放每笔贷款或签订分合同的时间，且在补充协议约定将贷款额由8700万元变更为5000万元时，明确约定该款系为促进雨田大厦如期竣工所追加的扫尾资金，因此雨田公司随时有权要求按约一次或分几次发放5000万元贷款。雨田公司按约向渝中农行提出用款计划等要求发放贷款的资料后，渝中农行并未提出雨田公司的资料有何缺陷和拒绝雨田公司的法定事由，应认定雨田公司所提出的请求符合法律规定及银行贷款的要求。渝中农行拒绝按约发放贷款已构成实质性违约，依法应承担相应的民事责任。因双方在签订借款8700万元总合同的同时，还签订了用价值1.6亿元房屋作为抵押的抵押合同，并办理了抵押登记，故该担保物权已依法产生，渝中农行在收到雨田公司请求发放贷款申请后，既不按约发放贷款，也未按雨田公司请求解除未按抵押合同约定足额发放贷款而相应多设置的抵押物登记，该行为已造成雨田公司抵押房屋闲置的损失，理应由渝中农行承担赔偿责任。对此损失的计算，又因双方在1999年10月20日签订补充协议将贷款8700万元变成5000万元后，对原抵押登记的合同未做抵押变更登记，因此，雨田公司提供的价值1.6亿元的抵押担保物仍然是为8700万元设置的抵押担保，对1999年10月20日签订补充协议将8700万元变更为5000万元贷款后，不再发放的3700万元贷款而相应设置的多余的6792万元抵押物（1.6亿元抵押物扣减5000万元贷款相应应设置的9208万元抵押物）应予以解除抵押登记，而渝中农行在收到雨田公司多次要求解除抵押的申请后，未对多余的6792万元抵押部分解除抵押登记，因此从1999年10月21日起至2002年2月6日解除抵押之日止，渝中农行应按6792万元为基数，并以中国人民银行同期流动资金贷款利率来承担雨田公司闲置抵押物未解除抵押登记所造成的损失；又因从 1999 年 10 月 20 日起（补充合同签订之日）到 2000 年 6 月 6 日（雨田公司再次向渝中农行要求按约发放 5000 万元贷款申请之日）止，渝中农行仅发放了 1500 万元，对剩余的 3500 万元贷款，既不向雨田公司发放，又不按雨田公司的请求，解除未发放的 3500 万元贷款相应多设置的 6408 万元抵押物的抵押登记，因此，从 2000 年 6 月 7 日至 2002 年 2 月 6 日止，渝中农行除承担上述损失外，还应以 6408 万元为基数，并以中国人民银行同期流动资金贷款利率承担雨田公司闲置抵押物未解除抵押登记所造成的损失。综上，渝中农行应从 1999 年 10 月 21 日起至 2000 年 6 月 6 日止，以 6792 万元为基数，从 2000 年 6 月 7 日起至 2002 年 2 月 6 日止，以 1.32 亿元为基数，均按中国人民银行同期流动资金贷款利率为准，来承担雨田公司闲置抵押物未解除抵押登记所造成的损失。由于双方在合同中未约定违约金的计算标准，且法院主张的房屋闲置损失已大于按照对等原则主张渝中农行应承担的违约金数额，故对于雨田公司的该项诉讼请求，依法不予主张。又由于渝中农行违约，致雨田公司 1999 年 12 月商场竣工的合同目的不能实现，其有权依法在合同有效期内请求解除该借款合同及抵押合同。借款合同解除后，已经成立并履行了贷款义务的分合同双方继续履行。抵押合同解除后，对已成立并履行的分合同，雨田公司仍应提供担保。判决：（1）解除雨田公司与渝中农行借款合同（已经履行的 1500 万元分合同除外）；（2）解除雨田公司与渝中农行签订的（渝房 99）抵押第 0215 号房地产抵押合同中，渝中农行对雨田大厦负二层 2889.26 平方米，第二层 1800 平方米，第三层 2100 平方米，第二十一层 1603.52 平方米，第二十二层 1603.52 平方米，第二十三层 1603.52 平方米的房屋的抵押权；（3）渝中农行赔偿雨田公司房屋闲置损失；（4）驳回雨田公司的其他诉讼请求。

渝中农行不服该判决，上诉至重庆市高级人民法院。2003 年 5 月 16 日，该院以〔2003〕渝高法民终字第 23 号判决书认定原判认定事实清楚，适用法律正确，判决：驳回上诉，维持原判。

渝中农行不服二审判决申请再审，重庆市高级人民法院 2005 年 11 月 15 日经〔2004〕渝高法民再字第 117 号民事判决认定：经本院审判委员会讨论认为，本案中双方当事人签订的总额借款合同、《补充协议》以及若干份借款合同，均属合法有效。雨田公司依照相关程序向渝中农行申请 5000 万元的"扫尾资金"贷款后，渝中农行应当依约及时予以发放。雨田公司虽然未按照《补充协议》中的约定，履行开立渝中农行指定账户以及撤销相关账户的义务，但这并不必然导致该笔贷款资金发放的不安全性的出现，况且，雨田公司已将价值高于贷款金额数倍的房屋作抵押，保证了所贷款项的资金运行的安全。故渝中农行在雨田公司多次申请下拒不足额发放贷款的行为，属违约行为。在抵押期间，雨田公司所抵押的房屋已部分投入使用，虽未导致所抵押房屋闲置损失，但是为筹集工程如期竣工所需的资金，雨田公司多次要求渝中农行贷款，并提出渝中农行若不放贷，应解除该抵押房屋的抵押权，以便雨田公司向其他金融机构借款；而渝中农行不仅没有依约向雨田公司放贷，又拒绝解除对该公司房屋的抵押权，致使雨田公司以其所有的房屋另行抵押贷款的权利不能行使，造成雨田公司的融资损失。按照合同法第201条第1款规定，渝中农行理应赔偿雨田公司的损失。因此，应当以雨田公司不能以该抵押物另行融资的损失予以计算。渝中农行申请再审所称雨田公司的抵押房屋未导致闲置损失，故雨田公司不存在损失的理由不能成立。原生效判决以雨田公司抵押房屋的多余部分，所能够融资的数额，分段计算损失的处理是正确的。综上，渝中农行的行为属违约行为，理应承担赔偿雨田公司损失的民事责任；雨田公司的损失应当以其所抵押房屋多余部分能够融资的数额为基数，分段计算赔偿数额。原审判决认定事实清楚，适用法律正确，判决：维持原判。

【监督意见】

渝中农行不服终审判决，向检察机关申诉。重庆市人民检察院提请最高人民检察院抗诉。最高人民检察院审查后，认为原审裁判确有错误，向最高人民法院提出抗诉。理由是：

1. 再审判决将《总额借款合同》、《补充协议》认定为借款合同，违背了当事人的真实意思表示，适用法律错误。从《总额借款合同》及《补充协议》的目的、性质以及内容等方面与《合同法》中所规定的借款合同进行比较，应当认定《总额借款合同》及《补充协议》为授信协议。（1）从合同的目的来看，签订总额借款合同及补充协议的目的并非据此发放具体的贷款，而是确认渝中农行对雨田公司在5年期内的授信额度；（2）从合同的性质来看，总额借款合同及补充协议是渝中农行作出的贷款承诺，不具备借款合同的双务合同性质；（3）从合同内容来看，总额借款合同及补充协议欠缺法律所要求的借款合同必须具备的条款。

2. 再审判决认定渝中农行构成违约缺乏证据证明。雨田公司提交的发放贷款申请不符合在总额借款合同及补充协议约定的贷款用途和发放贷款的条件；雨田公司存在补充协议约定的渝中农行停止发放新贷款或强制提前收回原贷款的情形。

3. 再审判决对农行造成雨田公司的融资损失的认定缺乏事实及法律依据。（1）再审判决认定农行应承担雨田公司的"融资损失"，超出了雨田公司的诉讼请求范围，违反了不诉不理的基本原则。（2）再审判决认定农行应赔偿雨田公司的"融资损失"缺乏证据证明，适用法律错误。（3）再审判决认定渝中农行赔偿融资损失的范围：从 1999 年 10 月 21 日起至 2000 年 6 月 6 日止，以 6792 万元为基数，从 2000 年 6 月 7 日起至 2002 年 2 月 6 日止，以 1.32 亿元为基数，并均按中国人民银行同期流动资金贷款利率计算明显错误。

【监督结果】

最高人民法院受理抗诉后，于 2011 年 12 月 15 日作出〔2011〕民抗字第 49 号民事判决。判决认为：本案在本院再审期间的争议焦点为渝中农行是否违约以及雨田公司主张的违约金及损失是否应该支持。对此，双方虽在总额借款合同和补充协议中约定，渝中农行应从 1999 年 10 月 20 日起的 5 年内，向雨田公司发放额度为 5000 万元的贷款，但并未对贷款的种类、期限、利率等贷款合同的基本内容进行约定，无法直接依据上述两份协议发放贷款。根据约定，贷款需根据雨田公司的资金要求和贷款人经核准的计划与规模，经渝中农行审核并逐笔签订借款合同后发放。事实上，双方在签订借款总额合同和补充协议后，发放的 6 笔贷款也都是由雨田公司逐笔申请，农行审核同意并签订内容具体的借款合同后发放的。故雨田公司认为在总额借款合同以及补充协议签订后，渝中农行就应按其要求发放贷款的主张没有合同依据，原审关于渝中农行未按雨田公司申请发放贷款的行为属违约行为的认定亦缺乏足够的合同和事实依据。但在渝中农行已承诺发放一定额度的贷款，且雨田公司也将价值高于该贷款金额数倍的房屋作抵押后，渝中农行对雨田公司的用款要求有审核确定签约放贷或说明不签约放贷理由的义务，却在雨田公司多次要求渝中农行发放贷款时，没有证据表明渝中农行对此进行过审核和答复，因此应认定渝中农行的行为有违诚实信用原则。如雨田公司基于对渝中农行发放一定额度贷款的承诺之信赖，产生了损失，则渝中农行应承担赔偿责任。关于雨田公司要求渝中农行支付违约金的诉讼请求，因双方在总额借款合同及补偿协议中均未约定违约金而无法获得支持，一审判决未支持其该项请求后，雨田公司也未提出过异议。对于雨田公司主张的抵押房产闲置的资金占用损失，没有事实和法律依据，也无法获得支持。首先，抵押房产的闲置与否和抵押权的存在没有法律上的因果关系。其次，不解除超过债权部分房产的抵押不影响用该房产再次抵押融资。最后，对合同约定债权部分的抵押，渝中农行未同意解除抵押并无不当。故原再审判决关于渝中农行拒绝解除雨田公司房屋的抵押权，致使雨田公司另行抵押贷款的权利不能行使，造成雨田公司的融资损失的认定缺乏事实和法律依据，据此判决渝中农行赔偿雨田公司的所谓融资损失明显不当，本院依法予以纠正。

关于雨田公司解除借款合同的诉讼请求问题，雨田公司在诉状中称，因渝中农行未履行借款总额合同及补充协议而请求判令解除"该借款合同"，同时雨田公司还在先予执行申请书中提出解除部分房产的抵押，故雨田公司诉请解除的合同包括总额借款合同、补充协议以及抵押合同。因总额借款合同及补充协议约定的履行期间截至 2004 年 7 月 9 日，且两份协议约定贷款用于促进雨田大厦的竣工，而雨田大厦现已竣工投入使用，即两份协议约定的履行期间已过，协议也没有继续履行的必要，故对雨田公司解除借款总额合同及补充协议的请求予以支持。总额借款合同及补偿协议解除后，抵押合同也应解除，但渝中农行与雨田公司已经订立分合同并已发放了贷款，在解除抵押合同时应保留适当房产作为上述分合同的担保。判决：（1）撤销重庆市第一中级人民法院〔2002〕渝一中民初字第 403 号民事判决、重庆市高级人民法院〔2003〕渝高法民终字第 23 号民事判决及〔2004〕渝高法民再字第 117 号民事判决；（2）解除双方签订的重庆市农行直属支行 99 年借合主字第 82 - 1 号《中国农业银行重庆市分行直属支行总额借款合同》及《补充协议书》；（3）解除双方签订的（渝房99）抵押第 0215 号房地产抵押合同中，中国农业银行股份有限公司重庆渝中支行对重庆雨田房地产开发有限公司所有的位于重庆市渝中区八一路 177 号房屋中负二层 2889.26 平方米，第二层 1800 平方米，第三层 2100 平方米，第二十一层 1603.52 平方米，第二十二层 1603.52 平方米，第二十三层 1603.52 平方米的抵押权；（4）驳回重庆雨田房地产开发有限公司的其他诉讼请求。

【点评】

本案争议的焦点问题有二：一是对《总额借款合同》及《补充协议》应如何认定及解释；二是是否存在违约损失即抵押房产闲置的资金占用损失。

一、合同解释与合同漏洞的填补

合同解释的方法有文义解释、整体解释、目的解释、习惯解释及诚信解释等，其中，文义解释应当是合同解释的首要方法。合同解释的目的，是探求当事人的真意，这已为《合同法》第 125 条第 1 款确定，但是，如何确定当事人的真实意思表示，特别是在合同欠缺条款即合同存在漏洞，应对某事项加以规定却未予规定时，成为司法实践中的一个难题。对此，《合同法》规定了相应的方法即补充解释。与狭义的合同解释不同，补充解释并不是对理解上发生争议的条款进行解释，而是对合同存在的漏洞进行补充，是根据已有的条款来确定合同应有的条款。

对于合同漏洞的弥补，按照《合同法》第 61 条和第 62 条的规定，依次为以下方法：协议补充、整体解释补充、交易习惯补充与法律的任意规定补充。即可以分三步对合同漏洞进行弥补：（1）当合同存在漏洞的情况下，当事人进行协议补充是填补合同漏洞的首要方法，这体现了当事人意思自治的原则。当然，由当事人协议补充合同漏洞的前提条件是确认合同已经依法成立。因为合同漏洞的构成必须是就合同的非必要之点欠缺条款或约定，如欠缺必要条款，则应依具体情况，分别按照合同不成立或无效处理。（2）依据合同的有关条款或者交易习惯确定合同内容，即通过整体解释补充和依交易习惯补充，是填补合同漏洞的第二步。（3）如果当事人不能达成补充协议，也不能根据合同其他条款和交易习惯填补法律漏洞的，还可以根据法律的相关规定进行填补。从某种意义上来看，通过法律规定填补合同漏洞，并不是探求当事人的真实意思，而是由法律直接确定合同的权利义务，以便于合同的适当履行。如《合同法》在第62条规定的6类情形下，直接规定了合同内容的确定方式。值得注意的是，依据《合同法》第60条的规定，诚实信用原则同样具有填补合同漏洞的功能，这特别适用于当事人双方没有约定合同的附随义务时。

　　本案中，再审判决中正是采用了上述合同漏洞的填补规则，通过双方当事人的协议补充和交易习惯，弥补了双方未在总额借款合同和补充协议中约定贷款种类、期限、利率等内容的漏洞，支持了检察机关的抗诉主张，推翻了原审关于渝中农行未按雨田公司申请发放贷款的行为属违约行为的认定。

　　二、违约损害赔偿的计算

　　违约损害赔偿，又称为赔偿损失，是指违约方以支付金钱的方式弥补受害方因违约行为所减少的财产或者所丧失的利益。损害赔偿是对受损害方所遭受损失的一种补偿，或者说仅仅是恢复权利性的补救，而不具有惩罚性。按照《合同法》第113条、第114条的规定，损害赔偿的确定方式实际有三种：一是按照法律规定确定损害赔偿范围，即损害赔偿应当相当于因违约所造成的损失，包括合同履行后可以获得的利益，但不得超过违反合同一方订立合同时预见到或者应当预见到的因违反合同可能造成的损失。二是约定违约金。三是约定损害赔偿额的计算方法。第一种是法定的确定方式，后两种是约定的确定方式，在同一个违约行为中，上述三种方式是不能同时并用的，约定的违约金或者损害赔偿计算方法具有优先适用性，但一旦没有约定，就必须适用第一种法定的确定方式。

　　就本案而言，原审判决及最高人民法院的再审判决均认定渝中农行存在一定的违约行为，应承担相应的损害赔偿责任，但因当事人没有在合同中约定违约金亦没有约定损害赔偿计算方法，故应适用第一种法定的确定方式来计算渝中农行应承担的损害赔偿责任。如前所述，损害赔偿是对受损方所遭受损失的弥补，这一"损失"既包括现有财产损失，也包括可得利益损失。雨田公司在诉讼中主张其因渝中农行的违约，导致其抵押房产闲置产生了损失，从其性质上来看应属于可得利益的损失。从渝中农行提交的多份证据来看，本案所抵押的房屋已投入使用，并未因闲置而致损失。另外，不解除超过债权部分房产的抵押并不影响用该房产再次抵押融资。因此，雨田公司主张抵押房产的闲置损失没有法律依据。

【承办人简介】

徐燕，女，1978年6月出生，汉族，中共党员，法学硕士，三级检察官，现任重庆市院民行处助理检察员。该同志先后三次连续被表彰为全市优秀公务员，两次被表彰为重庆市院先进工作者，被重庆市院记个人三等功一次，2011年被共青团重庆市委授予"青年尖兵"荣誉称号，2012年被最高人民检察院记个人一等功。

7. 王洪全与沙湾区嘉农镇加华村 6 组征地补偿费分配纠纷抗诉案

【监督机关】四川省人民检察院

【监督方式】抗诉

【基本案情】

申请人（一审原告、二审被上诉人）：王洪全，男，1943 年 9 月 20 日出生，汉族，农民，住沙湾区嘉农镇加华村 6 组。

其他当事人（一审被告、二审上诉人）：沙湾区嘉农镇加华村 6 组，负责人：王志平，组长。

王洪全原系四川省乐山市机砖厂职工，1992 年响应国家号召，自愿申请退养换工，由其女儿王英到市机砖厂工作，自己则轮换回沙湾区嘉农镇加华村 6 组务农。1992 年 6 月 30 日，根据川府发〔1992〕24 号文和乐市劳计〔1992〕16 号文精神，乐山市机砖厂、王洪全和沙湾区嘉农镇人民政府、王英四方共同签订了《退养换工协议书》。1993 年 12 月 1 日，王英将户口迁入机砖厂，同时王洪全将户口迁至加华村 6 组成为该组村民。王洪全按照以上文件和协议规定继续耕种女儿王英的自留地和承包地，每年按照国家规定按时交纳农业税，积极参加村上公益事业，履行村民应尽的义务。

加华村 6 组的土地于 2003 年被嘉农水泥厂占用并进行了补偿。2004 年 2 月，该组以村民户口在该组为标准分配该笔补偿费。户口在该组的村民不管是否有承包地，每人都分得 4120 元，但加华村 6 组以王洪全是轮换工为由把其排除在分配名单之外。王洪全不服，多次找到加华村 6 组要求发放该笔补偿费。2004 年 3 月 23 日，沙湾区农业局对王洪全之子王军关于土地承包问题进行了回复（乐沙农函〔2004〕2 号）："根据川劳社函〔2002〕35 号议事纪要精神，你父亲王洪全属乐山市机砖厂轮换工，其是否享有土地承包权由乡镇指导村民委员会民主决定。"2004 年 4 月 18 日，加华村村委会在加华村小学召开户代表会议。加华村全村共有 71 户村民，其中当日到场的 56 户村民采用无记名投票方式对王洪全是否享受集体土地承包权进行了民主表决。表决结果为48票反对，8票赞成。王洪全不享有加华村6组集体土地承包权。2004年7月29日，经社员代表会议讨论，9名村民代表一致同意保留王洪全一份责任田。2005年11月26日，嘉农镇人民政府对加华村作出复函："为了充分体现村民自治权，充分发挥村民代表协调处理具体问题的积极作用。为此，复函你组请妥善处理王洪全那份土地款4120元的具体问题。"2006年2月26日，加华村41名村民签字同意王洪全享有4120元土地承包款。2006年5月16日，全组54名村民签字表示不同意王洪全享受一个合格村民的一切待遇，1人表示弃权。2006年4月3日，王洪全向沙湾区人民法院提起诉讼，要求沙湾区嘉农镇加华村6组给付自己土地征地补偿款共计人民币4120元。

【原审裁判情况】

沙湾区人民法院经审理认为：王洪全将户籍迁至加华村6组，取得了该集体经济组织资格，履行了村民的义务，应与该集体经济组织享有同等权利。加华村6组的土地被嘉农水泥厂占用时取得土地补偿款属于其集体经济组织的收益，为全集体经济组织成员所享有。被告在划分该笔款项时，是以该组村民的农业户口为标准。而王洪全作为该组村民，符合划分标准，应当依法获得土地补偿款。加华村6组虽辩称根据四川省劳动和社会保障厅〔2002〕35号文件不应当分配给原告土地补偿款，但该文件最后的意思也是让各市根据本地实际情况处理的一种意见。乐山市人民政府第6号令就是结合本地实际情况对轮换工人，每人按4000元一次性发给生活补助费，即安置费等农村土地补偿款问题予以解决的相关文件。王洪全的诉讼请求也符合该文件的精神，应当对其合理部分予以支持。判决：加华村6组在判决生效之日起十日内支付原告王洪全征地补偿费4000元。

判后，加华村6组不服，向乐山市中级人民法院提起上诉。

乐山市中级人民法院经审理认为：双方当事人争执的征地补偿费分配纠纷，应根据最高人民法院《关于审理涉及农村土地承包纠纷案件适用法律问题的解释》的规定处理，王洪全在1992年与其女儿轮换工作时，将户口迁入加华村6组，但王洪全于1998年以来在社保局领取养老保险金，享有退休人员的福利待遇。因此，王洪全不具有加华村6组成员资格。所以不应享有该征地补偿费分配份额。对王洪全的诉讼请求，不应予支持。原审法院审理认定王洪全系加华村6组村民不当；所引用的《乐山市人民政府6号令》系征地安置拆迁办法，不适用本案征地补偿费分配纠纷。原判决认定事实不清，适用法律错误。判决：（1）撤销乐山市沙湾区人民法院〔2006〕沙湾民初字第174号民事判决；（2）驳回王洪全的诉讼请求。

【监督意见】

王洪全不服终审判决，向检察机关申请监督。四川省人民检察院经审查认为，终审判决认定事实不清，适用法律有误，判决结果确有错误。理由如下：

1. 根据相关规定，王洪全作为轮换工回到加华村后应该享有和承担农村村民的权利和义务。四川省人民政府批转省劳动厅《关于调整统一家居农村老工人换工政策意见的通知》（川府发〔1992〕24号）和乐山市劳动局、乐山市公安局、乐山市粮食局《关于调整统一家居农村老工人换工办法意见的通知》（乐市劳计〔1993〕11号）文件规定："换工按照'出一进一，先出后进'的原则办理，不增加城镇人口，不占用'农转非'计划指标。"王洪全与王英换工后，王洪全回到加华村6组，其户籍已经由原来的城镇户籍转变为农村户籍，不再是城镇居民，而是农村村民。

根据四川省人民政府办公厅《关于家居农村老工人换工子（女）原责任地和自留地保留问题的补充通知》（川办发〔1992〕79号）关于"换工老工人回乡后，换工子（女）原责任地和自留地予以保留。……老工人愿意和有能力耕种的，可以耕种，不愿意耕种的，可以退还给集体，由集体作统一安排"之规定，王洪全回到加华村6组后，获得了农村村民户籍，并获得了王英原有责任地和自留地的承包经营权，一直在耕种上述土地，并按照规定向国家和集体履行交纳农税和粮食定购等义务。

因此，王洪全换工回到加华村6组后，已经取得了该村的户籍，享有作为该村村民承包经营责任地和自留地的权利，并履行交纳农税等相关义务。事实上，王洪全已经成为加华村6组的村民。

2. 村民委员会无权剥夺村民的合法权利。王洪全的户籍证明和土地承包经营权证都是合法有效的权利凭证，依据这些凭证，王洪全应该享有获得征地补偿费的权利。沙湾区嘉农派出所出具的户籍证明上清楚载明，王洪全系农村村民户口。户口簿是公民身份的权威证明，在未经法定程序改变或注销前具有当然的法律效力，任何机关都无权擅自作出与之不同的认定，人民法院亦无权否定公安部门的身份登记信息，擅自改变公民户口的性质。同时，王洪全的土地承包经营权证是由政府发放的确认土地承包经营权的权利凭证，亦具有法定效力，其承包期限为1999年4月至2029年12月。在该承包期限内，王洪全完全具有土地承包经营的合法权利，该权利不应受任何侵害。

根据《中华人民共和国村民委员会组织法》第20条第2款之规定："村民自治章程、村规民约以及村民会议或者村民代表讨论决定的事项不得与宪法、法律、法规和国家的政策相抵触，不得有侵犯村民的人身权利、民主权利和合法财产权利的内容。"加华村村委会于2004年4月18日召开的户代表会议对王洪全是否享受集体土地承包权进行民主表决，该表决违反了上述法律规定，侵犯了王洪全作为村民的合法财产权利，应为无效。

因此，王洪全回到加华村6组后，依法取得了加华村的户籍，获得了土地承包经营权证，从法律上讲，王洪全已经是合法的加华村村民。

3. 作为轮换工，王洪全享有一些普通村民不享有的权利，这并不影响王洪全的农村村民身份。川府发〔1992〕24号文件规定："换工回乡的老工人，1960年至1966年底以前参加工作的，由原企业按本人月标准工资的60%—65%发给生活费；1959年底以前参加工作的，按本人月标准工资的65%—70%发给生活费……批准换工回乡的老工人，原有粮煤补贴、物价补贴等，比照退休职工的有关规定执行。本人今后达到国家规定的退休年龄时，由原企业办理退休手续，及时通知本人，并从办理退休手续之月起，改按退休待遇发给退休费。"乐市劳计〔1993〕11号文件也有类似规定。故王洪全回到加华村6组后，于1998年起在社保局领取养老保险金，享有退休人员的福利待遇。

王洪全作为老工人响应国家政策换工回乡，由于失去了原有的作为城市居民的身份资格，因而失去了城镇老年人的社会福利和保障，又由于其年老体弱，故国家政策规定为换工回乡的老人保留一定的原有福利和保障。因此，王洪全获得的养老保险金是基于原有身份的福利，享有这种福利并不是因为其已经重获城镇居民资格，而是其在年老体弱时失去城镇居民资格的补偿。领取养老保险金与是否拥有村民身份资格是不同性质的问题，王洪全在享有这种福利的同时，并不影响其作为农村村民享有其他的合法权利。

因此，终审判决认定"王洪全于1998年以来在社保局领取养老保险金，享有退休人员的福利待遇。因此，王洪全不具有加华村6组成员资格。所以不应享有该征地补偿费分配份额"不当。王洪全在征地补偿费分配方案确定之前，从法律和事实上讲都已经是加华村6组的正式村民，应该享有其作为村民的合法权利。根据最高人民法院《关于审理涉及农村土地承包纠纷案件适用法律问题的解释》第24条之规定，征地补偿安置方案确定时已经具有本集体经济组织成员资格的人，请求支付相应份额的，应予支持。因此，王洪全应该享有征地补偿费分配份额，人民法院应该支持其要求支付相应征地补偿费份额的请求。

【监督结果】

四川省高级人民法院受理抗诉后，指令乐山市中级人民法院再审。乐山市中级人民法院再审认为：根据最高人民法院《关于审理涉及农村土地承包纠纷案件适用法律问题的解释》第24条的规定，征地补偿安置方案确定时已经具有本集体经济组织成员资格的人，请求支付相应份额的，应予支持。按照四川省人民政府批转省劳动厅《关于调整统一家居农村老工人换工政策意见的通知》（川府发〔1992〕24号）和四川省人民政府办公厅《关于家居农村老工人换工子（女）原责任地和自留地保留问题的补充通知》（川办发〔1992〕79号）及乐山市劳动局、乐山市公安局、乐山市粮食局《关于调整统一家居农村老工人换工政策意见的通知》（乐市劳计〔1993〕11号）文件的规定，本案中，王洪全于1992年将其女儿王英换工到该企业上班，自己轮换回加华村6组务农，随后将户口迁至该组农村户籍，并继续耕种王英的自留地和承包地到现在，其间1999年第二轮土地承包时也未变更，每年按时缴纳农税。由此证明王洪全的农村村民身份，且系加华村6组集体经济组织成员的资格，应该享有作为村民的合法权利。因此，王洪全要求原审被告支付征地补偿费份额的请求应予支持。原一审认定事实清楚，处理正确。虽然王洪全于1998年起在社保局领取养老保险金，享有退休人员的福利待遇，但王洪全作为换工回乡，失去了原有的作为城市居民的身份资格，因而失去了城镇老年人的社会福利和保障。川府发〔1992〕24号文件规定："换工回乡的老工人，1960年至1966年底以前参加工作的，由原企业按本人月标准工资的60%—65%发给生活费；1959年底以前参加工作的，按本人月标准工资的65%—70%发给生活费……本人今后达到国家规定的退休年龄时，由原企业办理退休手续，及时通知本人，并从办理退休手续之月起，改按退休待遇发给退休费。"乐市劳计〔1993〕11号文件也有类似规定，故国家政策规定为换工回乡的老工人保留一定的原有福利和保障。因此，王洪全获得的养老保险金是基于原有身份的福利，享有这种福利并不是因为其已经重获城镇居民资格，而是其在年老体弱时失去城镇居民资格的补偿。王洪全在享有这种福利的同时，并不影响其作为农村村民享有其他的合法权利。二审判决不当，应予改判。判决：（1）撤销本院〔2006〕乐民终字第225号民事判决；（2）维持乐山市沙湾区人民法院〔2006〕沙湾民初字第174号民事判决。

【点评】

本案的事实较为清楚，法律关系亦不算复杂，但涉及公民的基本权利问题，被《检察日报》和中国人民大学宪政与行政法治研究中心评选为2009年度十大影响性宪法案例之一。王洪全的诉讼请求是要求他所在的村民委员会支付土地被征后的补偿费，按照相关法律法规的规定，是否应当获得补偿，取决于是否具有该村村民身份，因此本案的要点是确认王洪全的村民身份，具备该身份，则应获得补偿，否则，就不应补偿。

村民身份完全是一个客观事实的判断，确认的依据是一个人的现实户籍所在。如户籍在某村，就是某村的村民。就我国目前的政策看，这应当是判断村民身份的主要根据。至于何时迁入，为何迁入，迁入之后是否享受因其他原因导致的其他待遇，都不影响村民身份的确立。本案中，王洪全原在机砖厂上班，因其女儿王英在1992年与其换工，迁入加华村6组，这一事实使得王洪全获得了该村村民身份，失去了城镇居民身份。正是因为这一现实身份，王洪全得以继续耕种其女儿原来承包经营的土地，每年按时交纳农业税，参与各种村民的活动，包括公益活动，履行农村村民的义务。后来嘉农水泥厂占用该村土地，对村民予以补偿，王洪全作为村民，理应与其他村民一样获得相同的补偿份额。王洪全的这一享受补偿的权利受到了侵犯，或者说他建立在村民身份之上的身份利益受到了侵害，法院对他的诉讼请求应当予以支持。

本案中，有三点值得强调：

第一，本案二审法院判决驳回王洪全的诉讼请求的主要理由是王洪全自1998年以来从社保局领取养老保险金，享受了退休人员的福利待遇，故不属加华村村民，不能获得征地补偿费。此种认识的误区在于未能正确把握确认村民身份的法律依据。如前所述，判断某人是否属于某村的村民，根据应当是其户籍所在而非其他因素。户籍在某村就是某村的村民。在该村民迁入该村之前有何身份，或者因为某种以前的身份享受了某种经济福利待遇，这都不应当影响对其现实村民身份的确认。一个人一生中可能经历多种身份，其中的某一身份可以依法给其遗留某些权利，这些过去的身份及其引起的权利不可否定其后来取得的身份及其带来的身份利益。

第二，身份利益是因为身份而带来的，其本质属于法定利益，绝不可用群众讨论投票的方式决定其废存去留。传统观念上的民主强调"绝对多数"原则，但民主决定的事务应为公共事务，个人问题不是民主决定的范围。村民不能通过投票方式决定一个人的身份。按照《中华人民共和国村民委员会组织法》和相关的其他法律法规的规定，村民会议或村民代表会议的决定不能侵犯村民的合法财产利益。在本案中，加华村村委会召开的户代表会议讨论王洪全是否应当获得补偿并用投票方式表决，显然属于不当之举。投票结果否决了王洪全的补偿获得权，明显侵犯了王洪全的合法财产利益，行为性质已属违法，不应当作为判定王洪全是否有权获得补偿的依据。

第三，有一种意见认为征地补偿费的分配问题属于农村集体经济组织的自治权范围，村民委员会与王洪全是管理与被管理的关系，加华村6组行使管理权，加华村6组不向王洪全支付征地补偿费，也有法律依据支持。但是，《中华人民共和国村民委员会组织法》（本法已于2010年10月28日修订）第20条第2款规定："村民自治章程、村规民约以及村民会议或者村民代表讨论决定的事项不得与宪法、法律、法规和国家的政策相抵触，不得有侵犯村民的人身权利、民主权利和合法财产权利的内容。"即农村集体经济组织在行使自治权时，不能侵害村民的合法权利。退一步讲，即使加华村6组行使自治权，不给王洪全分配征地补偿款，但其前提是必须承认王洪全的村民身份和获得分配的资格。村委会组织村民投票否定王洪全的村民身份，法院又通过判决予以支持，这样的判决明显严重侵害了村民个体的合法权利，应予以纠正。

【承办人简介】

樊慧，四川省人民检察院民事行政检察处助理检察员。2002年7月毕业于西南政法大学经济法系，同年考入四川省人民检察院工作至今。

8. 韩花诉海南省交警总队不履行法定职责抗诉案

【监督机关】 最高人民检察院、海南省人民检察院

【监督方式】 抗诉

【基本案情】

申请人（一审原告、二审被上诉人、再审被申请人）：韩花，女，1960 年 5 月 18 日出生，汉族，无业，住海南省文昌市洪山乡亦排村。

其他当事人（一审被告、二审上诉人、再审申请人）：海南省交警总队，住所地：海口市西沙路 21 号；法定代表人：蔡兴教，总队长。

海口理兰汽车贸易有限公司（以下简称理兰公司）分别于 2000 年 6 月 3 日付定金 3 万元和 6 月 26 日付购车款 28.3 万元给广州威达机械企业有限公司汽车制造厂（以下简称汽车制造厂），汽车制造厂于 2000 年 6 月 20 日将其生产的珠江牌 41 座 GZ6100 型大客车一辆（车架号为：LCI00E008Y0000024，发动机号为：JP00346612）销售给理兰公司。2000 年 6 月 28 日，韩花用现金向理兰公司支付 31.4 万元后，理兰公司将该车销售给了韩花。2000 年 9 月 20 日，该车经海口市公安局交通巡逻警察支队（以下简称市交警支队）车管所登记上牌，车牌号为琼 A06281。

2001 年 3 月 5 日，韩花与海南港澳国旅汽车服务公司（以下简称港澳国旅公司）签订《旅游客车参营合同》，约定韩花以琼 A06281 号旅游大客车挂靠港澳国旅公司进行营运。2002 年 10 月 15 日，韩花聘请周云光为琼 A06281 号大客车驾驶员。

2002 年 1 月 9 日，海南省纪律检查委员会向海南省公安厅纪委发函称：据群众来信反映，琼北车管所把报废车改装成国产珠江牌汽车，大梁发动机全部是旧车，却以全新车上牌，要求海南省公安厅纪委调查处理并在 3 个月内报结果。2003 年 1 月 17 日，省交警总队警务督察科在海南省万宁市扣留了由周云光驾驶的琼 A06281 号大客车，扣车凭证为《公安督查现场扣留、收缴凭证》，扣车原因为：涉嫌报废车辆。2003 年 2 月 24 日，海南省公安厅对琼 A06281 号大客车作出琼公刑技（痕）字〔2003〕第 097 号《刑事科学技术鉴

定书》，经鉴定琼 A06281 大客车车架号码有涂改过的痕迹。

2003 年 11 月 6 日，省交警总队作出督移送字〔03〕02 号《公安督察移送通知书》将案卷移送市交警支队，并于 2004 年 1 月 16 日由省交警总队督察科将其扣留的琼 A06281 号大客车移交给市交警支队，但市交警支队没有重新作出新的扣车决定。

2004 年 10 月 29 日，广州骏威客车有限公司（由原汽车制造厂更名而来）经派员现场辨认，并出具广骏客函〔2004〕50 号《关于对琼 A06281 号大客车的说明函》：该车的车主从 2000 年 6 月 28 日接到车至上牌的 3 个月时间里，加装了空调，将活动窗改为固定窗。该车是威达厂生产的，但该车右后大梁处的 VIN 号码不是原威达厂规定在靠梁底边打刻，而是在离梁底边 1 寸以上的位置打刻，该处的号码明显粗壮些，与该车左前大梁处的原厂打刻 VIN 号码明显不同。另外，从纪检委提供的琼 A06281 客车的产品合格证原件是我司发出的。

2004 年 11 月 3 日，韩花向海口市美兰区人民法院提起行政诉讼，以省交警总队强行扣留琼 A06281 号大客车没有任何事实依据和法律依据，严重违反行政法规和程序的规定，违法扣押公民合法财产长达 2 年为由，请求判令：（1）依法对涉嫌报废车辆琼 A06281 号大客车作出处理决定；（2）依法终止交警总队行政不作为行为；（3）请求返还合法财产琼 A06281 号大客车。

【原审裁判情况】

海口市美兰区人民法院经审理认为：被告交警总队在执行海南省纪律检查委员会琼纪群字〔2002〕5 号《关于查报琼北车管所有关问题的函》对海南省琼北车管所有关工作人员涉嫌违反规定给报废车辆入户的情况组织力量进行调查，安排其不具有法人资格的内部督察部门实施对琼 A06281 号大客车以"涉嫌报废车辆"的原因进行扣留至今已 2 年之久，不作出是否为报废车辆的结论给原告，也不返还车辆给原告的行为，明显违反了《交通违章处理程序规定》第 39 条的规定。被告为了调查处理海南省琼北车管所有关工作人员涉嫌违反规定给报废车辆入户而实施对案外人车辆所有人的合法财产进行扣留，在法规规定的期限内，又不给车辆所有人作出是否为报废车辆的明确决定，且不退还该车给车辆所有人，侵犯原告的合法权益的行为，违反了有关法律规定，应予纠正。依照《中华人民共和国行政诉讼法》第 54 条第 3 项的规定，判决：省交警总队须于本判决发生法律效力之日起 15 日内对琼 A06281 号大客车是否属报废车辆作出处理决定。

判后，省交警总队提出上诉。海口市中级人民法院在审理过程中，海南省公安厅作出琼公通〔2005〕163 号《关于对琼 A06281 号大客车等嫌疑车辆尽

快作出处理决定的通知》，2005 年 8 月 24 日，市交警支队作出公（交）撤字
〔2005〕第 01 号《公安交通管理撤销决定书》，对韩花所有的琼 A06281 号大
客车作出撤销机动车登记的处理决定，并于同日书面通知韩花到市交警支队违
章大队办理返还琼 A06281 号大客车的有关手续。在市交警支队作出撤销机动
车登记的处理决定并将被扣车辆返还给韩花后，海口市中级人民法院征求韩花
是否撤回其一审诉讼请求的意见，韩花明确表示其不撤回一审诉讼请求。

　　海口市中级人民法院经审理认为：省交警总队把琼 A06281 号大客车移交
市交警支队处理后，市交警支队已于 2005 年 8 月 24 日对被扣车辆作出了撤销
机动车登记的处理决定，并把被扣车辆返还被上诉人韩花，韩花的诉讼请求已
经得到满足，再行判令省交警总队履行职责已无实际意义。在韩花不肯撤回其
诉讼请求的情况下，应参照最高人民法院《关于执行〈中华人民共和国行政
诉讼法〉若干问题的解释》第 56 条第 4 项之规定，撤销原审判决，驳回被上
诉人的诉讼请求。但上诉人在扣留被上诉人的车辆后，未在 1999 年 12 月
10 日公安部发布的《交通违章处理程序规定》第 39 条第 1 款第 2 项规定的期
限内依法对被扣车辆作出处理，存在行政不作为的情况，应当确认上诉人的不
作为行为违法。根据最高人民法院《关于执行〈中华人民共和国行政诉讼法〉
若干问题的解释》第 57 条第 2 款第 1 项、第 70 条之规定，判决：（1）撤销海
口市美兰区人民法院〔2004〕美行初字第 39 号行政判决；（2）确认省交警总
队在把被扣的琼 A06281 号大客车移交市交警支队处理之前未在法定期限内对
已扣的琼 A06281 号作出处理决定的行政不作为行为违法；（3）驳回韩花的诉
讼请求。

　　省交警总队不服二审判决，向海南省高级人民法院申请再审。海南省高级
人民法院经审理认为：省交警总队扣留琼 A06281 号大客车的行为，确实是为
了查处上级纪检部门交办的内部违法违纪案件。在扣押车之后，其一直进行积
极的查处，并没有怠于作为。该扣车行为，表象上为具体行政行为，但在本质
上为内部违法违纪的查处行为。在完成外围调查后，省交警总队将扣留的琼
A06281 号大客车移送给有管辖权的市交警支队进行处理，符合公安部公法
〔91〕51 号文的规定。该案移送后，市交警支队已对琼 A06281 号大客车作出
了撤销机动车登记的处理决定，并将大客车退回韩花。市交警支队对琼
A06281 号大客车的处理，使韩花在本案中的诉讼请求已经得到满足。据此，
二审判决将一审判决予以撤销是正确的。在一审诉讼中，原告韩花只主张一个
诉讼请求，即"请求依法对涉嫌报废车辆琼 A06281 号大客车作出处理决定"。
但二审判决却增加"确认上诉人在把被扣的琼 A06281 号大客车移交市交警支
队处理之前未在法定期限内对已扣的琼 A06281 号作出处理决定的行政不作为

行为违法"的判决，超出了韩花的诉讼请求，违背了"不告不理"原则，应依法予以纠正。省交警总队关于二审判决超出了韩花的一审诉讼请求的辩解有理，应予支持。根据最高人民法院《关于执行〈中华人民共和国行政诉讼法〉若干问题的解释》第 56 条第 1 项、第 4 项的规定，判决：（1）撤销海口美兰区人民法院〔2004〕美行初字第 39 号行政判决和海口市中级人民法院〔2005〕海中法行终字第 37 号行政判决；（2）驳回韩花的诉讼请求。

【监督意见】

韩花不服再审判决，向检察机关申请监督。海南省人民检察院审查后提请最高人民检察院抗诉，最高人民检察院认为海南省高级人民法院〔2005〕琼行再终字第 3 号行政判决认定事实和适用法律确有错误，向最高人民法院提出抗诉。理由如下：

1. 再审判决认为"交警总队扣留琼 A06281 号大客车的行为，确实是为了查处上级纪检部门交办的内部违法违纪案件。该扣车行为，表象上为具体行政行为，但在本质上为内部违法违纪的查处行为"缺乏事实及法律依据。

第一，中国共产党纪律委员会查处违法乱纪行为，其查处对象为中国共产党党员。但被扣车辆琼 A06281，其实际所有人是韩花。韩花不是人民警察，琼 A06281 也不是警用车辆。根据相关规定，公安机关督察部门没有对一般公民的非警用车辆进行扣押的权力。同时，纪委的函"要求省交警总队对琼北车管所涉嫌违规给报废车辆入户的情况组织力量进行调查"并没有作出扣车指示。韩花作为普通公民，在其所有的车辆被举报非法入户的情况下，可以协助交警总队纪委部门进行调查，但中国共产党的纪律检查行为对其没有约束力。

第二，省交警总队以涉嫌报废车辆为由作出的扣车行为具备具体行政行为特征，属于人民法院受理行政诉讼案件范围。首先，《中华人民共和国道路交通安全法》第 5 条规定："国务院公安部门负责全国道路交通安全管理工作。县级以上地方各级人民政府公安机关交通管理部门负责本行政区域内的道路交通安全管理工作。"第 100 条规定："驾驶拼装的机动车或者已达到报废标准的机动车上道路行驶的，公安机关交通管理部门应当予以收缴，强制报废。"根据上述规定，公安交通管理部门有扣押涉嫌报废机动车辆的法律授权，有权采取限制公民财产权的行政强制措施。其次，交警总队相关工作人员以"涉嫌报废车辆"为由，扣押琼 A06281 号大客车，是针对公民就特定事件作出的具有命令与服从性质的决定，是单方面的行政处理行为。最后，该扣押行为对行政相对人韩花的权利产生了实际影响。督察部门的扣押行为，使韩花丧失了对其所有财产的占有和使用及经营管理，其合法权利被限制。尽管公安机关内部督察部门无权对一般公民的财产进行扣押，但该扣押行为是公安机关工作人员以"涉嫌报废"为由实施的，属于公安机关执法权限。韩花作为一名普通公民，其收执《公安督查现场扣留、收缴凭证》、《公安督查扣留（收缴）物品清单》，不知督察部门作为公安机关交警部门的内设机构没有扣押"涉嫌报废车辆"的行政执法权，但这不影响行政行为的成立。

综上，韩花作为被扣车辆的实际所有人和经营者，有权根据《中华人民共和国行政诉讼法》第 11 条第 2 项规定（公民或法人对行政机关限制人身自由或者对财产的查封、扣押、冻结等行政强制措施不服的），就交警总队扣押琼 A06281 大客车的行政行为，向人民法院提起行政诉讼。

2. 再审判决认为"二审判决却增加确认上诉人（交警总队）在把被扣的琼 A06281 号大客车移交市交警支队处理之前未在法定期限内对已扣的琼 A06281 号作出处理决定的行政不作为行为违法的判决，超出了韩花的诉讼请求。二审判决确认交警总队行政不作为行为违法，超出了韩花的诉讼请求，违背了'不告不理'原则，应依法予以纠正"，缺乏事实和法律依据。

第一，再审判决此认定缺乏证据支持。一审卷宗行政起诉状载明韩花的诉讼请求：（1）请求依法对涉嫌报废车辆琼 A06281 号大客车作出处理决定。（2）请求依法终止交警总队行政不作为行为。（3）请求返还合法财产琼 A06281 号大客车。二审中韩花在其行政答辩状写明：本案焦点首先是被上诉人（韩花）是否构成原告主体，其次是上诉人（交警总队）是否构成被告，最后是上诉人以涉嫌报废车辆原因扣留琼 A06281 号大客车长期未作出处理决定是否违法。综上，韩花一直坚持法院对交警总队"长扣未处"的行为作出是否是违法行政行为的认定，二审判决并没有超出韩花的诉讼请求。

第二，再审判决认定缺乏法律依据。公民或法人与行政机关发生纠纷，提出行政诉讼，就是请求法院对该行政机关作出的行政行为作出是否合法的判定，法院依职权应对讼争的行政行为的合法性进行审查。合法性审查是行政诉讼的基本原则。相关行政诉讼法律、法规及司法解释均体现了这一原则。即对原告起诉被告不作为的案件，被告在诉讼中作出具体行政行为，原告仍不撤诉，法院经审查认为原行政行为违法的，不再作出撤销或变更判决，而应作出确认其违法的判决，行政机关在诉讼中变更原行政行为并不能阻碍人民法院依职权对原行政行为进行合法性审查。结合本案，交警总队以涉嫌"报废"为由扣车并持续时间达 2 年后韩花起诉。交警部门在诉讼中作出了该车为非法入户并撤销机动车登记的处理，但这并不能证明在此行政处罚行为作出之前发生的持续扣车行为就具有合法性。韩花没有撤诉，即表明其仍在请求人民法院对交警总队持续扣车的行为作出是否合法的评判，人民法院应当作出合法或违法的认定。

3. 再审判决根据最高人民法院《关于执行〈中华人民共和国行政诉讼法〉若干问题的解释》第56条第1项、第4项的规定，驳回韩花的诉讼请求，缺乏事实及法律依据。

《中华人民共和国行政诉讼法》第32条规定："被告对作出的具体行政行为负有举证责任，应当提供作出该具体行政行为的证据和所依据的规范性文件。"根据此规定，交警总队应举证明自己以"涉嫌报废车辆"为由扣留琼A06281号大客车的持续扣车行为具有合法性的事实及法律依据。此举证责任包括证明自己是合法的执法主体，对本案有权通过行政行为作出处理；该处理行为符合程序和形式要求；该行政行为内容合法。而省交警总队在诉讼中未能提供证明持续扣车未超出法定期限的法律依据，应当承担相应的法律后果。另外，省交警总队督察部门没有扣押报废车辆的行政管理权，而以自己的名义扣押车辆，属于超越法定权限的越权行为。

【监督结果】

最高人民法院受理抗诉后，指令海南省高级人民法院对本案进行再审。海南省高级人民法院再审判决认为：

一、关于被申诉人省交警总队扣留琼A06281号大客车的行为是否是具体行政行为

省交警总队以涉嫌报废车辆为由扣留琼A06281号大客车是为了配合查处其内部违法违纪行为，但该扣车行为是具体行政行为。理由是：第一，公安交通管理部门有扣押涉嫌报废机动车辆的法律授权。第二，省交警总队相关工作人员以"涉嫌报废车辆"为由，扣押琼A06281大客车，是针对特定公民就特定事件作出的具有命令与服从性质的决定。第三，该扣押行为对行政相对人韩花的权利产生了实际影响。因此，检察机关关于扣车行为是具体行政行为的抗诉理由成立。

二、关于本案是否应进行合法性审查的问题

韩花在一审行政起诉状载明了诉讼请求：一是请求依法对涉嫌报废车辆琼A06281号大客车作出处理决定。二是请求依法终止省交警总队行政不作为行为。三是请求返还合法财产琼A06281号大客车。虽然韩花没有请求确认行政不作为违法，但其在一审起诉状的理由中提到过该行政不作为存在违法的问题。因此，人民法院应当对讼争的行政行为的合法性进行审查。《中华人民共和国行政诉讼法》第5条规定："人民法院审理行政案件，对具体行政行为是否合法进行审查。"最高人民法院《关于执行〈中华人民共和国行政诉讼法〉若干问题的解释》第67条第1款规定："第二审人民法院审理上诉案件，应

当对原审人民法院的裁判和被诉具体行政行为是否合法进行全面审查。"所以，二审判决对被诉具体行政行为是否合法进行审查并无不当。因此，检察机关关于不能以二审判决超诉讼请求为由改判的抗诉理由成立。

三、被申诉人省交警总队扣留琼 A06281 号大客车的具体行政行为是否合法

省交警总队扣留琼 A06281 号大客车，是在执行公安厅纪律检查委员会琼公纪函〔2003〕1 号《关于查报琼北车管所涉嫌违规给报废车入户情况的函》。省交警总队扣车后，进行了调查。之后，省交警总队将扣留的琼 A06281 号大客车移交市交警支队处理符合公安部法制司、交通管理局《关于省交通警察总队执勤队可否以自己名义实施交通管理处罚请求的答复》的规定。而且，琼 A06281 号大客车是不能取得合法上路行驶资格的财产。经省公安厅鉴定，该车车架号码有涂改的痕迹。因此，该车依法不能办理注册登记。韩花虽然办理了注册登记手续、领取机动车号牌，并持续使用了一段时间，但无法改变车辆违法入户的事实。韩花违法取得的车辆注册登记不受法律保护，省交警总队查扣琼 A06281 号大客车实质上是为公共安全负责。但是，省交警总队在查扣琼 A06281 号大客车的过程中，存在以下违法之处：

第一，省交警总队警务督察科以"涉嫌报废"为由扣留琼 A06281 号大客车，超越法定权限。《公安机关督察条例实施办法》等有关规定没有规定督察机构及人员有扣留报废车的权力。本案中扣车的主体是警务督察科，其并没有针对一般行政相对人实施行政处罚的权力，警务督察科以自己的名义扣押涉嫌报废车辆超越法定权限。

第二，从 2003 年 1 月 17 日省交警总队扣车到 2004 年 1 月 16 日将车移交市交警支队，省交警总队扣车近 1 年。根据《中华人民共和国行政诉讼法》第 32 条的规定："被告对作出的具体行政行为负有举证责任，应当提供作出该具体行政行为的证据和所依据的规范性文件。"也就是行政权力的行使要有法律依据，行政机关对此负有举证责任。省交警总队在本案中没有提供能够证明其在法定期限内扣车的有关法律依据。

综上所述，检察机关的抗诉意见成立，应确认省交警总队查扣琼 A06281 号大客车的行为违法。判决：（1）撤销本院〔2005〕琼行再终字第 3 号行政判决；（2）确认被申诉人海南省交警总队查扣琼 A06281 号大客车的行为违法；（3）驳回申诉人韩花的诉讼请求。

【点评】

本案主要涉及交警部门为配合查处其内部违法违纪行为，对涉嫌报废的营运大客车进行扣押，是否属于具体行政行为、其长期扣押不作处理是否合法以

及法院是否要进行合法性审查的问题。

海南省交警总队扣押琼 A06281 号大客车，是按照纪检部门的要求，配合查处其内部干警的违法违纪行为，但由于琼 A06281 号大客车的实际车主韩花既不是中共党员，也不是人民警察，中国共产党的纪律检查行为以及交警督查行为对其没有约束力，而根据《中华人民共和国道路交通安全法》的规定，公安机关交通管理部门负责道路交通安全管理工作，具有法律授权，海南省交警总队扣押琼 A06281 号大客车已对韩花的权利产生了实际影响，因此，该行为是具体行政行为。

海南省交警总队扣押琼 A06281 号大客车长达 2 年，却并没有举证证明其扣车期限具有法律依据，根据《中华人民共和国行政诉讼法》第 32 条"被告对作出的具体行政行为负有举证责任，应当提供作出该具体行政行为的证据和所依据的规范性文件"的规定，海南省交警总队不能证明其持续扣车行政行为的合法性，应该认定该具体行政行为违法。

公民或法人与行政机关发生纠纷，提出行政诉讼，就是请求法院对该行政机关作出的具体行政行为作出是否合法的判定，法院应当依职权对讼争具体行政行为的合法性进行审查。合法性审查是行政诉讼的基本原则，相关的行政诉讼法律、法规及司法解释均体现了这一原则，法院不能以超出诉讼请求、违背了"不告不理"原则而不予以审查和评判。

【承办人简介】

周星江，男，51 岁，汉族，法学学士学位，现为海南省人民检察院民事行政检察处检察员。

9. 东莞德兴实业发展有限公司与郑文达、白瑞玲等人债权债务纠纷抗诉、检察建议案

【**监督机关**】广东省人民检察院、江门市人民检察院、惠州市人民检察院、茂名市人民检察院

【**监督方式**】抗诉、检察建议

【**基本案情**】

申请人：东莞市德兴实业发展有限公司，住所地：东莞市虎门镇太平人造花厂；法定代表人：方德成，董事长。

其他当事人：郑文达，男，汉族，1968年2月12日出生，住广东省东莞市城区黄旗林场旗峰新村四巷10号。

其他当事人：白瑞玲，女，汉族，1968年8月24日出生，住广东省东莞市城区黄旗林场旗峰新村四巷10号。

2005年10月，东莞市德兴实业发展有限公司（以下简称德兴公司）的法定代表人方德成因融资需要经人介绍认识了郑文达、白瑞玲，郑文达、白瑞玲称可以帮德兴公司从银行申请3亿元左右的贷款。后郑文达以应具备德兴公司一定身份才能获得银行信任为由，取得了德兴公司的董事、副总经理头衔。但后来，郑文达和白瑞玲一直未向银行申请贷款。为打消德兴公司的疑虑，郑文达、白瑞玲先以个人名义高息借给德兴公司五笔小额借款。五笔借款的具体情况为：第一笔，2005年11月22日白瑞玲转账537万元到德兴公司账户，德兴公司没有出具借条；第二笔，2005年11月27日白瑞玲分四笔共转账70万元到方德成的个人账户，德兴公司按照郑文达、白瑞玲的要求出具了100万元的借条并签订了100万元的借款合同；第三笔，2005年12月5日白瑞玲共转账70万元到德兴公司出纳黄少燕的个人账户，德兴公司按照郑文达、白瑞玲的要求出具了100万元的借条；第四笔，2005年12月26日白瑞玲转账45.5万元到德兴公司账户，德兴公司按照郑文达、白瑞玲的要求出具了48万元的借条；第五笔，2005年11月28日郑文达分两笔共转账30万元到黄少燕的个人

账户，2005年12月29日由东莞市东城中顺塑料五金制品厂转账100万元到德兴公司账户，实际给付130万元的借款，德兴公司按照郑文达、白瑞玲的要求出具了300万元的借条。

同时，郑文达、白瑞玲称银行首期贷款可在短期内到位，要求德兴公司以"双保险"的方式保障其融资报酬，即让德兴公司先与白瑞玲签订借款合同、出具对应的借条，并预先开出用于"偿还"上述借条的15张支票。为尽快获取银行贷款，德兴公司法定代表人方德成在2005年11月21日按照郑文达指定的借款金额、借款时间等内容与白瑞玲签订了总计2967万元的7份借款合同，并出具了对应的7张借条；次日，德兴公司财务陈佩玲按照郑文达写的草稿一次性填写了总额为2967万元的15张支票，将原件交付给郑文达并让郑文达在支票复印件上作了签收。

从2006年4月开始，郑文达、白瑞玲利用上述2967万元的借款合同、借条和支票，通过直接起诉和债权转让后再起诉的方式，在广东省惠州市、东莞市、茂名市、台山市（县级市，属地级市江门市管辖）、辽宁省抚顺市等地法院对德兴公司提起多起诉讼。因其重复起诉，受案法院分别立案并通过诉讼保全措施重复对德兴公司的财产进行了超额查封。

【原审裁判情况】

1. 2006年4月6日，惠州市中级人民法院根据白瑞玲的申请，作出〔2006〕惠中法立保字第14号裁定书，采取了诉前保全措施，查封了德兴公司位于虎门镇太沙路64号德行花园步行街A栋一楼面积2279.13平方米的房产及B栋一楼面积2544平方米的房产，冻结了德兴公司在中国银行东莞市虎门支行的存款200万元和在中国工商银行虎门支行的存款200万元，并查封申请人提供担保的、惠州市冠品实业有限公司位于惠州市惠城区惠环镇西坑第三工业区六号的一栋房产。

2006年4月20日，白瑞玲将总计2950万元的6套借款合同及借条（从2967万元的7套借款合同及借条中抽取的）与确实存在借款关系的另一套100万元的借款合同及借条进行拼凑组合，以自己为原告在惠州市中级人民法院对德兴公司提起第一个诉讼（〔2006〕惠中法民一初字第48号），诉求德兴公司偿还3050万元借款及利息。

2007年4月4日，〔2006〕惠中法立保字第14-2号裁定书根据白瑞玲的申请，解除了对德兴公司在中国银行东莞市虎门支行和中国工商银行虎门支行两个账户的冻结，另外查封冻结德兴公司对广州市好又多（天利）百货商业有限公司享有的340万元租金收益、东莞市肯德基有限公司享有的60万元租金收益，将上述共计400万元的租金收益划入惠州市中级人民法院的账户予以保管。

2008 年 1 月 22 日，〔2006〕惠中法民一初字第 48 号判决书判定德兴公司应在判决发生法律效力之日起 30 日内，偿还借款本金人民币 3050 万元给白瑞玲，并从 2005 年 11 月 27 日起至还清款日止，按中国人民银行同期贷款利率的 4 倍计算利息给白瑞玲，逾期按《中华人民共和国民事诉讼法》第 232 条的规定执行。

德兴公司不服，向广东省高级人民法院提起上诉。广东省高级人民法院作出〔2008〕粤高法民一终字第 61 号民事裁定，认为原审判决认定事实不清、证据不足，依照《中华人民共和国民事诉讼法》第 153 条第 3 项的规定，裁定撤销〔2006〕惠中法民一初字第 48 号民事判决，将案件发回惠州市中级人民法院重审。惠州市中级人民法院重审判决德兴公司败诉，德兴公司不服，向广东省高级人民法院提出上诉，广东省高级人民法院于 2010 年 8 月 3 日作出〔2010〕粤高法民一终字第 45 号民事判决，维持惠州市中级人民法院的重审判决。

2009 年 3 月 31 日，惠州市中级人民法院根据白瑞玲的申请，作出〔2008〕惠中法民一初字第 77 号民事裁定书，继续查封德兴公司位于东莞市虎门镇太沙路 64 号德兴园步行街 B 栋一楼面积 2544 平方米的房产，并继续查封白瑞玲提供担保的惠州市冠品实业有限公司位于惠州市惠城区惠环镇西坑第三工业区六号的一栋房产。

2. 2006 年 8 月，郑文达、白瑞玲将德兴公司出具的 15 张支票从对应的 7 套借款合同及借条中分拆出来，分别以其中 10 张支票上的收款人惠州市华粤投资有限公司为原告、以另 5 张支票上的收款人惠州市冠品实业有限公司为原告，在东莞市中级人民法院对德兴公司提起第二次诉讼，两案共起诉要求德兴公司偿还 2967 万元的借款及利息。后两案因原告未按时交诉讼费，按撤诉处理。

3. 2006 年 8 月 11 日，白瑞玲以自己委托惠州市华粤投资有限公司和惠州市冠品实业有限公司向德兴公司代收还款为由，以德兴公司出具支票中的 14 张支票为证据，在东莞市中级人民法院对德兴公司提起第三次诉讼，要求德兴公司偿还借款 2950 万元及利息，并申请查封德兴公司价值 950 万元的财产。后东莞市中级人民法院对该案裁定中止审理，白瑞玲申请撤诉。

4. 2008 年 5 月，白瑞玲通知德兴公司其已将德兴公司出具支票中的 14 张支票（总额为 2950 万元）所指涉的"债权""转让"给了惠州市冠品实业有限公司。2008 年 6 月，惠州市冠品实业有限公司又通知德兴公司已将 14 张支票分拆后再次通过"债权转让"形式转给惠州市华粤投资有限公司（2 张）、东莞市胜代家具有限公司（2 张）、东莞市兴盛置业有限公司（2 张）、惠州市绿鑫绿化工程有限公司（3 张）、东莞市合丰化工有限公司（2 张）、东莞市松日家具材料有限公司（1 张）、白国富（1 张）、蔡丽珍（1 张）。上述部分"受让"公司和个人在惠州市惠城区人民法院分 6 个案件即〔2008〕惠城法民二初字第 642、656、658、962、963、964 号案，对德兴公司提起诉讼，并申请查封了德兴公司的房产和租金。由于郑文达、白瑞玲在案件审理期间将"债权"再次转让，惠城区人民法院以"丧失原告主体资格"为由，于 2009 年 2 月对 6 个案件作出裁定，驳回原告起诉并解封。

5. 在上述惠州市冠品实业有限公司转让支票过程中，茂名市美高科技有限公司成为其中 1 张支票多次转让后的受让人，该公司于 2009 年在茂名市茂南区人民法院对德兴公司提起诉讼即〔2009〕茂南法民初字第 180 号案。茂南区人民法院根据茂名市美高科技有限公司的申请，查封了德兴公司名下的 28 套房产。

6. 2009 年，容月珍又以"通过债权转让，受让了部分支票"为由，在台山市人民法院对德兴公司提起诉讼即〔2009〕台法民二初字第 127、167 号案。台山市人民法院根据容月珍的申请，也查封了德兴公司名下的 28 套房产，同时还查封了德兴公司对好又多的 240 万元租金收益、对必胜客的 140 万元租金收益、对肯德基的 100 万元租金收益、对蒙自源的 100 万元租金收益。容月珍提供了惠州市兴盛置业有限公司位于惠州市仲恺高新区 54 号小区第 6 层的土地使用权作为诉讼保全的担保。

7. 2009 年，郑文达、白瑞玲又通过"债权转让"的方式将 1 张 400 万元的支票经多方多次转让给辽宁省抚顺市同为信息咨询有限公司。2009 年 3 月 25 日，同为信息咨询有限公司向抚顺市抚新区人民法院提起诉讼，要求德兴公司偿还借款 400 万元及利息。抚新区人民法院受案后，又裁定查封了德兴公司的部分房产、房产收益和银行账户存款。

【监督意见】

德兴公司认为相关人民法院在前述诉讼过程中的查封行为违法，向广东省人民检察院申请监督。因该系列案件标的数额大、跨多地域，且涉及虚假诉讼，广东省人民检察院从惠州、江门、茂名等地级市院抽调人员，成立了由三级检察机关民行业务骨干组成的办案组。

办案组首先分赴惠州、东莞等地开展调查工作，先后到东莞市虎门镇房管所调查德兴公司被查封的财产情况，到惠州市工商局、房管局、国土局等部门调查本系列案相关企业的工商登记情况以及郑文达、白瑞玲提供的作为查封担保的房产、土地使用权情况。通过对从工商、房管、国土等部门调取的材料进行整理分析，办案组认为本系列案中相关人民法院的诉讼保全程序存在错误。德兴公司被查封的有28处房产、租金，价值7亿多元，远远超过上述任一案件的诉讼标的额，28处房产均是可分的不动产，茂南区人民法院、台山市人民法院等对全部房产进行查封，违反了《中华人民共和国民事诉讼法》的相关规定，属超标的额保全。另外，郑文达、白瑞玲提供的查封担保财产已经设定多重抵押和担保，所剩残值与请求保全的数额以及被查封的财产价值严重不对等，这也违反了最高人民法院《关于适用〈中华人民共和国民事诉讼法〉若干问题的意见》的相关规定。据此，办案组决定对相关人民法院作出的10份民事裁定书立案审查，并分别交江门市人民检察院、惠州市人民检察院、茂名市人民检察院办理。对于辽宁省抚顺市抚新区人民法院在诉讼保全程序中存在的问题，广东省人民检察院报请最高人民检察院协调辽宁省检察机关进行监督。

各地级市人民检察院经进一步调查核实后，分别向台山市人民法院、惠州市中级人民法院、茂名市茂南区人民法院发出了4份检察建议，认为台山市人民法院、惠州市中级人民法院、茂名市茂南区人民法院等采取的财产保全措施违反了相关法律规定，侵害了德兴公司的合法权益。根据最高人民法院《关于人民法院民事执行中查封、扣押、冻结财产的规定》第21条第2款的规定："发现超标的额查封、扣押、冻结的，人民法院应当根据被执行人的申请或者依职权，及时解除对超标的额部分财产的查封、扣押、冻结，但该财产为不可分物且被执行人无其他可供执行的财产或者其他财产不足以清偿债务的除外。"各人民法院应当依照相关法律规定及时解除对德兴公司享有的租金收益的冻结；对于被查封房产的价值超过诉讼标的额的部分，应当酌情处理；应要求申请诉讼保全的原告补充提供与诉讼标的额相对等的担保物。

针对广东省法院系统存在对诉讼保全申请及担保审查不严格的问题，广东省人民检察院向广东省高级人民法院发出改进工作检察建议，认为德兴公司系列案相关人民法院未按相关法律规定对诉讼保全申请及担保进行严格审查，导致申请人滥用诉讼保全权利，造成对被执行人合法权益的严重损害，建议广东省高级人民法院对广东省法院系统内部适用诉讼保全制度普遍存在的未经认真审核就对被申请人财产超额查封、申请人提供的查封担保财产与请求保全的数额严重不对等等问题予以总结，并采取有效措施予以整改纠正。

另外，办案组在调查中发现，白瑞玲在惠州市中级人民法院提起的诉讼涉嫌虚假诉讼，其所主张的债权与德兴公司的实际借款严重不符。广东省人民检察院就本案的虚假诉讼情况与广东省高级人民法院沟通，并将调查发现的郑文达、白瑞玲涉嫌诈骗德兴公司有价票据的犯罪线索移送广东省公安厅依法处理。

【监督结果】

受理检察建议的各人民法院全部采纳了广东省检察机关发出的检察建议，对诉讼保全程序中超标的额查封的财产进行了解封。其中，台山市人民法院以检察机关提供的《调查笔录》为主要证据，认定容月珍并非涉案债权的"受让人"，其只是受郑文达之托以自己名义起诉，其对涉案债权不享有任何权利义务，裁定驳回容月珍的起诉，并全部解封了该案中查封、冻结的 28 套房产和 580 万元租金。

广东省高级人民法院于 2010 年 11 月 8 日以本院院长启动审判监督程序的方式对白瑞玲诉德兴公司的〔2010〕粤高法民一终字第 45 号案件进行再审，于 2011 年 3 月 22 日作出〔2011〕粤高法审监民再字第 1 号民事裁定，认为一、二审判决未查实案涉借款金额 3050 万元是否真实交付、如何交付等关键事实和争议焦点，裁定撤销广东省高级人民法院〔2010〕粤高法民一终字第 45 号民事判决和惠州市中级人民法院〔2008〕惠中法民一初字第 77 号民事判决，指令东莞市中级人民法院按照第一审程序重新进行审理。

【点评】

广东省检察机关对德兴公司债权债务纠纷系列案的办理，通过扎实有效的调查核实工作，纠正了法院在诉讼保全程序中的错误裁定，维护了民营企业的合法权益，在办案中充分体现了法律效果和社会效果的有机统一。该案在民行检察工作的监督范围、方式、手段以及一体化工作机制等方面都开展了有益的实践，相关探索成果也被 2012 年修改的《中华人民共和国民事诉讼法》、最高人民检察院 2013 年出台的《关于深入推进民事行政检察工作科学发展的意见》所确认，对于办理同类案件有着积极的借鉴意义。

1. 加强对人民法院审判活动全过程的监督，充分履行民行检察监督职责。对人民法院生效的实体裁判进行监督，是检察机关民事行政诉讼监督的传统职能，但近年来对人民法院审判过程中的程序性裁定及其他程序违法情形的监督需求日益增长，如在民事诉讼保全程序中，人民法院存在不经认真审核就对被申请人财产超额查封、申请人提供查封担保的财产与被查封财产的价值严重不对等，以及在审理中久拖不决、严重超审限从而导致被申请人财产因超额查封带来不必要的经济损失等问题，加强检察机关对人民法院民事行政审判过程中的程序监督，符合立法精神和现实需要。德兴公司申诉案的办理，就是一起检察机关成功监督人民法院程序违法的典型案件。广东省检察机关根据民事诉讼法及相关司法解释的授权性规定，将传统的监督范围拓展到人民法院民事审判活动的全过程，充分履行民行检察监督职责，运用检察建议成功督促人民法院纠正诉讼保全程序中的违法问题，为当事人挽回了不必要的经济损失。同时，广东省人民检察院还通过发出改进工作检察建议，督促广东省高级人民法院指导和监督下级人民法院统一规范诉讼保全程序，实现了从个案监督到类案监督的拓展。

2. 依法开展调查核实工作，提升检察监督效果。本案案情复杂，不仅涉及人民法院的程序违法，还涉及诉讼当事人虚假诉讼的违法行为；不仅涉及行政机关监管不力等行政执法问题，也涉及国有银行等单位的管理漏洞，检察机关如不开展调查核实，根本无从查清案件的整个事实。实践证明，依法运用调查权查清案件事实，可以保障检察监督的效力。本案中，检察建议之所以能够全部得到人民法院的采纳，很重要的一个原因就在于检察机关开展了充分扎实的调查核实工作，从而使检察建议的内容有的放矢、针对性强，使检察建议取得了良好的监督效果。

3. 充分运用一体化办案机制，形成立体监督态势。因本案涉及两省的多个人民法院，广东省人民检察院在办案过程中，依托一体化办案机制，整合全省检察系统资源，将系列案件分别交由涉案人民法院所在地的人民检察院办理，充分发挥地市级人民检察院的同级监督作用，并在监督过程中加强对各承办单位办案工作的统筹和指导，上下一体、横向协作、密切配合，全方位、立体化地开展案件的审查办理工作，保证了监督效果。

【承办人简介】

德兴公司申诉案办案组成员：广东省人民检察院民事行政检察处副处长林定明，广东省人民检察院反贪局侦查三处科长（原民事行政检察处科长）李世平，广东省人民检察院办公室副主任（原民事行政检察处科长）陈岑，广东省人民检察院研究室主任科员（原民事行政检察处主任科员）王栋，广东省人民检察院民事行政检察处主任科员姚莲，惠州市人民检察院民事行政检察科副科长赖慎坚，惠州市人民检察院反贪局侦查二科副科长（原民事行政检察科科员）何娟，茂名市人民检察院民事行政检察科科长张煜忠，茂名市人民检察院民事行政检察科副科长（主任科员）林瑞松，江门市人民检察院民事行政检察科科长李侠，江门市人民检察院民事行政检察科科员吴肇春，台山市人民检察院副检察长陈灿荣，台山市人民检察院民事行政检察科副科长叶秀仪。

10. 武汉致丰房地产开发有限公司不服武汉市中级人民法院民事执行裁定检察建议案

【**监督机关**】 湖北省武汉市人民检察院

【**监督方式**】 检察建议

【**基本案情**】

申请人（被申请执行人）：武汉致丰房地产开发有限公司，住所地：湖北省武汉市建设大道 933 号汉口银行大厦 17 楼；法定代表人：钟士敏，该公司董事长。

其他当事人（申请执行人）：河北证券有限责任公司。

2001 年 12 月，河北证券有限责任公司（以下简称河北证券）作为武汉致丰房地产开发有限公司（以下简称致丰公司）向交通银行武汉市江岸支行贷款的保证人，代替致丰公司履行了向银行的还款义务。2002 年 11 月 19 日，河北证券以致丰公司为被告，向武汉市中级人民法院（以下简称武汉中院）起诉，追偿上述债权。武汉中院于 2003 年 1 月 17 日作出〔2003〕武经初字第 24 号民事判决，判决致丰公司向河北证券偿付其代付款人民币 1700 万元及利息，共计 1800 余万元。

因致丰公司未执行该生效判决，河北证券于 2003 年 2 月 6 日申请武汉中院执行。

【**原审裁判情况**】

武汉中院于 2003 年 3 月 19 日立案。2003 年 5 月，武汉中院委托对致丰公司位于武汉市黄陂区滠口镇叶店村的 600 亩土地中的 225 亩（该土地性质为度假村、别墅、商住）进行评估。武汉瑞泰投资咨询有限公司法定代表人杨剑通过执行法官胡某承接了该评估业务。杨剑根据胡某的授意，找到不具有土地评估资格的刘汉龙，要求刘汉龙将执行标的降低评估标准。刘汉龙采取将土地用地性质由"度假村、别墅、商住"改变为"工业用地"；虚设"2003 年 5 月 20 日湖北省生物工程研究所委托评估工业用地 225 亩，总价值人民币

17976100 元"为评估参照物的手段，将实际为 5000 万元的土地低评至17976100 元，形成"评估报告"。其后，杨剑将该"评估报告"交给湖北金安会计师事务所有限责任公司法定代表人李龙波审核。李龙波明知为虚假评估报告，在收受 2 万元评估费后，以湖北金安会计师事务所有限责任公司的名义，出具了鄂金安评字〔2003〕14 号《资产评估报告》，评估结论为每亩7.98 万元，总计 17976100 元，加盖了该所注册评估师曾红波、陈晓鸣的印章。

武汉中院将《资产评估报告》送达致丰公司后，致丰公司发现该评估报告的评估单位和评估师不具备土地评估资格、土地评估范围无四至方位、土地性质为工业用地、评估价格过低等明显重大错误，随即向武汉中院提出异议。负责该案执行的法官胡某以"已进入执行程序"为由，对该书面异议未予审查和书面回复。

2003 年 11 月，武汉市盘龙城经济开发区管委会（查封土地所在地政府）向武汉中院递交《关于致丰公司与河北证券公司借贷纠纷的处理建议》，指出当时该地域的土地出让指导价至少为每亩 30 万元；涉案土地为整体开发，不宜拍卖。武汉中院接此建议后，未对反映的情况进行调查核实。同月，武汉中院将致丰公司的上述土地委托武汉运通拍卖有限公司（以下简称运通公司）拍卖。参与竞拍的三家公司分别是武汉新能置业有限公司、武汉伟鹏房地产开发有限公司、广安公司。运通公司与参与竞买方签订《竞买合同》，要求竞买方交纳竞拍保证金 1000 万元整。武汉新能置业有限公司、武汉伟鹏房地产开发有限公司在同一天，分别向拍卖公司转账 1000 万元整。运通公司以武汉新能置业有限公司参与竞拍的保证金没有到位为由，阻止其进入拍卖会现场，让仅缴纳保证金 400 万元的广安公司参与了竞拍。广安公司向运通公司承诺，竞买成功后按照运通公司与参与竞买方约定的佣金比例（拍卖成交价款的 5%）的双倍支付佣金。最高人民法院《关于人民法院民事执行中拍卖、变卖财产的规定》第 32 条规定，"拍卖成交的，拍卖机构可以按照下列比例向买受人收取佣金：拍卖成交价超过 1000 万元至 5000 万元的部分，不得超过 2%"。武汉中院为此次拍卖设定的底价为 1790 万元，广安公司以 1800 万元竞得该225 亩土地的使用权。竞买成功后，广安公司按竞买价的 10% 向运通公司支付佣金 180 万元。运通公司将 5% 的佣金 90 万元，分别送给执行法官胡某、执行局副局长骆某等人。胡某、骆某分别收受 30 万元、20 万元。

拍卖结束后，致丰公司分别于 2003 年 12 月 8 日和 12 月 27 日两次向武汉中院递交《异议书》。武汉中院对两次异议均没有书面回复。

2009 年 3 月 12 日，武汉中院作出〔2003〕武立执字第 138－4 号民事裁定，裁定广安置业拥有上述 225 亩土地使用权，并向武汉市黄陂区国土资源管理局发出《协助执行通知书》。2009 年 9 月 28 日，武汉市黄陂区国土资源管理局将上述土地使用权登记在广安公司名下。

【监督意见】

致丰公司因不服武汉市中级人民法院〔2003〕武立执字第 138 号民事执行裁定，先后通过全国人大代表向湖北省人民检察院和武汉市人民检察院控告该案执行人员严重违法、涉嫌渎职犯罪的问题。湖北省人民检察院将该案交武汉市人民检察院办理。武汉市人民检察院依照《湖北省检察机关民事审判行政诉讼法律监督调查办法（试行）》的规定，对本案进行了调查。在调查过程中，武汉市人民检察院委托武汉国佳不动产评估有限责任公司对上述土地进行了重新评估，评估结论为该土地在 2003 年 5 月的地价为人民币 49072500 元。

武汉市人民检察院根据查明的事实，于 2010 年 9 月 29 日向武汉中院提出检察建议，认为：本案被执行土地的评估报告为虚假，评估价格远低于实际价格，该评估意见不能作为确定拍卖底价的依据。在拍卖阶段，胡某、骆某利用职务之便直接将拍卖业务交给运通公司，并从中收受贿赂。实际竞买人广安公司因没有交足保证金而无竞拍资格，其与拍卖公司恶意串通，将有竞买资格的武汉新能置业有限公司排挤出局，参与竞买并竞拍成功，严重违反了公开、公平、公正原则。综上，武汉市中级法院〔2003〕武立执字第 138 - 4 号民事裁定是在虚假评估报告和违法拍卖基础之上作出的，严重侵害了被执行人致丰公司的合法权益，且本案的执行人员胡某、骆某因严重违反法律规定，分别因涉嫌执行判决、裁定滥用职权罪和受贿罪、涉嫌受贿罪，已被提起公诉（提出检察建议时尚未判决）。建议：（1）撤销〔2003〕武立执字第 138 - 4 号民事裁定，妥善处理后续事宜，依法维护当事人的合法权益。（2）在本案的执行过程中，多名法官涉嫌犯罪，建议吸取教训，加强对执行人员的职业纪律教育，提高法官队伍的拒腐防变能力。（3）在执行过程中，致丰公司多次提出执行异议，法院未依法审查和回复，程序违法，内部监督不严。建议采取措施强化对执行工作的内部监督和制约，明确各自分工与责任，严格依照法律规定开展执行工作，避免类似情况的再次发生。（4）对涉案法官以前执行的其他案件开展自查，如发现违法违规情况应及时纠正。

【监督结果】

2010 年 12 月 20 日，武汉中院向武汉市人民检察院进行了书面回复，内容为：已对涉案法官负责执行的 11 起重点案件进行检查，对其中 1 起案件中存在的适用法律错误进行了纠正；开展多种形式的反腐倡廉教育，努力增强公正廉洁意识；强化管理，着力防控司法领域腐败风险。2010 年 12 月 22 日，武汉中院经过审判委员会讨论，作出〔2011〕武执裁字第 21 号执行裁定书，撤销〔2003〕武立执字第 138 - 4 号民事裁定。

此后，土地竞买人广安公司对〔2011〕武执裁字第 21 号裁定不服，以其为善意购买人为由，向湖北省高级人民法院申请复议。2011 年 10 月 8 日，湖北省高级人民法院作出〔2011〕鄂执复字第 5 号执行裁定书，认为〔2011〕武执裁字第 21 号裁定正确，裁定驳回广安公司的复议申请。武汉中院随后进行了执行回转。

【点评】

根据法律规定和司法解释，人民法院确有错误的执行裁定的纠正主要有以下三种程序：一是可以由被执行人或者其他利害关系人根据《民事诉讼法》（本法已于 2012 年 8 月 31 日修改）第 202 条的规定，向负责执行的人民法院提出书面异议、向上一级人民法院申请复议而引起。二是由案外人根据《民事诉讼法》第 204 条提出书面异议，人民法院依照院长发现程序启动审判委员会讨论。最高人民法院《关于人民法院发现本院作出的诉前保全裁定和在执行程序中作出的裁定确有错误以及人民检察院对人民法院作出的诉前保全裁定提出抗诉人民法院应当如何处理的批复》中明确："人民法院院长对本院已经发生法律效力的诉前保全裁定和在执行程序中作出的裁定，发现确有错误，认为需要撤销的，应当提交审判委员会讨论决定后，裁定撤销原裁定。"三是通过检察机关监督程序启动。本案即是在被执行人多次提出执行异议，法院没有回复和纠正的情况下，向检察机关控告，检察机关基于违法犯罪事实发出书面的检察建议后，人民法院采纳检察机关的建议对错误裁定予以撤销。

【承办人简介】

徐江，1976 年 3 月出生，中南财经政法大学法律专业研究生，现任武汉市人民检察院民事行政检察处副处长。在 2008 年度全省民事行政检察办案能手比赛中获第二名、获"十佳办案能手"称号；荣立个人二等功一次。

优秀案例篇

1. 北京科霖众医学技术研究所、徐屹、谢湘桂与北京万福特科技有限责任公司侵犯专利权纠纷抗诉案

【监督机关】最高人民检察院、北京市人民检察院
【监督方式】抗诉
【基本案情】

申请人（一审被告、二审被上诉人）：北京科霖众医学技术研究所。

申请人（一审被告、二审被上诉人）：徐屹，男，首都医科大学附属北京红十字朝阳医院医生，住北京市海淀区海淀稻香园 22 楼 603 号。

申请人（一审被告、二审被上诉人）：谢湘桂，女，首都医科大学附属北京红十字朝阳医院护士，住北京市朝阳区白家庄路 8 号内 3 号 1 门 2 号。

其他当事人：北京万福特科技有限责任公司。

北京万福特科技有限责任公司（以下简称万福特科技公司）于 1996 年3 月 28 日与 93244252.8 号"颅内血肿粉碎穿刺针"实用新型专利的专利权人首都医科大学附属北京红十字朝阳医院（以下简称朝阳医院）签订《实用新型专利"颅内血肿粉碎穿刺针"转让合同书》，取得了该项专利权，并于1996 年 12 月 25 日由中国专利局予以公告。

该实用新型专利授权的权利要求为：（1）一种颅内血肿粉碎穿刺针，其特征在于：针体为中空管状，后端与一带顶孔螺帽相配合；血肿粉碎器为针管状，前端封闭，靠近端部沿内壁切线方向有一个以上微孔，尾部有一固定片。（2）根据权利要求（1）所述的血肿粉碎穿刺针，其特征在于针体有侧管。（3）根据权利要求（1）所述的颅内血肿粉碎穿刺针，其特征在于针芯前端为钝圆形并插于针体中。（4）根据权利要求（1）所述的颅内血肿粉碎穿刺针，其特征在于血肿粉碎器插于针体中。

万福特科技公司于 2002 年 2 月 25 日以广东省顺德市人民医院的名义在朝阳医院神经外科办公室内向徐屹、谢湘桂二人购买了 10 支"微创硬通道颅内穿刺针"，谢湘桂为购买者出具了收条。次日北京科霖众医学技术研究所（以

下简称科霖众研究所）为购买者出具了发票。该产品包装上除有产品名称、规格、消毒方式、消毒日期、使用期限外没有注明生产厂商、批准文号等。徐屹、谢湘桂确认其销售行为是个人行为，与朝阳医院无关。

2002年5月8日，万福特科技公司起诉至北京市第二中级人民法院称，1996年3月28日，万福特科技公司取得了ZL93244252.8号"颅内血肿粉碎穿刺针"实用新型专利的专利权，科霖众研究所、徐屹、谢湘桂生产销售的"微创硬通道颅内穿刺针"侵犯了万福特公司享有的专利权，且其生产销售该产品时没有取得法定的《医疗器械产品注册证》，没有标注生产单位的名称和地址，也无使用说明书，科霖众研究所、徐屹、谢湘桂的行为严重违法。请求法院判令科霖众研究所、徐屹、谢湘桂：（1）立即停止生产、销售被控侵权产品；（2）立即销毁尚未售出的被控侵权产品及其生产模具；（3）向万福特公司公开赔礼道歉；（4）共同赔偿万福特公司经济损失人民币50万元；（5）共同承担本案全部诉讼费用。科霖众研究所、徐屹、谢湘桂辩称，根据完全覆盖原则，科霖众研究所、徐屹、谢湘桂生产的产品没有落入万福特公司专利的保护范围，根本不构成侵权。万福特公司的起诉没有任何依据，请求法院驳回万福特公司的诉讼请求。

【原审裁判情况】

北京市第二中级人民法院根据万福特科技公司的申请，于2002年6月12日，到徐屹、谢湘桂的工作地点朝阳医院神经外科办公室进行了证据保全，查封、扣押了徐屹、谢湘桂销售"微创硬通道颅内穿刺针"产品一件、在计算机软盘中存储的名为"穿刺针"的产品销售记录表一张并当场予以打印，以及销售该产品的收据本一本，该收据本的第三联均盖有科霖众研究所的财务专用章。根据保全取得的徐屹、谢湘桂的销售记录表中记载：自2002年3月27日至6月8日，向多个单位销售了150余支穿刺针，共计收取金额4万余元。其中，徐屹、谢湘桂为在2002年4月22日、5月10日、14日、23日购买穿刺针的单位开具了盖有科霖众研究所财务专用章的收据。证据保全取得的穿刺针产品及外包装与万福特科技公司提交的以广东省顺德市人民医院名义从徐屹、谢湘桂处购买的产品相同。科霖众研究所、徐屹、谢湘桂销售的产品中包括：（1）一个中空管状针体，针体上装有侧管；（2）一个带顶孔螺帽，可与针体的后端相合；（3）一个针芯；（4）一个塑料软管。万福特科技公司不针对（3）、（4）两个部件主张专利权。

北京市第二中级人民法院审理认为：万福特科技公司通过转让取得了"颅内血肿粉碎穿刺针"实用新型专利权，受到法律保护。专利权的保护范围应以其权利要求书的内容为准，说明书及其附图可以用于解释权利要求。被控侵权产品"微创硬通道颅内穿刺针"是由徐屹、谢湘桂销售的,科霖众研究所为其二人的销售行为提供发票及收据,故应认定徐屹、谢湘桂、科霖众研究所共同销售了"微创硬通道颅内穿刺针"。由于被控侵权产品中不包括血肿粉碎器这一部件,因此与万福特科技公司要求的权利保护范围相比,缺少了3个与血肿粉碎器相关的技术特征。根据全面覆盖原则,"微创硬通道颅内穿刺针"产品不构成侵犯万福特科技公司专利权。万福特科技公司主张应适用等同原则认定侵权行为。由于"微创硬通道颅内穿刺针"产品中并不包含"血肿粉碎器"这一部件的替代品,因此,对其技术特征就无从对比。普通注射针的使用不具备"血肿粉碎器"的功能和效果。因此,血肿粉碎器与普通注射针不能认定构成等同。综上,徐屹、谢湘桂、科霖众研究所销售的"微创硬通道颅内穿刺针"不构成侵犯万福特科技公司的专利权。依照《中华人民共和国专利法》第11条第1款、第56条第1款的规定,判决:驳回北京万福特科技有限责任公司的诉讼请求。

万福特科技公司不服,提出上诉。二审期间,科霖众研究所、徐屹、谢湘桂提交了两份专利文件,一份是92238136.4号"扩张型多功能套管穿刺针"实用新型专利说明书,另一份是90213936.3号"诊断定位引导置管穿刺针"实用新型专利说明书,用以证明本案专利的技术特征中除"血肿粉碎器"外都是现有技术。万福特科技公司对这两份证据的真实性无异议。

北京市高级人民法院审理认为:万福特科技公司是"颅内血肿粉碎穿刺针"实用新型专利权的受让人,在其取得专利权后,任何单位和个人未经其许可,都不得实施其专利,包括不得销售其专利产品。根据《专利法》的规定,实用新型专利权的保护范围以其权利要求的内容为准,说明书及附图可以用于解释权利要求,是指专利权的保护范围应当以权利要求书中明确记载的必要技术特征所确定的范围为准,也包括与该必要技术特征相等同的特征所确定的范围。等同特征是指与所记载的技术特征以基本相同的手段,实现基本相同的功能,达到基本相同的效果,并且本领域的普通技术人员无须经过创造性劳动就能联想到的特征。科霖众研究所、徐屹、谢湘桂认可有销售被控侵权产品的行为。本案专利的权利要求(1)包含5项必要技术特征:(1)中空管状针体;(2)装在针体后端的带顶孔螺帽;(3)针管状血肿粉碎器的前端封闭;(4)血肿粉碎器靠近端部沿内壁切线方向有一个以上的微孔;(5)血肿粉碎器尾部的固定片。权利要求(2)则在上述5项必要技术特征基础上增加了1项附加技术特征:针体上有侧管。科霖众研究所、徐屹、谢湘桂销售的被控侵权产品包括以下技术特征:(1)中空管状针体;(2)装在针体后端的带顶孔螺帽;(3)针体上装有侧管,缺少了3个与血肿粉碎器相关的技术特征。

科霖众研究所、徐屹、谢湘桂承认，在实际使用时，必须同时使用普通注射器，才是一套完整的医疗器械。由于使用该产品的用户均为医疗单位，普通注射器可以随时取得，故该产品中无须配置。对科霖众研究所、徐屹、谢湘桂在二审中提交的证据，即两份专利文件，权利要求书中记载的技术特征与本案专利权利要求不同，不能证明除"血肿粉碎器"外的技术特征为现有技术。

在判断是否存在侵权行为时，不仅要考虑制造、销售时产品的状态，有时还要考虑该产品使用时的状态。对销售时不是完整的产品，使用时必须加入其他部件才能实现该产品的功能的被控侵权物，在进行技术特征对比时，就应当把使用状态下包含的全部技术特征一并考虑。本案中，在科霖众研究所、徐屹、谢湘桂销售的被控侵权物中缺少了"血肿粉碎器"这一部件，同时也就缺少了血肿粉碎器特有的三项子特征。但仅就被控侵权物本身而言，在临床上并不能使用。只有用普通注射器代替"血肿粉碎器"的情况下，才能使用。也只有在临床应用中，被控侵权物的完整形态才能表现出来。经过分析比较，根据专利说明书的描述，在专利技术方案中，冲洗液经血肿粉碎器针尖微孔喷出形成高压激涡液流，即可对血肿进行粉碎冲洗；而被控侵权物在使用中，冲洗液经注射器针尖注入起到对血肿进行浸泡溶化的目的，需要时间比较长。由此可以认定，被控侵权产品相对于本案专利技术而言，在技术效果上，基本上能够实现本案专利所提出的通过微创穿刺术来清除颅内固态血肿这一发明目的，但属于变劣技术方案。鉴于被控侵权物"微创硬通道颅内穿刺针"与"颅内血肿粉碎穿刺针"实用新型专利基于相同的技术构思，根据已为公知的专利技术方案做出将其中"血肿粉碎器"省略的技术方案，并在使用中用普通注射器代替血肿粉碎器，是不需要付出创造性劳动的，且被控侵权物经省略"血肿粉碎器"这一必要技术特征后，用普通注射器加以替代之后，虽然优于"颅内血肿粉碎穿刺针"专利申请前的已有技术，但其技术效果明显低于专利技术。因此，应当适用等同原则，认定科霖众研究所、徐屹、谢湘桂销售"微创硬通道颅内穿刺针"产品的行为侵犯了万福特科技公司的专利权。

由于万福特科技公司已提供的证据不能充分证明其具体的损失数额和侵权人获利的具体数额，其主张法院应按法定赔偿额的最高限额50万元认定依据不足。应根据科霖众研究所、徐屹、谢湘桂的销售情况等侵权事实和法律规定的标准，酌情确定具体赔偿数额。

综上所述，万福特科技公司主张科霖众研究所、徐屹、谢湘桂销售被控侵权产品的行为侵犯了其专利权的上诉请求及理由有事实和法律依据，但请求的赔偿数额过高。由于万福特科技公司未能提供证据证明科霖众研究所、徐屹、谢湘桂的销售行为对其信誉等造成损害，故对其赔礼道歉和消除影响的要求不予支持。原审判决认定事实有误，应予纠正。依照《中华人民共和国民事诉讼法》第 153 条第 1 款第 3 项之规定，判决：科霖众研究所、徐屹、谢湘桂停止销售侵权产品，立即销毁尚未售出的侵权产品；科霖众研究所、徐屹、谢湘桂赔偿北京万福特科技有限责任公司 10 万元；驳回万福特科技公司其他上诉请求。

【监督意见】

科霖众研究所、徐屹、谢湘桂不服终审判决，向北京市人民检察院申请监督。北京市人民检察院经审查后提请最高人民检察院抗诉。最高人民检察院经审查后向最高人民法院提出抗诉。抗诉理由为：

终审判决依据等同原则进行权利侵权判定认定事实的主要证据不足，适用法律错误。

1. 终审判决对全面覆盖原则的适用存在错误。《专利法》第 56 条第 1 款规定："发明或者实用新型专利权的保护范围以其权利要求的内容为准，说明书及附图可以用于解释权利要求。"上述规定确定了专利侵权判定的基本比较方法和基本原则，即用权判定比较方法和全面覆盖原则。用权判定比较是指进行专利权侵权判定，应当以专利权利要求中记载的技术方案的全部必要技术特征与被控侵权物的全部技术特征逐一进行对应比较，一般不以专利产品与侵权物品直接进行侵权对比，这是进行专利侵权比较的基本方法。全面覆盖是指被控侵权物将专利权利要求中记载的技术方案的必要技术特征全部再现，被控侵权物与专利独立权利要求中记载的全部必要技术特征——对应并且相同。全面覆盖原则，是指如果被控侵权物的技术特征包含了专利权利要求中记载的全部必要技术特征，则落入专利权的保护范围。这是进行专利侵权判定的基本原则。在本案中，通过被控侵权物与专利独立权利要求进行逐一对比，有三项区别技术特征：一是被控侵权物没有血肿粉碎器，与被控侵权物组合使用的是一支普通医用注射器。因此在专利的独立权利要求中，与血肿粉碎器有关的四个技术特征，在被控侵权物中没有相关技术特征。二是被控侵权物的针管前端有锯齿状阔孔头和钻头，在专利的独立权利要求中没有表述。三是被控侵权物的针管前端有侧孔，在专利的独立权利要求中没有表述。上述区别技术特征一说明，被控侵权物没有包含专利权利要求的全部必要技术特征；上述区别技术特征二、三说明，在被控侵权物有不同于专利权利要求的新的技术特征。因此，根据全面覆盖原则，本案的被控侵权物的侵权不能成立。

2. 终审判决依据等同原则认定侵权成立，在认定事实和适用法律上均存在错误。根据专利侵权判定的一般规则，当适用全面覆盖原则不构成侵犯专利权的情况下，可以适用等同原则进行侵权判定。等同原则是指被控侵权物有一个或者一个以上技术特征经与专利独立权利要求保护的技术特征相比，从字面上看不相同，但经过分析可以认定两者是相等同的技术特征。这种情况下，应当认定被控侵权物落入了专利权的保护范围。终审判决认定，被控侵权物在使用中使用普通注射器替代"血肿粉碎器"，不需经过创造性劳动，其技术效果明显低于专利技术，属于变劣技术，根据等同原则，认定被控侵权物"微创硬通道颅内穿刺针"侵犯专利权。

采用涉案专利清除颅内血肿的医疗过程主要分为三个部分：一是钻进颅骨并置针的过程；二是通过血肿粉碎器去除颅内血肿的过程；三是将颅内血肿引流的过程。经过被控侵权物的使用方法与涉案专利的权利要求书、说明书的对比分析可以看出，被控侵权物与专利权的三个区别技术特征，对以上三个过程分别进行了一定的技术改进。关于区别技术特征一，终审判决认为普通注射器是"血肿粉碎器"的变劣技术。但实际上涉案专利的血肿粉碎器是通过顶孔打入冲洗液，冲洗液经血肿粉碎器针尖微孔喷出形成高压旋涡，对颅内血肿进行粉碎冲洗；被控侵权物采用普通注射器通过前端开口的针头注射药液，对血肿进行浸泡软化。虽然血肿粉碎器可将血肿粉碎并冲洗，但采用普通注射器注药浸泡软化血肿较高压旋涡冲洗对颅内血管损害较小且投入成本低、便于维护和使用，二者处理颅内血肿的手段和效果均不相同，普通技术人员不经过创造性劳动是不能联想到采用普通注射器代替血肿粉碎器的，终审判决认定为变劣技术属认定事实错误。关于区别技术特征二，被控侵权物的钻头和针管前端的扩孔头，当两者通过固定件固定后，可使针管直接到达病灶中心，但根据专利的权利要求，需要对颅骨钻孔后，再置入穿刺针。被控侵权物可直接到病灶中心避免了第二次置针造成的相应损伤，具有一定的技术改进。关于区别技术特征三，被控侵权物的针管前端有侧孔，有利于抽吸针管侧面的血肿，亦体现出一定技术改进。区别技术特征二、三属于被控侵权物新增加的技术特征，并没有落入专利的保护范围。终审判决依据等同原则认为被控侵权物侵犯专利权在认定事实和适用法律上均存在错误。

【监督结果】

最高人民法院将本案指令北京市高级人民法院再审。北京市高级人民法院作出的再审判决完全采纳了抗诉意见，认为科霖众研究所不构成侵权，驳回了万福特科技有限公司的诉讼请求。

【点评】

本案是检察机关提出抗诉并成功改判的专利侵权纠纷典型案件。在法律效果方面，体现了检察机关对知识产权案件法律审查和技术审查的难点的突破、方法的掌握和理念的革新。在社会效果方面，体现了鼓励技术创新、技术进步的专利法实施目的。

1. 知识产权案件的法律审查以理解侵权判定的基本原则为基础。专利侵权判定中全面覆盖原则和等同原则是专利侵权判定的重要原则，本案是适用等同原则认定专利侵权的案例。等同原则的适用为有效维护专利权人的利益起到了突出的作用，但同时又使专利权保护范围不确定。法院在适用等同原则时，只有对其目的、本质、适用条件、判断标准以及合理限制等认真加以研究，才能准确掌握该原则，并作出客观公正的判决。

所谓等同原则，即以实质上相同的方法和手段，替换专利权利要求记载的必要技术特征中的一个或几个技术特征，但产生基本相同的作用和效果，由此认定被控侵权物落入了专利权的保护范围，构成对专利权的侵犯。在专利侵权民事诉讼中，引入等同原则来判定是否构成侵权，其目的在于防止被控侵权人使用等同的方法或者技术，取代专利权利要求书中记载的必要技术特征的一个或者几个技术特征，从而与权利要求在字面上显示出不同，以避免权利人追究其侵权民事责任。等同原则从表面上看，是运用技术手段进行技术特征的比对，是单纯的技术判断问题，但实质上却对权利人的保护产生深刻的影响。等同原则的适用将直接决定专利权人的权利保护范围以及诉讼结果，是完全的利益关系，因此等同原则实际上是协调个人利益与社会公共利益平衡的方法。在专利侵权诉讼中，由于等同原则是对利益关系的平衡，因此法院对等同原则的适用就极具挑战性，处理的结果将直接关系到权利人的切身利益，法院如何正确适用等同原则审理好案件，就成为一个非常重要而现实的课题。等同原则从本质上说是突破了专利权利要求的范围，扩大了对专利权人的保护。因此，在适用等同原则对技术特征进行分析判断时，应当以利益平衡为目的，谨慎适用。如果在案件审理过程中对等同原则把握不准确或者不严格，就极有可能将专利权利的保护范围不当扩大，直至将原属于公有领域的公知技术也纳入专利权的保护范围，从而损害公众对公知技术的合理使用，损害公众利益。

本案的成功办理体现出检察机关对知识产权案件法律审查的准确性，办案人员深刻理解了全面覆盖原则和等同原则是专利侵权判定的重要原则的立法目的和司法实践中的掌握标准，结合具体案情充分论证了原终审判决在适用等同原则上存在的问题，尤其是对"变劣技术"这一专利侵权领域专业法律用语的理解，超越了原审法院在认识上的误区和局限性，澄清了法律概念的内涵和外延，并最终使人民法院纠正了适用法律错误。

2. 审查知识产权案件以技术审查和实效考量为必要。本案中用"注射器"代替"血肿粉碎器"优化了粉碎颅内血肿的效果并避免了"二次置针"的创伤，是该领域的一项重要技术进步，而并非对专利权的侵犯。案件涉及的清除颅内血肿的医疗技术革新对提升医疗水平、降低医疗成本的积极意义非常明显，对广大人民群众在医疗救治方面的积极意义是突出的，如果把这种技术革新落入对专利权的侵犯，无疑影响该领域的技术进步。检察机关对专利案件履行诉讼监督职责时应考虑促进解决有关技术垄断问题，鼓励医疗科技领域的技术创新，实现专利法鼓励技术创新的立法目的。

知识产权案件考虑"利益平衡"尤为重要，既要体现对于法定专属权利的保护，也要考虑促进公用技术领域的发展。虽然利益平衡属于立法者的考量范围，但由于立法的不完善性与滞后性，势必会为司法裁判预留一定的空间，司法人员在个案中通过价值判断平衡当事人的利益。唯其有效解决了纠纷，有效实现了利益平衡，才能使司法公信力得以彰显，才能使法律展现蓬勃生机。案件涉及在医学上颅内血肿粉碎领域的专业技术，专业性极强，办案人员办理此类案件一般是自身学习和专家咨询相结合，将被诉产品与专利技术的权利要求进行对比分析，深入学习该专业领域技术方案，并向专业技术人员进行翔实的了解，在技术差别与实践操作上进行分析，最终得出审查结论。本案在专利侵权的技术认定上实现了突破，为检察机关办案人员从诉讼监督的角度进行专利技术审查积累了一定经验。在提出诉讼监督意见方面尽量兼顾效率与便捷并以实现利益平衡而得以定分止争，在实现个案公平的同时，实现法律效果与社会效果的统一。

【承办人简介】

李欣宇，36 岁，北京市人民检察院民事检察处副处长、检察员。从事民行检察工作 14 年，入选"北京市民行检察人才库"、"北京市委政法委人才库"。

2. 奥伊尔投资管理有限责任公司与霸州华泰堂制药有限公司债权转让合同纠纷抗诉案

【监督机关】最高人民检察院、北京市人民检察院

【监督方式】抗诉

【基本案情】

申请人（一审被告、二审上诉人）：奥伊尔投资管理有限责任公司。

其他当事人（一审原告、二审被上诉人）：霸州华泰堂制药有限公司。

2007 年 11 月 5 日，奥伊尔投资管理有限责任公司（以下简称奥伊尔公司）将收购的未清收的原银行不良贷款债权组成"深圳包"委托给珠海锋盛拍卖有限公司（以下简称锋盛拍卖公司）进行拍卖，并与锋盛拍卖公司签订《委托拍卖合同》，在合同第 6 条约定"拍卖成交日，锋盛拍卖公司向奥伊尔公司支付 2000 万元拍卖款"。同一天，奥伊尔公司还与中经信（珠海）国际担保有限公司（以下简称中经信公司）签订《担保合同》，合同第 2 条约定"本合同签订当日，中经信公司向奥伊尔公司支付保证金 2000 万元"；第 4 条约定"拍卖成交后，拍卖公司将拍卖首期款 2000 万元转付给中经信公司作为奥伊尔公司退还中经信公司支付给奥伊尔公司的保证金，奥伊尔公司收到的中经信的保证金转为首期拍卖款"。

2007 年 12 月 5 日，霸州华泰堂制药有限公司（以下简称华泰堂公司）与锋盛拍卖公司签订《竞买协议》，在协议中约定"华泰堂公司参加竞买前需交纳竞买保证金人民币 5000 万元，办理竞买手续，取得竞买资格，领取竞买号牌"。

2007 年 12 月 9 日，华泰堂公司以 1.7 亿元竞得奥伊尔公司的"深圳包"，并与锋盛拍卖公司签订《拍卖成交确认书》，在确认书中约定"华泰堂公司拍卖前向锋盛拍卖公司支付的竞买保证金人民币 5000 万元自拍卖成交确认书生效后已转为定金并支付首期拍卖成交款，本确认书双方签字后生效"。

2007 年 12 月 10 日，华泰堂公司与奥伊尔公司签订《债权转让合同书》

及《付款协议》。双方在《债权转让合同书》第 3 条中约定"华泰堂公司在本合同项下债权拍卖成交当日，经拍卖公司向奥伊尔公司支付转让款人民币2000 万元作为首期付款"；在第 11 条中约定"本合同经双方授权代表签字及加盖印章后，并在华泰堂公司按本合同约定支付了首期转让款当日生效"。同一天，双方在签订的《付款协议》中约定"华泰堂公司在拍卖成交当日，经拍卖公司向奥伊尔公司支付转让款人民币 2000 万元作为首期付款；本协议自双方签字之日生效"。

2008 年 2 月 15 日，华泰堂公司以拍卖合同纠纷为由将锋盛拍卖公司诉至广东省珠海市中级人民法院，认为锋盛拍卖公司提供的债权文件清单有瑕疵，请求法院撤销双方签订的《拍卖成交确认书》，并判令锋盛拍卖公司双倍返还拍卖定金 3400 万元。珠海市中级人民法院受理该案后，将奥伊尔公司列为第三人要求其参加诉讼，奥伊尔提出书面申请不参与诉讼，亦未出庭应诉。

2008 年 7 月 30 日，珠海市中级人民法院作出〔2008〕珠海初字第 10 号民事判决（以下简称珠海 10 号判决），确认华泰堂公司给付锋盛拍卖公司5000 万元竞拍保证金，并通过锋盛拍卖公司给付奥伊尔公司 2000 万元首付款的事实。并以拍卖标的物的瑕疵是拍卖委托人奥伊尔公司一方原因造成，并非锋盛拍卖公司主观行为导致为由撤销了华泰堂公司与锋盛拍卖公司的《拍卖成交确认书》，驳回华泰堂公司要求赔偿 3400 万元拍卖定金的诉讼请求。该判决后三方当事人均未提出上诉。

2008 年 5 月 20 日，锋盛拍卖公司将奥伊尔公司诉至北京市西城区人民法院，请求判令奥伊尔公司补偿其公司因履行《委托拍卖合同》而发生的各项费用共计 200 万元。该案经西城区人民法院调解，奥伊尔公司给付锋盛拍卖公司 170 万元并已履行完毕。

2008 年 5 月 20 日，锋盛拍卖公司与中经信公司联合致函奥伊尔公司要求退还中经信公司向其支付的 2000 万元保证金。该保证金已退还。

2008 年 10 月 7 日，华泰堂公司将奥伊尔公司诉至北京市第一中级人民法院，认为该公司与奥伊尔公司签订《债权转让合同书》及《付款协议》后，已依约经锋盛拍卖公司从拍卖前交付的 5000 万元保证金中支付了 2000 万元首期转让款给奥伊尔公司。依《债权转让合同书》第 11 条的约定，合同生效。但奥伊尔公司对珠海新世界公司的债权没有合法处置权，且较多债权文件并没有依据合同约定在拍卖前进行封存。依据合同书第 7 条第 2 款的约定，奥伊尔公司应承担违约责任。请求法院判令：（1）解除华泰堂公司与奥伊尔公司签订的《债权转让合同书》；（2）奥伊尔公司向华泰堂公司支付违约金 2000万元。

【原审裁判情况】

北京市第一中级人民法院经审理认为：《债权转让合同书》第11条约定了在支付2000万元首期转让款当日合同生效的条件。奥伊尔公司答辩称华泰堂公司未向其支付2000万元首期转让款，该合同未生效。但珠海10号判决认定了华泰堂公司经锋盛拍卖公司向奥伊尔公司支付了2000万元转让款项作为首期付款的事实，故合同生效的条件已成就，应当认定《债权转让合同书》已生效。奥伊尔公司关于合同未生效的辩称不能成立。现华泰堂公司要求奥伊尔公司按照《债权转让合同》的约定向其支付违约金2000万元，有合同依据。判决：奥伊尔公司向华泰堂公司支付违约金2000万元。

奥伊尔公司不服一审判决上诉至北京市高级人民法院。

北京市高级人民法院经审理认为：

1. 拍卖人锋盛拍卖公司在珠海10号判决中确认收到了华泰堂公司向其支付的5000万元竞买保证金，该保证金自《拍卖成交确认书》生效后已转为定金，支付首期拍卖款。珠海10号判决亦认定华泰堂公司已向锋盛拍卖公司支付了5000万元保证金的事实。该案被告锋盛拍卖公司、第三人奥伊尔公司对珠海10号判决认定的上述事实均未提起上诉、申请再审及申诉程序，故珠海10号判决认定的上述付款事实，对锋盛拍卖公司、奥伊尔公司具有法律约束力。在本案二审庭审中，奥伊尔公司根据锋盛拍卖公司起诉奥伊尔公司的民事起诉书中有关"买受人华泰堂公司未依《拍卖成交确认书》向锋盛拍卖公司支付拍卖成交款"的表述，认为锋盛拍卖公司的上述表述与珠海第10号判决认定的事实不一致，并以此证明珠海第10号判决关于华泰堂公司在参与竞买时已向拍卖人锋盛拍卖公司支付了5000万元竞买保证金的认定是错误的，但奥伊尔公司对此并未提交相反证据予以证明，且锋盛拍卖公司的上述表述未经北京市西城区人民法院审理查明及认定。珠海第10号判决作为已发生法律效力的法律文书的证明力，显然大于锋盛拍卖公司在北京市西城区人民法院对奥伊尔公司提起诉讼时所作表述的证明力。故对奥伊尔公司调查取证华泰堂公司向锋盛拍卖公司支付5000万元竞买保证金的申请不予准许是正确的。

2. 本案所涉《债权转让合同书》第11条约定，在华泰堂公司支付了2000万元首期转让款当日生效。根据奥伊尔公司向一审法院提交的锋盛拍卖公司、中经信公司《关于要求退还保证金2000万元的函》及中国工商银行"北京BD/01/00040816号"银行汇票，足以证明奥伊尔公司收到了中经信公司支付的2000万元保证金。如前所述，珠海第10号判决认定华泰堂公司已支付竞买保证金5000万元。根据《担保合同》的约定，该保证金在《拍卖成交确认书》签订并生效的当日即2007年12月9日已转为首期拍卖成交款。事实上，在 2007 年 12 月 9 日拍卖成交后，奥伊尔公司收到的中经信公司支付的 2000 万元竞买保证金即已转为首期拍卖成交款。因此，本案所涉《债权转让合同书》已生效。同时，不论奥伊尔公司是否向中经信公司退还了 2000 万元保证金，都不影响《债权转让合同书》已生效的事实。一审判决认定华泰堂公司要求奥伊尔公司按照《债权转让合同书》的约定向其支付违约金 2000 万元并无不当之处。判决：驳回上诉，维持原判。

【监督意见】

奥伊尔公司不服终审判决，向北京市人民检察院申请监督。北京市人民检察院提请最高人民检察院抗诉。2010 年 10 月 19 日，最高人民检察院向最高人民法院提出抗诉。抗诉意见为：

1. 终审判决认定《债权转让合同书》有效，适用法律错误。

《债权转让合同书》第 3 条第 1 款约定，"乙方在本合同项下债权拍卖成交当日，经拍卖公司向甲方支付转让款项人民币 2000 万元作为首期付款"。第 11 条约定："本合同经双方授权代表签字及加盖双方印章后，并在乙方按本合同约定支付了首期转让款当日生效。"因此，华泰堂公司经锋盛公司向奥伊尔公司支付 2000 万元首期转让款是合同生效的必要条件。经查珠海 10 号判决一审笔录，只有华泰堂公司单方提出锋盛公司向奥伊尔公司支付了 2000 万元，锋盛公司对此并未明确表态；如果锋盛公司所说"暂时把剩下的 3000 万元没有转给第三人"可以理解为间接地承认华泰堂公司的上述说法，但锋盛公司随后的"现在 5000 万元在我公司的账上"又明确否认曾经支付给奥伊尔公司 2000 万元。因此，珠海 10 号判决认定"锋盛公司已向奥伊尔公司支付了 2000 万元"缺乏证据证明。且庭审中并未涉及 2000 万元的付款时间，但珠海 10 号判决却认定付款时间在"前述协议签订后"。奥伊尔公司在本案一审中已经对这一事实提出质疑：锋盛公司在对奥伊尔公司的起诉状及与中经信公司联合致奥伊尔公司的函中，均明确指出华泰堂公司未向自己支付过拍卖款。珠海 10 号判决认定的"锋盛公司已向奥伊尔公司支付了 2000 万元"之事实已被推翻。因而《债权转让合同书》未生效。

2. 终审判决认定中经信公司支付的 2000 万元保证金在拍卖日已转为"首期拍卖款"，违反了《担保合同》的约定。

《担保合同》第 4 条约定："拍卖公司拍卖成交后，拍卖公司将拍卖首期款 2000 万元转付给乙方作为甲方退还乙方支付给甲方的保证金甲方收到的乙方的保证金转为首期拍卖款。"因此，中经信公司支付的 2000 万元保证金转为首期拍卖款的前提条件是"拍卖公司将拍卖首期款 2000 万元转付给乙方"。本案中，没有任何证据证明锋盛公司将拍卖首期款 2000 万元转付给中经信公司。在起诉状和答辩状中，没有任何一方当事人主张这一事实。在终审判决中，也没有认定有这一事实。因此，终审判决认定中经信公司支付的 2000 万元保证金已经转为首期拍卖款，违反了《担保合同》的约定。另外，锋盛公司和中经信公司的《关于要求退还保证金 2000 万元的函》已经明确宣称："现锋盛公司确认买受人未依《拍卖成交确认书》约定向拍卖公司支付拍卖成交款，所以锋盛公司和中经信公司确认原支付的保证金不能转变为拍卖首期款。"

3. 终审判决以《担保合同》约定替代《债权转让合同书》的生效条件，违反合同约定。

《担保合同》与《债权转让合同书》的当事人和内容均不同，《担保合同》的受益人是锋盛公司，不是华泰堂公司。因此，不能以《担保合同》签订时间在前的约定替代《债权转让合同书》签订时间在后的生效条件。《担保合同》第 4 条约定的"首期拍卖款"不是《债权转让合同书》约定的"首期转让款"，终审判决将前者取代后者，违反了合同约定，适用法律错误。

4. 在《拍卖成交确认书》被撤销后，终审判决认定《债权转让合同书》有效，适用法律错误。

《中华人民共和国民法通则》第 59 条第 2 款规定："被撤销的民事行为从行为开始起无效。"奥伊尔公司的委托是锋盛公司拍卖行为的基础，拍卖成交是奥伊尔公司与华泰堂公司签订《债权转让合同书》的基础。在珠海 10 号判决已经撤销《拍卖成交确认书》的情况下，基于该确认书所签订的《债权转让合同书》亦不可能有效。终审判决认定《债权转让合同书》有效，适用法律错误。一审判决认为，"债权转让是基础，拍卖是形式，形式被撤销，不能直接推定基础的消灭"完全混淆和颠倒了拍卖与债权转让的关系，据此认定《债权转让合同书》有效亦当然错误。奥伊尔公司在上诉中已经对此提出了质疑，认为它错误理解了拍卖行为的法律关系，颠倒了拍卖成交合同和债权转让合同在本次拍卖关系中的法律地位，但是终审判决对此上诉请求内容却未予回答，故意回避，违反了《中华人民共和国民事诉讼法》第 151 条规定的"第二审人民法院应当对上诉请求的有关事实和适用法律进行审查"，适用法律错误。

5. 珠海 10 号判决认定的相关事实不能直接作为认定本案事实的依据。

生效裁判认定的事实涉及案外人的，对于案外人没有约束力。既判力与当事人争议的法律关系有关，与当事人争议的事实无关，不能以所谓既判力为由主张生效裁判所认定事实有"既判力"。对当事人之间争议法律关系的裁判必然涉及相关事实，因此法院就当事人之间的某些争议事实作出认定后，原当事人之间又有其他诉讼的，可以直接引用前面裁判认定的事实。法院不能对案外人之间或案外人与诉讼当事人的法律关系进行裁判，当然也不能对他们之间的事实问题进行裁判；无论在事实上还是法律关系上，已经作出的裁判对案外人没有约束力。如果生效判决认定的事实对案外人可以有约束力，任一判决的相关事实中如认定北京某法院欠款，则该法院也必须认账还钱。任何证据都没有绝对的效力。在有相反的充分证据时，任何证据都可以被推翻，已为生效裁判认定的事实也不例外。因此，最高人民法院《关于民事诉讼证据的若干规定》第 9 条规定："已为人民法院发生法律效力的裁判所确认的事实，当事人无需举证，但对方当事人有相反证据足以推翻的除外。"一审判决无视这一司法解释，简单地照搬珠海 10 号判决的相关事实认定，对于奥伊尔公司提出的相关异议及其依据一概不理。二审判决认识到一审判决的明显错误，所以未再简单地依珠海第 10 号判决认定争议事实。

6. 对华泰堂公司向锋盛公司是否支付了 5000 万元竞买保证金的证据，法院未依法调查收集，并有新的证据足以推翻终审判决的认定。

是否有支付 5000 万元的事实，不但数额巨大，而且影响重大，与是否向奥伊尔公司支付了 2000 万元有关，奥伊尔公司因客观原因不能自行收集证据，因而申请一审法院调查收集。我国《民事诉讼法》第 64 条第 2 款规定："当事人及其诉讼代理人因客观原因不能自行收集的证据，或者人民法院认为审理案件需要的证据，人民法院应当调查收集。"一审法院不予调查，违反了这一规定。检察机关经过调查已经查明，华泰堂公司主张向锋盛公司支付了 5000 万元的事实根本不存在，锋盛公司在拍卖期间的账户反映，无 5000 万元竞拍保证金入账，也无 2000 万元首付款的转出。

【监督结果】

最高人民法院将本案指令北京市高级人民法院再审。北京市高级人民法院再审认为：本案为债权转让合同纠纷，华泰堂公司的诉讼请求是要求奥伊尔公司支付违约金，但双方当事人对债权转让合同是否生效存在异议，故首先需要确认债权转让合同是否生效。

《债权转让合同书》约定，"本合同经双方授权代表签字及加盖双方印章后，并在乙方按本合同约定支付了首期转让款当日生效"。该合同对首期转让款的约定为，"乙方在本合同项下债权拍卖成交当日，经拍卖公司向甲方支付转让款 2000 万元作为首期付款"。经庭审查明，涉案债权拍卖成交当日，拍卖公司即锋盛公司没有向奥伊尔公司支付 2000 万元首付款，华泰堂公司也没有直接向奥伊尔公司支付 2000 万元首付款。在拍卖成交之前，奥伊尔公司收到中经信公司支付的 2000 万元保证金。该保证金是依据奥伊尔公司与中经信公司签订的《担保合同》支付的。《担保合同》还约定，"拍卖公司拍卖成交后，拍卖公司将拍卖首期款 2000 万元转付给乙方作为甲方退还乙方支付给甲方的保证金，甲方收到的乙方保证金转为首期拍卖款"。现有证据显示，奥伊尔公司收到了中经信公司交付的 2000 万元保证金，而中经信公司与锋盛公司约定不转付 2000 万元，但该约定没有得到《担保合同》的一方当事人奥伊尔公司的认可。故不能得出奥伊尔公司收取的 2000 万元保证金的性质按照《担保合同》的约定，转变为首期拍卖款的结论。综上，鉴于华泰堂没有直接向奥伊尔公司支付 2000 万元首期转让款，也没有通过锋盛公司间接向奥伊尔公司支付 2000 万元首期转让款，因此，债权转让合同的生效条件未成就，即债权转让合同未生效。

在债权转让合同未生效的情况下，华泰堂公司依据该合同向奥伊尔公司主张违约金的诉讼请求，缺乏法律依据，故法院不应予以支持。依照《中华人民共和国民事诉讼法》第 186 条第 1 款、第 153 条第 1 款第 2 项的规定，判决：（1）撤销本院〔2009〕高民终字第 1591 号民事判决及北京市第一中级人民法院〔2008〕一中民初字第 13536 号民事判决；（2）驳回霸州华泰堂制药有限公司的诉讼请求。

【点评】

本案涉及的法律关系错综复杂，涉及拍卖、担保、债权等不同的法律关系。案件三方当事人就本案涉及的事实共进行了三次诉讼，历经不同地区法院的六次审判，几次诉讼相互关联，每个案件涉及的合同之间又互相制约，案件疑难复杂。焦点集中在华泰堂公司是否已经支付给锋盛拍卖公司拍卖保证金 5000 万元，锋盛拍卖公司是否将该 5000 万元保证金中的 2000 万元支付给奥伊尔公司作为拍卖首付款，或锋盛拍卖公司是否从 5000 万元的拍卖保证金中将 2000 万元支付给中经信公司作为退回的保证金，查明以上事实是判断《债权转让合同》是否生效，奥伊尔公司是否承担 2000 万元违约金的重点。

1. 法律关系层叠，法院审理疏漏重要当事人责任，使案件事实错综复杂难以成立，细致审查夯实法律事实。

奥伊尔与锋盛拍卖公司签订《拍卖委托合同》时约定：拍卖成交日，锋盛拍卖公司向奥伊尔公司支付 2000 万元的拍卖款，10 个工作日后支付余款。同日，奥伊尔公司又与中经信公司在《担保合同》中约定：拍卖公司拍卖成交后，拍卖公司将拍卖首期款 2000 万元转付给中经信公司作为奥伊尔公司退还中经信公司支付给奥伊尔公司的保证金，奥伊尔公司收到的中经信公司的保证金转为首期拍卖款。以上两个合同均涉及奥伊尔公司、锋盛拍卖公司、中经信公司三方当事人，三方当事人之间约定的拍卖首付款的给付方式互相制约。

另外，华泰堂公司要竞卖"深圳包"，依照《拍卖法》的规定，必须缴纳一定数额的保证金，且5000万元竞拍保证金的给付方式在锋盛拍卖公司与华泰堂公司签订的《竞买协议》中也明确约定"华泰堂公司在竞买前需交纳竞买保证金5000万元，办理竞买手续，取得竞买资格领取竞买号牌"。按照上述合同约定的条件及履行的情况，拍卖成交的日子，锋盛拍卖公司就应当给付奥伊尔公司2000万元拍卖首期款，或向中经信公司支付2000万元保证金，但从本案的举证情况看，5000万元竞买保证金的付款行为无证据证明，仅有奥伊尔公司退回中经信公司2000万元保证金的法律事实。此后几天，奥伊尔公司与华泰堂公司同时签订《债权转让合同书》和《付款协议》。在上述两个协议中关于拍卖款的付款方式约定均为"华泰堂公司在本合同债权拍卖成交当日，经拍卖公司向奥伊尔公司支付转让款人民币2000万元作为首期付款"。即华泰堂公司在拍卖当天应当经锋盛拍卖公司向奥伊尔公司支付2000万元的首期款，且在债权转让合同第11条中明确约定该款支付后，合同才能生效。

上述5000万元保证金及2000万元首付款的事实在珠海法院的拍卖纠纷案庭审中存在矛盾，其公司究竟是否支付2000万元是不确定的。为了查清珠海法院未能查清的上述事实，检察机关调查了三方当事人拍卖时使用的账户。经调查，华泰堂公司和锋盛拍卖公司均未向法庭提交该5000万元保证金及2000万元拍卖款的支付凭证予以证明自己的主张，后该事实在中经信公司发给奥伊尔公司"关于要求退还保证金2000万元的函"中得到推翻，即华泰堂公司未向锋盛拍卖公司支付5000万元的拍卖保证金，所以，中经信才要求奥伊尔公司退还2000万元保证金，该事实退款票据证明奥伊尔已经退还中经信保证金。

珠海市中级人民法院的案件还未判决时，锋盛拍卖公司将奥伊尔公司诉至北京市西城区人民法院，其在起诉书中称没有收到华泰堂公司支付的拍卖保证金5000万元，但其为拍卖活动支付了相应的费用，要求法院判令奥伊尔公司补偿其在该次拍卖中发生的各项费用200万元。该诉讼经调解，双方当事人达成一致意见，奥伊尔补偿锋盛拍卖公司170万元并已执行完毕。

从上述审查的案件事实可以得出这样一个结论，5000万元竞拍保证金和2000万元首付款的认定多处存在矛盾，该款收取和支付的关键一方在锋盛拍卖公司，从《拍卖委托合同》、《担保合同》及《债权转让合同书》和《付款协议》看，约定的2000万元拍卖首付款均应当由锋盛拍卖公司支付给中经信公司或者奥伊尔公司。所以，锋盛拍卖公司对5000万元拍卖保证金的处置是涉及本案债权转让合同成立的关键点。经检察机关调取珠海10号审判卷宗及调查取得的锋盛拍卖公司在拍卖期间的账户反映，无5000万元竞拍保证金入账，也无2000万元首付款的转出，该事实在客观上存在虚假问题。

2. 正确行使调查权，全面印证案件事实及证据，再审法庭质证难以自圆其说，抗诉理由全面推翻原审判决结果。

不能直接认定中经信给付奥伊尔的2000万元担保金为拍卖首付款，该事实与三方当事人在合同中约定的条件不相符。如果锋盛拍卖公司收到5000万元保证金后在拍卖成交日就应当给付中经信公司2000万元，这个给付手续履行后才能认定中经信公司给付奥伊尔的2000万元保证金转化为首期拍卖款。但是，根据庭审记录及相关证据，未能反映中经信公司收到过锋盛拍卖公司支付的2000万元保证金，却有证据证明中经信公司要求奥伊尔公司退还已支付的2000万元保证金，从要求退款这一点看，应当是锋盛拍卖公司给付奥伊尔公司2000万元首付款后，中经信才能向奥伊尔公司提出退还2000万元保证金的要求。因此，锋盛拍卖公司在支付款项上存在违约行为，其未及时向奥伊尔公司和中经信公司支付2000万元拍卖首期款或保证金而导致上述各项合同中关于保证金及拍卖首期款未能按约定履行。法院替双方当事人推卸了锋盛拍卖公司在此次拍卖活动中应当承担向中经信公司支付2000万元保证金及向奥伊尔公司支付2000万元拍卖首期款的重要责任。

华泰堂公司在第一次向锋盛拍卖公司发函称债权文件有瑕疵，该时间与锋盛拍卖公司应当支付拍卖首期款和保证金距离5天的时间，这5天期间锋盛拍卖公司未向奥伊尔和中经信支付2000万元价款就已经违反了《拍卖委托合同》约定的生效条件，构成违约，与之后华泰堂公司发现的债权文件有瑕疵不相冲突，因为在双方签订的《债权转让合同》第11条明确约定"本合同经双方授权代表签字及加盖印章后，并在华泰堂公司按本合同约定支付了首期转让款当日生效"，中经信公司支付的2000万元担保金认定为首期拍卖款不符合合同约定，缺乏重要的前置条件。

本案经再审，华泰堂公司所举证据不仅未能支持其主张，反而使其主张不能自圆其说，不攻自破。检察机关对案件的全面准确把握，对案件法律关系的认真梳理，促使再审法院完全采纳了抗诉意见，全部改变了原审法院认定的事实，撤销了原审判决。

【承办人简介】

郭丽，女，1964年3月出生，本科学历，1993年7月调入北京市检察院民事行政检察处工作至今，现为北京市人民检察院检察员。

3. 田彦珍与许铁柱、杨振良民间借贷纠纷抗诉案

【监督机关】天津市人民检察院

【监督方式】抗诉

【基本案情】

申请人（一审被告、二审上诉人）：田彦珍，女，1957 年 3 月 12 日出生，汉族，天津市管弦乐器厂退休职工，住天津市河北区正义道溪坡里 6 - 38 - 304。

其他当事人（一审原告、二审被上诉人）：许铁柱，男，1966 年 3 月 4 日出生，无职业，住天津市河北区东六经路街中山公园路 3 号。

其他当事人（一审被告、二审原审被告）：杨振良，男，1953 年 6 月 25 日出生，现在天津津西监狱服刑。

杨振良与田彦珍系夫妻关系。2006 年底，杨振良以经营资金困难为由向许铁柱借款 27 万元。2008 年 12 月 5 日，天津市河东区人民法院作出〔2008〕东刑初字第 264 号刑事判决，认定杨振良在 2006 年 11 月至 2007 年 2 月间，以经营乐器业务借款等手段，先后骗取许铁柱人民币 66.5 万元据为己有，犯合同诈骗罪、诈骗罪，判处杨振良有期徒刑 15 年。

2009 年 2 月 13 日，许铁柱向天津市河北区人民法院起诉，请求判令杨振良、田彦珍共同偿还欠款 27 万元。

【原审裁判情况】

天津市河北区人民法院〔2009〕北民初字第 831 号民事判决认为：经生效刑事判决书确认，杨振良以非法占有为目的骗取许铁柱 27 万元属实，对于欠款应承担偿还责任。因该笔债务发生在婚姻关系存续期间，且田彦珍将房屋租赁合同交与许铁柱作为抵押，证明其认可欠款事实，应共同承担赔偿责任。判决：杨振良、田彦珍给付许铁柱人民币 27 万元。

田彦珍不服一审判决，向天津市第一中级人民法院上诉。

天津市第一中级人民法院在审理过程中查明：天津市河东区人民法院作出〔2008〕东刑初字第 264 号刑事判决第 7 页，证人田彦珍证实："……许铁柱

说杨振良欠他80万余元，还了21万元，还欠65万元，杨振良认可他说的。许铁柱说杨振良拿假房本来抵押，我看那个房本是我家地址却是私产，我家是公产房，我知道是假的，我只好拿我们家真房本来抵押27万元借款……"

天津市第一中级人民法院作出〔2009〕一中民二终字第345号民事判决认为：原审判决认为本案为民间借贷案由并无不当。关于田彦珍是否应承担共同给付责任问题，应当看到，本案债务的形成时间是存在于杨振良与田彦珍的夫妻关系存续期间，而形成过程又有证据可以证实，田彦珍在以房产进行抵押时，对杨振良的借款已存主观上的明知，虽然抵押物是公产房，但并不影响其主观有愿意承担返还的意思表示，该意思表示是以送房屋租赁合同的客观行为实现的。因此，田彦珍与杨振良向许铁柱承担共同给付责任是正确的，判决：驳回上诉，维持原判。

【监督意见】

田彦珍不服终审判决，向检察机关申诉。2011年6月2日，天津市人民检察院以〔2011〕津检民行抗字第18号抗诉书向天津市高级人民法院提出抗诉。理由如下：

1. 终审判决认定杨振良的债务为夫妻共同债务，认定的基本事实缺乏证据证明。本案中，杨振良向许铁柱借款27万元的行为，已经天津市河东区人民法院〔2008〕东刑初字第264号生效刑事判决认定为诈骗犯罪行为，该判决已认定杨振良向许铁柱的借款属于其个人行为，可以认定对于该项债务田彦珍作为妻子并无与杨振良共同举债的合意。此外，该刑事判决还认定杨振良向许铁柱借款的理由为经营使用，对该理由许铁柱是明知的，且根据杨振良的供述借款没有用于家庭生活。田彦珍虽与杨振良存在夫妻关系，但并未与其分享借款带来的利益，终审判决将借款作为夫妻共同债务处理，属于认定的基本事实缺乏证据证明。

2. 终审判决认定田彦珍"主观有愿意承担返还的意思表示，该意思表示是以送房屋租赁合同的客观行为实现的"，属于认定的基本事实缺乏证据证明。终审判决认定该事实的证据是田彦珍在河东区人民法院〔2008〕东刑初字第264号刑事案件中的证言，审查该刑事案卷中田彦珍、许铁柱证言，可以证明田彦珍存在送房屋租赁合同的行为，但该行为系在许铁柱的胁迫下进行的，并不是田彦珍真实意思的表示，不能依据此行为证明田彦珍认可借款。终审判决以该行为作为认定事实的依据，属于认定事实缺乏证据证明。

【监督结果】

天津市高级人民法院受理抗诉后，指令天津市第一中级人民法院再审。天津市第一中级人民法院经过再审，作出〔2011〕一中民再终字第33号民事裁定：撤销本案一、二审民事判决，发回天津市河北区人民法院重审。

【点评】

本案在案情事实和证据方面并不复杂，其价值在于它是一起典型的刑民交叉案件，其争议焦点所反映问题是具有典型性和代表性的。本案涉及三个焦点问题：焦点一，就是因杨振良的诈骗犯罪行为给被害人造成损失，被害人许铁柱是否可以单独提起民事诉讼的问题，这涉及刑民交叉案件处理的程序问题；焦点二，就是对于杨振良因刑事犯罪所造成的民事债务是否应由其妻田彦珍共同承担，这涉及夫妻财产关系中共同债务范围的法律问题；焦点三，现有证据是否可以证明田彦珍作出了承担杨振良债务的真实意思表示，这是涉及民事行为成立的事实认定问题。以上焦点涉及程序、法律适用和事实认定三方面，且属于相关领域的基础性问题，也是现行法律规范存在的诸多疏漏问题。

一、许铁柱提起民事诉讼的问题

本案中，杨振良的行为在刑法上属于典型的侵财型刑事犯罪，由于此类犯罪往往给被害人造成巨大经济损失，对于被害人而言，赔偿损失往往比追究犯罪人刑事责任更有意义。所以，此类犯罪的刑事被告人除了承担刑责外，民事赔偿责任也是不可或缺的，这就是所谓的刑民交叉的案件，也就是因同一法律事实，同时涉及刑事法律关系和民事法律关系，从而构成刑民案件交叉。所谓同一法律事实就是杨振良以非法占有为目的骗取许铁柱27万元的事实，它涉及两种法律关系，两种法律责任：其一是杨振良因其犯罪行为应承担刑事责任；其二是他也应对因犯罪行为给被害人造成损失承担民事赔偿责任。

对于此类案件，在我国目前的司法程序是：首先应在刑事法律关系中解决，本案中被害人的损失，也就是杨振良的犯罪行为所得，在刑法上将其界定为赃款、赃物，按照我国《刑法》第64条的规定，应当通过司法机关的追缴和退赔措施，将赃款、赃物直接返还被害人，这是对被害人财产最为有效直接的保护。如果无法追缴退赔或是追缴退赔的数额不能弥补损失，侵财型犯罪的被害人是否可以提起刑事附带民事诉讼，使得被害人的损失问题在刑事诉讼中得到解决。依据最高人民法院《关于刑事附带民事诉讼范围问题的规定》第1条规定"因人身权利受到犯罪侵犯而遭受物质损失或者财物被犯罪分子损坏而遭受物质损失的，可以提起附带民事诉讼"，以及第5条第2款规定"经过追缴或者退赔仍不能弥补损失，被害人向人民法院民事审判庭另行提起民事诉讼，人民法院可以受理"，则侵财型犯罪的被害人不属于可以提起附带民事诉讼的主体，其只可以单独提起民事诉讼，这是目前司法界的通行做法。结合本案事实，由于在杨振良的刑事判决中没有涉及赃款、赃物的去向问题，对于被害人许铁柱而言，其也就无法从赃款、赃物的追缴退赔中得到赔偿，他的赔偿问题无法在刑事程序中得到解决，只能单独提起民事诉讼。

对于此种犯罪被害人财产损失的救济而言，目前的司法解释实际上剥夺了被害人提起刑事附带民事诉讼的权利，它存在以下问题：从法律角度讲，不符合《刑事诉讼法》（本法已于 2012 年 3 月 14 日修改）第 77 条对于刑事附带民事诉讼的规定，该条规定"被害人由于被告人的犯罪行为而遭受物质损失，在刑事诉讼过程中，有权提起民事诉讼"，而关于物质损失，最高人民法院《关于刑事附带民事诉讼范围问题的规定》第 2 条解释为"是被害人因犯罪行为已经遭受的实际损失和必然遭受的损失"，根据以上规定侵财型犯罪的被害人是可以提起刑事附带民事诉讼的。所以，《关于刑事附带民事诉讼范围问题的规定》第 1 条对主体范围的限制规定是与《刑事诉讼法》第 77 条相冲突的。从法理角度讲，侵财型犯罪的损失也是犯罪行为造成的，它的解决虽然可以通过民事诉讼，但其与刑事法律关系是密不可分的，此类案件与其他刑事附带民事诉讼案件，在程序上作出区分是没有意义的，应当允许被害人在刑事诉讼中附带提起民事诉讼。从诉讼效率上讲，如果像目前这样硬性地将二者分离，既增加了受害者的讼累，也无形中增加了其维权的支出，更大大增加了法院的工作量，不符合诉讼经济原则，不利于案件纠纷的全面及时化解。另外，对于侵财型犯罪，法院一般会在主刑外附带判处罚金，为了避免罚金落空，法院往往会在判决下达前先预收罚金，这就造成了法院对被告人先行执行了罚金，而被害人民事诉讼上的赔偿却在其后得到的问题。为此若是允许侵财型被害人提起刑事附带民事诉讼，则法院在作出执行罚金刑之前会优先考虑被害人的民事赔偿问题，更利于保护被害人权利。基于以上分析，在保留侵财型犯罪被害人单独提起民事诉讼权利的基础上，应当赋予其提起刑事附带民事诉讼的权利。

二、杨振良的债务是否属于其与田彦珍的夫妻共同债务

解决了是否可诉的程序问题，就涉及杨振良因刑事犯罪产生的民事债务赔偿主体问题。由于刑事判决已经认定杨振良是以民间借贷的方式从事诈骗犯罪的，反映在民事法律关系中就是在杨振良与许铁柱的民间借贷中，杨振良的意思表示不真实，为欺诈。基于此，许铁柱作为债权人对于杨振良主张权利是合法有效的，而田彦珍作为杨振良的妻子是否有共同赔偿义务，这就涉及因刑事犯罪而产生的债务是个人债务还是夫妻共同债务的问题。

1. 从夫妻共同债务角度来分析。目前法律条款侧重于规定夫妻间积极意义的财产，对于消极意义的财产（夫妻债务）则语焉不详，仅在《婚姻法》第 41 条规定："离婚时，原为夫妻共同生活所负的债务，应当共同偿还。"而现实生活中，夫妻债务实际同夫妻积极财产一样种类复杂、涉及社会关系庞

杂。而司法上处理夫妻债务问题，是需要双重考虑的，既要考虑维护家庭整体利益和法定扶养义务的社会价值需要，也要考虑家庭维护合理的生产生活交易秩序的价值需要。家庭是社会的细胞，对于家庭夫妻财产关系这样一个重要的法律制度，目前在立法上还未作出全面规定，更多的是依靠司法解释和学理。对于夫妻共同债务，学理界和实务界通常以意思表示标准和债务用途标准来进行认定，符合标准之一的就可以认定为夫妻共同债务。它的法律依据是《婚姻法》第41条，以及最高人民法院《关于人民法院审理离婚案件处理财产分割问题的若干具体意见》第17条第1款，该款规定："夫妻为共同生活或为履行抚养、赡养义务等所负债务，应当以夫妻共同财产清偿。"虽然以上两个标准都是从考虑维护家庭整体利益和法定扶养义务的社会价值角度出发的，但比较而言，用途标准由于其客观性，更具有实践操作意义。结合本案，根据用途标准，由于杨振良对被害人主张借款的理由是用于其经营使用，对此可以证实此债务为其个人举债，而非夫妻共同举债。另外，由于在刑事判决中对于杨振良赃款的去向未予涉及，则后来的民事诉讼自然也无法认定杨振良诈骗款项的用途，也就证明不了杨振良因刑事犯罪产生的债务已用于夫妻共同生活。综上，杨振良的赔偿责任不应认定为其与田彦珍的夫妻共同债务。

但是，在《婚姻法》2001年修订后，最高人民法院发布了一系列司法解释，对于夫妻共同债务的认定重新确定了规则：时间规则，只要是夫妻关系存续期间所负债务，不论是一方还是双方所借，也不论是否用于家庭共同生活，均认定为夫妻共同债务；推定规则，将债务的证明责任分配给了债务人（夫妻），只要夫妻一方不能证明债务人与债权人明确约定为个人债务，或是第三人知道夫妻双方有实行分别财产制的约定，则推定一方债务为夫妻共同债务。以上新规则，是将家庭仅考虑为商品经济的交换单位，从维护合理的生产生活交易秩序的价值角度考虑的。此外，传统规则和新规则在适用的角度也是有区别的，传统规则是从夫妻内部关系来认定债务的，而新规则是从债权人与作为债务人的夫妻之间外部关系来认定的。本案若从债权人许铁柱主张权利的角度，应当适用新规则的时间标准，本案中二审法院主文中认定的理由就采纳了该规则。所以，如果机械地适用新规则，则本案的债务可以认定为杨振良与田彦珍夫妻的共同债务。新规则的优点是便于司法操作，但是如此简单化地处理夫妻财产关系的核心问题，则确实失之草率。它的问题如下：最高人民法院《关于适用〈中华人民共和国婚姻法〉若干问题的解释（二）》第24条的效力问题，它解释的内容实际已经超出了《婚姻法》对于夫妻债务的规定，虽然便于实践操作，但是这种扩权式的司法解释确实有违法越权之嫌，这实际上从根本上动摇了其司法解释的效力；从价值判断角度，没有全面统筹考虑夫妻家庭和债权人的利益，过于偏重对债权人的保护，以交易安全为最终价值判断标准，忽视了婚姻家庭关系的特殊社会价值；举证责任分配违反公平原则，由于侧重于保护债权人，使得夫妻间约定财产制名存实亡，举证责任分配在实践中操作难度巨大，尤其在夫妻感情破裂或是离婚的情况下，更是难上加难，几乎都是举证不能。新规则过于简单化地处理了夫妻共同债务，必然引发恶意举债和虚构债务的道德风险，极大地影响了实质正义的实现，其实际引发的问题比解决的问题还多。它的根本失误在于将复杂的夫妻共同债务问题简单化，将交易秩序价值绝对化，忽视了债权人所应具有的注意义务，未考虑夫妻家庭除了作为交换的市场主体外，更重要的是具有内部互助扶养以及家庭的整体社会价值意义。目前，对于夫妻共同债务的相关典型判决，几乎都是出于案件实体正义的需要，未机械适用新规则，而主要是依据传统规则作出了认定。

2. 从夫妻个人债务角度来分析。与夫妻共同财产的规定一样，我国的法律规定侧重于积极的财产权利，对于消极的个人债务还缺乏系统性规定。根据《婚姻法》第18条的规定，有下列情形之一的，为夫妻一方的财产：（1）一方的婚前财产；（2）一方因身体受到伤害获得的医疗费、残疾人生活补助费；（3）遗嘱或赠与合同中确定只归夫或妻一方的财产；（4）一方专用的生活用品；（5）其他应归一方的财产。这里的第（2）项是夫妻一方因受到伤害而获得赔偿为一方个人财产，作为个人财产的原因主要是因为它是侵权造成，基于权利义务对等原则，因一方侵权造成的消极财产，也就是债务，也应当属于一方个人债务，而本案杨振良诈骗的性质与此类似，也应适用该原则。而且，在学理上也将夫妻一方对外形成的侵权之债，一般认定该债务为个人债务。① 由于犯罪行为与民事侵权虽然是两种不同性质的法律行为，但从民事法律角度考虑，夫妻一方因犯罪产生的债务为其个人债务。

通过以上分析，虽然依据推定规则和时间规则，可以认定杨振良的债务为夫妻共同债务。但是，基于以上两规则的缺陷，以及相关法院典型判例对于其的修正，考虑本案债务产生于个人刑事犯罪的特殊性，以传统夫妻共同债务的观点和从个人债务角度来分析，认定为犯罪人个人债务应更符合《婚姻法》的规定。

三、田彦珍是否作出了承担杨振良债务的意思表示

本案除了前面谈到的程序及法律适用问题外，还涉及事实的认定，也即田彦珍是否作出了承担杨振良债务的意思表示。

---

① 刘德权主编：《最高人民法院司法观点集成》（全3卷），人民法院出版社2011年版，第1642页。

意思表示，是民事行为的要件之一，另一要件是当事人的行为能力，也就是当事人是否具备作出相应民事行为的行为能力，由于后一要件在本案中没有争议，可以直接认定，所以本案争议的就是意思表示问题。如果意思表示真实性的事实可以认定，则就可以认定田彦珍的民事行为成立并有效，她必然要受到其作出的民事行为的拘束，承担因此产生的债务。即使杨振良的债务属于其个人债务，田彦珍也应承担责任。

所谓"意思表示属于民事行为的核心要素，是指表意人将其期望发生某种法律效果的内心意思表示以一定方式表现于外部的行为"。① 通常意思表示的方式有以下几种：口头方式、书面方式、推定方式和沉默方式。② 本案中，原审法院对于田彦珍意思表示的认定，表述为"田彦珍在以房产进行抵押时，对杨振良的借款已存主观上的明知，虽然抵押物是公产房，但并不影响其主观有愿意承担返还的意思表示，该意思表示是以送房屋租赁合同的客观行为实现"，也就是法院采用以行为来判断意思表示的推定形式。法院认定的推定形式是否成立？首先要厘清推定形式的含义，所谓推定形式"是指当事人通过有目的、有意义的积极行为将其内在意思表示表现于外，使他人可以根据常识、交易习惯或相互间的默契，推知当事人已作出某种意思表示，从而使民事行为成立"。③ 根据该定义，推定形式意思表示的前提是当事人之间具有默契或依交易习惯、常识，而本案中田彦珍与许铁柱之间是根本不存在以上前提的。另外，当事人的表意行为应具有积极主动性，而田彦珍的行为是根据许铁柱的要求被迫作出的，属于消极被动行为。根据以上分析，不能从田彦珍的行为以推定形式认定其作出了承担杨振良债务的意思表示。即使通过行为推定出田彦珍作出了承担杨振良债务的意思表示，由于该意思表示是在被胁迫下作出的，不是其真实的意思表示。虽然可以成立民事行为，但是由于其意思表示不真实，该行为不具备生效条件，不产生对于田彦珍的拘束力。

综合以上分析，本案在程序上，对于杨振良的诈骗犯罪行为，尽管目前刑事附带民事程序将此类侵财型犯罪的被害人作了排除，但是作为被害人许铁柱仍然有权提起民事诉讼来挽回损失，本案法院在受理上是没有问题的；在法律上，由于刑事判决认定杨振良的犯罪行为系个人行为，其妻田彦珍既未参与，也未获益，所以基于犯罪行为产生的民事债务应当仅属于杨振良的个人债务，而不是原审认定的夫妻共同债务；在事实认定上，对于田彦珍送房屋租赁合同

① 王利明主编：《民法学》（第四版），中国人民大学出版社 2008 年版，第 127 页。
② 王利明主编：《民法学》（第四版），中国人民大学出版社 2008 年版，第 128 页。
③ 王利明主编：《民法学》（第四版），中国人民大学出版社 2008 年版，第 129 页。

的行为，既不能推定出原审认定的其作出了承担杨振良债务的意思表示，也不能认定该行为系田彦珍的真实意思表示。

【承办人简介】

王德良，男，1975年出生，天津人，硕士，天津市人民检察院民事行政检察处助理检察员，全国检察理论研究人才，天津市检察业务专家。

4. 秦皇岛隆威房地产发展有限公司与韦国林买卖合同纠纷抗诉案

【监督机关】河北省人民检察院

【监督方式】抗诉

【基本案情】

申请人（一审被告、二审上诉人）：秦皇岛隆威房地产发展有限公司，住所地：秦皇岛市海港区河北大街 138 号；法定代表人：张子勇，董事长。

其他当事人（一审原告、二审被上诉人）：韦国林，男，1966 年 12 月 17 日出生，汉族，秦皇岛开发区城市发展局职员，现住秦皇岛市开发区太行山路管委楼 6-9 号。

秦皇岛隆威房地产发展有限公司（以下简称隆威公司）开发兴建了秦新壹时代数码广场商城，并将商城内的商铺向社会公开出售。2002 年 8 月 7 日至 2002 年 12 月 19 日期间，隆威公司在《秦皇岛晚报》及其他印刷品上刊登销售广告，其中有与深圳宝安电子城共同开发和长期租金回报 8% 等内容。2002 年 8 月 20 日，韦国林与隆威公司签订《商品房买卖合同》，以 86326 元的价格购买秦新壹时代数码广场商城一层 1181 号商铺，同日签订《秦新壹时代数码广场商业房租赁协议》，约定租期 3 年，租金为购房款的 8%，从购房款中直接扣除。在上述两合同履行完毕后，2007 年 8 月，韦国林以隆威公司虚假承诺、欺骗行为构成欺诈为由，诉至秦皇岛市海港区人民法院，要求撤销《商品房买卖合同》，返还购房款。

【原审裁判情况】

秦皇岛市海港区人民法院于 2008 年 6 月 16 日作出〔2007〕海民初字第 2254 号民事判决。判决认为，韦国林与隆威公司之间所签订的商品房买卖合同及租赁合同，具有直接关联性，应是一种售后包租的捆绑式合同。隆威公司在促销过程中，在仅和深圳宝安电子城签订两年合作协议的前提下，却虚构事实，对外宣称所购商铺由全国著名经营管理公司深圳宝安电子城长期入驻经营管理，且实际上，该公司工作人员在短时间内即已撤离。隆威公司还宣称，所售商铺具有无限增值潜力和长期稳定的收益率，年回报率为8%，是三代人的高息"取款机"，使投资者至少能看到10—20年的回报，并计算了38年、39年的投资收益等宣传内容，这些内容，隆威公司并没有足够的依据保证其实现，却做出这种虚假的广告宣传，使韦国林误认为购买隆威公司的商铺，就会只赚不赔，长期按8%收益，没有任何经营风险。实际上，隆威公司只给了韦国林3年的8%返还租金的承诺，随后便表示要大幅降低租金，不再按原协议租金续签协议，隆威公司的这一行为应认定为民事欺诈行为。同时，该欺诈行为也是韦国林在2006年10月21日召开的业主大会上，方知深圳宝安电子城已撤离、新租赁合同将不按8%续租的事实，故韦国林没有超过1年的除斥期间，享有撤销权，双方签订的商品房买卖合同及租赁合同均应当予以撤销，故韦国林的请求符合有关法律规定，应当予以支持。因协议被撤销便自始无效，双方应将依无效协议取得的财产返还对方，即韦国林依租赁合同所取得的20718元租金返还给隆威公司，隆威公司把租赁的商铺归还给韦国林；韦国林因买卖合同所取得的商铺的所有权返还给隆威公司，隆威公司把购房款86326元返还给韦国林，以上两个协议因标的物种类、品质完全相同，经过抵消，隆威公司实际应向韦国林返还价款65608元。同时，因隆威公司在签订合同的过程中存在过错，应当承担韦国林实际所交纳价款的利息损失。计算期间应当从韦国林交付实际价款之日起至判决生效之日止的利息，利息按中国人民银行同期贷款利率计算。至于隆威公司所述的不存在欺诈行为的抗辩理由，因理据不足，本院不予采信。判决：（1）撤销韦国林同隆威公司所签订的房屋买卖合同和房屋租赁合同；（2）隆威公司返还韦国林人民币65608元，并支付同期银行贷款利息；（3）韦国林将位于海港区秦新壹时代数码广场商城一楼1181号商铺返还给隆威公司。

判后，隆威公司不服，提起上诉。

秦皇岛市中级人民法院于2009年4月2日作出〔2008〕秦民一终字第736号民事判决。判决认为，一审判决认定隆威公司行为构成欺诈，依据两点：（1）韦国林在2006年10月21日召开的业主大会上，方知深圳宝安电子城已撤离；（2）新租赁合同将不按8%续租。隆威公司在促销过程中，于2002年8月7日和2002年12月19日在秦皇岛发行的报纸上以广告的形式明确表示所购商铺由全国著名经营管理公司深圳宝安电子城长期入驻经营管理，具有无限增值潜力和长期稳定的收益率，年回报率为8%，是三代人的高息"提款机"，使投资者至少能看到10—20年的回报，并计算了38年、39年的投资收益。这些内容，很容易导致人们做出错误的判断，认为购买隆威公司的商铺，就会只赚不赔，长期收益，没有任何的经营风险。而且隆威公司仅和深圳宝安电子城签订两年合作协议的前提下，却对外宣称联手深圳宝安电子城"共同打造"，及深圳宝安电子城长期入驻经营管理，对广大购买者隐瞒了真实情况，正是在这种背景下，隆威公司与韦国林签订了商品房买卖合同。上述广告内容，明确具体，一经承诺，就表明隆威公司受该意思约束，应当视为要约。隆威公司提出韦国林在签订协议时，2002年12月19日即宣传深圳宝安电子城长期入驻的广告并未刊登，一审认定事实错误。本院认为虽然12月19日广告未发布，但8月7日广告中已有大量的宣传，涉及深圳宝安电子城经营管理等内容，隆威公司隐瞒事实，足以误导消费者。而且隆威公司只给了韦国林3年的8%返还租金的承诺，随后，便大幅降低租金，深圳宝安公司人员也仅经营两年时间便撤离，没有兑现当初承诺的长期和稳定的收益，隆威公司的行为是一种欺诈行为。同时欺诈行为具有长期的隐蔽性，只有租期届满后，隆威公司不兑现承诺时，韦国林才知道自己受欺诈的事实。此外，隆威公司主张韦国林已超过除斥期间，丧失撤销权。在韦国林与隆威公司签订合同到期后，隆威公司隐瞒深圳宝安电子城已撤离的事实真相，由于韦国林签订了委托代租合同，虽然年租金为2%，韦国林明知，但隆威公司不能证明其已将深圳宝安电子城已撤离这一事实明确告知韦国林，由于韦国林提起撤销之诉是基于两点理由认定隆威公司存在欺诈行为，即深圳宝安电子城仅两年就撤离，新租赁合同将不按8%续租，其是在2006年10月21日召开的业主大会上，方知深圳宝安电子城已撤离的事实，起诉未超过1年的除斥期间。综上，原审判决认定事实清楚，适用法律正确。判决：驳回上诉，维持原判。

【监督意见】

隆威公司不服，向检察机关提出申诉。2009年11月24日，河北省人民检察院以冀检民行抗〔2009〕75号民事抗诉书，向河北省高级人民法院提出抗诉。理由如下：秦皇岛市中级人民法院〔2008〕秦民一终字736号民事判决，认定的基本事实缺乏证据证明。

1. 终审判决认定"8月7日广告中已有大量的宣传，涉及深圳宝安电子城经营管理等内容，隆威公司隐瞒事实，足以误导消费者"缺乏证据证明。隆威公司2002年8月7日的广告中与深圳宝安电子城有关的表述为："秦新壹时代数码广场联手全国十佳电子经营管理公司深圳宝安电子城，共同打造秦皇岛市区最大的'一站式电子数码购物天堂'。深圳宝安电子城先进的经营理念、经营能力以及巨大的品牌号召力无疑是商城做旺做大的强有力保证，是丰厚回报的定心丸。"而隆威公司在此之前于2002年7月29日，与深圳宝安电子城的管理者深圳宝安石鸿工贸有限公司（以下简称宝安公司）签订了《合作协议书》。《合作协议书》中约定宝安公司"授权隆威公司以深圳宝安电子城冠名各项宣传活动；为秦新壹时代数码广场提供商场硬件设施设计设想；提出全程跟踪的工作建议及商场设计方案；为秦新壹时代数码广场培训8名管理人员；协助秦新壹时代数码广场物流公司向经营商户提供物流渠道和最新物流信息；配合做好全面接手及管理班子的上岗工作；制定跨年度及合约终止后的各项工作计划"等内容，且该协议书也实际履行。因此，隆威公司在2002年8月7日广告中的表述，符合其当时与深圳宝安电子城的合作情况。仅依据2002年8月7日广告中的表述，不能认定隆威公司隐瞒真实情况。另外，终审判决在"本院认为"部分，一方面大量引用隆威公司2002年12月19日广告中的内容，另一方面又认定12月19日广告在隆威公司与韦国林签订房屋买卖合同和租赁协议时尚未发布，其叙述内容前后矛盾。同时，终审判决叙述的内容，足以使人产生误解，将隆威公司12月19日广告内容理解为8月7日广告内容，从而混淆案件事实。

2. 终审判决认定"隆威公司只给了韦国林3年的8%返还租金的承诺，随后，便大幅降低租金……没有兑现当初承诺的长期和稳定的收益，隆威公司的行为是一种欺诈行为"缺乏证据证明。隆威公司2002年8月7日的广告中关于租金收益的内容中，的确有"安享长期稳定收益"、"具有长期稳定的收益率（8%）"的表述。但是，在同一广告中也有"其三，收益稳定性。秦新壹时代数码广场带有3年租约，每年固定回报额达8%，按10万元的铺位总价计算，3年的纯收益高达2.4万元，而现在买铺更立即可收取2—3年的租金"的表述。可见，在8月7日广告中隆威公司对于秦新壹时代数码广场收益率的期限有明确的要约，即3年；而不是没有明确期限的"长期"。而对3年后的情况，该广告中没有进行要约。在隆威公司与韦国林正式签订的《秦新壹时代数码广场商业房租赁协议》中，也明确约定"租赁期限为3年"，且该协议已经实际履行完毕，隆威公司依协议返还韦国林8%的租金收益。因此，终审判决关于隆威公司没有兑现当初承诺的长期和稳定的收益，是欺诈行为的认定，证据不足。

【监督结果】

河北省高级人民法院受理本案后，裁定该案由秦皇岛市中级人民法院审理。秦皇岛市中级人民法院另行组成合议庭对该案进行了公开审理，审理过程中在秦皇岛市中级人民法院主持下，双方当事人自愿达成调解协议。秦皇岛市中级人民法院于2011年5月9日作出〔2010〕秦民再终字第13号民事调解书。双方协议：（1）韦国林于2002年购买隆威公司开发的秦新壹时代数码广场商城一层1181号商铺，该商铺建筑面积为6.75平方米，隆威公司实收韦国林房款 65608 元。韦国林愿意按照双方协商的价款 65608 元，将购买的上述商铺退给隆威公司，隆威公司同意收回该商铺；（2）办理产权过户所发生的费用，由隆威公司承担；（3）隆威公司于本协议订立之日起 3 日内将如上退房款交付秦皇岛市中级人民法院；（4）韦国林于签订本协议之日起 30 日内协助隆威公司办理产权过户手续，在未办理完产权过户手续期间，秦皇岛市中级人民法院不予支付退房款，待手续办理完整后，由隆威公司出具相关证明，秦皇岛市中级人民法院再向韦国林支付全额退房款；（5）其他事项，双方互不追究。

【点评】

本案争议的焦点是隆威公司的行为是否构成合同欺诈。

合同欺诈是指一方当事人故意告知对方虚假情况，或者故意隐瞒真实情况，诱使或误导对方基于此作出错误的意思表示，以签订合同达到欺诈的目的。

从欺诈人、被欺诈人及衡量欺诈行为尺度等方面看，合同欺诈行为的构成需具备以下几个要素：（1）欺诈人的欺诈故意。欺诈故意是指行为人具有故意欺诈他人的意思，即行为人明知自己的行为会使被欺诈人陷入错误认识，并且希望这种结果发生的一种心理状态。构成欺诈故意，不仅为直接故意，而且也包括间接故意，即明知自己的欺诈行为会导致相对人陷于错误并为错误意思表示，却放任这种结果的发生。（2）欺诈人的欺诈行为。欺诈行为可体现为作为和不作为两种方式。前者是欺诈人以积极的方式，虚构事实、变更事实，从而使相对人陷入错误认识行为，此种行为与欺诈的直接故意相联系，是在直接故意的心理状态情况下所为的欺诈行为。后者指在法律上、契约上或交易习惯上有告知事实真相的义务而故意不履行告知义务，致使相对人陷于错误，加深错误或保持错误的行为，这种欺诈行为一般说来与间接故意相联系。例如某出售人为了个人的利益，出售不合格产品时有意不履行声明的义务，致使购买者误认为系合格产品而购买，该出售人的不作为行为即属"故意隐瞒真实情况"的行为。（3）被欺诈人因欺诈而产生错误认识。被欺诈人的错误非因自己疏忽大意之故，而是因欺诈人的欺诈所致。所谓错误，是指对合同内容及其他重要情况的认识缺陷。例如，误以劣质品为优质品，误以为有重大瑕疵的标的物为无瑕疵的标的物，不知当事人无履行能力等。（4）被欺诈人因错误而为意思表示。即被欺诈人的意思表示与陷入错误之间存在因果关系，错误认识是进行意思表示的直接动因，表示意思是错误认识最终结果。如果被欺诈人虽然陷入错误，但并未因之而为意思表示，也不构成欺诈。（5）欺诈违反法律，违反诚实信用原则。诚信原则是民事法律的最基本原则，其要求当事人应当以善意的、诚实的、自觉的方式行使权利和履行义务，这一原则的规定是为了平衡当事人与当事人、当事人与社会之间的利益关系。而欺诈行为恰巧破坏了上述两个利益关系的平衡，其没有尊重他人利益，未以对待自己事务注意对待他人事务，而保障法律关系的当事人都得到自己的利益，或损害第三人及社会的利益。

关于合同欺诈的法律后果在不同法律中的差异。《民法通则》第 58 条第 1 款第 3 项规定，一方以欺诈、胁迫的手段或者乘人之危，使对方在违背真实意思的情况下所为的民事行为无效。而《合同法》的规定与《民法通则》的规定有所不同。《合同法》第 52 条第 1 项规定，一方以欺诈、胁迫的手段订立合同，损害国家利益的，合同无效。第 54 条规定，一方以欺诈、胁迫的手段或者乘人之危，使对方在违背真实意思的情况下订立的合同，受损害方有权请求人民法院或者仲裁机构变更或者撤销。在法条冲突的情况下，应该依照特别法优于普通法的原则，适用合同法的规定。

就本案而言，隆威公司的行为不构成欺诈。首先，隆威公司确实在发布销售广告之前与深圳宝安电子城的管理者深圳宝安石鸿工贸有限公司签订了《合作协议书》，且该协议书也实际履行。因此，隆威公司并不具备欺诈的故意，也没有欺诈的行为。终审判决混淆了案件的事实将隆威公司 12 月 19 日未对外发布的广告内容理解为 8 月 7 日发布的销售广告内容，足以使人产生误解。其次，隆威公司 2002 年 8 月 7 日的广告中关于租金收益的内容中，的确有"安享长期稳定收益"、"具有长期稳定的收益率（8%）"的表述。但是，在同一广告中也有"秦新壹时代数码广场带有 3 年租约，每年固定回报额达 8%，按 10 万元的铺位总价计算，3 年的纯收益高达 2.4 万元，而现在买铺更立即可收取 2—3 年的租金"的表述。即隆威公司对于秦新壹时代数码广场收益率的期限有明确的要约，即 3 年；而不是没有明确期限的"长期"。而对 3 年后的情况，该广告中没有进行要约。可见隆威公司销售广告中的要约内容写得很明确，没有隐藏或欺骗。终审法院只依据广告的部分内容，片面地理解要约内容，并据此认定隆威公司存在欺诈，明显不当。

【承办人简介】

孙祎霖，男，法律硕士，河北省人民检察院民事行政检察处民事检察组组长，2012 年入选"河北省检察理论研究人才库"。

5. 衡水冲击波广告有限公司与河北华鼎嘉房地产投资顾问有限公司广告发布合同纠纷抗诉案

【监督机关】河北省衡水市人民检察院
【监督方式】抗诉
【基本案情】

申请人（原审被告）：衡水冲击波广告有限公司，法定代表人：刘某某，经理。

其他当事人（原审原告）：河北华鼎嘉房地产投资顾问有限公司，法定代表人：曹某某，经理。

2007 年 11 月 4 日，衡水冲击波广告有限公司（以下简称冲击波公司）与河北华鼎嘉房地产投资顾问有限公司（以下简称华鼎嘉公司）签订户外广告发布合同一份，合同约定：冲击波公司为华鼎嘉公司于 2007 年 11 月 8 日晚 18 时以前发布户外广告，用于华鼎嘉公司代理销售万和峰景小区住宅楼，发布期为 2007 年 11 月 8 日至 2008 年 11 月 8 日，并约定了广告媒体形式、规格、地点。广告费用共计 40.53 万元，付款方式为：冲击波公司将广告全部发布，经华鼎嘉公司验收合格后 3 日内向冲击波公司支付广告费用 12 万元，剩下的广告费用于 2007 年 12 月底支付 15 万元，于 2008 年春节前支付 3 万元，其他余款于 2008 年 6 月底前付清。协议双方还约定了违约责任：如华鼎嘉公司未按合同支付广告费用，冲击波公司有权撤换广告内容，发布其他广告。华鼎嘉公司除支付拖欠的广告费用外，向冲击波公司交纳所欠广告费用的利息及违约金。合同签订后，冲击波公司按约定为华鼎嘉公司发布了户外广告，华鼎嘉公司在验收合格后支付了广告费用 12 万元，其余广告费用未支付。冲击波公司多次催要剩余广告费用未果。因华鼎嘉公司不支付剩余广告费用，冲击波公司于 2008 年 7 月 28 日，撤换了部分广告内容。

2008 年 1 月 15 日，冲击波公司与华鼎嘉公司签订户外广告发布合同一份，约定：冲击波公司为华鼎嘉公司于 2008 年 1 月 1 日至 2008 年 6 月 30 日期间发布大牌户外广告，同样用于华鼎嘉公司代理销售万和峰景小区住宅楼，在广告发布期内双方均不得中断合同。协议双方还约定了户外广告媒体形式、规格、地点等要求，广告费用7.056万元，华鼎嘉公司于2008年3月31日向冲击波公司首期支付6.056万元，剩余的广告费用1万元于2008年4月30日前付清，双方对违约责任的约定与前2007年11月4日签订的合同中的违约责任相同。合同签订后，冲击波公司按约定为华鼎嘉公司发布了户外广告，华鼎嘉公司未支付该合同约定的广告费用。2008年3月16日，冲击波公司以广告、装修合同拖欠工程款纠纷为由，将华鼎嘉公司诉至衡水市桃城区人民法院，请求判令华鼎嘉公司支付拖欠的广告费用。2008年3月17日，华鼎嘉公司解除其与衡水泰昌房地产开发有限公司（以下简称泰昌公司）签订的代理销售万和峰景商品房协议。2008年4月15日，华鼎嘉公司以泰昌公司解除其代理销售万和峰景商品房合同为由，将冲击波公司诉至石家庄市裕华区人民法院，请求解除华鼎嘉公司与冲击波公司签订的两份广告发布合同。2008年6月21日，石家庄市中级人民法院作出〔2008〕石民立终字第00216号民事裁定书，裁定该案移送衡水市桃城区人民法院合并审理。

【原审裁判情况】

衡水市桃城区人民法院认为：华鼎嘉公司与泰昌公司签订了商品房销售代理合同，为对其销售的楼盘进行宣传才与冲击波公司签订了广告发布合同。双方签订的户外广告发布合同内容、形式合法，意思表示真实，不违背法律法规的禁止性规定，系有效合同，应受法律保护。在合同履行过程中，华鼎嘉公司与泰昌公司签订的商品房销售代理合同因故解除，致使双方所签的广告发布合同失去了履行的基础，华鼎嘉公司请求解除与冲击波公司签订的广告发布合同的主张符合法律规定，应予支持。因解除该合同系华鼎嘉公司单方原因所致，其给冲击波公司造成的经济损失原告应予赔偿，鉴于冲击波公司就其损失部分已另行提起诉讼，本院在此不再涉及。据此，依照《中华人民共和国合同法》第94条、第96条之规定，判决：（1）解除华鼎嘉公司与冲击波公司2007年11月4日和2008年1月15日签订的户外广告发布合同。（2）案件受理费100元由冲击波广告有限公司承担。

【监督意见】

冲击波公司不服衡水市桃城区人民法院生效判决，向检察机关申诉。2009年1月16日，衡水市人民检察院以衡检民行抗〔2009〕1号民事抗诉书，向衡水市中级人民法院提出抗诉。抗诉理由是：

原审法院判决以华鼎嘉公司与泰昌公司签订的商品房销售代理合同因故解除，致使冲击波公司与华鼎嘉公司所签的广告发布合同失去履行基础为由，解除冲击波公司与华鼎嘉公司之间的两份户外广告发布合同，缺乏约定解除和法定解除理由，系适用法律错误。

1. 冲击波公司与华鼎嘉公司在签订户外广告发布合同时，双方并没有约定合同解除的条件，相反在合同中明确约定"在广告发布期限内，双方均不得中断此合同"。《中华人民共和国合同法》第93条第2款规定："当事人可以约定一方解除合同的条件。解除合同的条件成就时，解除权人可以解除合同。"依据上述法律之规定，由于冲击波公司与华鼎嘉公司没有约定合同解除的条件，华鼎嘉公司不享有约定解除权。

2. 根据《中华人民共和国合同法》第94条之规定，合同当事人在不可抗力或预期违约、根本违约等法定解除情形下享有解除合同的权利。而本案中，既不存在不可抗力导致合同解除的情形，也不存在冲击波公司预期违约或根本违约等法定解除情形，因此，华鼎嘉公司作为拖欠广告费用的违约方不享有法定解除权。

3. 华鼎嘉公司与泰昌公司之间的商品房销售代理合同是另一法律关系，不影响华鼎嘉公司与冲击波公司之间户外广告发布合同的成立及生效，况且依据华鼎嘉公司与泰昌公司签订的《解除合同协议书》，华鼎嘉公司因未能完成阶段销售任务而自愿解除其与泰昌公司之间的代理销售合同。因此，在华鼎嘉公司不享有约定解除权和法定解除权的情况下，原审法院依据《中华人民共和国合同法》第94条、第96条之规定，判决解除冲击波公司与华鼎嘉公司之间的两份户外广告发布合同，系适用法律错误。

【监督结果】

2009年6月29日，衡水市中级人民法院作出〔2009〕衡民再终字第27号民事判决。判决认为，双方签订户外广告发布合同后，冲击波公司已完成了合同约定的广告发布义务，华鼎嘉公司已进行了验收。华鼎嘉公司以其与泰昌公司之间的商品房销售合同已解除属于情势变更为由要求解除与冲击波广告公司的广告发布合同，不能支持。因为该合同是华鼎嘉公司未能完成阶段销售任务而自愿解除，与冲击波公司在签订户外广告发布合同时，双方并没有约定任何合同解除的条件，相反在合同中明确约定"在广告发布期内，双方均不得中断此合同"。其次，根据《中华人民共和国合同法》第94条的规定，华鼎嘉公司作为拖欠广告费用的违约方不享有该条规定的合同解除权利。华鼎嘉公司要求解除合同无事实与法律依据。原审法院以华鼎嘉公司与泰昌公司签订的商品房销售代理合同因故解除，致使冲击波公司与华鼎嘉公司所签的广告发布合同失去履行基础为由，解除冲击波公司与华鼎嘉公司之间的两份户外广告发布合同，系适用法律不当。检察机关抗诉意见应予支持，原审判决有误，应予纠正。经本院审判委员会讨论决定，依照《中华人民共和国民事诉讼法》第153条第1款第2项的规定，判决：（1）撤销衡水市桃城区人民法院〔2008〕衡桃西民二初字第164号民事判决；（2）驳回原审华鼎嘉公司的诉讼请求。

【点评】

本案涉及合同的约定解除、法定解除及情势变更原则适用问题。关于约定解除，《合同法》第93条作了规定："当事人协商一致，可以解除合同。当事人可以约定一方解除合同的条件。解除合同的条件成就时，解除权人可以解除合同。"关于法定解除，《合同法》第94条作了规定："有下列情形之一的，当事人可以解除合同：（一）因不可抗力致使不能实现合同目的；（二）在履行期限届满之前，当事人一方明确表示或者以自己的行为表明不履行主要债务；（三）当事人一方迟延履行主要债务，经催告后在合理期限内仍未履行；（四）当事人一方迟延履行债务或者有其他违约行为致使不能实现合同目的；（五）法律规定的其他情形。"关于合同解除的效力，《合同法》第97条规定："合同解除后，尚未履行的，终止履行；已经履行的，根据履行情况和合同性质，当事人可以要求恢复原状、采取其他补救措施，并有权要求赔偿损失。"关于情势变更原则，《合同法》没有作出规定，2009年4月颁布的最高人民法院《关于适用〈合同法〉若干问题的解释（二）》第26条作了规定："合同成立以后客观情况发生了当事人在订立合同时无法预见的，非不可抗力造成的不属于商业风险的重大变化，继续履行合同对于一方当事人明显不公平或者不能实现合同目的，当事人请求人民法院变更或解除合同的，人民法院应当根据公平原则，并结合案件的实际情况确定是否变更或解除。"

本案的关键是：华鼎嘉公司作为拖欠广告费用的一方当事人，是否享有合同约定解除权和法定解除权；衡水市桃城区法院以华鼎嘉公司与泰昌公司已解除房屋代理销售合同为由，解除冲击波公司与华鼎嘉公司签订的两份广告发布合同是否适用法律错误。第一，华鼎嘉公司与冲击波公司签订广告发布合同时，双方没有约定解除权，相反在合同中明确约定"在广告发布期限内，双方均不得中断此合同"，事后双方也没有就合同解除达成协议，依照《合同法》第93条之规定，华鼎嘉公司不享有约定解除权。第二，涉案广告发布合同履行过程中不存在不可抗力导致华鼎嘉公司不能履行给付广告价款义务的情形。也不存在冲击波公司预期违约或根本违约等法定解除情形。依照《合同法》第94条之规定，违约方华鼎嘉公司不享有法定解除权。第三，涉案广告发布合同履行过程中，华鼎嘉公司因为未完成销售任务而主动解除与泰昌公司之间房屋销售代理合同，这不符合情势变更原则的适用情形。如果允许华鼎嘉公司以自身商业风险为由而任意解除广告发布合同，对冲击波公司显失公平。

第四，华鼎嘉公司提起诉讼时，最高人民法院《关于适用〈中华人民共和国合同法〉若干问题的解释（二）》尚未颁布实施，而我国《合同法》对情势变更原则没有作出规定。总之，在冲击波公司依照合同约定完全履行广告发布义务的情况下，衡水市桃城区人民法院以"华鼎嘉公司与泰昌公司签订的商品房销售代理合同因故解除，致使华鼎嘉公司与冲击波公司所签的广告发布合同失去了履行的基础"为由，判令解除两份广告发布合同，显然违反《合同法》的相关规定，属适用法律错误。检察机关据此提出抗诉，衡水市中级人民法院完全采纳了检察机关的抗诉理由进行了改判，维护了冲击波公司的合法权益。

【承办人简介】

赵志国，男，1978年6月出生，汉族，中国政法大学民商法学硕士，现任河北省衡水市人民检察院公诉处检察员。

6. 邢台市长城建筑装饰公司与邢台市东围城路城市信用社借款合同纠纷抗诉案

【监督机关】邢台市人民检察院、邢台市桥东区人民检察院

【监督方式】抗诉

【基本案情】

申请人（原审被告）：邢台市长城建筑装饰公司，法定代表人：邓歧，经理。

其他当事人（原审原告）：邢台市东围城路城市信用社，法定代表人：史乃申，主任。

1996年12月4日，邢台市长城建筑装饰公司（以下简称长城公司）与邢台市东围城路城市信用社（以下简称东围城路信用社）签订借款合同，合同约定东围城路信用社向长城公司提供贷款14万元，借款期限自1996年12月4日至1997年3月4日，贷款利率为10.08‰。借款期满后，东围城路信用社以要求归还14万元贷款本金和利息为由将长城公司诉至邢台市桥东区人民法院。

另查明，1998年9月17日，邢台市信用合作社联合社经邢台市体改委邢市体改字〔1998〕34号文批复同意，东围城路信用社与长城公司签订了《东围城路城市信用社兼并长城建筑装饰公司部分资产协议书》（以下简称《兼并协议》），并在邢台市公证处进行了公证。协议主要内容为：东围城路信用社兼并长城公司价值180万元的房地产，即位于东围城路35号的房产及附属设施和土地使用权；另付长城公司80万元现金用于长城公司安置员工；长城公司欠东围城路信用社的贷款及其他债务共8笔，总计150万元，在长城公司资产过户完毕后，由东围城路信用社撤销贷款手续（即抵顶兼并付款）。次日，双方又签订一份《补充协议书》，其中第6条进一步明确约定，东围城路信用社对长城公司原贷款本息共计按150万元计算，本次一次全部结清，不再另加罚利息。

【原审裁判情况】

2003年12月5日，邢台市桥东区人民法院作出〔2003〕东民初字第1-39

号民事判决。判决认为，东围城路信用社与长城公司签订的借款合同，系双方当事人的真实意思表示，合同有效，长城公司所欠东围城路信用社借款本金14万元，事实清楚，证据充分，应当予以偿还，并支付利息。依照《中华人民共和国民事诉讼法》第130条、《中华人民共和国经济合同法》第40条的规定，判决如下：被告长城公司偿还东围城路信用社借款本金14万元及利息（在借款期间按合同约定利率计算，逾期后按中国人民银行逾期贷款利率计算，已付利息从中扣除）。判决生效后10日内付清。案件受理费4310元，其他诉讼费用1180元，由长城公司负担。

【监督意见】

2008年5月14日，长城公司接到邢台市桥东区人民法院的执行通知书后才得知该判决，一审判决早已生效。长城公司不服，向邢台市桥东区人民检察院申诉，桥东区人民检察院立案审查后，2009年4月20日提请邢台市人民检察院抗诉，邢台市人民检察院于2009年4月30日向邢台市中级人民法院提出抗诉。理由主要是：

1. 原审法院对应当直接送达或者其他方式送达的法律文书适用公告送达，违反了法定程序，可能影响案件的正确判决。《中华人民共和国民事诉讼法》第78条、第84条规定，送达诉讼文书，应当直接送交受送达人，只有受送达人下落不明，或者用其他方式无法送达的，才能公告送达。长城公司经营所在地一直在邢州路30号，并长期从事正常经营，完全具备直接送达的条件。原审法院违反法定程序，从受理此案到开庭、判决书的送达等都采取公告的形式，致使其未能答辩和到庭参加诉讼，影响了长城公司诉讼权利的行使。

2. 长城公司申诉时提供1998年9月17日其与东围城路信用社签订的《兼并协议》、《公证书》以及9月18日签订的《补充协议书》等相关材料，证明1996年12月4日其向东围城路城市信用社借款14万元及利息已经在双方兼并清算中全部结清，该证据足以推翻原判决。

【监督结果】

邢台市中级人民法院受理抗诉后，于2009年6月4日指令邢台市桥东区人民法院另行组成合议庭对该案进行再审。

邢台市桥东区人民法院再审认定：东围城路信用社所诉长城公司1996年12月4日借款14万元属实，但该债务已在双方签订、履行《兼并协议》和《补充协议书》完成后归于消灭。东围城路信用社由于内部未作财务处理的原因，对双方协议已经消灭的债务进行起诉，要求长城公司偿还14万借款本息，本院不予支持。长城公司有明确的住所地，且一直处于营业状态，原审依法应采取直接送达方式送达诉讼文书，但原审因错误采用公告送达方式送达，直接影响到长城公司行使抗辩权，致长城公司不能举证抗辩，导致原审认定事实错误，适用法律错误，再审予以纠正，检察机关的抗诉意见，本院予以采纳。综上，依照最高人民法院《关于适用〈中华人民共和国民事诉讼法〉若干问题的意见》第201条规定，判决如下：（1）撤销本院〔2003〕东民初字1-39号民事判决；（2）驳回东围城路信用社的诉讼请求。原审案件受理费4310元，其他诉讼费1180元，由东围城路信用社负担。

【点评】

本案属借款合同纠纷，争议的焦点是原审法院在长城公司有明确住所地的情况下，采取公告送达形式的做法是否违反法定程序，是否影响判决结果。

一、本案是否符合公告送达情形之分析

《民事诉讼法》（本法已于2012年8月31日修改）第84条规定："受送达人下落不明，或者用本节规定的其他方式无法送达的，公告送达。自发出公告之日起，经过六十日，即视为送达。公告送达，应当在案卷中记明原因和经过。"这是我国对于公告送达制度的规定。这条规定明确了适用公告送达的条件，即只有在当事人下落不明或穷尽其他送达方式，包括《民事诉讼法》规定的直接送达、留置送达、委托送达、转交送达以后，才能最后适用公告送达。关于下落不明的定义，最高人民法院《关于贯彻执行〈中华人民共和国民法通则〉若干问题的意见（试行）》第26条规定，"下落不明是指公民离开最后居住地后没有音讯的状况"。

从本案查明的事实来看，长城公司经营所在地一直是在邢州路30号，并长期从事正常经营，并不符合直接送达诉讼文书有困难、下落不明和其他方式无法送达的情形。公告送达作为一种特殊的送达方式，属于民事诉讼送达中补充性的救济程序，其立法本意为补充法院在送达不能的情况下，保证诉讼程序的正当完成和公正维护另一方当事人的合法权益，而采取的一种送达形式，是整个送达程序体系中的最后一道防护，只能适用于"受送达人下落不明"和"适用其他送达方式无法送达"的两种情形。但在司法实践中，法院为了自身便利，采用公告送达时对"下落不明"的认定存在主观随意性大、缺乏严谨的操作规范，往往在没有穷尽其他送达方式时就轻易地认定当事人下落不明，严重损害了受送达人的诉讼权利。本案即是如此，长城公司为法人，有固定的经营场所，工商机关也有备案，原审直接采取公告送达的方式明显违反了法律的规定。

在基层司法实践中，公告送达存在审核不严、使用随意等不规范现象，违法公告送达现象频现，其危害性主要表现在：

1. 违背了诉讼权利平等原则，直接剥夺了受送达当事人的诉讼权利。诉讼权利平等原则是我国《民事诉讼法》中确立的一项基本原则，具有统率具体诉讼程序和诉讼制度的功能。《民事诉讼法》第8条规定："民事诉讼当事人有平等的诉讼权利。人民法院审理民事案件，应当保障和便利当事人行使诉讼权利。"在司法实践中，法院违反法律规定进行公告送达却与这一规定背道而驰，由于公告送达，导致受送达的当事人因没有参加诉讼而无法行使其诉讼权利，使其诉讼参与权、知情权、听审权、答辩权、举证权、质证权等诉讼权利直接受到侵害。

2. 公告送达流于形式，绝大多数案件存在送而不达的现象。最高人民法院《关于执行〈中华人民共和国民事诉讼法〉若干问题的意见》规定，公告送达可以在法院的公告栏、受送达人原住所地张贴公告，也可以在报纸上刊登公告等。为了规范公告送达，最高人民法院要求统一在《人民法院报》刊登公告。但是，《人民法院报》的传播覆盖面很狭小，受送达人及其亲友则很难看到该报，基本上无法实现通知当事人到庭应诉的目的。再加上公告内容过于简单，缺乏必要的信息，如公告送达起诉状副本不列明起诉状要点，公告判决不写明判决主要内容、公告送达的原因和经过没有明确记载，没有交代对判决的上诉权、上诉期限等，都不能保证受送达人真正知悉诉讼文书的所诉内容，因而当事人的知情权和其他权利得不到保障，所以对于就被公告的当事人而言，能知晓的概率极低，绝大多数公告送达都存在只送不达的现象。

3. 公告送达导致的缺席判决容易产生错判。在公告送达的案件中，如果受送达人最终并没有收悉公告所传达的信息并作出积极的反应，那么缺乏对抗辩论、相互质证等环节进行过滤的案件事实的真实可靠度就会大打折扣，法院依据原告方的一面之词所作的判决就难免会造成"一边倒"的局面；另一方面，原告方常常利用公告送达并不能保证受送达人真正收到送达的特点，故意捏造一些材料以骗取法院进行公告送达，从而谋取不当利益，造成不公判决甚至错误判决，等文书生效了，未参加诉讼的当事人即使要申诉也很困难，容易引发社会问题。

4. 公告送达加剧执行难度。从执行的视角来看，由于在以公告方式进行送达的案件中，绝大部分受送达人实际上无法在适当的时间内了解公告信息，他们的各种程序权利被变相地剥夺，因而他们内心的不满情绪很难因为诉讼程序的终结而消失，势必造成执行难度的增加。再加上因为受送达人未行诉讼权利形成了一些"审判不公"和"审判错误"的案件，也直接导致了执行难的现象。在本案中，长城公司在执行阶段才得知原审判决，因认为原审判决认定事实错误，就不可能配合执行部门的执行，执行部门立案后也只能在撤销原判决的情况下才能了结此执行案。

公告送达是民事诉讼中一项重要的制度，其目的是让当事人知晓特定的内容，是为了使被送达人参加诉讼，及时行使诉讼权利，是希望借助公告这种手段以告知当事人，以保障当事人能够及时行使自己的权利，维护自己的利益。但目前公告送达不规范、滥用现象的大量存在，显然与法不符，势必会损害国家、社会和个人利益。完善公告送达制度，使民事诉讼真正"便于当事人诉讼、便于法院审判"，符合"公正与效率"主题要求，是目前司法工作的当务之急。

二、该案因公告送达造成缺席判决，是否影响案件的正确判决之分析

本案还涉及缺席判决问题，缺席判决是指开庭审理时，只有一方当事人到庭，人民法院仅就到庭的一方当事人进行询问、核对证据、听取意见，在审查核实未到庭一方当事人提出的起诉状或答辩状和证据后，依法作出的判决。本案中，长城公司因为未看到法院的公告送达通知，并未参加诉讼，也未提供起诉状或答辩词和证据，法院仅凭东围城路信用社一方的诉讼，缺席判决了长城公司承担 14 万元的债务。原审的缺席判决虽未违反法律规定，但违法公告送达造成的缺席判决，却剥夺了长城公司的诉讼权利，使双方当事人在审判中处于不平等地位。在现代民事诉讼中，当事人被认为是推动诉讼进行的主体。尽管判决最终要由法官作出，但推动判决形成的却是当事人，正是当事人的陈述、举证、质证和辩论活动，为判决的形成奠定了基础。当事人一方若未到庭，多数判决是对其不利的。

本案中，长城公司申诉时提供了 1998 年 9 月 17 日其与东围城路信用社签订的《兼并协议》、《公证书》以及 9 月 18 日签订的《补充协议书》等相关材料，该材料证明双方债务关系已消灭，该材料的认定，将会推翻原审判决。在原审中，因为法院违反法定程序的公告送达，长城公司相应的陈述权、辩护权、举证权均一一被剥夺，造成判决有失偏颇，影响了案件的正确判决。

【承办人简介】

尹峥，女，1973 年 7 月 11 日出生，本科学历，法律学士学位，河北省邢台市桥东区人民检察院民事行政检察科科长。

7. 山西省祁临高速公路有限公司、山西晋城路桥有限公司与介休市瑞峰建材开发有限公司、介休市张兰镇田堡村村委会水井损坏赔偿纠纷抗诉案

【监督机关】山西省人民检察院

【监督方式】抗诉

【基本案情】

申请人（一审被告、二审上诉人）：山西省祁临高速公路有限公司，法定代表人：姚惠发，总经理。

申请人（一审被告、二审上诉人）：晋城路桥有限公司，法定代表人：贾金龙，董事长。

其他当事人（一审原告、二审被上诉人）：介休市瑞峰建材开发有限公司，法定代表人：马林森，总经理。

被申诉人（一审原告、二审被上诉人）：介休市张兰镇田堡村委会，法定代表人：续铁礼，村委会主任。

1997 年 5 月 15 日，介休市峰楼建材公司（后更名为介休市瑞峰建材开发有限公司，以下简称瑞峰公司）、介休市张兰镇田堡村委（以下简称田堡村委）与介休市水利凿井队（以下简称凿井队）签订打井协议一份，由凿井队凿一眼井，供瑞峰公司生产和田堡村人畜用水。凿井队陆续开凿了五眼水井，均报废。其中，第一眼井于 1999 年 8 月于田堡村南 581.3 米处（邻近祁临高速公路 863 段路基约 11 米），第五眼井于 2000 年 11 月在第一眼水井南稍偏西 5.7 米处开凿，该井距离祁临高速公路路基 5.6 米。凿井队在田堡村村南 385 米处成功地凿成 300 米深井一眼，交瑞峰公司、田堡村使用至今。瑞峰公司支付凿井队打井款 5 万元。

2000 年 8 月，山西祁临高速公路划分为 18 个标段招标修建，其中，第三标段路经田堡村南，晋城路桥建设有限公司（以下简称晋城路桥公司）中标，2001 年 4 月晋城路桥公司开始施工。因祁临高速第三标段路经田堡村南，凿

井队为瑞峰公司与田堡村凿的第五眼报废水井距离祁临高速公路路基较近，为此瑞峰公司、田堡村委会伪造了《瑞峰建材开发公司水井报废的鉴定结论》等证据，试图证明该水井报废是因祁临高速公司、晋城路桥公司修建公路时所致。2003 年 7 月 5 日，瑞峰公司、田堡村委会向介休市人民法院提起诉讼，请求判令祁临高速公司、晋城路桥公司赔偿其因修筑祁临高速公路造成的重新凿井等损失 260 余万元。

【原审裁判情况】

介休市人民法院在审理此案的过程中，祁临高速公司对凿井队关于《瑞峰建材开发公司水井报废的鉴定结论》提出凿井队没有鉴定资格，该鉴定结论属于无效的质疑。2003 年 8 月 25 日介休市人民法院委托本院技术鉴定中心对原告水井毁损情况（后果）及原因、水井毁损所致直接损失（并为计算停产损失提供参考依据审计账目）进行鉴定；介休市人民法院技术鉴定中心又委托不具备地质、震动力学专业评价资质的山西省水文水资源勘测局对水井现状调查评价、损坏原因进行鉴定。山西省水文水资源勘测局在违反法定程序，未经科学检测的情况下，作出诉争水井由祁临高速公路修建时被震坏而报废的鉴定结论。介休市人民法院司法鉴定中心未审查该报告关于因震动损坏水井的鉴定依据和使用的科学技术手段，于 2003 年 11 月 29 日作出〔2003〕介法司审技字第 80 号司法技术鉴定书，认定诉争水井是由祁临高速公路建设施工中违反有关法律、法规，使用震动压路机及其他施工机械，导致水井损坏不能使用。介休市人民法院采信了该司法技术鉴定，作出了〔2003〕介民初字第 671 号民事判决书，判决：（1）祁临高速公司、晋城路桥公司连带赔偿原告瑞峰公司水井造价款 927702 元、利润损失等共计 2189602 元。（2）驳回瑞峰公司、田堡村委会要求祁临高速公司、晋城路桥公司其他诉讼请求。

祁临高速公司、晋城路桥公司不服一审判决，向晋中市中级人民法院提出上诉。

晋中市中级人民法院在审理该案期间，根据祁临高速公司的申请，委托有关机构进行鉴定，由于水井有填充物，无法进行勘验，故终结鉴定。晋中市中级人民法院经审理认为：祁临高速公司在建设祁临高速公路时，违反法律规定，致水井毁损报废，且经鉴定部门鉴定，确系祁临高速公司和晋城路桥公司的行为所致，应承担责任；瑞峰公司生产产品对水质量要求高，水井毁损必然导致其停产，并导致其利润及其他受损，祁临高速公司和晋城路桥公司应予赔偿；因对水工程的鉴定未纳入司法鉴定名册，故一审法院所作鉴定程序合法，由于重新鉴定已失去条件，故采纳原鉴定结论。判决：（1）维持介休市人民法院〔2003〕介民初字第 671 号民事判决第 1 项中祁临高速公司、晋城路桥公司连带赔偿瑞峰公司水井造价款 927702 元部分和第 2 项驳回瑞峰公司、田堡村委会要求祁临高速公司、晋城路桥公司支付行政人员工资 87360 元等诉讼请求。（2）撤销介休市人民法院〔2003〕介民初字第 671 号民事判决第 1 项中祁临高速公司、晋城路桥公司连带赔偿瑞峰公司利润损失 100 万元、违约金 261900 元部分，改为由祁临高速公司、晋城路桥公司共同赔偿瑞峰公司其他损失 70 万元，并且相互承担连带责任。

【监督意见】

祁临高速公司、晋城路桥公司不服终审判决，向晋中市人民检察院申请监督，晋中市人民检察院提请山西省人民检察院抗诉。山西省人民检察院向山西省高级人民法院提出抗诉。主要理由是：

一、原审判决认定事实的主要证据是伪造的

经向凿井队队长梁凤恩、工程师田正科及机长文肇龙调查证实，凿井队于 1999 年 6 月开始凿井，8 月于田堡村南 581.3 米处（邻近祁临高速公路 863 段路基约 11 米），凿成 498 米深井一眼，交付瑞峰公司和田堡村委使用。因该井出浑水，于 1999 年 11 月把凿井队从史村叫回田堡村修井。但修井未果，水井报废，之后陆续打井，于 2000 年 11 月在第一眼井南稍偏西 5.7 米处打了第五眼井，井深约 400 米，该井距离祁临高速公路路基 5.6 米，因未真正打到水眼，出水量不够，水质浑浊而再次报废，该井就是诉争水井，瑞峰公司即以祁临高速公司修路损害该水井为由提起诉讼。诉讼中，瑞峰公司将第一眼井的资料用于第五眼井，并将第五眼井的凿井时间进行改动，并提供伪造的《瑞峰建材开发公司水井报废的鉴定结论》、《关于祁临高速公路有限公司施工影响人畜吃水、公司用水的赔偿以及重新凿井的申请报告》。以上事实瑞峰公司法定代表人马林森已认可，证明诉争水井报废的原因是凿井队打井不成功所致，与祁临高速公司的筑路行为并无因果关系。因此，上述证据能够证明本案一、二审判决认定诉争水井报废与祁临高速公司的筑路行为有关所采信的主要证据系伪造，认定的事实错误。

二、审判人员在审理该案件时有受贿、枉法裁判行为

承办该案的二审审判长收受瑞峰建材有限公司法人代表马林森现金 2 万元，涉嫌受贿罪，同时涉嫌民事枉法裁判罪和滥用职权罪，已被移送审查起诉。一审审判长收受马林森贿赂款 3 万元，涉嫌受贿罪，已被移送审查起诉。介休市法院党组成员、常务副院长（分管执行工作）在执行阶段收受马林森贿赂款 3.5 万元，涉嫌受贿罪，已被移送审查起诉。

三、二审法院判决二审鉴定费 35 万元没有法律依据

二审过程中，祁临高速公司因山西省水文水资源勘测局无司法鉴定资格等

原因，申请晋中市中级人民法院司法技术鉴定中心重新鉴定，该鉴定中心预收祁临高速公司鉴定费 55 万元。晋中市中级人民法院司法技术鉴定中心委托中国科学技术咨询服务中心鉴定时，实际支付费用 5 万元。但二审法院在明知鉴定终止，被委托鉴定单位没有收取鉴定费的情况下，判决二审鉴定费 35 万元，并将该款入进晋中中院司法鉴定中心账内。依据全国人大常委会《关于司法鉴定管理问题的决定》第 15 条 "司法鉴定的收费项目和收费标准由国务院司法行政部门商国务院价格主管部门确定" 和《山西省司法鉴定条例》第 12 条 "司法鉴定机构应当按照国家和省物价部门核定的标准收取司法鉴定费用" 的规定，鉴定费收费权由有收费权的司法鉴定机构行使，审判人员在没有鉴定收费凭证的情况下，不能用判决鉴定费的数额。《山西省司法鉴定条例》第 1 条规定，审判机关不得接受当事人的委托从事有偿司法鉴定活动。因此，人民法院也不能有偿收取鉴定服务费。二审法院判决二审鉴定费 35 万元并判由高速公司承担 25 万元，瑞峰公司承担 10 万元没有法律依据。

【监督结果】

2011 年 4 月 18 日，山西省高级人民法院作出〔2010〕晋检民再终字第 161 号民事判决。判决认为：权利人主张自己的权利受到损害，应该提供真实有效的证据加以证明。瑞峰公司与田堡村委会主张诉争水井因祁临高速公司、晋城路桥公司施工报废，给企业生产与群众生活造成损害，提供了一系列证据材料加以证实。但根据再审查明的事实，本案诉争的水井为瑞峰公司在田堡村打的第五眼井，是在 2000 年 11 月打的，距离第一眼井南稍偏西 5.7 米，距离祁临高速公司路基 5.6 米，未真正打到水眼，出水量不够，水质浑浊，不能满足瑞峰公司生产与人畜饮用而报废。而瑞峰公司将第一眼井的相关资料进行变更、修改后冒充第五眼井的资料，伪造了《瑞峰建材开发公司水井报废的鉴定结论》，由打井队签字盖章，相关审批部门签署了情况属实的意见，并作出经济损失财务资料，向人民法院提起诉讼。证据材料虚假，既不能作为证据使用，更不能证明诉争水井报废与祁临高速公司、晋城路桥公司的施工行为存在因果关系，瑞峰公司、田堡村委会的诉讼主张不能支持。原一审法院在审理本案过程中，未能审查证据材料的真实性与合法性，并以虚假资料为基础，委托没有司法鉴定资质的鉴定机构与鉴定人员进行司法鉴定，并且在鉴定过程中，鉴定人员在相关测量不能进行的情况下推断出鉴定结论，违反了司法鉴定的相关规定，不仅程序违法，而且结论没有科学性。原一审法院以虚假的证据材料和鉴定结论作为依据认定诉争水井为祁临高速公司、晋城路桥公司施工而报废，给瑞峰公司与田堡村造成了损失，属认定事实错误。原二审法院明知鉴定终止，被委托鉴定单位没有收取鉴定费的情况下，判决二审鉴定费 35 万元，明显不当。另，二审法院多预收的 20 万元鉴定费亦应退还祁临高速公司与晋城路桥公司。综上所述，原一、二审判决认定事实错误，审理程序违法，应予纠正。检察机关抗诉意见正确，应予支持。判决：（1）撤销介休市人民法院〔2003〕介民初字第 671 号民事判决与晋中市人民法院〔2004〕晋中中法民二终字第 15 号民事判决；（2）驳回瑞峰公司、田堡村委会的诉讼请求。

晋中市人民检察院民行处在办理该案过程中，发现审判人员在办案过程中存在收受当事人贿赂的行为，及时将线索移送该院侦查部门，经侦查部门立案侦查，移送审查起诉，人民法院对承办该案的一、二审及执行法官均以受贿罪作出了有罪判决。

【点评】

本案是一起典型的虚假民事诉讼案件。一、二审法院在审理过程中，未能审查原告提供的证据材料的真实性与合法性，以虚假的证据材料和鉴定结论作为认定案件事实的依据，导致错误判决。

一、关于虚假民事诉讼

诉讼是解决社会纠纷的法律终极手段，对维护社会和谐稳定起着至关重要的作用。随着市场经济的发展，民事经济纠纷日益复杂、多样，人们的逐利欲望日益膨胀，诉讼往往成为人们逐利的手段之一，虚假民事诉讼现象也日趋严重。虚假民事诉讼行为，严重干扰了审判活动的正常进行，使司法活动背离了追求公平正义、客观真实的价值目标。

所谓的虚假民事诉讼是指在民事诉讼活动中当事人或其他诉讼参与人以非法占有为目的，利用人民法院的审判权和执行权，通过伪造证据、虚构事实提起民事诉讼的方法，骗取人民法院作出有利于自己的裁判，从而占有他人财物或财产性利益的行为。其具有以下特征：一是虚假民事诉讼发生在民事诉讼活动中，包括审判和执行活动。二是虚假民事诉讼的行为特征表现为以恶意利用民事诉讼规则，以合法形式掩盖实质上的非法目的，旨在骗取法院作出错误判决或裁定。三是虚假民事诉讼欺骗的对象主要是国家审判机关，受害人则是诉讼当事人或案外第三人，具有违法对象与受害人的非同一性。四是虚假民事诉讼行为既具有程序违法性，也具有实体违法性。虚假民事诉讼行为人在诉讼活动中伪造证据虚构虚假事实本身已违反诉讼法律制度，而其通过骗取法院的错误裁判又谋取了实体上的不法利益，同时也违反了实体法。五是虚假民事诉讼侵占他人合法财产或其他合法权益的目的，是通过审判机关作出的裁判文书的强制力得以实现的。从某种意义上看，法院对虚假民事诉讼行为的得逞，具有帮助作用。

最高人民检察院法律政策研究室 2002 年 10 月 14 日《关于通过伪造证据

骗取法院民事裁判占有他人财物的行为如何适用法律问题的答复》称："以非法占有为目的，通过伪造证据骗取法院民事裁判占有他人财物的行为所侵害的主要是人民法院正常的审判活动，可以由人民法院依照民事诉讼法的有关规定做出处理，不宜以诈骗罪追究行为人的刑事责任。如果行为人伪造证据时，实施了伪造公司、企业、事业单位、人民团体印章的行为，构成犯罪的，应当依照刑法第307条第1款的规定，以妨害作证罪追究刑事责任。"由此可见，在我国刑事司法层面，虚假民事诉讼行为本身不属于犯罪。由于虚假民事诉讼行为仅仅是一种民事行为。随着社会金钱、权利至上的观念日益蔓延，虚假民事诉讼案件数量逐年上升，导致受害人对国家法律的尊严和权威产生怀疑甚至放弃的司法后果以及社会道德伦理产生消极扩散甚至崩溃瓦解的社会后果。因此，如何对虚假民事诉讼行为进行有效遏制是检察机关在履行法律监督职能的过程中要深刻思考的问题。

二、关于对虚假民事诉讼的法律监督

人民检察院有权对民事诉讼活动实行法律监督。"原判决裁定认定事实的主要证据是伪造的"是《民事诉讼法》规定的检察机关对人民法院生效裁判提出抗诉的条件之一，也是人民检察院对虚假民事诉讼法律监督的重要法律依据。民事诉讼证据是指能够证明民事案件真实情况的各种事实，也是法院认定有争议的案件事实的根据。民事诉讼证据具有三个最基本的特征，即客观真实性、关联性和合法性。证据的客观性要求作为民事证据的事实材料必须是客观存在的。也就是说，作为证据事实，它不以任何人的主观意志为转移，它以真实而非虚无的、客观而非想象的面目出现在客观世界，且能够为人所认识和理解。为此，一方面要求当事人在举证时必须向人民法院提供真实的证据，不得伪造、篡改证据；另一方面要求人民法院在调查收集、审核认定证据时，必须持客观立场，不得先入为主。证据的关联性要求民事证据必须与案件的待证事实之间有内在的联系。证据的合法性要求作为民事案件定案依据的事实材料必须符合法定的存在形式，并且其获得、提供、审查、保全、认证、质证等证据的适用过程和程序也必须是合乎法律规定的。在民事案件审理过程中，人民法院对当事人提供的证据首先应当就证据的真实性进行分析认定，只有真实的证据，才能是合法的证据，也才能是被认为与案件有直接联系的证据。真实性是认定证据是否是有效证据的最基本条件。

"原判决裁定认定事实的主要证据是伪造的"中的主要证据是对应于案件的基本事实或主要事实而言的，是能够证明案件基本事实、具有足够证明力且必不可少的证据。由于主要证据关系到案件的基本事实或主要事实，一旦主要证据为虚假的、伪造的，那么，案件主要事实的认定就建立在虚假的证据上面，就没有客观真实的基础，则如"沙上建塔"。采信这样的证据认定的案件事实，一定是错误的。

本案中，瑞峰公司、田堡村委会为达到谋取不正当诉讼利益，伪造了《瑞峰建材开发公司水井报废的鉴定结论》，盖有介休市张兰镇人民政府、介休市交通局、介休市水务局公章的证明情况属实的"关于祁临高速公路影响人畜吃水、公司用水的赔偿申请报告"，将水资源"开发批准证书"中的"井深限于 200 米以内"变造为"井深限于 700 米以内"，将凿井时间由 1999 年 6 月变为 1997 年 8 月 10 日和 1997 年 8 月 17 日，证明打井在先，筑路在后，瑞峰公司还伪造了该公司 8 个月停产损失的账务材料等大量证据，用这些证据试图证明该水井报废是因祁临高速公司、晋城路桥公司修建公路时未采取任何保护措施所致，且造成公司停产的事实，要求法院判令祁临高速公司、晋城路桥公司赔偿其因修筑祁临高速公路造成的重新凿井的费用及企业停产的损失等共计 260 余万元。

本案两审法院审理过程中，承办案件的法官由于收受当事人的贿赂，未能认真审查和依法判断瑞峰公司等提供的证据材料的真实性与合法性，并以其提供的虚假证据为基础，委托没有司法鉴定资质的鉴定机构与鉴定人员进行司法鉴定，在鉴定过程中，鉴定人员在相关测量不能进行的情况下推断出鉴定结论，违反了司法鉴定的相关规定，不仅程序违法，而且结论没有科学性。一审、二审法院以虚假的证据材料和鉴定结论作为依据认定诉争水井因为祁临高速公司、晋城路桥公司施工而报废，给瑞峰公司与田堡村委会造成了损失，判令祁临高速公司、晋城路桥公司连带赔偿瑞峰公司赔偿损失 210 余万元。瑞峰公司通过伪造证据、贿赂审判人员等手段，使其并不存在的赔偿请求权获得了法院判决的认定，侵害了他人的财产权。

检察机关在办理本案过程中，通过履行检察监督职能，依法向人民法院提出抗诉并对审判人员收受贿赂进行查处，纠正法院错误裁判，促进公正廉洁执法。本案的成功办理及查处司法不公背后的职务犯罪，保护了当事人的合法权益，维护了法律的尊严与权威，净化了司法环境。

【承办人简介】

王稼瑶，女，1963 年 9 月出生，法学学士学位，现任山西省人民检察院民事行政检察处副处长。2009 年 3 月被山西省人民检察院授予全省首批检察业务专家。

8. 中国石油天然气股份有限公司山西销售分公司、中国石油天然气股份有限公司山西销售分公司太原第七加油站与王跃文、王金锁买卖合同纠纷抗诉案

【监督机关】山西省人民检察院

【监督方式】抗诉

【基本案情】

申请人（一审被告、二审上诉人）：中国石油天然气股份有限公司山西销售分公司，法定代表人：刘德祥，经理。

申请人（一审被告、二审上诉人）：中国石油天然气股份有限公司山西销售分公司太原第七加油站，法定代表人：代腊民，站长。

其他当事人（一审原告、二审被上诉人）：王跃文，男，1968 年 10 月 26 日出生，汉族，山西省太原市晋源区姚村镇枣元头村村民，住枣元头村。

其他当事人（原审第三人）：王金锁，男，1964 年 11 月 14 日出生，汉族，无业，住山西省太原市万柏林区纺织街南二条 1 楼 1 号。

王跃文系多年从事汽车运输业务的经营户，其在经营汽车运输业务的过程中，与中国石油天然气股份有限公司山西销售分公司太原第七加油站（以下简称中油七站）形成了加油业务关系。2005 年 8 月 16 日，中油七站的工作人员温廷利为王跃文出具了"今收到王跃文交来预付油款人民币壹拾万元整"的收款收据。同日，中油七站时任站长王金锁在该收据上签注了"收款人王金锁"。2005 年 10 月 15 日，中油七站的工作人员温廷利又为王跃文出具了"今收到王跃文交来预付油款人民币壹拾万元整"的收款收据。同日，中油七站时任站长王金锁在该收据上签注了"收王金锁"。2005 年后半年，王金锁为了承包中油七站，向王跃文分数次借款用于交纳其经营中油七站期间的欠款。对于此借款，王金锁除答应支付王跃文 5 分的高额利息外，还为王跃文书写了"今收到王跃文垫付交承包中油七站承包费一百万元，汇票五张，此款中油七站作抵押"的收条。并约定将该款交中国石油天然气股份有限公司山西销售

分公司（以下简称中油山西分公司），用于抵顶王金锁经营中油七站期间的欠款。上述五张承兑汇票总金额为 990585.35 元。2006 年 4 月 1 日，王金锁为王跃文出具了"今收到王跃文预付柴油款人民币贰拾万元整"的收条。此后，王跃文仅在中油七站加了 8 万元的油。2007 年 4 月，中油七站停业。

2008 年 3 月，王跃文作为原告，以中油七站、中油山西分公司为被告，向太原市晋源区人民法院提起诉讼，请求判令中油七站、中油山西分公司返还其支付的油款 1310585.35 元并承担全部诉讼费用。

【原审裁判情况】

2008 年 8 月 1 日，太原市晋源区人民法院作出〔2008〕晋源民初字第 184 号民事判决。判决认为：中油七站、中油山西分公司辩称王跃文支付的款项是归还欠款的理由不能成立，不予支持。至于中油七站、中油山西分公司所称王金锁给王跃文出具的预付款收据及温廷利和王金锁共同给王跃文出具的预付款收据未经中油七站、中油山西分公司的授权、未加盖公章，属个人行为。因王金锁出庭否认其个人出具收条的行为是职务行为，王跃文又没提供其他证据相佐，故不能认定该行为是职务行为，与中油七站、中油山西分公司无关；温廷利和王金锁共同给王跃文出具的预付款收据，因温廷利和王金锁本人都承认收到过王跃文的 20 万元并且交回了中油山西分公司，因此该行为是代表被告中油七站的行为。综上所述，中油七站、中油山西分公司给王跃文出具的收款收据中的款项应为预付油款，王跃文有权据此向中油七站、中油山西分公司主张权利。因收款收据中载明王跃文支付中油七站 20 万元，交付中油山西分公司 990585.35 元，而王跃文在中油七站加了 8 万元的油，因此，中油七站尚欠王跃文 12 万元，中油山西分公司尚欠王跃文 990585.35 元。根据《中华人民共和国民法通则》第 106 条、第 108 条，《中华人民共和国合同法》第 60 条、第 107 条的规定，判决：（1）中油山西分公司退还原告王跃文 990585.35 元；（2）中油七站退还原告王跃文 12 万元。如不能退还由被告中油山西分公司承担退还 12 万元的责任。

判后，中油七站、中油山西分公司不服，以涉案款项系王金锁向王跃文的借款而非王跃文的预付油款，用于王金锁交纳经营中油七站期间的欠款为由，向太原市中级人民法院提出上诉。

2008 年 11 月 7 日，太原市中级人民法院作出〔2008〕并民终字第 1235 号民事裁定书，以认定事实不清，证据不足，违反法定程序，可能影响案件正确判决为由，撤销〔2008〕晋源民初字第 184 号民事判决，发回重审。太原市晋源区人民法院重审期间，通知王金锁作为本案第三人参加了诉讼。

2009 年 6 月 22 日，太原市晋源区人民法院作出〔2008〕晋源民重字第 7

号民事判决。判决认为：王跃文所持有的 5 张承兑汇票计价款 990585.35 元是受让而得，系合法持有，交付中油山西分公司的原因是加油，在未加到油的情况下要求返还通过承兑汇票所付的价款合情合理，其诉讼请求应得到法律保护。王跃文交给中油七站的预付油款 20 万元，实际上只在中油七站加了 8 万元的油，剩余的 12 万元价款中油七站应予返还，因中油七站不具有法人资格，也不能独立承担民事责任，应由其主管单位中油山西分公司承担清偿责任。王跃文交给王金锁的 20 万元预付柴油款，因王金锁未将此款交回中油山西分公司及中油七站，属个人使用，应由王金锁负责返还。对于中油七站、中油山西分公司向本院提交山西亚鑫煤焦化有限公司在中油七站有欠款，但并没有有效证据证明王跃文替其垫付此价款的事实，故本院不予支持。第三人王金锁2005 年 12 月 18 日书写"今收到王跃文垫付交承包中油七站承包费一百万元，汇票五张，此款中油七站作抵押"的收条是复印件，没有原件，不具有证明力。中油七站、中油山西分公司提供的谈话录音及根据谈话内容整理的笔录，未经对方当事人同意私自录制其谈话取得的材料不能作为证据使用。故根据《中华人民共和国民法通则》第 106 条、第 108 条，《中华人民共和国合同法》第 60 条、第 107 条之规定，判决：（1）中油山西分公司退还原告王跃文价款990585.35 元；（2）中油七站退还原告王跃文 12 万元。如不能退还由被告中油山西分公司承担退还 12 万元的责任；（3）第三人王金锁退还王跃文预付柴油款 20 万元的私人借款。

判后，中油七站、中油山西分公司不服，向太原市中级人民法院提出上诉。

2009 年 9 月 14 日，太原市中级人民法院作出〔2009〕并民终字第 1037 号民事判决。判决认为，根据中油山西分公司 2005 年 10 月 12 日出具的收据、龚卫明 2005 年 12 月 18 日出具的收条及中油山西分公司的自认，中油山西分公司先后收到王跃文 990585.35 元的事实，足以认定。根据温廷利 2005 年 8 月 16 日、10 月 15 日分别出具的收据，温廷利 2008 年 3 月 27 日出具的证明及王金锁、温廷利原审时出庭作证时的证言，时任中油七站站长的王金锁收到王跃文 20 万元后交回了中油山西分公司的事实，足以认定。中油七站、中油山西分公司原审时主张上述 1190585.35 元系王跃文归还的加油欠款而非预付油款，原审根据双方提供的证据确认上述 1190585.35 元确系王跃文的预付油款后，中油七站、中油山西分公司又主张上述 1190585.35 元系王金锁向王跃文所借用于王金锁交纳经营中石油山西太原第七加油站期间的欠款，因中油七站、中油山西分公司应该明知上述 1190585.35 元究竟为何款；王金锁 2008 年6 月 11 日出庭作证后，中油七站、中油山西分公司仍主张上述 1190585.35 元系王跃文归还的加油欠款；且王金锁自认其 2008 年 4 月 28 日书写的"情况说明"内容属实，而该"情况说明"的内容并未涉及中油七站、中油山西分公司及王金锁现主张的上述 1190585.35 元系王金锁向王跃文所借用于王金锁交纳经营中油七站期间的欠款，由此，应认定中油七站、中油山西分公司主张的事实自相矛盾，应认定中油七站、中油山西分公司提供的证据不足以证明上述 1190585.35 元确系王金锁向王跃文所借用于王金锁交纳经营中油七站期间的欠款。综上，中油七站、中油山西分公司的上诉请求，应认定理由证据不足，不予支持。原审判决认定事实清楚，适用法律正确。应予维持。中油七站、中油山西分公司承担了本案民事责任后，可以根据王金锁的自认另行向王金锁主张权利。依照《中华人民共和国民事诉讼法》第 153 条第 1 款第 1 项的规定，判决：驳回上诉，维持原判。

【监督意见】

中油山西分公司、中油七站不服太原市中级人民法院〔2009〕并民终字第 1037 号民事判决，向太原市人民检察院申请监督，太原市人民检察院提请山西省人民检察抗诉。2010 年 3 月 19 日，山西省人民检察院以晋检民抗〔2010〕5 号民事抗诉书向山西省高级人民法院提出抗诉。理由如下：

1. 原审法院认为本案中王跃文与中油七站、中油山西分公司之间所争议的"五张承兑汇票"金额 990585.35 元为预付油款纠纷，属定性错误。诉讼中，王跃文主张其在 2005 年至 2006 年期间数次向中油七站、中油山西分公司交预付油款 1390585.35 元，是为获得中油七站在价格上的优惠，而中油七站、中油山西分公司否认接受过预付油款的类似交易。王跃文对其"给予优惠"的主张并未提供相关证据证明。而且，油品销售一般为现货交易，王跃文主张的预付油款不符合客观事实和正常逻辑。本案中关键的当事人王金锁已向法庭明确自认：2005 年底其欲承包太原七站，但当时太原七站外欠款太多，王金锁向王跃文借款 100 万元，以清理其经营期间的赊欠油款，为保障借款安全，王跃文要求将此款项交中油山西分公司，中油山西分公司就其交来的五张承兑汇票出具了收款收据。上述事实有王金锁于 2008 年 4 月 28 日书写的"情况说明"，2008 年 6 月 11 日一审法院开庭笔录，王金锁于 2008 年 10 月 23 日重审时提供的"情况说明"，中油七站、中油山西分公司提供的谈话录音及根据谈话内容整理的笔录记载："王跃文：……当时王金锁说他要承包七站了需要 100 万，和我说给 5 分钱的利息能不能贷点款，我说行。但是这个钱不能给你，我要交到公司，收条我保存将来你不承包了我拿着条可以向公司要钱。我和王金锁还有个协议意思就是说这 100 万用于承包中油七站如果到期不还就把加油站抵押给我。"以及王金锁于 2005 年 12 月 18 日书写"今收到王跃文垫付交承包中油七站承包费一百万元，汇票五张，此款中油七站作抵押"的收条（复印件）等证据予以佐证。上述证据足以证明本案系王金锁与王跃文之间的民间借贷纠纷，并非王跃文与中油七站、中油山西分公司之间的预付油款纠纷。

2. 原审法院适用法律错误，对认定本案基本事实的主要证据不予采信，明显不当。

（1）原审法院认为中油七站、中油山西分公司提供的谈话录音及根据谈话内容整理的笔录不能作为证据使用，明显不当。根据最高人民法院《关于民事诉讼证据的若干规定》第68条"以侵害他人合法权益或者违反法律禁止性规定的方法取得的证据，不能作为认定案件事实的依据"之规定。本案中油七站、中油山西分公司提供的谈话录音及根据谈话内容整理的笔录中可以看出，该谈话录音地点、时间、内容和方法均未有违反社会公共利益、侵害王跃文个人隐私等其他情形和违反法律禁止性规定的事由。而且根据太原市中级人民法院开庭笔录记载："？王跃文，录音的书面内容是否属实。被：问七站要钱是事实，但是录音我不知道。"也就是说，王跃文认可录音内容的真实性，只是对录音的合法性有异议。根据最高人民法院《关于民事诉讼证据的若干规定》第70条之规定："一方当事人提出的下列证据，对方当事人提出异议但没有足以反驳的相反证据的，人民法院应当确认其证明力：……（三）有其他证据佐证并以合法手段取得的、无疑点的视听资料或者与视听资料核对无误的复制件……"该谈话录音内容与王金锁2008年10月23日重审时提供的"情况说明"以及王金锁2005年12月18日书写的"今收到王跃文垫付交承包中油七站承包费一百万元，汇票五张，此款中油七站作抵押"（复印件）等证据相互印证。因此，以上录音资料人民法院应确认其证明力，而原审法院以谈话录音未经对方当事人同意私自录制为由，认定该证据不能作为证据使用，明显不当。

（2）原审法院认为"王金锁2005年12月18日书写'今收到王跃文垫付交承包中油七站承包费一百万元，汇票五张，此款中油七站作抵押'的收条是复印件，没有原件，不具有证明力"明显不当。该复印件是2007年11月王跃文到中油七站要钱时，向中油七站提供的，该事实由中油七站、中油山西分公司提供的谈话录音佐证。依此，收条原件应为王跃文持有，而王金锁2005年12月18日书写的收条内容不利于王跃文就本案的诉讼主张。根据最高人民法院《关于民事诉讼证据的若干规定》第75条之规定："有证据证明一方当事人持有证据无正当理由拒不提供，如果对方当事人主张该证据的内容不利于证据持有人，可以推定该主张成立。"据此，本案中王跃文拒不提供原件，人民法院应推定王金锁2005年12月18日书写的收条内容具有证明力。另，根据最高人民法院《关于民事诉讼证据的若干规定》第69条之规定："下列证据不能单独作为认定案件事实的依据：……（四）无法与原件、原物核对的复印件、复印品……"据此，该瑕疵证据不能单独作为认定案件事实的依据，必须依靠其他证据的佐证，藉以担保其真实性或补强其证据价值，才能作为定案的依据。王金锁2005年12月18日书写的收条复印件如无法与原件核对，其单独不能作为认定案件事实的依据，但在本案中，中油七站、中油山西分公司提供的谈话录音、王金锁2008年10月23日重审时提供的"情况说明"与王金锁2005年12月18日书写的收条等证据相互印证，形成了完整的证据链条，证明了案件的基本事实，应作为定案的依据。

【监督结果】

山西省高级人民法院受理抗诉后，于2011年5月13日作出〔2010〕晋民再终字第157号民事判决。判决认为：王跃文主张其为获得第七加油站在价格上的优惠向第七加油站、中石油山西分公司交的预付油款，但并未提供相关证据证明，而第七加油站、中石油山西分公司否认接受过预付油款的类似交易。本案中，谈话录音内容、王金锁的自认以及王金锁2005年12月18日书写的"今收到王跃文垫付交承包第七加油站承包费一百万元，汇票五张，此款第七加油站作抵押"（复印件）等证据相互印证，形成证据链，证明本案所争议的990585.35元是王金锁向王跃义的借款，原判认定争议的五张承兑汇票金额为990585.35元款项是王跃文付给中石油山西分公司的预付油款错误，山西省人民检察院的抗诉理由成立，应予支持。依照《中华人民共和国民事诉讼法》第153条第1款第2项之规定，判决：（1）撤销太原市中级人民法院〔2009〕并民终字第1037号民事判决和太原市晋源区人民法院〔2008〕晋源民重字第7号民事判决第1项、第3项；（2）维持太原市晋源区人民法院〔2008〕晋源民重字第7号民事判决第2项，即中油七站退还王跃文12万元。如不能退还由中油山西分公司承担退还12万元责任；（3）王金锁退还王跃文1190585.35元。

【点评】

本案的争议焦点是990585.35元款项是王跃文付给中石油山西分公司的预付油款还是王金锁向王跃文的借款，其实质亦是对证据审查认定和分析判断的问题。本案中，中油七站、中油山西分公司提供的谈话录音及根据谈话内容整理的笔录是否属于非法证据，即未经对方同意私自录制的谈话录音是否具备证据的合法性属性，能否作为证据使用，也是在单一证据的审查中应当特别关注的问题。

一、关于非法证据标准的问题

原审法院认为中油七站、中油山西分公司提供的谈话录音及根据谈话内容整理的笔录，未经王跃文同意私自录制其谈话取得的材料不能作为证据使用。原审法院认定该证据为非法证据将其排除在外，适用了非法证据排除规则。那什么是非法证据排除，其依据和判断标准又是什么呢？非法证据排除，是指除非法律另有规定，法院不得以非法证据来确定案情和作为裁判的根据。大陆法系各国在诉讼中对事实的认定主要基于法官的自由心证，对证据能力不作特别限制，但几乎共同设置的一种排除规则就是严禁采用非法手段收集证据。我国《民事诉讼法》对当事人收集证据的方法没有作出明确的规定，但最高人民法院曾经作出的《关于未经对方当事人同意私自录制其谈话取得的资料不能作为证据使用的批复》（法复〔1995〕2 号），首次确立了我国民事诉讼中的非法证据排除规则和判断标准。该批复指出："证据的取得必须合法，只有经过合法途径取得的证据才能作为定案的依据。未经对方当事人同意私自录制其谈话，系不合法行为，以这种手段取得的录音资料，不能作为证据使用的。"我们应当看到，该批复对于防止非法取证，保护公民的基本权利，维护社会信任关系及在我国民事诉讼中确立程序正当原则等方面，具有重要意义。但其规定过于苛刻，即将录音资料的证据合法性标准限定在经对方当事人同意的前提下，而在社会各类型的矛盾纠纷中一方当事人同意对方当事人录制其谈话，甚至是录制对其不利的内容来作为证据保全的情形不符合正常思维逻辑，而且在事实上排除了视听资料作为一种证据类型的存在价值。因此，最高人民法院于2002 年 4 月 1 日起施行的《关于民事诉讼证据的若干规定》对此进行了修正，批判继承了《批复》关于证据合法性规定的合理内涵和非法证据的排除规则，其第 68 条规定："以侵害他人合法权益或者违反法律禁止性规定的方法取得的证据，不能作为认定案件事实的依据。"该条重新明确了非法证据的判断标准，即除以侵害他人合法权益（如违反社会公共利益或者社会公德侵害他人隐私）或者违反法律禁止性规定的方法取得的证据外，其他情形不得视为非法证据。本案中，中油七站、中油山西分公司提供的谈话录音及根据谈话内容整理的笔录中可以看出，该谈话录音地点、时间、内容和方法均未有违反社会公共利益、侵害王跃文个人隐私等其他情形和违反法律禁止性规定的事由，而该录音所涉及内容与本案具有紧密性和关联性，反映了本案的基本事实，有助于厘清本案王跃文与王金锁之间、王金锁与中油山西分公司之间存在何种民事法律关系，进而影响对本案基本事实的定性。

二、关于如何认定瑕疵证据的问题

所谓瑕疵证据，是指在法定证据要件上存在一定瑕疵或缺陷的证据。在司法实践中尤其应当注意区分瑕疵证据与非法证据的区别，非法证据因其违反法律规定而予以排除，而瑕疵证据虽然因其证据本身存在瑕疵或缺陷，导致其证据能力待定，不能直接在民事诉讼程序中使用，但却可以经由补正后继续使用。最高人民法院《关于民事诉讼证据的若干规定》第69条规定："下列证据不能单独作为认定案件事实的依据：（一）未成年人所作的与其年龄和智力状况不相当的证言；（二）与一方当事人或其代理人有利害关系的证人出具的证言；（三）存有疑点的视听资料；（四）无法与原件、原物核对的复印件、复印品；（五）无正当理由未出庭作证的证人证言。"该条是对瑕疵证据补强规则的规定。瑕疵证据补强规则，是指某一证据由于其存在证据资格或证据形式上的某些瑕疵或弱点，不能单独作为认定案件事实的依据，必须依靠其他证据的佐证，藉以担保其真实性或补强其证据价值，才能作为定案的依据。我国法律之所以设立证据补强规则，在证据的审核认定上对单一证据并未一概予以排除，而是允许当事人通过提供其他证据以佐证方式加以补强，其目的在于保证司法公正，防止法官在审理案件过程可能出现判断上的错误，以求最大限度地接近客观真实。本案中，王金锁2005年12月18日书写的收条复印件无法与原件核对，根据我国法律规定该证据属于典型意义的瑕疵证据，其证据能力不足以单独证明本案的案件事实，也就是说，该证据单独不能作为认定案件事实的依据，需要当事人对该瑕疵证据的"缺陷"进行有针对性的"修补"，如提供其他证据予以补充来补强其证据价值。本案中，结合中油七站、中油山西分公司提供的谈话录音、王金锁2008年10月23日重审时提供的"情况说明"与王金锁2005年12月18日书写的收条等证据相互印证，形成了完整的证据链条。据此，"收条复印件"作为瑕疵证据通过上述相关证据的佐证，完善了其证明力，证明了案件的基本事实，应当作为定案的依据。

民事证据在民事诉讼中具有举足轻重的作用，固而民事证据的审查和判断是司法裁判的基础和依据，也是保障民事案件审判质量、促进司法公正的"生命线"。司法人员应当严格依照法律规定，紧紧围绕证据的客观性、合法性和关联性对民事诉讼程序中出现的"非法证据"、"瑕疵证据"加以甄别，进而确定此类证据是否具有法律上的证据能力和证明力。对司法实践中正确适用法律，公正作出裁判，及时化解纠纷，维护司法公正与效率具有非常重要的意义。

【承办人简介】

郭建军，男，1976年10月出生，2005年从事民事行政检察工作至今，2010年12月被山西省人民检察院评为全省民行检察业务尖子。

9. 建平岩出天然气有限公司与建平顺业市政公用工程有限责任公司燃气安装项目经理部承揽合同纠纷抗诉案

【监督机关】 辽宁省人民检察院
【监督方式】 抗诉
【基本案情】

申请人（一审被告、二审上诉人）：建平岩出天然气有限公司，住所地：建平县气象局对面；法定代表人：李帅，系该公司经理。

其他当事人（一审原告、二审被上诉人）：建平顺业市政公用工程有限责任公司燃气安装项目经理部，住所地：建平县育才小区；负责人：吴云起，男，1967年3月12日出生，汉族，住建平县叶柏寿街道万寿路48C号楼4单元101室。

2006年6月21日至2009年6月30日，吴云起与建平岩出天然气有限公司（以下简称建平岩出公司）签订劳动合同，并被聘为建平岩出公司工程部经理，负责燃气安装工程工作。2007年6月20日，北京岩出燃气科技有限公司（以下简称北京岩出公司）与以吴云起为代表的建平岩出公司签订一份协议书，约定建平岩出公司按北京岩出公司要求完成燃气用户庭院管网、立管、入户管线安装工程以及相关工程，具体详见《建平岩出工程施工承包办法》。《建平岩出工程施工承包办法》中载明，北京岩出公司建平子公司目前内部自有一支施工队伍（一审原告在庭审中自认该施工队对外称为建平顺业市政公用工程有限责任公司燃气安装项目经理部），由吴云起负责。经领导协商，对建平燃气管线安装工程进行相对独立核算，以承包的方式交给该施工队完成。由吴云起代表施工队与公司签订内部工程承包协议书。公司按工程部制定的工资标准，对吴云起、刘斌、关智颖每月放发工资（其他薪资不再发生）。所有施工人员均由吴云起负责雇用、安排，并由吴云起根据完成工程量负责支付施工人员工资等其他费用。施工人员只承包人工费，人工费标准按照公司和施工承包方双方认可的分项工程单价核算。承包方人工费支付办法为，经公司有关人员进行验收，工程质量达到合格后，根据单项工程按实际完成量、按规定进行结算，同时支付相应人工费。另该办法中对分项工程人工费标准进行了约定。2008 年 6 月至 12 月期间，建平岩出公司与建平顺业市政公用工程有限公司（以下简称顺业公司）签订了东方欣苑庭院户内天然气安装工程、工业大厦庭院户内天然气安装工程等 22 份天然气安装工程施工合同，其中顺业公司以吴云起为代理人，加盖建平顺业市政公用工程有限责任公司燃气安装项目经理部（以下简称顺业公司项目部）印章。

另查，建平岩出公司在二审中向法院，及申诉过程中向检察机关提供证据显示 2006 年至 2009 年间建平岩出公司曾向吴云起支付过工程款。

2009 年 8 月 19 日，顺业公司项目部以从 2007 年 12 月至 2009 年 7 月末为岩出公司施工总价款 1117417.13 元，除部分给付外尚欠 674029.13 元为由诉至法院，要求岩出公司偿还欠款。

【原审裁判情况】

2010 年 5 月 5 日，建平县人民法院作出〔2009〕建叶民初字第 02966 号民事判决。判决认为，顺业公司项目部负责人吴云起虽然与建平岩出公司签有劳动合同，在形式上属于建平岩出公司聘用人员，但从顺业公司项目部与建平岩出公司签订协议书看，顺业公司项目部、建平岩出公司之间实际上的合同关系是履行合同的权利、义务人，应视为平等的民事主体，因此顺业公司项目部作为实际施工人，为建平岩出公司的工程进行建筑施工，建平岩出公司应按合同约定给付拖欠工程款。依据《中华人民共和国合同法》第 8 条、第 60 条、《中华人民共和国民法通则》第 84 条之规定，判决建平岩出公司于本判决发生法律效力后 5 日内给付顺业公司项目部工程款 674029.13 元。

判后，建平岩出公司不服，向朝阳市中级人民法院提出上诉。

2010 年 10 月 5 日，朝阳市中级人民法院作出〔2010〕朝中民三合终字第 434 号民事判决。判决认为，吴云起系顺业公司项目部负责人。建平岩出公司与顺业公司项目部签订多份天然气施工合同。合同签订后，吴云起带领多名工人为建平岩出公司进行煤气管线的施工，并已完成全部工作量，双方之间有签字的结算手续。应该说双方之间承揽施工关系已终结，建平岩出公司应付给相应的费用。建平岩出公司认为吴云起与其签有劳动合同，不是平等主体关系，但是从双方签订的内部施工合同看，建平岩出公司当初是同意将施工煤气管线的工程交给吴云起组织施工。现顺业公司项目部提供了相应证据要求建平岩出公司给付施工费用。建平岩出公司没有提供有效证据证明施工费用已结清，就应承担给付责任。建平岩出公司的上诉理由不充分，其上诉请求不予支持。依照《中华人民共和国民事诉讼法》第 153 条第 1 款第 1 项之规定，判决：驳回上诉，维持原判。

【监督意见】

建平岩出公司不服终审判决，向检察机关申请监督。辽宁省人民检察院经审查认为，朝阳市中级人民法院〔2010〕朝中民三合终字第434号民事判决对案件定性错误，对顺业公司项目部主体资格适用法律错误，且认定建平岩出公司应向顺业公司项目部支付工程款缺乏依据，遂向辽宁省高级人民法院提出抗诉。理由如下：

1. 关于案件定性问题，朝阳市中级人民法院〔2010〕朝中民三合终字第434号民事判决将本案定性为承揽合同纠纷。而本案查明的实际情况是吴云起用顺业公司项目部的印章，以顺业公司代理人的名义，与建平岩出公司签订施工合同，建设天然气安装工程，双方因工程款问题发生纠纷。故本案应定性为建设工程施工合同纠纷，而非承揽合同纠纷，并适用最高人民法院《关于审理建设工程施工合同纠纷案件适用法律问题的解释》的规定进行审理。

2. 关于主体资格问题，顺业公司项目部不具备诉讼主体资格。《中华人民共和国民事诉讼法》第49条规定："公民、法人和其他组织可以作为民事诉讼的当事人。法人由其法定代表人进行诉讼。其他组织由其主要负责人进行诉讼。"最高人民法院《关于适用〈中华人民共和国民事诉讼法〉若干问题的意见》第40条规定："民事诉讼法第四十九条规定的其他组织是指合法成立、有一定的组织机构和财产，但又不具备法人资格的组织，包括：（1）依法登记领取营业执照的私营独资企业、合伙组织；（2）依法登记领取营业执照的合伙型联营企业；（3）依法登记领取我国营业执照的中外合作经营企业、外资企业；（4）经民政部门核准登记领取社会团体登记证的社会团体；（5）法人依法设立并领取营业执照的分支机构；（6）中国人民银行、各专业银行设在各地的分支机构；（7）中国人民保险公司设在各地的分支机构；（8）经核准登记领取营业执照的乡镇、街道、村办企业；（9）符合本条规定条件的其他组织。"根据卷宗现有的材料顺业公司项目部不符合民事诉讼法关于诉讼主体资格的规定，其起诉应予驳回。本案适格的原告应为合同签订单位顺业公司。在借用资质的情况下，根据最高人民法院《关于审理建设工程施工合同纠纷案件适用法律问题的解释》第26条，适格的原告应为实际施工人吴云起。

3. 关于判决事实认定问题，原判决认定建平岩出公司应向顺业公司项目部支付工程款证据不足。最高人民法院《关于民事诉讼证据的若干规定》第2条规定："当事人对自己提出的诉讼请求所依据的事实或者反驳对方诉讼请求所依据的事实有责任提供证据加以证明。没有证据或者证据不足以证明当事人的事实主张的由负有举证责任的当事人承担不利后果。"第 5 条第 2 款规定："对合同是否履行发生争议的，由负有履行义务的当事人承担举证责任。"本案中顺业公司项目部要求建平岩出公司根据合同付款，在建平岩出公司不认可的情况下，顺业公司项目部应举证证明其已经适当履行了合同义务，并达到了约定的付款条件及应付款数额。具体来说，本案诉争款项系 22 项工程的工程款，顺业公司项目部应提供证据分别证明上述 22 项工程完成情况，是否达到合同约定的各项付款条件、应付款数额及计算依据。但法院审理过程中并未对上述事实进行调查，判决中亦未做出说明，认定缺乏依据。且建平岩出公司二审提供证据证明其已付款数额，二审法院未予认定，亦未说明理由。另建平岩出公司向检察机关提交了建平县园林处为建平岩出公司出具的 25000 元的收据，证明这一笔工程款是建平岩出公司已在 2007 年直接给付建平县园林处，而法院判决建平岩出公司向顺业公司项目部支付款项中包括了上述费用。

【监督结果】

辽宁省高级人民法院受理本案后，将吴云起列为第三人参加诉讼。2012 年 4 月 23 日，辽宁省高级人民法院作出〔2010〕辽审二民抗字第 73 号民事调解书，调解内容为：（1）建平顺业公司项目部在本案中主张的 2007 年至 2009 年的案涉工程建平岩出公司所有未付工程款转移给吴云起。建平岩出公司与吴云起确认 2007 年至 2009 年涉案工程是吴云起作为实际施工人施工的，建平岩出公司一次性支付给吴云起人民币 48 万元。此后案涉 2007 年至 2009 年工程的工程款视为全部结算完毕。（2）建平岩出公司于 2012 年 5 月 18 日前将工程款 48 万元全部支付给吴云起。建平岩出公司到期如不能支付该款，吴云起与建平岩出公司同意执行朝阳市中级人民法院〔2010〕朝中民三合终字第 434 号民事判决。建平岩出公司同意以顺业公司项目部申请查封的资产作为给吴云起工程款的担保，本调解协议未履行完毕前不得解除执行法院对建平岩出公司财产保全和企业工商登记的查封。（3）吴云起、建平顺业公司项目部、建平岩出公司之间再无其他纠纷。（4）吴云起、建平顺业公司项目部、建平岩出公司再无债权债务关系，建平岩出公司给付 48 万元后吴云起及建平顺业公司项目部原申请执行申请即全部放弃。

【点评】

诉争法律关系的定性直接决定案件适用法律的选择。诉讼主体的确定是否准确，直接影响诉争权利和诉权归属的识别，而这两点是正确审理案件的前提和基础。本案中法院对案件定性错误，导致其未能正确确定本案的适格原告，误将不具备权利主体资格和诉讼主体地位的项目经理部作为原告进行裁判，最终导致裁判错误。

本案中检察机关先是从明确法律关系的定性入手，确定本案应根据最高人民法院《关于审理建设工程施工合同纠纷案件适用法律问题的解释》进行审理。进而根据最高人民法院《关于审理建设工程施工合同纠纷案件适用法律问题的解释》正确地指出本案适格的原告应为合同签订单位顺业公司，或在借用资质的情况下，为实际施工人吴云起，抓住了法院裁判中存在的错误，动摇了原审判决的裁判基础。最终该案虽然以调解方式结案，但法院仍然采纳了检察机关的意见，将实际权利人吴云起增列为当事人。

证据不足是本案的另一个严重缺陷。工程类案件案情复杂，一般不宜合并审理。在双方存在争议的情况下证据审查更为困难，在审理过程中严格根据民事诉讼证据规则确定当事人的对证明责任的负担就显得尤为重要。原审法院将22件独立的工程纠纷合并审理，直接导致案件所需审查证据数量剧增，给案件的审理造成了人为的困难。而在审理过程中又在证据审查上回避困难，未要求顺业公司项目部提供其履行合同的证据，无视建平岩出公司否认顺业公司项目部诉请的主张，武断地判决建平岩出公司承担付款义务。虽然再审法院为回避证据审查上的困难，引导该案最终以调解方式结案，但调解书所确定的给付数额较原裁判所确定的给付数额大幅降低，也从侧面反映了检察机关所指出的证据问题对调解书形成所产生的重要影响。

【承办人简介】

王人禾，男，1980年4月6日出生，汉族，中共党员，2005年7月毕业于吉林大学法学院，获法律硕士专业学位。2006年12月至2011年2月在沈阳市铁西区人民法院民事审判庭从事审判工作，2011年2月通过公务员考试考入辽宁省人民检察院，从事民行检察工作，历任办案组组长、综合组负责人。

10. 通化县二轻工业供销公司与王文秀房屋确权纠纷抗诉案

【监督机关】吉林省人民检察院

【监督方式】抗诉

【基本案情】

一审原告、二审被上诉人、再审被申请人：通化县二轻工业供销公司。法定代表人：李维忠，经理。

一审被告、二审上诉人、再审申请人：王文秀，男，1954年11月24日生，原通化县二轻工业供销公司职工，住通化市东昌区龙泉路。

一审第三人：高忠民，男，1953年1月6日生，满族，原通化县二轻工业供销公司下岗职工（原公司副经理），住通化市佟江小区。

1989年，通化县二轻工业供销公司（以下简称县二轻公司）了解到由于市政建设的需要，可能拆迁其坐落在通化市民主街清真胡同16－1号面积96平方米的车库。县二轻公司考虑到因集体产权房屋拆迁时有被无偿占用的可能，为达到多向拆迁人索要拆迁补偿费的目的，该公司采取假出卖、出假证明的办法，为本单位职工王文秀和高忠民出具了办理私有房产证的手续（卖房收据、申请书、介绍信）。王文秀于1990年持上述假手续将公产车库办理为所有权为王文秀48平方米和高忠民48平方米的私产房屋，产权证分别为吉房通字2176号和2177号，房屋用途为住宅。产权证一直由县二轻公司保管。1995年至1996年县二轻公司将此房出租给通化县工商银行并收取租金2.4万元，记入单位账目。1997年因工作调整，王文秀主管单位行政管理工作，两本房照由其负责保管。1999年因县二轻公司经营亏损，欲将公司资产整体出售，王文秀依据其保管持有的二本房照对车库房产主张权利。

1999年6月3日，县二轻公司向通化县人民法院提起诉讼，要求王文秀返还争议的车库房产。2000年5月该房屋被动迁，动迁费作为县二轻公司对本单位职工的安置费用，已发放完毕。

另查明，通化县二轻工业供销公司是隶属于通化县二轻工业局的企业，1999 年 8 月 17 日被通化县工商行政管理局吊销营业执照。2000 年 7 月 18 日，通化县二轻工业供销公司经通化县二轻工业局申请关闭。2005 年 11 月 30 日，通化县二轻工业局因机构改革合并至通化县经济局。

【原审裁判情况】

1999 年 11 月 11 日，通化县人民法院作出〔1999〕通中民一终字第 19 号民事判决。判决认为：县二轻公司、王文秀恶意串通为达到多要拆迁费的目的，采用假出卖、办假产权证的方法将房屋产权改为个人名头的行为系无效民事行为；县二轻公司对争议房屋依法享有所有权；王文秀对争议房屋明知没有所有权而强行占有系属恶意占有，其此房获得的收益属于不当得利，应予返还。判决：（1）坐落在通化市民主街清真胡同 16 - 1 号砖瓦结构，建筑面积 96 平方米的房屋归通化县二轻工业供销公司所有；（2）王文秀持有的吉房权通字第 2176 号（所有人王文秀）、第 2177 号（所有人高忠民）私有房屋所有权证无效；（3）王文秀返还县二轻公司房屋租赁费 4900 元，于判决生效后 10 日内交付。

判后，王文秀不服，上诉至通化市中级人民法院。

2000 年 4 月 3 日，通化市中级人民法院作出〔2000〕通中民终字第 5 号民事判决。判决认为：原法院判决认定事实清楚、正确。王文秀与县二轻公司恶意串通将房屋产权由单位变为个人的行为系无效民事行为，故产权应属县二轻公司。王文秀主张该房系自己私产，虽提供了证据，但不足以证明其主张，原审法院判决正确。王文秀的上诉理由不充分，不予支持。判决：驳回上诉，维持原判。

判后，王文秀仍不服，申诉到吉林省高级人民法院。

2004 年 10 月 27 日，吉林省高级人民法院作出〔2004〕吉民监字第 58 号民事裁定，裁定提审该案。2004 年 11 月 9 日，吉林省高级人民法院作出〔2004〕吉民再字第 58 号民事裁定。裁定认为，〔2000〕通中民终字第 5 号及〔1999〕通中民一终字第 19 号民事判决认定事实不清。裁定：撤销一、二审判决，发回通化县人民法院重审。

2005 年 5 月 12 日，通化县人民法院作出〔1999〕通民初字 19 - 2 号民事判决。判决认为：合法的财产应当得到保护。县二轻公司、王文秀为达到将来多得拆迁费的目的，恶意串通，采用假出卖、办假产权证的方法将公司产权改为个人的行为系无效的民事行为，县二轻公司对所争议的房屋依法享有所有权，王文秀对此房屋明知没有所有权而强行占有，其因此而获得的收益属于不当得利，应当返还给县二轻公司。判决：（1）坐落在通化市民主街清真胡同

16 - 1 号砖瓦结构，建筑面积 96 平方米的房屋归县二轻公司所有；（2）王文秀返还县二轻公司房屋租赁费 4900 元。

判后，王文秀不服，上诉至通化市中级人民法院。

2006 年 3 月 2 日，通化市中级人民法院作出〔2005〕通中民二终字第 70 号民事判决。判决认为：二轻公司应对其主张提出充分的证据加以证明，但因其提供的证据反驳不了王文秀所提供的私有房屋证照等经过登记的书证，且不能提供"王文秀已在本单位报销房屋产权过户交易费"等证据，因此按照最高人民法院《关于民事诉讼证据的若干规定》第 2 条"当事人对自己提出的诉讼请求所依据的事实或者反驳对方诉讼请求所依据的事实有责任提供证据加以证明。没有证据或者证据不足以证明当事人的事实主张的，由负有举证责任的当事人承担不利后果"的规定，二轻公司应承担举证不能的不利后果。同时，依据该司法解释第 77 条关于"最佳证据规则"的规定，王文秀提供的证据证明力高于县二轻公司，本案的事实应以王文秀提供的证据来予以认定。综上，原审判决认定的事实、采纳的证据及判决结果均不当，应予改判。经审判委员会讨论决定：（1）撤销吉林省通化县人民法院〔1999〕通民初字第 19 - 2 号民事判决；（2）驳回通化县二轻公司的诉讼请求。

【监督意见】

本案系通化县人民法院在执行程序中认为通化市中级人民法院判决有误，移送检察机关进行审查的案件。经审查原审卷宗，检察机关认为，〔2005〕通中民二终字第 70 号民事判决认定事实的主要证据不足，适用法律错误，理由如下：

一、通化市中级人民法院〔2005〕通中民二终字第 70 号民事判决认定事实的主要证据不足

1. 双方当事人对本案争议房屋的买卖行为属无效的民事行为，王文秀因此获得的不当利益应当予以返还。1989 年初，通化县二轻工业供销公司了解到，由于市政建设需要，可能涉及拆迁其所有的临街车库 96 平方米，为了达到多向迁拆人索要迁拆补偿费的目的，采取虚假出售及办理假产权证的方法，将县二轻公司所有的车库 96 平方米变更为王文秀及高忠民的私有产权。在办理的过程中，因需向产权管理部门递交相关手续，县二轻公司为王文秀出具了虚假的购房款收据；同时出具了变更产权的申请书、介绍信，目的是顺利办理产权证，以便在拆迁过程中得到更多的补偿费。这一事实有如下证据证实：

（1）时任公司经理任英杰证实：当时听说市里为扩建公路可能拆迁公司车库，为多要些拆迁费，公司研究把车库变为两户个人产权。后找王文秀谈，让其去办理假房照，并由王文秀出面找到公司职工高忠民，这样该车库产权变

更：一户为王文秀，另一户为高忠民。为顺利办理假房照，由公司为办理人王文秀出具了假购房款收据及变更产权的介绍信、申请书，办理假产权证花费的1000余元费用由公司报销。

（2）时任公司副经理高忠民证实：公司将原车库办为个人名头这件事是委托王文秀办理的，其中一户为王文秀，另一户是我，我没有交购房款，也没有去房产办理此事。

（3）时任公司会计王芳证实：公司研究，为了不让市里白占公司房产同时多得拆迁费，决定由王文秀办理一户为王文秀，另一户为高忠民的私有产权证，在王文秀办理过程中，由公司为其出具假的购房款收据（一份为王文秀，另一份为高忠民）及变更产权的申请书。办理两个假房照的费用1000余元也由公司报销。事实上王文秀及高忠民未向公司交纳任何房款。

（4）时任公司出纳李红梅证实：当时经公司领导同意，在王文秀未交钱的情况下，由她开具购房款收据并代签交款人王文秀名字，目的是办理假房照。王文秀办房照花费的1000多元钱，由公司报销。

《中华人民共和国民法通则》第58条第1款第4项、第7项及第2款规定："下列民事行为无效：……（四）恶意串通损害国家、集体或者第三人利益的；……（七）以合法的形式掩盖非法目的。""无效的民事行为，从行为开始起就没有法律的约束力。"结合上述证据可以证明，本案中县二轻公司将车库以虚假的出售方式，把产权办理变更为王文秀及高忠民二人名下，其目的是骗取更多的拆迁补偿费。该行为以合法的形式掩盖非法目的，属于恶意串通损害第三人利益，因此自始不具法律效力，属无效的民事行为。因无效民事行为取得的利益应当予以返还。

2. 县二轻公司系本案争议房产的实际所有人。1989年本案争议的房产以虚假出售方法办理为王文秀及高忠民私有产权后，县二轻公司仍然具有所有权人职能，继续行使管理权、使用权、受益权。这一客观事实的存在有下列证据予以证实：

（1）水电费收据、用于争议房产维修所购买原材料收据及土地使用费收据可以证明县二轻公司对争议的房产行使管理权及所有权。

（2）20名公司职工联合证实：老车库一直由县二轻公司使用管理及维修。

（3）通化县工行交纳房租发票及县二轻公司现金账目，证明1995年度至1996年度该争议的房产由县二轻公司租赁给通化县工行收取2.4万元租金的事实。

（4）证人管尚涛证实：1998年8月其与县二轻公司经理协商租赁该争议的房产，经理同意后，由王文秀起草协议并代表公司与其签订了租赁协议。当时交抵押金 400 元，后由于经营不善，交不上租金，被县二轻公司收回，书面租赁协议不慎丢失。

1990 年至 1999 年间，王文秀从未向县二轻公司主张过房屋所有权，也从未要求房屋产生的收益归其所有，更未履行应尽义务。只是到后期由于企业经营情况恶化，管理混乱，王文秀借机利用产权证由其保管的机会，主张所有权，以达到占有房屋所有权的目的。而事实上本案诸多相关联的书面证据和证人证言，足以证明王文秀不是所有权人，县二轻公司才是争议房产的真正所有权人。

3.〔2005〕通中民二终字第 70 号民事判决认定高忠民名下 48 平方米房屋为王文秀所有，属认定事实错误。即便按照产权证登记权属判决认定所有权，法院亦不能将高忠民名下的产权因王文秀持有产权证，在没有其他证据佐证的情况下判决归王文秀所有。并且高忠民明确表示未交任何房款，房屋一直由公司管理使用。二审判决如此认定，属认定事实错误。何况本案争议房屋的真正所有权人为本案原审原告所有。

二、通化市中级人民法院〔2005〕通中民二终字第 70 号民事判决适用法律有错误

二审判决认为，王文秀持有该房的私有房屋产权证是直接证据。而二轻公司提供的证据多系证人证言和证实材料是间接证据。根据最高人民法院《关于民事诉讼证据的若干规定》第 77 条"国家机关依职权制作的公文书证证明力大于其他书证"，"经过登记的书证证明力大于一般书证、证人证言"之规定，王文秀提供的书证证明力大于二轻公司提供的证人证言等证据。本条款属于指导性条款，是为法官在判断不同方式的证据效力时提供的方向性指示。理解本条司法解释时对于"一般"二字应给予足够的注意。既然是"一般"就表明不是绝对的，应允许特殊情况存在。对每个具体证据仍然要从其与案件事实的关联性、合法性、真实性三个方面加以综合分析评断。结合本案王文秀通过买卖县二轻公司车库并办理为个人的私有产权，其前提条件是该车库的产权的变更必须通过双方虚假设立的买卖关系才能成为构成要件。而这种买卖关系的虚假性已被诸多的证据所证明。最高人民法院《关于民事诉讼证据若干规定》第 64 条规定："审判人员应当依照法定程序，全面、客观地审核证据，依据法律的规定，遵循法官职业道德。运用逻辑推理和日常生活经验，对证据无力证明力和证明力大小独立进行判断、并公开判断的理由和结果。"本条规定强调人民法院审判人员审查判断证据应当遵循法定程序，依据法律规定，同时也强调审判人员应当遵循法官职业道德（即良知），运用逻辑推理和日常生活经验（即理性）对证据进行独立的判断。本案应正确运用证据规则，全面

考虑本案的成因背景，客观公正地对证据加以评判。因此本案不能仅仅依照司法解释条文，而片面、机械地认定王文秀提供的私有产权证的证明效力高于县二轻公司提供的相互关联的证据效力。据此所认定的案件事实与客观实际不符。

检察机关认为，二轻公司提供的证据能够形成完整的证据链条，其效力足以证明二轻公司虚假的出售争议房屋的事实。依据最高人民法院《关于民事诉讼证据的若干规定》第68条的规定，以侵害他人合法权益或者违反法律禁止性规定的方法取得的证据，不能作为认定案件事实的依据。即因二轻公司和王文秀虚假买卖车库的行为而取得的产权证，是以侵害损害拆迁人合法权益为前提的，故不能作为认定案件事实的依据。法院仅凭房产证定案，将房屋判决给王文秀是错误的。

【监督结果】

吉林省高级人民法院受理抗诉后，于2009年10月30日作出〔2009〕吉民抗字第37号民事裁定，对本案提审。经依法组成合议庭审理后认为，本案事实不清，裁定撤销原一、二审判决，发回通化县人民法院重审。

2010年6月25日，通化县人民法院作出〔2010〕通民一初字第20号民事判决。判决坐落在通化市民主街清真胡同16-1号面积96平方米（产权证登记为吉房权通字2176号和2177号）的房屋归通化县经济局所有；驳回通化县经济局要求王文秀返还房屋租赁费4900元的诉讼请求。王文秀对一审判决不服，提出上诉，通化市中级人民法院于2011年8月21日作出〔2010〕通中民二终字第192号民事裁定，撤销一审判决，发回重审。通化县人民法院经重审于2012年2月10日作出〔2011〕通民一初字第589号民事判决，判决：坐落在通化市民主街清真胡同16-1号面积96平方米（产权证登记为吉房权通字2176号和2177号）的房屋归通化县经济局所有；驳回通化县经济局要求王文秀返还房屋租赁费4900元的诉讼请求。

【点评】

对于本案的裁判，尤其是吉林省高级人民法院第一次提审后作出的〔2004〕吉民再字第58号民事裁定的错误在于机械理解最高人民法院《关于民事诉讼证据的若干规定》第77条的规定。最高人民法院《关于民事诉讼证据的若干规定》第77条规定，（1）国家机关、社会团体依职权制作的公文书证的证明力一般大于其他书证；（2）物证、档案、鉴定结论、勘验笔录或者经过公证、登记的书证，其证明力一般大于其他书证、视听资料和证人证言。应当说，最高人民法院《关于民事诉讼证据的若干规定》中规定的这些规则是非常正确的，但该规定第64条也规定了"审判人员应当依照法定程序，全面、客观地审核证据，依据法律的规定，遵循法官职业道德。运用逻辑推理和日常生活经验，对证据有无证明力和证明力大小独立进行判断，并公开判断的理由和结果"。就本案来说，对于房屋产权有县二轻公司当时入账的凭证，有公司经理证明，有财务会计、出纳员说明，有当时另一房屋产权人的证实等证据；对于房屋处分权有县二轻公司提供的水电费票据，承租户提交的租金发票，老职工的证明和曾经的承租户的证言等证据。这些间接证据能证明事实经过和县二轻公司实际的占有、使用和处分该房屋的情况。而王文秀除了出示其利用职务上的便利取得的产权证外，不能说明当时的房款数额、基本经过、另一房证仍然为其他人姓名等关键问题。

正如抗诉理由所述，理解本条司法解释时对于"一般"二字应给予足够的注意。既然是"一般"就表明不是绝对的，应允许特殊情况存在。对每个具体证据仍然要从其与案件事实的关联性、合法性、真实性三个方面加以综合分析评断。证据规则还强调了人民法院审判人员审查判断证据应当遵循法定程序，依据法律规定，同时也强调审判人员应当遵循法官职业道德（即良知），运用逻辑推理和日常生活经验（即理性）对证据进行独立的判断。本案应正确运用证据规则，全面考虑本案的成因背景，客观公正地对证据加以评判。因此，本案不能仅仅依照司法解释条文，而片面、机械地认定王文秀提供的私有产权证的证明效力高于县二轻公司提供的相互关联的证据效力。

【承办人简介】

李欣，男，1995 年毕业于西北政法学院行政系，1995 年 12 月起一直从事民事行政检察工作，先后任吉林省人民检察院书记员、助理检察员、检察员，现任吉林省人民检察院民事检察二处副处长，吉林省法学会民法学研究会常务理事。

11. 董玉芹与赵伟光、中国人寿保险股份有限公司图们支公司保险代理纠纷抗诉案

【监督机关】吉林省延边朝鲜族自治州人民检察院
【监督方式】抗诉
【基本案情】

申请人（原审原告）：董玉芹，女，汉族，1935年1月24日出生，延边化肥厂编织袋厂退休职工，住图们市长安镇苇北5组。

其他当事人（原审被告）：赵伟光，女，汉族，1955年8月17日出生，延边化肥厂编织袋厂职工，住图们市长安镇。

其他当事人（原审被告）：中国人寿保险股份有限公司图们支公司，住所地：图们市信合大厦3楼；法定代表人：金洪吉，经理。

董玉芹系延边化肥厂编织袋厂（以下简称编织袋厂）退休职工。1990年，编织袋厂与中国人民保险公司图们支公司（后改名为中国人寿保险股份有限公司图们支公司，以下简称图们人寿保险公司）签订协议，为包括董玉芹在内的全部在职职工参加了集体养老金保险，职工退休后由图们人寿保险公司向每位职工每月支付养老金40.50元。1990年开始，董玉芹等27人便从图们人寿保险公司领取养老保险金。1995年5月，图们人寿保险公司为编织袋厂的所有退休职工集体办理了一张个人养老金保险领取证，由编织袋厂派人持证到图们人寿保险公司统一领取保险金后再加上边疆补贴，统一发放给包括董玉芹在内的退休职工。

1998年7月，编织袋厂被延边朝鲜族自治州工商局吊销营业执照，2001年停产。编织袋厂当时在职职工200多人，包括董玉芹在内的部分职工（大约100多人）为了能够享受社会养老保险待遇，开始自己向图们市社会保险局缴纳社会保险费。这部分职工召开会议推选赵伟光和于淑凤（一年后退出）统一办理保险事务。二人从职工个人手中收取保险费后，统一交到图们市社会保险局，职工每月支付报酬。董玉芹等27人同时委托二人领取自己在

人寿保险公司的养老金，加上边疆补贴后作为社会保险费交到图们市社会保险局。赵伟光定期从图们市社会保险局领取人寿保险公司的个人养老金保险领取证，到人寿保险公司领取退休工人的保险金，再把保险金和领取证交到图们市社会保险局，作为编织袋厂职工的社会保险费。赵伟光从2001年6月开始在图们人寿保险公司领取包括董玉芹在内的27名编织袋厂退休工人保险金至2007年12月为止，共计87885元，其中包括董玉芹的3280.50元。2001年7月至2004年12月期间，图们市社会保险局从赵伟光处收到编织袋厂在图们人寿保险公司退休工人的保险金49453.96元（含利息）。2005年1月，图们市社会保险局将所收上述款项全部退给赵伟光后，又收取了编织袋厂123名退休人员的社会化管理费48600元（董玉芹的份额为400元）。后图们市社会保险局将养老金领取证交给赵伟光保管，赵伟光仍定期到图们人寿保险公司领取退休工人的保险金并保管。赵伟光在管理过程中未设立账目，只是把钱用自己的名字存在银行。

另查明，编织袋厂是由延边化肥厂主办的大集体企业，该企业自从延边化肥厂停产到并轨改制破产，也随之停产至今。延边的厂办大集体企业改制工作至今尚未启动。图们人寿保险公司在本案纠纷发生后于2008年1月开始给董玉芹等退休工人分别办理养老金领取证，现董玉芹等人分别从图们人寿保险公司和图们市社会保险局领取保险金。

董玉芹因未收到养老金，于2008年12月向图们市人民法院起诉，请求判令赵伟光、图们人寿保险公司支付从2000年起至2007年为止的个人养老金，共计3280.50元。

【原审裁判情况】

2009年7月8日，图们市人民法院作出〔2009〕图民一初字第118号民事判决。判决认为，编织袋厂与图们人寿保险公司签订的协议为养老保险协议。投保人为编织袋厂，被保险人为当时编织袋厂的全体职工。赵伟光持领取证领取保险金之前，图们人寿保险公司自1995年起以该领取证作为支付董玉芹等退休工人保险金的凭证，为退休工人发放保险金，对此董玉芹、赵伟光、图们人寿保险公司均无异议。董玉芹等27人在13年的时间里对图们人寿保险公司的支付行为未提出异议，并且知晓赵伟光为编织袋厂办理保险事务的事实，因此，图们人寿保险公司向赵伟光支付养老金的行为没有过错，不应承担责任。董玉芹要求赵伟光承担责任，理由是赵伟光取走了保险金。但赵伟光领取保险金的行为是基于其是工人开会选出的代理人，为编织袋厂的部分职工代办保险事务。且一开始的管理人不止赵伟光一人，还有于淑凤。赵伟光领取的保险金主要用于编织袋厂包括董玉芹在内的123名退休人员的社会化管理费，而 123 名退休人员中并不包括赵伟光本人。所以，赵伟光既不是故意侵占董玉芹的保险金，也未从中受益。因工人开会时均无会议记录，而赵伟光主张董玉芹不应享受两份养老保险金，编织袋厂以前的惯例均是把从图们人寿保险公司领的钱全都交到图们市社会保险局。故现已无法查明开会时董玉芹是如何委托赵伟光和于淑凤办理缴纳养老保险费的事务。董玉芹与赵伟光的纠纷是因职工会议引起，也应由职工会议解决。《中华人民共和国民事诉讼法》第 64 条第 1 款规定："当事人对自己提出的主张，有责任提供证据。"董玉芹对赵伟光是工人开会选出的代理人的事实不予否认，且未能提供证据证明赵伟光侵占了保险金或从中受益。故董玉芹应承担举证不能的法律责任。判决：驳回董玉芹的诉讼请求。

判后，董玉芹不服，向延边朝鲜族自治州人民检察院申诉。

【监督意见】

延边朝鲜族自治州人民检察院经审查，认为图们市人民法院〔2009〕图民一初字第 118 号民事判决对举证责任分配不当，属适用法律错误，向延边朝鲜族自治州中级人民法院提出抗诉。理由为：

赵伟光作为职工开会推选出来的代理人，到有关保险机构办理有关人员取款和存款工作，是基本事实。董玉芹在没有足额按时收到保险费的情况下，要求赵伟光返还个人应得财产的诉讼请求符合法律规定，也完成了自己的举证责任。而赵伟光受众多职工委托，作为众多职工的有偿代理人负有管理好账目，准确及时维护好众多职工利益的义务。赵伟光在董玉芹要求返还有关财产的情况下，应当公开有关账目，在扣除用于董玉芹利益的部分支出后，返还给董玉芹相应的财产。其对未占有董玉芹的任何财产应当承担相应的举证责任。在其未能提供有关证据的情况下，法院以"账目未经清算"为由驳回董玉芹诉请系适用法律错误。

【监督结果】

延边朝鲜族自治州中级人民法院受理该抗诉案件后，裁定发回图们市人民法院重审。2010 年 12 月，图们市人民法院对与本案相关的全部 27 件案件作出判决。判决认为：图们人寿保险公司向赵伟光支付养老金的行为没有过错，不应承担责任。赵伟光代领保险金后，未征得董玉芹同意，私自将款缴纳到图们社保，并把剩余部分留于保管，其行为构成侵权，理应承担相应责任。董玉芹要求赵伟光返还保险金并要求支付保管期间利息的理由正当，应予支持。判决：赵伟光返还董玉芹养老保险金 1458 元，并支付利息（2008 年 1 月至判决确定的履行期限届满之日止按照中国人民银行同期活期存款利率计算）。图们人寿保险公司不承担责任。判决后，双方当事人均没有上诉，该判决已经发生法律效力。

【点评】

本案的焦点问题有二：一是举证责任的分配问题；二是委托代理的责任承担问题。

一、关于举证责任的分配问题

举证责任是指当事人对自己提出的主张有提供证据进行证明的责任，若待证事实真伪不明时，由依法负有证明责任的人承担不利后果的责任。一般来说，举证责任的分配原则是"谁主张，谁举证"。在诉讼过程中，举证责任随一方当事人举证程度的变化而可以数次反复，因为它是一种动态过程，最终目的是使法官对待证事实获得内心确信。《民事诉讼法》（本法已于2012年8月31日修改）第64条第1款规定："当事人对自己提出的主张，有责任提供证据。"最高人民法院《关于民事诉讼证据的若干规定》第2条规定："当事人对自己提出的诉讼请求所依据的事实或者反驳对方诉讼请求所依据的事实有责任提供证据加以证明；没有证据或者证据不足以证明当事人的事实主张的，由负有举证责任的当事人承担不利后果。"第9条规定："下列事实，当事人无需举证证明：……（三）根据法律规定或者已知事实和日常生活经验法则，能推定出的另一事实……"本案中，董玉芹主张赵伟光非法占有自己的保险金而拒不偿还，赵伟光承认占有了董玉芹的保险金，但认为是受全体职工委托，董玉芹无权享受两份保险金。此时，董玉芹已经按照证明责任的要求提供了使法官确认其主张存在的证据，已经履行了提供证据的责任，并就此卸下了举证责任的负担。董玉芹提供证据的责任已经开始发生转移，赵伟光应当就其占有保险金的合法性以及不予返还的理由进行举证，因其举证不能，故应承担对其不利的后果，承担返还责任。

举证责任的分配足以影响案件的实体判决，尤其在双方当事人证据相当的情况下，如何准确利用证据规则，公平合理地分配好举证责任，对案件的正确审理至关重要。在审判实践中，法官可以充分运用恰当的逻辑推理认定案件事实。在本案中，赵伟光受董玉芹的委托从保险公司领取养老金，然后将部分养老金交到社保的事实是各方当事人所认可的，法官完全可以推定赵伟光有义务将剩余的养老保险金交还给董玉芹，从而为案件正确审理奠定基础。根据法律规定或已知事实和日常生活经验法则，推定案件事实是审判实践的应有之义。

二、关于委托代理的责任承担问题

本案中，董玉芹委托赵伟光办理养老保险事宜，双方已经形成委托代理关系，这是本案的基本法律关系。《民法通则》第66条第1款、第2款规定，没有代理权、超越代理权或者代理权终止后的行为，只有经过被代理人的追认，被代理人才承担民事责任。未经追认的行为，由行为人承担民事责任；代理人不履行职责而给被代理人造成损害的，应当承担民事责任。本案中，赵伟光从图们人寿保险公司领取申诉人的养老金后，未经董玉芹同意，超越代理权，将该部分养老金交到图们社保，充作其他职工的部分社会保险费，事后也未经董玉芹追认，损害了董玉芹的利益，应当承担相应的民事责任。

需要说明的是，与本案案情相同的申诉人多达 27 名，而且大都是年过七旬的退休职工，属弱势群体，生活来源就是养老保险金。因此，本案关乎到这些老人的生活保障权。经过检察机关的抗诉，法院对这 27 件案件全部进行了改判，并依法执结，老人们的财产权利得到了保障。此案的抗诉充分体现了法律效果与社会效果的有机统一。

【承办人简介】

周祥俊，男，1972 年 7 月出生，汉族，中共党员，延边大学法律系本科学历，现为延边州人民检察院民事行政检察处助检员。曾多次获得个人三等功、"优秀共产党员"、"优秀公务员"等荣誉。

12. 黑龙江省牡丹江监狱与牡丹江市城郊农村信用联社兴隆信用社、牡丹江市华侨房地产开发建筑有限责任公司抵押担保借款合同纠纷抗诉案

【监督机关】黑龙江省人民检察院
【监督方式】抗诉
【基本案情】

申请人（一审第三人、二审上诉人、再审申请人）：黑龙江省牡丹江监狱，住所地：黑龙江省牡丹江市兴隆镇；法定代表人：范振宇，监狱长。

其他当事人（一审原告、二审被上诉人、再审被申请人）：牡丹江市城郊农村信用联社兴隆信用社，住所地：黑龙江省牡丹江市东安区兴隆镇下也河广场；负责人：王平涛，主任。

其他当事人（一审被告、二审被上诉人、再审被申请人）：牡丹江市华侨房地产开发建筑有限责任公司，住所地：牡丹江市西安区平安街西八条路288号；法定代表人：赵阿杰，董事长。

2000年8月，黑龙江省牡丹江监狱（以下简称牡丹江监狱）就开发建设景苑小区与牡丹江市华侨房地产开发建筑有限责任公司（以下简称华侨公司）签订合作开发合同一份。合同约定：牡丹江监狱提供划拨土地使用权，由华侨公司开发建设5万余平方米干警住宅，工程范围为干警宿舍52000平方米，动迁户安置房20800平方米。双方于2003年7月20日签订补充协议一份，约定在2003年8月30日前华侨公司将20套门市房交付牡丹江监狱。牡丹江监狱与华侨公司因该合同纠纷诉至法院，黑龙江省高级人民法院判令华侨公司将景苑小区20套商服门市房交给牡丹江监狱。如不能交付，华侨公司按每平方米930元单价给付牡丹江监狱相应价款。

2003年6月26日，华侨公司与牡丹江市城郊农村信用联社兴隆信用社（以下简称兴隆信用社）签订抵押担保借款合同，合同约定华侨公司贷款180万元，贷款期限从2003年6月26日至2004年6月24日；同年7月17日，双

方再次签订抵押担保借款合同，约定华侨公司贷款76万元，贷款期限从2003年7月17日至2004年6月26日。两份抵押贷款合同，华侨公司均以坐落在牡丹江市西安区丘栋号370－460－4/1－5的与牡丹江监狱联合开发的在建房产作为抵押，并在房产部门办理了房屋抵押登记，抵押期限为1年。2003年12月9日，牡丹江市中级人民法院作出查封景苑小区2－5号楼20套商服门市房的〔2003〕牡民初字第51－1号民事裁定，并依法送达给当事人。2004年6月10日，兴隆信用社与华侨公司采用以新贷还旧贷方式又签订一份抵押担保借款合同，约定华侨公司贷款240万元，另15万元以现金方式偿还，贷款期限从2004年6月10日至2005年6月10日，双方在房产部门就原抵押物重新办理了抵押登记。

2007年7月10日，兴隆信用社将华侨公司起诉至牡丹江市西安区人民法院，请求法院确认双方分别于2003年6月27日和2004年6月24日设定的抵押权合法有效。

【原审裁判情况】

牡丹江市西安区人民法院作出〔2007〕西民商初字第165号民事判决：兴隆信用社与华侨公司于2003年6月26日、2003年7月17日和2004年6月10日签订的抵押担保借款合同中涉及20套商服门市房作为抵押的行为无效。兴隆信用社不服，向牡丹江市中级人民法院申请再审。牡丹江市中级人民法院指令牡丹江市西安区人民法院再审本案。牡丹江市西安区人民法院于2008年10月15日作出〔2008〕西民再字第13号民事判决：兴隆信用社与华侨公司于2003年6月26日、2003年7月17日和2004年6月10日签订的抵押担保借款合同合法有效。

牡丹江监狱不服，上诉至牡丹江市中级人民法院。牡丹江市中级人民法院于2009年5月18日作出〔2009〕牡民终字第102号民事判决：驳回上诉，维持原判。牡丹江监狱仍不服，向黑龙江省高级人民法院申请再审，黑龙江省高级人民法院指令牡丹江市中级人民法院再审。

牡丹江市中级人民法院再审认为：首先，关于本案抵押借款合同效力问题。华侨公司以开发的房产作抵押，在房产部门办理了他项权利抵押登记，在公证处办理《具有强制执行效力的债权文书公证书》，该抵押借款合同合法有效。从时间上看，《抵押借款合同》在前，《委托开发合同补充协议书》在后，华侨公司将抵押登记的20套门市房转让，未告知抵押权人兴隆信用社转让抵押物的事实，也未告知牡丹江监狱已将房屋抵押的情况，依据《中华人民共和国担保法》第49条的规定，转让抵押物的行为是无效的，抵押合同继续有效。其次，法院查封效力能否羁束抵押物的优先受偿权问题。20套门市房查封裁定是在抵押登记之后，其查封的效力并不能羁束抵押权人对抵押物享有的优先权。目前我国现行法律、行政法规对以新贷还旧贷行为没有限制，应当认定华侨公司与兴隆信用社于 2004 年 6 月 10 日签订的抵押担保借款合同有效，在此期间双方亦未解除抵押合同，所以，该抵押合同应视为效力顺延，对查封房产的执行应在抵押权人实现权利后实施。最后，关于本案诉争房屋所有权问题。华侨公司作为开发建设单位，在房屋尚未出售前对开发建设的房屋享有所有权，为借款而办理的抵押应是有效的。黑龙江省高级人民法院〔2006〕黑民一终字第 198 号判决"华侨公司将 20 套门市房交付给牡丹江监狱；如不能交付，华侨公司给付牡丹江监狱相应价款 3029000.70 元及逾期交付房屋违约金"仅是对牡丹江监狱与华侨公司的合同债权进行确认，并未确认本案的房屋所有权问题。因此，该抵押合同仍然有效。牡丹江市中级人民法院于 2010 年 4 月 20 日作出〔2010〕牡监民再终字第 2 号民事判决：维持原判。

【监督意见】

牡丹江监狱不服，向检察机关申诉。黑龙江省人民检察院审查认为终审判决认定案件基本事实缺乏证据证明、适用法律错误，向黑龙江省高级人民法院提出抗诉。主要理由为：

1. 原判决认定华侨公司将 20 套商服门市房转让给牡丹江监狱缺乏证据证明。

原判决认定该基本事实的依据是 2003 年 7 月 20 日牡丹江监狱与华侨公司签订的委托开发合同补充协议书，从双方签订的补充协议书内容看，是因华侨公司与牡丹江监狱合作开发的商服门市房屋迟延交付给牡丹江监狱，经双方协商一致，约定华侨公司将 20 套门市房于 8 月 30 日前一次性交给牡丹江监狱接收。补充协议是双方合作开发房地产合同的补充，仅是对双方合作开发的 20 套门市房交付时间的约定。交付房屋的基础法律关系存在多种，比如赠与、互易、转让、合作开发房屋等基础法律关系都会发生交付房屋的行为，原判决以补充协议中有"交付"房屋的约定，即认定华侨公司与牡丹江监狱存在转让 20 套门市房的法律关系，属认定事实错误。

2. 原判决认为华侨公司与兴隆信用社签订的抵押合同有效，适用法律确有错误。

（1）原判决认为华侨公司对开发建设的房屋享有所有权，为借款而办理的抵押有效，适用法律错误。华侨公司与牡丹江监狱是合作开发房地产合同关系，关于合作开发房地产合同，最高人民法院《关于审理涉及国有土地使用权合同纠纷案件适用法律问题的解释》第 14 条规定："……合作开发房地产合同，是指当事人订立的以提供出让土地使用权、资金等作为共同投资，共享利润、共担风险合作开发房地产为基本内容的协议。"根据该规定，房地产开发的合作方对开发的房地产利润共享，也就是说，共同开发的房屋原始所有权应当归合作方共有。具体到诉争的20套门市房的分配，2002年9月29日，牡丹江监狱与华侨公司签订认定书，确认归牡丹江监狱所有。华侨公司未经牡丹江监狱同意，擅自将20套门市房抵押，事后也未得到牡丹江监狱的追认，该抵押行为应当认定无效。

（2）原判决认为法院查封20套商服门市房的裁定不影响华侨公司与兴隆信用社于2004年6月10日签订的抵押合同效力，适用法律错误。2003年12月9日，牡丹江市中级人民法院以〔2003〕牡民初字第51－1号民事裁定查封了景苑小区2－5号楼20套商服门市房。华侨公司与兴隆信用社于2004年6月10日签订抵押合同，是在法院查封之后，查封裁定尚在有效期内。人民法院查封裁定具有对被查封财产处分权的限制效力，抵押是对财产的处分行为，应当受到查封效力的拘束。《中华人民共和国担保法》第37条规定，依法被查封的财产不得抵押。该条文属于禁止性规定，华侨公司与兴隆信用社于2004年6月10日签订抵押合同违反法律禁止性规定，抵押行为无效。

（3）原判决认为华侨公司以新贷还旧贷的行为视为抵押合同效力顺延，适用法律错误。本案中，华侨公司以新贷还旧贷的行为中有两种性质不同的法律关系：一个是借贷法律关系，另一个是抵押担保法律关系。关于以新贷还旧贷，目前我国现行法律没有限制规定，但新的借贷合同有效，并不能得出新的抵押合同有效的结论。两种性质法律关系效力的判断标准和依据是不同的。对新的抵押合同效力的认定，应依据《中华人民共和国担保法》等相关法律来进行价值判断。2004年6月10日，华侨公司与兴隆信用社签订的借款抵押担保合同，由于违反了《中华人民共和国担保法》的禁止性规定而无效。以新贷还旧贷，意味着旧的借贷债权消灭。抵押权是一种从权利，主债权消灭，抵押合同效力解除，抵押权也自然消灭。兴隆信用社与华侨公司于2003年6月26日、7月17日签订的两份抵押合同因担保的主债权履行而失去效力，不存在效力顺延问题。原审认为华侨公司以新贷还旧贷的行为"视为"抵押合同效力顺延，没有明确法律依据。

【监督结果】

黑龙江省高级人民法院于2012年6月6日作出〔2012〕黑监民再字第5号民事判决。判决认为，关于华侨公司将20套商服门市房交付给牡丹江监狱的约定是否为房屋转让行为的问题，《委托开发合同补充协议书》系华侨公司与牡丹江监狱就合作开发景苑小区相关事项所作出的约定，协议中关于华侨公司将20套门市房于8月30日前一次性交付给牡丹江监狱接收的约定，系双方就合作开发过程中关于房屋产权分配和交付时间的确认，并非房屋转让行为。关于华侨公司2004年6月10日以牡丹江市中级人民法院已经查封的房产为其新贷设定抵押行为的效力问题。本案华侨公司虽于2003年6月26日、7月17日与兴隆信用社签订256万元的抵押担保借款合同，且以其开发的景苑小区的房产作为抵押物办理了抵押登记，但因2004年6月10日华侨公司以新贷还旧贷的方式向兴隆信用社偿还，以上两份抵押担保借款合同因主合同履行完毕而消灭。按照《中华人民共和国担保法》第52条"抵押权与其担保的债权同时存在，主债权消灭，抵押权也消灭"之规定，本案以上两份抵押担保合同所涉的主债权已消灭，故其所设定的抵押权亦随之消灭。而华侨公司与兴隆信用社签订的新抵押担保借款合同的时间是在2004年6月10日，即牡丹江市中级人民法院裁定查封景苑小区20套门市房之后，按照《中华人民共和国担保法》第37条关于依法被查封的财产不得设定抵押的规定，人民法院的查封裁定具有对被查封的财产处分权的限制效力，华侨公司以人民法院已经查封的房屋设定抵押，违反了《中华人民共和国担保法》的规定，故华侨公司以该部分法院查封房屋设定抵押的行为无效。原审判决将华侨公司以新贷还旧贷的行为视为抵押合同效力顺延，属适用法律错误，应予纠正。判决：（1）撤销牡丹江市中级人民法院〔2010〕牡监民再终字第2号民事判决、〔2009〕牡民终字第102号民事判决及牡丹江市西安区人民法院〔2008〕西民再字第13号民事判决；（2）维持牡丹江市西安区人民法院〔2007〕西民商初字第165号民事判决。

【点评】

综观本案，有两个法律问题值得思考：一是以新贷还旧贷中担保合同的效力问题；二是民法上的法律拟制——"视为"。

一、关于以新贷还旧贷中担保合同的效力问题

以新贷还旧贷是指贷款到期后借款人不能按时以货币资金偿还贷款，金融机构与借款人约定以新贷款偿还旧贷款的民事行为。商业实践中，这一做法金融机构普遍采用。我国现行法律、行政法规对以新贷还旧贷没有禁止性规定。1999年1月召开的最高人民法院经济庭庭务会认定借新还旧行为有效，中国人民银行2000年9月25日公布并施行的《不良贷款认定暂行办法》第9条对借新还旧的合法性予以承认，最高人民法院《关于适用〈中华人民共和国担保法〉若干问题的解释》第39条规定："主合同当事人双方协议以新贷偿还旧贷，除保证人知道或者应当知道外，保证人不承担民事责任。新贷与旧贷系同一保证人的，不适用前款的规定。"最高人民法院的这一司法解释，实际上肯定了以新贷还旧贷中新的借款合同的法律效力。以新贷还旧贷中的主合同虽

然有效，但并不能得出担保合同有效的结论，两种性质合同效力的判断标准不同，担保合同要依据《担保法》等有关法律进行认定。

（一）保证担保合同的效力

业务实践中，在主合同有效的前提下，保证合同效力存在以下几种情况：

1. 原贷和新贷系同一保证人，应承担担保责任。根据《关于适用〈中华人民共和国担保法〉若干问题的解释》第39条的规定，不论担保人是否知道或应当知道贷款的真实用途，保证人均应当承担民事责任。这是因为，同一保证人先后承担了新、旧借款合同的担保责任。在新贷还旧贷的情况下，由于新贷偿还了旧贷，致使原来的借款合同履行完毕，从而也消灭了保证人对原借款合同的担保责任。但是，对于新的借款合同，由于主合同双方当事人协议"改变"贷款用途，并没有加重担保人的风险责任，因此，由其继续承担对新借款合同的担保责任，是恰当的，也是公平的。

2. 原贷款无保证人，而新贷款增加了保证人，其担保效力有两种情况：第一种情况，如果新的借款合同的担保人明知或应当知道贷款的用途是借新还旧，应承担担保责任。因为在这种情况下，担保人的意思表示真实，其签订的担保合同符合合同的有效要件。比如，担保合同中双方已明确写明了该笔贷款的用途是借新还旧，用于归还某年某月某日的贷款。此时，担保人是不能以意思表示不真实为理由进行抗辩的。第二种情况，如果担保人不知道或不应当知道贷款的真实用途是借新还旧，担保合同无效，担保人不承担民事责任。因为，在这种情况下，担保人的担保行为意思表示不真实。

3. 原贷款有保证人，而新贷款更换或增加了新的保证人，作为债权人的银行必须履行对保证人的通知义务，在通知中明确告知保证人新贷款的使用用途是偿还旧贷款。其担保效力也有两种情况：（1）如果新借款合同的新保证人明知或应当知道贷款的用途是借新还旧，应承担担保责任；（2）如果保证人不知道或不应当知道贷款的真实用途是借新还旧，保证人可以依据《关于适用〈中华人民共和国担保法〉若干问题的解释》第39条的规定，主张免除保证责任。

（二）抵押担保合同的效力

借款合同当事人协议借新还旧，表明合同的标的作为债的要素已经发生变化，构成债的更改，发生旧债的消灭和新债关系产生的效果。抵押权与其担保的债权同时存在，主债权消灭，抵押权也消灭。即原有的贷款债权消灭，抵押权也同时消灭。

1. 有财产担保贷款借新还旧时存在抵押无效的风险。有的金融机构在办理有抵押担保的借新还旧手续时，认为前一贷款已经有了抵押登记手续，因此，只重新签订借款合同而不签订新的抵押担保合同，也不重新办理抵押权登记手续，导致抵押担保无效。还有一种情况是，虽然双方重新签订了抵押合同，也办理了抵押物登记，但原抵押物情况发生了变化，如同本案中华侨公司与兴隆信用社签订新的抵押担保借款合同时，抵押物已被法院查封，因查封裁定具有对被查封财产处分的限制效力，以查封财产重新设定抵押的行为无效。

2. 无财产担保的贷款在借新还旧时追加抵押担保，也存在抵押被撤销或无效的风险。一是根据最高人民法院《关于适用〈中华人民共和国担保法〉若干问题的解释》第 69 条规定，债务人有多个普通债权人的，在清偿债务时，债务人与其中一个债权人恶意串通，将其全部或者部分财产抵押给该债权人，因此丧失了履行其他债务的能力，损害了其他债权人的权益，受损害的其他债权人可以请求人民法院撤销该抵押行为。二是根据我国《企业破产法》第 35 条的规定，人民法院受理破产案件前 6 个月至破产宣告之日的期间内，破产企业对原来没有财产担保的债务提供财产担保的行为无效。

二、关于民法中的法律拟制——"视为"

基于实际需要，各国立法者往往在法律中使用"视为"这一概念，将甲事实看做乙事实，使甲事实产生与乙事实相同的法律效果。我国民法中多次出现"视为"的概念，如《民法通则》第 11 条第 2 款规定：16 周岁以上不满 18 周岁的公民，以自己的劳动收入为主要生活来源的，视为完全民事行为能力人。据统计，在《民法通则》、最高人民法院《关于贯彻执行〈中华人民共和国民法通则〉若干问题的意见》以及合同法中，有"视为"条款达 10 条之多。此外，在继承法和专利法等民事法律中也有不少含有"视为"的条款。我国民法立法中的"视为"大多为法律拟制的标志性用语。

（一）法律拟制的概念和特点

法律拟制早在罗马法时期就存在。按照英国著名法学家梅因的研究，拟制在古罗马法中起初是一个辩诉的名词，表示原告一方的虚伪证言是不准被告反驳的，这种拟制的目的是给予审判权。如"法律解答"就是以此为基础。类似的还有英国后座法院和理财法院的命令状。而梅因自己则应用"法律拟制"这一用语来表示掩盖或意在掩盖一条法律规定已经发生变化这一事实的任何假定，其时法律的文字并没有被改变，但是其运用已经发生了变化。就我们现在看来，起初罗马市民法给予非罗马人以市民权以及罗马法中将收养关系等同血缘关系的规定莫不是拟制的运用。《牛津法律大词典》认为法律上的拟制"指任何隐瞒或倾向于隐瞒一种规则已发生，即其文字虽未变，但其作用却被修改了的事实的拟制。简而言之，就是将甲案件假定为乙案件，并在法律上如同乙案件的实例一样加以对待。拟制常用于避免使法典或者法令发生障碍。在罗马法和英格兰法中，广泛地使用拟制作为发展法律的手段，将规则扩展至原来未包括在内的案件"。

我国学者普遍认为"拟制是指立法或司法基于某种原因，将两种本不相同的事实等同起来，作相同的法律评价，使不同的事实产生相同的法律效果；或者相反，将两种本来相同的事实不同等对待，作不同的评价，使相同的事实产生不同的法律效果；有时将有无不明的事实确定为有或者无"。简言之，就是立法者根据实际的需要和价值选择，把某种事实看做另一事实，即其发生与另一事实相等或者相同的法律效果。其特点在于：（1）立法者虽然明知其所拟处理的案型与其所拟引来规范该案型的法条本来所处理的案型，法律事实并不相同，但仍将两者通过拟制赋予同一的法律效果。（2）不能通过反证来否定，因而不涉及举证责任由谁负担的问题；同时，司法机关必须适用拟制的规定。

（二）法律拟制与法律推定的区别

虽然我国少数学者认为推定也属于法律拟制的一种，但通说认为，推定与拟制并不相同。一般认为，拟制与推定存在三点区别：

1. 性质不同。拟制纯粹是立法上的一种文字表述技巧，是立法者为了避免法律条文文字的重复、冗长而采取的一种表述方式，其意义在于将并不相干的两个事实赋予同样的法律效果。而推定则不同，它通常包含着推论，即甲事实的存在推论出与之相关的乙事实的存在。

2. 能否推翻不同。拟制的目的是使甲事实产生与乙事实相同的法律效果，甲事实的存在得到证明后，自然不允许对方当事人再提出证据来推翻乙事实。而推定则不同，它仅仅是一种假设，虽然这种假设通常是以事物之间的常态联系为根据的，但并不能保证这种假设与事实一定相符合，故对方当事人可以通过提供相反的证据来推翻这种推定。也就是说，不论是法律上的推定还是事实上的推定，其均是可以被推翻的。对此，最高人民法院《关于民事诉讼证据的若干规定》第9条明确规定，根据法律规定或者已知事实和日常生活经验法则，能推定出另一事实的，当事人无须举证，（对方）当事人有相反证据足以推翻的除外。

3. 对举证责任的影响不同。对拟制而言，双方当事人发生争议并且需要证明的始终是前一项事实，尽管一方当事人主张的是后一事实的法律效果。显然，主张前一项事实的当事人对该事实的成立应当承担举证责任，只要其证明了这一事实，该事实就会产生后一事实的法律效果，法律并不允许对方当事人对后一事实是否存在进行争议，因此，拟制并不发生将后一事实的举证责任转移给对方当事人的问题，也就是说，拟制并不会影响举证责任的分配。而在适用推定的情况下，双方主要争议的是后一事实，即推定事实，只是由于推定的存在，主张推定事实的一方当事人可以只对基础事实进行证明，该基础事实被证明后，由于推定的作用，法律便假定推定事实存在，这样便把证明推定事实不存在的举证责任转移给对方当事人了。可见，推定与拟制不同，它具有转移证明推定事实的举证责任的作用。

（三）法律拟制的运用

法律拟制有立法拟制和司法拟制之分。在英美法系国家，司法拟制普遍被运用；而在成文法系国家，由于成文法在司法判决中的重要地位，对立法拟制的运用偏重。我国属于成文法系，笔者认为，在运用法律拟制时需要注意两点：一是在法律规范文本中有立法拟制条文时，司法机关应当严格依法适用，不得拒绝适用。二是在法律本身不完善需要法律拟制时，一般应通过司法解释或制定法律进行立法拟制，只有在法律无明文规定影响对现实问题的裁判时，才有必要进行司法拟制，否则容易造成司法自由裁量权的扩大，使司法权僭越于立法权之上。

本案依照现行法律的明文规定，可以判定华侨公司与兴隆信用社签订的以新贷还旧贷抵押担保合同效力，实现法的价值，原审法院却进行了司法拟制，错误地将华侨公司以新贷还旧贷的行为"视为"抵押合同效力顺延。

【承办人简介】

王功杰，男，1976 年 8 月出生，汉族，民商法学硕士，黑龙江省人民检察院民事行政检察处综合科科长，黑龙江省人民政府法制办行政复议委员会委员，黑龙江省检察业务专家。

13. 孙振海与王根才、张淑梅民间借贷纠纷抗诉案

【监督机关】黑龙江省人民检察院

【监督方式】抗诉

【基本案情】

申请人（一审被告、二审被上诉人）：孙振海，男，1950年6月29日出生，汉族，无业，住大庆市萨尔图区王家围子2-3号楼4单元402室。

其他当事人（一审被告、二审上诉人）：王根才，男，1951年12月26日出生，汉族，大庆市庆萨商城干部，住大庆市萨尔图区火炬村2-1号楼5单元102室。

其他当事人（一审原告、二审上诉人）：张淑梅，女，1964年12月8日出生，汉族，大庆力神泵业有限公司工人，住让胡路区东湖小区904号楼1门301室。

2002年8月20日，孙振海因承包建设工程缺少资金，向王根才借款3万元。因王根才称此款系张淑梅出借的并要求加1.2万元利息，故孙振海在出具的借条上载明：今借张淑梅人民币肆万贰仟元整，还款日期2002年11月30日，王根才作为担保人在借条上签字。之后，因利息过高，孙振海与王根才协商最后确定借款数额为4万元。孙振海重新出具借条，载明：今借张淑梅肆万元整（该借条小写后来被改成4.2万元），还款日期2002年11月20日，王根才作为担保人在借条上签字。孙振海先前出具的4.2万元借条被王根才撕碎后扔在王根才住处。

2004年10月14日，孙振海在朋友郭文的见证下，在大庆庆法律师事务所将4万元现金交给王根才，王根才将4万元借条撕碎后扔在大庆庆法律师事务所的垃圾筐里。后因王根才向孙振海索要利息，二人发生争执，孙振海离开律师事务所。王根才在律师事务所报警，警察来到后，王根才将律师事务所装有撕碎欠条的垃圾筐带走。

2007年5月30日，张淑梅持有两张撕碎借条的复印件，以债权人的身份将孙振海和王根才起诉至大庆市萨尔图区人民法院，要求：孙振海偿还借款

8.4 万元，王根才承担连带责任。

另查明，2004 年 11 月 25 日王根才诉至大庆市萨尔图区人民法院，称其为孙振海担保向杨小兰、张淑梅、尹江三人借款 17.8 万元，孙振海未履行还款义务，其作为担保人履行了还款义务，要求孙振海给付其 17.8 万元，并提供了由杨小兰、张淑梅、尹江三人亲笔签名的还款收条。2006 年 10 月 23 日，大庆市萨尔图区人民法院作出〔2004〕萨民一初字第 1413 号民事判决，支持了王根才的诉求。判后，孙振海不服，上诉至大庆市中级人民法院。2006 年 12 月 26 日，大庆市中级人民法院作出〔2006〕庆民二终字第 385 号民事裁定书，裁定：撤销原判，发回萨尔图区人民法院重审。重审期间，王根才提出撤诉申请，萨尔图区人民法院准许其撤诉。

【原审裁判情况】

2007 年 8 月 2 日，大庆市萨尔图区人民法院作出〔2007〕萨民一初字第 676 号民事裁定书。裁定认为，张淑梅与孙振海、王根才民间借贷纠纷一案，双方之间的债权债务关系因王根才代孙振海履行而消灭，且王根才已向孙振海行使了追偿权，故张淑梅对孙振海、王根才的诉权已灭失，其主体不适格。裁定：驳回张淑梅的起诉。

判后，张淑梅不服，上诉到大庆市中级人民法院。

2007 年 9 月 20 日，大庆市中级人民法院作出〔2007〕庆民二终字第 431 号民事裁定书。裁定认为，张淑梅是与本案有利害关系的公民、有具体的诉讼请求和事实理由，且属于民事受案范围和受诉法院管辖，张淑梅依法享有诉权。由于一审认定的双方的债权债务关系因王根才代孙振海履行而消灭，且王根才已向孙振海行使了追偿权的事实并未写入审理查明部分，也没有生效判决证实，故一审法院在驳回裁定中认定事实不当，应当进行实体审理后再据实认定。裁定：撤销〔2007〕萨民一初字第 676 号民事裁定，指令大庆市萨尔图区人民法院对此案进行审理。

2008 年 9 月 25 日，大庆市萨尔图区人民法院作出〔2008〕萨民一初字第 216 号民事判决。判决认为，王根才在〔2004〕萨民一初字第 1413 号王根才诉孙振海案件中出示的证据，能够证明张淑梅与孙振海之间的债权、债务关系因王根才代孙振海履行而消灭，故张淑梅的主张没有证据支持。判决：驳回张淑梅诉讼请求。

判后，张淑梅、王根才不服，上诉到大庆市中级人民法院。

2009 年 3 月 10 日，大庆市中级人民法院作出〔2009〕庆民二终字第 94 号民事判决。判决认为，孙振海欠款事实成立，未向张淑梅偿还借款，对张淑梅请求判令孙振海偿还借款 8.4 万元的诉讼请求部分不予支持。孙振海应当偿还张淑梅借款金额为 8.2 万元。由于担保人王根才的追偿权未得到法律确认，故债权人张淑梅作为原告主体适格。该判决认定原审法院对王根才在〔2004〕萨民一初字第 1413 号案件中出示的证据，证明张淑梅与孙振海之间的债权、债务关系因王根才代孙振海履行而消灭，张淑梅的主张没有证据支持的认定，属于认定事实不清，适用法律不当，应予纠正；王根才作为担保人，应承担连带还款责任，债务人与担保人之间的法律关系应当另案处理，故对王根才的上诉请求不予支持。判决：（1）撤销〔2008〕萨民一初字第 216 号民事判决；（2）孙振海偿还张淑梅借款 8.2 万元，王根才承担连带还款责任；（3）驳回王根才的诉讼请求。

【监督意见】

孙振海不服，向检察机关申诉。黑龙江省人民检察院审查认为终审判决认定案件基本事实缺乏证据证明、适用法律错误，向黑龙江省高级人民法院提出抗诉。主要理由为：

1. 原审判决以破碎的借条认定孙振海对张淑梅负有还款义务，属认定案件基本事实缺乏证据证明。

本案中，张淑梅诉孙振海偿还借款 8.4 万元的依据是两张撕碎的借条。因借条为撕碎后拼接的，且残缺不全，无论是从证据形式上还是从证据的证明力上都存在严重瑕疵，不能够客观反映张淑梅与孙振海之间的债权债务关系。对于借条呈现破碎形态，张淑梅的表述是：据担保人王根才证实，因两笔借款到期未还，王根才持有借条原件要求孙振海换条，孙振海拿到借条后，将这两张借条和孙振海给杨小兰、尹江出具的所有借条一起全部撕碎（见〔2004〕萨民一初字第 1413 号卷宗第 27 页）。而孙振海提出抗辩称：张淑梅的借条系重新约定借款利息，由原始的 4.2 万元借条，以新条换旧条，形成 4 万元借条，这张 4 万元借条在还款后被撕碎。经审查撕碎借条的原件，无论从借条被撕碎的形状、纹理、褶皱形态，还是从借条受污损印记看，都无法认定所有欠条是一次撕碎的，而且王根才提供的出警说明也无法证明借条是为何撕毁和怎样撕毁的，更无法证明借条的真实性、合法性。张淑梅、王根才叙述的借条被撕毁的原因及过程，与借条实际损毁的形态不符，其所述借条破碎成因无法消除借条存在的瑕疵。同时，孙振海对于借条破碎提出了合理抗辩，因此，张淑梅提供的借条不具备证据的客观性。根据最高人民法院《关于民事诉讼证据的若干规定》第 2 条规定："当事人对自己提出的诉讼请求所依据的事实或者反驳对方诉讼请求所依据的事实有责任提供证据加以证明。没有证据或者证据不足以证明当事人的事实主张的，由负有举证责任的当事人承担不利后果。"因张淑梅提供的证据无法证明自己的主张，故应当承担举证不能的不利后果。综上，原审判决以破碎的借条认定孙振海对张淑梅负有还款义务，证据不足。

2. 原审认定张淑梅作为债权人起诉孙振海主体适格，属适用法律错误。

经查，在王根才作为孙振海向张淑梅借款的担保人而起诉孙振海行使追偿权的案件（〔2004〕萨民一初字第1413号）中，王根才提供的由张淑梅亲笔签名的还款收条可以证明，张淑梅和孙振海之间的债权债务关系已经因王根才履行担保义务而消灭。该收条属于书证，且明确写明王根才已经替孙振海偿还了向张淑梅的借款，其证明的内容和效力是确实充分的，该书证的证明力不能因判决未生效而丧失。因此，原审法院认定张淑梅作为债权人起诉孙振海主体适格，属适用法律错误。

【监督结果】

黑龙江省高级人民法院受理抗诉后，指令大庆市中级人民法院再审。2012年7月12日，大庆市中级人民法院作出〔2011〕庆民再字第155号民事判决。判决认为，另案中张淑梅给王根才出具的收条及法院调查笔录，能够证实王根才已代孙振海履行了还款义务，该证据不能因王根才撤诉而失去证明效力，并且张淑梅在本案中也认可上述证据的真实性，只称因王根才用钱又将钱还给了王根才，二审期间又称王根才根本没代孙振海还钱，但均未提供证据证实，因此，张淑梅与孙振海之间的债权债务关系已因担保人王根才的代为履行而消灭，并且张淑梅所举证据为撕毁之后重新粘贴的欠条，该证据存在瑕疵，张淑梅对此又不能作出合理解释，因此张淑梅再起诉孙振海要求偿还欠款，证据不足，原一审判决驳回张淑梅诉讼请求正确，检察机关的抗诉理由成立。依据《中华人民共和国民事诉讼法》第186条、第153条第1款第2项之规定，判决：（1）撤销本院〔2009〕庆民二终字第94号民事判决；（2）维持大庆市萨尔图区人民法院〔2008〕萨民一初字第216号民事判决。

【点评】

本案主要涉及以下两个法律问题：

1. 张淑梅用以主张其与孙振海之间民间借贷关系成立的借条能否作为证据予以认定问题。

本案系民间借贷纠纷，关键在于用以认定张淑梅与孙振海借贷关系成立的借条是否真实的问题。根据民事诉讼活动中证明案件事实的客观规律，证据应当具有"三性"，才能作为有效的证据，起到证明案件事实的作用。所谓证据的"三性"，即证据的客观性、关联性、合法性。其中，证据的客观性是指作为未经质证的证据材料本身必须是客观真实的，非虚构、伪造的，而不论其是否客观如实地反映了案件事实。在证据生成之前的证据材料，应具有某种普遍意义的客观性，到了诉讼阶段，由于使用者为赢得官司的目的性所决定，使具有普遍意义的证据材料受到人的主观意志驾驭。为使主观性剥离客观的证据材料，首先要依赖当事人间的质证，以确认证据材料本身的客观真实性，只有客观真实的证据材料才能作为证据使用。本案中，由于张淑梅提供的借条存在瑕疵，即张淑梅所举借条为撕毁之后重新粘贴的，且张淑梅对此又不能作出合理解释，因此，该借条不具有证据"三性"中的客观性，不能作为认定张淑梅与孙振海借贷关系成立的有效证据。

2. 张淑梅是否具备原告的主体资格问题。

关于主体资格的问题，在理论上又称为当事人适格，是指就具体事件的诉讼能够以自己名义作为原告起诉或者被告应诉，因而受本案判决拘束的当事人。进入诉讼的当事人未必是正当的当事人，法院只有针对适格当事人作出的判决才有法律意义，也只有适格的当事人才受法院判决的拘束。对于不适格的当事人，应裁定驳回起诉，因此，当事人是否适格是作出有效判决的前提。本案中，张淑梅诉求偿还欠款，王根才提供了另案中张淑梅出具的收条，证实王根才已代孙振海履行了还款义务，从而证明张淑梅和孙振海之间的债权债务关系已经因王根才履行担保义务而消灭，张淑梅因此不具有债权人身份，导致张淑梅主体不适格，丧失了胜诉权。二审法院仅以另案没有生效，从而否定张淑梅收条的效力，进而认定张淑梅主体适格，显属不当。

检察机关对本案把握住了法律的法理，充分地进行了论述，以充实的法律理论基础对本案进行了论证，并以此向法院提出抗诉，法院完全采纳检察机关的意见，对该案进行改判，从而维护了法律的统一正确实施。

【承办人简介】

刘洋，黑龙江省人民检察院民事行政检察处指导科科长，全省民行检察业务骨干，全省民行检察人才库成员，曾获"全省优秀办案能手"称号，被列为黑龙江省人民检察院高层次复合型人才培养对象。

14. 佳木斯市和平建筑工程公司与佳木斯隆达房地产开发公司、中国建设银行股份有限公司佳木斯分行拖欠工程款纠纷抗诉案

【监督机关】佳木斯市人民检察院

【监督方式】抗诉

【基本案情】

申请人（原审原告）：佳木斯市和平建筑工程公司（工商营业执照被吊销）；法定代表人：陈泽忠，经理（原任经理）。

其他当事人（原审被告）：佳木斯隆达房地产开发公司（工商营业执照被吊销）；法定代表人：陈禄，经理（原任经理）。

其他当事人（原审被告）：中国建设银行股份有限公司佳木斯分行；负责人：徐皎，行长。

1992年9月10日，佳木斯市和平建筑工程公司（以下简称和平建筑公司）与黑龙江省建设银行信托投资公司佳木斯市房地产开发投资公司（以下简称佳木斯市房地产开发投资公司）签订承建佳木斯市永平街中段综合楼B楼合同。1994年楼房竣工后经双方对账，佳木斯市房地产开发投资公司尚欠和平建筑公司工程款381352.51元。嗣后，佳木斯市房地产开发投资公司以两户房屋折抵部分工程款并将钥匙交给和平建筑公司，其中包括99.43平方米楼房抵款175755.45元，105.43平方米楼房抵款142357.50元。此外，同年9月和平建筑公司在佳木斯市房地产开发投资公司购买电量400个，折价95.60元，12月以货币形式付款8万元。加上佳木斯市房地产开发投资公司垫付工程款5万元，双方相抵后，佳木斯市房地产开发投资公司欠和平建筑公司33143.96元。1998年10月17日，佳木斯隆达房地产开发公司未经和平建筑公司同意将已抵顶欠款的105.43平方米楼房出售给他人，并收取购房款142357.50元。

另查，1988年，佳木斯市计划经济委员会以佳经计字〔1988〕90号批复，批准成立中国人民建设银行佳木斯中心支行房地产开发公司。注册资本

400 万元，企业性质属于全民所有制，实行独立核算，自负赢亏。1989 年注册资金为 160 万元。1991 年根据中国人民建设银行银发〔1990〕222 号《关于清理整顿专业银行房地产开发公司有关政策问题的通知》要求，该公司变更隶属关系。重新登记为黑龙江省建设银行信托投资公司佳木斯市房地产开发投资公司，注册资金 247 万元。1996 年 3 月 13 日，该公司隶属关系变更为佳木斯市建设银行劳动服务公司，同时公司更名为佳木斯隆达房地产开发公司（以下简称隆达房地产公司），注册资金为 500 万元，原佳市房地产开发投资公司债权债务由新公司负责清理，该企业最后一次年检时间为 2000 年 3 月 2 日。其中，工商档案体现：隆达房地产公司申报成立时的注册资金是 160 万元，至 1996 年注册资金增加到 500 万元，资金来源均为贷款，所增加的注册资金未经法定的验资机构验资并提供验资报告，该注册资金是经中国建设银行股份有限公司佳木斯市分行的前身中国人民建设银行佳木斯中心支行（以下简称建行佳木斯分行）同意，将其贷给隆达房地产公司的款转为注册资金，注册资金不实。2001 年 12 月 20 日，因未参加工商年度检验，隆达房地产公司被工商部门吊销营业执照。建行佳木斯分行先后接收了该房地产公司的职工及账目。

和平建筑公司因隆达房地产公司拖欠工程款诉至佳木斯市向阳区人民法院，请求判令隆达房地产公司偿还欠款，建行佳木斯分行承担连带责任。2000 年 7 月 6 日，佳木斯市向阳区人民法院作出〔2000〕向经初字第 12 号民事判决。一审认为，隆达房地产公司欠和平建筑公司工程款属实，应及时清偿并应承担拖欠期间的银行利息。但和平建筑公司将从隆达房地产公司处接收的房屋钥匙交与他人其行为后果应自负，故该房的折价款应从隆达房地产公司欠款总额中扣除。此外，建行佳木斯中心支行房地产开发公司成立时注册资金 400 万元，现隆达房地产公司注册资金为 500 万元，不存在抽逃资金的现象。故建行佳木斯分行不应承担连带责任。判决：隆达房地产公司欠和平建筑公司建筑工程款 33143.96 元，及银行利息 24364 元，两项合计 57507.96 元。

根据和平建筑公司的申请，2006 年 3 月 3 日，佳木斯市向阳区人民法院作出〔2006〕向民监字第 1 号民事裁定书，裁定对本案进行再审。

【原审裁判情况】

2006 年 7 月 20 日，佳木斯市向阳区人民法院作出〔2006〕向民再字第 7 号民事判决。

再审认为：隆达房地产公司拖欠和平建筑公司工程款的事实清楚，原审已确认部分，再审予以维持，原审认定隆达房地产公司以房屋抵欠和平建筑公司工程款事实清楚，双方无争议，再审予以认定。但原审认定抵欠房屋其中一户的出卖责任归和平建筑公司，无事实依据，再审应予以纠正。故依据《中华人民共和国民事诉讼法》第 130 条、第 184 条，《中华人民共和国民法通则》第 84 条和第 108 条之规定，判决：撤销〔2000〕向经初字第 12 号民事判决；隆达房地产公司欠和平建筑公司建筑工程款 175501.46 元（原审判决 33143.96 元 + 再审判决补判 142357.50 元）。其中欠款 33143.96 元截止 2000 年 7 月 30 日利息为 24346 元，自 2000 年 8 月至实际给付日止的利息，按银行同期贷款利率计算，其中欠款 142357.50 元截止 2006 年 6 月 30 日按银行同期贷款利率分段计算，计算利息为 65675.93 元；隆达房地产公司给付和平建筑公司拖欠的工程款总额 175501.46 元及利息 90021.93 元以及逾期未履行的部分利息按银行同期贷款利率计算，于生效后 30 日付清。

【监督意见】

和平建筑公司不服再审判决，向检察机关申诉。佳木斯市人民检察院经审查后向佳木斯市中级人民法院提出抗诉。理由为：

建行佳木斯分行在隆达房地产公司 1996 年注册资金增加到 500 万元时，出资不实，佳木斯市向阳区人民法院对本案的再审判决未判决建行佳木斯分行对隆达房地产公司的债权人——和平建筑公司在实际出资与登记的注册资金差额范围内，承担民事责任，适用法律错误。

检察机关审查和平建筑公司申诉时提供的隆达房地产公司工商档案发现：隆达房地产公司从申报成立时的注册资金 160 万元，至 1996 年注册资金增加到 500 万元，工商档案出资情况一栏中登记是建行佳木斯分行，资金来源均为贷款，所增加的 500 万元注册资金未经法定的验资机构验资并提供验资报告，仅有建行佳木斯分行给工商部门出具的关于同意将隆达房地产公司欠建行佳木斯分行的 360 万元贷款转为该公司的增资资金、该公司注册资金增加到 500 万元的申请报告。由于建行佳木斯分行仅是将隆达房地产公司欠其的债务转为注册资金，应认定隆达房地产公司出资人建行佳木斯分行未实际出资，注册资金不实。根据 1998 年 6 月 11 日通过的最高人民法院《关于人民法院执行工作若干问题的规定（试行）》第 80 条"被执行人无财产清偿债务，如果其开办单位对其开办时投入的注册资金不实或抽逃注册资金，可以裁定变更或追加其开办单位为被执行人，在注册资金不实或抽逃注册资金的范围内，对申请执行人承担责任"的规定，再审未判决建行佳木斯分行在出资不实范围内承担责任，适用法律确有错误。

【监督结果】

佳木斯市中级人民法院将本案指令佳木斯市东风区人民法院进行再审。2009 年 7 月 3 日，佳木斯市东风区人民法院作出〔2009〕东民再字第 2 号民事判决书。判决认为：隆达房地产公司从申报成立时的注册资金 160 万元，至 1996 年注册资金增加到 500 万元，资金来源均为贷款，所增加的注册资金未经法定的验资机构验资并提供验资报告，注册资金不实，应认定出资人建行佳木斯分行未实际出资。根据相关的法律规定，企业法人成立时，开办单位实际投入的自有资金与注册资金不符，开办单位应在实际出资与登记的注册资金差额范围内，对企业法人的债权人承担民事责任。隆达房地产公司的营业执照被吊销后，其财产已不足清偿债权人债务，而建行佳木斯分行未实际投入的自有资金差额远超过应清偿的债务，应对其承担民事责任。和平建筑公司要求建行佳木斯分行在其注册资金不实范围内承担连带责任的诉讼请求，应予支持。检察机关对建行佳木斯分行是隆达房地产公司的实际开办人及建行佳木斯分行应承担连带责任的抗诉理由成立。据此判决：（1）维持佳木斯市向阳区人民法院〔2006〕向民再字第 7 号民事判决第 1、2、3 项；（2）建行佳木斯分行对隆达房地产公司承担连带责任。

建行佳木斯分行不服，上诉至佳木斯市中级人民法院。

2009 年 12 月 8 日，佳木斯市中级人民法院作出〔2009〕佳民再字第 36 号民事判决书。

二审认为：和平建筑公司申请抗诉的请求是要求建行佳木斯分行承担连带责任，这既是和平建筑公司的原审诉讼请求，也是检察机关的抗诉理由。隆达房地产公司申报成立时的注册资金是 160 万元，至 1996 年注册资金增加到 500 万元，资金来源均为贷款，所增加的注册资金未经法定的验资机构验资并提供验资报告，注册资金不实；该注册资金是经建行佳木斯分行同意，将其贷款转为注册资金，应认定出资人为建行佳木斯分行未实际出资。虽然建行佳木斯分行不承认自己是隆达房地产公司出资人，但该公司工商档案出资情况一栏中登记是建行佳木斯分行。1996 年 5 月 22 日，隆达房地产公司的主管部门通过企业法人变更登记为佳木斯市建设银行劳动服务公司，但出资人一直是建行佳木斯分行。2000 年 3 月 24 日，隆达房地产公司的主管部门再次变更登记为建行佳木斯分行。隆达房地产公司被吊销营业执照后，所有账目均由建行佳木斯分行接收。根据相关的法律规定，企业法人成立时，开办单位实际投入的自有资金与注册资金不符，开办单位应在实际投资与登记的注册资金差额范围内，对企业法人的债权人承担民事责任。隆达房地产公司的营业执照被吊销后，其财产已不足清偿债权人债务，建行佳木斯分行未实际投入的自有资金差额远超过应清偿的债务，应对和平建筑公司承担连带责任。综上，建行佳木斯分行的上诉理由不成立，不予支持。判决：驳回上诉，维持原判。

【点评】

本案主要涉及如下法律问题：

一、关于开办单位或股东出资不实的法律责任问题

自 1993 年 12 月 29 日通过，于 1999 年、2004 年、2005 年三次修订的《中华人民共和国公司法》对股东出资不实的法律责任作出了如下规定：

1. 出资不实股东对公司和其他股东承担违约责任。《中华人民共和国公司法》（2005 年 10 月 27 日修订，以下简称《公司法》）第 28 条第 2 款规定，有限责任股东违反公司章程不按期足额缴纳出资的，"除应当向公司足额缴纳外，还应当向已按期足额缴纳出资的股东承担违约责任"。第 84 条第 2 款规定，股份有限公司发起人违反发起人协议未缴足出资的，"应当按照发起人协议承担违约责任"。该违约责任属严格责任，无论瑕疵出资股东主观上是否有过错，均应对公司和已足额出资的股东承担违约责任。

2. 出资不实股东对公司承担差额补充责任。《公司法》第 31 条规定："有限责任公司成立后，发现作为设立公司出资的非货币财产的实际价额显著低于公司章程所定价额的，应当由交付该出资的股东补足其差额；公司设立时的其他股东承担连带责任。"第 94 条规定："股份有限公司成立后，发起人未按照公司章程的规定缴足出资的，应当补缴；其他发起人承担连带责任。股份有限公司成立后，发现作为设立公司出资的非货币财产的实际价额显著低于公司章程所定价额的，应当由交付该出资的发起人补足其差额；其他发起人承担连带责任。"这两个法条规定的便是差额补充责任，其实质是资本充实责任，它既是公司的法定责任，不以公司设立者的约定为必要，不能以公司章程或股东大会决议来免除；也是一种连带责任，全体公司设立者的任何一人对资本不足的事实均负全部充实责任。

3. 出资不实股东对公司债权人的债务承担清偿责任。根据公司法定资本制和《公司法》第 31 条、第 94 条之规定精神，考虑到未足额出资的过错，未履行出资义务的股东应在实缴资本与应缴资本的差额范围内向债权人承担清偿责任，已经履行出资义务的股东在未履行出资义务的股东不能履行的范围内向债权人承担连带清偿责任。其中，未履行出资义务的股东对公司负有补足出资的法定义务，其在出资不足的范围内对债权人承担清偿责任，属于代位履行责任。已经履行出资义务的股东对公司资本不足主观上存在过错，也有代位履行的义务。因为法律已经规定了股东关于出资问题的内部制约机制，股东之间有义务互相监督出资情况。此外，公司股东比债权人更有条件防范出资不实，且对出资不实的股东享有追偿权，从利益平衡的角度，其也应当先于债权人承担风险责任。

虽然《公司法》对股东出资不实的法律责任作了上述详尽的规定，但对不符合公司条件的企业或社团法人向其所开办的企业出资不实的责任承担却没有作出规定。为此，最高人民法院在相关司法解释中进行了规定，弥补了立法的不足。最高人民法院《关于产业工会、基层工会是否具备社团法人资格和工会经费集中户可否冻结问题的批复》（1997 年 5 月 16 日，法复〔1997〕6 号）第 2 条规定："产业工会或基层工会投资举办的具备法人资格的企业，如果投资不足或者抽逃资金的，应当补足投资或者在注册资金不实的范围内承担责任。"最高人民法院《关于人民法院执行工作若干问题的规定（试行）》（1998 年 6 月 11 日，法释〔1998〕15 号）第 80 条规定："被执行人无财产清偿债务，如果其开办单位对其开办时投入的注册资金不实或抽逃注册资金，可以裁定变更或追加其开办单位为被执行人，在注册资金不实或抽逃注册资金的范围内，对申请执行人承担责任。"黑龙江省高级人民法院《关于规范民商审判若干问题的指导意见》（黑高法发〔2005〕6 号）第 22 条第 1 款第 1 项则明确规定了出资人的补足投资责任，"企业法人成立时，开办单位或者股东出资不实或企业设立后抽逃注册资金的，开办单位或者股东应在实际投资与登记的注册资金差额范围内，或者在抽逃资金的范围内对企业法人的债权人承担责任。但是开办单位或者股东能够证明其已在其他案件或者债权债务关系中履行了上述义务的，不再承担责任"。就本案而言，根据最高人民法院上述司法解释和黑龙江省高级人民法院指导意见的规定，建行佳木斯分行对其开办的企业——隆达房地产公司出资不实，理应在其实际出资与隆达房地产公司注册资金差额范围内，对隆达房地产公司的债权人——和平建筑公司承担民事责任，本案再审一、二审法院根据检察机关的抗诉意见，纠正了原审法院的错误，改判建行佳木斯分行在出资不实范围内承担民事责任是正确的。

二、关于企业法人被撤销、歇业和被吊销营业执照后的主体资格问题

我国《民法通则》规定，在民事活动中的主体是自然人、法人（包括其他经济组织）。不论是法人还是自然人，其主体资格的消灭，是以其不具备法律意义上的人格为前提的。当出现自然人死亡，法人人格被注销的法律事实时，就不能再以死亡的人或被注销法人的名义从事民事活动。企业法人出现歇业、被撤销或被吊销法人营业执照的情形，是不是意味着该企业法人已丧失了从事民事活动的主体资格呢？弄清这个问题，有必要对歇业、被撤销和吊销营业执照的概念进行分析。

企业歇业，是指企业法人在领取了《企业法人营业执照》后，满 6 个月未开展经营或停止营业活动满 1 年的情形。它表现的是一种状态，而且是停止营业，不再继续，也就是常说的名存实亡，是企业法人走向终止的一种情形。

所谓名存，是指它还具备合法市场主体所应有的法律凭证；所谓实亡，是指它不再从事经营活动，已没有存在的意义。但是它经营期间与相对人因经营行为产生的债权债务关系的后果却不能因其歇业而终了。

企业法人被吊销，是指企业法人违反国家法律、行政法规，被工商行政管理机关吊销《企业法人营业执照》（以下简称营业执照）。《中华人民共和国企业法人登记管理条例》第30条规定："企业法人有下列情形之一的，登记主管机关可以根据情况分别给予警告、罚款、没收非法所得、停业整顿、扣缴、吊销《企业法人营业执照》的处罚。"并列举了6项违法情形。第32条规定："企业法人对登记主管机关的处罚不服时，可以在收到处罚通知后15日内向上一级登记机关申请复议。上级登记主管机关应当在收到复议申请之日起30日内作出复议决定。申请人对复议决定不服的，可以在收到复议通知之日起30日内向人民法院起诉。"《中华人民共和国公司登记管理条例》第69条规定："伪造、涂改、出租、出借、转让营业执照的，由公司登记机关处以1万元以上10万元以下的罚款，情节严重的，吊销营业执照。"第71条规定："公司超出核准登记的经营范围从事经营活动的，由公司登记机关责令改正，并可处以1万元以上10万元以下的罚款；情节严重的，吊销营业执照。"最高人民法院《关于企业法人营业执照被吊销后，其民事诉讼地位如何确定的复函》（法经〔2000〕24号）规定："吊销企业法人营业执照，是工商行政管理机关依照国家工商行政法规对违法的企业法人作出的一种行政处罚。企业法人被吊销营业执照后，应当依法进行清算，清算程序结束并办理工商注销登记后，该企业法人才归于消灭。因此，企业法人被吊销营业执照后至被注销登记前，该企业法人仍应视为存续，可以自己的名义进行诉讼活动。如果该企业法人组成人员下落不明，无法通知参加诉讼，债权人以被吊销营业执照企业的开办单位为被告起诉的，人民法院也应予以准许。该开办单位对被吊销营业执照的企业法人，如果不存在投资不足或者转移资产逃避债务情形的，仅应作为企业清算人参加诉讼，承担清算责任。"黑龙江省高级人民法院《关于规范民商审判若干问题的指导意见》（黑高法发〔2005〕6号）第4条"关于企业法人歇业、被撤销和吊销营业执照后，如何确定诉讼主体的问题"第1款第1项规定："企业法人歇业、被撤销或吊销营业执照，在其办理注销登记前，其法人资格及相应的诉讼主体资格依然存在，应以自己名义起诉、应诉。已依法成立清算组织的，可以清算组织名义参加诉讼。"

从以上规定可以看出，吊销营业执照是一种行政处罚，不能导致企业法人的民事主体资格立即丧失。只是取消了企业从事经营活动的权利，而企业法人的其他民事权利仍由企业行使，如清理企业的财产和债权债务等。

企业法人被撤销，是指企业法人违反国家法律、行政法规被主管部门撤销。我国《公司法》第 199 条规定："违反本法规定，虚报注册资本、提交虚假材料或者采取其他欺诈手段隐瞒重要事实取得公司登记的，由公司登记机关责令改正……情节严重的，撤销公司登记或者吊销营业执照。"《中华人民共和国全民所有制工业企业法》第 19 条、第 20 条、第 21 条规定，企业违反法律、法规被责令撤销是企业终止的原因之一；企业终止时，必须保护其财产，依法清理债权债务；企业终止须经工商行政管理部门核准登记。《中华人民共和国外资企业法实施细则》第 72 条、第 77 条、第 79 条规定，违反中国法律、法规，危害社会公共利益被依法撤销是外资企业应予终止的情形之一，并按照《外商投资企业清算办法》进行清算；外资企业清算结束，应当向工商行政管理机关办理注销登记手续。《外商投资企业清算办法》第 35 条规定："企业审批机关批准特别清算开始之日或者企业被依法责令关闭之日，为特别清算开始之日。"从以上规定可以看出，撤销企业是一种行政决定，对撤销决定不服不能和吊销营业执照一样申请复议或提起行政诉讼，但其产生的法律后果与吊销营业执照是一样的，即企业法人进入清算程序，导致企业法人的解散。

综上，企业因歇业或被撤销、被吊销法人营业执照，只是企业走向终止的情形之一，并不意味企业民事权利能力和民事行为能力的消灭。《公司法》第 187 条第 3 款规定："清算期间，公司存续，但不得开展与清算无关的经营活动。"最高人民法院《关于适用〈中华人民共和国公司法〉若干问题的规定（二）》第 10 条规定："公司依法清算结束并办理注销登记前，有关公司的民事诉讼，应当以公司的名义进行。公司成立清算组的，由清算组负责人代表公司参加诉讼；尚未成立清算组的，由原法定代表人代表公司参加诉讼。"新颁布的法律和司法解释再次确定了企业法人在被工商行政管理机关办理注销登记前，其仍具备法人人格，具备民事权利能力和民事行为能力。因此，这样的企业，在民事诉讼中具备以自己的名义参与诉讼的主体资格。

本案中和平建筑公司和隆达房地产公司虽都被吊销了企业法人营业执照，但都未进行清算，也未办理注销登记，但其法人资格及相应的诉讼主体资格依然存在，仍可以以自己名义起诉、应诉，原审及再审法院均确定了这两个公司的诉讼主体资格是正确的。

【承办人简介】

乔传忠，佳木斯市人民检察院民事行政检察处副处长，法学学士，1993 年 5 月从事民事行政检察工作至今，两次被评为"全省民行检察系统优秀办案能手"。

15. 上海市浦东汽车运输有限公司与中国人民财产保险股份有限公司杭州市分公司保险代位求偿权纠纷案

【监督机关】上海市人民检察院

【监督方式】抗诉

【基本案情】

申请人（一审被告、二审上诉人）：上海市浦东汽车运输有限公司，住所地：上海市浦东大道 2507 号。法定代表人：沈国兴，执行董事。

其他当事人（一审原告、二审上诉人）：中国人民财产保险股份有限公司杭州市分公司，住所地：浙江省杭州市下城区体育场路 27 号。负责人：徐斌，总经理。

2006 年 1 月，浙江南天邮电通讯技术有限公司（以下简称南天公司）与香港雅豪通信物流有限公司（以下简称雅豪公司）签订《货物运输代理协议》，约定南天公司委托雅豪公司对编号为 ZJDX – ZD – 2006 – 058（A）的外贸合同项下设备清单中所规定的货物进行运输代理；雅豪公司承诺自收到该批货物之日起 6 个工作日内将货物由新加坡机场运抵杭州机场。

2006 年 6 月 30 日，中国人民财产保险股份有限公司杭州市分公司（以下简称杭州人保公司）与南天公司签订《货物运输保险单》，约定：由杭州人保公司按约承保上述外贸合同项下的货物运输保险，南天公司缴付保险费，保险货物项目为存储设备；保险金额为美元 2657683.66 元；从新加坡经上海到杭州；承保险别为空运、陆运一切险，战争险等。

2006 年 7 月 4 日，该外贸合同项下的货物由中菲行（新加坡）私人有限公司签发了空运单和空运发货单。运单号为 618SIN96625336。两单的签单承运人均为中菲行（新加坡）私人有限公司；始发港为新加坡；至浦东机场；货物为惠普备件。

2006 年 7 月 5 日，中菲行国际货运代理（上海）有限公司（以下简称中菲行上海公司）与上海市浦东汽车运输有限公司（以下简称浦运公司）签订

《货物托运单》，由中菲行上海公司委托浦运公司将上述货物从浦东国际机场运至杭州机场。中菲行上海公司于2006年7月4日通过电子邮件向浦运公司预定监管车，告知浦运公司货物尺寸。2006年7月6日，浦运公司出具情况说明，内容为："运单号为618－96625336的上海转关到杭州中外运仓库的63件货物，共六件货物的标签变色，外包装也有破损，其中两件由于上海仓库造成，并随附破损证明，另外四件在从上海到杭州的卡车运输途中的高速公路上发生紧急情况急刹车造成货物翻倒横置，外包装破损，特此证明。"2006年7月7日，浦运公司发给中菲行上海公司电子邮件载明："7月6日下午，我司承运贵公司浦东机场到杭州萧山机场的进口转关业务。7月7日上午8点30分到杭州萧山机场开箱时，发现其中的4个木箱向前倾倒。经初步了解，发生倾倒事故是由于货物装载存在问题而引起的……前面的货物和后面的货物中间空余距离4米左右，货物装完后，司机无法将后面的货物捆扎牢固导致发生上述的质量事故，我公司会全力配合贵公司将此事妥善处理。"2006年7月12日，浦运公司出具声明，内容为："中菲行上海公司：我公司承运的中菲行100件通信设备（运单号为618－96625336，63件；618－96625513，37件），到达目的港萧山机场后，发现其中有六件设备外包装破损及标签变色，其中二件为上海监管仓库造成，内容物受损与否须待开箱检查。"上述货物经中华人民共和国出入境检验检疫局检测，结论为：5箱设备功能丧失，无法使用，该批货物之残损系装卸不当和运输过程中倾斜所致，并且卸货前业已存在。

2006年11月2日、12月25日，杭州人保公司先后向南天公司支付保险金合计人民币8379999.97元。2007年3月7日，南天公司将相应的权益转让给杭州人保公司。

后杭州人保公司以其依据保险合同向南天公司支付了保险赔偿金而取得代位求偿权及浦运公司应对过错毁损货物承担完全赔偿责任为由，要求判令浦运公司赔偿财产损失838万元、利息等费用。审理中，杭州人保公司明确赔偿的保险金是根据发生货损的五箱设备总价计算，并通过协商赔付838万元。

2008年5月13日，浦运公司以电子邮件方式发给中菲行上海公司，内容为："2006年7月6日，我司承运贵公司2票货物，从浦东机场到杭州萧山机场，用了1辆10吨车和1辆5吨车。贵公司派人并提供机械装车，装完车司机拿着贵公司提供的报关资料，加封并离开，第二天得到贵公司信息，1辆10吨车有货物倾倒，以上情况请帮忙确认一下。"中菲行上海公司回复情况属实。原审中，杭州人保公司对上述往来电子邮件的真实性无异议。

还查明，杭州人保公司向法院提供了案外人之间签订的协议两份，其中一份为雅豪公司和南天公司签订的《货物运输代理协议》，另一份为雅豪公司与中经得美国际快运代理有限公司（以下简称中经得美公司）签订的《货物运输标准说明》。《货物运输标准说明》为复印件，雅豪公司为境外法人。另，在检察机关审查中，浦运公司表示涉案货物去向不明，受损货物残值不清，杭州人保公司则表示受损货物已经销毁。

【原审裁判情况】

2010年2月1日，上海市浦东新区人民法院作出一审民事判决。判决认为：本案系保险代位求偿权案件。涉案保险事故发生后，杭州人保公司依据与南天公司的保险合同向南天公司理赔后，依法在赔偿金额范围内取得代位行使南天公司对浦运公司请求赔偿的权利。因货损是由于浦运公司侵权发生的，故浦运公司承担的赔偿责任应根据其在本次事故中过错来确定。涉案货物系中菲行上海公司委托浦运公司承运，且是海关监管车辆，中菲行上海公司在委托报关运输时，未明确告知运输货物的性质，亦未对浦运公司运输有特殊要求，且货物装卸均是中菲行上海公司进行，据此，确定浦运公司对本次事故造成货损的赔偿责任以不超过损失的10%为宜。杭州人保公司实际向南天公司赔偿了保险金8379999.97元，故认定浦运公司应向杭州人保公司赔偿经济损失837999.99元。判决：浦东公司赔偿杭州人保公司损失837999.99元；驳回杭州人保公司的其他诉讼请求。

判后，双方当事人均不服，上诉至上海市第一中级人民法院。

2010年2月1日，上海市第一中级人民法院作出二审判决。判决认为，杭州人保公司已向被保险人赔偿了保险金，其在赔偿金额范围内依法享有代位行使被保险人对第三者请求赔偿的权利。而浦运公司作为系争货物的承运人，在其运输过程中发生了货物损失，应向货物所有人，即本案中的被保险人南天公司承担相关赔偿责任，故杭州人保公司可向浦运公司主张相关权利。本案中，浦运公司并未举证证明系争货物的毁损系由不可抗力或其他法定免责情形造成，故其应对系争货物的毁损承担损害赔偿责任，故货物所有权人可要求浦运公司赔偿其因货物受损所导致的全部损失，杭州人保公司即享有前述代位求偿权，其要求浦运公司赔偿保险理赔金范围内损失的诉请可予支持。浦运公司承担赔偿责任的基础系其违约行为而非侵权行为，杭州人保公司亦系以此作为其请求权基础，而在浦运公司违约情节中，货物所有权人并无过错，作为代位行使相应权利的杭州人保公司亦无须分担相应过错责任，故本案中并不存在需要划分过错比例的情形，原审法院以过错责任大小确定浦运公司的赔偿责任范围缺乏法律依据，予以纠正。判决：（1）撤销一审民事判决；（2）浦运公司应赔偿杭州人保公司损失8379999.97元；（3）驳回杭州人保公司其余诉讼请求；（4）驳回浦运公司的上诉请求。

【监督意见】

浦运公司不服终审判决，向检察机关申请监督。上海市人民检察院经审查认为，原生效判决认定事实和适用法律均存有错误，向上海市高级人民法院提出抗诉。理由如下：

1. 原二审法院认定杭州人保公司以浦运公司违反合同作为其行使代位求偿权的基础，缺乏事实依据。

本案中，杭州人保公司确认其系基于浦运公司违约行使代位求偿权，但浦运公司与涉案货物被保险人南天公司之间不存在任何合同关系。杭州人保公司虽向原审法院提供了南天公司和雅豪公司签订的《货物运输代理协议》，以及雅豪公司和中经得美公司签订的《货物运输标准说明》，但因该两份协议均与境外单位雅豪公司有关，雅豪公司又未参加庭审，无法判断协议是否形成于境内，《货物运输标准说明》亦仅为复印件，故上述协议作为证据的合法性尚无法得到确认，且杭州人保公司并未举证证明中菲行上海公司与中经得美公司或者雅豪公司之间存在委托代理的事实，由此杭州人保公司未对相关连环委托代理关系进行有效举证。浦运公司仅受中菲行上海公司之托运输涉案货物，本案并无证据证实浦运公司和涉案其他公司之间存有多式联运合同关系。原二审法院在杭州人保公司就浦运公司作为合同相对人举证不足，且未追加相关协议当事人参加诉讼的情况下，即认为杭州人保公司可以合同关系作为其请求权基础，缺乏证据证明。

2. 原二审法院在浦运公司已就其他单位过错举证的情况下，仍认为本案并不存在需要划分过错比例的情形，判决浦运公司承担全部货损责任，法律依据不足。

因杭州人保公司未对其请求权的合同基础进行有效举证，故其仅可以浦运公司侵权致货损为由行使代位求偿权。根据民事诉讼举证规则关于一般侵权纠纷案"谁主张，谁举证"的规定，杭州人保公司应就浦运公司存在侵权行为及侵权产生货损承担举证责任，但该公司举证并不足以证明货损系浦运公司承运过错所致，所提供的证据反而显示争议的两件货物在浦运公司承运之前已经存在外包装破损的情况。另从杭州人保公司提交的相关电子邮件及货损鉴定结论而言，均明确货物倾倒及残损系装卸不当所致，故认定装卸义务由谁履行直接影响对本案当事人责任的判断。浦运公司向原审法庭提供了2008年5月13日其与中菲行上海公司就货物装载等问题进行沟通的电子邮件，确认涉案货物由中菲行上海公司派人并提供机械装车，中菲行上海公司对此回复情况属实，杭州人保公司在原审中对上述证据的真实性并不持异议，法院对该节事实亦予以确认。因此，浦运公司对货损并非由其原因所致已经完成举证责任。且中菲行上海公司在托运单中未对涉案货物运输作出特别声明或要求，根据我国交通部颁布的《汽车货物运输规则》第15条关于"货物在运输、装卸、保管中无特殊要求的，为普通货物"的规定，受损的涉案货物为普通货物。浦运公司在原审中以托运单为由主张其未被告知特殊运输要求并提供承运车辆为海关监管车辆等证据，就其免责事由，浦运公司已经履行了相应的举证义务。原二审法院在货损存有多种原因的情况下，未进一步核实货损事实区分责任，显然有误。

【监督结果】

上海市高级人民法院受理抗诉后，指令上海市第一中级人民法院对本案进行再审。上海市第一中级人民法院再审认为，原判决认定事实不清，裁定：（1）撤销该院二审民事判决和浦东新区人民法院一审民事判决；（2）本案发回浦东新区人民法院重审。重审中，系争双方在浦东新区人民法院主持下达成调解协议：浦运公司偿付杭州人保公司83.8万元。

【点评】

本案系保险代位求偿权纠纷。关涉两个争议焦点：一为保险人杭州人保公司的请求权基础应基于违约还是侵权；二为承运人浦运公司在履行运输协议中是否具备免责事由。

首先，本案的保险代位求偿权可否基于违约行使，这是一个涉及请求权基础的问题，关系保险人杭州人保公司在原审中主张的代位求偿权能否成立，也是检察机关突破案件的关键之一。鉴于理论界对此问题纷争不断，一种认为仅可依违约主张，另一种认为仅可依侵权主张。为此，检察机关在前期工作中做了深入的了解，认为上海市高级人民法院关于不能简单地将保险代位求偿权归为其中一类的观点客观可信。因为，作为保险代位求偿权法律基础的《中华人民共和国保险法》第60条，仅规定保险人在赔偿金额范围内享有代位行使被保险人对第三者请求赔偿的权利，而就被保险人对第三者的请求权是基于合同还是侵权，条款并未明确界定。故应认为代位求偿权的基础可基于违约，亦可基于侵权。但无论是何种请求权基础，须有相应的事实依据。

反观本案当事人的诉求和诉由，保险人杭州人保公司系以系争货损货物承运人浦运公司违约作为行使代位求偿权的事实基础，但相关诉讼证据证实，浦运公司系受中菲行上海公司之托运输涉案货物，未与被保险人南天公司建立合同关系，亦未有证据证明南天公司等案外人与浦运公司的委托人（即中菲行上海公司）之间具有任何委托代理运输关系，故从请求权基础的举证要求来看，杭州人保公司并未完成其可基于浦运公司违约而主张请求权的证明责任。抗诉书抓住合同相对性原理，对杭州人保公司在本案中行使代位求偿权的基础法律关系作了细致剖析，以此足见生效判决认定杭州人保公司以违约作为其请求权基础的事实依据明显缺乏。

其次，评判承运人的责任，势必涉及过错与损失相适应的问题。我国《合同法》为体现责任分担的合理和公平性，在运输合同章节的损害赔偿责任条款中规定了承运人的免责事由，当然前提是承运人须证明货损是因不可抗力或托运人、收货人过错等造成。原二审判决认为本案没有证据显示货物所有权人南天公司存有过错，固然没有不当，但该判决显然未甄别浦运公司的合同相对方是否具有履行过错，毕竟浦运公司是受中菲行上海公司之托承运货物，故对浦运公司而言，其如能证明与其建立委托合同关系的托运人中菲行上海公司的过错，即可相应免责。抗诉书从浦运公司提交的托运人诉前认可的装货过错的邮件、托运人出具的未明确告知系争货物的性质和特殊运输要求的托运单，以及鉴定单位出具的因装卸不当导致货物残损的鉴定结论等证据着手，作了大量证据比较分析，用"证据说话"的论证方式，对浦运公司已尽责任免除事由的举证责任作了充分阐述，故生效判决认定货损系浦运公司单方过错所致的结论，自然不攻自破。

再审法院审理后完全采纳抗诉意见，并对本案作出撤销原判、发回重审的裁定。重审中，系争双方在法院主持下达成由浦运公司偿付杭州人保公司83.8万元的调解合意。由此，浦运公司承担的赔偿责任发生显著改变，从原审判决其承担杭州人保公司诉请的全部损失，更改为仅承担10%的损失，调解结果较好地体现了赔偿责任与过错比例相当的民事责任承担原则，本案纠纷亦得到合理妥善解决。

【承办人简介】

潘瑾，硕士研究生，毕业于复旦大学国际经济法系国际经济法专业。曾就职于上海市高级人民法院，任助理审判员。2001年9月进入上海市人民检察院，至今一直从事民事行政检察工作，现任民事行政检察处商事科科长。

16. 上海圣雪投资管理有限公司与上海乐贝尔餐饮管理有限公司、上海蒙宇餐饮管理有限公司租赁合同纠纷抗诉案

【监督机关】 上海市人民检察院第二分院

【监督方式】 抗诉

【基本案情】

申请人（原审利害关系人）：上海圣雪投资管理有限公司。

其他当事人（原审原告）：上海乐贝尔餐饮管理有限公司。

其他当事人（原审被告）：上海蒙宇餐饮管理有限公司。

2005 年 11 月 28 日，上海圣雪投资管理有限公司（以下简称圣雪公司）与上海蒙宇餐饮管理有限公司（以下简称蒙宇公司）签订《房屋租赁合同》，约定圣雪公司将本市宜昌路 130 号"梦清园"内原上海啤酒厂酿造楼一、三楼部分面积租赁给蒙宇公司经营餐厅、酒吧；租赁期限自 2006 年 3 月 1 日至 2014 年 2 月 28 日止，该房屋的第一年月租金为人民币 1.2 万元（以下币种均为人民币），第二、三年月租金为 1.6 万元。合同第 12 条第 1 款约定，蒙宇公司拖欠租金达 45 天，圣雪公司可终止租赁合同并收回房屋。2006 年 6 月 7 日，圣雪公司与蒙宇公司又签订《补充合同》，对相关租赁事宜予以进一步明确，该补充合同第 12 条约定，合同租赁期届满或任何原因终止，若蒙宇公司有应向圣雪公司支付的租金其他费用或对圣雪公司造成损失的赔偿而未付，且于圣雪公司书面通知蒙宇公司的期限内蒙宇公司拒绝向圣雪公司支付，在不影响圣雪公司的任何权利下，则蒙宇公司同意圣雪公司有权扣押蒙宇公司在该房屋内的物品以抵偿蒙宇公司应付的款项，圣雪公司保留追讨蒙宇公司应付款项的权利。合同签订后，蒙宇公司对租赁房屋进行了装修，并对外开展餐饮经营活动。

2007 年 8 月起，蒙宇公司停止对外经营并开始停付圣雪公司房屋租金。上海乐贝尔餐饮管理有限公司（以下简称乐贝尔公司）于 2002 年 4 月

3 日成立，股东为徐爱华、徐福信，注册资金 100 万元，徐爱华出资 90 万元，徐福信出资 10 万元，法定代表人为徐爱华。2007 年 8 月 13 日，徐爱华、徐福信与李燕、陈惠文签订"股权转让协议"，转让乐贝尔公司的全部股权，乐贝尔公司的法定代表人徐爱华变更为李燕。

2007 年 12 月 8 日，圣雪公司发函给蒙宇公司，该函内容为："贵司租赁本市宜昌路梦清园内原上海啤酒厂酿造楼一楼、三楼（分部）用于经营酒吧和餐饮，从 2007 年 8 月至今已停业数月共欠我司租金及水电费达 90 余万元。虽经我司再三催讨，但贵司置之不理。并无协商解决之诚意，故我司根据《房屋租赁合同》、《补充合同》之约定及法律之相关规定，特函告贵司：一、我司与贵司终止合同，并收回房屋；二、我司对贵司留置在房屋内的物品、设备及其他财产予以清点、登记，并妥善保管；三、贵司在收到本函起七日内作出书面答复，我司目前保留向贵司主张违约金和滞纳金的权利。"蒙宇公司收到该函并未提出异议。同日，圣雪公司向派出所报警后，在警方在场的情况下进入了租赁场地，并对现场的财产作了清点。2007 年 12 月 25 日，圣雪公司再次发函，内容为："我司于 2007 年 9 月 14 日、2007 年 12 月 8 日两次发函至贵司，贵司至今未给予回复。望贵司接本函告后即给予回复。否则贵司将承担由此带来的一切法律后果。"蒙宇公司未作任何回复。

随后，乐贝尔公司于 2008 年 6 月起诉蒙宇公司至上海市静安区人民法院，引发本案诉争。

在圣雪公司依约留置蒙宇公司占有、使用的物品后，蒙宇公司仍未履行清偿欠租的义务。2008 年 11 月 26 日，上海市静安区人民法院裁定执行对上述财产查封时，圣雪公司方知晓蒙宇公司与乐贝尔公司已先行实施侵犯其合法权益的诉讼，遂即提出执行异议，于 2008 年 12 月至上海市静安区人民法院起诉蒙宇公司，要求终止其与蒙宇公司签订的房屋租赁合同及补充合同，要求蒙宇公司支付欠付的租金 80 万元、滞纳金 146560 元、水电费 136152.96 元及违约金 48 万元。上海市静安区人民法院审理后作出〔2009〕静民三（民）初字第 195 号民事判决，认定圣雪公司因蒙宇公司欠租的行为发函给蒙宇公司解除了双方签订的租赁合同，符合合同的约定，而蒙宇公司对此不持异议，同意解除合同，且已搬离了房屋，故双方间的《房屋租赁合同》和《补充合同》已于 2007 年 12 月 8 日解除。蒙宇公司实际使用租赁房屋，即应依照合同的约定给付租金，现蒙宇公司对欠租数额无异议，故对圣雪公司要求蒙宇公司支付租金 80 万元的诉讼请求，应予支持。判决：（1）蒙宇公司给付圣雪公司租金 80 万元。（2）蒙宇公司给付圣雪公司违约金 24 万元。（3）圣雪公司要求蒙宇公司支付水电费 146560 元的诉讼请求，不予支持。（4）圣雪公司返还蒙宇公司押金32万元。（5）准许圣雪公司自愿补偿蒙宇公司装潢款20万元。该判决现已生效。

另查明，蒙宇公司于2006年3月6日成立，法定代表人为徐爱华，公司类型为一人有限责任公司（自然人独资）。

此外，系争厨具的出卖方南京广龙厨具工程有限公司出具的收款单表明，厨具款项1388946.40元由乐贝尔公司、蒙宇公司共同支付，其中乐贝尔公司先后支付558433元，蒙宇公司自2006年3月27日至2007年2月28日先后支付830513.40元。上述事实有广龙厨具公司出具的"收上海乐贝尔及上海蒙宇餐饮管理公司款情况"及其提供的相关中国人民银行支付系统专用凭证为证。

另从乐贝尔公司提交工商行政管理部门的年检报告书中的相关资产负债表显示，乐贝尔公司2005年度、2006年度资产负债表"固定资产合计"栏显示，前者年初数为78万元，年末数为55万元；后者年初数为55万元，年末数为40万元；蒙宇公司2006年度资产负债表中固定资产年末数原价为143万元，扣除折旧净值为137万余元。

本案中乐贝尔公司诉称，2006年3月10日，乐贝尔公司、蒙宇公司签订协议书，约定乐贝尔公司将准备开饭店的设备，交由蒙宇公司用于本市宜昌路66号开办梦清园酒吧；并约定蒙宇公司在事先未通知的情况下擅自停业，则乐贝尔公司有权收回所有饭店设备。此后，乐贝尔公司依约将设备交给蒙宇公司使用。2008年4月，乐贝尔公司发现蒙宇公司已停止酒吧的营业。乐贝尔公司提出返还设备，但蒙宇公司拒绝返还。乐贝尔公司请求判令蒙宇公司返还乐贝尔公司的各类厨房设备（价值约797734.20元，按采购价1329557元六折计）。

诉讼中，乐贝尔公司为证明其主张提供了以下证据：

1. 甲方为乐贝尔公司，乙方为蒙宇公司，落款时间为2006年3月10日的《合作协议书》一份。该协议书内容为：蒙宇公司开办"梦清园"酒店所需各项设备由乐贝尔公司直接向厨具供应商进行采购，货款由乐贝尔公司支付，厨具供应商直接送货到蒙宇公司经营地点。乐贝尔公司原拟开办"艳阳天"酒店已经订购的厨房设备，由乐贝尔公司委托厨具公司搬运至蒙宇公司经营地点，全部设备产权归乐贝尔公司所有；蒙宇公司对设备享有5年的无偿使用权，从合同签订之日起计算。期满后蒙宇公司应当将全部设备归还乐贝尔公司，同时支付设备订购价30%的设备折旧补偿。如乐贝尔公司不需要该设备，则有权让蒙宇公司按照设备订购价的120%买断所有设备。

2. 甲方为乐贝尔公司，乙方为蒙宇公司，落款时间为2008年1月3日的《补充协议书》一份。该协议内容为：如果蒙宇公司在5年使用期内，未经通知乐贝尔公司擅自停止经营酒店，停止使用乐贝尔公司的设备，则乐贝尔公司有权要求返还所有设备。如果乐贝尔公司放弃要求蒙宇公司返还设备的，蒙宇公司应当支付设备采购价的120%买断设备。

3. 乐贝尔公司与南京广龙厨具工程有限公司签订的供货合同7份，证明乐贝尔公司从供应商处采购饭店设备。

4. 设备清单，证明蒙宇公司收到乐贝尔公司提供的饭店设备。

蒙宇公司辩称，在酒吧停业前蒙宇公司已依约履行了通知义务，乐贝尔公司要求退回设备的条件尚未成就，故不同意乐贝尔公司的诉讼请求。

蒙宇公司未提供证据，且对乐贝尔公司的证据无异议。

【原审裁判情况】

2008年8月5日，上海市静安区人民法院作出〔2008〕静民二（商）初字第504号判决。判决认为：根据乐贝尔公司、蒙宇公司签订协议的内容，应确认协议为租赁合同。合同成立后，乐贝尔公司、蒙宇公司双方应全面履行自己的合同义务。在本案中，乐贝尔公司在签订合同后，依约向蒙宇公司履行了交付设备义务。蒙宇公司不能举证证明自己已在停止酒店经营前，已经履行通知乐贝尔公司的义务。乐贝尔公司有权根据补充协议书的约定，要求蒙宇公司返还所有设备。故乐贝尔公司的诉讼请求，符合事实与法律，应予支持。遂判决蒙宇公司返还乐贝尔公司全部厨房设备。

【监督意见】

上海市人民检察院第二分院经审查认为：蒙宇公司与乐贝尔公司涉嫌恶意串通、虚构协议，通过诉讼，意图逃避其对圣雪公司欠租的债务履行。上海市静安区人民法院〔2008〕静民二（商）初字第504号民事判决认定的基本事实缺乏证据证明，认定事实的主要证据是伪造的，且有新的证据足以推翻该判决。理由如下：

1. 圣雪公司对系争厨房设备依约享有合法留置权，圣雪公司作为利害关系人就本案提出申诉主体适格。

2005年11月28日，圣雪公司与蒙宇公司签订房屋租赁合同，圣雪公司将本市宜昌路130号"梦清园"内原上海啤酒厂酿造楼一、三楼部分面积租赁给蒙宇公司经营餐厅、酒吧。蒙宇公司于2006年3月开始营业，但自2007年8月起，蒙宇公司因故停止经营并停付圣雪公司房屋租金，之后圣雪公司多次发函催讨均无果。至2007年12月8日双方房屋租赁合同及补充合同解除，蒙宇公司拖欠圣雪公司租金及违约金超过百万余元，圣雪公司藉此对蒙宇公司享有合法债权。该事实亦有上海市静安区法院〔2009〕静民三（民）初字第195号生效判决予以确认。

依照圣雪公司与蒙宇公司2006年6月7日签订的补充合同的约定，圣雪公司在蒙宇公司拒绝支付欠款租金的情况下，圣雪公司有权扣押蒙宇公司在租赁房屋内的物品以抵偿蒙宇公司应付的款项，故圣雪公司对本案系争厨房设备行使留置权，符合双方合同约定，亦与我国《物权法》对企业间留置权的规定不相违背，圣雪公司其后依约行使留置权的行为于法有据。故圣雪公司基于对蒙宇公司的债权而对本案系争厨房设备享有留置权，圣雪公司作为案外人藉此提出申诉，主体适格。

2. 蒙宇公司涉嫌与乐贝尔公司恶意串通，虚构《合作协议书》及《补充协议书》，通过合谋诉讼，意图逃避履行对圣雪公司的债务。

2007年8月起，蒙宇公司停止经营酒吧并停付圣雪公司房屋租金，经圣雪公司多次催讨仍拒绝支付。后乐贝尔公司即通过股权转让方式变更其法定代表人，在形式上使人难以判断出其与蒙宇公司属关联性质，为此后的恶意诉讼消除可能存有的障碍。蒙宇公司还与乐贝尔公司签订虚假的《合作协议书》及《补充协议书》，为经诉讼取回租赁房屋内的系争厨房设备创造条件。审视乐贝尔公司诉讼中出具的其与蒙宇公司签订的协议书内容，协议约定蒙宇公司无偿使用乐贝尔公司厨房设备、蒙宇公司停止经营酒店则返还厨房设备等内容，对双方权利义务的约定严重失衡，有悖正常交易原则，明显缺乏合理性，蒙宇公司以此逃避对圣雪公司债务履行的意图明显。

同时相关证据表明，系争厨房设备货款共计138万余元，该款项的大部分金额系蒙宇公司直接支付供货商南京广龙厨具工程有限公司，并非如乐贝尔公司与蒙宇公司协议中所约定的开办梦清园酒店所需各项设备货款由乐贝尔公司支付。且相关资产负债表显示，乐贝尔公司2006年度固定资产总值明显小于厨房设备价值，结合2007年8月前，乐贝尔公司与蒙宇公司法定代表人及控股股东均为同一自然人徐爱华，乐贝尔公司与蒙宇公司之间存在关联关系，蒙宇公司2006年度固定资产总值与系争厨房设备价值相当等事实，蒙宇公司自己购买系争厨房设备用于经营的可能性较大，乐贝尔公司诉称其将准备开饭店的设备交由蒙宇公司用于开办梦清园酒吧及对系争厨房设备享有所有权，依据显然不足。

3. 圣雪公司对涉案财产的留置权依法应予保护。

圣雪公司与蒙宇公司在签订《房屋租赁合同》后，又签订了《补充合同》。其时，即或蒙宇公司非涉案财产的有处分权人，圣雪公司也完全有理由相信蒙宇公司对其占有、使用的租赁房内动产物品享有处分权。依照《中华人民共和国物权法》第106条第1款、第3款、第230条、第231条、第236条的规定，圣雪公司享有合法的留置权，理应依法受到保护。

【监督结果】

本案抗诉后，上海市第二中级人民法院于 2011 年 4 月 14 日裁定该案由其提审。2011 年 9 月 8 日，上海市第二中级人民法院以原审认定事实不清、证据不足为由，裁定撤销上海市静安区人民法院〔2008〕静民二（商）初字第504 号民事判决，将案件发回上海市静安区人民法院重审。

2012 年 5 月 31 日，上海市静安区人民法院作出〔2011〕静民二（商）重字第 5 号民事判决，认为乐贝尔公司与蒙宇公司订立的《合作协议书》、《补充协议书》内容与事实不符，恶意串通，损害圣雪公司利益，应认定合同无效。判决对乐贝尔公司之诉不予支持。

【点评】

本案是一起当事人借虚假诉讼恶意逃避债务的典型案例。争议焦点是：本案是否构成虚假诉讼。

司法实践中，一般认为，虚假诉讼是指民事诉讼各方当事人恶意串通，采取虚构法律关系、编造案件事实等方式，通过提起民事诉讼，使法院作出相应的裁判或执行，以逃避民事责任、获取非法利益的行为。

虚假诉讼是当前民事诉讼理论研究中的热点问题。由于虚假诉讼并不直接向案外人实施侵权行为，而是借助法院的审判，通过诉讼行为来助其完成侵权。从表象上看，虚假诉讼通常以符合法律程序的方式进行，因此带有极强的隐蔽性和欺骗性，常常容易获得法院判决的认同。

对于本案是否构成虚假诉讼，须从两个层面进行考量：第一，系争财产的所有权归属；第二，乐贝尔公司和蒙宇公司签订的《合作协议书》及《补充协议书》的效力。

1. 关于本案系争财产所有权的归属问题。

本案在申诉审查过程中，通过对系争厨房设备主要价款由蒙宇公司支付、乐贝尔公司和蒙宇公司向有关机关申报的资产负债表、圣雪公司与蒙宇公司签订房屋租赁合同及补充合同时，乐贝尔公司的控股股东、法定代表人和蒙宇公司的法定代表人均是徐爱华等证据的综合审查判断，足可认定蒙宇公司是系争财产的所有权人。

2. 关于乐贝尔公司和蒙宇公司签订的《合作协议书》及《补充协议书》的效力问题。

蒙宇公司与圣雪公司签订房屋租赁合同，对外开展餐饮经营活动后，因经营不善，自 2007 年 8 月起，即停止经营并停付圣雪公司房屋租赁费等相关费用。圣雪公司多次催讨不成后，依约留置了系争财产。当月，乐贝尔公司的股东徐爱华、徐福信即与他人签订了股权转让协议。乐贝尔公司的法定代表人由徐爱华变更为李燕。结合前述证据、上述事实及蒙宇公司与乐贝尔公司所签《合作协议书》和《补充协议书》中的权利义务严重不对等、协议约定内容与客观事实明显不符等诸多有违常理之处，足以认定上述协议是蒙宇公司为逃避履行对圣雪公司的债务，与乐贝尔公司恶意串通，将协议日期倒签所编造的证据，应依法认定为无效协议。

综上，由于系争财产属蒙宇公司所有，且在蒙宇公司与圣雪公司签订房屋租赁合同及补充合同时，已明确约定蒙宇公司对该财产作了相应的处分，在约定的情形出现后，蒙宇公司非但未诚实守信地清偿相关债务，反而与乐贝尔公司恶意串通，通过倒签《合作协议书》和《补充协议书》，并经诉讼的方式以此逃避债务，损害圣雪公司的合法权益，因此本案已构成虚假诉讼。

本案抗诉后，经法院再审撤销原判并依法追加圣雪公司为第三人，采纳了检察机关关于本案是虚假诉讼的认定，维护了法制的权威，抗诉取得了良好的法律和社会效果，也为检察机关介入对虚假诉讼监督的理论和实践积累了宝贵的经验。

值得深思的是，现行的民事诉讼活动当中，类似的诉讼还时有所闻，对此类案件，检察机关在依法行使监督权的同时，应注意探索建立此类案件的发现机制、证据调查机制和虚假诉讼的认定标准，并逐步建立相关案件的诉讼代理人和当事人不诚信名单的档案，督促有关部门对相关责任人依法依纪严肃处理，以维护法制的尊严，切实推动诚信机制的不断完善。

【承办人简介】

刘闻，复旦大学法学院硕士研究生，2007年参加工作，现任上海市人民检察院第二分院民事行政检察处民事科副科长，助理检察员。荣获个人三等功一次，个人嘉奖一次，上海市检察机关"民检办案能手"称号，上海市闸北区"青年岗位能手"称号等荣誉。

17. 司万锦等 56 户 297 人与连云港市海州区锦屏镇新海村委会、何守传土地承包合同纠纷抗诉案

【监督机关】连云港市人民检察院

【监督方式】抗诉

【基本案情】

申请人（原审利害关系人）：司万锦、何其胜等 56 户 297 人。

其他当事人（原审被告）：江苏省连云港市海州区锦屏镇新海村村民委员会（以下简称新海村委会），住所地：江苏省连云港市海州区锦屏镇新海村；法定代表人：王生立，主任。

其他当事人（原审原告）：何守传，男，1970 年 8 月 22 日生，汉族，住江苏省连云港市海州区锦屏镇新海村何庄 33 号。

1983 年农村第一次土地承包时期，江苏省连云港市新海区（连云港市新浦区、海州区前身）锦屏人民公社新海大队何庄生产队将包括人造湖地块（纠纷争议土地）在内的近八百亩耕地以包产到户的形式分给农户耕种。1999 年 11 月 15 日，连云港市汾灌高速公路指挥部与连云港市海州区人民政府签订了临时用地协议，将面积为 25.8 亩的人造湖地块确定为临时取土用地，但该地块长期处于闲置、抛荒状态而未真正取土使用。2002 年 6 月 27 日，新海村何庄组村民推选何其胜为村民代表，将上述闲置的土地按照全组实有 72 户、389 人以抓阄的方式进行平均分配，每人分得 0.129 亩复耕种植。2006 年 3 月，新海村委会与何守传签订土地承包合同，将上述已被何庄组村民平均分配的 25.8 亩种植 4 年之久的土地发包给何守传一人承包。期限从 2006 年 6 月至 2016 年 6 月，前五年和后五年租金均为 25800 元。合同签订后，何守传缴纳了第一个五年的租金 25800 元，但由于何庄组 56 户 297 人的坚决抵制，其自始至终并未取得该土地的使用权，亦未对该土地进行任何实际投入。

2007 年 4 月 19 日，何守传因缴纳过土地承包费用而长期无法利用土地，便以新海村委会与其签订的土地承包合同违反法律强制性规定为由向江苏省连

云港市海州区人民法院提起诉讼，请求宣告该承包协议无效。

【原审裁判情况】

江苏省连云港海州区人民法院经审理认为：新海村委会与何守传签订的土地承包合同是双方当事人的真实意思表示。本案中，新海村委会发包给何守传的土地虽然是新海村何庄组集体所有，但何庄组组长李宝立在合同上签字，证明新海村发包该土地代表何庄组，因此新海村委会的行为没有违反法律规定，应该认定该土地承包合同有效，故何守传请求确认双方签订的土地承包合同无效的诉求，不予支持。依照《中华人民共和国民事诉讼法》第108条第3项的规定，判决驳回何守传的诉讼请求。

【监督意见】

司万锦、何其胜等56户297名村民在得知上述判决结果后不服，以利害关系人身份向检察机关申诉。江苏省连云港市海州区人民检察院经审查后向连云港市人民检察院提请抗诉。连云港市人民检察院向连云港市中级人民法院提出抗诉，理由如下：

新海村委会与何守传签订的《土地承包合同》违反了法律强制性规定，应为无效合同，原审认定该土地承包合同有效适用法律确有错误。

1. 诉争土地发包方式违法。《中华人民共和国农村土地承包法》第3条第2款规定："农村土地承包采取农村集体经济组织内部的家庭承包方式，不宜采取家庭承包方式的荒山、荒沟、荒丘、荒滩等农村土地，可以采取招标、拍卖、公开协商等方式承包。"根据该规定，农村土地一般采取农村集体组织内部的家庭承包方式，只有不宜采取家庭承包方式的荒山、荒沟、荒丘、荒滩等农村土地才可以采取招标等承包方式。但是本案中用于承包的土地却是农户多年耕种的良田。尽管该地块曾留作建高速公路"取土"用，但高速公路方面并没有真正使用该地块，故该地块土地属性没有改变，且由何庄组全体村民恢复耕种多年，所以对该地块采取招标方式承包是不合法的。

2. 本案的承包违反了《中华人民共和国农村土地承包法》规定的土地承包原则。《中华人民共和国农村土地承包法》第18条规定："土地承包应当遵循以下原则：按照规定统一组织承包时，本集体经济组织成员依法平等地行使承包土地的权利，也可以自愿放弃承包土地的权利；民主协商，公平合理；承包方案应当按照本法第十二条的规定，依法经本集体经济组织成员的村民会议2/3以上成员或者2/3以上村民代表的同意；承包程序合法。"本案中，该块土地的承包未能体现"本集体经济组织成员依法平等地行使承包土地的权利"的原则，没有证据证明其他农户自愿放弃承包土地的权利，未能做到"依法经本集体经济组织成员的村民会议2/3以上成员或者2/3以上村民代表的同意"。

3. 承包程序不合法。《中华人民共和国农村土地承包法》第 19 条规定："土地承包应当按照以下程序进行：（一）本集体经济组织成员的村民会议选举产生承包工作小组；（二）承包工作小组依照法律、法规的规定拟定并公布承包方案；（三）依法召开本集体经济组织成员的村民会议，讨论通过承包方案；（四）公开组织实施承包方案；（五）签订承包合同。"本案中，新海村委会在该地块的土地承包程序上，没有按照上述规定进行。《中华人民共和国合同法》第 52 条第 5 项规定，"违反法律、行政法规的强制性规定的，合同无效"。新海村委会与何守传的土地承包合同违反了《中华人民共和国农村土地承包法》的强制性规定，应属无效合同。

【监督结果】

江苏省连云港市中级人民法院受理抗诉后，指令海州区人民法院再审。海州区人民法院再审认为：原审判决认定事实清楚，适用法律正确、程序合法，判决维持原判。司万锦、何其胜等 56 户 297 人不服，提出上诉。连云港市中级人民法院审理认为：本案讼争的土地是被征用而未用的耕地，并非荒山、荒沟、荒丘、荒滩等农村土地，也并非属 1995 年被预留的机动地。新海村委会、何庄组组长将该耕地发包给何守传，未经本集体经济组织成员的村民会议 2/3 以上成员或者 2/3 以上村民代表的同意，也未按照本集体经济组织成员的村民会议选举产生承包工作小组的程序进行。该土地本应当返还给本集体经济组织成员的村民恢复耕种，却将已经重新分配耕种 4 年之久的耕地隐瞒为取土坑发包，属恶意串通、隐瞒事实，损害了司万锦等 56 户的合法权益。原何庄组组长李宝立虽在合同上签字，从其所实施的该行为看，他没有代表何庄组 72 户最广大人民群众的根本利益；从其行为产生的后果看，未从维护人民群众的根本利益和维护社会稳定的大局整体利益出发，也违反了《中华人民共和国农村土地承包法》的规定。

关于新海村委会、何庄组组长李宝立与何守传签订的土地承包合同，案外人提出确认无效是否受 1 年时效限制的问题。新海村委会、何庄组组长李宝立与何守传签订的土地承包合同，未经何庄组村民会议 2/3 以上成员或者 2/3 以上村民代表的同意，该村委会至今未能提供其已曾召开过村民代表会议的证据。案件发生后也无通知案外人到庭参加诉讼的证据，致使案外人不知道也不可能知道其合法权益受到侵害，其合法权益受到侵害必然是事后得知，而不是自新海村委会、何庄组组长李宝立与何守传签订的合同之日起超过 1 年，何守传也未实际占有耕种该土地，也未对土地进行实际的投入，亦不符合江苏省高级人民法院《关于执行〈中华人民共和国农村土地承包法〉和最高人民法院

〈关于审理涉及农村土地承包纠纷案件适用法律问题的解释〉若干问题的意见》第5条规定的情形。判决：撤销连云港市海州区人民法院〔2010〕海商再初字第001号民事判决和〔2007〕海民二初字第174号民事判决；连云港市海州区锦屏镇新海村民委员会与何守传签订的土地承包合同无效。

【点评】

对于关涉民生之本的群体性民事申诉案件，检察机关要在充分把握案情，深谙法律要旨基础上，灵活运用各种可行手段和方法，果敢行使抗诉职能，维护广大人民群众的根本利益，提升司法公信力。

本案案由系农村土地承包合同纠纷，其争议土地直接关乎农民安身立命之本，并且牵涉人员众多，高达56户297人。鉴于这种情况，检察机关在受理案件后予以高度重视，承办检察官除及时调阅法院审判卷宗，审查案件材料外，还先后多次深入新海村走访相关人员，针对土地是否属耕地、发包程序是否合法等案件争议焦点进行走访调查，理清了案情脉络。在此基础上，市区两级检察机关一致认为，新海村委会与何守传签订的土地承包合同违反了法律强制性规定，应属无效合同。

原审判决以新海村委会与何守传签订的土体承包合同是双方当事人的真实意思表示为由认定该合同合法有效，显属适用法律错误。本案中，新海村委会与何守传签订的土地承包合同固然属于合同范畴，应当然适用合同法的规定，要求双方当事人意思表示真实，且合意一致，但是该合同系农村土地发包方面的合同，故在适用合同法的同时，还应适用《中华人民共和国土地管理法》、《中华人民共和国农村土地承包法》等相关土地的法律、法规。这是特别法优于普通法适用的重要体现。况且，优先适用土地方面的法律、法规与大框架适用合同法，两者并不矛盾，且并行不悖。《中华人民共和国合同法》第52条第5项明确规定，"违反法律、行政法规的强制性规定的，合同无效"。

尽管本案争议地块被政府征用留作"取土"用，但后来高速公路方面没有真正使用该地块，故征用并没有改变土地的耕地属性。《中华人民共和国土地管理法》第37条第1款规定，"已经办理审批手续的非农业建设占用耕地，1年内不用而又可以耕种并收获的，应当由原耕种该幅耕地的集体或者个人恢复耕种，也可以由用地单位组织耕种……"根据该规定，既然人造湖地块被政府征用后未实际使用，就应该退还原耕种的农户恢复耕种，而不应该以原审所谓的"废地"或者再审一审所谓的"机动地"为名采取招标方式对外发包。

另外，新海村委会发包土地的行为还违反了法律规定的发包原则和程序。新海村委会虽然采取了招标方式对外发包土地，但是并没有按照土地承包的原则和程序进行发包，除了张贴招标公告外，既没有成立承包工作小组，也没有拟定并召开村民会议通过承包方案。

关于再审一审判决认为"根据江苏省高级人民法院《关于执行〈中华人民共和国农村土地承包法〉和最高人民法院〈关于审理涉及农村土地承包纠纷案件适用法律问题的解释〉若干问题的意见》第5条规定，发包方所属的半数以上的村民提起诉讼维权已超过除斥期间"的问题，检察机关认为，本案中的申诉人并未超过该期限。因为该期限应从知道或应当知道自己的权益受到损害起开始计算，而何守传与新海村委会之间打官司，其他村民未必知晓，事实上，他们也是通过何守传持生效判决强行与村民要地，双方发生争议，进而产生其他诉讼以后才知道的。因此，本案中不存在维权超期的问题。

【承办人简介】

李超，男，1971年7月3日出生，汉族，毕业于中南政法学院（现中南财经政法大学）国际经济法系，法学学士学位，先后三次被连云港市人民检察院授予个人三等功。

18. 徐州清平纸业有限公司与江苏汇森人造板集团总厂租赁合同纠纷抗诉案

【监督机关】江苏省人民检察院
【监督方式】抗诉
【基本案情】
原审原告：徐州清平纸业有限公司，法定代表人：刘怀平。
原审被告：江苏汇森人造板集团总厂，法定代表人：韩伟。

2001年5月，国有企业江苏汇森人造板集团总厂（以下简称汇森集团）与刘怀平家族为股东的徐州清平纸业有限公司（以下简称清平纸业）签订了一份租赁协议，约定清平纸业租赁汇森集团的部分厂房和土地从事生产，租赁期限20年，年租金20万元，时间从2001年5月1日至2021年5月1日。同时双方还约定了租赁范围、责任义务及违约责任。随后清平纸业投资安装设备，建设部分厂房、管网、地坪和污水处理厂，但是清平纸业几乎没有用过污水处理厂，而是偷偷地把污水排在旁边的玉泉河。

2007年3月，为了防洪需要，徐州市铜山县人民政府对位于汇森集团北侧的玉泉河进行加宽疏浚。该工程需要拆除清平纸业部分设施，但对清平纸业的生产影响不大。按照市政工程拆迁补偿标准，清平纸业获得的拆迁补偿不能弥补其损失。另外玉泉河疏浚后，清平纸业不能再向玉泉河偷排污水，只能进行污水处理，生产成本将会大大增加，甚至亏损。为了不再生产并且能够获得汇森集团的巨额赔偿，刘怀平将铜山县人民政府给其补偿款中的1.5万元行贿给汇森集团法定代表人韩伟，双方商定把政府对清平纸业的拆迁补偿行为变成汇森集团单方违约行为，由汇森集团给清平纸业巨额赔偿。刘怀平并许诺，如果在法院判决汇森集团败诉后赔偿清平纸业1000万元以上，就给付韩伟好处费200万元，如果赔偿1000万元以下，就拿出10%给付韩伟。经过双方商量，由汇森集团主动单方解除租赁合同，由清平纸业起诉汇森集团违约，赔偿各项经济损失。

2007 年 4 月 9 日，韩伟以落实县委、县政府 2007 年 3 月 27 日关于玉泉河疏浚工程会议精神为由，以汇森集团名义向清平纸业发出了《解除合同通知书》，通知书中承诺"赔偿问题按合同法执行"。清平纸业接到解除合同通知书后，委托徐州公正会计师事务所有限公司对其资产及未来 2 年利润总额进行评估，结论为，清平纸业的固定资产为 1763800 元，未来两年利润为 6110594 元。为了扩大赔偿范围，刘怀平向韩伟行贿 5 万元，让韩伟帮助补办清平纸业违章建筑的规划手续和签订补充协议，韩伟在清平纸业《申请办理规划的报告》上加盖汇森集团的公章，还在刘怀平事先制作好的补充协议上加盖了汇森集团的公章并签字，补充协议上未签订时间。补充协议约定"在租赁期间，如因汇森集团因素造成协议终止，有关厂房、土建、管网的投入资金，甲方（汇森集团）按合同法进行赔偿（不可抗力除外）"。

2007 年 6 月，清平纸业以汇森集团毁约为由，起诉至徐州市中级人民法院，请求判决汇森集团赔偿损失 23748594 元。因为涉及巨额国有资产，韩伟故意两次没有安排人员出庭应诉，审理法官要求对汇森集团公告送达开庭通知，刘怀平认为公告送达时间较长，担心汇森集团在判决前破产，其得不到巨额赔偿，再次向韩伟行贿 50 万元，并且提前给韩伟出具一张 200 万元的"借条"。在刘怀平要求下，韩伟委托时任汇森集团办公室副主任的肖长春出庭应诉，并授意肖长春在庭审中不要对清平纸业的诉讼请求和证据提出异议，承认解除合同的目的是收回土地使用权实施企业破产。肖长春庭审中口头答辩称，解除合同是企业内部行为，既然解除了合同就应当赔偿，认可清平纸业委托的会计师事务所对损失进行评估的结论，同意赔偿。

【原审裁判情况】

2007 年 11 月 6 日，徐州市中级人民法院作出〔2007〕徐民二初字第 0082 号民事判决。判决认为，《中华人民共和国土地管理条例》规定，国有土地有偿使用的方式包括国有土地租赁，汇森集团将以出让方式取得的土地使用权连同地上建筑物出租给清平纸业，并与清平纸业签订了租赁合同，该合同内容不违反国家有关法律、行政法规的强制性规定，对双方有约束力。在租赁合同履行期间，双方订立补充协议，约定清平纸业在其所租赁的土地上建设造纸车间及污水处理厂，但双方均没有按国家有关规定办理建设规划手续，故清平纸业对其不具有合法的所有权。汇森集团在履行期内，以玉泉河疏浚工程涉及清平纸业的生产设施，通知其自 2007 年 4 月 10 日起解除租赁合同，表示赔偿问题按合同法执行。清平纸业接到解除通知后，同意解除合同，该租赁合同因双方意思表示一致而解除。根据《中华人民共和国合同法》第 97 条的规定，对清平纸业要求汇森集团赔偿其投入的固定资产损失，双方的租赁合同因汇森集团提出解除要求而终止，该合同未能得以正常履行的责任在于汇森集团，因此，清平纸业在履行合同期间为履行合同而投入资金建设有关生产设施的损失应由汇森集团承担赔偿责任，会计师事务所以重置法进行评估作出的评估结论，汇森集团不持异议，可以采信。在计算赔偿额时，应当扣除清平纸业要求的搬迁期间损失，因合同系双方合意解除，清平纸业在作出同意解除合同表示时应当预见到合同解除后可得利益不能实现的后果，该部分损失不应当由汇森集团赔偿。依照《中华人民共和国合同法》第 97 条之规定，判决：汇森集团一次性赔偿清平纸业 12997155.91 元，驳回其他诉讼请求。

2008 年 1 月 16 日，徐州市中级人民法院依据清平纸业申请，作出了〔2008〕徐执字第 001 - 1 号民事裁定，裁定汇森集团 26527.75 平方米的国有工业用地使用权归清平纸业所有。

【监督意见】

2008 年 3 月，江苏省铜山县人民检察院依法查处了清平纸业法定代表人、汇森集团法定代表人职务犯罪案件，并且发现双方恶意串通，伪造证据，通过虚假民事诉讼方式侵吞国有资产的案件线索，遂将该案件线索报送徐州市人民检察院。徐州市人民检察院审查后向江苏省人民检察院提请抗诉。2008 年 5 月 30 日，江苏省人民检察院作出苏检民抗〔2008〕63 号民事抗诉书，向江苏省高级人民法院提出抗诉。理由如下：

徐州市中级人民法院〔2007〕徐民二初字第 0082 号民事判决认定案件的基本事实是双方当事人伪造的证据，判决不当。汇森集团与清平纸业签订的租赁协议中对违约责任明确约定："除不可抗力的因素外，双方都不得以任何理由终止协议，如有一方违约（按合同法执行）"。本案中，清平纸业在市政工程拆迁过程中，刘怀平承认"我的生产一直进行着的，我一直干到 2007 年 6 月底，施工没有对我们的生产有太大的影响，是因为玉泉河要是修好了我肯定不能再向外（偷）排污了，继续经营已无利可图"。为了收回前期投资，通过民事诉讼方式获得赔偿，刘怀平遂与汇森集团总厂厂长韩伟恶意串通，并向其行贿及许以巨额提成，由韩伟以汇森集团名义向清平纸业发出《解除租赁合同通知书》，承诺赔偿问题按合同法执行，故意造成汇森集团单方违约，使清平纸业获得汇森集团赔偿于法有据。《解除租赁合同通知书》发出后，韩伟应刘怀平要求在清平纸业《申请办理规划的报告》上加盖公章，企图使清平纸业的违章建筑合法化，扩大索赔范围。同时双方还伪造了《租赁补充协议》，进一步明确了违约方的赔偿范围。鉴于刘怀平与韩伟恶意串通伪造证据，使本案诉讼的主要证据不具有真实性，导致徐州市中级人民法院的判决认定事实错误，判决不当。

【监督结果】

本案抗诉后，江苏省高级人民法院指令徐州市中级人民法院对本案进行再审。2008 年 11 月 28 日，徐州市中级人民法院作出〔2008〕徐民二初字第 0002 号民事判决。判决认为，恶意串通，损害国家、集体或第三人利益合同无效。清平纸业与汇森集团在履行租赁协议的过程中，两公司法定代表人为达到谋取各自非法利益的目的，虚构汇森集团违约的法律事实，损害了国有企业汇森集团的利益，上述事实已为生效刑事判决所认定，故补充协议和解除租赁协议通知书均为无效合同，自始没有法律效力，清平纸业公司据此要求汇森集团承担违约赔偿责任的理由不能成立。玉泉河疏浚工程系铜山县市政重点工程，该工程拆迁中对清平纸业造成损失，应由拆迁部门依据相关规定对其进行补偿，且在拆迁过程中亦已进行了相关补偿，清平纸业已收到了相应的补偿款，其要求汇森集团承担赔偿责任没有依据。清平纸业要求汇森集团承担赔偿责任没有事实和法律依据，原审判决应予撤销。依照《中华人民共和国民事诉讼法》第 186 条和《中华人民共和国合同法》第 52 条第 2 项之规定，判决：（1）撤销本院〔2007〕徐民二初字第 0082 号民事判决；（2）驳回徐州清平纸业有限公司的诉讼请求。该判决生效后，徐州市中级人民法院撤销了〔2008〕徐执字第 001－1 号民事裁定书，千万元国有资产重归国有。

【点评】

本案是一起典型的虚假诉讼案件。非国有企业为了获得巨额非法利益，向国有企业高级管理人员行贿，双方恶意串通，虚构民事法律关系，伪造证据，通过人民法院民事诉讼的裁决权和执行权，达到侵吞国有资产的非法目的。

所谓的虚假诉讼就是指当事人为获取非法利益或规避法律规定义务，虚构事实或串通民事法律关系的相对人，以伪造证据、虚构事实的手段，向法院提起民事诉讼，利用法院的裁决权、执行权实现非法目的的诉讼行为。虚假诉讼实质是一种侵权行为，虚假诉讼侵害国家利益或他人合法利益，浪费国家司法资源，扰乱正常诉讼秩序。

当前虚假诉讼有愈演愈烈之势，究其发生，主要有以下原因：一是当事人缺乏诚信是产生虚假诉讼的根本原因。虽然虚假诉讼是利用了法律制度的漏洞和司法人员对案件的审查把关不严的疏忽，但从根本上说，当事人主观方面唯利是图缺乏诚信才是根本原因。二是现行民事诉讼的"当事人主义"为虚假诉讼提供了可能。"当事人主义"要求民事诉讼充分尊重当事人对诉讼标的处分权，法院作出判决的根据是当事人提供的证据和事实，非法定事由不得以职权调查取证。这个制度在提高司法效率的同时，也为虚假诉讼提供了法律上可能。对于当事人提供的证据，法院不可能承担无止尽的客观真实审核义务，它只是在双方提供的证据基础上进行审查。因此，如果双方当事人事先通谋、默契配合，法院很难发现证据中存在的问题。本案中，双方当事人事先通谋，伪造了虚假的解除租赁合同通知书和虚假的租赁补充协议及虚假的评估报告，诉讼中汇森集团代理人对清平纸业提出的诉讼请求和证据均无异议，这样法官很难发现清平纸业提供证据的虚假性和双方当事人陈述的虚假性，只能作出有利于清平纸业的判决。三是我国现行立法缺乏虚假诉讼行为责任法律体系，虚假诉讼行为人所追求的不法利益与成本相比存在巨大反差。在目前的法律制度中，一方面，虚假诉讼的发现难度极大，虚假诉讼行为披着合法的外衣，隐蔽性强，审判人员难以发现和识别，如果没有第三人的申诉或者启动再审程序，虚假诉讼很难被发现。特别是，当虚假诉讼损害的是国有企业利益或者国家利益时，因为没有直接利益受害者，虚假诉讼发现的难度也就会更大。本案如果不是因为赔偿额巨大，导致汇森集团破产，职工不能得到相应补偿，职工上访不断，这起案件的发现就可能很难甚至不可能。另一方面，现行民事法律没有规定虚假诉讼侵权责任制度和相应的处罚力度，刑事法律对严重虚假诉讼没有规定为刑事犯罪予以打击，有的只是按照伪证罪和妨碍作证罪予以打击，现行刑法不能对虚假诉讼行为进行有效打击。作假者违法成本低，回报高，使不法之徒敢于铤而走险。司法实践中，虚假诉讼行为即使败露，后果一般法院撤销原案，对当事人以妨碍民事诉讼行为为由处以罚款或拘留，制裁打击力度严重不足，放纵了民事虚假诉讼行为的发生。本案中，除了韩伟因为受贿贪污犯罪，刘怀平因为贪污、单位行贿犯罪受到刑事处罚外，法院对本案再审后，只是撤销了原判决，驳回清平纸业诉讼请求，并没有因虚假诉讼对清平纸业、刘怀平、韩伟作出法律处罚。

虚假诉讼直接侵犯的是国家利益和其他人合法利益，同时也有损于司法的权威性和公信力，既严重干扰了正常的审判秩序，也浪费了有限的司法资源。但司法实践中，对于虚假诉讼的发现、处理和打击还处于相当薄弱的状态。针对虚假诉讼渐趋严重的情况，应该从以下几方面入手加以遏制：一是完善立法，建立民事虚假诉讼侵权制度，引入民事赔偿机制和惩治机制，加大对因虚假诉讼而受损者的补偿力度和对虚假诉讼者的民事惩治力度，使虚假诉讼人在经济上既不能得到非法利益，又付出高的违法成本，才有可能遏制其进行虚假诉讼的企图。通过刑事立法，将严重的虚假诉讼行为规定为犯罪行为，予以刑事处罚才能起到惩戒、遏制的效果。二是建立相应的机制来对虚假诉讼加以防范和补救。对于可能存在虚假诉讼的案件，从立案起，必须对证据加以严格审查，加强对于虚假诉讼的甄别。对于可能存在虚假诉讼的案件，建立检察机关提前介入监督机制和向公安机关移送涉嫌妨碍作证、伪证犯罪及其他犯罪机制，预防虚假诉讼发生。如果该案的处理结果会影响到第三方利益，应及时通报案件的处理进程和结果，并建立相应的制度使其有渠道参与诉讼，进一步完善第三人申诉制度。三是建立现代国有企业制度，实现"产权明晰、权责明确"。当国有企业利益受到虚假诉讼损害时，应有人承担责任，代表利益受损者进行申诉，避免汇森集团悲剧再次上演。四是充分发挥检察职能，通过对法院民事审判活动的监督及时有效地发现、纠正和打击虚假诉讼。运用法律赋予检察机关的调查权，依法进行调查取证，从而揭露虚假诉讼行为，纠正由此产生的错误裁判，保护国家、集体和利害关系人的合法权益，维护法律尊严和公平正义。为了有效发现、查办虚假诉讼和虚假诉讼背后的职务犯罪和一般刑事犯罪，检察机关应不断加强各内设机构的内部配合及与公安、法院等机关的外部联系配合，形成打击合力，有效遏制虚假诉高发态势。

【承办人简介】

陈尊书，男，1965 年 12 月出生，1988 年 8 月调入铜山区人民检察院工作，历任书记员、助理检察院、检察员，2001 年 8 月任民事行政检察科副科长，2010 年 6 月任民事行政检察科科长。

19. 宏厦投资建设有限公司与武汉青青商业管理咨询有限公司等担保合同纠纷抗诉案

【监督机关】 浙江省人民检察院

【监督方式】 抗诉

【基本案情】

申请人（案外人）：宏厦投资建设有限公司。住所地：浙江省温州市上陡门九组团 29 栋 504 室。法定代表人：林仕宏，董事长。

其他当事人（原审原告）：武汉青青商业管理咨询有限公司。住所地：武汉市汉南大道 458 号。法定代表人：王根富，董事长。

其他当事人（原审被告）：武汉阳光置业有限公司。住所地：武汉市江汉区清芬一路 57 号。法定代表人：罗启跃，董事长。

其他当事人（原审被告）：浙江高福乐国际旅游展示中心开发有限公司。住所地：杭州市中山北路 631 号 9 层 A 号。法定代表人：胡守娟，董事长。

2003 年 12 月 5 日，武汉青青商业管理咨询有限公司（以下简称青青公司）与武汉阳光置业有限公司（以下简称阳光公司）签订《销售租赁代理合同书》一份，约定：阳光公司将其开发的阳光大厦裙楼 1—8 层交由青青公司独家有偿代理销售与租赁，青青公司向阳光公司支付代理保证金 2000 万元，阳光公司用其在建的阳光大厦裙楼第二层进行抵押。2004 年 1 月 9 日，青青公司与阳光公司签订了《抵押合同》，并办理了抵押登记。2004 年 8 月 8 日，青青公司与阳光公司、浙江高福乐公司签订《协议书》一份，约定：阳光公司应向青青公司退还 2000 万元的保证金并支付利息，若阳光公司违约，青青公司有权实现阳光大厦第二层房屋的抵押权，由高福乐公司对该债务承担连带保证责任，并约定本案争议向丙方（即高福乐公司）所在地法院提起诉讼。

2006 年 1 月 16 日，青青公司向杭州市中级人民法院起诉，要求判令阳光公司偿还 2000 万元的保证金，支付逾期滞纳金 140.9499 万元；确认青青公司对阳光公司提供的抵押物享有抵押权；高福乐公司承担连带保证责任。

【原审裁判情况】

2006 年 4 月 7 日，杭州市中级人民法院作出〔2006〕杭民二初字第 28 号民事判决。判决认为，青青公司与阳光公司签订的《销售、租赁代理合同书》《抵押合同》系双方当事人真实意思表示，且未违反法律法规的禁止性规定，应认定有效。青青公司与阳光公司、高福乐公司签订的《协议书》中，阳光公司分期退还青青公司保证金及利息，并以抵押物进行抵押，以及阳光公司、高福乐公司对阳光公司该部分还款义务进行保证担保的内容，系青青公司与阳光公司、高福乐公司对中止履行原《销售、租赁代理合同书》而达成的合意，亦应认定有效。阳光公司与高福乐公司理应按约定承担相应的还款及担保责任。因阳光公司未在协议约定的期限内还款，青青公司主张其支付逾期滞纳金的诉讼请求，具有事实和法律依据，予以支持。《协议书》中约定阳光公司、高福乐公司应对阳光公司"违反本协议约定的分期给付义务的"债务承担连带保证责任，系对保证担保的范围约定不明确，保证人应对全部债务承担责任。同一债权既有保证又有物的担保的，保证人对物的担保以外的债权承担保证责任。判决：阳光公司于本判决生效后 10 日内返还青青公司保证金 2000 万元，并支付逾期付款滞纳金 1389150 元；青青公司与阳光公司签订的《抵押合同》有效。如阳光公司未能支付前述款项，青青公司有权以武房期字第 20040816 号《武汉市期房抵押证明》下的抵押物折价或以拍卖、变卖该财产的价款优先受偿；阳光公司、浙江高福乐公司对前述抵押物不足清偿的部分承担连带责任。

【监督意见】

判决生效后，杭州市中级人民法院对本案抵押房产进行执行时，案外人宏厦投资建设有限公司（以下简称宏厦公司）向杭州市人民检察院申诉称，该公司 2001 年末已向阳光公司购得阳光大厦裙楼第二层全部面积，武汉市仲裁委员会于 2004 年 2 月 13 日裁决阳光公司履行交房义务并协助办理房屋产权证，武汉市中级人民法院于 2004 年 6 月 23 日对仲裁裁决开始强制执行，并已于 2005 年 5 月 19 日查封阳光大厦裙楼第二层，本案系阳光公司为逃避生效仲裁裁判的执行而进行的虚假诉讼。

杭州市人民检察院审查后认为该案存在虚假诉讼嫌疑，经与生效仲裁裁决的执行法院沟通协作，调取了相关银行财务凭证，查明青青公司支付给阳光公司的 2000 万元保证金是阳光公司借用文成县通联通讯公司账户先行支付给青青公司，然后再由青青公司返还给阳光公司，并且青青公司与阳光公司的投资者、管理决策者身份高度重合。据此，杭州市人民检察院以本案涉及虚假诉讼，向浙江省人民检察院提请抗诉。浙江省人民检察院完全采纳该提抗意见，于 2009 年 5 月 25 日以〔2009〕浙检民行抗字第 43 号民事抗诉书向浙江省高级人民法院提出抗诉。具体理由为：

1. 青青公司和阳光公司之间不存在"已真实支付 2000 万代理保证金"的事实，本案涉及虚假诉讼。原审中，青青公司提供了付款明细表和阳光公司的收条用以证明其向阳光公司支付了保证金 2000 万元，但未出具相关的转账凭证。杭州市中级人民法院以阳光公司当庭认可青青公司提供的证据，而直接采信青青公司提供的证据作出判决。但武汉市公安局经侦处对李芹（阳光公司工作人员）所做的询问笔录显示，青青公司的公章、财务章以及支票等重要资料均实际由阳光公司控制，即双方在财务和管理上存在混同。此外，申诉人提供的多份银行支付凭证和湖北省咸宁市中级人民法院对文成通联通讯有限公司股东严文斌所作的笔录证实，案涉 2000 万元系阳光公司先行通过第三人文成通联通讯有限公司支付给青青公司，再由青青公司返还阳光公司。文成通联通讯有限公司与阳光公司、青青公司之间从来无任何业务往来，文成通联通讯有限公司是应阳光公司总经理要求借用账户为之转款。由此，青青公司与阳光公司之间并不存在"已真实支付 2000 万代理保证金"的事实。

2. 青青公司和阳光公司之间签订的《抵押合同》属于《中华人民共和国合同法》第 52 条第 2 项"恶意串通，损害国家、集体或第三人利益"的合同，依法应属无效。第一，宏厦公司与阳光公司于 2001 年 12 月 16 日签订《商品房买卖合同》，约定宏厦公司以 2200 万元购买阳光大厦裙楼第二层全部面积。同日阳光公司向宏厦公司开具了金额为 2200 万元的收款收据。但后因阳光公司违约未交付房产，宏厦公司于 2003 年 9 月 10 日提起仲裁程序，2004 年 2 月 13 日，经武汉市仲裁委员会仲裁，确认阳光公司的违约行为，裁决阳光公司于竣工验收合格次日起 5 日内将阳光大厦裙楼第二层全部房屋交付给宏厦公司。在武汉市仲裁委员会仲裁期间的 2004 年 1 月 9 日，阳光公司与青青公司签订《抵押合同》，将本应交付给宏厦公司的房产恶意抵押给青青公司，阳光公司的行为明显是故意损害第三人宏厦公司的利益。第二，根据青青公司与阳光公司的工商资料以及湖北省高级人民法院〔2007〕鄂民四终字第 78 号民事调解书，青青公司和阳光公司的投资者和管理决策者存在高度重合的情形，故青青公司应明知其与阳光公司签订《抵押合同》的法律后果，但仍和阳光公司签订上述《抵押合同》，客观上造成宏厦公司的债权至今未能得以实现，由此，青青公司与阳光公司于 2004 年 1 月 9 日签订的《抵押合同》系恶意抵押，是阳光公司与青青公司串通，恶意损害第三人宏厦公司利益的行为，该《抵押合同》依法应属无效。

【监督结果】

浙江省高级人民法院受理抗诉后指令杭州市中级人民法院再审。2011 年 4 月 25 日，杭州市中级人民法院作出〔2010〕浙杭商再字第 3 号民事裁定书，认为根据再审庭审中各方当事人提交的往来款凭证，结合青青公司 2004 年度工商材料和审计报告，以及李芹、胡健雄、严文斌在公安机关陈述等有效证据和各方当事人陈述，可以认定本案不属于经济纠纷案件，涉嫌虚假诉讼。依据《中华人民共和国民事诉讼法》第 140 条第 1 款第 3 项、第 186 条以及最高人民法院《关于在审理经济纠纷案件中涉及经济犯罪嫌疑若干问题的规定》第 11 条之规定，裁定撤销原判，驳回青青公司的起诉。

判后，青青公司不服，上诉至浙江省高级人民法院。

2011 年 9 月 19 日，浙江省高级人民法院作出〔2011〕浙民再终字第 1 号民事裁定书。裁定认为，虽然根据当事人提供的往来款凭证显示，青青公司向阳光公司支付过 2000 余万元款项，且除此之外，两个公司之间还存在其他大量的资金往来，但是从青青公司成立后与阳光公司之间的资金往来、青青公司 2004 年度工商登记材料和审计报告反映的情况，再结合青青公司成立时间、文成公司股东严文斌在公安机关所作的青青公司与阳光公司以及文成公司之间资金往来情况的陈述、阳光公司总经理胡雄健在公安机关所作的关于保证金支付情况的陈述、阳光公司财务人员李芹所作的关于青青公司和阳光公司企业财务管理方面的陈述、青青公司和阳光公司相关人员的特定身份以及阳光公司与宏厦公司之间纠纷情况等一系列事实分析，青青公司与阳光公司之间关于 2000 余万元款项的债权债务关系的真实性不能认定，存在青青公司和阳光公司恶意串通利用诉讼逃避执行的可能性。原审认定本案涉嫌虚假诉讼，并依据相关法律规定裁定驳回青青公司起诉并无不当，裁定驳回上诉，维持原裁定。

【点评】

本案主要涉及虚假诉讼的判断问题。

虚假诉讼是行为人通过伪造或者变造证据、捏造事实、恶意串通等手段，向法院提起民事诉讼，以骗取人民法院裁判文书的行为。其中，双方当事人恶意串通、共同损害第三人合法权益是主要表现形式。近年来，虚假诉讼现象呈蔓延之势，不仅侵害第三人权益，也严重扰乱正常的司法秩序，损害司法公信力。但是由于虚假诉讼具有很强的隐蔽性，司法实践中认定难度较大。本案以虚假诉讼定性，主要是具备以下几个特征：

1. 双方当事人之间具有特殊关系。本案青青公司直接受阳光公司控制，两家公司之间属关联企业。青青公司的公章和财务章实际由阳光公司总经理保管，支票等重要资料均实际由阳光公司控制，开具支票、开立银行账户等财务事宜也实际由阳光公司财务人员操办，青青公司与阳光公司《抵押合同》之抵押手续从办理到权证领取均由阳光公司胡雄健等人操作。两家公司在财务和管理上存在混同。而且，两家公司投资者和管理决策者方面也存在高度重合。青青公司的法定代表人胡绍东系阳光公司股东，青青公司的另一自然人股东刘萍，系阳光公司董事朱应磊的妻子，后兼任青青公司法定代表人。阳光公司通过其主要投资者个人或其家庭成员直接控制青青公司。

2. 涉及与其他人的经济纠纷。本案申诉人宏厦公司此前已向阳光公司购买阳光大厦裙楼第二层全部面积，并就该纠纷向武汉市仲裁委员会提起了仲裁。在武汉市仲裁委员会仲裁期间，阳光公司与青青公司签订本案《抵押合同》，并将阳光大厦裙楼第二层全部抵押给青青公司，以致在仲裁裁决要求阳光公司履行交房义务之时，阳光大厦裙楼第二层上已设置第三人的担保物权，宏厦公司无法依据生效裁决取得阳光大厦裙楼第二层房产。经宏厦公司申请，武汉当地法院查封阳光大厦裙楼第二层。本案诉讼就发生在武汉当地法院对阳光大厦裙楼第二层房产的强制执行过程中，但阳光公司、青青公司均对此予以隐瞒，并将本诉讼管辖地约定在与本案《抵押合同》标的物所在地、当事人住所地、合同履行地、合同签订地等均无关联的杭州，显然是意图利用武汉、杭州两地之间的信息不畅，通过虚假诉讼达到转移财产、逃避债务目的。

3. 原审诉讼缺乏实质性对抗。在证据问题上，"青青公司向阳光公司支付2000万元保证金"这一关键事实，青青公司没有提供任何证据证明，只是通过阳光公司当庭自认而得到确认。而实际上，青青公司支付给阳光公司的2000万元保证金，是阳光公司借用文成县通联通讯公司账户先行支付给青青公司，然后再由青青公司返还给阳光公司，阳光公司、青青公司之间并不存在真实的2000万元保证金的债权债务关系。而且，在诉讼程序上，庭审基本未发生诉辩对抗场面，作为普通程序审理的案件，本案从立案到结案只有两个多月时间，结案时间也明显偏短。

检察机关在办理本案过程中，敏锐地发现案件疑点，主动与法院沟通协作，通过调查核实取得诉讼双方恶意抵押、逃避执行的有力证据，在此基础上提出抗诉，得到了再审法院的支持。在调查策略、方法的运用上体现了检察机关执法的能动性，对检察机关开展虚假诉讼查处也具有一定的示范和借鉴作用。

【承办人简介】

周姝，中共党员，法律硕士。1999年毕业于中国政法大学，2003年考入杭州市人民检察院，现任民事行政检察处正科级检察员，杭州市检察业务尖子。曾获浙江省检察机关优秀民行办案人、浙江省检察机关优秀审结报告，两次荣立个人三等功。

20. 朱威威与浙江大学医学院附属第二医院医疗事故损害赔偿纠纷抗诉案

【监督机关】浙江省人民检察院
【监督方式】抗诉
【基本案情】

申请人（一审原告、二审上诉人）：朱威威，男，1985 年 11 月 6 日出生，汉族，学生，住浙江省天台县城关镇葛塘岱村。

其他当事人（一审被告、二审被上诉人）：浙江大学医学院附属第二医院。住所地：浙江省杭州市解放路 88 号；法定代表人：江观玉，浙江大学医学院附属第二医院院长。

朱威威因患先天性脊柱侧后凸畸形，于 2000 年 12 月 2 日入住浙江大学医学院附属第二医院（以下简称浙二医院）治疗，浙二医院在诊疗过程中，考虑到手术的复杂性，为提高手术的成功率，经与朱威威家属协商并在征得家属同意的情况下，手术请北京协和医院的骨科权威主刀。而且在手术前特别告知朱威威家属，手术中选用的内固器械由北京协和医院研制、提供，朱威威家属表示理解，同意使用并签字。手术后朱威威于 12 月 25 日出院。出院时医嘱绝对卧床 3 个月，门诊随诊。2001 年 6 月 27 日，朱威威因腰痛等不适，到天台县人民医院检查，X 片提示"椎体钉松动并断棍"，于同年 7 月 13 日入住北京协和医院，经检查后诊断为"脊柱侧后凸畸形、前路 PRSS 矫形内固定术后断棍"。7 月 24 日在全麻下行"后路 TSRH 矫形内固定、左髂骨植骨术"，于 8 月 3 日出院。2002 年 5 月 22 日，朱威威向法院提起诉讼，认为浙二医院极端不负责任，给其使用了质量有缺陷的医疗器械，致使其在半年内进行了二次手术，不但耽误其学习，还给肉体和精神上造成痛苦，请求判令浙二医院赔偿医疗等费用 83796.75 元、精神损失费 3 万元，并承担诉讼费用。

【原审裁判情况】

2002 年 12 月 25 日，杭州市上城区人民法院作出〔2002〕上民二初字第

347 号民事判决。判决认为：浙二医院在对朱威威的诊疗过程中，考虑到手术的复杂性，为提高手术的成功率，经与朱威威家属协商并在征得家属同意的情况下，手术请北京协和医院的骨科权威主刀，手术是成功的，术后效果也是好的。朱威威出现断棍的现象，系内固定材料的问题，朱威威使用的内固定材料并非由浙二医院提供，而是朱威威家属委托主刀的叶教授从北京购买，浙二医院为此在手术前特别告知朱威威家属，内固定器材由北京协和医院研制、提供的问题再次向家属说明，家属表示理解，同意使用并签字为证，一切后果自负。据此，浙二医院对"断棍"不负责任。朱威威以浙二医院极端不负责任，给其使用了质量有缺陷的医疗器械为由，要求浙二医院赔偿的诉讼请求于法无据，不予支持。依照《中华人民共和国民法通则》第 106 条第 1 款、第 2 款的规定，判决：驳回朱威威的诉讼请求。

判后，朱威威不服，上诉至杭州市中级人民法院。

2003 年 7 月 28 日，杭州市中级人民法院作出〔2003〕杭民一终字第 558 号民事判决。判决认为：浙二医院在对朱威威的诊疗过程中，诊断明确，术前将手术方式、手术者、手术器械和术中麻醉可能发生的并发症向朱威威家属进行告知，并征得朱威威家属同意签字，术后附有严格医嘱，故其医疗服务行为规范；通过有关机构鉴定也确认浙二医院对朱威威的诊疗行为无过错或不当。虽然内固定器械断裂事实存在，但该器械现不存在，难以鉴定、判断其中的质量问题，更难以确认该器械断裂与浙二医院的诊疗行为存在因果关系以及应由浙二医院承担相应的责任。故对朱威威认为内固定器械存在质量问题，以断裂事实要求浙二医院承担责任的诉请，缺乏事实依据佐证，不予采纳。一审法院判决驳回朱威威的诉请，并无不当。遂判决：驳回上诉，维持原判。

【监督意见】

朱威威不服二审判决，向检察机关提出申诉。2010 年 4 月 14 日，浙江省人民检察院以〔2010〕浙检民行抗字第 23 号民事抗诉书向浙江省高级人民法院提出抗诉。理由如下：

1. 二审法院在采信证据以及举证责任分配方面存在错误。

本案系医疗服务过程中因所使用的医疗器械致人损害而产生的医疗纠纷，争议焦点在于浙二医院是否应当为术后朱威威体内断裂的医疗器械造成的损害承担赔偿责任。作为专业的医疗机构，浙二医院不仅应当为患者朱威威提供规范合理的诊疗护理行为，也应当为患者提供合格无质量缺陷的医疗器械和药品。虽然朱威威由浙二医院邀请的北京协和医院专家叶启彬进行主刀手术，医疗器械也由专家从北京带来，但这并不表明浙二医院可以对该医疗器械所造成的损害免除相应的责任，因为：

第一，朱威威入住浙二医院进行手术治疗直至出院，其接受的是医院一系列医疗诊治服务，浙二医院邀请北京专家为其主刀亦是浙二医院为朱威威制定的治疗方案，叶启彬应视为浙二医院的临时外聘人员，浙二医院应对叶启彬的医疗行为对外负责，因该治疗活动实施过程产生的过错责任，理应由浙二医院承担。

第二，本案所使用的医疗器械经浙二医院认可，并由其外聘专家施行手术应用于朱威威体内，造成的损害应由浙二医院对外负责。无论此医疗器械的获取途径和结算方式如何，只要在医疗过程中经医院认可使用，医院即需要对此医疗行为负责。因为医院提供的是专业服务，即使患者有自备的医疗器械或者药品，如果经向医院询问并取得许可使用的，也应视为系医院医疗行为的组成部分，而非患者的擅自自害行为。

二审法院认为浙二医院无须承担责任的理由：一是医院的诊疗行为无过错；二是医疗器械的质量问题无法判断。但该两点均不能成立。

首先，关于诊疗行为过错的问题。二审法院认为浙二医院的诊疗行为无过错的主要证据是浙江省医疗事故技术鉴定委员会于 2002 年 8 月 30 日作出的浙医鉴〔2002〕50 号朱威威医疗事件技术鉴定结论。鉴定结论是判断医疗机构是否存在医疗过错的重要依据，审判人员应当审查其内容是否完备。但本案鉴定书的落款处并无鉴定机构加盖的公章，也没有专业的鉴定人员签名认可，显然欠缺了鉴定结论的必备内容，形式上并不合法，不能采信作为证明案件事实的定案依据。

其次，关于医疗器械的质量问题。从举证责任分配的角度来看，由于医院应当保证其运用于临床治疗的医疗器械质量合格，其又是具有专业知识及判断能力的医疗机构，医院与证据之间的距离最为接近，举证也更为容易，因此应当由浙二医院承担医疗器械合格的举证责任。并且，本案中朱威威已举证证明其与浙二医院存在医患关系，医疗器械断裂的事实确实存在，故朱威威已尽举证责任，浙二医院应当按照最高人民法院《关于民事诉讼证据的若干规定》的有关规定，就其不存在医疗过错以及其医疗行为与损害结果不存在因果关系承担举证责任。然而浙二医院提供的证据仅仅是朱威威的病历书，而且前述的鉴定结论即使能够采信，也只能证明医疗行为本身，并不能证明医疗过程中所使用医疗器械的质量问题。由此可见，浙二医院并未提供证据证明应用于朱威威体内的医疗器械合格，因此在本案所涉的医疗器械质量问题真伪不明的情况下，应由负有举证责任的浙二医院承担举证不能的不利后果。

2. 一审认定医疗器械是由朱威威家属自行委托主刀的骨科权威从北京购买的事实缺乏证据证明，二审未予纠正系事实认定错误。

　　本案中，浙二医院主张断裂的医疗器械是由朱威威家属自行委托主刀的骨科权威从北京购买的，与浙二医院无关，但未能提供相应的证据，唯一相关的事实是朱威威承认医疗器械的发票由北京的骨科权威直接寄给朱威威，但朱威威否认医疗器械是由其自行委托购买的，而且事实上朱威威及其家属不具备医学专业知识，与北京的骨科权威也并不认识，不可能自行决定使用何种医疗器械，也不可能撇开浙二医院，自行与北京的骨科权威联系购买医疗器械。而且根据浙二医院在庭审中的陈述，浙二医院的骨科主任陈正形在手术前特别告知朱威威及其家属医疗器械的选用情况，朱威威及其家属表示理解，同意使用并签字。如果是由朱威威家属自行购买的话，则其不可能对浙二医院告知的医疗器械的选用情况做出"表示理解，从而同意使用"这样一种被动的回应。一审在既无任何证据，朱威威又无自认的情况下，认定医疗器械是由朱威威家属自行委托主刀的骨科权威从北京购买明显缺乏相应证据证实，二审未予纠正显然错误。

　　至于浙二医院在手术知情书上补上"附：内固定器械由北京协和医院叶启彬教授提供，手术主刀为叶启彬教授，有关器械方面的质量问题由北京协和医院负责。叶启彬教授意见三个月以内断裂，属质量问题，三个月以外断裂属疲劳性断裂"，以及在病历上写上"关于手术由北京协和医院叶启彬教授主刀的特殊情况，特别是内固定器材由北京协和医院研制、提供的问题再次向家属说明，家属表示理解，同意使用并签字为证，一切后果自负"的问题，上述告知都是浙二医院的意思表示，不能证明"医疗器械是由朱威威家属自行委托主刀的骨科权威从北京购买"这一事实，而且自我免责的表述也不具有拘束力。至于朱威威家属在手术知情书和病历上的签字仅表明他们对医院告知的治疗方案及伴随的风险表示理解，同意实施手术，但这不能成为医院在手术中存在过错行为的免责理由。

　　【监督结果】

　　浙江省高级人民法院受理抗诉后，裁定由该院提审本案。再审过程中，经检法两家多次调处，朱威威与浙二医院达成和解。后朱威威以纠纷全部了结为由，向浙江省高级人民法院申请撤回申诉请求，得到准许。2011 年 10 月 20 日，浙江省高级人民法院作出〔2010〕浙民再字第 93 号民事裁定：本案终结再审程序。

　　【点评】

　　本案系因浙二医院外聘北京专家的诊疗行为所引发的医疗纠纷，医患双方争议的主要焦点在于：医院植入申诉人体内的医疗器械是否存在质量问题。涉及以下两方面问题：

一、关于责任主体的确定

浙江省人民检察院抗诉认为，北京协和医院专家叶启彬应视为浙二医院的临时外聘人员，浙二医院应对叶启彬的医疗行为对外负责，有相关的事实及法律依据。因为医疗行为是特殊的专业行为，根据法律规定，医疗人员必须服务于医疗机构才能合法地行医，医生个人不能擅自行医。朱威威与浙二医院具有医疗合同关系，而与北京协和医院无关系，与叶启彬个人也依法不能单独构成医疗合同关系。并且，叶启彬在浙二医院施行手术也并没有向浙二医院支付任何场地使用、配套人员用工等费用，可以排除系叶启彬个人或者北京协和医院租借浙二医院场地进行医疗服务的可能。且从常理看，叶启彬在浙二医院期间的行医活动，是要受到浙二医院院方的行政管理的。综上可知，叶启彬在浙二医院期间的行医活动，应视为浙二医院的医疗活动的组成部分。因此该治疗活动实施过程产生的过错责任，理应由浙二医院承担。

二、关于证明责任的承担

这是决定本案实体责任是否承担的关键。根据法律规定，受害人主张产品的侵权责任，应当提供证据证明产品存在缺陷。本案中，申诉人提供的证据证明了医疗器械断裂其体内的事实，但法院审查认为这并不能证明医疗器械存在质量问题，故由申诉人承担举证不利的后果。浙江省人民检察院审查后认为，本案医疗器械质量问题的证明责任应当从保护医疗领域患者的实体权益角度出发，根据医疗器械产品的特殊性来加以确定。首先，本案的医疗器械质量问题属于医疗领域产品的质量问题，所涉医疗器械系医院在向患者提供诊疗行为的同时一并提供，故属于医院诊疗行为的一部分。由于医院应当保证其运用于临床治疗的医疗器械质量合格，因此对于医疗器械质量问题的举证责任，应当适用最高人民法院《关于民事诉讼证据的若干规定》第 4 条第 1 款第 8 项有关"因医疗行为引起的侵权诉讼的举证责任倒置"的规定，即医院应就其医疗行为与损害结果之间不存在因果关系和不存在医疗过错承担举证责任。其次，本案所涉的医疗器械产品属于一种特殊产品，与高度专业的医疗领域有关，对于这种专业性的医疗器械产品，一般患者并不知道也并不应当要求其知悉该种产品的性能、技术构成或该种产品有关的技术问题，而作为销售或者使用该类专业医疗产品的医疗机构等具有相关的专业知识和判断能力，因此在有关医疗器械质量问题的举证问题上，医疗机构能力更强，其与证据之间的距离最为接近，举证也更为容易，故将医疗器械质量合格的证明责任分配给医院承担才更为妥当，更有利于维护患者这一弱势群体的合法利益。原审法院过分强调了产品责任的证明规则而没有考虑本案医疗纠纷的具体情况，举证责任分配并不公平。其判决结果既不能以法理服人，又不能以情理感人，法律效果以及社会效果均不理想。

【承办人简介】

方方，法学硕士，毕业于中国政法大学。2003年7月进入浙江省人民检察院工作，现任浙江省人民检察院民事行政检察处办案一组组长，正科级助理检察员。2009年至2011年连续3年被评为省院机关优秀公务员，2010年被评为省院机关"优秀青年检察干警"，2011年荣立个人三等功。

21. 戴卫东与叶珍萍、王叶芸、王老九、何月芳、黄山金桥生态科技工业园区项目建设领导组、黄山市黄山区耿城镇人民政府公共场所施工损害赔偿纠纷抗诉案

【监督机关】安徽省黄山市人民检察院

【监督方式】抗诉

【基本案情】

申请人（原审被告）：戴卫东，男，1969 年 11 月 5 日出生，汉族，安徽省黄山市黄山区人，农民，住黄山区甘棠镇张家埠村戴家村民小组 10 号。

其他当事人（原审原告）：叶珍萍，女，1976 年 7 月 15 日出生，汉族，安徽省无为县人，农民，住安徽省无为县鹤毛乡狮行村查林村民小组。

其他当事人（原审原告）：王叶芸，女，2002 年 12 月 17 日出生，汉族，安徽省无为县人，住址同上，系叶珍萍女儿。

其他当事人（原审原告）：王老九，男，1943 年 12 月 1 日出生，汉族，农民，安徽省无为县人，住址同上，系王叶芸祖父。

其他当事人（原审原告）：何月芳，女，1951 年 11 月 3 日出生，汉族，农民，安徽省无为县人，住址同上，系王叶芸祖母。

其他当事人（原审原告）：黄山金桥生态科技工业园区项目建设领导组。负责人：方自乐。

其他当事人（原审原告）：黄山市黄山区耿城镇人民政府。法定代表人：林承寿，镇长。

2007 年 4 月 21 日 21 时许，戴卫东驾驶皖 J－L8037 号新大洲牌二轮踏板摩托车，由黄山市黄山区甘棠镇张家埠村沿金鼎大道（原甘芙大道）向东南驶往耿城镇方向，在 X036 线 4km＋250m 处，撞到黄山金桥生态科技工业园区项目建设领导组为施工设置而横在大道上的毛竹，致摩托车摔倒损坏，并造成摩托车后座乘坐人王长春摔倒重伤，经医院抢救无效死亡。骑乘皖 J－L0201 号二轮摩托车，与戴卫东同时骑行的王迎春（王长春胞弟）亦在此摔倒受伤。

事发后，黄山市黄山区耿城镇人民政府向死者王长春家属支付了 8000 元丧葬费。当月 30 日，黄山公安分局交警大队作出〔2007〕51 号《交通事故认定书》，认定戴卫东驾驶机动车，夜间未降低行驶速度，未能充分观察路面情况确认安全，撞到横在路面上的毛竹，违反了《中华人民共和国道路交通安全法》第 22 条和第 42 条第 2 款之规定，负事故的主要责任。黄山金桥生态科技工业园区项目建设领导组在道路上组织施工，在来车方向未规范设置安全警示标志，是发生事故的原因之一，负事故的次要责任。由于就赔偿事宜达不成协议，叶珍萍等 4 人诉请黄山市黄山区人民法院，要求判决黄山金桥生态科技工业园区项目建设领导组承担事故的全部责任，黄山区耿城镇人民政府负连带赔偿责任。法院在审理过程中追加戴卫东为原审被告。

【原审裁判情况】

2007 年 8 月 20 日，黄山市黄山区人民法院作出〔2007〕黄民一初字第 249 号民事判决。判决认为，公民的生命健康权受法律保护。叶珍萍等 4 人的亲属王长春乘坐戴卫东驾驶的摩托车前往目的地，戴卫东负有保护后面乘坐人的人身安全义务。黄山金桥生态科技工业园区项目建设领导组在道路上组织施工，在来往车辆方向应规范设置安全警示标志，以保护不特定自然人和来往车辆的行驶安全。本起事故的发生与戴卫东未能充分观察前方路况，在夜间行驶未降低速度和黄山金桥生态科技工业园区项目建设领导组未规范设置安全警示标志动静两个方面的侵权行为相关联，王长春的死亡是从戴卫东摩托车上摔下的，戴卫东是直接侵权人，在侵权程度上高于黄山金桥生态科技工业园区项目建设领导组。该领导组虽在道路上设置了警示标志，但设置警示标志不够规范，结合交警部门现场调查对该起事故责任认同情况，综合全案事实，应由戴卫东承担该起事故的 60% 赔偿责任，黄山金桥生态科技工业园区项目建设领导组承担 40% 的赔付比例为宜。叶珍萍等 4 人各项经济损失，经庭审调查，其死亡补偿金、抚养费、赡养费、交通费、精神抚慰金等，合计 147005.95 元。根据《中华人民共和国民法通则》、最高人民法院《关于审理人身损害赔偿案件适用法律若干问题的解释》、《关于确定民事侵权精神损害赔偿责任若干问题的解释》相关规定，判决由戴卫东赔付 88203.57 元，由黄山金桥生态科技工业园区项目建设领导组赔付 58802.38 元，黄山区耿城镇人民政府负连带赔偿责任。

【监督意见】

戴卫东不服，在判决生效后向检察机关申诉，黄山市人民检察院于 2008 年 11 月 5 日作出黄检民抗〔2008〕16 号民事抗诉书，向黄山市中级人民法院提出抗诉。主要理由为：

1. 原审判决认定戴卫东未能充分观察前方路况，在夜间行驶未降低速度和黄山金桥生态科技工业园区项目建设领导组未规范设置安全警示标志两个方面的侵权行为相关联，在侵权程度上高于黄山金桥生态科技工业园区项目建设领导组，缺乏证据证明。

（1）《中华人民共和国道路交通安全法实施条例》第45条规定："机动车在道路上行驶不得超过限速标志、标线标明的速度。在没有限速标志、标线的道路上，机动车不得超过下列最高行驶速度：（一）没有道路中心线的道路，城市道路为每小时30公里，公路为每小时40公里；（二）同方向只有1条机动车道的道路，城市道路为每小时50公里，公路为每小时70公里。"《安徽省实施〈中华人民共和国道路交通安全法〉办法》第38条规定："机动车上道路行驶不得超过限速标志、标线标明的速度；没有限速标志、标线的，应当遵守下列规定：（一）同方向划有二条以上机动车道的道路、城市道路最高时速为60公里，公路最高时速为80公里……（三）两轮摩托车在有道路中心线的道路上，城市道路最高时速为40公里，公路为60公里；在没有道路中心线的道路上，城市道路最高时速为30公里，公路为40公里……"本案事发路段属于同方向有2条机动车道的公路，而对该路段是否有限速的标志或标线，本案审判卷宗中并无可以证明的证据。因此，根据上述规定，戴卫东的行驶速度只要不高于时速60公里，其行为即符合法律规定。另外，《中华人民共和国道路交通安全法》第42条规定："机动车上道路行驶，不得超过限速标志标明的最高时速。在没有限速标志的路段，应当保持安全车速。夜间行驶或者在容易发生危险的路段行驶，以及遇有沙尘、冰雹、雨、雪、雾、结冰等气象条件时，应当降低行驶速度。"本案中，黄山市公安局黄山分局交通警察大队出具的《道路交通事故车辆技术鉴定书》可资证明，戴卫东事发时的行驶速度为时速30公里，事发时的天气晴。可见，戴卫东的行为符合前述规定，并不存在违法之处。因此，黄山市公安局黄山分局交通警察大队制作的黄公交认字〔2007〕第51号《交通事故认定书》，认定戴卫东夜间行驶未降低行驶速度的行为是事故发生的主要原因，无事实和法律依据，依法不应采信。

（2）《中华人民共和国道路交通安全法》第32条规定："因工程建设需要占用、挖掘道路，或者跨越、穿越道路架设、增设管线设施，应当事先征得道路主管部门的同意；影响交通安全的，还应当征得公安机关交通管理部门的同意。施工作业单位应当在经批准的路段和时间内施工作业，并在距离施工作业地点来车方向安全距离处设置明显的安全警示标志，采取防护措施……"本案审判卷宗中并无证据可以证明，黄山金桥生态科技工业园区项目建设领导组（以下简称金桥园区建设领导组）在事发路段占用道路进行施工作业，已经征得当地公路及交警部门的同意。因此，其行为的违法性明显，主观上存在重大过失。同时，无论是上述规定，还是《中华人民共和国民法通则》第 125 条"在公共场所、道旁或者通道上挖坑、修缮安全地下设施等，没有设置明显标志和采取安全措施造成他人损害的，施工人应当承担民事责任"的规定，都表明我国法律对占用道路进行施工作业的，均要求施工人设置明显标志和采取安全措施。施工人只有同时履行了这两项作为义务，而且标志的明显性和措施的安全性必须达到较高的要求，才符合法律要求，否则其行为仍具违法性。本案中，从黄山市公安局黄山分局交通警察大队提供的现场勘查照片反映，金桥园区建设领导组设置的所谓"安全警示标志"仅是一块牌匾，没有证据能够证明至少在夜间可以达到明显的要求，而且警示牌的设置也远未能达到"安全距离"的要求。其在警示牌处捆绑数根毛竹横在路面上的措施，也没有证据可以证明这是一种安全的防护措施，而事发当时有两辆摩托车先后发生相同事故的事实，却证明其采取的这种措施不仅达不到安全性的要求，还是造成损害的最主要的原因。

（3）设置明显标志并采取安全措施的标准，一般是足以使普通人采取通常的注意而避免损害的发生，即施工人设置明显标志并采取安全措施能为普通人在通常情况下避免损害。本案中戴卫东已经采取通常的注意：一是金桥园区建设领导组封路施工未向社会公告，其有理由相信事发路段是畅通无阻的；二是其行驶速度符合法律规定的要求，且其摩托车的制动系合格、转向系和灯光系正常；三是其在距离施工作业地点来车方向安全距离处并未见有明显的安全警示标志和相应的安全防护措施。因此，在本案中，戴卫东主观上并不存在过错。

综上所述，金桥园区建设领导组未经批准，擅自占用道路施工，且未在距离施工作业地点来车方向安全距离处设置明显的安全警示标志和采取防护措施，行为违法，主观上存在重大过失。而戴卫东行为合法，主观上无过错。因此，本案中损害的发生，仅因金桥园区建设领导组一方的侵权行为而引起，应由其一方单独承担赔偿责任。而原审判决认定戴卫东亦存在侵权行为，且侵权程度高于金桥园区建设领导组，认定事实确有错误。

2. 原审判决适用法律确有错误。

（1）原审判决确认本案为一般的人身损害赔偿纠纷，认定民事法律关系性质错误。本案无论是原审原告诉请的公共场所施工损害赔偿纠纷，还是金桥园区建设领导组抗辩的道路交通事故人身损害赔偿纠纷，均为特殊侵权行为纠纷，在构成要件、归责原则、免责事由、举证责任等方面与一般的侵权行为纠纷之间存在差别。而原审判决认定本案为一般的人身损害赔偿纠纷，属认定民事法律关系性质错误。

（2）原审判决戴卫东承担60%的赔偿责任，金桥园区建设领导组承担40%的赔偿责任，确定责任不当。根据《中华人民共和国民法通则》第123条、《中华人民共和国道路交通安全法》第76条的规定，我国法律对道路交通事故责任区分机动车与机动车之间，机动车与非机动车驾驶人、行人之间的不同情形，分别采用过错责任和无过错责任的归责原则。而《中华人民共和国民法通则》第125条规定，地面、公共场所施工致人损害责任实行过错推定责任原则。因此，采取无过错责任原则的道路交通事故责任与地面、公共场所施工致人损害责任在行为人免除责任的法定条件上不同，即道路交通事故责任的免责事由：一是受害人故意且造成事故不可避免；二是机动车一方无过错。这里的无过错，应是指机动车一方的行为与损害之间不存在因果关系，也即机动车一方须证明损害纯粹系由受害人的故意行为和第三人的行为所致。对第三人的行为主要从第三人的过错程度来判断，第三人过错的适用条件是：第一，第三人对损害的发生具有故意或重大过失，而机动车一方（行为人）仅有轻微过失，且第三人的故意或重大过失系行为人所难以预料；第二，机动车一方无过失，其行为虽是致害的直接原因，但第三人的过错行为是机动车一方行为的原因。而地面、公共场所施工致人损害责任不能以证明自己没有过错而主张免责，其最主要的免责条件是地面、公共场所施工人已设置明显标志并采取安全措施。施工人除非能够证明自己已设置明显标志和采取安全措施，并且这些标志和措施足以使普通人采取通常的注意即可避免损害的发生，才可以不承担民事责任。本案中戴卫东作为机动车一方，已经做到安全驾驶，行为并无违法之处，主观上亦无过错，虽然王长春系从其摩托车上摔下致死，但王长春的死亡与戴卫东的行为之间无因果关系，而系金桥园区建设领导组未设置和采取足以使普通人采取通常的注意即能避免损害发生的明显标志和安全措施的过错行为所致。因此，在本案中，金桥园区建设领导组的过错行为是戴卫东行为的原因。无论是道路交通事故人身损害赔偿纠纷，还是公共场所施工致人损害赔偿纠纷，对本案损害的发生戴卫东不应负民事责任，而金桥园区建设领导组应承担全部赔偿责任。

3. 原判决违反法定程序，可能影响案件的正确判决。

本案存在两个民事法律关系：一个是戴卫东与原审原告之间的道路交通事故人身损害赔偿纠纷；另一个是金桥园区建设领导组与原审原告之间的公共场所施工致人损害赔偿纠纷。从诉的基本原理分析，除非法律有特别规定，法院应选择单一的案由即案件属性对案件进行审理。而本案原审原告系以公共场所施工损害赔偿纠纷起诉，原审法院亦以该案由进行的开庭审理，故对戴卫东而言，其只能以第三人的诉讼身份介入本案。原审判决追加戴卫东为本案的共同被告，违反法定程序，可能影响案件的正确判决。

【监督结果】

黄山市中级人民法院受理抗诉后，于 2009 年 1 月 5 日作出〔2009〕黄中法民一抗字民事裁定，决定对本案进行再审。同年 3 月 20 日作出〔2009〕黄中法民一再终字第 2 号民事调解书，黄山市黄山区耿城镇人民政府和黄山金桥生态科技工业园区项目建设领导组同意在原判决基础上一次性再补偿叶珍萍、王叶芸、王老九、何月芳损失 3 万元整。上述款项自调解书生效之日起 7 日内一次性付清。

【点评】

本案争议的焦点是：（1）本案到底是一起公共场所施工损害赔偿纠纷案件，还是道路交通事故致人损害赔偿纠纷，两个案由是否可以并存。（2）这两种纠纷同属于特殊侵权行为，但他们适用的民事责任归责原则不同。

1. 针对某一具体案件，应选择单一的案由即案件属性对案件进行审理。

本案存在两个民事法律关系：一个是戴卫东与原审原告之间的道路交通事故人身损害赔偿纠纷；另一个是金桥园区建设领导组与原审原告之间的公共场所施工致人损害赔偿纠纷。从诉的基本原理分析，除非法律有特别规定，法院应选择单一的案由即案件属性对案件进行审理。而本案原审原告系以公共场所施工损害赔偿纠纷起诉，原审法院亦以该案由进行的开庭审理，故对戴卫东而言，其只能以第三人的诉讼身份介入本案。原审判决追加戴卫东为本案的共同被告，违反法定程序，可能影响案件的正确判决。

2. 公共场所施工损害行为和道路交通事故致人损害行为均属于特殊侵权行为，但他们适用的民事责任归责原则不同。

（1）公共场所施工致人损害的侵权行为，实行过错推定责任原则。过错推定责任原则，是指只要受害人能够证明所受损害是加害人的行为或者物件所致，即推定加害人存在过错并应当承担民事责任。加害人不能通过简单地证明自己没有过错而免责，从此种意义上说，过错推定责任中的"过错推定"是不容否认的推定。加害人只有证明存在法定的抗辩事由，才能证明自己没有过错。过错推定责任的特点是：第一，免除了受害人对加害人的过错所承担的举证责任。受害人仅须证明加害人的行为或者物件与损害事实存在因果关系即可，而无须证明加害人主观上存在过错。第二，实行举证责任倒置，由被告就自己没有过错承担举证责任。第三，法律对过错推定责任的免责事由作了严格的限定，主要包括受害人的过错、第三人的过错、不可抗力等。

公共场所施工致人损害行为，其民事责任构成要件有四个：一是存在公共场所施工的事实。二是施工人违反设置明显标志和采取安全措施的注意义务。包括根本没有履行注意义务和虽然履行但不足以起到警示和保证他人的安全的作用。三是存在损害事实。四是损害和公共场所施工行为存在因果关系。公共场所施工致人损害的免责事由为施工人尽到注意义务，即设置明显标志和采取安全措施，并足以使普通人施以通常的注意就可以避免损害的发生。

本案中，施工人没有证据证明自己已设置明显标志和采取安全措施，并且这些标志和措施足以使普通人采取通常的注意即可避免损害的发生。同时，也无证据证明损害是由受害人的过错、第三人的过错、不可抗力等造成。因此施工人金桥园区建设领导组应承担全部赔偿责任。

（2）道路交通事故致人损害的侵权行为的实行无过错责任原则。道路交通事故致人损害的侵权行为从总体上也是一种高度危险作业致人损害的侵权行为，但又具有其特殊性。《民法通则》第123条规定："从事高空、高压、易燃、易爆、剧毒、放射性、高速运输工具等对周围环境有高度危险的作业造成他人损害的，应当承担民事责任；如果能够证明损害是由受害人故意造成的，不承担民事责任。"但在道路交通安全法施行前未被列入特殊侵权行为。《中华人民共和国道路交通安全法》第76条规定，机动车与非机动车驾驶人、行人之间发生的交通事故，由机动车一方承担责任……交通事故的损失是由非机动车驾驶人、行人故意造成的，机动车一方不承担责任。规定表明道路交通事故致人损害的侵权行为实行无过错责任原则，这是秉承了高度危险作业致人损害的侵权行为实行无过错责任原则。

无过错责任原则，是指基于法律的特别规定，加害人对其行为造成的损害没有过错也应当承担民事责任。其特点在于：第一，归责不考虑加害人和受害人的过错。第二，归责无须推定加害人主观上存在过错。第三，损害事实和加害人行为或者物件之间的因果关系是归责的最终要件。第四，责任的承担完全基于法律的特别规定，不得任意扩大无过错责任的适用范围。原判决确认本案为一般的人身损害赔偿纠纷，适用过错责任原则，认定民事法律关系性质错误。

本案的抗诉成功，在于对民事案件的基本性质的准确界定和对民事侵权案件的归责原则的正确。

【承办人简介】

吴伟平，男，1972年12月出生，汉族，中共党员，大学本科文化，法律硕士，安徽省黄山市人民检察院检察委员会委员、检察员。2003年8月起在黄山市人民检察院民事行政检察处工作，2008年10月任民事行政检察处处长，2010年4月调任侦查监督处处长。

22. 叶丽英与泉州国联房地产开发有限公司商品房预售合同纠纷抗诉案

【监督机关】最高人民检察院、福建省人民检察院
【监督方式】抗诉
【基本案情】

申请人（一审原告、二审上诉人）：叶丽英，女，1966 年 8 月 15 日出生，汉族，住泉州市区红梅新村 4 - 406 室。

其他当事人（一审被告、二审被上诉人）：泉州国联房地产开发有限公司，住所地：泉州市丰泽区温陵北路汉唐天下钻石楼二层 K 室；法定代表人：林俊雄，董事长。

泉州国联房地产开发有限公司（以下简称国联公司）于 1998 年 9 月 29 日取得"汉唐天下"的商品房预售许可证。叶丽英（乙方）与国联公司（甲方）于 1998 年 12 月 11 日签订《商品房购销合同》一份，合同约定"叶丽英向国联公司购买地址在本区温陵路北段西侧的汉唐天下钻石楼一层 A17 号店面一间"，"乙方向甲方购买的商品房屋建筑面积共 88.36 平方米……上述面积为暂测面积。如暂测面积与房地产产权登记机关实际测定的面积有差异，以房地产产权登记机关实际测定面积为准"，"按建筑面积计算，该商品房单位售价为每平方米 8544 元……合计总金额为柒拾伍万伍千元整"等条款。合同签订后，叶丽英支付购房款 55.5 万元，并于 2001 年 4 月 9 日办理银行按揭贷款 20 万元。国联公司于 2002 年 2 月 1 日向叶丽英交付店面。叶丽英向泉州市丰泽区人民法院提起诉讼，请求判决国联公司返还叶丽英店面夹层的面积房款 282720.96 元及返还骑楼的购房款 148836.48 元等。

【原审裁判情况】

2003 年 11 月 20 日，泉州市丰泽区人民法院作出〔2002〕丰民初字第 1160 号民事判决。判决认为，国联公司具有商品房预售资质，国联公司与叶丽英之间的商品房预售合同关系合法有效。国联公司未能在合同约定的期限内

向原告叶丽英交房,是违约行为,应依法承担逾期交房的违约责任。国联公司辩称中雨以上天气、大风天气导致施工延误,此事由不属合同约定的可免责事由,其辩解不予采纳。国联公司的销售广告称"店高6米,买一层送一层,一层价格两楼用,营业面积加大一倍",根据最高人民法院《关于审理商品房买卖合同纠纷案件适用法律若干问题的解释》第3条规定,本案的夹层应认定是赠送的,依照公平原则,被告国联公司应根据夹层评估的价款2530元/平方米×33.09平方米=83717.7元退还给原告。判决:(1)国联公司付给叶丽英逾期交房违约金57414.50元;(2)国联公司退给叶丽英的夹层价款83717.70元,并按银行同期同类贷款利率支付自2001年4月12日起至付清款项止的利息;(3)驳回叶丽英的其他诉讼请求。

判后,叶丽英与国联公司均不服,分别向泉州市中级人民法院提起上诉。

2004年5月26日,泉州市中级人民法院作出〔2004〕泉民终字第403号民事判决。判决认为,根据《中华人民共和国民事诉讼法》第72条第1款的规定,人民法院对专门性问题认为需要鉴定的,应当交由法定鉴定部门鉴定,因此,原审法院在对本案的审理过程中认为有必要对诉争店面夹层的价值进行评定时,可以依法委托具有相关鉴定资质的单位进行鉴定,并确定对鉴定费用的承担。据此,国联公司对原审法院审理本案存在程序问题提出的异议和上诉理由不能成立。最高人民法院《关于审理商品房买卖合同纠纷案件适用法律若干问题的解释》于2003年6月1日实施后,原审法院依照新的法律规定确认上诉人国联公司关于"店高6米,买一层送一层,一层价格两楼用,营业面积加大一倍"的销售广告应当视为合同要约,系合同内容,从而认定诉争店面的夹层是赠送的是正确的,不存在与该司法解释实施前所作出的生效民事判决相互矛盾问题。因此,国联公司应按诉争店面夹层的价值来履行其对叶丽英的赠送义务。叶丽英要求国联公司按单位售价退还夹层的价款理由不能成立,不予采纳。国联公司于1998年9月即已取得诉争楼盘的《商品房预售许可证》。根据建设部《关于认真贯彻执行〈房产测量规范〉加强房产测绘管理的通知》(建住房〔2000〕166号)第5条和福建省建设厅《关于执行商品房产权面积计算规定衔接问题的通知》(闽建法〔2003〕11号)第1条的规定,2000年8月1日前已批准预售许可证的商品房,办理产权证时适用预售许可证批准时国家和当地的相关规定。但因此时实施的房产测量规范并未明确禁止将骑楼计入建筑面积,据此,叶丽英主张本案诉争的建筑面积计算应适用《房产测量规范》(GB/T17986.1-2000)及店面骑楼不应在建筑面积范围内缺乏相应的依据,原审判决适用法律正确。国联公司主张的风雨天气属当事人在签订商品房买卖合同时可预见的自然状况,不符合不可抗力的不能预见性特征，其主张上述情形系合同约定的可延期交房的免责事由缺乏依据。原审法院确定国联公司逾期交房的时间是正确的，国联公司可以依照合同的约定请求叶丽英承担逾期交款的违约责任，但叶丽英的逾期交款行为并不当然构成国联公司逾期交房的抗辩事由。因此，国联公司主张因叶丽英的原因迟延接受房屋，应向其支付 2000 年 12 月 29 日至 2002 年 2 月 1 日的保管费用，缺乏依据。国联公司提出关于降低违约金标准的主张是对叶丽英请求其支付逾期交房违约金的一种抗辩理由，法律没有规定抗辩理由必须在法庭辩论结束前提出，原审法院对其抗辩理由进行审查并依据最高人民法院《关于审理商品房买卖合同纠纷案件适用法律若干问题的解释》第 16 条的规定，对合同约定的逾期交房违约金标准作出调整适用法律是正确的。在叶丽英交清房款的前提下，国联公司每月应承担 2359.5 元（即每日 78.6 元）的逾期交房违约金。但鉴于双方在合同的第 8 条明确约定，国联公司如未按合同规定的期限将商品房交付给叶丽英使用，叶丽英有权按已交的房价款向国联公司追究违约利息。因此，从 2000 年 1 月 31 日双方约定交房之日起至同年 4 月 25 日叶丽英交纳第一笔购房款 30.5 万元止，叶丽英没有交纳房价款，故国联公司也不应承担逾期交房的违约责任；从 2000 年 4 月 25 日起至 2001 年 3 月 14 日叶丽英交纳第二笔房款 25 万元止，叶丽英仅交纳了购房款的 40.4%，故国联公司仅应相应承担每月 953 元（即每日 31.8 元）的逾期交房违约金 10134.2 元；从 2001 年 3 月 14 日起至 2001 年 4 月 11 日叶丽英交纳第三笔购房款 20 万元止，叶丽英仅交纳了购房款的 73.5%，故国联公司也仅应承担每月 1734.2 元（即每日 57.8 元）的逾期交房违约金 1560.6 元；从 2001 年 4 月 11 日起至 2002 年 2 月 1 日实际交房止，国联公司应按每月 2359.5 元（即每日 78.6 元）承担逾期交房违约金 22807.5 元。据此，原审判决确定国联公司应承担的逾期交房违约金数额有误，应予变更。叶丽英主张其交房款时是收款收据，后来才换成发票，但未提供相应的证据，不予采信。判决：（1）维持泉州市丰泽区人民法院〔2002〕丰民初字第 1160 号民事判决的第 2 项；（2）撤销泉州市丰泽区人民法院〔2002〕丰民初字第 1160 号民事判决的第 3 项；（3）变更泉州市丰泽区人民法院〔2002〕丰民初字第 1160 号民事判决的第 1 项为：国联公司应在本判决生效后的 15 日内，付给叶丽英逾期交房违约金 34502.3 元；（4）驳回叶丽英的其他诉讼请求。

【监督意见】

判后，叶丽英不服，向检察机关申请监督。福建省人民检察院抗诉认为，二审泉州市中级人民法院〔2004〕泉民终字第 403 号民事判决认定事实的主要证据不足，适用法律错误。理由是：

国家技术监督局 1991 年颁布的《房产测量规范》虽然未明确规定"骑楼面积不能计入建筑面积",但也未明确规定"骑楼面积可以计入建筑面积",在此情形下骑楼面积是否计入建筑面积（销售面积）应遵从双方当事人的约定。本案中,双方当事人所签订的《商品房购销合同》中对骑楼面积是否应计入店面建筑面积（销售面积）没有进行约定,合同的附图也没有包含骑楼部分。因此,在合同中没有设定和约定的义务,购房者叶丽英无须履行,其不用支付骑楼的购房款。此外,与本案同一性质、同一类型、同种法律关系的"陈国捷与国联公司商品房预售合同纠纷"一案,泉州市中级人民法院于 2004 年 12 月 13 日作出〔2004〕泉民再字第 37 号民事判决,福建省人民检察院于 2006 年 5 月 8 日以闽检民抗〔2006〕18 号民事抗诉书对该案提出抗诉,福建省高级人民法院再审后于 2007 年 3 月 6 日作出〔2006〕闽民再终字第 28 号民事判决,该判决认为:"目前我国房地产有关规范性文件并没有对骑楼是否应计入建筑面积作出规定。因此,关于骑楼面积是否计入建筑面积应遵守房屋买卖双方的合同约定。本案双方当事人所签订的《商品房购销合同》中并未对骑楼面积进行约定,合同的附图也没有包含骑楼部分。在原审期间,国联公司也明确表示陈国捷所交清的购房款未包括骑楼部分的款项。因此,依照双方的合同约定,骑楼面积不应计入建筑面积,讼争店面的实际面积应认定为68.18 平方米。"因此,本案叶丽英购买的"汉唐天下"钻石楼一层 A17 号店面的骑楼面积 17.42 平方米,不能计入销售面积。

【监督结果】

福建省高级人民法院受理抗诉后,指令泉州市中级人民法院再审。2007 年 12 月 11 日,泉州市中级人民法院作出〔2007〕泉再民终字第 46 号民事判决,再审认为,对原判把骑楼计入建筑面积问题,由于骑楼系泉州古城城区沿街建筑的一大特色,同时由于我国南方多雨烈日天气原因的影响,开发商才设计骑楼,受益者是业主经营者,不是开发商,把骑楼面积计入建筑面积系当地房地产管理机关长期的习惯做法。为避免因同一改造片区内房屋建筑面积计算执行不同规范而引发社会矛盾,原判把骑楼面积计入建筑面积并无不当。福建省人民检察院对本案提出的抗诉理由不能成立,原判决应予维持。判决:维持泉州市中级人民法院〔2004〕泉民终字第 403 号民事判决。

叶丽英不服泉州市中级人民法院的再审判决,再次向福建省人民检察院提出申诉。福建省人民检察院提请最高人民检察院抗诉。

2008 年 9 月 3 日,最高人民检察院以高检民抗〔2008〕95 号民事抗诉书向最高人民法院提出抗诉。理由是:

再审泉州市中级人民法院〔2007〕泉民再终字第 46 号民事判决,认定

"原判把骑楼面积计入建筑面积并无不当"，认定的基本事实缺乏证据证明。泉州市中级人民法院〔2007〕泉民再终字第 46 号民事判决认为，按照当时的有关规定，对骑楼计入面积没有禁止，而把骑楼面积计入建筑面积系当地房地产管理机关长期的习惯做法。因此，本案诉争的骑楼应计入建筑面积，是错误的。首先，房地产管理部门将骑楼计入建筑面积的计算方法，是其内部做法，没有形成文字并公布，不能推定一般消费者购房时应当知道所购房屋的建筑面积也当然包括骑楼。其次，终审判决认定"本案是在 2000 年 8 月 1 日起施行的国家标准《房产测量规范》（GB/T17986.1–2000）实施之前取得商品房预售许可证的，按照当时的有关规定，对骑楼计入建筑面积没有禁止"。在私法中，法无禁止即自由。因此，销售面积中是否包括骑楼，应当依从当事人之间的约定。与本案同一类型、同种法律关系的"陈国捷与国联公司商品房预售合同纠纷"一案，福建省高级人民法院〔2006〕闽民再终字第 28 号民事判决同样认为"目前我国房地产有关规范性文件并没有对骑楼是否应计入建筑面积作出规定。因此，关于骑楼面积是否应计入建筑面积应遵循房屋买卖双方的合同约定"。而根据本案双方当事人合同约定的有关内容，并没有所购店面建筑面积包括骑楼面积或者骑楼列入所购店面建筑面积的意思表示。双方当事人所签合同的第 2 条约定"乙方向甲方购买商品房屋建筑面积共 88.36 平方米"，该商品房为钻石楼一层 A17 号。该合同第 14 条规定，乙方的房屋仅作店面使用，未提及骑楼。合同附图既没有图案表示的骑楼，也没有对图案以文字标注"骑楼"。与国联公司提供的汉唐天下小区总平面图相比，该图以黑实线构成的图案表示店面，以黑实线阴影构成的图案表示骑楼，并配以"底层骑楼"的文字标注。可见，如果双方约定所购的店面包括骑楼，在附图中应有明确的标识。最后，本案骑楼若计入建筑面积，因其非产权人专用部分，而是公共通道，面积应计入房屋建筑面积的公摊部分。根据作为本案合同附件一的《福建省新建商品住宅质量保证书》记载：本着对住房负责、对社会负责的原则，本公司（国联公司）对提供销售的泉州市丰泽区温陵路汉唐天下小区钻石楼一层 A17 室住宅……作出下列质量保证的承诺：本住宅建筑面积为 88.36 平方米，其中公共建筑面积分摊占总面积 3%。也即所购房屋建筑面积的公摊部门仅为 2.65 平方米，而本案诉争的骑楼面积为 17.42 平方米。综上，双方当事人所签订的合同及其附件均未提及所购店面建筑面积包括骑楼，叶丽英有理由认为所购店面建筑面积不包括骑楼。综上，泉州市中级人民法院〔2007〕泉民再终字第 46 号民事判决，认定的基本事实缺乏证据证明。根据《中华人民共和国民事诉讼法》第 179 条第 1 款第 2 项及第 187 条第 1 款的规定，向最高人民法院提出抗诉。

最高人民法院受理最高人民检察院的抗诉后于 2008 年 10 月 30 日作出〔2008〕民抗字第 96 号民事裁定书，指令福建省高级人民法院再审。福建省高级人民法院再审后于 2010 年 12 月 21 日作出〔2008〕闽民再终字第 37 号民事裁定书，认为该案原审认定事实不清，依照《中华人民共和国民事诉讼法》第 186 条第 1 款、第 153 条第 1 款第 3 项之规定，裁定：（1）撤销泉州市中级人民法院〔2007〕泉民再终字第 46 号民事判决、〔2004〕泉民终字第 403 号民事判决及泉州市丰泽区人民法院〔2002〕丰民初字第 1160 号民事判决。（2）本案发回泉州市丰泽区人民法院重审。

【点评】

本案争议的焦点是国联公司交付给购房者的骑楼是否应当计入店面建筑面积的问题。

骑楼是闽南地区特别是泉州当地的特色建筑，一般是沿街店面用于人们逛街购物时避免风吹日晒雨淋的公共通道。对于骑楼的性质以及是否应当计入店面建筑面积，有不同的观点。第一种观点认为，骑楼应当计入店面建筑面积，骑楼是店面的自然延伸和重要组成部分，而且是一种由房地产开发企业投资兴建、店面购买者受益的建筑物，把骑楼计入建筑面积，符合"谁投资、谁受益"的公平合理原则。第二种观点认为，骑楼不应当计入店面建筑面积，骑楼的功能和作用是沿街每个店面的前一小部分，各个店面的骑楼连起来即成为人们逛街购物时遮光挡雨的公共通道，尽管店面购买者是骑楼的受益者，但对该骑楼并不享有物权法意义上的建筑物专有权，既然店面购买者不能对骑楼进行自由支配，骑楼计入建筑面积即不合理。第三种观点认为，骑楼应当作为建筑物的公摊计算建筑面积，骑楼是店面的自然延伸和重要组成部门，房地产开发企业对骑楼进行了资金、设计等成本投入，若将骑楼不计入建筑面积，对房地产开发企业不公平；若将骑楼计入建筑面积，又由于店面购买者对骑楼不享有专属权利，对店面购买者也不公平，因此应当采取公摊的方法计算骑楼的建筑面积，这样可以平衡各方当事人的利益。

具体到本案，双方当事人签订的《商品房购销合同》并未约定将骑楼计入店面建筑面积，合同附图也没有包含骑楼，原审判决认定应当将骑楼计入店面建筑面积，违反了当事人意思自治，不符合合同约定。骑楼在性质上属于公共通道，而非专属部分，原审判决以叶丽英受益为由，要求其按店面价格支付骑楼售价款，既没有合同依据，也不符合公平原则。此外，关于骑楼问题，福建省高级人民法院在〔2006〕闽民再终字第 28 号民事判决中，对与本案属同一类型的陈国捷与国联公司商品房预售合同纠纷一案已经认定"骑楼不应计入建筑面积"。泉州市中级人民法院在前述判决已经发生法律效力的情况下，仍执意将骑楼计入店面建筑面积，认定申诉人叶丽英应当按店面的价格支付骑楼的售价款，再审判决显然错误。

需要指出的是，本案中双方当事人关于骑楼应否计入店面建筑面积的争议实质在于骑楼的售价款是否应当退还的问题，国联公司退还骑楼的售价款并不触及社会公共利益，也不会导致房地产管理部门在房地产登记方面的混乱，更不会引发社会矛盾。泉州市中级人民法院的再审判决以骑楼面积计入店面建筑面积将导致房地产登记混乱和引发社会矛盾为由，对原审错误不予纠正改判，不仅缺乏事实依据和法律依据，相反还导致众多的购房者无法息诉服判，进一步激发了社会矛盾，不利于社会的安定稳定。

【承办人简介】

杨福珍，男，1975年10月11日出生，汉族，华中师范大学法学院法学专业本科毕业、法学学士。1998年11月至今在福建省人民检察院工作，现为民事检察处正科级助检员、综合指导组组长。

23. 徐理考、杨伟兵与高伯文、罗新根、南昌市骏通客车有限公司等合伙纠纷抗诉案

【监督机关】南昌市人民检察院

【监督方式】抗诉

【基本案情】

申请人（原审被告）：徐理考，男，汉族，1963 年 7 月 22 日出生，浙江省台洲市人，南昌市靖通客车有限公司股东，住广东省深圳市罗湖区新秀路42 号 2 栋 101 室。

申请人（原审被告）：杨伟兵，男，汉族，1970 年 9 月 9 日出生，广东省惠阳人，南昌市靖通客车有限公司股东，住广东省惠洲市惠阳区淡水东风居委会中东门 213 号。

其他当事人（原审原告）：南昌市骏通客车有限公司（原称：南昌市靖通客车有限公司），住所地：南昌市解放东路观田；法定代表人：高伯文，该公司总经理。

其他当事人（原审原告）：高伯文，男，汉族，1954 年 12 月 19 日出生，南昌市靖通客车有限公司股东，住南昌市青山湖江大南路 132 号 62 栋 4 单元301 室。

其他当事人（原审原告）：罗新根，男，汉族，1954 年 10 月 12 日出生，南昌市靖通客车有限公司股东，住南昌市北京东路 213 号 3 栋 4 单元 6 号。

其他当事人（原审第三人）：江西惠通汽车有限公司（原称：鹰潭市汽车改装厂），住所地：鹰潭市工业园区 42 号路；法定代表人：胡学勤，该公司董事长。

2002 年 6 月 18 日，徐理考、杨伟兵（甲方）与高伯文、罗新根（乙方）经协商签订了一份《关于南昌市靖通汽车有限公司重组股份合同书》，江西惠通汽车有限公司的前身鹰潭市汽车改装厂作为生产单位在该协议上盖章确认，协议约定："一、甲方原南昌市靖通客车有限公司和乙方原自有生产设备及办

公用品均各折算成 20 万元整，但不计股本，不参加分红。……二、甲方（徐、杨）以鹰潭市汽车改装厂的 YT6600/YT6601/YT6602/YT6900/YT6900A 客车系列产品公告及无形资产投入占总股权的 52%，乙方高伯文、罗新根投入现金 100 万元，占总股权的 48%，各自享有有效的分红、承担风险的股份责任。……三、自签订合同后，如鹰潭市汽车改装厂办理汽车新产品公告，所产生的费用由股份公司承担，但新产品的公告使用权属股份公司所有。"甲乙双方还就车辆的折旧、材料、半成品实际使用后的清账付款问题以及企业的组织机构、财务管理方法、双方的权利义务、违约责任的承担均作了明确约定。协议签订后，双方依约对南昌市靖通客车有限公司进行了重组，经营至 2003 年 5 月 31 日，因各方原因，徐理考、杨伟兵（甲方）与高伯文、罗新根（乙方）经协商订立了一份《终止〈关于南昌市靖通客车有限公司重组股份合同书〉协议书》（以下简称终止协议书），鹰潭市汽车改装厂亦作为生产单位在该协议上盖章确认，协议就双方当事人终止合作、入股资产资金的返还、合作期间债权债务的分配、资产的处置及遗留问题的处理、违约责任等作出了具体规定。其中第 8 条规定："由于本次清算，无法用全部现金归还乙方投放的壹佰万元，乙方实际接受了双方合作期间剩下的原材料、配件、库存半成品及成品，而汽车生产又是特殊行业，为保证双方在合同终止之后权益不受损害，经商定双方同意：1. 合同终止之后，甲方退出南昌市靖通客车有限公司全部股权，其生产经营全部转让给乙方，转让价为壹元，双方共同到工商税务等相关部门办理正式变更手续，除变更法定代表人为高伯文，也同时变更公司名称为'南昌市骏通客车有限公司'……7. 本协议生效后，原《关于南昌市靖通客车有限公司重组股份合同书》、《关于南昌市靖通客车有限公司重组股份补充书》、关于分工负责清理债务《协议书》，在双方清盘、清账之后一并自然终止。8. 债权债务：（1）本协议签订时间以前的债权债务按该协议商定原则处理。（2）本协议签订时间并办理相关变更移交手续之后由乙方当然负责。9. 该协议该条（第八条）有效期至 2004 年春节止。"第 9 条规定："本协议签订之后，甲、乙双方抓紧时间完成清算清盘，按本协议商定原则进行。……"第 10 条规定："本合同……签字盖章后生效。"协议签订后，双方未清算清盘。

另查明，鹰潭市汽车改装厂原系鹰潭市二轻局下属企业，1997 年实行企业改制，2001 年 11 月，经鹰潭市人民政府批复同意鹰潭市汽车改装厂将无形资产有偿转让给南昌市靖通客车有限公司。2002 年 1 月 31 日，徐理考、杨伟兵、李长江三人集资 50 万并签订协议兴办鹰潭市汽车改装厂（股份合作制企业），徐理考担任法人代表、董事长，杨伟兵担任总经理。2002 年 1 月，徐理考、杨伟兵出资 69.6 万元向鹰潭市月湖区工业小区征得 23.2 亩土地用于鹰潭市汽车改装厂兴建厂房、车间。2003 年 5 月，为扩大投资规模、吸收资金，徐理考、杨伟兵各以土地使用权作价 700 余万元与张伟光、彭保华合作，并以 1000 万元购得土地 200 亩。同年 6 月，鹰潭市汽车改装厂向鹰潭市工商局申请将名称变更为江西惠通汽车有限公司，公司注册资本 3000 万元。公司地址：鹰潭市工业园区 42 号。2007 年 2 月江西惠通汽车有限公司搬出鹰潭市经济技术开发区。

还查明，南昌市靖通客车有限公司系杨伟兵于 2001 年 3 月向南昌市工商管理局申请登记注册成立。其中杨伟兵投资 47.5 万元并担任法人代表，占投资额的 95%，陈春梅投资 2.5 万元，占 5%。企业性质：私营有限责任公司。2003 年 6 月，陈春梅将其股份转让给魏小妹，杨伟兵除保留 1 万元投资外，其余股份分别转让给高伯文、罗新根，其中高伯文投资 41.5 万元，罗新根投资 5 万元，南昌市靖通客车有限公司申请变更为南昌市骏通客车有限公司，法人代表变更为高伯文。2007 年 7 月因未参加年检被吊销营业执照。

再查明，2004 年 5 月，高伯文、罗新根因财产权属纠纷向南昌市中级人民法院起诉徐理考、杨伟兵、张伟光、彭保华四人，要求确认徐理考、杨伟兵两人在江西惠通汽车有限公司中的股份（700 万元）属原被告共同所有。同年 9 月，南昌市中级人民法院裁定准许高伯文、罗新根撤回起诉。

2006 年 9 月 19 日，南昌市骏通客车有限公司、高伯文、罗新根以徐理考、杨伟兵没有按照终止协议书的约定履行自己应尽的义务并以各种方式拿走公司及其现金为由，向南昌市青山湖区人民法院提起诉讼，要求徐理考、杨伟兵按照 2003 年 5 月 31 日终止协议书第 5 条第 2 款第 1 项、第 7 条第 2 款、第 8 条第 3 款、第 4 条第 1 项、第 9 条之规定支付 NK6100 客车公告费 81600 元、YT6120W 客车公告费 145600 元、提供合格证 26 张价值 4 万元、补足银行存款差额 16622.75 元、归还企业欠款、分配款项 255184.17 元、支付上述款项利息 80042 元，以上合计 619048.92 元。同时将江西惠通汽车有限公司列为本案第三人。

【原审裁判情况】

南昌市青山湖区人民法院受理此案后，南昌市骏通客车有限公司、高伯文、罗新根先后于 2007 年 8 月 23 日、9 月 17 日两次向法院提出申请，要求对南昌市靖通客车有限公司 2002 年、2003 年的现金日记账及徐理考、杨伟兵欠公司资金情况进行审计鉴定。后经南昌市中级人民法院将此案送往江西求正司法鉴定中心鉴定。同年 11 月 16 日，江西求正司法鉴定中心出具〔2007〕赣求司鉴会字第 015 号司法技术鉴定书，鉴定结果为："1. 南昌市靖通客车有限公司 2002 年 8 月至 2003 年 7 月现金日记账期末余额 376353.83 元。2. 徐理考、杨伟兵 2002 年 7 月欠公司车款计 140203 元未入账结算。3. 徐理考、杨伟兵 2002 年 6 月至 2003 年 7 月借公司款项合计 69575.73 元。4. 高伯文、罗新根 2002 年 6 月至 2003 年 7 月代垫各种款项合计 109636.22 元。" 2007 年 11 月 28 日，南昌市骏通客车有限公司、高伯文、罗新根依据鉴定结果向法院提出增加变更诉讼请求：（1）增加支付返还银行存款差额 138650 元；（2）按鉴定结果高伯文、罗新根代垫各种款项合计 109636.22 元，其中按徐理考、杨伟兵所占股份 52% 计算，要求增加支付 57010.83 元；（3）对原诉讼请求第 5 项（即归还企业欠款、分配款项）变更，增加诉讼请求金额 766518.64 元；（4）增加支付上述款项的贷款利息 382023.17 元。

一审期间，南昌市青山湖区人民法院到鹰潭市工商局调取了江西惠通汽车有限公司的工商档案，但徐理考、杨伟兵的身份证复印件未入卷。2007 年 3 月 9 日，该院到鹰潭市经济技术开发区（原名：鹰潭市工业园区）42 号向江西惠通汽车有限公司、徐理考、杨伟兵送达民事诉状副本、应诉举证通知书，送达回证载明："董明军"（备注：门卫）代收。同年 5 月，该院再次到鹰潭市工业园区 42 号向江西惠通汽车有限公司送达开庭传票，送达回证"备注"一栏载明："拒绝签收，留置门卫送达。"而后，该院适用公告送达的方式对本案申诉人即徐理考、杨伟兵及江西惠通汽车有限公司送达了相关法律文书。

2008 年 6 月 20 日，南昌市青山湖区人民法院经缺席审理作出〔2006〕湖罗民初字第 103 号民事判决。判决认为："二被告 2003 年 5 月 31 日与原告方所订《终止〈关于南昌靖通客车有限公司重组股份合同书〉协议书》系双方真实意思的表示，协议签订后原、被告就应按协议全部履行自己的职责，本案中由于被告下落不明，第三人在诉讼过程中途亦未能查寻到下落，在被告不能当庭质证的情况下，本院认真核实证据，并聘请有关机构对原、被告账目进行了审计，并最终认定上述证据，确定二被告结欠原告款项。"据此，判决杨伟兵、徐理考在判决生效后 10 日内共同支付南昌市骏通客车有限公司、高伯文及罗新根下列费用：（1）NK6100W 客车公告费 63360 元及 YT6120W 客车公告费 145600 元；（2）补足银行存款的差额 155272.75 元；（3）代垫各项款 57010.83 元；（4）借款 974182.81 元；（5）上述款项相应利息（从 2003 年 5 月 31 日起计算至还清欠款之日止，按中国人民银行同期贷款利率计算）。

2009 年 1 月 7 日，南昌市青山湖区人民法院作出〔2008〕湖执字第 578 号民事裁定："冻结、扣划被执行人徐理考、杨伟兵银行存款及收入 205 万元或查封、扣押、拍卖、变卖其相应价值的财产。"同年 15 日，该院向深圳房地产权登记中心发出〔2008〕湖执字第 578 号协助执行通知书，要求对被执行人徐理考分别位于罗湖区新秀村 42 号 2 栋住宅楼 110（即 101 号）房屋一套（产权证号 2000179297）、福田区梅林荔园阁 1109 商品房一套（房产证号 3000498007）不得办理过户、抵押等手续，时间为 2009 年 2 月 15 日至 2011 年 1 月 14 日。

【监督意见】

徐理考、杨伟兵不服上述判决，向检察机关申请监督。2009 年 6 月 12 日，南昌市人民检察院以洪检民行抗字〔2009〕第 2 号民事抗诉书向南昌市中级人民法院提出抗诉。理由如下：

1. 原审判决认定徐理考、杨伟兵下落不明，证据不足，适用公告送达方式缺席审理本案程序违法。

程序合法是确保实体公正的重要前提。《中华人民共和国民事诉讼法》第 84 条规定，只有受送达人下落不明或以其他方式无法送达的情况下，才能适用公告送达方式送达法律文书。而本案徐理考、杨伟兵并不属于上述法律规定的公告送达情形：第一，原审判决书已明确载明了徐理考、杨伟兵两人的住址，但原审法院未依法采用直接送达或邮寄送达的方式向两人送达法律文书。相反，案卷证据表明此案执行时原审主办法官在徐理考的身份证住址查封了徐理考的房产，此举亦表明原审法院完全可以查明徐理考的住址，徐理考不属于下落不明或以其他方式无法送达者。第二，原审判决书已载明原审主办法官到鹰潭市工商局调取江西惠通汽车有限公司的工商档案，该工商档案中附有徐理考、杨伟兵两人的身份证复印件，身份证载明了住址，原审法院为何不复制该两人身份证入卷？判决书中有关徐理考、杨伟兵的地址从何而来？第三，原审送达程序不实。虽然原审案卷所附送达凭证反映了原审主办法官曾两次，分别于 2007 年 3 月、2007 年 5 月到江西惠通汽车有限公司所在地址江西鹰潭经济技术开发区 42 号向徐理考、杨伟兵及江西惠通汽车有限公司送达相关法律文书，但工作单位并不是法律文书送达的唯一地址，且经检察机关调查证实江西惠通汽车有限公司已于 2007 年 2 月退出鹰潭经济技术开发区。因此，原审送达程序的违法及不实致使徐理考、杨伟兵两人在原审诉讼过程中因未到庭、缺席而丧失了应诉、答辩、举证、质证、辩论、上诉等一系列重要的诉讼权利，合法权益因此难以受到保护。

2. 原审鉴定结论未经双方当事人质证，依法不能作为定案的依据。

最高人民法院《关于民事诉讼证据的若干规定》第 47 条规定："……未经质证的证据，不能作为认定案件的依据。"本案原审判决作出的重要依据之一是原审法院委托江西求正司法鉴定中心所作的〔2007〕赣求司鉴会字第 015 号《司法技术鉴定书》，而该《司法技术鉴定书》是原审法院对徐理考、杨伟兵违法适用公告送达程序造成徐、杨缺席不能到庭，仅凭原审原告一方当事人提供的证据材料作出的，该《司法技术鉴定书》所依据的证据材料（包括账簿、记账凭证、借款明细表等）和最后的鉴定结论均未经双方当事人质证，原审判决书中亦载明，因此，该鉴定结论因客观性、真实性、合法性难以保证依法不能作为定案的依据。

3. 原审原告的诉讼请求已超过法定诉讼时效，依法不应支持。

《中华人民共和国民法通则》第 135 条规定："向人民法院请求保护民事权利的诉讼时效期间为二年"；第 137 条规定："诉讼时效期间从知道或者应当知道权利被侵害时起计算……"本案高伯文、罗新根与徐理考、杨伟兵所签订的终止协议书第 8 条规定："……7. 本协议生效后，原《关于南昌市靖通客车有限公司重组股份合同书》、《关于南昌市靖通客车有限公司重组股份补充书》、《关于分工负责清理债务协议书》，在双方清盘、清账之后一并自然终止。8. 债权债务：（1）本协议签订时间以前的债权债务按该协议商定原则处理。……9. 该协议该条（第八条）有效期至 2004 年春节止。"第 9 条规定："本协议签订之后，甲、乙双方抓紧时间完成清盘清算，按本协议商定的原则进行。……"由此可见，高伯文、罗新根与徐理考、杨伟兵双方之间已明确约定清账时间截至 2004 年春节止，但双方并未在此约定时间清账，应视为双方对终止协议书所载明债权的一种放弃，高伯文、罗新根自此应当知道其权益受到侵害，但其并未在法律规定的上述期间向徐理考、杨伟兵主张权利，而是于 2006 年 9 月 19 日向原审法院提起诉讼，要求徐理考、杨伟兵按终止协议书的约定清账并履行债务，明显超出了法律规定的 2 年诉讼时效期间，依法丧失了胜诉权。虽然高伯文、罗新根向检察机关辩称其曾于 2004 年 9 月 22 日向南昌市中级人民法院起诉徐理考、杨伟兵，诉讼时效中断，但经检察机关查证：该次诉讼与本案诉讼并非同一事由，两次诉讼请求内容亦不相同。因此，本案不存在诉讼时效中断情形，原审判决对高伯文、罗新根关于本案超过诉讼时效的请求予以支持明显不当，有违上述法律规定。

【监督结果】

南昌市中级人民法院受理抗诉后指令南昌市青山湖区人民法院再审本案，该院经审理于 2010 年 2 月 24 日作出〔2009〕湖民再字第 3 号民事判决。判决认为：二被告于 2003 年 5 月 31 日与原告方所订《终止〈关于南昌靖通客车有限公司重组股份合同书〉协议书》系双方真实意思的表示，本院予以确认。根据终止协议书第 8 条"……7. 本协议书生效后，原《南昌市靖通客车有限公司重组股份合同书》、《关于南昌市靖通客车有限公司重组股份的补充协议书》、《关于分工负责清理债务的协议书》，在双方清盘、清账之后一并自然终止。8. 债权债务：（1）本协议签订时间之前的债权债务，按该协议商定的协议处理……9. 该协议该条（第八条）有效期至 2004 年春节止"和第 9 条"本协议签订之后，原、被告双方抓紧时间完成清盘清算，按本协议商定的原则进行"中的内容约定，双方应在约定的有效时间内即 2004 年春节之前进行清算清盘，但双方并未在此时间内进行清账，原告自此应当知道其权益受到侵害，但并未在法律规定的时间内向二被告主张自己的权利，三原告直到 2006 年 9 月 19 日才向法院提起诉讼，超过了 2 年的法定诉讼时效，丧失了胜诉权。判决：撤销〔2006〕湖罗民初字第 103 号民事判决，驳回原审原告的诉讼请求。

判后，南昌市骏通客车有限公司、高伯文、罗新根不服，向南昌市中级人民法院提出上诉。

2010 年 8 月 6 日，南昌市中级人民法院作出〔2010〕洪民再上字第 2 号判决书。判决认为：诉人与被上诉人于 2003 年 5 月 31 日所签订的《终止〈关于南昌靖通客车有限公司重组股份合同书〉协议书》系双方真实意思的表示，本院予以确认。根据终止协议书第 8 条"……7. 本协议书生效后，原《南昌市靖通客车有限公司重组股份合同书》、《关于南昌市靖通客车有限公司重组股份的补充协议书》、《关于分工负责清理债务的协议书》，在双方清盘、清账之后一并自然终止。8. 债权债务：（1）本协议签订时间之前的债权债务，按该协议商定的协议处理……9. 该协议该条（第八条）有效期至 2004 年春节止"和第 9 条"本协议签订之后，原、被告双方抓紧时间完成清盘清算，按本协议商定的原则进行"中的内容约定，双方应在约定的有效时间内即 2004 年春节之前进行清算清盘，但双方并未在此时间内进行清账，上诉人自此应当知道其权益受到侵害，但上诉人并未在法律规定的时间内向二被告主张自己的权利，上诉人直到 2006 年 9 月 19 日才向法院提起诉讼，超过了 2 年的法定诉讼时效，丧失了胜诉权。二审期间，上诉人向法庭出示的民事诉状主张的是财产权属纠纷，与本案无关，该证据并不能证明上诉人的诉讼时效中断。2010 年 6 月 8 日，南昌市公安局经济犯罪侦查支队向我院出具的《关于出具涉案证明的情况说明函》已经证明公安机关于 2010 年 3 月 4 日出具的证明无效，该支队在说明函中并没有证明上诉人在何时向公安机关咨询。上诉人并没有提供证据证明其在何时向公安机关咨询，故上诉人对此应承担举证不能的法律责任。上诉人认为其诉讼未超过诉讼时效的保护范围证据不足，对其此项上诉主张本院不予支持。一审再审认定事实清楚，适用法律正确，应予维持。经本院审判委员会讨论决定，依照《中华人民共和国民事诉讼法》第 153 条第 1 款第 1 项之规定，判决：驳回上诉，维持原判。

【点评】

本案主要涉及以下两个法律问题：

一、关于送达和质证程序的问题

公告送达作为送达方式之一，是一种推定送达，在实际操作过程中并不能保证受送达人真正知悉公告文书所刊载的内容并及时作出反应，从而可能会影响到当事人的知情权、庭审权，进而对答辩权、举证权、质证权等一系列的权利造成损害，这就是公告送达与其他送达方式相比最为明显的缺陷。为此，民事诉讼法对公告送达的适用进行了严格限制：受送达人下落不明，或者其他方式无法送达的，才适用公告送达，也就是说公告送达是在用尽其他方式无法送达之后的选择。原审法院在具备直接送达等其他方式送达可能的情况下采用公告送达，严重违反民事诉讼法关于送达的相关规定，致使原审被告因为未能知悉诉讼事实而不能出席庭审提出自己对于原审原告起诉已过诉讼时效的抗辩，也无法质证原审原告所举证的鉴定结论，程序显失公正。

二、关于诉讼时效的问题

诉讼时效是为稳定交易关系而对"躺在权利上睡觉"的当事人实体权利不予保护的一种制度。依据《民法通则》的规定，普通诉讼时效期间是 2 年，从知道或者应当知道权利被侵害时起计算。诉讼时效是对请求权行使设定的一种期间，在该期间行使请求权的，发生诉讼时效的中断。《民法通则》规定，诉讼时效因提起诉讼而中断，即对一个法律权利纠纷提起诉讼可引起该权利诉讼时效的中断。本案中原审原告超过 2 年诉讼时效期间起诉，其抗辩曾于 2004 年 9 月因财产权属纠纷起诉过原审被告，但是财产权属纠纷与本案公司债权债务清算纠纷显然不是同一事由，因此提起的诉讼并不是基于同一请求权，故而原审原告因财产权属纠纷起诉原审被告并不产生中断本案诉讼时效的法律效力。

【承办人简介】

赖蓉蓉，女，1966 年 8 月出生，中共党员，四级高级检察官，南昌市人民检察院民事行政检察处处长、检察委员会委员。曾两次荣立三等功，多次被评为优秀公务员、优秀共产党员、优秀女法律工作者。曾荣获"江西十大法治人物"、"江西省十佳女检察官"、"江西省三八红旗手标兵"、"南昌市维护妇女儿童权益先进个人"、"南昌市巾帼建功标兵"、"江西省巾帼建功标兵"、"南昌市检察机关首届检察业务尖子"等称号。

24. 常席林与叶威武借款合同纠纷抗诉案

【监督机关】江西省人民检察院

【监督方式】抗诉

【基本案情】

申请人（一审被告、二审上诉人）：常席林，男，汉族，1972 年 9 月 7 日出生，江西高安市人，江西省新中英陶瓷有限公司董事长，住江西省高安市。

其他当事人（一审原告、二审被上诉人）：叶威武，男，汉族，1962 年 10 月 15 日出生，江西省高安市人，个体工商户，住赣州市章贡区青年路 11 号。

2004 年 12 月 11 日，常席林向叶威武借款 60 万元人民币，并出具借条一张，约定还款期限为 15 天。同年 12 月 15 日，叶威武依约将 60 万元人民币汇入常席林账户。2005 年 1 月 2 日，常席林将 60 万元汇入叶平账户。2007 年 12 月 18 日，叶威武持借条向赣州市章贡区人民法院起诉，要求常席林返还借款 60 万元及利息 22.4 万元。叶威武向法院提供的借条上记载还款期限为 615 天。

【原审裁判情况】

赣州市章贡区人民法院一审审理认为：叶威武与常席林之间的借款合同依法成立，合法有效。叶威武依约向常席林交付了借款，但常席林未归还借款，引起本案纠纷，应承担本案纠纷的全部责任。常席林提出已于 2005 年 1 月 2 日将所借款项 60 万元归还叶威武，叶威武提交的借条是经过变造的意见，因常席林提供的是其将 60 万元汇入叶平账户的证据，常席林既未提供证据证明其是应叶威武要求将此款汇入叶平账户，亦未提供证据证明叶平与叶威武系同一人，对汇入叶平账户的 60 万元资金去向调查，也未查出此 60 万元与叶威武有关联，常席林还款应向叶威武索回借条或要求叶威武出具收条，作为成年人应该清楚此法律后果。常席林提出借条经过变造，因常席林不要求对此借条的真实性做鉴定，无法判断还款期限上 "615" 中的 "6" 不是常席林所写。综上，对常席林的意见不予采信。叶威武要求常席林支付利息 22.4 万元，因借条上未约定利息，叶威武只能要求常席林支付还款期限界满后的逾期付款利息，对超过部分不予支持。2008 年 8 月 28 日，赣州市章贡区人民法院据此作出判决：（1）常席林归还叶威武借款本金 60 万元及逾期付款利息。（2）驳回叶威武其他诉讼请求。

常席林不服一审判决，向赣州市中级人民法院提出上诉。

赣州市中级人民法院经二审审理认为：二审认定的常席林 2004 年 12 月 11 日向叶威武借得人民币 60 万元的事实与一审认定的一致。另查明常席林于 2005 年 1 月 2 日存入户名为叶平的银行账上 60 万元，叶威武已收到该 60 万元并认可曾以叶平的名义多次与常席林发生经济往来，但提出该笔还的是常席林 2003 年向其借的款项，借据已由常席林收回。2004 年 12 月 11 日的借条约定的还款期限为 15 天，以后添加为 615 天。常席林否认是其添加。叶威武称是常席林无法还款，到叶威武办公室要求延期，叶威武要常席林重新写一张借条，常席林说不用，直接在借条上加了一个"6"。……本院认为，该借条还款期限中加了数字 6，无法查明添加人，但不能改变借款的真实性。常席林 2005 年 1 月 2 日存入叶威武户名为叶平的银行账上 60 万元，亦无争议。对于该 60 万元的偿付指向，双方陈述不一。综合双方当事人的陈述和举证，本院认为常席林的抗辩理由不成立。首先，常席林 2005 年 1 月 2 日通过银行偿付给叶威武 60 万元，叶威武至今仍持有 60 万元的借条，按通常做法如偿还指向是该 60 万元，常席林应从叶威武手中收回或销毁借条或另做书面言明。即使偿付时双方身处异地，如果针对的是本案借款，常席林也有条件及时完善。其次，常席林与叶威武多年来有共同经营行为，还有本案 60 万元借款之外的其他经济往来。常席林不能证明其在 2005 年 1 月 2 日的偿付与本案借款是唯一对应的。叶威武向常席林主张债权应予支持，一审对此所作的处理是正确的。据此，该院于 2008 年 12 月 30 日作出〔2008〕赣中民四终字第 385 号民事判决：驳回上诉，维持原判。

常席林不服，向江西省高级人民法院申请再审。

江西省高级人民法院经再审审理认为：2004 年 12 月 11 日，常席林向叶威武出具一张借条："暂借叶威武人民币 60 万元（15 天归还），暂借人常席林。"对此双方均无异议。但对该借条上后加的"6"字即归还期限 615 天，双方存在争议。常席林称借款期限是 15 天，15 前面的"6"字是叶威武添加的。叶威武称原借条添加"6"为 615 天，是常席林于 2005 年 10 月在其办公室改的。从该份暂借条的文义分析，暂借顾名思义是暂时所借，短期归还，借条上如归还期限是 15 天，较符合借条上暂借的文义和双方认可的基本事实。常席林称，2004 年 12 月 11 日，常席林向叶威武借款 60 万元后，于 2005 年

1月2日存入叶威武户名为叶平的银行账上60万元用于归还该笔借款。叶威武称是还常席林2003年向我借的60万元。根据双方的申辩分析，从借条约定的期限是15天，在借款后的22天就已经归还，还款的时间与借条约定的时间较符合事实，从借条所借的金额60万元，与还款金额60万元是吻合的。叶威武称是还2003年借的60万元，但未提供常席林在2003年向其借款60万元的证据证明。原审判决认为，"双方多年来有共同经营行为，还有本案60万元借款之外的其他经济往来，常席林不能证明其2005年1月2日的偿付与本案借款是唯一对应的"，而原审未查清常席林存入叶威武户名为叶平的银行账上60万元，是偿还其他经济往来的哪笔款项，故原审判决认定的事实缺乏事实依据。据此，江西省高级人民法院于2009年5月20日作出〔2009〕赣民申字第64号民事裁定书，指令赣州市中级人民法院再审。

赣州市中级人民法院经过再审审理，江西省高级人民法院裁定中要求查清的"常席林存入叶威武户名为叶平的银行账上60万元，是偿还其他经济往来的哪笔款项"之事实，仍然未能查清，却判决维持该院原二审判决。

【监督意见】

常席林不服赣州市中级人民法院〔2009〕赣中民再终字第7号民事判决，向检察机关申诉。江西省人民检察院于2010年11月4日以赣检民行抗字〔2010〕33号抗诉书向江西省高级人民法院提出抗诉。抗诉理由如下：

原审法院因举证责任分配错误，导致本案认定事实和适用法律错误。

根据民事诉讼法"谁主张，谁举证"的原则，当事人对自己提出的主张，必须提供证据加以证明。本案涉及的基本事实有两个：一是叶威武主张的借款事实；二是常席林主张的还款事实。

叶威武主张"常席林向其借款60万元，期限为615天"。其提供的证据是借条及汇款凭证。常席林承认借款事实，但称借款期限为15天，借条中"615天归还"中的"6"是叶威武自行添加的。叶威武则在二审中称是常席林于2005年10月在其办公室改的。该借条的原文是："暂借叶威武人民币陆拾万元整。（615天归还）暂借人常席林2004.12.11。""暂借"之意是暂时所借，短期归还。叶威武在一审时主张常席林出具了借期为615天的借条、在二审时又辩称"6"是常席林于2005年10月在其办公室添加的，其说法前后不一，且明显不符合常理。因借条一直由叶威武持有，"6"又明显是后来添加的，且叶威武不能作出合理解释，应推定为叶威武所为。其应为自己故意变造证据的行为承担相应的责任。

常席林主张借条中款项已归还，其提交的证据是银行的还款凭证。常席林主张已经还款，其虽然没有收回借条，但持有银行的还款凭证，还款凭证的金额及还款时间均与借条的内容相吻合，能起到已经偿还借款的证明作用。其已尽到举证责任，除非叶威武提供相反的证据足以反驳其主张。

叶威武在一审中称没有收到过还款，叶平与叶威武无关。在二审被证明叶平与叶威武为同一人、确实收到还款后，又辩称是还2003年借给常席林的60万元，但没有提供证据加以证明。

再审时，叶威武提供赣州市商业银行电汇凭证一份（时间2003年12月19日，汇款人赣州广日电梯销售有限公司，收款人江西省高安市联社，金额27万元，汇款用途为货款），以及银行卡业务回单一份（载明叶威武2005年6月4日在农业银行高安市支行取款30万元）。赣州市中院再审时经调查，叶威武于2003年3月28日在农业银行章贡区支行开设的存折存支明细一份，在2003年共有四笔支出，即4月20日现支13万元、62万元，6月17日现支3万元，9月28日现支3万元；2005年3月25日至2005年12月30日，叶威武在农业银行赣州章贡区支行有22笔往来。上述证据无论金额还是内容，显然都不能证明叶威武在2003年借给常席林60万元。关于已经还款这一事实，常席林提供的证据证明力远远大于叶威武提供的证据以及原审法院调查所得证据。

最高人民法院《关于民事诉讼证据的若干规定》第73条第1款规定："双方当事人对同一事实分别举出相反的证据，但都没有足够的依据否定对方证据的，人民法院应当结合案件情况，判断一方提供证据的证明力是否明显大于另一方提供证据的证明力，并对证明力较大的证据予以确认。"由此可见，民事诉讼的证明原则是优势证据，而不是绝对唯一的证据。原审法院以"常席林存入叶平账户的60万元不具有归还本案诉争借款60万元的唯一性"为由，判决常席林未尽举证责任，必须偿还叶威武60万元。该判决认定事实和适用法律错误。

【监督结果】

江西省高级人民法院受理抗诉后，对该案进行再审。2012年4月20日，该院作出〔2012〕赣民提字第3号民事判决。判决认为，叶威武在一审时的诉请是要求常席林偿还2004年12月11日所写借条的借款，为此，常席林举证证明其2005年1月2日通过银行转款60万元到叶平账户，因叶平与叶威武为同一人，故常席林认为其偿还了2004年12月11日所借叶威武60万元款项。从举证责任角度来说，双方均已完成举证责任。一审中，叶威武的代理人对庭审时问及叶威武是否有其他曾用名或是否用叶平名字在银行开户的问题，回答是不清楚，故一审法院以无证据证明叶平与叶威武是同一人为由，判决常席林应偿还所借叶威武的60万元借款。二审时，常席林提供了高安市公安局的相关材料，证明叶威武与叶平系同一人，叶威武也承认曾以叶平名字在银行开户，至此，2004 年 12 月 11 日借条中的借款、还款行为已完成。但叶威武在原二审中又称常席林2005年1月2日所还款项是偿还 2003 年所借款项，但没有提供常席林 2003 年向其借款的证据。依据双方在本院再审前提供的所有证据和赣州市中级人民法院调查取得的证据，经审查，叶威武称常席林 2005 年 1 月 2 日所还 60 万元是偿还 2003 年借款证据不足。由于该借条一直是由叶威武持有、保管，对该借条上数字的添加，从举证责任分配来说，叶威武负有举证证明的责任，本案从一审到本院再审，没有证据证明借条中的"6"字是常席林添加，叶威武所称借条中"6"字是常席林添加的事实不能确认。本案的借款时间与还款时间、借款数目与还款数目和借条上的约定相吻合。原一、二审判决认定事实不清，适用法律错误。检察机关的抗诉理由成立，予以支持。本案经本院审判委员会讨论决定，依据《中华人民共和国民事诉讼法》第 186 条、第 153 条第 1 款第 3 项之规定，判决如下：（1）撤销赣州市中级人民法院〔2009〕赣中民再终字第 7 号、〔2008〕赣中民四终字第 385 号民事判决和赣州市章贡区人民法院〔2008〕章民二初字第 29 号民事判决；（2）驳回叶威武的诉讼请求。一、二审案件受理费24080 元，由叶威武承担。

【点评】

本案主要涉及借款纠纷案件中的举证责任分配问题。《民事诉讼法》（本法已于 2012 年 8 月 31 日修改）第 64 条第 1 款规定了举证责任分配的一般规则："当事人对自己提出的主张，有责任提供证据。"最高人民法院《关于民事诉讼证据的若干规定》第 2 条进一步明确规定了该规则的核心内容："当事人对自己提出的诉讼请求所依据的事实或者反驳对方诉讼请求所依据的事实有责任提供证据加以证明。没有证据或者证据不足以证明当事人的事实主张的，由负有证明责任的当事人承担不利后果。"在本借款纠纷案件中，叶威武应对其主张的借款关系合法成立承担举证责任；常席林应对其主张的还款事实承担举证责任。另外，如果常席林提出借款关系不存在或者叶威武提出还款事实不存在，则是反驳对方的主张，对其反驳对方主张所依据的事实也有责任提供证据加以证明。本案中，叶威武主张"常席林向其借款 60 万元，期限为 615天"。其提供的证据是借条及汇款凭证。常席林承认借款事实，但称借款期限为 15 天。因借条一直由叶威武持有，而借条上"615 天"中的"6"明显是后来添加的，叶威武称借条中"6"字是常席林添加的，其对此负有举证证明的责任，但叶威武没有证据证明借条中的"6"字是常席林添加，应承担举证不能的后果。即应认定为"常席林向其借款 60 万元，期限为 15 天"。常席林主张已经还款，其虽然没有收回借条，但持有银行的还款凭证，还款凭证的金额及还款时间均与借条的内容相吻合，能起到已经偿还借款的证明作用，已尽到举证责任。叶威武反驳常席林的还款主张，称常席林2005年1月2日所还款项是偿还2003年所借款项，但没有提供常席林2003年向其借款的证据，应承担举证不能的不利后果，即应认定常席林已经还款。

原审法院以"常席林存入叶平账户的60万元不具有归还本案诉争借款60万元的唯一性"为由，判决常席林未尽举证责任，必须偿还叶威武60万元。该判决违反了我国法律规定的举证责任分配的一般规则，认定事实和适用法律错误。再审法院支持了检察机关的抗诉理由，依法予以改判，保障了法律的正确实施，维护了当事人的合法权益。

【承办人简介】

王华，女，1970年9月11日出生，厦门大学法律系本科毕业，法学士学位，江西省人民检察院检察员，2007年起至今在民事行政检察处工作。

25. 门其华、雒凤美与广饶县供电公司工伤赔偿纠纷抗诉案

【监督机关】山东省人民检察院、山东省东营市人民检察院

【监督方式】抗诉

【基本案情】

申请人（一审原告、二审上诉人）：门其华，男，1941 年 8 月 15 日出生，汉族，农民，广饶县花官乡岳六村人，住该村。

申请人（一审原告、二审上诉人）：雒凤美，女，1946 年 12 月 6 日出生，汉族，农民，广饶县花官乡岳六村人，住该村。

其他当事人（一审被告、二审被上诉人）：广饶县供电公司，住所地：广饶县广颖路 1 号；法定代表人：王重新，经理。

门其华、雒凤美之子门光春生前系广饶县供电公司所属农电工，月工资 750 元。2002 年 6 月 23 日 19 时许，门光春接到他人电话要求维修电路，当其驾驶两轮摩托车雨天沿广饶县辛河路由南向北行驶至二干桥南 20 米处时，不慎撞在路桩上导致死亡。经广饶县公安局交通警察大队认定，门光春负事故的全部责任。事故发生时，门其华、雒凤美均已丧失劳动能力且无其他生活来源，平时靠门光春提供主要生活来源。事故发生后，广饶县供电公司没有申请工伤认定，门其华、雒凤美则多次申请对门光春作出工伤认定，但广饶县劳动和社会保障局对门光春作出不属于工伤的认定，门其华、雒凤美将该局诉至广饶县人民法院，法院判决撤销该认定书，并责令该局重新作出认定。广饶县劳动和社会保障局第二次对门光春作出不属于工伤的认定。门其华、雒凤美第二次起诉，法院再次判决撤销其认定书，并责令该局重新作出认定。广饶县劳动和社会保障局第三次对门光春作出不属于工伤的认定。门其华、雒凤美第三次起诉，广饶县人民法院第三次判决撤销其认定书，并责令该局重新作出工伤认定。广饶县人民法院第三次判决作出后，该案第三人广饶县供电公司不服，上诉至东营市中级法院。二审期间，门其华、雒凤美与广饶县供电公司于

2004 年 8 月 9 日签订和解协议，约定广饶县供电公司付给门其华、雒凤美 8 万元整（包括公司为门光春投保的 1.5 万元人身意外伤害保险金），"作为双方的最终结果"，广饶县供电公司撤回上诉。2004 年 8 月 10 日，东营市中级人民法院以〔2004〕东行终字第 39 号行政裁定"准许上诉人广饶县供电公司撤回上诉，各方当事人按原审判决执行"。

2004 年 9 月 3 日，广饶县劳动和社会保障局按照生效的〔2004〕广行初字第 40 号行政判决作出广劳社工认定字〔2004〕第 65 号工伤认定决定书，认定门光春的死亡情形属于工伤。门其华、雒凤美遂要求广饶县供电公司按《中华人民共和国工伤保险条例》规定的标准支付门光春死亡的待遇。广饶县供电公司以双方就此事已达成协议处理完毕为由予以拒绝。门其华、雒凤美申请仲裁，2004 年 12 月 20 日，广饶县劳动争议仲裁委员会以证据不足为由，不予受理。2005 年 1 月 4 日，门其华、雒凤美以广饶县供电公司为被告诉至广饶县人民法院，要求判决撤销门其华与广饶县供电公司达成的和解协议，判令广饶县供电公司按工伤保险待遇支付丧葬费补助金 10650 元，一次性工亡补助金 99400 元，扣除已支付的 8 万元，再支付 30050 元，供养亲属抚恤金每人每月 225 元，并承担诉讼费及实支费用。

【原审裁判情况】

广饶县人民法院审理后，于 2005 年 6 月 9 日作出〔2005〕广民一初字第 82 号判决。判决认为，门其华、雒凤美之子门光春系广饶县供电公司农电工，门光春工伤死亡后，广饶县供电公司应当依照相关法律法规和政策的规定，支付死亡抚恤金和遗属生活补助费等费用。根据《中华人民共和国劳动法》第 73 条和《中华人民共和国工伤保险条例》第 52 条的规定，工伤待遇争议按照处理劳动争议的有关规定处理；同时，根据《中华人民共和国劳动法》第 77 条和第 79 条的规定，劳动争议的解决可以通过调解、仲裁、诉讼解决，也可以通过协商解决。但在纠纷解决后，一方非因法定事由不得进行另外的程序再次解决纠纷。在门其华、雒凤美申请工伤认定的行政诉讼中，门其华与广饶县供电公司已就本案所争议的赔偿问题达成了和解协议，门其华是代表其本人及其妻雒凤美的表见代理行为，双方均应按照协议的约定履行。广饶县供电公司已经按照约定支付了赔偿款，其赔偿并非显失公平，门其华、雒凤美要求撤销和解协议，判令广饶县供电公司支付丧葬费等费用，理由不当，于法无据，本院不予支持。判决：驳回原告门其华、雒凤美的诉讼请求。

门其华、雒凤美不服广饶县人民法院所作判决，在该判决生效后向检察机关申请抗诉。经广饶县人民检察院提请，2006 年 8 月 4 日，东营市人民检察院以东检民行抗字〔2006〕11 号民事抗诉书向东营市中级人民法院提出抗诉，认为原判决适用法律确有错误。具体理由：（1）尽管双方当事人已就本案所争议的赔偿问题达成了和解协议，但该协议是在认定门光春的死亡不属于工伤的基础上签订的。（2）《中华人民共和国劳动法》第 77 条规定，劳动争议的解决可以通过调解、仲裁、诉讼解决，也可以通过协商解决。据此，原审法院认为"但在纠纷解决后，一方非因法定事由不得进行另外的程序再次解决纠纷"，这种理解有误。《中华人民共和国劳动法》第 79、81、82、83 条规定了调解、仲裁、诉讼的关系及各自的效力，三者的效力有所不同，而和解的效力没有明确规定。（3）门其华、雒凤美根据广饶县劳动和社会保障局〔2004〕广劳社工认字第 65 号工伤认定决定向法院提起诉讼，请求判令广饶县供电公司按照《中华人民共和国工伤保险条例》的规定支付各项工伤待遇，是在门光春死亡情形属工伤这一新的法定事由出现后主张权利，并非是按"和解协议"时非工伤死亡事由再次主张权利，这是两个不同的法定事由。所以，不存在原审判决中所称"一方非因法定事由不得进行另外的程序再次解决纠纷"的情况。（4）《中华人民共和国工伤保险条例》第 2 条规定中华人民共和国境内的各类企业的职工和个体工商户的雇工，均有依照本条例的规定享受工伤保险待遇的权利。双方达成的和解协议是在工伤认定作出前双方按非工伤死亡的处理意见，并非门其华、雒凤美对其工伤保险待遇权利的放弃。

东营市中级人民法院指令广饶县人民法院另行组成合议庭进行再审。广饶县人民法院于 2007 年 8 月 21 日作出〔2007〕广民再字第 2 号民事判决。判决认为，门其华、雒凤美与广饶县供电公司签订的和解协议是双方当事人的真实意思表示，并未违反法律规定，从二审法院的证明可以证实双方签订和解协议的真实过程，也不存在有重大误解、欺诈、胁迫、显失公平的情景，也无违背当事人当时的真实意思表示，且订立和解协议的双方当事人都是有独立民事行为能力人，原审判决认定事实清楚、适用法律并无不当，应予维持。门其华、雒凤美不服该判决而提出上诉。东营市中级人民法院于 2007 年 12 月 10 日作出〔2007〕东民再终字第 13 号判决。判决认为，门其华、雒凤美在二审期间没有新的证据和法律依据支持其主张；广饶县人民法院再审以"双方当事人签订的和解协议是双方当事人当时的真实意思表示，并无违反法律规定，从二审法院的证明可以证实双方签订和解协议的真实过程，也不存在有重大误解、欺诈、胁迫、显示公平的情景，也无违背当事人当时的真实意思表示，且订立和解协议的双方当事人都是独立民事行为能力人……"为由，认为原审判决认定事实清楚、适用法律正确，予以维持并无不当。判决：驳回上诉，维持原判。

【监督意见】

门其华、雒凤美不服〔2007〕东民再终字第 13 号判决，再次向检察机关提出申诉。经东营市人民检察院提请，2008 年 7 月 17 日，山东省人民检察院以鲁检民抗〔2008〕348 号民事抗诉书向山东省高级人民法院提出抗诉，认为东营市中级人民法院〔2007〕东民再终字第 13 号民事判决适用法律错误。理由如下：

1.《和解协议》显失公平，应予撤销。尽管双方当事人已就本案所争议的赔偿问题达成了和解协议，但该协议是在认定门光春的死亡不属于工伤的基础上签订的。协议签订后，广饶县劳动和社会保障局作出了与前相反的决定，认定门光春的死亡属于工伤，对此原审被告并未提出异议，该认定现已生效。门光春的死亡被认定为工伤即出现了法定事由后，原和解协议的基础发生了重大变化，其规定的给付 8 万元（扣除 1.5 万元人身保险金，实为 6.5 万元）明显少于按照《中华人民共和国工伤保险条例》应付的数额，该协议内容的履行显失公平，应予撤销。

2.《和解协议》的内容因违反《中华人民共和国工伤保险条例》的强制性规定而失效，用人单位应当按照条例规定的工伤保险待遇项目和标准支付费用。本案中，广饶县供电公司未按规定为职工参加工伤保险，事故发生后不积极提出工伤认定申请，过错明显。《中华人民共和国工伤保险条例》第 60 条规定："用人单位依照本条例规定应当参加工伤保险而未参加的，由劳动保障行政部门责令改正；未参加工伤保险期间用人单位职工发生工伤的，由该用人单位按照本条例规定的工伤保险待遇项目和标准支付费用。"其第 63 条规定："无营业执照或者未经依法登记、备案的单位以及被依法吊销营业执照或者撤销登记、备案的单位的职工受到事故伤害或者患职业病的，由该单位向伤残职工或者死亡职工的直系亲属给予一次性赔偿，赔偿标准不得低于本条例规定的工伤保险待遇……"该条例虽然没有明确表述合法用工情况下"一次性赔偿标准不得低于本条例规定的工伤保险待遇"，但根据"举轻明重"的解释原则，上述非法用工情况下"赔偿标准不得低于本条例规定的工伤保险待遇"，合法用工在享受法律各项保护及企业承担有限责任等利益下，一次性赔偿标准更不得低于该条例规定的工伤保险待遇，至少不会由此推出"合法用工情况下赔偿标准可以低于工伤保险待遇"。法院以"双方当事人签订的《和解协议》是双方当事人当时的真实意思表示，并无违反法律规定，也不存在有重大误解、欺诈、胁迫、显失公平的情景，且订立《和解协议》的双方当事人都是独立民事行为能力人……"为由，认为该协议应予履行，确有错误。

【监督结果】

山东省高级人民法院受理抗诉后，于 2009 年 11 月 3 日作出裁定撤销原一审、二审判决，将本案发回广饶县人民法院重审。广饶县人民法院于 2010 年 12 月 21 日作出〔2010〕广民重字第 5 号民事判决。判决认为，根据劳动争议调解仲裁法的相关规定，解决劳动争议，应当根据事实，遵循合法、公正、及时、着重调解的原则，依法保护当事人的合法权益；发生劳动争议，劳动者可以与用人单位协商，也可以请工会或者是第三方共同与用人单位协商，达成和解协议。本案门其华、雒凤美与广饶县供电公司在发生劳动争议后，双方在东营市中级人民法院法官主持下，经自愿协商达成了赔偿协议，且广饶县供电公司按协议及时履行了付款义务。但该协议达成后，广饶县劳动和社会保障局于 2004 年 9 月 3 日作出了门光春的死亡属于工伤的认定，该认定书属于本案新证据，依据该认定书，门其华、雒凤美作为依靠门光春生前提供主要生活来源者依法应享受工伤保险待遇。因广饶县供电公司未参加工伤保险，应由其按照工伤保险管理条例规定的保险待遇项目和标准支付费用。门光春死亡时，门其华已年满 60 周岁，雒凤美已年满 55 周岁，二人除享受丧葬补助金（6 个月的统筹地区上年度职工月平均工资）、一次性工亡补助金（56 个月的统筹地区上年度职工月平均工资）外，还应按照门光春本人工资的一定比例享受供养亲属抚恤金，标准为每人每月 30%。供养亲属抚恤金由统筹地区劳动保障行政部门根据职工平均工资和生活费用变化等情况适时调整，调整办法由省、自治区、直辖市人民政府规定。门其华、雒凤美主张的丧葬补助金与一次性工亡补助金标准过高，高出部分不予支持，供养亲属抚恤金按照工伤保险条例的规定应按月领取，不宜作出一次性判决。广饶县供电公司关于工伤赔偿已经处理完毕的主张，与本案新证据相悖，不予支持。门其华、雒凤美已从广饶县供电公司处领取赔偿款 8 万元，依法应予以扣除。依照《中华人民共和国劳动法》第 73 条、《中华人民共和国工伤保险条例》第 37 条、第 38 条、第 60 条、《因工死亡职工供养亲属范围规定》第 2 条、第 3 条的规定，判决：（1）广饶县供电公司支付门其华、雒凤美丧葬补助金 5561.50 元、一次性工亡补助金 51907.33 元、供养亲属抚恤金每人 29267.50 元。以上广饶县供电公司共应支付门其华、雒凤美赔偿款 116003.83 元，扣除门其华、雒凤美已领取 8 万元，余款 36003.83 元，于判决生效后 10 日内付清。（2）广饶县供电公司自 2010 年 12 月 1 日起每月支付门其华、雒凤美供养亲属抚恤金每人 395 元，于当月 30 日前付清，如遇省人民政府通知调整时适时调整。

门其华、雒凤美与广饶县供电公司均未上诉，该重审判决已经生效。在案件执行过程中，双方当事人达成和解协议，广饶县供电公司一次性支付给门其华、雒凤美 230000 元，双方就此了结一切纠纷。

【点评】

本案争议焦点实质上是门其华、雒凤美与广饶县供电公司之间和解协议的效力问题。

涉案和解协议实际上是人身损害赔偿协议，关于人身损害，法律已经对赔偿项目、数额等作出明确规定。当事人之间通过人身损害赔偿协议解决纠纷，是对法律规定的一种变通。因此，人身损害赔偿协议是否属于民事合同、是否有效，法学界一直存有争议。目前，我国关于人身损害赔偿协议的效力问题没有明确的立法规定，理论界可谓见仁见智，司法实务中也没有统一标准，殊有探讨的必要。

第一种观点认为：当事人之间达成的人身损害赔偿协议无效，双方当事人都可以反悔。其理由是：第一，认为双方当事人达成的人身损害赔偿协议是否具有民事合同效力，法无明文规定，即没有法律依据。根据最高人民法院《关于审理涉及人民调解协议的民事案件的若干规定》第 1 条规定，只有经人民调解委员会调解达成的具有民事权利义务内容的调解协议才具有民事合同性质，此规定不能类推适用于当事人自愿达成的人身损害赔偿协议也具有民事合同性质。第二，从人身损害纠纷的性质来看，是一种侵权责任。侵权责任是行为人对国家所负的责任，是基于法律的直接规定，它不取决行为人的个人意愿，既然法律已经对赔偿数额作出了明确规定，法院应依据赔偿义务人所造成的实际损害给赔偿权利人以充分的补偿，以平衡双方的利益关系，对于当事人达成的人身损害赔偿协议，因为在本质上违反了法律规定的任何人不得侵害他人人身权的强制义务，同时也违背了社会公共道德，所以是无效的。第三，人身损害赔偿协议的形成，使当事人之间产生了侵权行为引起的基础法律关系和受人身损害赔偿协议调整的派生法律关系。在一方反悔的情况下，应当借鉴英美法的规定，允许当事人通过司法途径恢复原始法律关系，以保护善意当事人的合法权益。第四，人身损害赔偿纠纷应当有自力救济与公力救济的选择权。当事人发生人身损害赔偿纠纷时，无论以何种方式达成的人身损害赔偿协议，本质上仍属于自力救济。当事人在自力救济之后，应当允许当事人反悔，再赋予当事人一次公力救济的机会，使纠纷解决更加公正、合理，更具权威性。

第二种观点认为：当事人达成的人身损害赔偿协议有效，应具有民事合同性质，根据诚实信用原则，当事人双方不得反悔。其理由是：第一，双方当事人签订的人身损害赔偿协议的行为是一个民事法律行为。法律行为之所以不同于事实行为和非法行为，就是因为法律行为会发生当事人在行为时所意欲追求的后果，双方当事人签订的人身损害赔偿协议是各方真实意思表示，签订协议的行为是有效的民事法律行为，应发生相应的法律后果。其后果就是协议的内容应受法律保护，享有请求权的一方只能根据人身损害赔偿协议向另一方主张其请求权，双方不能反悔。第二，从诚实信用的角度来看，诚实信用原则是一般民事行为所遵循的帝王条款。根据诚实信用原则，民事主体在实施民事行为时，应当真诚老实，恪守信用，不把自己利益的获得建立在损害国家、他人和社会利益的基础之上。第三，从当事人处分原则看，允许反悔是对其自认的否认。在民事诉讼中，当事人有权按照自己的意志支配，决定自己的民事权利和诉讼权利。但是，处分权并不意味着当事人可以毫无节制地任意处分，当事人应对自己的行为负责，而不能自食其言，轻易否定自己的承诺。第四，允许当事人反悔，从长远来看，不利于受害者的保护。人身损害赔偿协议达成并履行完毕后，赔偿权利人对人身损害赔偿协议反悔而向法院起诉，法院如果按人身损害赔偿纠纷进行审理，会引起赔偿义务人的诉累，进而使社会公众对诚实信用失去信心。

第三种观点认为：当事人达成的人身损害赔偿协议，应当允许当事人有条件地反悔。其理由是：第一，根据诚实信用原则及当事人处分原则，一般来说当事人达成的人身损害赔偿协议不能反悔。但在审理中，要针对诉讼请求进行审查，关键是意思是否表示真实。如果一方采取欺诈、胁迫的手段或乘人之危使另一方在违背自己真实意思的情况下从事民事行为，则该种民事行为是无效的民事行为；如果行为人在行为时因重大误解而导致意思表示不真实，则是一种可撤销的民事行为。另外就是看人身损害赔偿协议是否违反法律和社会公共利益、是否显失公平。如不存在以上情况，人身损害赔偿协议则形成债权债务关系，其不再受侵权行为法的调整，而是基于契约关系形成的合同之债，由合同法予以调整，双方当事人不得反悔；如存在以上情况，则双方当事人都可以反悔，人民法院应根据所发生的人身损害赔偿纠纷进行审理。第二，对于当事人达成的人身损害赔偿协议一般应认定为具有民事合同性质，但对协议中少列的应当赔偿的事项，赔偿权利人可就少列的事项请求赔偿义务人赔偿。因为，虽然赔偿权利人与赔偿义务人达成了人身损害赔偿协议，但是，赔偿权利人与赔偿义务人对少列的赔偿事项，当事人之间并没有达成协议。其实质表现为对人身损害赔偿纠纷的一部分达成了协议，一部分没有达成协议。对达成协议的部分，根据诚实信用原则，应认定为有效，即对达成的协议认定为有效；对没有达成协议的一部分，为对赔偿权利人以充分保护，赔偿权利人可就没有达成的部分的赔偿事项请求赔偿义务人赔偿。第三，当事人笼统地达成一次性人身损害赔偿协议，没有分项列出各项赔偿金额的，且已经履行完毕的。应当认为是赔偿权利人与赔偿义务人对自己的实体权利的处置，只要其处分行为没有违反法律，没有侵害他人的合法权益，不构成权利的滥用，法律应对其行为给予肯定评价。当事人反悔的，不符合民事诉讼一事不再理的基本原则，应不予以支持。但当赔偿义务人不履行或者不适当履行人身损害赔偿协议时，应赋予赔偿权利人请求权利的选择权。

以上三种观点中，第一种观点是人身损害赔偿纠纷处理的传统观点，虽然处理有其法理依据，但有机械适用法律之嫌，没有考虑当事人的意思自治原则及没有充分地意识到处分原则的真正价值；第二种观点尊重当事人对其自身权利的处理，从建立诚信社会出发来适用法律，但有以偏概全的弱点；第三种观点则兼具人身损害赔偿纠纷中保护受害人权益的考虑，与诚实信用原则及当事人处分原则的精神。因此，笔者赞同第三种观点：当事人达成的人身损害赔偿协议，原则上承认其效力，但应当允许当事人有条件地反悔。

本案中，自 2002 年 6 月门其华、雏凤美之子门光春发生事故至 2004 年 8 月 2 年多的时间内，广饶县供电公司应对门光春申请工伤认定却不申请，门其华、雏凤美申请后，广饶县劳动和社会保障局又在法院一再撤销其错误认定的情况下多次作出不属于工伤的认定。长期地申请、协调、诉讼，使得年老体弱、疾病缠身的当事人无力抗争，万般无奈之下与广饶县供电公司达成和解协议，接受了 8 万元款项。其后不久，广饶县劳动和社会保障局对门光春作出工伤认定。可见，门其华、雏凤美与广饶县供电公司之间和解协议的基础在门光春被认定为工伤后发生了重大变化。和解协议是在门光春屡次未被认定为工伤、未能按工伤标准赔偿的情况下签订的。门其华、雏凤美对于门光春是否能被认定为工伤这一事实发生重大误解。另外，门光春被认定为工伤后，门其华、雏凤美依据和解协议所得赔偿与按照工伤保险应享受的待遇差距过大，显失公平。并且和解协议内容涉及《中华人民共和国工伤保险条例》的强制规定。因此，检察机关选取和解协议内容显失公平和违反强行法作为抗点。法院最终生效的判决对原判决中和解协议的效力等问题没有论及，仅以出现新证据为由改判，避开了上述争议，实际上等于认可了检察机关的观点。这种判决可能是基于判案实际需要，但如果能正确阐述判案依据、增强文书说理性，对以后类似案件起到引导作用就更好了。

【承办人简介】

卢子亮，男，1970 年 8 月出生，毕业于烟台大学，民商法学硕士学位，多次荣获山东省"民事行政检察优秀办案人"称号。

26. 中国建筑第三工程局有限公司与刘丰增、濮阳市物华房地产开发有限公司承揽合同纠纷抗诉案

【监督机关】河南省濮阳市人民检察院

【监督方式】抗诉

【基本案情】

申请人（原审被告）：中国建筑第三工程局有限公司，住所地：湖北省武汉市武珞路 456 号；法定代表人：熊德荣，董事长。

其他当事人（原审原告）：刘丰增，男，汉族，1962 年 10 月 6 日出生，住濮阳市开州路 2 号院 58 号楼 1 号。

其他当事人（原审被告）：濮阳市物华房地产开发有限公司，住所地：濮阳市胜利东路；法定代表人：李志宏，经理。

2005 年 1 月，中国建筑第三工程局（2007 年变更为中国建筑第三工程局有限公司，以下简称中建三局）在河南设立了不具法人资格的洛阳经理部。2006 年，该部职工占文伙同范敏、郭俊荣（均已被批准逮捕）等人，伪造中建三局入濮申报资料并私刻多枚公章，冒用该公司名义承接濮阳市物华房地产开发有限公司（以下简称物华公司）开发的濮阳物华假日小区 14 栋住宅楼建筑工程，并成立"中建三局洛阳经理部物华项目部"，以该项目部名义大肆对外分包工程和赊购物资，导致大量欠款纠纷发生。

2006 年 9 月 16 日、2007 年 4 月 4 日，刘丰增（乙方）与"中建三局洛阳经理部物华项目部"（甲方）签订塑钢窗施工协议两份，主要约定：乙方严格按照甲方要求的质量进行制作安装，并达到验收标准；窗框安装完毕付全款的 40%，窗扇安装完毕付全款的 40%，初验后付全款的 15%，验收合格后 7 天内付剩余全款；面积按洞口尺寸计算，价格为每平方米 153 元。2007 年 1 月 11 日，濮阳市建筑工程质量检测中心出具物华假日 66 号楼塑钢窗检测报告，结论为：塑钢窗符合抗风压性能 1 级，气密性能 3 级，水密性能 2 级。2007 年 9 月 14 日，濮阳市通达建设工程技术服务有限公司出具物华假日 56 号

楼塑钢窗检测报告，结论为：塑钢窗符合抗风压性能1级，气密性能3级，水密性能2级。2007年11月6日，"中建三局洛阳经理部物华项目部"出纳陈胜明向刘丰增出具欠工程款78274元单据。2007年11月16日，"中建三局洛阳经理部物华项目部"王帮成向刘丰增出具欠工程款121544元单据。后刘丰增要求"中建三局洛阳经理部物华项目部"支付剩余工程款未果，双方形成纠纷。刘丰增于2008年9月10日将中建三局和物华公司起诉至濮阳市华龙区人民法院。

【原审裁判情况】

濮阳市华龙区人民法院于2008年11月3日作出〔2008〕华法民初字第3223号民事判决，认为：2006年9月16日、2007年4月4日，刘丰增与中建三局洛阳经理部物华项目部签订的两份承揽合同，系双方真实意思表示，内容不违背法律法规禁止性规定，为有效合同。刘丰增按约履行了合同约定的义务，中建三局洛阳经理部物华项目部向其支付了部分工程款后，对剩余工程款未按约支付，应承担违约责任，物华项目部系中建三局在承建物华假日盟东新区住宅楼工程期间设立的临时机构，中建三局应对其民事行为承担责任，故刘丰增要求中建三局支付工程款199818元的请求，有事实依据和法律依据，予以支持。关于刘丰增要求中建三局支付违约金的请求，从其提交的两份塑钢窗检测报告，能够证明刘丰增依约承揽制作的塑钢窗经验收合格，根据双方合同约定自验收合格7日内应付清全部工程款，故刘丰增要求中建三局按合同约定承担违约责任的请求有事实根据和法律依据，予以支持。刘丰增与中建三局签订塑钢门窗承揽合同，应当向定作人中建三局主张权利，与物华公司之间不存在合同关系，故刘丰增要求物华公司承担连带清偿责任的诉讼请求无事实根据和法律依据，不予支持。依照《中华人民共和国民事诉讼法》第64条、《中华人民共和国合同法》第8条、第107条、第263条之规定，判决：（1）中建三局支付刘丰增工程款199818元及利息损失（121544元自2007年9月23日、78274元自2007年1月19日起按中国人民银行规定的同期逾期贷款利率计算至本判决生效后10日止），于本判决生效后10日内付清。（2）驳回刘丰增的其他诉讼请求。案件受理费4300元，由中建三局负担。

【监督意见】

中建三局不服濮阳市华龙区人民法院判决，向检察机关申请监督。2010年11月18日，濮阳市人民检察院以濮检民抗〔2010〕27号民事抗诉书向濮阳市中级人民法院提出抗诉，理由如下：

本案中与刘丰增签订承揽合同的"中建三局洛阳经理部物华项目部"是涉嫌犯罪的占文、范敏、郭俊荣、李顺等人虚构的，他们在签订合同时所使用的中建三局及下属分支机构洛阳经理部的公章和中建三局法定代表人熊德荣的私章均系伪造，其行为不构成表见代理。因此，原审判决认定中建三局为合同一方当事人依据的是伪证，判决无辜者承担责任，确属适用法律错误。该案因送达程序存在瑕疵，致使当事人中建三局未参加诉讼，剥夺了其辩论权利。

【监督结果】

2012年5月17日，濮阳市中级人民法院作出〔2011〕濮中法民再终字第39号民事判决。判决认为，根据本法院〔2012〕濮中刑二终字第4-2号刑事裁定、本案审理查明情况及刘丰增与中建三局洛阳经理部物华项目部签订合同情况，本案诉争塑钢窗协议系范敏等人利用伪造中建三局印章的犯罪行为与刘丰增签订的，因此，中建三局不应对范敏等人的犯罪行为承担责任。刘丰增称中建三局在范敏等人使用伪造印章签订合同的行为中有责任，范敏等人的行为构成表见代理，无事实根据；物华公司与刘丰增之间没有合同关系，所以刘丰增主张物华公司承担责任的请求无事实根据和法律依据。依照《中华人民共和国民事诉讼法》第64条第1款、第153条第1款第1项、第3项、第186条之规定，判决：（1）维持濮阳市华龙区法院〔2008〕华法民初字第3223号民事判决第2项，即驳回原告刘丰增的其他诉讼请求；（2）撤销濮阳市华龙区人民法院（2008）华法民初字第3223号民事判决第1项，中建三局支付刘丰增工程款199818元及利息损失（121544元自2007年9月23日、78274元自2007年1月19日起按中国人民银行规定的同期逾期贷款利率计算至本判决生效后10日止），于本判决生效后10日内付清；（3）驳回刘丰增对中建三局的诉讼请求。

【点评】

本案的争议焦点是范敏等人的行为能否构成表见代理。

表见代理是指行为人虽然没有代理权，但因其与名义上的被代理人存在某种关系，使相对人客观上有正当理由相信行为人有代理权，并与其进行法律行为，该法律行为的后果直接由名义上的被代理人承担的代理制度。表见代理制度始见于1900年的《德国民法典》，后为日本、意大利、我国台湾地区等大陆法系国家（或地区）接受，在其民事立法中均规定了表见代理。在英美法中，虽无表见代理的概念，但其"不容否认代理"制度与表见代理内涵相近。设立表见代理制度的目的是保护善意第三人的合法权益，维护市场交易安全。在交易活动中，一个人是否享有代理权，其代理权的范围如何，相对人往往只能凭代理人所持有的授权委托书或本人的某些行为来进行判断。如果相对人的判断不准确，就存在善意相对人信赖利益是否应当受到法律保护的问题，或者本人是否应当因表见代理人的侵权行为而向善意相对人承担责任致使合法权益受到损害的问题。如果善意相对人的利益不受法律保护，与代理人进行民事活动的相对人就会失去安全感，从而影响代理制度的信用和效益。因此，法律通过保护善意相对人的利益和平衡本人与善意相对人之间的利益来维护代理制度的信用，增强代理制度的社会效益，就是表见代理制度的价值所在。

我国表见代理制度的法律依据，见于《合同法》第49条的规定："行为人没有代理权、超越代理权或者代理权终止后以被代理人名义订立合同，相对人有理由相信行为人有代理权的，该代理行为有效。"从该规定可以看出，表见代理实质上属于广义的无权代理，是无权代理的特殊例外情况，即无权代理的有效情况。从表见代理的构成原因看，其可分为三类：授权表示型表见代理、权限逾越型表见代理、权限延续型表见代理。我国表见代理的构成要件：（1）表见代理应当符合无权代理的构成要件，即表见代理人没有代理权、超越代理权或代理权终止后仍以本人的名义进行活动，与相对人缔结民事关系。（2）表见代理须符合有效要件，即表见代理人与相对人之间的民事行为除不具有代理权外，须具备民事法律行为成立的其他有效条件。（3）表见代理须符合信赖要件，即客观上须有使相对人相信表见代理人具有代理权的外表现象。这是表见代理的客观要件。如表见代理人持有本人的授权委托书、介绍信、合同专用章、盖有印章的空白合同等。（4）表见代理须符合善意要件，即相对人须为善意且无过失。这是表见代理的主观要件。善意是指相对人不知道或不应当知道无权代理人没有代理权。无过失是指相对人既不是明知行为人没有代理权而仍与之签订合同，也不是由于自己疏忽大意，缺乏应有的谨慎而轻易将没有代理权的行为人认作有代理权的人，而是有正当理由相信行为人有代理权，即相对人尽到了谨慎的注意义务：一是审查义务。相对人在与代理人进行交易时，特别是对一个陌生的代理人，应认真审查代理人的各种证件，判断其代理权的真实性。二是核实义务。一般来讲，相对人并没有特别的核实义务。但如果对当事人利益影响较大，如存在标的额较大，与代理人不熟悉，需要交付定金等，相对人就有义务要求对方提供核实身份的方法，并与本人核实，确保代理权的真实性。

本案中，范敏等人伪造了"武汉市建设委员会"、"湖北省工商管理局外资企业管理专用章"、"中国建筑第三工程局股份有限公司"、"中国建筑第三工程局"及法定代表人"熊德荣"等国家机关印章及公司印章，并伪造"武汉市建设委员会外出施工介绍信"、"无拖欠农民工工资现象证明"、"法定代表人证明书"、施工企业"项目经理证"、"专业资格证"等40余份国家机关公文、证件办理进入濮阳市建筑市场登记备案手续和濮阳市物华假日住宅楼建设工程投标书手续。从形式外观上看，范敏等人的行为符合表见代理的客观要件，即范敏等人的行为具有被授予代理权的外表或假象，客观上有使相对人足以相信行为人有代理权的表见事实。那么主观上相对人刘丰增是否做到了善意且无过失？即尽到谨慎的注意义务，对范敏等人的代理行为进行审查。首先，刘丰增与范敏等人并不熟悉，也未对范敏等人提供的资料进行认真的审查。刘丰增根据范敏等人的外表形象主观推断，范敏等人就是中建三局的员工，失去必要的警觉。其次，刘丰增未与交易方即中建三局进行身份核实，查明范敏等人是否具有代理权。本案刘丰增未完全尽到谨慎注意义务，主观上存在过错，故不能成立表见代理。

本案不能成立表见代理的最根本原因是，范敏等人的行为是犯罪行为，其签订合同时出示的相关凭证均系其伪造，依据《合同法》第52条："有下列情形之一的，合同无效：（一）一方以欺诈、胁迫的手段订立合同，损害国家利益……（五）违反法律、行政法规的强制性规定"，范敏假借中建三局名义与刘丰增签订的合同无效，从行为开始起就没有法律约束力，不属于表见代理。再者，根据最高人民法院《关于在审理经济纠纷案件中涉及经济犯罪嫌疑若干问题的规定》第5条第1款规定："行为人盗窃、盗用单位的公章、业务介绍信、盖有公章的空白合同书，或者私刻单位的公章签订经济合同，骗取财物归个人占有、使用、处分或者进行其他犯罪活动构成犯罪的，单位对行为人该犯罪行为所造成的经济损失不承担民事责任。"范敏等人的伪造公文、印章行为已构成犯罪，其签订合同所造成的经济损失应由范敏等人自己承担，中建三局不应承担任何责任。

【承办人简介】

于爱江，男，汉族，中共党员，1990年3月参军入伍，2004年转业到濮阳市人民检察院，2008年11月任民事行政检察处副处长，2012年5月任民事行政检察处处长。多次被评为优秀检察干警、优秀公务员、优秀共产党员。

27. 黄瑞敏等人与高彦龙民间借贷纠纷抗诉案

【监督机关】河南省周口市人民检察院

【监督方式】抗诉

【基本案情】

原审原告：黄瑞敏，女，1962年12月23日出生，住西华县环保路卫生局西侧楼房二楼东户；系本案当事人高彦龙（原审被告）之妻。

原审原告：朱永成，男，1970年8月5日出生，住周口市川汇区朱营街116号。

原审原告：郭会昌，男，1941年8月17日出生，住青海省格尔木市金峰西路8号50栋5号。

原审原告：朱全民，男，1959年3月15日出生，汉族，住周口市川汇区五一北路14号1号楼4单元401室。

原审原告：刘旭红，男，1970年11月4日出生，住周口市川汇区育新东路21号2号楼7号。

原审原告：南红伟，男，1972年9月4日出生，汉族，住周口市川汇区泛区南坡村260号。

原审被告：高彦龙，男，1963年6月3日出生，汉族，住西华县环保路卫生局西侧楼房二楼东户。

高彦龙在周口市川汇区五一路有自建楼房，因该房所占土地为集体性质，为了办理房产证，高彦龙找到张军乐，并伪造借款手续，让张军乐以黄瑞敏、朱永成、郭会昌、朱全民、刘旭红、南红伟代理人身份在周口市川汇区人民法院起诉高彦龙，要求高彦龙还款。法院在审理期间，双方达成调解协议，法院分别作出〔2010〕川民初字第565、561、562、564、563、560号民事调解书，高彦龙同意于2010年3月24日一次性返还黄瑞敏等六人各4万元。以上调解书生效后，黄瑞敏等六人申请法院强制执行，在执行过程中，双方当事人达成以物抵债协议，以高彦龙自建楼房抵偿债务。法院向周口市住房和城乡建设局发出协助执行通知书，要求依法办理房屋登记手续。周口市住房和城乡建设局为黄瑞敏等六人颁发了房屋所有权证。

【监督意见】

周口市人民检察院在办理其他案件过程中发现，高彦龙与黄瑞敏等六人并不存在借款关系，虚构借款关系的目的是办理房产登记手续。周口市人民检察院于 2011 年 11 月 14 日以周检民抗〔2011〕68、69、70、71、72、73 号民事抗诉书向周口市中级人民法院提出抗诉。抗诉理由如下：川汇区人民法院〔2010〕川民初字第 565、561、562、564、563、560 号民事调解损害国家利益。

当事人为了达到违规办理房产证的目的，采取伪造证据，虚构借款法律关系，进行虚假诉讼，拿到可以执行的法律文书，再到法院申请强制执行，执行过程中，当事人又达成了以物抵债协议，法院向市住房和城乡建设局发出协助执行通知书，市住房和城乡建设局为申请执行人办理房屋登记手续。该调解书是这个过程中的一个环节，在集体土地上为集体经济组织成员之外的人办理房产证，违反了国家对土地的管理制度，损害了国家利益。

【监督结果】

周口市中级人民法院受理抗诉后，于 2011 年 12 月 14 日作出〔2011〕周民抗字 68、69、71、72、74、75 号民事裁定书，指令周口市川汇区人民法院再审。再审中，黄瑞敏等六人与高彦龙经法院合法传唤均未到庭参加诉讼。法院经审理认为双方经法院合法传唤均未到庭参加诉讼，视为黄瑞敏等六人放弃了自己的诉权，对其起诉应按撤诉处理。因黄瑞敏等六人和高彦龙在周口市川汇区人民检察院的询问笔录中均承认借条是虚假的，双方之间并不存在真实的借贷关系，因此，黄瑞敏等六人与高彦龙达成的调解协议依法不成立，原审调解协议应予撤销。检察机关的抗诉理由成立，予以认可。依照《中华人民共和国民事诉讼法》第 129 条、第 140 条第 1 款第 5 项、第 186 条、最高人民法院《关于适用〈中华人民共和国民事诉讼法〉若干问题的意见》第 201 条、最高人民法院《关于适用〈中华人民共和国民事诉讼法〉审判监督程序若干问题的解释》第 31 条之规定，裁定如下：（1）撤销本院〔2010〕川民初字第 565、561、562、564、563、560 号调解协议；（2）对黄瑞敏等六人的起诉按撤诉处理。

【点评】

本案是典型的恶意诉讼案件，当事人之间恶意串通，虚构借款事实，企图利用法院生效的调解书，在执行过程中达到为小产权房办理房产证的非法目的。该案的查处是检察机关主动监督的一个典范。周口市人民检察院在发现案件线索后，合理运用调查权，查明黄瑞敏等六人与高彦龙的债权债务关系并不存在，其目的就是拿到据以执行的法律文书（调解书只是一种形式，还有判决书、支付令等形式），利用司法机关的强制执行权帮其实现非法意图。当事人的行为不仅扰乱了正常的司法秩序，将国家审判权和执行权作为其实现不法目的的工具，还扰乱了国家对房地产的管理秩序，损害了国家利益和社会公共利益。检察机关依职权通过抗诉，法院再审得到改判，有效维护了司法权威和房地产管理秩序，打击了当事人的诉讼欺诈行为。同时，该案的承办法官孙某因涉嫌与当事人串通，滥用司法审判职权，被移交侦查部门立案侦查。

民事调解作为解决纠纷的一种法定形式，在司法实践中被广泛运用，它与审判相辅相成，共同承担着解决纠纷的司法职能。检察机关作为法律监督机关，其法律监督权的职能效力应该是全面的，但是对调解的监督是检察机关的一个弱项。修改前的民事诉讼法对调解监督没有明确的规定，2011 年 3 月，最高人民检察院和最高人民法院联合会签了《关于对民事审判活动与行政诉讼实行法律监督的若干意见（试行）》，对民事调解监督作了规定。但检察机关对民事调解进行监督的困难很多，一方面是调解强调的是当事人的意思自治，公权机关不应过分干预；另一方面是损害国家利益、社会公共利益的调解案件更具有隐蔽性。修改后的《民事诉讼法》规定"发现调解书损害国家利益、社会公共利益，人民检察院应当提出抗诉或提出检察建议"。对损害国家利益、社会公共利益如何进行正确的界定。本案中，当事人伪造借款手续，虚假调解，其最终目的是为不符合产权登记的"小产权房"办理房屋登记手续。通过一系列的运作，房管部门为其颁发了房产证，扰乱了国家对房地产的管理秩序，损害了国家利益。

【承办人简介】

朱学璞，男，37 岁，汉族，中共党员，大学本科文化，1999 年毕业于河南财经学院，周口市人民检察院民事行政检察处干部。

28. 湖南鸿亚农业发展有限公司与袁定业、长沙蔚都有限 责任公司、易蔚明财产损害赔偿纠纷抗诉案

【监督机关】湖南省人民检察院

【监督方式】抗诉

【基本案情】

申请人（一审被告、二审上诉人）：湖南鸿亚农业发展有限公司；法定代表人：熊创亚，董事长。

其他当事人（一审原告、二审被上诉人）：袁定业，男，1954 年 5 月 22 日出生，汉族，住湖南省长沙县北山镇明月村月塘组 208 号。

其他当事人（一审被告、二审上诉人）：长沙蔚都实业有限责任公司；法定代表人：易蔚明，董事长。

其他当事人（一审被告、二审上诉人）：易蔚明，男，1964 年 5 月 19 日出生，汉族，住长沙市雨花区芙蓉中路 395 号。

2004 年 1 月 5 日，袁定业与长沙蔚都实业有限责任公司（以下简称蔚都公司）签订了《商品房买卖合同》1 份，约定袁定业购买蔚都公司开发的都市阳光第 1 幢 1 层南到北向 D—H 轴、西到东向 2—29 轴门面，合同平面图见合同附件一，房号以附件一上表示为准，建筑面积共约 580 平方米，其中套内建筑面积约 494 平方米，公共部位与公用房屋分摊建筑面积约 86 平方米（有关公共部位与公用房屋分摊建筑面积构成说明购买附件二），该房价款按套计算，总价款为 708 万元，付款方式及期限为 380 万元银行按揭，其余款 2004 年 5 月 31 日前付清。合同签订前，袁定业于 2002 年 10 月 30 日至2003 年 6 月 5 日即向蔚都公司支付了购房定金以及预付款合计 250 万元，其余款袁定业依合同约定予以全部支付。2003 年 7 月 25 日，袁定业、蔚都公司作为共同出租人，将都市阳光第 1 幢 1 层门面整体出租给长沙金牛角中西餐厅有限公司，确认袁定业所占建筑面积为 582 平方米，占总比重的 30.66%。蔚都公司于2005 年 4 月 6 日取得都市阳光第 1 幢房屋所有权栋证，登记的房屋坐落为芙

蓉中路二段 395 号，第一层登记为 102、101、103、104 四个房号，建筑面积分别为 568、367.04、722.76、357.30 平方米。102 号房屋的买受人为袁定业，103 房屋的买受人为易蔚明，101 房屋买受人为湖南鸿亚农业发展有限公司（以下简称鸿亚公司）。2007 年 4 月，袁定业向蔚都公司提出办理房地产权属证书，要求将该商品房分成三户，分别办理至袁伟胜、袁赢、袁永胜（均为袁定业子女）名下。2007 年 6 月 29 日，袁定业以蔚都公司为被告向长沙市雨花区人民法院提起诉讼，诉请判令蔚都公司协助办理所购商品房屋所有权证，并承担违约金 35400 元，2007 年 9 月 5 日，长沙市雨花区人民法院作出〔2007〕雨民初字第 1461 号民事判决：（1）蔚都公司于判决生效后 30 日内协助袁定业办理合同约定的出售商品房的房屋所有权证；（2）驳回袁定业的其他诉讼请求。

判决后，双方均未上诉。法院执行过程中，袁定业认为其购买房屋的实际面积与蔚都公司提交给房屋权属登记机关资料记载的面积不符，部分房屋面积登记于相邻房屋所有权人易蔚明、鸿亚公司名下，遂以蔚都公司、易蔚明、鸿亚公司为共同被告向长沙市雨花区法院提起诉讼，请求判令确认蔚都公司与易蔚明买卖的 103 号房屋中涉及原告已经购买房屋套内面积 16.47 平方米部分无效，并判令易蔚明返还上述房屋套内 16.47 平方米的产权面积；判令确认蔚都公司与鸿亚公司买卖的 101 号房屋中涉及原告已经购买房屋套内面积 19.565 平方米的部分无效，并判令鸿亚公司返还上述房屋套内 19.565 平方米产权面积。

【原审裁判情况】

长沙市雨花区人民法院经审理认为：原告与蔚都公司签订的商品房买卖合同系双方当事人的真实意思表示，内容不违反法律法规的禁止性规定，合法有效。该合同附件一系设计单位长沙设计研究院设计的都市阳光第 1 幢房屋设计平面图，没有证据表明实际施工中对设计房屋设计平面图作了变更，依据该设计图计算的原告所购房屋套内面积 494.97 平方米，本院予以采信。蔚都公司申请房屋权属初始登记提供的房屋平面图，对设计单位的设计图作了修改，并以修改后的内容申请了初始登记，造成袁定业购买房屋的套内面积减少，被减少的面积则相应登记到了易蔚明、鸿亚公司名下，侵害了原告的合法利益。蔚都公司明知都市阳光第 1 幢房屋设计平面图未作变更，却提供与房屋设计平面图不符的房屋平面图申请房屋权属初始登记，致使袁定业购买房屋的实际套内面积不能得到有效登记，应认定为恶意损害原告的房屋权益。蔚都公司于 2005 年 4 月 6 日取得都市阳光第 1 幢房屋所有权栋证，并相应取得该栋证下的分户平面图、房号以及分户面积的登记，蔚都公司与易蔚明于 2003 年 7 月

8 日、蔚都公司与鸿亚公司于 2003 年 7 月 10 日签订的商品房买卖合同却约定了与登记机关登记的房号、分户面积完全一致的房号、分户面积，签约时间与房号、分户面积登记时间显然存在矛盾；并且，2003 年 7 月 25 日，袁定业、蔚都公司作为共同出租人，将都市阳光第 1 幢 1 层门面整体出租给长沙金牛角中西餐厅有限公司时，没有提及易蔚明、鸿亚公司为该出租房屋的权益人，表明易蔚明、鸿亚公司此时及以前并非房屋买受人。蔚都公司原系鸿亚公司的股东，易蔚明则系蔚都公司的董事长，使人有理由相信蔚都公司与易蔚明、蔚都公司与鸿亚公司在房屋产权登记的串通损害了原告的房屋权益。原告提出易蔚明、鸿亚公司与蔚都公司恶意串通损害原告房屋权益的主张，本院予以采信。据此，蔚都公司与易蔚明、蔚都公司与鸿亚公司签订的商品房买卖合同涉及原告所购商品房套内面积的部分，依据《合同法》第 52 条第 1 款第 2 项"恶意串通，损害国家、集体或者第三人利益的合同无效"的规定，依法应认定无效。易蔚明、鸿亚公司依据合同无效部分取得的房屋权属利益，依据《合同法》第 58 条"合同无效或者被撤销后，因该合同取得的财产，应当予以返还"的规定，依法应向袁定业予以返还。综上，依照《合同法》第 52 条第 1 款第 2 项、第 56 条、第 58 条之规定，长沙市雨花区人民法院于 2008 年 10 月 17 日作出〔2008〕雨民初字第 1857 号民事判决：（1）确认长沙蔚都实业有限责任公司与易蔚明买卖长沙市雨花区芙蓉中路二段 395 号 103 号房屋中涉及袁定业已经购买房屋套内面积 16.47 平方米（建筑面积 20.39 平方米）的部分无效，由易蔚明将登记于其房屋所有权证的上述房屋套内面积 16.47 平方米（建筑面积 20.39 平方米）返还给袁定业；（2）确认长沙蔚都实业有限责任公司与湖南鸿亚农业发展有限公司买卖长沙市雨花区芙蓉中路二段 395 号 101 号房屋中涉及袁定业已经购买房屋套内面积 19.55 平方米（建筑面积 24.22 平方米）的部分无效，由湖南鸿亚农业发展有限公司将登记于其房屋所有权证的上述房屋套内面积 19.55 平方米（建筑面积 24.22 平方米）返还给袁定业。

易蔚明、蔚都公司、鸿亚公司均不服，上诉至长沙市中级人民法院。长沙市中级人民法院经审理认为：原审法院认定事实清楚，适用法律正确，判决恰当，依照《中华人民共和国民事诉讼法》第 153 条第 1 款第 1 项之规定，于 2009 年 9 月 4 日作出〔2009〕长中民一终字第 0075 号民事判决：驳回上诉，维持原判。

【监督意见】

湖南鸿亚农业发展有限公司不服，向湖南省人民检察院申请监督。湖南省人民检察院以湘检民抗〔2010〕109 号民事抗诉书向湖南省高级人民法院提出抗诉。理由主要是：

依据袁定业与蔚都公司于2004年1月5日签订的《商品房买卖合同》，袁定业对蔚都公司享有债权。袁定业请求法院判令鸿亚公司、易蔚明承担赔偿责任只能是基于鸿亚公司、易蔚明侵害了其债权。鉴于债权系相对权，不具有社会公开性，第三人难以获知债权的存在及范围等信息，如果因故意或过失，侵害给付标的物或债务人，导致给付不能或给付迟延，就负侵权责任，则社会交易活动及竞争秩序无法维持。通常认为第三人侵害债权的构成要件有：（1）第三人主观上具有针对债权的故意；（2）客观上实施了侵害行为；（3）有损害结果；（4）行为与损害之间存在因果关系；（5）不属于例外情形，如正当竞争、忠告等。据此，结合本案证据，鸿亚公司、易蔚明不构成对袁定业享有债权的侵害，原审判决依据《合同法》第52条第1款第2项认定蔚都公司与鸿亚公司、易蔚明恶意串通损害袁定业的利益，系适用法律错误。理由如下：

1. 鸿亚公司、易蔚明无侵害的故意。所谓故意，是指行为人必须知道或有理由知道合法有效的债权债务关系的存在并且意欲损害债权人的利益。虽然易蔚明是蔚都公司的董事长，蔚都公司是鸿亚公司的股东，但法律上上述主体均是具有独立人格的民事主体，具有完全民事行为能力。鸿亚公司、易蔚明对袁定业是否享有债权及标的物范围有不知情的可能性。况且即便鸿亚公司、易蔚明知道债权的存在，也不能必然表明其有侵害袁定业债权的意图，因为通常房屋买受人的直接目的是买房。如果不能直接证明有侵害债权的目的，便认定存在侵害的故意，就会违背债权平等性原则，妨碍第三人经济活动自由。因此，原审法院仅根据身份关系推测认定易蔚明、鸿亚公司与蔚都公司之间存在恶意串通，证据不足。

2. 鸿亚公司、易蔚明无侵害行为。按照合同约定，蔚都公司负有办理房产权属登记的义务。2005年4月6日，蔚都公司取得了都市阳光第1幢房屋所有权栋证，栋证所附分户平面图系长沙市房产测绘队勘测结果，现无证据证明蔚都公司提供了虚假材料等导致测绘结果与实际不符，损害了袁定业的利益。法院仅依据设计平面图与栋证所附测绘图不一致，认定蔚都公司自行修改了设计图并以修改后的内容申请房屋权属登记，证据不足。鸿亚公司、易蔚明并非测绘的委托人，也非权属登记的经办人，无证据证明其与蔚都公司共同实施了侵害行为。法院依据签约时间与房号、分户面积登记时间存在矛盾，且2003年7月25日讼争房产出租给长沙金牛角中西餐厅有限公司没有提及易蔚明、鸿亚公司为权益人，推断存在串通行为，证据不足，因为袁定业所提供的鸿亚公司、易蔚明与蔚都公司签订的合同系办证所用合同，合同所载面积与测绘结果一致并不存在矛盾，蔚都公司与袁定业共同出租讼争房产未明示易蔚明、鸿亚公司为权益人，也不排除蔚都公司与易蔚明、鸿亚公司有其他约定，况且即便易蔚明、鸿亚公司在 2003 年 7 月 25 日之后才签订合同，只要其不是有意要侵害袁定业的债权，基于债权的平等原则，债权效力不分先后，也不能作为认定串通加害的证据。

3. 袁定业权益可以通过债权制度获得填补。袁定业与蔚都公司于 2004 年 1 月 5 日签订《商品房买卖合同》，其中第 3 条约定"建筑面积约 580 平方米，套内面积约 494 平方米，公共部位与公用房屋分摊建筑面积约 86 平方米"，第 5 条约定了面积确认及面积差异处理方式，即"面积误差比绝对值在 3% 以内（含 3%）的，据实结算房价款，面积误差比绝对值超出 3% 时，买受人有权退房"。现栋证所确认 102 号房建筑面积为 568 平方米。袁定业对面积及讼争房产的界定范围有异议，可依合同约定处理或依法请求蔚都公司承担违约责任，其权益可以通过债权制度得到保护，因而不需要适用第三人侵害债权制度来保护。否则，可能会引发诸多相关诉讼及物权变更，造成当事人讼累。

【监督结果】

湖南省高级人民法院受理抗诉后，于 2010 年 12 月 9 日作出〔2010〕湘高法民抗字第 129 号民事裁定，提审本案。湖南省高级人民法院审理后另查明，都市阳光一层设计建筑面积为 2101 平方米，房产测绘单位实勘建筑面积为 2015.1 平方米，套内面积 1627.52 平方米，共有分摊面积 387.56 平方米，其中，101 号房（鸿亚公司）实测建筑面积 367.04 平方米，分摊面积 70.59 平方米，分摊占比 19.23%；102 号房（袁定业）实测建筑面积 568 平方米，分摊面积 109.24 平方米，分摊占比 19.23%；103 号房（易蔚明）实测建筑面积 722.76 平方米，分摊面积 139.01 平方米，分摊占比 19.23%。熊创亚为购买都市阳光 1 幢 1 层门面于 2003 年 9 月 16 日付房款 90 万元。101 号房在 2005 年 1 月鸿亚公司成立时作为蔚都公司出资，2005 年底蔚都公司退出后转至鸿亚公司名下，鸿亚公司于 2007 年 1 月付清该房房款。蔚都公司与袁定业签订的商品房买卖合同约定了面积误差的处理方式。

2011 年 6 月 21 日，湖南省高级人民法院作出〔2011〕湘高法民再终字第 100 号民事判决。判决认为：本案是因商品房预售合同约定的房屋面积减少而引发的纠纷。袁定业起诉认为其购买房屋的实际面积与蔚都公司提交给房屋权属登记机关资料记载的面积不符，部分房屋面积登记于相邻房屋所有权人易蔚明、鸿亚公司名下，因而提起侵权之诉，要求返还财产。本案中，袁定业、易蔚明和鸿亚公司均是都市阳光 1 幢 1 层门面的买受人，袁定业从 2002 年 10 月起就陆续向蔚都公司支付购房定金和购房款，并已依约全部支付完毕。熊创亚个人于 2003 年 9 月 16 日向蔚都公司付房款 90 万元，鸿亚公司成立后，于 2007 年 1 月 29 日付清全部房款。2003 年 7 月，蔚都公司与袁定业作为出租人将都市阳光第 1 幢 1 层整体出租给长沙金牛角中西餐厅有限公司，在蔚都公司当时尚未申请房屋权属登记的情况下，房屋已实际交付使用，袁定业基于合同实际占有所购房屋，由于占有房屋的实际面积依法须经房产测绘单位实测之后方能确定，因此，袁定业基于商品房预售合同所占有的房屋面积只是预售合同约定面积，并不是最终作为办理产权登记的测绘面积，2005 年 4 月，蔚都公司取得都市阳光 1 幢房屋所有权栋证，所附 1 层分户平面图的面积是房产测绘单位实测的结果，与袁定业和蔚都公司签订的房屋买卖合同所附合同平面图出现面积差异。原审判决从蔚都公司、易蔚明、鸿亚公司三方的关系、房屋整体出租时的出租人只有蔚都公司和袁定业及鸿亚公司、易蔚明与蔚都公司于 2007 年 7 月签订的《商品房买卖合同》的内容等方面分析，认为导致差异的原因是蔚都公司与鸿亚公司、易蔚明恶意串通，自行修改设计平面图，并以修改后的内容申请房屋权属登记所致。但得出这一结论缺乏充分的事实依据，首先，特殊的身份关系并不必然导致恶意串通。其次，实测结果与约定面积出现误差是房屋买卖中经常出现的情况，也为国家相关法规所允许。再次，鸿亚公司、易蔚明与蔚都公司所签标明日期为 2003 年 7 月的《商品房买卖合同》确为测绘后补签，因此合同所载面积与测绘结果是一致的，并作为房屋办证所用。蔚都公司与袁定业出租房屋时，虽没有明示易蔚明、熊创亚为权益人，但熊创亚当时尚未支付房款，在租赁合同签订 2 月后才付房款 90 万元，易蔚明则是蔚都公司董事长，因此没有明示为权益人符合当时的实际。最后，从公平性上看，都市阳光 1 幢 1 层实测建筑面积比设计面积减少了 85.9 平方米（占原设计建筑面积的 4.06%），各分户面积自然会相应减少，这应是导致房屋约定面积减少的主要原因。根据房产测绘单位的实测结果，袁定业所购房屋建筑面积减少了 12 平方米，其余减少的面积则相应由其他购房者分担。袁定业、易蔚明及鸿亚公司所分别购买的 102、103 和 101 号房所分摊的公共部分建筑面积占比均为 19.23%，袁定业并没有承担更多的公共分摊面积。如果支持袁定业的主张，由鸿亚公司和易蔚明分别返还其套内面积 19.56 平方米（建筑面积 24.22 平方米）和 16.47 平方米（建筑面积 20.39 平方米），则意味着袁定业将获得大大超过合同约定的房屋建筑面积，而同为购房户的鸿亚公司和易蔚明则将承担更大比例的分摊面积，这显然有失公平，综上所述，原审判决在认定事实与适用法律方面均有不当，袁定业基于占有保护请求权提出的侵权之诉不能成立，依法应予驳回。袁定业因房屋实际面积小于合同约定面积所遭受的损失，应依法通过合同之诉追究蔚都公司的违约责任来获得保护。检察机关的抗诉理由成立，应予支持。依照《中华人民共和国民事诉讼法》第 186 条第 1 款、第 153 条第 1 款第 2 项、第 3 项之规定，判决：（1）撤销长沙市中级人民法院〔2009〕长中民一终字第 0075 号民事判决和长沙市雨花区人民法院〔2008〕雨民初字第 1857 号民事判决；（2）驳回袁定业的诉讼请求。

【点评】

本案主要涉及第三人侵害债权法律问题。该案的成功抗诉表明，案件所涉法律问题在理论上具有争议、立法上不明晰的情况下，只有准确把握法理、公正审查，才能在个案中实现法律真实与客观真实的统一，依法监督审判权与保护当事人权益的统一。

1. 如何处理侵害债权案件是司法上的难题。

本案中能否认定鸿亚公司、易蔚明与蔚都公司恶意串通损害了袁定业基于与蔚都公司签订合同而享有的债权是本案处理的关键。债权能否作为侵权的客体，理论上具有争议，立法上不明晰，如何处理侵害债权案件是司法实务的难题。理论上，侵害债权能否构成侵权行为是民法学上有名的争论问题。该问题涉及债权的本质及侵权行为制度，虽经历长期争论，至今未获得一致见解。对此问题有否定说和肯定说之分。立法上，侵害债权能否构成侵权行为未予明确规定。《合同法》第 121 条规定："当事人一方因第三人的原因造成违约的，应当向对方承担违约责任。当事人一方和第三人之间的纠纷，依照法律规定或者按照约定解决。"据此，因第三人原因导致债务不履行，债务人对债权人直接承担责任，第三人不对债权人承担责任，因而，通常认为，我国立法上绝对坚持债之相对性原则，未建立第三人侵害债权制度。但《合同法》第 52 条规定："有下列情形之一的，合同无效：……（二）恶意串通，损害国家、集体或者第三人利益……"第 59 条规定："当事人恶意串通，损害国家、集体或者第三人利益的，因此取得的财产收归国家所有或者返还集体、第三人。"从文义上分析，如果第三人与债务人恶意串通订立合同损害债权人利益，则债权人可以据此主张第三人与债务人签订的合同无效，并要求其返还因此取得的财产。因此，第三人与债务人恶意串通损害债权时，债权人可以直接要求第三人承担责任，突破了债之相对性原则。该条款能否作为侵害债权的法律依据，存在不同的理解。我国《侵权责任法》对债权能否作为侵权的客体也未明确，且存在不同的理解。理论争论及立法不明晰致使司法实务无所适从，但"司法不得拒绝裁判"，案件涉及侵害债权问题时，不容回避。如何认识及处理侵害债权问题给司法工作人员留下裁判空间的同时也为"同案不同判"埋下了隐患，为司法不公正提供了可乘之机。侵害债权问题涉及债权人、债务人及第三人的利益，如处理不当，当事人合法权益无法得到保障，司法的公正、权威也将受到影响，甚至影响社会稳定。

2. 本案为正确处理侵害债权问题积累了经验，对处理同类案件具有示范作用。

本案中检察机关以正确处理保护债权人与保护第三人行为自由的关系、侵权责任与债务不履行责任制度之间的关系为指引，明确侵害债权的侵权行为构成要件，合理界定构成要件的认定标准及明确侵害债权制度的定位，结合全案证据，明晰了债权人、债务人及第三人的权益，从而实现个案公正。该案处理主要把握了以下要点：

（1）明确侵害债权的侵权行为的主体。侵害债权的主体应限于债的关系当事人之外的第三人，债务人不是侵害侵权的主体，从而明确侵害债权与债务不履行之间的界限。本案中，虽然袁定业与蔚都公司签订了商品房买卖合同，但作为债务人的蔚都公司有与他人签订合同，处分自己财产的自由，其不履行债务应承担违约责任。如果债务人不履行债务便构成侵权则从根本上抹杀了侵权责任与违约责任制度的界限，也妨碍了当事人行为自由。

（2）明确侵害债权的侵权行为主观过错及认定标准。绝大多数人认为第三人侵害债权需主观上存在故意，但主要分歧在于故意是否必须包括积极追求损害他人债权的目的。办案人员认为，第三人侵害债权的主观过错应限于故意，且故意的认定应坚持"第三人不仅应明知他人债权的存在，而且应具有积极侵害他人债权的目的，才应承担侵害债权的责任"的标准，即不能以明知债权存在就认定存在故意。因为债权受到损害只是一种客观后果，与第三人的主观状态无关。如果让第三人对此负责，这将是客观归责或结果责任，这是与过错责任的基本原则相违背的。本案一、二审法院在无证据证明易蔚明、鸿亚公司有意侵害袁定业债权的情形下，仅根据身份关系推测认定易蔚明、鸿亚公司与蔚都公司主观上存在恶意，系适用法律错误。

（3）第三人侵害债权制度应辅助债的制度发挥作用。如果侵害债权制度建立后，债权不再主要由债的制度保护，这势必破坏债法与侵权法的逻辑体系和合理分工。因此，只有在债的制度不能有效地保护债权人的利益时，才可以根据侵害债权提出请求或提起诉讼。就合同来说，应优先适用违约责任进行救济，不足以保护债权人利益时再启动侵害债权制度，将其作为一种辅助性的救济手段，这才是最好的选择。本案中袁定业与蔚都公司签订合同，约定了买卖房屋的大致面积、面积确认及面积差异处理方式。袁定业对面积及讼争房产的界定范围有异议，可依合同约定处理或依法请求蔚都公司承担违约责任，其权益可以通过债权制度得到保护，因而不需要适用第三人侵害债权制度来保护。

3. 本案再审改判表明抗诉接近客观真实，促进了社会矛盾化解，维护了司法公正，达到了法律监督目的。

再审中，申请人向法院提出新的证据，法院依法采信并认定：熊创亚与蔚都公司于 2003 年 7 月 10 日签订了 101 号房的买卖合同。成立鸿亚公司时，因房屋产权在蔚都公司名下，而过户需要缴纳 20 万元契税，所以蔚都公司以该房屋的评估价作为出资，成为鸿亚公司的挂名股东。2005 年 12 月，蔚都公司退出鸿亚公司，该房屋转至鸿亚公司名下，鸿亚公司于 2007 年 1 月付房款 367.04 万元。此外，从房产测绘单位对都市阳光一层的测绘结果来看，101、102、103 号房分摊面积比例均为 19.23%。上述查明事实印证了，以鸿亚公司、易蔚明及蔚都公司之间的关系等来推定存在恶意串通，与客观事实不符。因而，检察机关以原一、二审卷宗归档的证据为基础，通过法理分析，发现原审法院在认定第三人侵害债权的侵权行为构成要件及标准时把握过于宽松，背离了第三人侵害债权制度的本质，在民法理论体系上难以自圆其说，并据此提出抗诉，接近客观事实和实质正义。检察机关的抗诉理由被法院完全采纳，纠正了错误判决，不仅解决了当事人的纠纷，维护了当事人合法权益，也避免引发新的矛盾，维护了司法公正及司法公信力，达到了法律监督目的。

【承办人简介】

伍松林，男，1981 年 1 月出生，汉族，华东政法大学经济法学硕士研究生学历，湖南省人民检察院民事行政检察处办案三科科长、助理检察员。

29. 广州市润树贸易有限公司与广东海外留学培训学校、广州灏晟贸易有限公司租赁合同纠纷抗诉案

【监督机关】广东省人民检察院

【监督方式】抗诉

【基本案情】

申请人（一审原告、二审被上诉人）：广州市润树贸易有限公司，住所地：广州市天河区陶育路 82 号 423 房；法定代表人：贺自生，总经理。

其他当事人（一审被告、二审上诉人）：广东海外留学培训学校，住所地：广州市天河区禺东华美学校；法定代表人：陈金龙。

其他当事人（原审第三人）：广州灏晟贸易有限公司，住所地：广州市天河区禺东西路 38 号 86 栋；法定代表人：张介华，经理。

位于广州市天河区龙洞尖峰山路省商业技工学校第一分校大院第 2、3、8、9、11、13、21、22 号楼的物业（以下简称案涉物业）原登记的权属人为广东省食品公司（"广东省食品公司"是广东省食品企业集团公司的保留名称，两者实为同一企业法人主体）。1998 年 1 月 21 日，浙江省杭州市中级人民法院依据〔98〕杭经初字第 4－1 号协助执行通知书及民事裁定书，查封了该业属广东省食品企业集团公司的土地使用权（执行查封时，房管部门尚未为案涉物业的上盖物核发权属证书）。2004 年 4 月 30 日，广州市中级人民法院轮候查封了该土地使用权及其上盖物。2005 年 7 月 7 日，杭州市中级人民法院解除了该院的查封措施。

1998 年 12 月 18 日，广东省食品公司（甲方）与广州灏晟贸易有限公司（以下简称灏晟公司，原名广州泛美实业有限公司，1999 年 7 月名称变更为广州市大华美投资有限公司，2008 年 3 月 12 日变更为现名；乙方）签订《租赁合同》，约定：甲方将坐落于广州市天河区龙洞的广东省食品技校的校园（含场地、房屋、各种设施和用具），6 号楼除外（庭审中均确认此次租赁范围包括了案涉物业），出租给乙方作为办学校园使用；租赁期限为 10 年，即自

1999 年 4 月 15 日起至 2009 年 4 月 15 日止等内容。2003 年，广东省食品公司（甲方）与灏晟公司（乙方）、广东省海外留学培训学校（以下简称海外学校，丙方）签订《〈租赁合同〉补充协议》，约定：甲方同意将上述租赁物转租给丙方，三方同意对租赁场地和租赁物的面积、租赁期限及租金进行调整；甲方除保留 5 号楼至现广东尖峰实业有限公司厂区（含厂区）的所有地块位于技校游泳池旁的以及水井（井编号：粤国土资矿水〔2002〕90007 号）为圆心、直径为 10 米范围内的地块外，把该校园的其他场地、房屋（含 5、6 号楼）及设施出租给乙方，并同意乙方转租给丙方作为办学校园使用；甲、乙、丙三方同意将租赁合同期限调整为 30 年，即自 1999 年 4 月 15 日起至 2029 年 4 月 15 日止等内容。2004 年 7 月，上述甲、乙、丙三方又签订《租赁合同补充协议》，约定将租赁期限调整为 20 年，即自 1999 年 4 月 15 日起至 2019 年 4 月 15 日止及其他内容。海外学校在签订上述合同后，将案涉场地作为办学场地使用至今。广东省民政厅于 2007 年 8 月 9 日核发《民办非企业单位登记证书》显示，海外学校的业务范围为：全日制高中阶段非学历教育、出国留学人员培训。据海外学校自行提交的学员名单，目前共有约 300 多名在读学员，海外学校称这些学员在该校区就读期限一般为 2 年。

2005 年 8 月 12 日，广州市中级人民法院出具《拍卖通知》，称〔1996〕穗中法经初字第 333 号、〔1999〕穗中法经初字第 451 号民事判决书已经发生法律效力，由于广东省食品公司等被执行人没有履行生效的法律文书所确定的还款义务，经摇珠选定广东省拍卖有限公司对案涉物业的土地使用权及上盖物进行拍卖，该拍卖行定于同月 24 日进行拍卖，特通知当事人和已知的担保物权人、优先购买权人（上述房屋租赁人或使用人等）或者其他优先权人于拍卖日到场。同日，海外学校致函法院，称其与广东省食品公司在此之前已经存在合法的租赁合同，租赁期至 2019 年 4 月 15 日止，因此主张对拍卖物享有优先购买权和优先租赁权。此后，广东省拍卖有限公司举行的拍卖会，共有包括广州市润树贸易有限公司（以下简称润树公司）、海外学校在内的 4 个买家参加了竞拍，该标的起拍价为 1200 万元，最终由润树公司以 2400 万元拍得。2005 年 12 月 20 日，广东省拍卖有限公司与润树公司签订了有关《拍卖成交确定书》，确认润树公司竞得案涉物业，其中土地使用权面积为 30458.33 平方米，建筑面积为 8398.34 平方米。2006 年 3 月 3 日，法院出具〔2001〕穗中法执字第 1177 号民事裁定书，裁定案涉物业的土地使用权及上盖物过户给润树公司所有；2006 年 3 月 23 日，广州市中级人民法院致函广州市国土资源和房屋管理局，要求解除对案涉物业的查封并将其过户给润树公司所有。

2006 年 3 月 27 日，润树公司向海外学校及灏晟公司发出《交付场地通知

书》，称其已通过拍卖取得案涉物业，现决定收回该物业自用，请海外学校在
10 天内搬离，否则其依法清场。2006 年 4 月 26 日，海外学校复函称，因案涉
物业至今仍登记在广东省食品公司名下，并没有登记在润树公司名下，房屋只
有经过合法登记才能向他人主张权利，并且根据买卖不破租赁的原则，润树公
司仍须履行此前存在的租赁合同，因此不同意交还场地。此后双方又经多次协
商，但均未果。2004 年 6 月 23 日，海外学校根据广州市东山区人民法院（现
越秀区人民法院）的有关协助执行通知书，向该院缴交 84 万元（庭审中，海
外学校自称该款缴付的是案涉物业 2004、2005 年度的租金）；2007 年 1 月
4 日，海外学校向越秀区人民法院缴交了 40 万元（庭审中，海外学校自称该款
缴付的是案涉物业 2006 年度的租金）；2007 年 11 月 13 日和 2008 年 11 月
12 日海外学校分别向该院缴交了共 80 万元的租金。

　　2009 年 1 月 20 日，广州市国土资源和房屋管理局为案涉物业核发了新的
《房地产权证》，该证载明，案涉物业的权属人为润树公司，占有房屋份额为
全部。2009 年 9 月 30 日，海外学校以润树公司为收件人，润树公司住所地为
收件人地址，向润树公司发出《关于交付场地使用费的函》，要求润树公司提
交有效收款账号，以便其支付 2009 年度的场地租金，并称如果润树公司在
2009 年 10 月 9 日前不予答复，其将会把租金予以提存。但润树公司拒绝签收
该邮件。2009 年 11 月 17 日，海外学校将自认应付的租金 40 万元提存至广州
市公证处。

　　另查，广东省拍卖有限公司已经在拍卖前向各竞买人出示了有关的"推
介资料"，该资料载明，拍卖标的的概况为"本次拍卖范围的房屋建筑物主要
有：根据委托方提供的《广州市房地产产权情况表》证载土地使用面积为
30458.33 平方米，其中 4935.33 平方米为违章用地，已征收国有土地使用权
出让金，使用年限 50 年，自 1999 年 12 月 7 日起。纳入本次拍卖范围的房屋
建筑物主要有第 3 号楼教学楼、第 22 号楼实验楼、第 11 号楼饭堂及第 2、8、
9、13、21 号楼宿舍，建筑面积共为 8398.34 平方米；房屋的结构形式主要为
钢筋混凝土结构，多为八十年代建造，租金现为每年人民币 84 万元，租期至
2029 年，属于不交吉拍卖"。

　　2009 年 11 月，润树公司提起诉讼，请求判令：（1）海外学校立即将案涉
土地使用权及上盖物移交；（2）海外学校支付自 2006 年 3 月 23 日起至实际交
付之日止的场地及房屋占用费；（3）海外公司承担本案诉讼费用。

　　本案审理中，润树公司、海外公司、灏晟公司还对有关租金支付标准以及
与海外学校及灏晟公司签订租赁合同的广东省食品公司是否为案涉物业真正所
有权人（润树公司认为存在两个广东省食品公司，与海外学校签订租赁合同

的并非真正的所有权人；海外学校则认为其承租合法）等问题存在争议，双方还认为此提交了有关证件拟证明自己的主张。另外，海外学校及灏晟公司为证明自己在承租案涉物业后作了有关的添附，还向一审法院提交了《合同书》、收据等一系列证件。

【原审裁判情况】

广州市天河区人民法院经审理，于 2010 年 2 月 5 日作出〔2009〕天法民四初字第 2464 号民事判决。判决认为，润树公司通过拍卖的方式公开竞价购得了案涉物业（包括土地使用权和上盖物所有权），发生法律效力的法律文书也裁定将案涉物业过户给润树公司，且润树公司在 2009 年 1 月 20 日取得了案涉物业的《房地产权证》，因此，润树公司是案涉物业新的合法所有权人，对案涉物业依法享有占有、使用、收益和处分的权利。

本案争议的焦点在于，海外学校与广东省食品公司之间的租赁合同是否对润树公司具有约束力。从上述查明事实可知，海外学校是基于 2003 年与灏晟公司、广东省食品公司共同签订《〈租赁合同〉补充协议》而承租案涉物业的，而灏晟公司则是在 1998 年 12 月 18 日通过与广东省食品公司签订《租赁合同》取得案涉物业的租赁权和转租权的；但是，在这两份合同签订之前的 1998 年 1 月 21 日，杭州市中级人民法院已经查封了案涉物业的土地使用权，由于在执行查封时案涉物业的上盖物尚未领取权属证书，并不存在土地使用权与地上建筑物所有权分属他人所有的情形，根据最高人民法院《关于人民法院民事执行中查封、扣押、冻结财产的规定》第 23 条第 1 款有关"查封地上建筑物的效力及于该地上建筑物使用范围内的土地使用权，查封土地使用权的效力及于地上建筑物，但土地使用权与地上建筑物的所有权分属被执行人与他人的除外"的规定，上述查封措施的效力及于案涉物业的所有地上建筑物。在此情况下，根据最高人民法院《关于审理城镇房屋租赁合同纠纷案件具体应用法律若干问题的解释》第 20 条"租赁房屋在租赁期间发生所有权变动，承租人请求房屋受让人继续履行原租赁合同的，人民法院应予以支持。但租赁房屋具有下列情形或者当事人另有约定的除外：（一）房屋在出租前已设立抵押权，因抵押权人实现抵押权发生所有权变动的；（二）房屋在出租前已被人民法院依法查封的"的规定，海外学校与广东省食品公司及灏晟公司之间的租赁合同由于成立于案涉物业被查封之后，并不能对抗通过竞买而取得法院交与拍卖的案涉物业的润树公司，在润树公司不愿意继续履行该租赁合同的情况下，该租赁合同对润树公司不具有法律约束力。海外学校及灏晟公司有关法院查封的只是案涉物业的土地使用权、润树公司拍卖时已知悉租赁合同的存在、其与广东省食品公司签订的租赁合同应约束润树公司的抗辩理据不足，不予采纳。至于海外学校及灏晟公司关于广东省食品公司签订的租赁合同的具体履行情况以及其是否切实支付租金，是否对案涉物业作了添附和广东省食品公司是否就此进行赔偿的问题，均属于海外学校、灏晟公司及广东省食品公司之间的关系问题，并不属于本案审查处理的范畴，亦不影响本案的处理结果，在本案中对此不作审查处理。对于海外学校、灏晟公司为此提交的相关证据，在本案中亦不作审查认定。海外学校及灏晟公司对于履行与广东省食品公司之间的租赁合同若存在争议，应另寻合法途径主张权利。同理，因海外学校的租赁合同签订在案涉物业被查封后，与海外学校及灏晟公司签订租赁合同的广东省食品公司是否有权出租的问题亦不影响本案的处理结果，本案对此不作出认定。

关于润树公司要求海外学校交还案涉物业的问题。根据《中华人民共和国物权法》第28条有关"因人民法院、仲裁委员会的法律文书或者人民政府的征收决定等，导致物权设立、变更、转让或者消灭的，自法律文书或者人民政府的征收决定等生效时发生效力"的规定，在广州市中级人民法院作出的〔2001〕穗中法执字第1177号民事裁定书发生法律效力之日起，润树公司即为案涉物业的土地使用权人和地上建筑物所有权人，有权自此时起行使相关权利。由于海外学校与广东省食品公司、灏晟公司就案涉物业签订的租赁合同对润树公司并不具有约束力。因此，在润树公司于2006年3月27日向海外学校发出《交付场地通知书》明确表示不同意接受租赁合同的约束后，海外学校理应将案涉物业交还给润树公司。其至今仍未交还案涉物业，已构成对润树公司合法权益的侵犯，润树公司现起诉要求海外学校交还案涉物业，符合《中华人民共和国物权法》第34条有关"无权占有不动产或者动产的，权利人可以请求返还原物"的规定，具有事实和法律依据，予以支持。综合考虑到海外学校应明知案涉物业的土地使用权存在被法院查封的非正常状况而仍承租该物业、对由此导致的法律后果是明知或应知的，以及考虑到海外学校从润树公司致函其交还案涉物业后仍占用该物业至今长达近4年，确实对润树公司的合法权益构成较大损害，同时也考虑到润树公司是以不交吉的价格购得案涉物业且该物业仍用于教学用途，海外学校腾空交还亦需一定的时间等具体案情，酌情判决海外学校于判决发生法律效力之日起1年内将案涉物业交还给润树公司。海外学校及灏晟公司在此期限内应积极妥善做好职员和学生的分流或安置等有关善后工作，腾退案涉物业。润树公司关于海外学校应立即移交物业的请求不妥，不予采纳。

关于润树公司诉请海外学校支付案涉物业使用费的问题。如上所述，海外学校至今仍占用案涉物业，已构成对润树公司合法权利的侵害，也确实给润树公司造成一定的损失。因此从公平合理的角度考虑，润树公司要求海外学校支付房屋使用费合法有据，应予支持。在双方没有就该项房屋使用费的支付标准达成一致意见的情况下，该项费用可参照房管部门评定的同地段同期同类物业的租金标准支付。由于广州市中级人民法院已于 2006 年 3 月 23 日致函广州市国土资源和房屋管理局，要求解除对案涉物业的查封并将其过户给润树公司所有，说明有关过户的裁定书在此前已发生法律效力，润树公司自此日起已得到案涉物业的土地使用权和地上建筑物所有权。因此润树公司要求海外学校从 2006 年 3 月 23 日起计房屋使用费至其实际交还物业之日止，并无不妥，予以支持。另因海外学校此前已通过提存向润树公司支付了 40 万元，该笔款项可在实际计付时抵扣。但是，海外学校付给广东省食品公司的租金的处理问题属于两者之间的另一法律关系问题，该笔款项应不能视为已支付给润树公司。

综上所述，依照《中华人民共和国民法通则》第 4 条，《中华人民共和国物权法》第 28 条、第 34 条、第 37 条、第 39 条，最高人民法院《关于人民法院民事执行中查封、扣押、冻结财产的规定》第 23 条第 1 款，最高人民法院《关于审理城镇房屋租赁合同纠纷案具体应用法律若干问题的解释》第 20 条，《中华人民共和国民事诉讼法》第 13 条、第 64 条第 1 款的规定，判决：（1）海外学校于判决发生法律效力之日起 1 年内，将天河区龙洞尖峰山路省商业技工学校第一分校大院土地使用权及地上建筑物 2、3、8、9、11、13、21、22 号楼移交给润树公司；（2）海外学校于判决发生法律效力之日起 10 日内，向润树公司支付上址物业从 2006 年 3 月 23 日起至 2009 年 12 月 31 日止的房屋使用费（以广州市房屋租赁主管部门评定的地段同期同类物业的租金标准计付，扣减海外学校已提存支付的 40 万元），自 2010 年 1 月 1 日起至实际迁出上址物业之日止的房屋使用费，由海外学校按上述标准在每月 5 日前按月支付给润树公司；（3）驳回润树公司的其他诉讼请求。

海外学校不服，提起上诉。广州市中级人民法院经审理，于 2010 年 12 月 10 日二审作出〔2010〕穗中法民五终字第 1473 号民事判决。判决认为，根据 2005 年 8 月 12 日法院出具的《拍卖通知》，广东省拍卖有限公司对案涉物业的土地使用权及上盖物进行的拍卖，是基于法院对生效的〔1996〕穗中法经初字第 333 号、〔1999〕穗中法经初字第 451 号民事判决的强制执行。润树公司以竞买人的身份参加该拍卖，以公开竞价的方式购得了案涉物业的土地使用权和上盖物所有权，并在 2009 年 1 月 20 日取得了案涉物业的《房地产权证》。

海外学校取得案涉物业的租赁权，是基于 2003 年广东省食品公司、灏晟公司、海外学校签订《〈租赁合同〉补充协议》，在上述所有权变动之前，而且租赁期限至今尚未届满，依照《中华人民共和国合同法》第 229 条"租赁物在租赁期间发生所有权变动的，不影响租赁合同的效力"的规定，承租人海外学校可以继续依租赁合同占有租赁物，并以此有权占有来对抗润树公司作为租赁物新权利人的返还原物请求权。广东省拍卖有限公司在拍卖前向各竞买人出示的有关的"推介资料"中，也清楚载明了拍卖标的的出租情况，明确该拍卖属于不交吉拍卖。这种不交吉的拍卖方式，同样可确定租赁权不因拍卖而消灭，承租人仍享有占有权及继续履行租赁合同的请求权。

虽然在上述租赁合同成立之前，杭州市中级人民法院已于1998年1月21日查封了案涉物业的土地使用权，但是，根据最高人民法院《关于人民法院民事执行中拍卖、变卖财产的规定》第31条第2款"拍卖财产上原有的租赁权及其他用益物权，不因拍卖而消灭，但该权利继续存在于拍卖财产上，对在先的担保物权或者其他优先受偿权的实现有影响的，人民法院应当依法将其除去后进行拍卖"的规定，如果法院认为租赁权的存在对在先的其他权利的实现有影响的，可以先行除去该租赁权再进行拍卖。而在上述拍卖之前，法院没有除去承租人海外学校的租赁权，直接作不交吉的拍卖，并由拍卖公司公告拍卖财产上存在租赁合同关系的事实，润树公司作为竞买人，清楚地知道该事实，所以，案涉物业上存在的租赁合同关系，已成为拍卖合同内容一部分，依继受取得的法理，租赁合同关系对润树公司当然继续存在。原审判决根据最高人民法院《关于审理城镇房屋租赁合同纠纷案件具体应用法律若干问题的解释》第20条第2项的规定，认定海外学校与广东省食品公司、灏晟公司之间的租赁合同对润树公司不具有法律约束力，属适用法律不当，应予纠正。

综上所述，润树公司以租赁合同成立于案涉物业被法院查封之后，不能对抗新的产权人为由，主张海外学校返还案涉物业并参照房管部门公布的广州市房屋租金参考价计付场地及房屋占用费，不能成立，其应继续履行原产权人广东省食品公司与海外学校之间的租赁合同。一审判决认定事实清楚，但适用法律不当，依照《中华人民共和国合同法》第229条、《中华人民共和国民事诉讼法》第153条第1款第2项的规定，经审判委员会讨论决定，判决如下：撤销〔2009〕天法民四初字第2464号民事判决；驳回润树公司诉讼请求。

【监督意见】

润树公司不服二审判决，向广东省人民检察院提出申诉。2011年3月21日，广东省人民检察院以粤检民抗〔2011〕29号民事抗诉书向广东省高级人民法院提出抗诉。理由如下：

1. 终审判决在《关于人民法院民事执行中拍卖、变卖财产的规定》第31条第2款的理解和适用上存在错误。

抵押权与租赁权的冲突是私权之间的冲突。关于两者的平衡问题，最高人民法院《关于适用〈中华人民共和国担保法〉若干问题的解释》（法释

〔2000〕44 号）第 65 条及第 66 条第 1 款详细区分了"先租赁后抵押"与"先抵押后租赁"两种不同情况。《中华人民共和国物权法》继受了上述规定，在第 190 条规定："订立抵押合同前抵押财产已出租的，原租赁关系不受该抵押权的影响。抵押权设立后抵押财产出租的，该租赁关系不得对抗已登记的抵押权。"依据上述规定，先抵押后租赁的，租赁合同有效。但当抵押权实现时，将区分为两种情形：第一种抵押人重新买回所有权或买受人同意继续出租，此时租赁合同有效并继续履行；第二种是抵押人没有买回所有权且新的所有权人不同意出租时，租赁合同依法终止，租赁关系终止后承租人的权益保护，将依据《关于适用〈中华人民共和国担保法〉若干问题的解释》（法释〔2000〕44 号）第 66 条第 2 款"抵押人将已抵押的财产出租时，如果抵押人未书面告知承租人该财产已抵押的，抵押人对出租抵押物造成承租人的损失承担赔偿责任；如果抵押人已书面告知承租人该财产已抵押的，抵押权实现造成承租人的损失，由承租人自己承担"的规定进行处理。

为保护抵押权等优先权的实现，《关于人民法院民事执行中拍卖、变卖财产的规定》（法释〔2004〕16 号）第 31 条第 2 款规定："拍卖财产上原有的租赁权及其他用益物权，不因拍卖而消灭，但该权利继续存在于拍卖财产上，对在先的担保物权或者其他优先受偿权的实现有影响的，人民法院应当依法将其除去后进行拍卖。"这个条款的内容如下：第一，前半段"拍卖财产上原有的租赁权及其他用益物权，不因拍卖而消灭"与担保法及物权法一致，即认可租赁合同有效，拍卖并不会直接导致租赁关系解除，需要等待拍卖成交后分两种情况处理；第二，后半段是关于法院"除去"职责的规定。

终审判决适用法释〔2004〕16 号第 31 条第 2 款的错误在于：第一，本案是查封与租赁权的冲突问题，终审判决适用抵押权与租赁期的冲突规则解决本案，属选择法律规范错误；第二，终审判决将法院没有行使除去职责的不交吉拍卖理解为租赁合同继续有效，没有继续细分两种不同情形，属法律理解错误。

2. 终审判决不适用《关于审理城镇房屋租赁合同纠纷案件具体应用法律若干问题的解释》第 20 条第 2 项的规定存在错误。

查封与租赁权的冲突是公权与私权之间的冲突。查封是基于公权对财产采取的强制性措施，目的就是限制不动产的流转和使用。查封后如果允许出租，将直接危害查封制度的根基。因此，最高人民法院《关于人民法院民事执行中查封、扣押、冻结财产的规定》第 26 条第 1 款规定："被执行人就已经查封、扣押、冻结的财产所作的移转、设定权利负担或者其他有碍执行的行为，不得对抗申请执行人。"出租与转让一样，如果当然确认它的有效性，这种负担将降低查封物的交换价值，鉴于此，《关于审理城镇房屋租赁合同纠纷案件具体应用法律若干问题的解释》（法释〔2009〕11号）第20条第2项规定，"房屋在出租前已被人民法院依法查封的"，"承租人请求房屋受让人继续履行原租赁合同的"，人民法院应不予支持。终审判决不适用本条款，属适用法律错误。

【监督结果】

广东省高级人民法院受理本案后，于2012年5月15日作出〔2011〕粤高法审监民提字第88号民事判决。判决认为，本案的争议焦点是海外学校与广东省食品公司之间的租赁合同是否对润树公司具有约束力。

浙江省杭州市中级人民法院于1998年1月21日向广州市房管部门发出了〔98〕杭经初字第4-1号《协助执行通知书》及《民事裁定书》各一份查封案涉土地，广州市房管部门对此进行了登记，该查封行为对外具有了公示效力。由于执行查封时案涉物业的上盖物尚未领取权属证书，故不存在土地使用权与地上建筑物所有权分属他人所有的情形，而根据最高人民法院《关于人民法院民事执行中查封、扣押、冻结财产的规定》第23条第1款有关"查封地上建筑物的效力及于该地上建筑物使用范围内的土地使用权，查封土地使用权的效力应及于地上建筑物，但土地使用权与地上建筑物的所有权分属被执行人与他人的除外"的规定，上述查封措施的效力应及于案涉物业的地上建筑物。此后，广东省食品公司于1998年12月18日将涉案物业出租给灏晟公司，租期10年。灏晟公司于2003年与海外学校、广东省食品公司又共同签订了租赁合同补充协议，将案涉物业转租给海外学校，租赁期限延长至30年。因涉案物业从1998年1月21日起即已一直处于在多个法院不间断的查封又轮候查封中，海外学校与广东省食品公司、灏晟公司就被法院查封的物业签订的租赁合同，按照最高人民法院2009年9月1日施行的《关于审理城镇房屋租赁合同纠纷案件具体应用法律若干问题的解释》（法释〔2009〕11号）第20条第2项"房屋在出租前已被人民法院依法查封的，承租人请求房屋受让人继续履行原租赁合同的，人民法院应不予支持"的规定，该租赁合同因签订于法院查封行为之后而不能对抗通过竞买取得查封物业所有权的新业主。本案是于2009年9月11日立案的，故最高人民法院《关于审理城镇房屋租赁合同纠纷案件具体应用法律若干问题的解释》的上述规定可以在本案审理中适用。不交吉拍卖只是在执行拍卖过程中对房屋现状的风险性说明，并非对租赁合同效力的法律认定，润树公司通过竞买取得案涉物业的土地使用权及上盖物所有权后，其不愿意继续履行案涉租赁合同的情况下，可依据法律规定主张原租赁合同对润树公司不具有法律约束力。二审判决适用的《关于人民法院民事执行中拍卖、变卖财产的规定》（法释〔2004〕16 号）第 31 条第 2 款关于"拍卖财产上原有的租赁权及其他用益物权，不因拍卖而消灭，但该权利继续存在于拍卖财产上，对在先的担保物权或者其他优先受偿权的实现有影响的，人民法院应当依法将其除去后进行拍卖"的规定，是关于抵押权与租赁权的冲突，而本案涉及的是作为租赁权的私权与公权力查封之间的冲突，故二审判决适用法律不当，应予纠正。至于海外学校主张对案涉物业进行了添附，是否应当赔偿及由谁赔偿等问题，因并非本案的审理范围，海外学校可另寻合法途径解决。

综上所述，二审判决认定事实清楚，但适用法律有误。检察机关提出的抗诉理由成立，再审予以支持，判决如下：（1）撤销〔2010〕穗中法民五终字第 1473 号民事判决；（2）维持〔2009〕天法民四初字第 2464 号民事判决。

【点评】

本案主要涉及的是租赁合同的效力认定问题。

一、租赁合同的效力认定

《关于审理城镇房屋租赁合同纠纷案件具体应用法律若干问题的解释》（法释〔2009〕11 号）第 20 条第 2 项规定，"房屋在出租前已被人民法院依法查封的，承租人请求房屋受让人继续履行原租赁合同的，人民法院应不予支持"。本案实际就是这个条款的适用问题。从现有证据看，这个条款是可以适用的。二审错判的主要原因是对拍卖除去规则的理解出了问题。《关于人民法院民事执行中拍卖、变卖财产的规定》（法释〔2004〕16 号）第 31 条第 2 款规定："拍卖财产上原有的租赁权及其他用益物权，不因拍卖而消灭，但该权利继续存在于拍卖财产上，对在先的担保物权或者其他优先受偿权的实现有影响的，人民法院应当依法将其除去后进行拍卖。"这个条款后半段关于法院"除去"该如何理解？二审法院认为如果除去了瑕疵，那么拍卖一个干净的标的后租赁合同就无效；如果没有除去瑕疵，那么租赁合同就继续存在并有效。实际上除去只能理解为法院执行活动中的一个职责，而且这种职责还是一种倡导性职责。这项规定的立法出发点是最大限度地使拍卖标的物不存在隐患，避免拍卖后遗留下很多复杂的法律问题。但是，这里的除去并不是类同于清扫垃圾那样简单，这里的除去是要求法院在做好与当事人沟通的情况下扫清法律障碍。如果法院没有能够扫清障碍，不能据此对后续的法律关系进行认定。除去与否并不会影响后续法律关系及权利义务的认定。除去规则规定不明及语焉不详，导致二审在理解上出现了错误。

二、本案留下的争议与思考

本案曾在最高人民检察院指令广东省人民检察院主办的"民行实训"培

训班中作为案例使用，前后有来自全国各省的三批培训班民行干警近百余人讨论分析过本案。之所以选取这个案件进行实务训练讨论，主要就是因为这个案例法律关系复杂程序适中，并且会有一些具体的问题难以形成一致结论。案例本身比较符合《案例讨论技能研讨》课程的要求。从多次讨论课程的实践看，以下问题给大家留下了很深的思考空间：

（一）私权与公权冲突时如何考量法律条文背后的立法真意

《关于审理城镇房屋租赁合同纠纷案件具体应用法律若干问题的解释》（法释〔2009〕11 号）第 20 条第 2 项确实规定了"房屋在出租前已被人民法院依法查封的，承租人请求房屋受让人继续履行原租赁合同的，人民法院应不予支持"。这里确实对租赁权私权与查封公权之间发生冲突时如何认定租赁合同效力作出了规定。但是，查封公权为什么要优于租赁权？这里的规定与一般的私权优先于公权原则是否相违背？这是法律条文本身并没有披露的。如何解决这一难题？更进一步分析，如果说查封权优于租赁权是因为查封拍卖后涉及买受人权利的保护，那么立法本意是否能理解为了保护买受人权益所以要牺牲租赁人权益？如果是这样理解的话，那么本案就会遗留下这个一个更复杂的问题：杭州中院 1998 年查封时保护的是杭州中院执行案债权人，本案广州中院的查封只是续查封，杭州中院执行案的债权人并没有受到侵害，而本案广州中院的查封则在本案租赁合同成立之后。如此一来，查封优先于租赁的规定在本案不能适用。上述分析就是一个完整的立法目的解释法。但是，本案还存在另外一种更为宽泛的立法解释法，即最高人民法院关于查封优先于租赁的规定主要保护的是一种司法查封秩序，而不仅仅限于对当事人的保护。如果持这种宽泛的解释，那么任何侵害和动摇司法查封秩序的行为都应认定为无效。至于采取何种立法解释法，则需要探求立法本意。从现有文献的分析来看，这两种解释都是存在的。笔者倾向于赞成宽泛地解释为是对查封秩序的保护，原因在于查封背后的债权人是多样的，法律作出查封优先于租赁的规定是希望通过一种笼统保护所有查封背后当事人的方法，宽泛地保护当事人权益及查封制度。至于立法本意如何，需要司法解释进一步完善时加以明确。

（二）不交吉拍卖的理解问题

不交吉拍卖确实是我国部分地区拍卖时使用的生活用语，它并不是一个严谨的法律术语。在内涵上，不交吉类同于不保证拍卖标的不存在瑕疵。终审判决只是将之论述为一种风险告知说明。不交吉拍卖的影响主要是拍卖合同的内容认定方面，并不直接影响租赁合同的效力。但是，不交吉拍卖后拍卖标的上的瑕疵如何处理，是一个具有地方特色且法律适用复杂的问题。类似这类问题在案件中出现会影响承办人的判断，这就要求承办人对法律关系层次的分析有一整套清晰的判断。

【承办人简介】

黄小雨，毕业于中国人民大学，获民法学博士学位。现任广东省人民检察院民事行政检察处民事一科科长。2011 年获省检察院颁发的"全省十佳优秀培训教师"称号；2012 年获最高人民检察院颁发的"西部巡讲教师"称号。

30. 韦仕军、高明东、韦善基与象州县佳绫饲料有限责任公司产品质量损害赔偿纠纷抗诉案

【监督机关】广西壮族自治区人民检察院、广西壮族自治区来宾市人民检察院

【监督方式】抗诉

【基本案情】

申请人（一审原告、二审上诉人）：韦仕军，男，1968 年 1 月 25 日出生，瑶族，公务员，住象州县寺村镇政府宿舍。

申请人（一审原告、二审上诉人）：高明东，男，1965 年 9 月 15 日出生，壮族，农民，住象州县寺村镇崇山村民委大力村。

申请人（一审原告、二审上诉人）：韦善基，男，1943 年 8 月 4 日出生，壮族，农民，住象州县大乐镇六贵村。

其他当事人（一审被告、二审被上诉人）：象州县佳绫饲料有限责任公司，住所地：象州县象州镇江南路 47 号。

韦仕军、高明东、韦善基合伙养鸭。2007 年 8 月 29 日至 10 月 20 日共 12 次购买象州县佳绫饲料有限责任公司（以下简称佳绫饲料公司）生产的康老大牌饲料，价款共计 95459 元。在饲养投料过程中，鸭子大量死亡。2007 年 11 月 20 日，韦仕军、高明东、韦善基向象州县消费者协会投诉，要求佳绫饲料公司赔偿损失。次日，该协会召集双方到现场检查，在养鸭场专门用于存放鸭饲料的小平房内发现有 5 包佳绫饲料公司生产的康老大牌 311 鸭饲料，该饲料的包装袋上封口处都封签有产品合格证，其中生产日期为 2007 年 9 月 23 日的 1 包，2007 年 9 月 26 日的 3 包，2007 年 10 月 15 日的 1 包。象州县消费者协会对生产日期为 9 月 26 日和 10 月 15 日的饲料抽样送检。广西壮族自治区产品质量监督检验院出具检验报告：生产日期为 2007 年 9 月 26 日被判定为不合格产品。其检验的项目是黄曲霉毒素 B1，技术要求是 $\leqslant 15\mu g/kg$，检验结果为 $80\mu g/kg$。上述检验报告说明，佳绫饲料公司的产品在出厂 55 天后，即超

过产品质量登记备案保质期 45 天的 10 天左右，黄曲霉毒素 B1 的含量为标准含量的 5.33 倍，严重超标。黄曲霉毒素 B1 为剧毒物质，长期大量食用，会导致动物肝脏细胞异常、生病甚至死亡。收到检验报告后，象州县消费者协会组织双方调解未果。

另查，经象州县消费者协会抽样送检，佳绫饲料公司 2007 年 8 月 27 日，9 月 23 日、26 日，10 月 1 日、5 日、23 日生产的中大鸭饲料被鉴定为不合格产品。佳绫饲料公司在广西壮族自治区质量技术监督局登记备案的产品保质期为 45 天，而该公司批次为 2007 年 9 月 23 日和 9 月 26 日的产品标签标注的保质期是 60 天。

2008 年 8 月 13 日，韦仕军、高明东、韦善基向象州县人民法院提起诉讼，请求判令佳绫饲料公司按《中华人民共和国消费者权益保护法》第 49 条的规定，双倍赔偿损失共计 190918 元。

【原审裁判情况】

2008 年 12 月 2 日，象州县人民法院作出〔2008〕象民初字第 582 号民事判决。判决认为，欺诈消费者行为是指经营者故意使消费者产生错误认识而购买商品或接受服务作为目的而为的行为，欺诈行为主观上必须是明知和故意，本案佳绫饲料公司的企业标准经广西壮族自治区技术监督局备案，其销售给韦仕军等三人的饲料中，经产品质量监督检验院（所）检验 3 批，其中有 2 批是合格产品，有 1 批是不合格产品，不能说明佳绫饲料公司有欺诈消费者的行为，即佳绫饲料公司不存在经营中有明知产品存在瑕疵而不予告知，故意采取虚假或不正当手段欺骗、误导消费者，使消费者权益受到损害的行为。因此，韦仕军等三人提出佳绫饲料公司提供的商品有欺诈行为，要求佳绫饲料公司双倍赔偿饲料款，理由不当，本院不予支持。综上所述，依照《中华人民共和国消费者权益法》第 49 条的规定，判决：驳回韦仕军、高明东、韦善基的诉讼请求。

韦仕军、高明东、韦善基不服一审判决而上诉至来宾市中级人民法院。

2009 年 7 月 15 日，来宾市中级人民法院作出〔2009〕来民一终字第 151 号民事判决。判决认为，由于韦仕军等三人没有提供鸭子生长缓慢甚至死亡的鉴定结论，因而也就无法确定鸭子的生长缓慢甚至死亡是属于饲料质量存在问题而造成。根据最高人民法院《关于贯彻执行〈中华人民共和国民法通则〉若干问题的意见（试行）》第 68 条的规定，所谓欺诈是指一方当事人故意告知对方虚假情况，或者故意隐瞒真实情况，诱使对方当事人作出错误意思表示的行为。佳绫饲料公司提供的饲料有一批经检验是属于不合格产品，但另外两批经检验是属于合格的产品，合格率大于不合格率，也就不存在佳绫饲料公司故意告知韦仕军等三人虚假情况或者故意隐瞒真实情况；并且韦仕军等三人向佳绫饲料公司购买饲料时，是属于赊购行为，而不是现金交易，也就是佳绫饲料公司没有诱使韦仕军等三人作出错误的意思表示，所以韦仕军等三人认为佳绫饲料公司有欺诈行为，应该双倍赔偿其损失的诉讼请求没有事实依据，该院不予支持。综上所述，韦仕军等三人的上诉理由不能成立，应予驳回。原审判决认定事实清楚，实体判决正确，应予维持。依照《中华人民共和国民事诉讼法》第 153 条第 1 款第 1 项的规定，判决：驳回上诉，维持原判。

【监督意见】

韦仕军、高明东、韦善基不服来宾市中级人民法院〔2009〕来民一终字第 151 号民事判决，向检察机关提出申诉。来宾市人民检察院审查后提请广西壮族自治区人民检察院抗诉。2011 年 4 月 28 日，广西壮族自治区人民检察院以桂检民抗〔2011〕13 号民事抗诉书向广西壮族自治区高级人民法院提出抗诉。抗诉理由如下：

来宾市中级人民法院作出的〔2009〕来民一终字第 151 号民事判决认定的基本事实缺乏证据证明，适用法律确有错误。

原审判决认定佳绫饲料公司无欺诈行为与本案事实不符。最高人民法院《关于贯彻执行〈中华人民共和国民法通则〉若干问题的意见（试行）》第 68 条规定，所谓欺诈是指一方当事人故意告知对方虚假情况，或者故意隐瞒真实情况，诱使对方当事人作出错误意思表示的行为。国家工商行政管理局于 1996 年 3 月 15 日施行的《欺诈消费者行为处罚办法》第 3 条对"欺诈"行为作了详细的列举："经营者在向消费者提供商品中，有下列情形之一的，属于欺诈消费者行为：……5. 以虚假的商品说明、商品标准、实物样品等方式销售商品的……"本案中，佳绫饲料公司在广西壮族自治区质量技术监督局登记备案的每年 2 月至 7 月的产品保质期为 30 天，8 月至次年 1 月的产品保质期为 45 天，而该公司在批次为 2007 年 9 月 23 日和 9 月 26 日的产品标签上标注的保质期是 60 天。显然，佳绫饲料公司产品标签标注为 60 天的保质期比该公司在广西壮族自治区质量技术监督局登记备案的产品保质期延长了 15 天。佳绫饲料公司以延长产品有效期标注的形式故意告知韦仕军等三人虚假情况和隐瞒真实情况，导致韦仕军等三人作出错误意思表示的行为，构成消费欺诈。佳绫饲料公司应双倍赔偿韦仕军等三人损失共计 190918 元。

【监督结果】

广西壮族自治区高级人民法院受理本案后，于 2011 年 12 月 19 日作出〔2011〕桂民提字第 105 号民事判决，判决认为：（1）佳绫饲料公司主观上有隐瞒真实情况的故意，客观上实施了销售更改保质期产品的行为，并导致韦仕军等三人因错误的认识，实施了购买并使用过期饲料的行为。佳绫饲料公司通过标注虚假产品保质期的方式向韦仕军等三人销售饲料的行为，是一种典型的欺诈消费者的行为。（2）韦仕军等三人向佳绫饲料公司购买的饲料金额为95459元，根据《中华人民共和国消费者权益保护法》第49条"经营者提供商品或者服务有欺诈行为的，应当按照消费者的要求增加赔偿其受到的损失，增加赔偿的金额为消费者购买商品的价款或者接受服务的费用的一倍"的规定，佳绫饲料公司在销售中存在欺诈行为，造成了韦仕军等三人的损失，且韦仕军等三人在诉讼中选择适用《中华人民共和国消费者权益保护法》第49条的加倍赔偿原则提出诉讼请求，因此，佳绫饲料公司应根据加倍赔偿的原则，向韦仕军等三人赔偿95459元饲料款的一倍。此外，依据《中华人民共和国消费者权益保护法》第44条"经营者提供商品或者服务，造成消费者财产损害的，应当按照消费者的要求，以修理、重作、更换、退货、补足商品数量、退还货款和服务费用或者赔偿损失等方式承担民事责任。消费者与经营者另有约定的，按照约定履行"的规定，佳绫饲料公司应退回韦仕军等三人饲料款95459元，合计佳绫饲料公司应向韦仕军等三人支付190918元。原审判决认定事实基本清楚，但适用法律错误，实体处理不当，本院予以撤销。依照《中华人民共和国消费者权益保护法》第8条、第11条、第44条、第49条，最高人民法院《关于贯彻执行〈中华人民共和国民法通则〉若干问题的意见（试行）》第68条，《中华人民共和国民事诉讼法》第186条第1款、第153条第1款第2项之规定，判决：（1）撤销来宾市中级人民法院〔2009〕来民一终字第151号民事判决以及象州县人民法院〔2008〕象民初字第582号民事判决；（2）由佳绫饲料公司向韦仕军、高明东、韦善基支付人民币190918元。一审案件诉讼费用4118元，二审案件诉讼费用4118元，均由佳绫饲料公司负担。

【点评】

本案的争议焦点是：佳绫饲料公司是否存在欺诈消费者的行为。

依我国《消费者权益保护法》的规定，经营者为消费者提供商品或服务时，应当遵循诚实信用原则，消费者亦有权知悉其所购买、使用的商品或接受的服务的真实情况。如经营者在提供商品或服务时，采取虚假或者其他不正当手段欺骗、误导消费者，使消费者的合法权益受到损害，则应认定为欺诈消费者的行为。国家工商行政管理局1996年3月15日发布的《欺诈消费者行为处罚办法》第3条对"欺诈"行为作了详细的列举："经营者在向消费者提供商品中，有下列情形之一的，属于欺诈消费者行为：……5.以虚假的商品说明、商品标准、实物样品等方式销售商品的……"最高人民法院《关于贯彻执行

〈中华人民共和国民法通则〉若干问题的意见（试行）》第68条规定，"所谓欺诈是指一方当事人故意告知对方虚假情况，或者故意隐瞒真实情况，诱使对方当事人作出错误意思表示的行为。"结合我国民法原理，判断某一行为是否认定为欺诈行为，其构成要件有以下三个方面：（1）必须有欺诈的故意，这是认定欺诈的主观要件；（2）须实施了欺诈行为，这是认定欺诈的客观要件；（3）受欺诈人因欺诈而陷入错误认识，并基于错误认识而为意思表示，这是认定欺诈的因果关系要件。只有这三个构成要件均具备的，方可认定为欺诈行为。

一、主观要件方面

就类似本案的案件而言，经营者是否具有欺诈的故意，应当审查其所销售的商品与其商品说明、商品标准、实物样品等是否一致。只有其所销售的商品与其商品说明、商品标准、实物样品等存在较大的差异，且可能给消费者的人身、财产带来实质性的损害，或者给消费者带来巨大的期待落差且该心理感受为普通人认可并接受，才能认定经营者具有欺诈的故意。现实当中，经营者以直接的故意欺诈消费者且损害其合法权益的情形不多，基本上都是以间接的故意欺诈消费者来达到其追求更大的经济利益之目的。结合本案，佳绫饲料公司其产品在广西壮族自治区质量技术监督局登记备案的保质期为45天（每年的8月至次年的1月），但在实际向韦仕军等三人所销售的12批次的饲料中所附带的产品合格证所标注的保质期均为60天。对于佳绫饲料公司声称产品保质期标注属笔误的抗辩理由，因其在产品合格证上所标明的"2—7月45天，8—1月60天"，与备案登记中的"2—5月30天，其他月份45天"的记载差距较大且批次较多，对佳绫饲料公司关于该差异属于笔误的抗辩主张，再审法院不予采信是正确的。对于延长产品保质期，既可能导致消费者决定购买行为，也可能影响消费者的购买数量，关键是可能导致消费者在产品实际已超过产品保质期后仍继续使用该产品喂养家禽，从而导致家禽发生疾病甚至死亡的后果，这些是佳绫饲料公司可以也应该预见的，但其放任了此种结果的发生。因此，在主观上佳绫饲料公司的行为属于间接故意行为。佳绫饲料公司的目的是提高产品竞争力，因为在价格相当的情况下，产品保质期更长的产品显然比其他公司的产品更具有竞争力，加上佳绫饲料公司是采用赊销的方式，可以诱使消费者优先使用该公司的产品，从而实现佳绫饲料公司追求利润最大化的目标，因此，佳绫饲料公司延长产品保质期的行为，主观上具有欺诈的故意。

二、客观要件方面

就类似本案的案件而言，经营者是否实施了欺诈行为，应当从外观上来认定。只要经营者所销售的商品与其商品说明、商品标准、实物样品等不一致的，即足以认定经营者实施了欺诈行为。结合本案，佳绫饲料公司于2008年

8 月至 10 月先后向韦仕军等三人销售了 12 批饲料，每批饲料所附带的产品合格证上标明的产品保质期均为 60 天，均存在销售延长产品保质期产品之行为，因此佳绶饲料公司在客观上，已经实施了欺诈行为。

三、因果关系方面

就类似本案的案件而言，受欺诈人是否因欺诈而陷入错误，并基于错误认识作出了相应的行为，应从消费者做出意思表示行为时的原因来进行事实认定。否则，即使发现经营者所销售的商品与其商品说明、商品标准、实物样品等不一致，亦不能轻易即认定其两者间存在因果关系。例如，有的商品与其说明存在不一致的地方，但消费者在购买时已经获知这种不一致，有的商品原有的部分功能丧失，经营者在销售时已告知该功能丧失，减价处理，对于此类案件，则不能认定消费者因欺诈而陷入错误，并基于错误认识作出了相应的行为。结合本案，2007 年 11 月 21 日，象州县消费者协会召集双方当事人到现场检查时，发现尚剩余 5 包饲料，生产日期为 2007 年 9 月 23 日有 1 包，2007 年 9 月 26 日有 3 包，2007 年 10 月 15 日有 1 包。其中，生产日期为 2007 年 9 月 23 日的饲料，至检查时已经有 58 天，2007 年 9 月 26 日生产的饲料，至检查时已经有 55 天。上述情形说明了正是基于佳绶饲料公司将产品保质期标为 60 天，韦仕军等三人因此购买并错误认为该饲料的产品保质期有 60 天，因此在超过产品实际的保质期 45 天后，仍继续使用该饲料喂养鸭子。说明韦仕军等三人因受虚假保质期标注的误导，错误的使用超过保质期饲料喂养鸭子，并且导致了养鸭场鸭子大量生病和死亡的严重后果。综上，佳绶饲料公司主观上有隐瞒真实情况的故意，客观上实施了销售更改保质期产品的行为，并导致韦仕军等三人因错误的认识，实施了购买并使用过期的饲料喂养鸭子的行为。因此，佳绶饲料公司通过虚假产品保质期标注的方式，向韦仕军等三人销售饲料并给其造成财产损害的行为，是一种典型的欺诈消费者的行为。

对于类似本案的案件而言，只有同时具备了上述三个构成要件的，才能认定为欺诈行为。否则，以经营者违反买卖合同的约定为由作出事实认定和适用法律，应当更为妥当。这是一种违约责任，其与本案的惩罚性赔偿责任相比，举证难度低，但获得赔偿的数额也要低于惩罚性赔偿。此外，本案还可以通过要求承担侵权责任来获得赔偿，但这需要证明鸭子死亡是由饲料引起的，这个证明难度要比违约责任的难度大。二审判决认为需要提供"鸭子生长缓慢甚至死亡的鉴定结论"，这是确定侵权责任需要的证据。

【承办人简介】

刘金星，男，1965 年 3 月出生，中共党员，法学专业本科毕业，广西壮族自治区来宾市人民检察院副处级检察员，检察委员会委员，三级高级检察官。

31. 石德礼、黄玉和与黎思南等道路交通事故人身损害赔偿纠纷抗诉案

【监督机关】海南省人民检察院
【监督方式】抗诉
【基本案情】

申请人（一审原告、二审上诉人、再审被申请人）：石德礼，男，54 岁，黎族，现住保亭县毛感乡南好村委会南旺村。

申请人（一审原告、二审上诉人、再审被申请人）：黄玉和，女，50 岁，黎族，住址同上。

其他当事人（一审被告、二审被上诉人、再审申请人）：黎思南，男，49 岁，黎族，现住陵水县椰林镇。

其他当事人（一审被告、二审被上诉人、再审申请人）：吕显志，男，36 岁，汉族，现住三亚市胜利路兴华公寓。

其他当事人（一审被告、二审被上诉人、再审申请人）：海南省汽车运输总公司三亚分公司，住所地：三亚市解放二路；负责人：符家胜，经理。

其他当事人（一审被告、二审被上诉人、再审申请人）：陵水北龙客运汽车运输有限公司，住所地：陵水县工业大楼二楼；法定代表人：王新国，总经理。

其他当事人（一审被告、二审被上诉人、再审申请人）：海南省汽车运输总公司，住所地：海口市海府路 24 号；法定代表人：文永飞，党委书记。

2003 年 5 月，黎思南购买了一辆车牌号为琼 D10736 中型普通客车，车辆挂靠在陵水北龙客运汽车运输有限公司（以下简称北龙公司）名下经营，双方为此签订了《融资经营协议书》，约定黎思南每月向北龙公司缴纳挂靠管理费 200 元。黎思南雇用郑良驾驶该车。2004 年 3 月，吕显志购买了一辆车牌号为琼 B51512 号的中型普通客车，挂靠在海南省汽车运输总公司（以下简称省汽公司）三亚分公司（以下简称省汽三亚公司）名下经营，每月向省汽三

亚公司缴付管理费600元。吕显志雇用胡立驾驶该车。

2005年11月22日，胡立驾驶的琼B51512号客车从三亚市回保亭县，郑良驾驶琼D10736号客车自陵水县开往三亚市，两车在田独镇环岛路段会车，胡立驾车进入环形路口没有注意避让已在路口内郑良的客车，郑良驾车在环形路口超车没有减速慢行，致使发生两车相撞的交通事故，造成胡立驾驶的琼B51512号客车上乘客石兰梅当场死亡。石兰梅是石德礼、黄玉和的女儿，其户籍在海南省保亭县农村，自2002年6月起一直在深圳市居住打工，交通事故发生在其探亲期间。

事故发生后，黎思南和吕显志分别给付石德礼、黄玉和7500元。同年12月22日，交警支队作出2005第0759号《交通事故责任认定书》，认定郑良的违章行为对事故发生的原因力较大，应承担事故的主要责任，胡立的违章行为对事故发生的原因力较小，承担事故的次要责任。

海南省2005年度农村居民人均纯收入2818元/年，城镇居民人均可支配收入7736元/年；深圳市2005年度城镇居民人均可支配收入25864元/年。

石德礼、黄玉和因多次向黎思南、吕显志、北龙公司、省汽公司、省汽三亚公司索款未果，诉至法院，诉讼请求为：（1）要求医院处理费3230元、交通费1430元、误工费774元、丧葬费6326元、死亡赔偿金517280元（按25864元/年计算20年）、精神抚慰金40000元，共计569040元，扣除被告已付的15000元，余款554040元，由五被告承担连带赔偿责任；（2）由五被告承担本案的诉讼费。因石兰梅的住所地在深圳，主张死亡赔偿金按深圳市2005年城镇居民人均可支配收入25864元/年计算。

【原审裁判情况】

三亚市城郊人民法院〔2006〕城民一初字第590号一审判决认为，死亡赔偿金按照赔偿权利人住所地标准计算，石兰梅的父母石德礼、黄玉和是赔偿权利人，居住在海南省保亭县农村，因此，应按照海南省的农村居民赔偿标准计算死亡赔偿金，即2818元/年×20年＝56360元。遂判令赔偿义务人赔偿石德礼、黄玉和包括死亡赔偿金在内的各项损失共计97865元。

判后，石德礼、黄玉和不服，提起上诉。

三亚市中级人民法院〔2007〕三亚民一终字第66号二审判决认为，死亡赔偿金的性质属于财产损失赔偿，是对未来收入损失的赔偿。最高人民法院《关于审理人身损害赔偿案件适用法律若干问题的解释》第9条规定有城镇居民标准和农村居民标准，其本意并非人为地以户籍因素划分生命价值的高低，不能简单地依据户籍登记确认死亡赔偿金计算标准，而应综合考虑受害人的经常居住地、工作地、获取报酬地等因素加以判断。石兰梅自2002年6月起在深圳市打工，其收入相对稳定，应按城镇居民对待。因此，石兰梅的死亡赔偿金应按照深圳市城镇居民标准计算，即 25864 元/年 × 20 年 = 517280 元。遂判决撤销一审判决，判令赔偿义务人赔偿石德礼、黄玉和包括死亡赔偿金在内的各项损失共计 543785 元。

省汽公司、省汽三亚公司、北龙公司、吕显志、黎思南不服，以赔偿权利人是石德礼、黄玉和，两人的经常住所地在保亭黎族苗族自治县毛感乡南好村委会南旺村，死亡赔偿金按深圳标准计算没有法律依据为由，向三亚市中级人民法院申请再审。同时省汽三亚公司、北龙公司认为其对肇事车辆不享有运行利益，不应承担连带责任。

三亚市中级人民法院〔2007〕三亚再终字第 22 号再审判决认为，本案受诉法院所在地在海南省三亚市，赔偿权利人石德礼、黄玉和住所地在海南省保亭县农村，死亡赔偿金应当按海南省农村居民标准计算，即 2818 元/年 × 20 年 = 56360 元。遂判决撤销二审判决，判令赔偿义务人向石德礼、黄玉和支付包括死亡赔偿金在内的各项损失共计 92865 元。

【监督意见】

石德礼、黄玉和不服再审生效判决，向海南省人民检察院申诉。海南省人民检察院受理审查后，以〔2008〕琼检民行抗字第 26 号抗诉书向海南省高级人民法院提出抗诉，抗诉理由为：三亚市中级人民法院〔2007〕三亚再终字第 22 号民事判决适用法律错误。

一、关于本案是适用城镇居民标准还是农村居民标准的问题

首先，最高人民法院《关于审理人身损害赔偿案件适用法律若干问题的解释》第 29 条规定："死亡赔偿金按照受诉法院所在地上一年度城镇居民人均可支配收入或者农村居民人均纯收入标准，按二十年计算。但六十周岁以上的，年龄每增加一岁减少一年；七十五周岁以上的，按五年计算。"该规定表明死亡赔偿金受到受害人年龄的影响，受害人年龄超过 60 岁，死亡赔偿金则随年龄增加而递减。这是因为步入一定年纪后，受害人创造价值的能力减弱，可以理解为受害人的自身价值对死亡赔偿金的多与少有着重要影响。因此，判断死亡赔偿金适用标准时，要综合考虑受害人自身的状况，而不能仅凭赔偿权利人的状况作出认定，方能达到真正弥补受害人家庭成员财产损失的目的。

其次，目前法律对农村户籍城镇务工人员遭受人身损害死亡该以城镇居民标准还是以农村居民标准计算死亡赔偿金，尚未有明确的规定，但最高人民法院民一庭《关于经常居住地在城镇的农村居民因交通事故伤亡如何计算赔偿费用的复函》（〔2005〕民他字第 25 号）规定：受害人虽然为农村户口，但在城市工作、居住，其经常居住地和主要收入来源地均为城市，有关损害赔偿费

用应当根据当地城镇居民的相关标准计算。另外，广东、河南、重庆等省、直辖市高级人民法院也相继做出指导意见，认为对该类人员应按照城镇居民标准计算死亡赔偿金。上述司法实践中的做法对平衡各种社会关系起到很好的作用，对本案而言是一个很好的参照。

最后，最高人民法院的人民法院公报2006年9月第119期的季宜珍等诉财保海安支公司、穆广进、徐俊交通事故损害赔偿纠纷案对本案有指导意义。在该案中，农村户籍城镇务工人员季崇山因交通事故死亡，法院判决按照城镇居民对待计算死亡赔偿金。上述法院公报判例对农村户籍城镇务工人员死亡赔偿金的计算问题具有积极的指导意义，为维护法律的统一实施，本案应予参照。

综上，本案应适用城镇标准计算受害人死亡赔偿金。

二、关于本案适用受诉法院地标准还是其他相关地标准的问题

最高人民法院《关于审理人身损害赔偿案件适用法律若干问题的解释》第29条、第30条分别确立了受诉法院地标准和赔偿权利人住所地/经常居住地标准。由于本案赔偿权利人石德礼、黄玉和的住所地、经常居住地与受诉法院地都是海南省，而海南省全省的标准是统一的，所以这两种标准在本案中实际是同一标准，即海南省标准。而参照最高人民法院民一庭《关于经常居住地在城镇的农村居民因交通事故伤亡如何计算赔偿费用的复函》（〔2005〕民他字第25号）即"人身损害赔偿案件中，残疾赔偿金、死亡赔偿金和被扶养人生活费的计算，应当根据案件的实际情况，结合受害人住所地、经常居住地等因素，确定适用城镇居民人均可支配收入（人均消费性支出）或者农村居民人均纯收入（人均年生活消费支出）的标准。受害人唐顺亮虽然为农村户口，但在城市经商、居住，其经常居住地和主要收入来源地均为城市，有关损害赔偿费用应当根据当地城镇居民的相关标准计算"。复函中所谓的"当地"应指受害人经常居住地和主要收入来源地。该复函是对《关于审理人身损害赔偿案件适用法律若干问题的解释》第29条、第30条的补充，它除了明确受害人住所地、经常居住地是判断适用城镇标准或者农村标准的重要根据外，同时还确定了受害人经常居住地/收入来源地标准。至于本案适用何地的标准，应根据死亡赔偿金就高不就低的原则确定。本案受害人经常居住地和收入来源地均为深圳市，本案实际涉及海南省和深圳市两个地方的标准。而如前所述受害人应该适用城镇标准，而深圳市城镇标准比海南省城镇标准高，因此，本案死亡赔偿金应按照深圳市城镇居民的相关标准计算。

【监督结果】

海南省人民检察院提出抗诉后，海南省高级人民法院依法开庭公开审理了

本案，在法庭的主持下，当事人双方达成了调解协议，由赔偿责任人共同支付石德礼、黄玉和人身损害赔偿费 30.3 万元。法院在调解协议的基础上制作〔2009〕琼民抗字第 4 号调解书结案。

【点评】

本案的争议焦点是农村户籍城镇务工人员的死亡赔偿金标准如何确定。

从死亡赔偿金的性质来看，死亡赔偿金是对因受害人死亡导致家庭成员在财产上蒙受消极损失而获得的赔偿，也就是说它是一种财产性质的赔偿，其主要目的是弥补财产损失。因此，这种财产损失的赔偿与受害人自身的价值创造力大小具有相关性。最高人民法院《关于审理人身损害赔偿案件适用法律若干问题的解释》第 29 条设立了城镇居民标准和农村居民标准，户籍成为死亡赔偿金适用标准的重要参考因素，但并非唯一的参考因素。在判断案件适用何种死亡赔偿标准时，不应背离死亡赔偿金设立的初衷，应尽可能考虑如何弥补受害人家庭成员因受害人死亡带来的消极财产损失。

近年来，大批农村居民进入城镇务工，常年在城镇工作生活，收入相对稳定，虽然其户籍登记仍为农村居民，但实际上已经融入城镇生活，这些人员遭受人身损害死亡该如何计付死亡赔偿金？这个问题已经引起社会的广泛关注。曾经的以户籍为依据"一刀切"的做法，遭到社会的广泛质疑，认为这是"同命不同价"，违背了社会公平，人为地制造不平等。笔者认为，适用何种死亡赔偿金标准，不应单纯以受害人户籍为依据来确定，而是要从死亡赔偿金的性质出发，综合考虑受害人的经常居住地、收入来源地、生活消费地等客观因素，以达到合理补偿受害人死亡造成损失的目的。目前法律对农村户籍的城镇务工人员死亡赔偿金标准如何适用未有明确的规定。但最高人民法院公报刊登的判例、最高人民法院对各省高级人民法院的复函、各省高级人民法院的指导意见等对此类问题的通常处理方法是：农村户籍受害人经常居住地、收入来源地、生活消费地等为城镇的，基本上按城镇居民标准给付死亡赔偿金。虽然这些判例、复函、指导意见不具有普遍的法律效力，不能直接援引，但可以参照适用。本案中，受害石兰梅户籍虽在海南农村，但在交通事故发生前已持续在深圳市打工 3 年多，有较稳定的收入，深圳市是受害人的经常居住地、收入来源地、生活消费地，如果仍按照农村居民对待给付死亡赔偿金，显然不能合理地补偿受害人死亡给其家人造成的损失，从而有失公平。因此，本案受害人按城镇居民对待给付死亡赔偿金更为公平合理。2010 年 7 月 1 日实施的《中华人民共和国侵权责任法》第 17 条规定："因同一侵权行为造成多人死亡的，可以以相同数额确定死亡赔偿金。"该法这一规定是有条件地消除各种差别（主要是城乡差别），彰显社会公平。透过这一法律规定，不难看出关于死亡赔偿金的立法趋势是尽可能地同等对待生命，城乡差别宜缩小而不宜扩大。

至于适用何地标准的问题，因深圳城镇居民标准与海南城镇居民标准差异很大，需慎重考虑。虽然原则上以受诉法院地为依据适用城镇（农村）居民标准，但最高人民法院《关于审理人身损害赔偿案件适用法律若干问题的解释》第30条允许适用赔偿权利人住所地、经常居住地标准。最高人民法院民一庭《关于经常居住地在城镇的农村居民因交通事故伤亡如何计算赔偿费用的复函》（〔2005〕民他字第25号）更是明确了还可以适用死亡受害人住所地、经常居住地标准。当受诉法院地、赔偿权利人住所地、经常居住地、死亡受害人住所地、经常居住地分属不同赔偿标准地的，则根据"就高不就低"的原则确定死亡赔偿金的适用，即适用赔偿数额最高之地标准。2009年7月23日江苏省无锡市锡山区人民法院审理的一起交通事故案与本案颇为相似。案中一位在上海打工的安徽籍农民，在江苏境内遭遇交通事故身亡，该案涉及三个不同赔偿标准地：赔偿权利人——受害人的父母妻儿住所地（安徽省）、受诉法院地（江苏省）、受害人经常居住地（上海市）。在该案中，上海市死亡赔偿金额最高。锡山区人民法院最终判决按照上海市城镇居民标准赔偿每位受害人死亡赔偿金约47万元，显然就是依"就高不就低"的原则，适用了受害人经常居住地标准。

综上所述，本案适用受害人经常居住地即深圳市城镇居民标准计算死亡赔偿金较为妥当。

【承办人简介】

吴冬燕，女，汉族，1979年生，浙江工商大学法学学士，海南大学法律硕士，海南省人民检察院助理检察员。

32. 杨廷燕、周兴华与重庆市永川区人民医院医疗服务合同纠纷抗诉案

【监督机关】最高人民检察院、重庆市人民检察院
【监督方式】抗诉
【基本案情】

申请人（一审原告、二审上诉人）：杨廷燕，女，1962 年 3 月 4 日出生，汉族，住重庆市合川区合阳城办事处渠江街 6 幢 1 单元 7 - 1 号。

申请人（一审原告、二审上诉人）：周兴华，男，1959 年 12 月 22 日出生，汉族，住重庆市合川区钓鱼城办事处盐溪桥 62 号。

其他当事人（一审被告、二审被上诉人）：永川区人民医院；住所地：重庆市永川区渝西大道中段 925 号；法定代表人：龙安良，院长。

2005 年 8 月 17 日，杨廷燕、周兴华之女周倩腹泻、呕吐。次日上午 7 时 40 分，周倩在母亲杨廷燕陪护下到重庆市永川区人民医院（以下简称永川医院）就诊。永川医院诊断为"急性胃肠炎"，收入门诊临时观察处理。8 时 50 分，开始静脉滴注 654 - 2、胃复安、5% CS500ml。9 时 40 分输入药物 2/3 时，周倩出现寒战、口唇发绀。医院给予周倩地塞米松 10mg，吸氧处理后，症状缓解。永川医院初步认定病人出现的状况为"输液反应"。后更换第二组液体 5% CS500ml，左氧氟沙星 0.4（注：以上药物名称及剂量等表述摘自病历）。经对病人检查，测得 T39.9℃，P56 次／分，BP124/61mmHg，WBC：5.8×109/L，N：0.661，拟以"考虑伤寒？心肌炎？"为由收入内科住院。上午 11 时 10 分，当内科接诊医生尚未收入住院时，周倩出现口唇发绀，烦躁不安。永川医院立即组织抢救，查 BP70/40mmHg，心电图显示：室性心动过速，诊断为心源性休克。经内科医师参与抢救，周倩仍于当日 11 时 25 分停止心跳。同日，经重庆法医验伤所对死者进行尸检，其鉴定结论为：周倩系因感染致急性全心炎引起急性循环呼吸衰竭死亡。

2006 年 2 月 28 日，杨廷燕、周兴华向永川区人民法院起诉，请求判令永

川医院赔偿周倩的死亡赔偿金204880元、丧葬费8316元、误工费300元、护理费30元、交通费300元、食宿费420元、医疗费123.80元、精神抚慰金6万元，合计274369.80元。

在诉讼过程中，永川医院向重庆市永川区人民法院提出申请，要求对其医疗行为与周倩死亡之间是否存在过错进行司法鉴定。永川区人民法院委托重庆市法医司法鉴定所进行鉴定。鉴定结论为：（1）永川医院在治疗周倩疾病的过程中存在疏忽的过错；（2）不排除永川医院的疏忽过错有促使周倩心衰加重的作用。

【原审裁判情况】

重庆市永川区人民法院审理后认为：杨廷燕、周兴华之女周倩因病到永川医院处就医，在医疗过程中死亡，其死亡的原因经重庆法医验伤所鉴定为周倩系因感染致急性全心炎引起急性循环呼吸衰竭死亡。重庆市法医司法鉴定所对医疗过程鉴定为：永川医院在治疗周倩疾病的过程中存在疏忽的过错，其疏忽过错有促使周倩心衰加重的作用。以上鉴定证明了周倩的死亡原因和永川医院在医疗过程中存在一定的过错。杨廷燕、周兴华诉称要求永川医院依照《中华人民共和国民法通则》适用标准进行赔偿的诉讼理由，因医患双方的过错责任已进行了鉴定且永川医院在本案中存在一定的过错，故对杨廷燕、周兴华提出的适用法律标准的意见不予采纳。永川医院在庭审中陈述，承认有一定过错且愿意按照《医疗事故处理条例》的规定承担本案一半的民事赔偿责任的意见予以认可，故对杨廷燕、周兴华合法的诉求予以支持，对不合法的诉请依法予以驳回。该院遂于2006年10月24日作出〔2006〕永民初字第846号民事判决：（1）周倩死后所产生的费用为：丧葬费8316元，误工费300元，交通费300元，医疗费128.30元，住宿费、伙食费1390元，护理费30元，精神抚慰金6万元，尸体火化费2710元，合计79174.30元。由被告永川医院赔偿原告杨廷燕、周兴华39587.15元，杨廷燕、周兴华自负39587.15元。（2）驳回杨廷燕、周兴华要永川医院给付204880元死亡赔偿金的诉讼请求。

杨廷燕、周兴华不服，上诉至重庆市第五中级人民法院。

重庆市第五中级人民法院审理后认为：本案的争议焦点是适用法律问题。杨廷燕、周兴华认为本案是医疗过错侵权，不属医疗事故纠纷，应适用《中华人民共和国民法通则》的规定进行处理，其法律依据是最高人民法院《关于参照〈医疗事故处理条例〉审理医疗纠纷民事案件的通知》（法〔2003〕20号，以下简称《通知》）第1条规定："条例施行后发生的医疗事故引起的医疗赔偿纠纷，诉到法院的，参照条例的有关规定办理；因医疗事故以外的原因引起的其他医疗赔偿纠纷，适用民法通则的规定。……"该院认为，杨廷燕、周兴华对最高人民法院此司法解释存在理解不全的问题。重庆市高级人民法院就审理此类案件作出试行意见，即《关于审理医疗损害赔偿案件若干问题的意见（试行）》，该《意见》第 18 条第 1 款规定了赔偿范围、标准和适用的法律，即审理医疗事故和医疗过错损害赔偿案件，可以参照《医疗事故处理条例》规定的赔偿范围和标准计算费用。本案经司法鉴定属医疗过错，是医疗过错侵权纠纷，一审法院根据上述规定对本案件作出处理，在适用法律上并无不当。重庆市第五中级人民法院于 2007 年 4 月 9 日作出〔2007〕渝五民终字第 168 号民事判决：驳回上诉，维持原判。

杨廷燕、周兴华不服法院判决，向检察机关申诉。2008 年 7 月 15 日，重庆市人民检察院以渝检民抗〔2008〕68 号民事抗诉书向重庆市高级人民法院提出抗诉。重庆市高级人民法院于 2008 年 8 月 20 日以〔2008〕渝高法民抗字第 132 号民事裁定书指令重庆市第五中级人民法院对该案进行再审。

重庆市第五中级人民法院再审后认为：杨廷燕、周兴华之女周倩因病到永川医院就医，后在医疗过程中死亡。经司法鉴定，周倩系因感染致急性全心炎引起急性循环呼吸衰竭死亡。永川医院在治疗周倩疾病过程中存在疏忽的过错。根据此鉴定可以认定本案是因医疗过错引起的纠纷，依照重庆市高级人民法院作出的《关于审理医疗损害赔偿案件若干问题的意见（试行）》第 18 条第 1 款，可以参照《医疗事故处理条例》规定的赔偿范围和标准计算费用。因此，二审根据上述规定对本案作出的判决，其适用法律是正确的。周倩在永川医院就医，其与医院产生的法律关系是医疗服务合同关系，原审法院将本案案由确定为医疗服务纠纷并无不当。检察机关的抗诉理由不能成立。经审判委员会讨论，该院于 2009 年 2 月 5 日作出〔2008〕渝五中民再终字第 59 号民事判决：维持〔2007〕渝五中民终字第 168 号民事判决。

【监督意见】

杨廷燕、周兴华不服，再次向检察机关提出申诉。重庆市人民检察院经调卷审查后向最高人民检察院提请抗诉，最高人民检察院于 2010 年 2 月 22 日以高检民抗〔2010〕7 号民事抗诉书向最高人民法院提出抗诉。抗诉理由是：重庆市第五中级人民法院作出的〔2008〕渝五中民再终字第 59 号民事判决（以下简称再审判决）适用法律确有错误。

1. 再审判决对本案的法律关系的性质认定错误，属适用法律确有错误。杨廷燕、周兴华之女周倩在永川医院就医，在永川医院和周倩之间确实产生了医疗服务合同法律关系，但在医疗过程中周倩死亡，重庆法医司法鉴定所的鉴定意见证明了永川医院在医疗过程中存在疏忽的过错，且周倩的死亡与永川医院的疏忽过错之间存在因果关系，即永川医院存在违约责任与侵权责任竞合。

根据《中华人民共和国合同法》第 122 条的规定，受损害方有权选择要求其承担违约责任或者承担侵权责任。经审查，周倩死亡后，其父母以永川医院在对周倩的医疗过程中存在严重过错为由提起诉讼，要求永川医院承担赔偿责任。因此本案的当事人讼争的法律关系是侵权法律关系，再审判决将本案法律关系认定为医疗服务合同法律关系，从而将本案案由认定为医疗服务纠纷，定性错误。

2. 再审判决援用重庆市高级人民法院《关于审理医疗损害赔偿案件若干问题的意见（试行）》，从而适用《医疗事故处理条例》处理本案，系适用法律错误。（1）本案系医疗事故以外的原因引起的医疗损害赔偿纠纷，关于类似纠纷的法律适用问题，最高人民法院《关于参照〈医疗事故处理条例〉审理医疗纠纷民事案件的通知》（法〔2003〕20 号）第 1 条规定："条例施行后发生的医疗事故引起的医疗赔偿纠纷，诉到法院的，参照条例的有关规定办理；因医疗事故以外的原因引起的其他医疗赔偿纠纷，适用民法通则的规定。……"根据该通知，对发生在医疗领域的赔偿纠纷，应当根据引起纠纷的原因的不同，分别适用不同的法律；因医疗事故以外的原因引起的其他医疗赔偿纠纷，则应当适用《民法通则》及其配套规定。本案未经司法鉴定为医疗事故，即系因医疗事故以外的原因引起的其他医疗赔偿纠纷，应当适用《民法通则》进行处理。（2）重庆市高级人民法院《关于审理医疗损害赔偿案件若干问题的意见（试行）》属地方司法性文件，该《意见》第 18 条第 1 款规定"审理医疗事故和医疗过错赔偿案件，可以参照《医疗事故处理条例》规定的赔偿范围和标准计算费用"，这一规定与最高人民法院《关于参照〈医疗事故处理条例〉审理医疗纠纷民事案件的通知》的规定相冲突。而最高人民法院《关于参照〈医疗事故处理条例〉审理医疗纠纷民事案件的通知》是最高人民法院颁布的司法解释，对因医疗事故以外的原因引起的其他医疗赔偿纠纷案件的法律适用已经明确规定适用《中华人民共和国民法通则》，法院理应遵循，而不应再适用与其冲突的重庆市高级人民法院的相关规定处理本案。

【监督结果】

最高人民法院受理该案后，于 2010 年 3 月 25 日以〔2010〕民抗字第 26 号民事裁定书，指令重庆市高级人民法院对本案进行再审。

重庆市高级人民法院审理后认为：首先，杨廷燕、周兴华之女周倩去永川医院就医，二者之间确实产生了医疗服务合同法律关系，但在诊治过程中医院诊治行为存在疏忽过错导致周倩死亡事实属实，司法鉴定证明了其疏忽的过错有促使患者心衰加重的作用，证明周倩的死亡与永川医院的疏忽过错之间存在因果关系，即永川医院存在违约责任与侵权责任竞合。根据《中华人民共和国合同法》第 122 条的规定，受损害方有权选择要求其承担违约责任或者承担侵权责任。经审查，患者死亡后，其父母杨廷燕、周兴华以永川医院在对患者的诊治过程中存在严重过错为由提起诉讼，要求按照《中华人民共和国民法通则》的相关规定由永川医院承担赔偿责任。因此讼争的法律关系是侵权法律关系，原审生效判决将本案法律关系认定为医疗服务合同法律关系，从而将本案案由认定为医疗服务合同纠纷，法律关系定性错误，应当纠正。其次，在医疗服务过程中因过错致患者人身损害引起的赔偿本质上属于民事侵权损害赔偿纠纷。依据《中华人民共和国民法通则》第 106 条的规定，过错责任的归责原则是以行为人的过错作为承担民事责任的要件。医疗机构对患者诊治过程中是否存在医疗行为过错的事实，是确定是否承担赔偿责任的依据。根据最高人民法院《关于民事诉讼证据的若干规定》第 4 条第 2 款第 8 项的规定，由医疗机构就医疗行为与损害结果之间不存在医疗过错承担举证责任。因此，人民法院审理此类案件，应当依法采信有效的司法鉴定来判断医院有无过错，只要有证据证明医院有过错，就应当认定承担赔偿责任。本案原审时，经永川医院申请，杨廷燕、周兴华同意，人民法院依法委托有资质的司法鉴定机构进行了医疗行为与死亡之间是否有过错的司法鉴定，永川医院有过错的结论是肯定的，对该司法鉴定结论，经原审庭审质证、认证，双方当事人对此鉴定没有提出异议，该鉴定结论程序合法，应当采信、确认。为此，永川医院应当对该医疗行为存在过错而承担民事赔偿责任。最后，患者的生命或者身体健康因为医疗机构的过错行为受到损害，致害人就应当对患者受到损害承担赔偿责任。杨廷燕、周兴华提出的诉讼主张是医疗行为过错的损害赔偿纠纷，诉求事由是明确的，应当按照最高人民法院《关于参照〈医疗事故处理条例〉审理医疗纠纷民事案件的通知》第 1 条的规定办理，即因医疗事故以外的原因引起的其他医疗赔偿，适用民法通则的规定。本案不属医疗事故纠纷，当事人明确主张的是一般医疗侵权过错赔偿纠纷，司法解释也有明确规定，应当按一般人身侵权过错损害赔偿纠纷审理，并应当适用《中华人民共和国民法通则》及其配套法律法规所规定的赔偿范围、标准计算赔偿金额。本案原审原告起诉时间是 2006 年 2 月 28 日，最高人民法院《关于审理人身损害赔偿案件适用法律若干问题的解释》早已于 2004 年 5 月 1 日颁布施行，而原判仍然按照《医疗事故处理条例》第 49 条第 3 款、第 50 条之规定范围计算赔偿金额，属适用法律有误，应予纠正。依据原审原告提起医疗行为过错造成人身损害赔偿的诉请，对本案赔偿范围和标准的确定及赔偿费用的计算应当依据最高人民法院《关于审理人身损害赔偿案件适用法律若干问题的解释》相关规定进行计赔确认。杨廷燕、周兴华提出关于死亡赔偿金的诉求可以作为赔偿范围给予主张，当然最后对医疗侵权过错赔偿纠纷民事责任的划分应当考虑患者本身疾病的参与度，可以适当分散或者减轻医疗机构的损害赔偿责任，为此，由永川医院酌情按照70%的比例承担民事赔偿责任，由患者亲属适当自行分担30%部分的民事责任。为此，重庆市高级人民法院于2010年12月2日作出〔2010〕渝高法民提字第256号民事判决：（1）撤销重庆市永川区人民法院〔2006〕永民初字第864号民事判决、撤销重庆市第五中级人民法院〔2007〕渝五中法民终字第168号民事判决和该院〔2008〕渝五中民再终字第59号民事再审判决；（2）确认死亡赔偿金204880元，丧葬费8316元，误工费300元，交通费300元，医疗费128.30元，住宿伙食费1390元，护理费30元，精神抚慰金6万元，尸体检验费6000元，火化费2710元，合计284054元，由永川医院赔偿杨廷燕、周兴华198838.01元，限判决生效后立即履行；由杨廷燕、周兴华自负分担85216.29元。原一审案件受理费5860元，其他诉讼费3000元，鉴定费4500元；二审案件受理费5860元，其他诉讼费3000元，合计22220元，变更由永川医院负担15554元，由杨廷燕、周兴华自负6666元。

【点评】

本案经过两次抗诉、两次再审，错误判决终于得以纠正。本案是检察机关充分利用现有监督手段实现监督效果的典型范例。同时，本案中涉及的法律问题也极具典型性。

一、法律关系竞合的选择

民事法律关系竞合是指同一法律事实引起多重法律关系发生，并且这些法律关系是同向性的，合同法律关系与侵权法律关系是民事法律关系竞合最常见的一种。由于不同的法律关系具有不同内容，由不同法律规范调整，进入诉讼后的举证责任分配、承担责任方式等也有很大的差别，所以出现法律竞合的情况必须先行确认案件讼争的法律关系。对于合同法律关系与侵权法律关系竞合的处理，《中华人民共和国合同法》第122条规定，应当由法官行使释明权，由诉讼的原告方选择确定。审判机关对讼争法律关系的确认体现在案由中。

杨廷燕、周兴华之女周倩因病到永川医院就诊，双方形成了医疗服务合同关系。同时在诊疗过程中院方存在医疗过错，致周倩死亡，也符合侵权法律关系的构成要求，形成了合同法律关系与侵权法律关系的竞合。此种情况下，审判机关本应依据《中华人民共和国合同法》第122条之规定，按照一审原告的选择确定案由为人身损害赔偿纠纷。但一审、二审及第一次再审均在确认杨廷燕、周兴华是以永川医院对损害后果存在过错为由提起诉讼的前提下，将案由确定为医疗服务纠纷。这一方面与《中华人民共和国合同法》规定相悖，另一方面也造成判决内容上的多处自相矛盾：一是民事责任构成要件的矛盾。

合同法律关系是以违反合同约定和法律强制性规定为承担民事责任的前提，而一般侵权是以存在过错为前提。本案除最后一次再审外的历次判决案由均确定为医疗服务（合同）纠纷，但在论述上却均是以永川医院存在过错作为其承担责任的理由，显然混淆了合同责任与侵权责任的构成要件。二是承担民事责任方式的矛盾。合同责任与侵权责任在担责方式上有很大区别，合同责任主要是财产性质损失的赔偿，一般只赔偿直接损失，而侵权责任既包括直接损害的赔偿，也包括间接损害的赔偿，既有财产损害赔偿，也包括精神损害赔偿，精神损害赔偿是侵权责任区别于合同责任特有的责任方式。本案一、二审及第一次再审在医疗服务（合同）纠纷的案由下，却均判决永川医院给付精神抚慰金6万元，显然与法理不合。

二、规范冲突的法律适用

规范冲突是指不同的法律、法规等规范性文件之间对同一问题规定了不同的调整方法。规范冲突的处理原则是上位法优于下位法，特别法优于普通法，新法优于旧法，对于不能确定该如何适用的，则按照《中华人民共和国立法法》的相应程序进行裁决。

本案中，规范冲突表现在两个方面：一是《中华人民共和国民法通则》及配套规定与《医疗事故处理条例》对医疗行为造成人身损害的赔偿范围及标准规定不同，尤其是当接受医疗服务方即患者死亡后，由于《医疗事故处理条例》缺少"死亡赔偿金"项目，按照不同规定计算的赔偿数额差距较大。二是最高人民法院《关于参照〈医疗事故处理条例〉审理医疗纠纷民事案件的通知》与重庆市高级人民法院《关于审理医疗损害赔偿案件若干问题的意见（试行）》对于医疗过错纠纷可否按照《医疗事故处理条例》规定的赔偿范围和标准计算赔偿费用存在不同意见。两方面的规范冲突看起来属同一性质，即都是下位法与上位法的冲突，但在司法实践中却有不同的处理方式。对第一方面的冲突，最高人民法院民一庭负责人就审理医疗纠纷案件的法律适用问题答记者问时明确提到，《医疗事故处理条例》是对医疗事故如何处理所做的特别规定，因此只要构成医疗事故，则应优先适用《医疗事故处理条例》调整，不构成医疗事故的，则按照《中华人民共和国民法通则》及配套规定处理，并在《关于参照〈医疗事故处理条例〉审理医疗纠纷民事案件的通知》中贯彻了此精神。这种做法导致"医疗纠纷适用法律的二元化"（最高人民法院民一厅负责人语），出现相同性质的案件存在不同的处理结果的现象，实际上是对不科学的立法现状的一种妥协，但作为有效的司法解释应当得到遵守。在此基础上，我们再来看第二组冲突。最高人民法院的"通知"将适用《医疗事故处理条例》的范围限制为因医疗事故引起的损害赔偿纠纷，而重庆市高级人民法院《关于审理医疗损害赔偿案件若干问题的意见（试行）》却规定医疗过错损害赔偿案件也可参照《医疗事故处理条例》的赔偿范围和标准执行，明显与上位法即司法解释相悖，应当适用司法解释。因此，一、二审及第一次再审以重庆市高级法院的地方司法性文件为依据所做判决错误，应予纠正。

本案纠纷虽已圆满解决，但却反映出我国立法技术方面尚存在不成熟和不科学之处，如何有效利用法理阐述引入判决、司法解释较偏等方式弥补立法不足，最大限度地发挥"法"的积极作用将是一段时期内司法工作者必须面对和思考的问题。

【承办人简介】

孙大为，法律硕士，重庆市人民检察院检察员。

33. 李乐明等 75 人与重庆虹桥煤业有限责任公司确认公司决议无效纠纷抗诉案

【监督机关】 重庆市人民检察院

【监督方式】 抗诉

【基本案情】

申请人（一审原告、二审被上诉人）：李乐明等 75 人。

其他当事人（一审被告、二审上诉人）：重庆虹桥煤业有限责任公司，住所地：重庆市荣昌县昌元镇虹桥村；法定代表人：张先武，董事长。

重庆虹桥煤业有限责任公司（以下简称虹桥公司）原系重庆市荣昌县国有重点企业。1999 年 12 月经国家经委批准破产改制，并由重庆永荣矿务局组织破产企业职工重组。2001 年 4 月，原破产企业的 144 名职工每人缴纳出资6000 元，加上 5 位担任公司高级管理职务的股东购买的 9 万元管理股（离任时还需转交接任其职务的股东），共出资 96 万元，公司出具了出资证明书并记载于公司股东名册。同年 4 月 24 日工商部门核发了工商营业执照。

2003 年 4 月 29 日，虹桥公司决定增资扩股，公司董事会制定并通过了《增量认股办法》，主要内容如下：每股 6000 元，一般股东可以认购 1 至 3 股；中层管理人员股东可以认购 2 至 6 股；高级管理人员股东可以认购 10 至 20股；特殊情况下，愿意多认购的股东必须经董事会研究同意；增量认股范围限制在公司现有 143 名股东之内（之前有 1 名股东因退休退股）。同年 4 月 30日，虹桥公司召开股东大会表决通过董事会作出的《增量认股办法》，当时公司股东人数为 143 名，共有 158 票表决权（含管理股 15 票），共有 82 人 97 票表决权的股东参加会议，表决同意该办法。会后有 104 名股东认购了新股。2005 年公司又在 2003 年增资扩股的基础上进行了两次配股，公司 126 名股东的股份达到 599 股（之前有 17 名股东因退休退股），并以此股份分发红利。其中，担任公司管理职务的 28 名股东，其股份为 308.5 股，占公司股份51.5%。一般股东 98 人，其股份为 290.5 股，占公司股份 48.5%。最小股东与最大股东持股比例为 1：43.5，严重的利益冲突由此引发。

2008 年 10 月 21 日，李乐明等 75 名股东以虹桥公司制定的《增量认股办法》限制了一般股东购买权，公司未按法律规定依法召集和召开股东大会进行表决为由，向荣昌县人民法院提起确认公司决议无效之诉。

【原审裁判情况】

2008 年 12 月 15 日，荣昌县人民法院作出〔2008〕荣法民初字第 2341 号民事判决。判决认为，修订前的《中华人民共和国公司法》第 33 条规定"公司新增资本时，股东可以优先认缴出资"，该法条规定了股东有优先认缴出资的权利，但并未明确规定以何种方式享有优先权。而 2005 年新修订的《中华人民共和国公司法》第 35 条规定"公司新增资本时，股东有权优先按照实缴的出资比例认缴出资。但是，全体股东约定不按照出资比例优先认缴的除外"，该法条明确规定，股东享有按照实缴出资比例认购新增资本的优先权。根据最高人民法院《关于适用〈中华人民共和国公司法〉若干问题的规定（一）》第 2 条"因中华人民共和国公司法实施前有关民事行为或者事件发生纠纷起诉到人民法院的，如当时的法律法规和司法解释没有明确规定时，可参照适用中华人民共和国公司法的有关规定"的规定，虹桥公司董事会所制定的《增量认股办法》未按照股东实缴出资比例进行增资认购，按照股东在公司中的工作岗位身份认购增资份额，且未提供证据证明经过了全体股东一致同意，其内容违反了新《中华人民共和国公司法》第 35 条的规定，侵害了有限责任公司股东在公司新增资本时按照实缴出资比例认缴出资的法定优先权。判决：虹桥公司作出的《增量认股办法》无效。

虹桥公司不服提起上诉，重庆市第五中级人民法院经审理后于 2009 年 4 月 29 日作出〔2009〕渝五中法民终字第 1266 号民事判决认为：第一，修订前的《中华人民共和国公司法》第 33 条规定"公司新增资本时，股东可以优先认缴出资"，新《中华人民共和国公司法》第 35 条规定"公司新增资本时，股东有权优先按实缴的出资比例认缴出资，但是全体股东约定不按照出资比例优先认缴出资的除外"，从上述法律条文对比可以看出，修订前的《中华人民共和国公司法》可以不按照出资比例优先认缴出资；而根据新《中华人民共和国公司法》，如不按照出资比例优先认缴出资，必须经全体股东约定。在"公司新增资本时，股东优先认缴出资"这一问题上，修订前后的《中华人民共和国公司法》均有规定，只是对股东优先认缴出资的比例、方式上有不同的规定，在股东优先认缴出资这一问题上并不属于行为当时的法律没有明确规定的情况，根据法不溯及既往的原则，应当适用修订前的《中华人民共和国公司法》第 33 条的规定。第二，《增量认股办法》明确规定增资是在公司原有 143 名股东范围内进行，该办法保护了股东优先认缴出资的权利，且该办法与虹桥公司 2001 年的《增量认购股办法》基本一致，符合企业经营惯例，因此，虹桥公司按股东的工作岗位身份认购增资份额并无不当。第三，虹桥公司于 4 月 30 日召开的股东大会，当时的股东人数为 143 名，其中岗位管理股 15 股，共有 158 票表决权，共有 82 名 97 票表决权的股东参加会议并表决同意，会后共有 104 名股东缴纳增资款项，李乐明等 75 名股东未提供证据证明曾提出过异议，《增量认股办法》实际上已经代表 2/3 以上表决权的股东通过，故《增量认股办法》合法有效。判决：撤销重庆市荣昌县人民法院〔2008〕荣法民初字第 2341 号民事判决；驳回被上诉人李乐明等 75 人的诉讼请求。

【监督意见】

李乐明等 75 名股东不服，向检察机关提出申诉。2009 年 7 月 9 日，重庆市人民检察院以渝检民抗字〔2009〕62 号民事抗诉书向重庆市高级人民法院提出抗诉。抗诉理由是：

第一，《增量认股办法》规定股东以工作岗位身份认购增资份额，其实质是以工作岗位身份替代股东身份，违反了修订前的《中华人民共和国公司法》总则第 4 条第 1 款"公司股东作为出资者按投入公司的资本额享有所有者的资产受益、重大决策和选择管理者等权利"的规定。同时，《增量认股办法》还规定"特殊情况下，愿意多认购股的，必须经董事会同意"，其实质是以董事会替代股东会，违反了修订前的《中华人民共和国公司法》第 38 条"股东会行使下列职权：对公司增加或者减少资本作出决议"的规定。所以，原二审判决认为"《增量认股办法》明确规定增资是在公司原有 143 名股东范围内进行，保护了股东优先认缴出资的权利"确有错误。

第二，2003 年虹桥公司制定的《增量认股办法》实施之前，全体股东的股份比例是相同的，股份和结构并未发生任何变化，即一人一股，每股 6000 元，加上担任公司高级管理职务的 5 名股东购买的 9 万元管理股，公司注册资本为 96 万元。原二审判决认为，虹桥公司按股东的工作岗位身份认购增资份额符合企业经营惯例，缺乏事实依据。

第三，2003 年 4 月 30 日虹桥公司召开股东会表决通过《增量认股办法》，当时的股东人数为 143 名，共有 158 票表决权，按照原二审判认定只有 82 名 97 票表决权的股东参加会议并表决同意，依据修订前的《中华人民共和国公司法》第 39 条"股东会对公司增加或者减少注册资本作出决议，必须经代表 2/3 以上表决权的股东通过"的规定，《增量认股办法》未经代表 2/3 以上表决权的 106 票股东通过，当属无效。原二审判决以"股东会后共有 104 名股东缴纳增资款项，李乐明等 75 名股东未提供证据证明曾提出过异议"为由，认定《增量认股办法》实际上已经代表 2/3 以上表决权的股东通过，适用法律确有错误。

第四，虹桥公司召开股东大会，未按《中华人民共和国公司法》及公司章程的规定，于会议召开 15 日前通知全体股东，导致李乐明等 12 名股东未参加股东会会议，在召集程序上剥夺了李乐明等股东通过股东会会议参与公司管理的权利，在表决程序上违反了修订前的《中华人民共和国公司法》第 41 条"股东会会议由股东按照出资比例行使表决权"的规定，虹桥公司作出的增资决议应属无效。

【监督结果】

重庆市高级人民法院受理抗诉后，以〔2009〕渝高法民抗字第 234 号民事裁定书指令重庆市第五中级人民法院对本案进行再审。2009 年 12 月 31 日第五中级人民法院作出〔2009〕渝五中法民再终字第 33 号民事调解书：（1）各股东依据《增量认股办法》认购增加的股份以及之后在此基础上的配股全部退出，其股份恢复到一人一股。（2）公司依据增加的股份所分发的红利不予追究。公司一次性在以后的可分利润中支付 200 万元补偿 4.5 股以下股东（含 4.5 股）。（3）各股东按一人一股行使表决权，并选举新一届董事会和监事会。（4）公司应当积极进行安全生产整改，在确保安全的基础上尽快恢复生产。

【点评】

本案争议的主要焦点是公司新增资本时股东优先认缴出资权的法律适用以及股东会会议的决议方式。

一、新增资本时股东优先认缴出资权的法律适用

公司新增资本时，股东优先认缴出资权的法律适用，一审法院认为本案应适用 2005 年新修订的《中华人民共和国公司法》，二审法院则认为应适用修订前的《中华人民共和国公司法》。两审法院对新旧《中华人民共和国公司法》关于股东优先认缴出资权问题上的不同理解，是导致不同判决结果的原因之一。修订前的《中华人民共和国公司法》第 33 条明确规定"公司新增资本时，股东可以优先认缴出资"，该法条规定了股东有优先认缴出资的权利，然而，若股东都欲行使优先认购权，其间如何分配没有作出规定，存在法律漏洞，得依法律解释解决。新《中华人民共和国公司法》第 35 条规定"公司新增资本时，股东有权优先按照实缴的出资比例认缴出资，但是全体股东约定不按照出资比例优先认缴出资的除外"，直接规定了公司在增资时原有股东享有优先按照实缴的出资比例认购新股的权利。该法条规定"全体股东约定不按照出资比例优先认缴出资的除外"，这意味着全体股东可以约定任意的优先认

缴比例，包括认缴比例为零，即完全排除优先购买权的适用。然而，对于股东放弃优先认购权，其他股东对该部分股东是否还有优先认购权，新《中华人民共和国公司法》未予明示，形成了新的法律漏洞。由此可见，在公司新增资本时，股东优先认缴出资这一问题上，新旧《中华人民共和国公司法》规定不一致，不属于司法解释规定"如当时的法律法规和司法解释没有明确规定时，可参照适用中华人民共和国公司法的有关规定"的情形，应适用修订前的《中华人民共和国公司法》第33条的规定。但如果全体股东约定的内容违反旧法符合新法时，应认定其约定的效力，适用新法。

本案中，虹桥公司以股东的工作岗位身份确定增资认购份额，严重稀释了一般股东的原始股份，致使股东持股比例发生重大变化，引发了严重的利益冲突，导致公司管理权和控制权的失衡。这有违修订前的《中华人民共和国公司法》总则第4条第1款"公司股东作为出资者按投入公司的资本额享有所有者的资产受益、重大决策和选择管理者等权利"的规定。然而，在公司新增资本时，若股东都欲行使优先认购权，虹桥公司未作出协商一致的安排。因此解决这一问题的关键在于，《增量认股办法》是否在股东大会上经代表2/3以上表决权的股东通过。同时，《增量认股办法》规定"特殊情况下，愿意多认购股份的，必须经董事会同意"其实质是以董事会替代股东会，不仅违背了《中华人民共和国公司法》和虹桥公司章程的规定，而且侵犯了股东的合法权益，应当否认其法律效力，原二审判决认为其有效错误。

二、股东会会议的决议方式和破坏股东会会议规则的救济

（一）股东会会议的决议方式

股东（大）会是公司法人治理机构中最高权力机关，依法就其职权范围内的事项作出决议，其决议事项均为事关公司前途命运的重大事项，因此股东（大）会的召集程序、决议方式和内容必须符合法律、法规以及公司章程的规定，保证股东能够充分行使其表决权。股东（大）会的决议采用"资本多数决"原则，即决议必须经出席会议的代表绝对多数表决权的股东通过方为有效。"资本多数决"系属法律强制性规范，这一规范的目的是限制或阻止股东之间就表决权进行交易。股东的表决权是股东基于对公司的投资，取得股东资格而享有的，是对股东会决议事项作出一定意思表示的权利。股东表决权的行使方式、分配方式虽然可以被公司章程改变，但表决权属于股东的固有权和共益权，表决权本身不能被公司章程限制和剥夺。股东依法享有决定公司重大事务和选择管理者的权利，但是，股东不能以个人身份行使这些权利。换言之，股东的表决权只能以某种集体的形式进行，即所谓"集体行使表决权"原则。原二审判决将股东会后104名股东认购新股行为认定为"事实表决"，将股东

未提出异议行为认定为"事后追认"。如果允许"事实表决"和"事后追认",就会导致股东(大)会流于形式,"资本多数决"被滥用,少数股东的意思就可能推定为公司的意思,公司就可能成为少数股东的敛财工具,有限责任公司的资合性、人合性就会荡然无存,这不仅会损害公司和股东的利益,而且还会危及交易安全,损害公司交易相对人的利益,有违"资本多数决"原则实现公平、正义、平等的初衷。同时,股东会决议内容违反法律、行政法规,自始无效,因此股东会作出决议后,其股东对股东会决议是否提出异议,不影响确认公司决议的效力。故《增量认股办法》未在股东大会上经代表2/3以上表决权的股东通过,当属无效。

(二)破坏股东会会议规则的救济

合法的股东会决议应当包括决议程序合法、内容合法,只要有一项存在瑕疵或者违法情形,就会影响股东会决议法律效力。根据新《中华人民共和国公司法》第22条的规定,股东会、董事会决议的效力分为两种形态:一是公司股东(大)会决议内容违反法律、行政法规的无效。二是股东(大)会、董事会的会议召集程序、表决方式不违反法律、行政法规或者公司章程规定的,决议有效;反之则可以由股东向人民法院请求撤销。而对于异议股东,第22条不仅规定了请求撤销权的诉权,而且只要股东会、董事会决议内容违反法律和行政法规,股东就有权提起决议效力之诉。股东身份系因其出资行为而取得,并依据《中华人民共和国公司法》及公司章程的规定,享有相应的股东权,股东参加会议行使表决权是股东权的一项重要内容,依法应受到保护。而股东会的依法召集是保证股东参加股东会有效行使表决权的前提。如果没有得到参加会议的通知,导致股东未行使表决权,公司的行为侵犯了股东的共益权。股东的共益权不仅表现为公司经营之参与,而且表现为对公司经营者之监督与控制。公司未通知股东就召开股东会侵害了股东最基本的权利,丧失了同类股东享有同等待遇的权利,并使股东失去了行使股东权的机会,就会影响股东会决议的法律效力。值得注意的是,程序瑕疵对决议效力的影响应当根据该瑕疵是否对公司实体决议产生实质上的影响来确定决议的效力,如果对公司实体决议并不产生实质性影响则不宜使该决议无效或被撤销。否则决议无效或撤销会引起已有的法律关系不稳定,可能会对公司、股东以及第三人产生损害。就本案而言,虹桥公司召开股东大会,未按《中华人民共和国公司法》及公司章程的规定,于会议召开15日前通知全体股东,导致李乐明等12名股东未参加股东会会议,属于新《中华人民共和国公司法》第22条规定的股东(大)会决议可撤销事由,而本案系确认之诉,该程序瑕疵,并不必然导致公司决议无效。

三、关于股东认缴的增资款未进行增资登记的问题

增资登记是将公司内部事项变化向外界显示的手段，公司的资本对外具有担保的效力。同时可以令增加资本的出资人股东资格取得对抗效力。《中华人民共和国公司法》规定增加注册资本，按照公司设立时缴纳出资的规定执行，对有限责任公司而言，股东如果以货币方式增资的，须提交法定验资机构出具的验资报告；以非货币方式增资的还须提交评估报告（涉及国有资产评估的，应提交国有资产管理部门的确认文件）及法定验资机构对评估结果和办理财产转移进行验证的报告；以公积金或者利润进行增资的，还必须提交会计事务所出具的验资报告。本案再审中，李乐明等75名股东向法庭举示的虹桥公司财务审计报告和贵州金桥煤矿证据材料表明，2003年162万元的增资款未进入虹桥公司，全部用于购买贵州金桥煤矿（该公司原董事长张先武的个人独资企业），3年后该矿转让给他人，虹桥公司已将162万元增资款和利润全部分发给各出资股东。虽股东确有认缴新增资本的行为，也从虹桥公司分取过红利，但162万元增资款未进入虹桥公司，也未经法定验资机构验资后进行增资登记，因此，不能认定该增资款为虹桥公司的新增资本，虹桥公司由此增加的股份缺乏事实依据和法律依据。

四、关于本案调解的问题

股东会、董事会决议无效，意味着自始不发生法律效力。因此确认之诉的判决效力具有对世性，其效力及于第三人，且具有绝对的溯及力。由于确认之诉存在非此即彼的关系，故确认之诉不能进行调解，但对超出诉讼请求范围的事项进行调解符合最高人民法院的规定。由于股份增减事项属于股东（大）会的职权，以调解方式解决股份增减事项，双方当事人对此均没有实体处理权利。为此，当事人达成的和解意见经过了全体股东书面签名一致同意，当事人的意思由此上升为全体股东的意思表示，这符合公司自治规则。调解书中"各股东的股份恢复到一人一股，并按一人一股行使表决权"，解决了本案诉争的核心焦点问题，系属法律之效果。从保护大多数股东利益的角度出发，化解股东之间的矛盾，维持公司局面的稳定，"公司依据增加的股份所分发的红利不予追究"，"公司一次性在以后的可分利润中支付200万元补偿4.5股以下股东（含4.5股）"，这不仅合法而且合情合理，产生了良好的法律效果和社会效果。

【承办人简介】

潘朗，男，1962年10月出生，汉族，中共党员，湖北省罗田县人，重庆市荣昌县人民检察院检察员，民事行政检察科科长。

34. 重庆市江北区寸滩街道羊坝滩村白院墙农村经济合作社与陈民兵农村承包合同纠纷抗诉案

【监督机关】 重庆市人民检察院、重庆市人民检察院第一分院

【监督方式】 抗诉

【基本案情】

申请人（一审原告、二审被上诉人）：重庆市江北区寸滩街道羊坝滩村白院墙农村经济合作社，住所地：重庆市江北区寸滩街道；负责人：邓清容，社长。

其他当事人（一审被告、二审上诉人）：陈民兵，男，1961年1月29日出生，汉族，务农，住重庆市江北区寸滩街道羊坝滩村白院墙农村经济合作社。

2001年2月20日，重庆市江北区寸滩街道羊坝滩村白院墙农村经济合作社（以下简称白院墙社）与该社社员陈民兵通过招标方式签订了一份承包合同，合同主要约定：白院墙社将后沟岩洞一片至楼湾界处约15亩地及840株广柑树承包给陈民兵经营，承包期限从2001年2月20日至2015年12月31日；陈民兵每年交纳承包金300元，具体交费期限为每年12月31日前交纳次年承包金，2001年承包金在签订合同时同时交纳……陈民兵必须按时交纳承包金和税费，如不交纳，白院墙社有权终止合同；双方无论哪一方违约，应付另一方违约金1000元……合同签订后，白院墙社将土地及果树交陈民兵承包经营，陈民兵在2001年5月18日、2003年3月7日、2004年3月9日、2005年3月29日和3月30日分别向白院墙社交纳了2001年至2005年度的承包金，但陈民兵至诉讼时尚未交纳2006年度承包金。2003年，陈民兵在承包果园内砍伐果树、修建900平方米左右的房屋用于出租，该建房行为未经白院墙社同意，亦未取得相关行政主管部门批准。2005年3月25日，重庆市江北区国土资源局以"未经批准，占地建房"为由，对陈民兵处以2400元罚款。

白院墙社认为，陈民兵在承包果园内砍伐果树、修建房屋，不按时交纳承包费，要求解除承包合同，陈民兵不同意，导致纠纷产生。2005年12月

29 日,白院墙社将陈民兵诉至重庆市江北区人民法院,要求解除与陈民兵之间的承包合同;拆除承包土地上修建的房屋;支付违约金 1000 元。

此前,陈民兵之妻彭传群代表其家庭于 1997 年 10 月 30 日与白院墙社签订了土地有偿承包合同,承包了白院墙社耕地 1.308 亩,承包期限为 30 年。

【原审裁判情况】

2006 年 6 月 16 日,重庆市江北区人民法院作出〔2006〕江民初字第 130 号民事判决。判决认为,陈民兵与白院墙社签订的承包合同合法有效,陈民兵所承包的果园属集体农用地,应予保护和合理利用,陈民兵未经白院墙社同意及相关行政机关批准擅自在承包土地上大面积修建房屋并予出租,该行为属改变农村土地用途的行为,使白院墙社保护、合理利用集体农用地的合同目的落空,已构成根本违约,白院墙社依法有权解除。且按照双方合同约定,如陈民兵未按约定支付承包金,白院墙社有权解除合同,现陈民兵未依约支付 2006 年度承包金,符合合同约定的解除条件,故白院墙社要求解除合同的诉讼请求,一审法院予以支持。陈民兵修房行为未经白院墙社同意及相关职能部门批准,应予拆除,白院墙社要求其拆除房屋的诉讼请求,一审法院亦予以支持。双方合同明确约定了违约金,白院墙社要求陈民兵支付 1000 元违约金的诉讼请求,一审法院予以支持。陈民兵有关其未伐树建房出租、无违约行为的答辩理由与事实不符,一审法院不予支持。依照最高人民法院《关于审理农业承包合同纠纷案件若干问题的规定（试行）》第 24 条第 1 项、第 6 项以及《中华人民共和国合同法》第 93 条第 2 款、第 94 条第 4 款之规定,判决解除陈民兵与白院墙社于 2001 年 2 月 20 日签订的承包合同;陈民兵于本判决生效之日起 20 日内拆除在承包果园内修建的房屋;陈民兵于本判决生效之日起 20 日内给付白院墙社违约金 1000 元。

陈民兵不服一审判决,提起上诉。2006 年 11 月 6 日,重庆市第一中级人民法院作出〔2006〕渝一中民终字第 2648 号民事判决。判决认为,陈民兵与白院墙社签订的承包合同合法有效。在合同履行中陈民兵未经有关部门批准在承包地中建房是违法的,经实地查看,且违法建房面积较大,确有砍伐果树的行为,故陈民兵称未砍果树建设的事实不能成立,虽被处以行政罚款,发包方有权请求拆除。合同中约定交纳承包金的时间为每年底,但在实际履行中,连续 3 年都为 3 月,且无充分证据证明,白院墙社当时对此不予认可,故应认定双方通过实际行为改变了承包金交付时间的约定,陈民兵称 3 月交纳承包金已成为交易习惯的事实成立,二审法院予以采信。一审判决对此认定有误,二审法院予以纠正。关于法律适用问题,本案中,2003 年 3 月 1 日起施行的《中华人民共和国农村土地承包法》及相关司法解释,相对于合同法来说是专门法，应优先于合同法适用；本案诉讼为 2006 年，最高人民法院《关于审理涉及农村土地承包纠纷案件适用法律问题的解释》已于 2005 年 9 月 1 日起施行，施行前与本解释不一致的应适用本解释，原审判决适用最高人民法院《关于审理农业承包合同纠纷案件若干问题的规定（试行）》不当。《中华人民共和国农村土地承包法》和最高人民法院《关于审理涉及农村土地承包纠纷案件适用法律问题的解释》的立法精神是充分保障农村承包关系的稳定性，对于解除农村承包合同有严格的条件，根据前述规定，陈民兵承包果园的行为应受前述法律及司法解释的规范，其擅自在承包果园中建房的行为不属于合同约定或法律规定的解除合同的条件，故陈民兵称一审判决适用法律错误的理由成立，白院墙社要求解除合同的理由不能成立，二审法院予以纠正。关于违约金的问题，陈民兵虽对果园存在管理不善的情形，白院墙社未举示充分证据证明陈民兵有违反合同约定的行为，白院墙社要求支付违约金的理由不能成立。二审法院予以纠正。依照《中华人民共和国民事诉讼法》第 153 条第 1 款第 1 项、第 2 项和《中华人民共和国农村土地承包法》第 26 条第 1 款、最高人民法院《关于审理涉及农村土地承包纠纷案件适用法律问题的解释》第 8 条之规定，判决：维持一审判决第 2 项；撤销一审判决第 1、3 项。

【监督意见】

白院墙社不服二审判决，向检察机关提出申诉。2008 年 2 月 13 日，重庆市人民检察院以渝检民抗〔2008〕19 号民事抗诉书向重庆市高级人民法院提出抗诉，理由如下：

一、二审判决认定事实错误

根据《中华人民共和国农村土地承包法》及最高人民法院《关于审理涉及农村土地承包纠纷案件适用法律问题的解释》的规定，农村土地承包分为家庭承包和其他方式承包两种形式。而本案陈民兵承包白院墙社的果园是其他方式的承包，而非家庭承包。

1997 年 10 月 30 日，陈民兵之妻彭传群与白院墙社签订了土地有偿承包合同书，该合同书载明：承包户人口为 3 人，承包份数为 3 份，承包耕地为 1.308 亩；李能刚和彭传群分别作为发包方代表和承包方代表在合同上签字，承包期限为 30 年。之后，江北区政府向彭传群颁发了统一印制的土地承包经营权证书，对其家庭享有白院墙社 1.308 亩耕地的承包经营权进行了确认，至此，陈民兵之其家庭与白院墙社之间建立了家庭承包关系。之后，陈民兵于 2001 年通过招标方式承包了白院墙社的果园。该果园承包明显属于其他方式的承包。二审认定本案承包为家庭承包显属错误。

二、二审判决适用法律错误

《中华人民共和国农村土地承包法》第 26 条载于该法的第二章之中，而该法第二章明确标明是调整和规范家庭承包关系的有关规定；最高人民法院《关于审理涉及农村土地承包纠纷案件适用法律问题的解释》第 8 条载于该解释第二部分之中，而该解释第二部分也明确标明是处理家庭承包纠纷案件的有关规定。本案承包属于其他方式的承包，显然不能适用上述法律及司法解释的规定。

【监督结果】

重庆市高级人民法院受理抗诉后，指令重庆市第一中级人民法院另行组成合议庭再审本案。2008 年 11 月 17 日，重庆市第一中级人民法院作出〔2008〕渝一中民再终字第 87 号民事判决，认为，陈民兵与白院墙社签订的承包合同合法有效。

关于合同的性质，再审法院认为，本案陈民兵与白院墙社所签订的果园承包合同只是陈民兵以其个人名义签订，并无代表家庭的内容记载，该合同系以招标方式所签，而非按家庭承包的程序所签订，不符合家庭承包的特征，而属《中华人民共和国农村土地承包法》规定的其他方式的承包。

关于陈民兵擅自违章建房出租的法律责任，再审法院认为，陈民兵在果园用地上违章修建房屋出租，已改变了土地的用途，应承担相应责任，白院墙社作为集体土地的所有权人，有权要求陈民兵停止侵害、恢复原状，即拆除违章修建的房屋。对于其他方式承包合同，《中华人民共和国农村土地承包法》、最高人民法院《关于审理涉及农村土地承包纠纷案件适用法律问题的解释》均未作出禁止解除的规定，且最高人民法院并未明文废止《关于审理农业承包合同纠纷案件若干问题的规定（试行）》，该规定中与《中华人民共和国农村土地承包法》、最高人民法院《关于审理涉及农村土地承包纠纷案件适用法律问题的解释》不相冲突的部分或最高人民法院《关于审理涉及农村土地承包纠纷案件适用法律问题的解释》未规定的内容，应当仍然有效，陈民兵随意改变土地用途，经白院墙社劝阻无效后，白院墙社请求解除（终止）合同，人民法院应当允许。检察机关该项抗诉理由成立。

关于支付违约金，再审法院认为，陈民兵逾期交纳承包费且擅自将果园土地用于非农建设，应当承担违约责任并按约支付违约金 1000 元。遂依照《中华人民共和国民事诉讼法》第 186 条、第 153 条第 1 款第 1 项之规定，判决：（1）撤销本院〔2006〕渝一中民终字第 2648 号民事判决；（2）维持重庆市江北区人民法院〔2006〕江民初字第 130 号民事判决。

【点评】

本案是一起农村土地承包合同纠纷，涉及的法律问题主要有三个：本案农村土地承包是不是家庭承包；当特别法和新司法解释没有规定时该如何适用法律；对一方长期延迟履约行为能否适用交易习惯来处理。

一般认为，农村土地承包就是指的家庭承包，两者属同一概念。然而，根据《中华人民共和国农村土地承包法》第3条的规定，农村土地承包分为家庭承包和其他方式承包两种形式，二者在诸多方面均存在差别。（1）承包主体：家庭承包的承包主体只能是本集体经济组织的农户，以家庭为单位所进行的承包。而涉案的果园承包合同书并无陈民兵家庭人口及承包份数的记载或以家庭为单位进行承包的约定，只有陈民兵本人作为承包方在承包合同上签字。（2）承包客体：家庭承包的客体是耕地、草地和林地，而其他方式承包的客体是荒山、荒沟、荒丘、荒滩以及果园、茶园、桑园、鱼塘等不适宜家庭承包的土地。本案承包的客体正是果园。（3）承包方式：家庭承包是集体经济组织按照法定程序统一发包，其成员人人有份的平均承包。然而陈民兵承包的果园并非人人有份的平均承包，而是其个人通过招标方式进行的承包。（4）功能作用：家庭承包具有社会保障功能，是集体经济组织的农户的基本生产资料和最主要的生活来源，陈民兵家庭承包了白院墙社1.308亩的耕地，该耕地的承包已经担当起了社会保障功能，之后的果园承包不再承担社会保障功能。（5）法律保护：对于家庭承包，县级以上人民政府向农户颁发土地承包经营权证书，确认其土地承包经营权。在承包期内，发包方不得收回或调整承包地。而对其他方式承包，当事人的权利和义务，由双方协商确定，对违约的，依照《中华人民共和国合同法》承担违约责任。而本案，江北区人民政府未曾就果园承包向陈民兵颁发土地承包经营权证书。综上，陈民兵承包果园的性质是典型的其他方式的农村土地承包，而非家庭承包。

对于农村土地承包，《中华人民共和国农村土地承包法》在第二章和第三章分别对家庭承包和其他方式的承包作了专章规定，与之配套的最高人民法院《关于审理涉及农村土地承包纠纷案件适用法律问题的解释》在第二部分和第三部分分别对家庭承包纠纷的处理和其他方式承包纠纷的处理作了专门规定，相对于《中华人民共和国合同法》，《中华人民共和国农村土地承包法》是特别法，相对于最高人民法院《关于审理农业承包合同纠纷案件若干问题的规定（试行）》，最高人民法院《关于审理涉及农村土地承包纠纷案件适用法律问题的解释》是新司法解释。因此，本案应当首先适用《中华人民共和国农村土地承包法》和最高人民法院《关于审理涉及农村土地承包纠纷案件适用法律问题的解释》。但是，对于其他方式承包的发包方是否可以收回或调整承包地，《中华人民共和国农村土地承包法》第三章和最高人民法院《关于审理涉及农村土地承包纠纷案件适用法律问题的解释》第三部分均未作出规定。根据特别法优于普通法，新法优于旧法，当特别法或新法无相关规定才能适用普通法或旧法等解决法律适用及效力问题的法理依据，本案在《中华人民共和国农村土地承包法》和最高人民法院《关于审理涉及农村土地承包纠纷案件适用法律问题的解释》对其他方式承包的发包方是否可以收回或调整承包地没有作出规定的情况下，应当适用普通法和旧司法解释，即《中华人民共和国合同法》和最高人民法院《关于审理农业承包合同纠纷案件若干问题的规定（试行）》，故作为守约方的白院墙社对陈民兵擅自砍伐果树并违章修建房屋用于出租，随意改变土地用途，使白院墙社保护、合理利用集体农用地的合同目的落空的违约行为，有权依照普通法和旧司法解释的规定，解除涉案的果园承包合同。

对陈民兵连续多年延迟交纳承包金，是否构成违约，有两种不同的认识：有一种观点认为，尽管一方连续多年不按约定期限履行义务，只要对方无证据证明当时不予认可，就应认定双方通过实际行为改变了义务履行时间的约定，改变后的义务履行时间就成为双方的交易习惯，故该行为不是违约行为。我们认为，该行为已构成违约，首先，根据《中华人民共和国合同法》第 61 条之规定，适用交易习惯处理合同争议的前提是合同相关事项没有约定或者约定不明确，且不能达成补充协议。然而，本案双方对义务履行时间有明确约定，并不存在没有约定或约定不明或不能达成补充协议的情形，故不能适用交易习惯来处理原本不存在争议的问题。一方连续多年延迟履约，只能说明其延迟履约成了习惯，而一方的延迟履约习惯不能演变为双方的交易习惯。如果将一方延迟履约行为，认定为双方的交易习惯，岂不是鼓励当事人违反合同约定、逃避合同责任，同时也不符合《中华人民共和国合同法》第 60 条规定的"当事人应当按照约定全面履行自己的义务"的合同履行原则。其次，根据最高人民法院《关于民事诉讼证据的若干规定》第 5 条关于"在合同纠纷案件中，主张合同关系变更的一方当事人对引起合同关系变动的事实承担举证责任"的规定，也应当由延迟履约方就对方认可其延迟履行行为举证，而不是将举证责任分配给对方。最后，延迟履约方违反合同约定后，是否追究延迟履约方的违约责任是守约方的权利，权利既可以行使，也可以放弃，既可以在延迟履约方一经违约立即行使，也可以在延迟履约方多次延迟履约后一并行使，故不能以守约方在延迟履约方延迟履约时未立即追究违约责任为由而认定守约方认可并接受该延迟履约行为。

【承办人简介】

徐青，男，50 岁，汉族，福建省福州市人，法学学士学历，重庆市江北区人民检察院正科级检察员。2007 年 12 月被重庆市人民检察院评为全市检察机关首届"十佳民行检察官"，2010 年 4 月和 2012 年 11 月连续两次被重庆市人民检察院确定为重庆市民行检察业务人才库人员。

35. 富顺县东湖镇久泰村一组与彭雪兰侵权纠纷抗诉案

【监督机关】四川省自贡市人民检察院

【监督方式】抗诉

【基本案情】

申请人（原审被告）：富顺县东湖镇久泰村一组，负责人：苏正坤，组长。

其他当事人（原审原告）：彭雪兰，女，33岁，汉族，无业，住富顺县富世镇东门下河堤59号。

1997年6月，自贡市天马汽配有限公司征用了富顺县东湖镇久泰村一组（以下简称久泰村一组）的部分集体土地，给予了四个"农转非"的指标，同时征地单位按规定给予了土地补偿、安置补助等费。由于当时农村户口要转为城镇户口每人需要交6000元钱，而通过征地指标"农转非"却不出钱，所以，久泰村一组的村民都争着转户口，出现了指标少，而要"农转非"的人员多的情况。为了解决此矛盾，组里决定召开村民大会。同年10月1日，通过村民大会讨论决定：（1）用拈纸团（抓阄）的方式决定"农转非"的人员；（2）"农转非"的人员不进安置补助费，安置补助费由组里管理和使用，并当场进行抓阄。彭雪兰得知本组谢友芬获取指标而又不想转户口后，便主动找到谢友芬，要求其将"农转非"的指标让给自己，并给了谢友芬200元以示感谢，随即同谢友芬到组里进行了书面承诺，即在"申请"上签字承诺："久泰村一组，因征地农转非，自谋职业，本人自愿申请'农转非'，自己不进组里一分钱，交自留地、责任地一份，指（只）转户口，以后生养死葬与组无关。"经村、组干部及社员证实：申请承诺"自己不进组里一分钱"包括了不进安置补助费。而后，彭雪兰便由农村户口转为了城镇户口。2005年，彭雪兰等人向东湖镇政府反映当年"农转非"时组里未给自己安置补助费，东湖镇政府于2005年11月18日下达通知，要求久泰村一组筹措资金支付。久泰村一组以当时"农转非"的条件是通过村民大会讨论决定，彭雪兰本人也有书面承诺自愿放弃安置补助费为由拒绝支付。2006年，彭雪兰以久泰村一组侵犯财产权为由起诉到富顺县人民法院，要求其给付安置费 7000 元及利息。

【原审裁判情况】

富顺县人民法院审理后认为：彭雪兰系被告东湖镇久泰村一组村民，1997 年 6 月，自贡市天马汽配有限责任公司因企业发展需要，征用了久泰村一组部分集体土地，按规定征地单位给予了土地补偿费、安置补助费等，并由被告统一领取。之后，久泰村一组通过村民大会讨论决定采用"拈纸团"的方法确定"农转非"人员。彭雪兰被确定为"农转非"人员后，以自己的名义由他人代写了一份申请书，申请载明"本人自愿申请'农转非'，自己不进组里一分钱"。彭雪兰于 1997 年 12 月 10 日转为非农业人口，但久泰村一组未将已领取的安置补助费 7000 元发放给彭雪兰。彭雪兰得知后，遂要求久泰村一组发放该笔安置补助费时，才得知久泰村一组已将安置补助费用作缴纳农税提留和分配给了其他村民，便向有关组织反映，富顺县东湖镇人民政府于 2005 年 11 月 18 日向久泰村一组发出书面通知，要求其筹措资金兑现彭雪兰的"农转非"安置补助费，但久泰村一组至今未履行通知事项。彭雪兰"农转非"后，久泰村一组没有对彭雪兰进行统一安置，按规定安置补助费应发放给被安置人员个人，而久泰村一组统一领取后将此款挪作他用未发给彭雪兰，侵犯了彭雪兰的合法财产权。彭雪兰虽写有申请"不进组里一分钱"，但该款属于征地单位给予被安置人员的安置补助费，不属于组里应得的财产，因此不属于领取组里的钱。因此，根据《中华人民共和国民法通则》第 75 条、《中华人民共和国土地管理法》第 49 条第 2 款和《中华人民共和国土地管理法实施条例》第 26 条第 2 款之规定，判决：限久泰村一组于本判决生效后 5 日内给付彭雪兰安置补助费 7000 元。

【监督意见】

久泰村一组不服判决，向检察机关提出申诉，自贡市人民检察院以自检民行抗字〔2009〕9 号民事抗诉书向自贡市中级人民法院提出抗诉，理由如下：

一、原审判决认定事实的主要证据不足

原审判决认定本案彭雪兰"农转非"后，没有得到安置，久泰村一组未将安置费发给彭雪兰，侵犯了其合法财产权，这一认定事实与当时客观事实相悖，缺乏主要证据证明。首先，天马公司征用的是久泰一组的部分集体土地，征地单位按协议给予了土地补偿费、安置补助费和四个"农转非"指标等。由于该村村民 608 人，要求"农转非"人员较多，当时转一个农村户口需要6000 元，为了化解矛盾，村委会针对此情况，经请示镇政府同意，并通过召开村民大会形成决议：（1）采取愿意"农转非"的人员用拈纸团（抓阄）的方式决定"农转非"的人员；（2）"农转非"的人员放弃安置补助费，安置补助费由组里统一管理和使用的原则。这一行为符合《中华人民共和国村民组织法（试行）》规定的村民自治行为。其次，有证据证明，彭雪兰为了子女今后在城里读书不多缴费，在知晓会议决议的情况下，主动找到谢友芬给其200元钱叫谢将"农转非"的名额转让给自己，而后又在"申请"上明确表示"自谋职业"，"不进组里一分钱"。本案有相关证据证明"不进组里一分钱"其实质就是不进安置补助费，是一种自愿放弃的行为。以上充分说明彭雪兰对村民大会形成的决议是明知的，而且申请也是找人代笔自己亲自签名的，是自己的真实意思表示。因此，原审判决认定7000元安置补助费属于彭雪兰应得的财产缺乏相关证据证明。

二、原审判决适用法律错误

本案事实发生在1997年，应当适用当时的法律，而原审判决却引用事隔1年后1999年1月1日起施行的《中华人民共和国土地管理法》和《中华人民共和国土地管理法实施条例》中的条款，判决将安置补助费发放给个人，显然属适用法律不当。且1995年1月16日，最高人民法院法经〔1995〕13号对江西省高级人民法院的复函中明确指出："……土地被征用的补偿费、安置补助费归被征用地单位所有，由被征用地单位集中管理……用于发展生产和安排因土地被征用而造成的多余劳动力的就业和不能就业人员的生活补助，不得分给个人、移作他用或平调。"这充分说明"安置补助费"的性质是集体财产，归村民小组集体所有，经营管理权也是归村民小组集体，而在使用时不得分给个人。根据当时的法律规定，久泰村一组集体的部分土地被征用，所得到的土地补偿和安置补助费，其所有权、经营管理权、使用处分权都应该属于久泰村一组集体所有，不属于个人财产，当然也不属于被申诉人彭雪兰个人应得的财产，因此，原审判决将"安置补助费"判决支付给个人是适用法律错误的。

【监督结果】

自贡市中级人民法院受理抗诉后，指令富顺县人民法院再审，富顺县人民法院再审认为：本案中的土地补偿发生在1997年，根据当时《中华人民共和国土地管理法》规定，安置补助费就不应属于个人所有，原判适用修改后于1999年1月1日起施行的《中华人民共和国土地管理法》和与该法同时施行的《中华人民共和国土地管理法实施条例》，违反了法律溯及力规定，属适用法律错误。原判认定安置补助费7000元属于彭雪兰个人财产于法无据，所适用土地法规确有错误，依照《中华人民共和国民事诉讼法》第186条第1款、最高人民法院《关于适用〈中华人民共和国民事诉讼法〉若干问题的意见》

第 201 条、最高人民法院《关于适用〈中华人民共和国民事诉讼法〉审判监督程序若干问题的解释》第 13 条第 1 款第 4 项之规定，判决：（1）撤销四川省自贡市富顺县人民法院〔2006〕富民一初字第 1048 号民事判决；（2）驳回彭雪兰诉讼费的诉讼请求，并负担原审案件的受理费及其他诉讼费。再审判决后，久泰村一组与彭雪兰均未上诉。

【点评】

本案是富顺县东湖镇久泰村一组与村民财产侵权纠纷系列案件中的一案，除本案外，还有四起类似案件。案件争议的焦点主要有两点：

一、法律的溯及力问题

法律的溯及力即法律溯及既往的效力，是指新颁布的法律对其生效以前的事件和行为是否适用。《中华人民共和国立法法》第 84 条规定："法律、行政法规、地方性法规、自治条例和单项条例、规章不溯及既往，但为了更好地保护公民、法人和其他组织的权利和利益而作的特别规定除外。"根据该规定确立法的溯及力原则是：从旧兼有利。所谓"从旧"即"法律不溯及既往"；"旧法"是指"行为时法"或"事件发生时法"。所谓"有利"主要指对法律调整的对象有利，即为了更好地保护公民、法人和其他组织的权利和利益，这些都是私权利主体而非公权力主体的权利和利益。《中华人民共和国立法法》之所以确立这一原则，对民事法律规范同样适用，其目的在于保障社会经济秩序和民事活动的相对稳定性。因为民事活动都必须依照行为当时的民事法律为准绳，如果新法溯及既往，势必使民事法律关系的主体在进行合法的民事行为时心存疑虑，不利于社会经济秩序的稳定。从这一原则中看出，除特别规定外，法不溯及既往，对于新法发生前发生的法律事实，新法不应对其产生法律效力。本案的土地补偿行为发生在 1997 年，解决此纷争，理应适用当时的《中华人民共和国土地管理法》，而原判适用了修改后于 1999 年 1 月 1 日起施行的《中华人民共和国土地管理法》和与该法同时施行的《中华人民共和国土地管理法实施条例》，判决安置补助费发给个人，违反了法律不溯及既往的规定，属于适用法律错误，因此再审法院采纳了检察机关的抗诉意见。

二、农村安置补助费所有权的归属问题

安置补助费是指国家在征用土地时，为了安置以土地为主要生产资料并取得生活来源的农业人口的生活，所给予的补助费用。那么安置补助费到底应该归谁所有？1988 年修订的《中华人民共和国土地管理法》第 30 条规定："国家建设征用土地的各项补偿费和安置补助费，除被征用土地上属于个人的附着物和青苗的补偿费付给本人外，由被征地单位用于发展生产和安排因土地被征用而造成的多余劳动力的就业和不能就业人员的生活补助，不得移作他用，任何单位和个人不得占用。"该规定很清楚地界定了被征用土地上的附着物和青苗的补偿费属于个人所有，而安置补助费则属于被征地单位所有。此外，1995年1月16日，最高人民法院法经〔1995〕13号对江西省高级人民法院的复函中也明确指出："……土地被征用的补偿费、安置补助费归被征用地单位所有，由被征用地单位集中管理……用于发展生产和安排因土地被征用而生成的多余劳动力的就业和不能就业人员的生活补助，不得分给个人、移作他用或平调。"这一解释与前面法律的规定是一致的，充分说明了"安置补助费"的性质是集体所有，经营管理也是归集体，而使用方面不得分给个人。本案中富顺县东湖镇久泰村一组的部分集体土地征用，同时得到了四个"农转非"的指标和土地补偿、安置补助等费。根据当时的法律规定久泰村一组所得到的土地补偿和安置补助费，其所有权、经营管理权、使用处分权都应该属于久泰村一组集体所有，不属于个人财产，为了解决"农转非"的矛盾，又通过村民大会形成决议，其行为是符合《中华人民共和国村民委员会组织法（试行）》的规定，是村民的自治行为。因此，原审判决将"安置补助费"判决支付给个人，无论是适用新法或旧法都是错误。

本案涉及富顺县东湖镇久泰村一组数百名村民的共同利益，经检察机关抗诉后，法院再审支持了检察机关的抗诉理由，直接改判3件，调解结案2件，双方当事人均未上诉，圆满地解决了矛盾纠纷，维护了农村社会的稳定，使等待观望尚未起诉的六位村民也不再起诉，长达5年的纠纷终于得以平息。事后，村组干部和村民代表还专程为富顺县人民检察院、自贡市人民检察院送去锦旗表示谢意，《检察日报》也进行了报道。这一系列案件获成功的改判，收到了良好的法律效果和社会效果。

【承办人简介】

张萍，女，1958年3月出生，自贡市人民检察院民事行政检察处副处级检察员。

36. 郭丽萍、张政与贵州省城乡建材建筑开发公司商品房买卖合同纠纷抗诉案

【监督机关】贵州省人民检察院

【监督方式】抗诉

【基本案情】

申请人（一审原告、二审上诉人）：郭丽萍，女，1976 年 10 月 27 日出生，汉族，住贵州省赫章县城关镇前河路 805 号。

申请人（一审原告、二审上诉人）：张政，男，1966 年 6 月 15 日出生，汉族，住贵州省赫章县城关镇前河路 805 号。

其他当事人（一审被告、二审被上诉人）：贵州省城乡建材建筑开发公司，住所地：贵州贵阳市延安西路 1 号；法定代表人：林农，总经理。

2007 年 4 月 8 日，郭丽萍、张政与城乡建材建筑开发公司（以下简称城乡公司）签订《商品房买卖合同》，购买位于贵阳市小河区黔江路 8 号 C19 栋 2 单元 4 层 1 号商品房一套，建筑面积为 134.4 平方米，总价款为 33.5 万元。合同约定："出卖人应当在 2008 年 4 月 30 日前，依照国家和地方人民政府的有关规定，将具备经验收合格并符合合同约定的商品房交付买受人使用。出卖人如未按期将商品房交付买受人使用，买受人要求履行合同的，合同继续履行，自合同第八条规定的最后交付期限的第二天起至实际交付之日止，出卖人按日向买受人支付已交付房款万分之一的违约金。"第 14 条约定："出卖人关于基础设施、公共配套建筑正常运行的承诺，对于该商品房正常使用直接关联的下列基础设施、公共配套设施建筑达到使用条件：1. 给排水：交房时达到使用条件……"该合同经贵阳市房地产管理局商品房预售合同登记备案，郭丽萍、张政一次性向城乡公司支付了合同约定的全部购房款，但截止交房日期，城乡公司未能按期交房。此前 2008 年 2 月 3 日，城乡公司在《贵阳晚报》刊登《交房通知》，后又于 2008 年 6 月 9 日在《贵阳晚报》上刊登《交房再次通知》，要求包括郭丽萍、张政在内的尚未领房的业主前往物管公司办理相

关交房手续。经查明，城乡公司开发的江南苑 C19 栋房屋于 2008 年 6 月 17 日经公安消防机构验收符合国家消防技术规范要求。另有贵阳市供水总公司证明，城乡公司江南苑项目处于 2008 年 8 月 13 日才向该公司提出总表接水申请。2008 年 7 月 1 日，双方办理了该房的交付手续。2009 年 1 月 4 日，郭丽萍、张政向贵阳市小河区人民法院提起诉讼，请求依法判令城乡公司支付逾期交房违约金 2077 元。

【原审裁判情况】

贵阳市小河区人民法院于 2009 年 2 月 12 日作出〔2009〕筑小法民初字第 69 号民事判决。判决认为，双方当事人签订《商品房买卖合同》是双方的真实意思表示，且经有关部门备案登记，该合同依法成立，受法律保护。根据有关规定，商品房验收实行备案登记制，验收由相关部门组织进行，城乡公司开发的江南苑 C19 栋房屋经建设、地勘、设计、施工和监理单位共同验收合格后报请质监部门复核，评定为合格工程，并进行了备案登记，说明商品房本身是合格的，符合双方约定的交房条件。关于逾期交房违约金问题，虽然城乡公司登报通知交房时不具备交房条件，但因江南苑 C19 栋房屋已于 2008 年 6 月 17 日经公安消防机构验收符合国家消防技术规范要求，故逾期交房违约金应计算至此为宜，双方合同约定的违约金标准为每日已交付房价款万分之一，所以违约金应按每日已交付房款万分之一从 2008 年 5 月 1 日起计算至 2008 年 6 月 17 日，郭丽萍、张政的该项请求，应按此标准计算，予以支持。依照《合同法》第 60 条、第 114 条、第 130 条、第 138 条、第 153 条的规定，判决城乡公司于本判决生效后 10 日内支付郭丽萍、张政逾期交房违约金 1608 元。

判后，郭丽萍、张政不服，向贵阳市中级人民法院提起上诉。

贵阳市中级人民法院于 2009 年 5 月 20 日作出〔2009〕筑民一终字第 863 号民事判决。判决认为，城乡公司已经取得建筑工程竣工验收报告、建筑工程消防验收意见书，满足双方合同约定的"该商品房经验收合格的条件"，故一审判决认定城乡公司逾期交房的截止时间为本案争议房屋经消防验收合格的时间并无不妥，本院予以维持。郭丽萍、张政认为本案涉及的房屋至今尚未通过竣工验收，并不符合交房条件之上诉理由不能成立，本院不予采纳。据此，依据《中华人民共和国民事诉讼法》第 153 条第 1 款第 1 项、第 158 条之规定，判决：驳回上诉，维持原判。

【监督意见】

郭丽萍、张政不服生效判决，向检察机关提出申诉，贵阳市人民检察院就该案提请贵州省人民检察院抗诉，贵州省人民检察院于 2010 年 9 月 10 日向贵州省高级人民法院提出抗诉。抗诉理由如下：

1. 城乡公司将未经验收合格的房屋通知郭丽萍、张政收取明显违反法律禁止性规定，不能发生交房的法律效果，故其在验收合格前的两次通知交房均是无效民事行为，依法自始不发生交房的法律效力。房屋经验收合格只是符合交房条件之一，不能把验收合格等同于房开商履行了交房通知义务，城乡公司在验收合格后始终未按照合同约定采取明确方式通知郭丽萍、张政办理交房手续，应视为未履行通知交房义务，生效判决认定逾期交房违约金应计算至房屋通过消防验收之日系明显认定事实错误。

2. 城乡公司未将自来水接入的行为不符合双方约定的交房条件，在买受人实际接收前，不能认为其已履行交房义务。《商品房买卖合同》明确约定，城乡公司应将经验收合格并符合合同约定的商品房交付郭丽萍、张政使用。合同附件四规定给排水项须在交房时达到使用条件。在接通自来水之前郭丽萍、张政有权拒收房屋。应当以买受人实际收房时间或自来水接通达到使用条件城乡公司履行交房义务的时间，作为迟延交房违约金的计算截止时间。

【监督结果】

贵州省高级人民法院受理抗诉后，指令贵阳市中级人民法院再审。贵阳市中级人民法院于 2011 年 10 月 10 日作出〔2011〕筑民商再终字第 2 号民事判决。判决认为，一是对于逾期交房违约金计算至何日止的问题，城乡公司两次刊登《交房通知》时商品房尚未通过验收，不符合约定的交房条件，该行为应视为无效。随后争议房屋通过验收合格后城乡公司未按照合同约定主动采取有效方式通知，其未履行合同约定的通知交房义务，违约日期应自 2008 年 5 月 1 日起至当事人交付房屋的前一天即 2008 年 6 月 30 日止。二是对于城乡公司何时履行了交房义务，城乡公司在交房时已将水安装到户，满足用户用水需要，故自来水的安装应视为符合双方约定的交房条件。原判决适用法律错误，经本院审判委员会研究，判决如下：（1）撤销本院〔2009〕筑民一终字第 863 号民事判决；（2）变更贵阳市小河区人民法院〔2009〕筑小法民初字第 69 号民事判决第 1 项为：城乡公司于本判决生效后 10 日内支付郭丽萍、张政逾期交房违约金 2043.5 元。

【点评】

本案系商品房买卖合同中常见的由于延期交房引起违约金给付的案件，所涉及的金额虽然不大，但同时起诉的还有另外 18 户买房人，这类案件在商品房买卖合同纠纷中具有一定普遍性，因此，这批案件的抗诉成功对于打破房地产开发商和购房者在合同中的不平等地位，维护购房者合法权益具有重要意义。本案的焦点是民事法律行为成立和生效的条件。

1. 城乡公司两次登报通知交房是否有效的问题。通知购房者收房是一个民事法律行为，只有符合民事法律行为的构成要件才可能产生作出行为者所希望的法律效果。民事法律行为具有引起民事法律关系产生、变更或者消灭的作用，是法律事实中行为的组成部分。《中华人民共和国民法通则》第55条规定："民事法律行为应当具备下列条件：（一）行为人具有相应的民事行为能力；（二）意思表示真实；（三）不违反法律或者社会公共利益。"《中华人民共和国建筑法》、《中华人民共和国消防法》均规定建设工程须经建筑工程质量验收合格及消防验收合格才能交付使用。城乡公司将未经验收合格的房屋通知买房人收取显然违反法律禁止性规定，不能发生交房的法律效果。故其在验收合格前的两次通知交房均是无效民事行为，依法自始不发生交房的法律效力。

2. 房屋验收合格是否等同于城乡公司履行了通知交房义务。房屋的验收合格与交付是两个不同的法律概念，房屋经验收合格只是交房条件之一，房屋验收合格前城乡公司的两次通知交房行为因违反法律规定均为无效。而通知交付是一项民事法律行为，必须具备合法有效的意思表示，不能把验收合格等同于履行了交房通知义务。城乡公司在房屋经验收合格后始终未按照合同约定采取明确方式通知郭丽萍、张政办理交房手续，应视为未履行通知交房义务，一二审判决认定逾期交房违约金应计算至房屋通过消防验收之日，是免除了房开公司的通知义务，明显不当。

3. 对于逾期交房违约金计算时间的问题。商品房买卖合同附件四规定给排水项须在交房时达到使用条件。购房者购买住房的目的是居住使用，供水公司出具的《证明》证实直至2008年8月13日自来水都未安装到户。作为与房屋正常使用直接关联的基础设施，没有自来水住户就不能入住使用房屋，不能实现购买房屋的目的。根据《合同法》第148条"因标的物质量不符合质量要求，致使不能实现合同目的的，买受人可以拒绝接受标的物或者解除合同"的规定，在接通自来水之前郭丽萍、张政有权拒收房屋。但本案中郭丽萍、张政于2008年8月13日城乡公司向贵阳市供水总公司提出总表接水申请之前的7月1日办理了房屋交付手续，应视为双方以实际行为对进户条件进行了变更。再审判决认定违约金计算至2008年6月30日并无不当。否则，违约金应计算至自来水接入后城乡公司通知领房的时间。

【承办人简介】

吴俊伽，1983年5月生，毕业于西南政法大学民商法学院法学专业，贵州省人民检察院民事行政检察处干警，从事综合指导及办案工作，2012年荣获"贵州省民行检察部门十佳办案能手"荣誉称号。

37. 陈震与贵州省城乡建材建筑开发公司商品房预售合同纠纷抗诉案

【监督机关】贵州省人民检察院、贵阳市人民检察院

【监督方式】抗诉

【基本案情】

申请人（一审原告、二审上诉人）：陈震，男，1974年1月29日出生，汉族，住贵州省贵阳市南明区桃园路53号2单元2号。

其他当事人（一审被告、二审被上诉人）：贵州省城乡建材建筑开发公司，住所地：贵州省贵阳市延安西路1号；法定代表人：林农，总经理。

2006年3月27日，陈震与贵州省城乡建材建筑开发公司（以下简称城乡建材建筑公司）签订了《商品房买卖合同》，陈震向城乡建材建筑公司购买位于贵阳市小河区黔江路8号C3栋1单元5层1号，建筑面积为185.551平方米，总价款为465536元的商品房一套。合同约定："出卖人应当在2006年12月31日前，依照国家和地方人民政府的有关规定，将具备经验收合格、并符合合同约定的商品房交付买受人使用，买受人要求履行合同的，合同继续履行，自合同第八条规定的最后交付期限的第二天起至实际交付之日止，出卖人按日向买受人支付已交付房款万分之一的违约金。"第13条约定："出卖人关于装饰、设备标准应符合双方约定（附件三）的标准，达不到约定标准的，买受人有权要求出卖人按照下述第2种方式处理：……2.双方协商解决。"该合同经贵阳市房地产管理局商品房预售合同登记备案，陈震通过分期付款的方式向城乡建材建筑公司支付了合同约定的全部购房款。2007年2月25日，城乡建材建筑公司在《贵阳晚报》第4版刊登《交房通知》。要求包括陈震在内的C1、C2、C3栋房屋业主于2007年2月28日起前往办理相关交房手续。后又于2008年6月9日在《贵阳晚报》上刊登《交房再次通知》，要求包括申诉人在内的C1、C2、C3、C4、C18、C19、C20、C21、C22栋房屋尚未领房的业主前往物管公司办理相关交房手续。另查明，城乡建材建筑公司开发的江南

苑 C3 栋房屋经建设、地勘、设计、施工和监理单位共同验收合格后报请质监部门复核，评定为合格工程，并进行了备案登记。再查明，城乡建材建筑公司开发的江南苑 C3 栋房屋于 2007 年 8 月 23 日经公安消防机构验收符合国家消防技术规范要求。2008 年 6 月 29 日双方办理交房手续，同年 8 月 20 日陈震向贵阳市小河区人民法院提起诉讼，请求依法判令被告支付逾期交房违约金 25371.7 元（共计 545 天）。

【原审裁判】

2008 年 11 月 4 日，贵阳市小河区人民法院作出〔2008〕筑小法民初字第 659 号民事判决。判决认为，陈震、城乡建材建筑公司签订《商品房买卖合同》是双方的真实意思表示，且经有关部门备案登记，该合同依法成立，受法律保护。根据有关规定，商品房验收实行备案登记制，验收由相关部门组织进行，城乡建材建筑公司开发的江南苑 C3 栋房屋经建设、地勘、设计、施工和监理单位共同验收合格后报请质监部门复核，评定为合格工程，并进行了备案登记。说明商品房本身是合格的，而双方合同约定的交房条件是"该商品房经验收合格"，既然双方约定是验收合格，陈震购买的房屋已经验收合格，便符合双方约定的交房条件。关于逾期交房违约金问题，虽然被告登报通知交房时不具备交房条件，但因江南苑 C3 栋房屋已于 2007 年 8 月 23 日经公安消防机构验收符合国家消防技术规范要求，故逾期交房违约金应计算至此为宜，双方合同约定的违约金标准为每日已交付房价款万分之一，所以违约金应按每日已交付房款万分之一从 2007 年 1 月 1 日起计算至 2007 年 8 月 23 日，陈震的该项请求，应按此标准计算，予以支持。依照《中华人民共和国合同法》第 60 条、第 114 条、第 130 条、第 138 条、第 153 条的规定，判决：城乡建材建筑公司于本判决生效后 10 日内支付陈震逾期交房违约金 10940 元。

陈震不服法院判决，向贵阳市中级人民法院提出上诉。

贵阳市中级人民法院经审理认为，《中华人民共和国合同法》第 8 条规定："依法成立的合同，对当事人具有法律约束力。当事人应当按照约定履行自己的义务，不得擅自变更或者解除合同。依法成立的合同，受法律保护。"本案陈震与城乡建材建筑公司签订的《商品房买卖合同》是双方的真实意思表示，且经有关部门备案登记，该合同依法成立，受法律保护。该合同约定："出卖人应当在 2006 年 12 月 31 日前，依照国家和地方人民政府的有关规定，将具备经验收合格并符合合同约定的商品房交付买受人使用。"根据建设部《房屋建筑工程和市政基础设施工程竣工验收备案管理暂行办法》规定，开发商办理商品住宅竣工验收备案应当提交下列文件：（1）工程竣工验收备案表；（2）工程竣工验收报告；（3）法律、行政法规规定的应当由规划、公安、环保等部门出具的认可文件或者准许使用文件；（4）施工单位签署的工程质量保修书；（5）《住宅质量保证书》和《住宅使用说明书》；（6）法规、规章规定必须提供的其他文件。具体到贵阳市，建设单位办理商品房备案需提交以下资料：（1）规划许可证（正本原件）及其他规划批复件；（2）工程施工许可证；（3）公安消防部门出具的许可证文件；（4）环保认可文件、施工图、设计文件审查报告；（5）单项工程质量验收报告（电梯、网架、幕墙、边坡等）；（6）工程竣工验收质量文件：设计单位提出的工程质量检查报告，勘察单位提出的工程质量报告，监理单位提出的工程质量报告，施工单位提出的单位工程竣工报告，建设单位提出的工程竣工验收报告；（7）孔桩基础、地基与基础、主体结构工程质量验收报告及监测报告；（8）建筑工程质量监督注册表；（9）建设工程保修合同；（10）住宅质量保证书；（11）住宅使用说明书；（12）建设工程面积、造价审定单；（13）其他文件。开发商要办理备案，在工程竣工验收报告之后，还需提供以下关键文件：规划许可证正本；消防认可文件；环保认可文件；工程结算书或工程造价审定依据；劳保统筹交清证明。规划认可文件、工程结算依据、劳保统筹的缴纳等并非法律法规的"取得才能交付使用"，而《中华人民共和国建筑法》、《中华人民共和国消防法》均规定建设工程须经建筑工程质量验收合格及消防验收合格才能交付使用，故本案中，城乡建材建筑公司取得建筑工程竣工验收报告、建筑工程消防验收意见书已经满足双方合同约定的"该商品房经验收合格"的条件，故一审判决认定城乡建材建筑公司逾期交房的截止时间为本案争议房屋经消防验收合格的时间并无不妥，本院予以维持。陈震认为本案涉及的房屋至今尚未通过竣工验收，并不符合交房条件之上诉理由不能成立，本院不予采纳。据此，依照《中华人民共和国民事诉讼法》第153条第1款第1项、第158条之规定，判决：驳回上诉，维持原判。

【监督意见】

陈震不服法院判决，向贵阳市人民检察院申请监督。贵阳市人民检察院经审查后提请贵州省人民检察院抗诉。贵州省人民检察院经审查认为，贵阳市中级人民法院〔2009〕筑民一终字第161号民事判决认定的基本事实缺乏证据证明，向贵州省高级人民法院提出抗诉。理由如下：

1. 房屋通过验收合格系合同履行中的一项事实，而非有效的民事法律行为，不能视为房地产开发商履行了合同约定的通知交房义务。根据《中华人民共和国合同法》第60条第2款"当事人应当遵循诚实信用原则，根据合同的性质、目的和交易习惯履行通知、协助、保密等义务"的规定，合同当事人一方在履行义务时无论是采取法律规定或双方约定的方式还是按照交易习惯，都应确保对方当事人能够接收到其行为的意思表示，即房地产开发商应采取明确的方式通知买房人办理交房手续。且购房合同第 11 条明确约定通知交付的方式为"商品房达到交付使用条件后，出卖人应当书面通知买受人办理交付手续"，由于城乡建材建筑公司违约延迟交付在先，之后的相关验收手续也是由房地产开发商办理，买房人实际无法掌握房屋何时符合交付条件，城乡建材建筑公司在履行交房义务时，应当按照合同约定的方式通知买受人办理交付手续。城乡建材建筑公司 2007 年 2 月 25 日第一次刊登《交房通知》时，商品房尚未通过验收，不符合约定的交房条件，该行为应视为无效，随后争议房屋虽于 2007 年 8 月 23 日通过验收合格，达到了交房条件，但此时城乡建材建筑公司未按照合同约定主动采取有效方式通知，不能视为其履行了合同约定的通知交房义务，生效判决认定逾期交房违约金应计算至房屋通过消防验收之日缺乏证据证明。

2. 城乡建材建筑公司未将自来水接入，不符合双方约定的交房条件，在买受人实际接受前，不能认为其已履行交房义务。双方签订的《商品房买卖合同》明确约定，城乡建材建筑公司应将经验收合格并符合合同约定的商品房交付买房人使用，同时，合同附件四已经约定给排水"须在交房时达到使用条件"。购房者购买住房的目的是居住使用，供水公司出具的《证明》证实直至 2008 年 8 月 13 日自来水尚未安装到户。作为与房屋正常使用直接关联的基础设施，没有自来水住户就不能入住正常使用房屋，不能实现购买房屋的目的。根据《中华人民共和国合同法》第 148 条"因标的物质量不符合质量要求，致使不能实现合同目的的，买受人可以拒绝接受标的物或者解除合同"的规定，在接通自来水之前买房人有权拒收房屋。因此，应当以买受人实际收房时间或自来水接通达到使用条件之时为城乡建材建筑公司履行交房义务的时间，迟延交房违约金的计算亦应以此为据。

【监督结果】

贵州省人民检察院抗诉后，经贵州省高级人民法院指令贵阳市中级人民法院再审，审判机关采纳了检察机关意见，判决认为，对于贵州省人民检察院抗诉的两点理由：一是城乡建材建筑公司是否应承担逾期交房违约责任及违约金计算至何日止的问题，双方当事人签订的购房合同第 11 条明确约定通知交付的方式为"商品房达到交付使用条件后，出卖人应当书面通知买受人办理交付手续"。城乡建材建筑公司 2007 年 2 月 25 日第一次刊登《交房通知》时，商品房尚未通过验收，不符合约定的交房条件，随后争议房屋虽于 2007 年 8 月 23 日通过验收合格，达到了交房条件，但此时城乡建材建筑公司未按照合同约定主动采取有效方式通知，不能视为其履行了合同约定的通知交房义务，至 2008 年 6 月 29 日双方才办理交付手续，这段期间应属城乡建材建筑公司违约，应承担相应的逾期违约责任。关于贵州省人民检察院抗诉的第二点理由，城乡建筑公司是向自来水公司申请一户一表的，但是由于自来水公司认为不符合标准而拒绝安装，但该公司在交付房屋时已将水安装到户，满足用户用水需要。故自来水的安装应视为符合双方约定的交房条件。综上，贵州省人民检察院的抗诉理由部分有理，予以支持。原判决认定事实有误，适用法律错误，本院依法予以纠正。

【点评】

本案争议焦点主要是：逾期交房违约金计算止点。

依法成立的合同，受法律保护，对当事人具有法律约束力。当事人应当按照约定履行自己的义务，不得擅自变更或者解除合同，否则将会承担由此而引起的法律责任。本案中，双方当事人约定了交房条件及通知交房的方式，而城乡建材建筑公司在商品房不够交房条件时给予了通知，在商品房够交房条件时却未及时通知，因而给陈震导致的损失，自然由房地产开发商承担，损失计算终止时间应当是通知交付的符合约定条件的商品房时间。故城乡建材建筑公司在商品房达到交付条件时没有按合同约定通知陈震办理交付手续，其就应承担延期交房责任。

【承办人简介】

杨晓燕，女，42 岁，汉族，中共党员，西南政法大学法学专业毕业，现为贵阳市南明区人民检察院民事行政检察科负责人，曾长期从事民事审判工作，并任县法院民事审判庭副庭长、研究室主任。

38. 施从伟等 127 户业主与保山官房房地产开发有限公司商品房预售合同纠纷抗诉案

【**监督机关**】云南省人民检察院

【**监督方式**】抗诉

【**基本案情**】（本案为 127 件系列案，以施从伟案为例）

申请人（一审原告、二审被上诉人）：施从伟，男，1972 年 9 月 4 日出生，汉族，保山市人，保山市国家税务局公务员，住本单位宿舍。

申请人（一审原告、二审被上诉人）：其余 126 户业主。（略）

其他当事人（一审被告、二审上诉人）：保山官房房地产开发有限公司，住所地：保山市隆阳区兰城街道办事处同仁街九隆茗居；法定代表人：刘继杰，董事长。

2006 年 4 月 29 日，保山官房房地产开发有限公司（以下简称官房公司）取得北城春天·彩蝶家园开发项目的商品房预售许可。同年 5 月下旬，北城春天·彩蝶家园一期开盘售楼，该项目共占地 127 亩，但开盘售楼时官房公司尚未取得该项目所需的建设用地。2006 年 12 月 23 日，双方当事人签订《商品房购销合同》及《补充协议》，约定：施从伟向官房公司购买"彩蝶家园"组团预售商品房，房屋总价 36.8 万元，首付款 11.1 万元由施从伟现金支付，尾款 25.7 万元由施从伟在付清第一笔首付款之日起 3 天内，将办理个人住房按揭贷款所需全部资料提供给官房公司，银行审查同意贷款之后，由银行直接向官房公司支付。官房公司应于 2007 年 10 月 31 日前将验收合格并符合合同约定的商品房交付给施从伟。合同对施从伟逾期付款、逾期提供贷款资料给银行的违约责任，以及官房公司逾期交房的违约责任进行了明确约定，并约定非甲方原因，政府未按时将建盖上述商品房所需地块的土地使用权交付甲方，致使甲方不能按期开工，乙方同意甲方适当延长《商品房购销合同》所约定的房屋交付期限，在此期间甲方不承担逾期交房的违约责任。上述协议签订后，施从伟于 2006 年 12 月 23 日前交付了首付款 11.1 万元，2008 年 11 月 10 日付现金 3.7 万元，2008 年 12 月 10 日施从伟贷款的 22 万元直接划入官房公司的账户，付清了全部购房款。2006 年 4 月 26 日，官房公司取得《建设用地规划许可证》。2007 年 10 月 15 日，涉案商品房建设项目开工。2008 年 2 月 1 日，官房公司取得《建筑工程施工许可证》。2006 年 12 月 19 日，保山市隆阳区中心城市建设北片区指挥部向官房公司移交了"彩蝶家园"一期开发用地 84 亩。2007 年 1 月 24 日，官房公司取得"彩蝶家园"一期开发用地的土地使用权证。2007 年 12 月底，隆阳区中心城市建设北片区指挥部再次向官房公司移交"彩蝶家园"一期开发用地 41 亩，最后 2 亩开发用地于 2009 年 1 月移交完毕。为此，官房公司未能在 2007 年 10 月 31 日合同约定的交房期限内向施从伟交房。2008 年 11 月 19 日，官房公司在《保山日报》刊登交房公告，"彩蝶家园"一期商品房于 2008 年 11 月 20 日开始交房，比约定交房期限逾期 385 天。2009 年 5 月 17 日，施从伟办理了接房手续。双方当事人因逾期交房问题发生纠纷，施从伟遂诉至法院，请求判令官房公司按约支付逾期交房违约金。

【原审裁判情况】

保山市隆阳区人民法院作出〔2009〕隆民二初字第 160 号民事判决。判决认为，官房公司在既未取得"彩蝶家园"一期的开发用地，也未取得开发用地的土地使用权证书的情况下开盘预售商品房，其行为已违反《城市商品房预售管理办法》的规定，是导致其未能按约定时间交房的直接原因，应当按照合同约定承担逾期交房 385 天的违约责任。官房公司提出在补充协议中约定，由于政府迟延交地造成迟延交房的，不承担违约责任的抗辩理由不能成立。但该补充协议能够证明官房公司在预售房屋时，所需建设用地尚未完全交付的事实，施从伟应当预见到官房公司不能按期交房，仍与官房公司签订商品房预售合同，本身也具一定过错，应承担相应责任。对于官房公司提出的施从伟未按约定提交贷款资料已构成违约的辩解，因违反了 2003 年中国人民银行《关于进一步加强房地产信贷业务管理的通知》、2007 年中国人民银行和中国银行业监督管理委员会联合发出的通知，即对个人住房贷款的发放只能对购买主体结构已封顶住房的个人发放个人住房贷款。故补充协议的约定，违反了国家金融贷款的强制性规定，未能办理按揭贷款手续的责任不能全部归责于购房户。对于官房公司提出的施从伟存在逾期支付房屋尾款的辩解，因双方在商品房购销合同中对购房尾款的支付仅约定了支付方式，并未约定支付期限，施从伟对此不存在违约事实。故对施从伟要求官房公司支付逾期交房违约金的诉讼请求，应予支持。但双方合同约定的逾期交房违约金过高，应按公平原则以施从伟所受实际损失为标准进行调整，即官房公司公告交房日以前施从伟所交现金在 2007 年 11 月 1 日至 2008 年 11 月 19 日期间产生的利息 8505.93 元。据此，依照《中华人民共和国合同法》、《商品房销售管理办法》、《城市商品房预售管理办法》的规定，判决：由被告保山官房房地产开发有限公司支付原告施从伟逾期交房违约金 8505.93 元，于判决生效后 7 日内付清。

官房公司不服法院判决，提出上诉。

保山市中级人民法院〔2010〕保中民二终字第 64 号民事判决认为，官房公司在取得商品房预售许可证明，而没有取得开发房地产的土地使用权证书、施工许可证的情况下，就与施从伟签订商品房预售合同及补充协议，其行为已违反《城市商品房预售管理办法》的规定，致使未能按合同约定的时间交付房屋，已构成违约。官房公司提供的格式合同中约定，因政府的原因未按时交付建设所需土地使用权而不能按时开工，官房公司不承担逾期交房的违约责任，作为提供格式合同的房地产开发商，在合同中随意免除自己应尽的义务，与我国合同法规定的公平、诚信原则相违背，且该免责条款不属于合同法规定的不可抗力事由，该抗辩理由不成立。施从伟在合同签订后，仅支付首付款 11.1 万元，余款至 2008 年 12 月公告交房后才付清，其行为也已构成违约。鉴于双方在履约过程中均有违约行为存在，故对双方诉讼请求均不予支持。依照《中华人民共和国合同法》第 5 条、第 6 条、第 8 条、第 40 条、第 60 条、第 120 条，《中华人民共和国民事诉讼法》第 153 条第 1 款第 2 项之规定，判决：（1）撤销云南省保山市隆阳区人民法院〔2009〕隆民二初字第 160 号民事判决。（2）驳回原审原告施从伟的诉讼请求。

【监督意见】

施从伟等 127 名业主不服二审判决，向检察机关申请监督。云南省人民检察院作出云检民抗〔2010〕142 号等 127 份民事抗诉书，向云南省高级人民法院提出抗诉，理由是：

1. 原生效判决认定双方均存在违约，责任相互抵销，属适用法律错误。根据《中华人民共和国合同法》第 120 条"当事人双方都违反合同的，应当各自承担相应的责任"。因此，双方当事人都违约的，应当各自承担相应的违约责任，而不是相互抵销。二审法院认为本案双方当事人均违约，故双方"诉讼请求均不予支持"，该认定存在两个适用法律的错误：一是如果双方都违约，则违约责任是各自承担，而不存在相互抵销的问题；二是官房公司在本案中作为被告仅是提出抗辩主张，并未提出诉讼请求，不存在对其"诉讼请求"不予支持的问题，如果官房公司认为施从伟也存在违约行为，可以另案主张违约责任，其主张是否成立系另案处理的问题。

2. 施从伟不存在逾期付款的违约行为。施从伟的主要合同义务是支付购房款，双方当事人约定了支付购房款的方式为按揭贷款，并约定了支付首付款和提交按揭贷款资料的时间，施从伟按约定时间支付了首付款、提交了按揭贷款资料。合同并未约定施从伟何时向官房公司支付尾款，支付该尾款的主体亦非施从伟，而是银行。银行发放贷款系在对贷款资料及手续审查完备且符合法定条件的情况下才予发放。根据2003年6月5日中国人民银行《关于进一步加强房地产信贷业务管理的通知》第4条的内容，商业银行只能对购买主体结构已封顶住房的个人发放个人住房贷款。双方当事人签订合同及补充协议时，涉案商品房项目并未取得土地使用权证和施工许可证，并未开工，更不可能达到"主体结构已封顶"，并不符合银行发放个人住房贷款的条件，故银行根据国家强制性规范向官房公司拨付购房尾款，属合法行为，此情形的产生不应归责于施从伟，施从伟在此过程中并无违反合同约定。二审法院认为银行于2008年12月10日向其他当事人拨付购房尾款，施从伟为此"也构成违约"的认定，缺乏合同依据和法律依据，属适用法律错误。

3. 关于违约责任的承担问题。《中华人民共和国合同法》第114条第1款、第2款规定："当事人可以约定一方违约时应当根据违约情况向对方支付一定数额的违约金，也可以约定因违约产生的损失赔偿额的计算方法。约定的违约金低于造成的损失的，当事人可以请求人民法院或者仲裁机构予以增加；约定的违约金过分高于造成的损失的，当事人可以请求人民法院或者仲裁机构予以适当减少。"最高人民法院《关于审理商品房买卖合同纠纷案件适用法律若干问题的解释》第16条规定："当事人以约定的违约金过高为由请求减少的，应当以违约金超过造成的损失30%为标准适当减少；当事人以约定的违约金低于造成的损失为由请求增加的，应当以违约造成的损失确定违约金数额。"如前所述，因违约金具有补偿性和惩罚性，在当事人约定过分高于实际损失，并且违约方请求调整时，人民法院才应依法在弥补守约方损失的前提下对违约金进行相应的调整。逾期交房给购房方造成的实际损失不是已付购房款的利息，而是不能如期取得房屋而产生的不能对房屋行使占有、使用、收益、处分等权能的损失，具体可表现为房屋使用费等损失。一审法院以购房方已付现金的利息作为实际损失，并将违约金调整为该"实际损失"，亦属适用法律不当。

【监督结果】

云南省人民检察院对该系列案提起抗诉后，云南省高级人民法院全面提审了该127件系列案。再审过程中，该127件系列案已全部调解结案（其中124案由云南省高级人民法院出具了调解书，3案庭外和解后由申诉人撤回申诉），由官房公司按一定标准分别给予127户业主相应的经济补偿。

【点评】

本系列案是云南省人民检察院近年来受理的涉案人数最多、社会影响最大、矛盾最为集中的申诉案。该系列案双方当事人在诉讼中对立情绪极为强烈，在当地影响大，涉及范围广，案外因素复杂，且因涉及政府行为及当地房地产市场的整体发展，诉讼前已由当地党委、政府组织过调解，各大媒体争相报道。案件处理稍有不当，有可能形成大规模的群体性上访事件，而且还直接影响到多件潜在案件的处理。检察机关受理监督申请后，积极履行法律监督职责，最终促成当事人以调解方式结案，及时、有效地化解了一个群体性纠纷，切实保护了双方当事人的合法权益，为人民检察院行使法律监督职责、促使法律效果与社会效果相统一的典型范例。

【承办人简介】

卢义颖，女，1978年6月出生，毕业于西南政法大学，获云南大学经济法学硕士学位。2001年至2009年在昆明市中级人民法院担任法官，现为云南省人民检察院民事行政检察处办案四室主任。

39. 甘肃路桥建设集团有限公司与祁艳、刘立峰劳务费纠纷抗诉案

【监督机关】甘肃省人民检察院

【监督方式】抗诉

【基本案情】

申请人（一审被告、二审上诉人）：甘肃路桥建设集团有限公司，地址：兰州市城关区甘南路 568 号；法定代表人：张克玺，经理。

其他当事人（一审原告、二审被上诉人）：祁艳，女，1960 年 12 月 16 日出生，汉族，无固定职业，住城关区大沙坪 686 号。

其他当事人（一审原告、二审被上诉人）：刘立峰，男，1957 年 11 月 12 日出生，汉族，无固定职业，住城关区阀门厂 8 号楼。

1999 年 10 月 29 日，靖远县万众加油站（祁艳、刘立峰为加油站业主，两人原系夫妻）与甘肃路桥建设集团有限公司（以下简称路桥公司）柳忠、徐界高等级公路第三项目经理部（工程完工后，项目部被撤）签订了《劳务输出队伍施工协议书》，约定由加油站提供一定数额的劳务技术人员、机械设备，协助路桥公司项目部完成"甘肃省柳忠徐界高等级公路"工程施工，工程价款由项目部负责结算。工程地点为 K21＋898—K22＋150，内容为路基土方工程，每立方米单价 7.5 元；土方工程数量以现场签认数量为准，并经验收合格后方可计量；土方单价为综合单价，工作内容包括挖、装、运、平土、洒水、碾压、边坡整修、刷坡、整修边沟等；结算方式分为计件和计时两种，均以工程内容、数量表中（详见表一）所列单价及实结工程量为最终结算依据。2000 年 12 月 27 日，刘立峰在第三项目部出具的《工程价款结算单》上签字，该结算单显示刘立峰所施工的工程是："1. 路基填方：每立方米单价 7.5 元，结算金额 972759.0 元；2. 掏砂洞处理，结算金额 29910 元；3.1999 年度完成工程量：路基挖方：每立方米单价 5 元；涵洞素土回填：每立方米单价 7.5 元；涵洞 3∶7 灰土：每立方米单价 40 元；扣除压路机台班费 57 小时（每小时

177.53 元）；4. 挡墙取消回填基坑增加土方：每立方米单价 7.5 元。"以上四项合计 1163145.3 元。2002 年 6 月 15 日，第三项目部结算刘立峰人工费、掏砂洞处理回填土工程材料费、机械费 72903.8 元，尚欠 2285 元。

2004 年 2 月 4 日，祁艳、刘立峰持有《路基土石方数量计算表》，以路桥公司、第三项目部少算路基填方的劳务费 194188.5 元，未付 2285 元劳务费、多扣养路费 6000 元为由，向兰州市城关区人民法院起诉。兰州市城关区人民法院于 2004 年 4 月 9 日作出〔2004〕城靖民初字第 31 号民事判决，支持了祁艳、刘立峰的诉请。路桥公司、第三项目部不服，提出上诉。兰州市中级人民法院于 2004 年 8 月 5 日作出〔2004〕兰法民一终字第 490 号民事判决，维持原判。

路桥公司仍不服，向甘肃省人民检察院提出申诉。甘肃省人民检察院于 2005 年 5 月 30 日以甘检民抗字〔2005〕第 10 号民事抗诉书向甘肃省高级人民法院提出抗诉，该院指令兰州市中级人民法院再审。兰州市中级人民法院于 2005 年 11 月 11 日作出〔2005〕兰法民再字第 00015 号再审民事裁定书，裁定撤销原两审判决，发回兰州市城关区人民法院重审。

2004 年 10 月 12 日、11 月 24 日，祁艳、刘立峰以路桥公司、第三项目部拖欠工程劳务费为由向兰州市城关区人民法院又提起两个诉讼，兰州市城关区人民法院于 2005 年 1 月 17 日作出〔2004〕城靖民初字第 414 号、492 号民事判决，路桥公司不服该两份判决，提出上诉，兰州市中级人民法院于 2005 年 6 月 10 日分别作出〔2005〕兰法民一终字第 296 号、297 号民事裁定书，撤销原判，发回重审。在该裁定中，已无第三项目部。

兰州市城关区人民法院受理后，将〔2004〕城靖民初字第 31 号、〔2004〕城靖民初字第 414 号和〔2004〕城靖民初字第 492 号三案合并为〔2006〕城鼓民初字第 85 号一案进行了审理。

二审期间，兰州市中级人民法院委托甘肃亨源会计师事务有限公司（以下简称亨源公司）对原甘亨会鉴字〔2004〕第 128 号报告书进行补正，2007 年 3 月 26 日，该公司出具了甘亨会基字〔2007〕第 014 号《关于祁艳、刘立峰诉甘肃公路工程总公司对柳忠高速第三合同段项工程量及造价的鉴定报告》。根据该鉴定报告，祁艳、刘立峰完成的工程量的价款是 3044870.78 元。

【原审裁判情况】

2006 年 6 月 8 日，兰州市城关区人民法院作出〔2006〕城鼓民初字第 85 号民事判决。判决认为，依据《路基土石方数量计算表》及亨源公司的甘亨会鉴字〔2004〕第 128 号报告书、甘肃三金会计师事务有限公司的甘金会审字〔2004〕第 077 号报告书、特殊路基处理一览表、双方提供的工程价款结算单及结算说明、工程竣工图纸，显示路桥公司应支付祁艳、刘立峰689794.4元及利息151596.11元。路桥公司虽提出亨源公司与甘肃三金会计师事务有限公司的报告书不具备真实性，鉴定结论缺乏确定性的主张，其并未提供相反证据证实，也未申请重新鉴定，故对此主张不予支持。路桥公司主张的撤销权，从支付清单中反映，最后一笔款支付是在2003年12月，故其主张不能成立。判决：（1）路桥公司于判决生效后支付祁艳、刘立峰689794.4元及利息151596.11元，二项合计841390.51元（包括已执行的〔2004〕城靖民初字第31号民事判决书的239193元）；（2）鉴定费6700元由被告路桥公司负担；（3）驳回祁艳、刘立峰的其他诉讼请求。

宣判后，祁艳、刘立峰和路桥公司均不服，向兰州市中级人民法院提起上诉。

2007年6月19日，兰州市中级人民法院作出〔2006〕兰法民三终字第0194号民事判决，将本案的诉争焦点问题归结为五个：（1）路桥公司的《工程价款结算单》是否存在少算或者漏算祁艳、刘立峰的工程款；（2）《关于劳务输出队伍施工协议书》与《工程价款结算单》之间的关系；（3）亨源公司所出具的评估报告是否合法有效；（4）本案是否存在适用撤销权的法律情形；（5）本案的诉讼性质。

1. 路桥公司制作的《工程价款结算单》，存在四个问题：（1）违反法律规定没有采用复写纸书写、一次性制作五联内容相同的《工程价款结算单》，而是分多次制作的；（2）记载了两份内容不同的科目；（3）没有在同一时间内填表、复写及负责人签字，即该《工程价款结算单》的第四联的项目部经理签字时间是2000年12月16日，第五联的项目部经理签字时间是2000年12月29日；（4）第四联（祁艳、刘立峰持有）为三项内容；第五联（路桥公司持有）所记载的事项增加了"4：原九九年结算作废"一项，其余三项内容相同。以上四点问题说明，路桥公司一式五联的《工程价款结算单》确实存在瑕疵。路桥公司对该《工程价款结算单》存在的瑕疵不能举证证明，且以资料室资料被盗为由，拒绝对祁艳、刘立峰所做工程土方量进行核对，负有举证不能之责，应当承担民事责任。依据亨源公司的补正鉴定报告，应予支持祁艳、刘立峰上诉请求的396797.10元的工程款。

2. 关于《劳务输出队伍施工协议书》与《工程价款结算单》之间的关系。路桥公司出具的《工程价款结算单》，其中所载明的结算依据与双方所签订的《劳务输出队伍施工协议书》约定结算依据发生了明显的变化，结算单价也发生了变更。《工程价款结算单》所载明的内容，均存在瑕疵，依据"驻地办批复的路基土石方计算表"，路桥公司对祁艳、刘立峰所完工的工程土方量确有漏算或少算的问题。

3. 关于亨源公司所出具的评估报告是否合法有效。本院再审二审期间，针对检察院的抗诉，本院依法要求亨源公司对资质问题予以澄清并对原鉴定报告进行补正。现查明，亨源公司的会计师均具有中国注册会计师资格。因此，该公司具有鉴定资质，并对原鉴定报告进行了补正，应予认定。

4. 关于本案是否存在适用撤销权的法律情形。根据《中华人民共和国合同法》第74条的规定，行使撤销的权利人应为祁艳、刘立峰，不是路桥公司。本案不存在适用撤销权的法律情形。

5. 本案的诉讼性质。根据路桥公司出具的《工程价款结算单》所载明的事项说明，尚有部分的工程款路桥公司没有结算。因此，本案的诉讼应为建设工程施工合同纠纷。

关于祁艳、刘立峰的上诉请求问题，根据祁艳、刘立峰的上诉状，其只要求二审法院支持其一审中少判的396797.10元工程款，故本院二审只能支持其上诉请求的396797.10元工程款。其余部分，可另案起诉解决。

综上，甘肃省人民检察院的抗诉理由、路桥公司的上诉理由均不能成立。经审判委员会讨论决定，判决：（1）撤销兰州市城关区人民法院的〔2006〕城鼓民初字第85号民事判决第1项；（2）维持兰州市城关区人民法院的〔2006〕城鼓民初字第85号民事判决第2项、第3项；（3）路桥公司在本判决生效后给付祁艳、刘立峰工程劳务费1086591.50元（包括已经执行的〔2004〕城靖民初字第31号民事判决的202074元），利息445796.80元（884517.50×0.00021×2400天），二项合计1330314.32元。一、二审案件受理费58998元、鉴定费2万元及本院二审补正鉴定费2万元均由路桥公司承担。

【监督意见】

路桥公司不服终审判决，再次向甘肃省人民检察院申诉，甘肃省检察人民院审查认为，终审判决认定事实的主要证据不足，适用法律错误，违反法定程序，决定提出抗诉。主要抗诉理由是：

第一，终审法院采信亨源公司出具的甘亨会基字〔2007〕第014号《鉴定报告》，系采信证据错误。首先，终审法院委托亨源公司作出的甘亨会基字〔2007〕第014号违反法律规定。最高人民法院《关于民事诉讼证据的若干规定》第27条第1款规定："当事人对人民法院委托的鉴定部门作出的鉴定结论有异议申请重新鉴定，提出证据证明存在下列情形之一的，人民法院应当准许：（一）鉴定机构或者鉴定人员不具备相关的鉴定资格的……"第2款规定："对有缺陷的鉴定结论，可以通过补充鉴定、重新质证或者补充质证等方法解决的，不予重新鉴定。"该条规定了重新鉴定的情形和对有缺陷鉴定结论的处理办法。甘肃省人民检察院甘检民抗字〔2005〕第10号民事抗诉书认为：2004年3月8日亨源公司作出的甘亨会鉴字〔2004〕第128号审核报告由于该鉴定机构不具备工程造价鉴定资格，且报告中工程造价师未签名、盖章，形式要件不完备。甘肃省工商行政管理局2002年9月10日颁发给亨源公司的《企业法人营业执照》注明经营范围为资本验证、资产评估、审计查证、咨询服务。由于亨源公司在2005年2月28日取得了甘肃省建设厅颁发的《工程造价咨询单位丙级资质证书》，2005年3月9日甘肃省工商行政管理局颁发的《企业法人营业执照》增加了工程造价咨询（凭资质证）。可见，亨源公司作出甘亨会鉴字〔2004〕第128号审核报告时并没有鉴定资格，依照最高人民法院《关于民事诉讼证据的若干规定》第27条第1款的规定属于重新鉴定的情形。而终审法院却采用对有缺陷鉴定结论的处理办法，即由亨源公司补正原审核报告，显然违反了上述司法解释。其次，补正后的甘亨会基字〔2007〕第014号鉴定报告与甘亨会鉴字〔2004〕第128号审核报告相比，两者在内容方面有了很大的变化，前者定桩号为 K21＋575—K22＋150，后者为 K21＋460—K22＋150，超出了补正的范围。最后亨源公司补正的鉴定报告将 K21＋460—K22＋150 段工程全部计算给刘立峰明显错误。出庭作证的证人滕维祥、李思功均证明祁艳、刘立峰的诉请包括他们的工作量，并提供了结算单在卷。综上，终审法院没有全面审查亨源公司的补正鉴定报告的来源、与相关证人证言之间的证明力，直接以亨源公司的鉴定报告作为定案的依据显然不足。

第二，终审判决适用《中华人民共和国合同法》第74条来说明本案不存在撤销权的情形，系适用法律错误。甘肃省人民检察院甘检民抗字〔2005〕第10号民事抗诉书认为：2000年12月27日路桥公司与刘立峰签订的工程结算单是双方的民事法律行为，根据《中华人民共和国合同法》第58条的规定，祁艳、刘立峰以欺诈为由于2004年3月请求人民法院撤销双方此结算单，显然超过撤销权1年除斥期间的行使期限。检察机关抗诉的撤销权是合同签订过程中合同效力的撤销权，与《中华人民共和国合同法》第74条规定的合同订立后履行过程中债权人的撤销权是两个不同的概念。终审判决将合同效力的撤销权与债权人的撤销权两者等同为一，从而认为检察机关的抗诉理由不能成立明显不当。

第三，终审法院超过诉讼请求标的额判决。祁艳、刘立峰三次诉至兰州市城关区人民法院，三案诉求的工程劳务费标的额共计为932469.21元，而终审判决书主文第2项的工程劳务费为1086591.50元，明显超过了诉讼请求范围。

第四，终审判决支持祁艳的上诉请求第5、6、7项，没有证据支持。在一审判决中对祁艳上诉请求的第5、6、7项没有支持的原因很明确，但终审判决对祁艳的上述三项上诉请求予以支持，却没有相应证据来推翻一审的认定，在裁判文书中也没有说明对此改判的理由。

第五，两级法院案件定性错误。根据双方签订的《劳务输出队伍施工协议书》，实质是一方组织民工劳动，另一方支付劳务费，定性为建设工程施工合同不妥。

【监督结果】

甘肃省高级人民法院受理抗诉后，于2008年1月22日作出〔2008〕甘民再字第23号民事裁定，对本案提审。2008年11月25日，作出〔2008〕甘民再字第23号民事判决书。判决认为：（1）关于双方当事人基于《劳务输出队伍施工协议书》达成的《工程价款结算单》及《结算说明》的效力及效力范围。2000年12月路桥公司与刘立峰签订的《工程价款结算单》和《结算说明》表述内容明确，其意思表示真实，且不违反法律规定，应确认其效力。终审判决适用《中华人民共和国会计法》，以结算凭证制作形式不规范而否定当事人之间达成的《工程价款结算单》及《结算说明》，属于认定事实不清，适用法律不当，应予纠正。（2）关于撤销权。祁艳、刘立峰实质上就是在行使结算协议签订过程中合同效力的撤销权。路桥公司在诉讼中的抗辩理由和检察机关的两次抗诉理由也指的是合同订立时的撤销权，而原终审判决在判词中适用《中华人民共和国合同法》第74条析理，属理解有误，应予纠正。（3）关于亨源公司甘亨会鉴字〔2004〕第128号审核报告及甘亨会基字〔2007〕第014号补正报告的效力及证明力。128号审核报告作出时亨源公司没有鉴定资格。014号补正报告系原审违反最高人民法院《关于民事诉讼证据的若干规定》第27条第1款的规定，采用对有缺陷鉴定结论的处理办法，即仍交由亨源公司补正原审核报告不妥。原审未经审查即采信上述鉴定结论违反了最高人民法院《关于民事诉讼证据的若干规定》第29条的规定，致使判非所诉，超过了原告的诉请，故应予纠正。上述鉴定结论不具有证明力，不能作为定案依据。（4）关于原审原告主张的漏算或少算劳务费问题。祁艳、刘立峰在双方结算协议签字3年多并已实际履行完毕后，以给其漏算、少算主张重新结算，因不能提供有效证据证明其主张，应承担举证不能的法律后果。（5）关于本案案由。本案的法律关系，合同标的是路桥公司要求刘立峰按照合同约定组织人员完成一定的土方量，再以双方核定认可的土方数量计算劳务费。因此，该案应定性为劳务（报酬）合同纠纷。综上，甘肃省人民检察院的五个抗诉理由均成立。原审判决认定事实不清，审判程序违法，适用法律错误，应予撤销。经审判委员会讨论决定，判决：（1）撤销兰州市城关区人民法院〔2006〕

城鼓民初字第 85 号民事判决及兰州市中级人民法院〔2006〕兰法民三终字第 0194 号民事判决；（2）驳回原告祁艳、刘立峰的诉讼请求。

【点评】

本案经甘肃省三级人民法院 11 次审理，下达判决裁定共计 16 份，检察机关也两次抗诉，主要涉及两大问题：证据认定和适用法律。

1. 如何认定本案《工程价款结算单》与亨源公司补正鉴定报告两份主要证据的证明力。

第一，最高人民法院《关于民事诉讼证据的若干规定》第 64 条规定了审核证据的基本原则，即人民法院应当按照法定程序，根据证据和案件事实之间、各个证据相互之间的关系，对经庭审出示、质证和审查核实后的证据进行全面客观的分析判断，确认其是否具有合法性、客观性、关联性，有无证明力及证明力的大小，并公开判断的理由和结果。其实质是从形式上确立了现代的自由心证制度，有利于发现真实。同时第 77 条又规定了国家机关、社会团体依职权制作的公文书证的证明力一般大于其他书证；物证、档案、鉴定结论、勘验笔录或者经过公证、登记的书证，其证明力一般大于其他书证等五个最佳证据规则。其实质是从制度上规定了法定证据制度，是对法官自由心证制度的限制。

本案中，原审法院和再审法院对《工程价款结算单》与亨源公司补正鉴定报告作出了截然相反的认定：原终审法院总结了《工程价款结算单》在制作形式方面存在没有采用复写纸书写、不是一次制作、两联结算说明记载的事项不同、违反《中华人民共和国会计法》制作结算凭证等四方面的瑕疵，否定了双方当事人签字确认的《工程价款结算单》的效力，将举证不能的责任确定给主张《工程价款结算单》有效的路桥公司，从而确认了亨源公司的补正鉴定报告的证明力。再审法院则以《工程价款结算单》是双方对劳务协议实际履行结果的最终确认肯定了《工程价款结算单》的效力，以亨源公司的补正鉴定报告存在鉴定依据、范围及对象错误否定了鉴定报告的效力。对这两份原审和再审中一致出现的证据，两级人民法院却产生了不同的认识，导致了判决结果的根本不同，反映了审核认定证据作为法官的一种认识活动在诉讼中具有极其重要的意义。本案就是这样一起法院运用法定证据制度而排除自由心证制度的范例。

第二，一般而言，法院在审查认定证据的过程中，应当采取对单个证据逐一审查认定和对全部证据综合审查认定相结合的方法。因此，单个证据的审查判断是法官通过证据认定案件事实的第一步，需要从证据是否具有客观性、关联性、合法性入手。本案中的《工程价款结算单》首先是路桥公司与刘立峰之间的一个协议，该《工程价款结算单》产生的前提是双方之前已经有效存在的《劳务输出队伍施工协议书》，本质是双方当事人之间权利义务的确认，虽然存在制作形式方面的瑕疵，但在内容方面没有其他证据证明其有欺诈、胁迫、乘人之危、显失公平等法定的变更或者撤销事由的情况下，其客观性、合法性应当确认。而亨源公司的补正鉴定报告，虽与本案有关联，但它不具有合法性基础（补正的前提是有缺陷，而不是根本不具有鉴定资格），内容也不真实（与出庭作证的证人证言及证人提供的书证相矛盾，判决对此并未涉及）。因此，原终审法院以亨源公司补正的鉴定报告作为定案的依据存在认定案件事实的主要证据不足。

第三，在建设工程施工合同、买卖合同、劳务费合同、雇佣合同等纠纷中，大量存在双方当事人对已经签字确认的价款结算单的效力有争议。这种争议主要表现为两种情形：一种是双方当事人均不予认可；另一种是一方当事人认可、另一方当事人不认可。对双方均不认可的，比较容易处理，一般是人民法院组织双方当事人再次结算或者通过专业机构进行鉴定后综合其他证据作出裁判。比较困难就是一方认可、另一方不认可的，在这种情形下，人民法院审查判断证据的结果将对当事人的权利义务产生重要的影响。以本案为例，《工程价款结算单》是书证，亨源公司补正鉴定报告是鉴定结论。但是，基于最高人民法院《关于民事诉讼证据的若干规定》第77条的规定，某些法官容易得出鉴定结论的证明力大于普通的书证，并且鉴定结论是人民法院委托作出时，更加确定鉴定结论的证明力大于普通书证的证明力。这种审查判断证据的认识从总体来说，存在以下不足：（1）混淆了最高人民法院《关于民事诉讼证据的若干规定》第64条和第77条之间的关系。前者是人民法院审查判断原则性规定；而后者是具体的、一般的规定，针对同一事实的数个证据之间的一般确认规则。（2）混淆了证据证明力的衡量标准是证据与待证事实之间的关联程度，而不是以证据的外部表现形式。（3）割裂了人民法院认定案件事实应当围绕当事人主张的主要事实进行的证据认定基本原理。本案中，双方当事人主张的主要事实是否认可《工程价款结算单》的证明力，那么，主张不认可《工程价款结算单》的当事人需要提供相应的证据来推翻其证明力，举证责任应该依法分配给主张该《工程价款结算单》不具有证明力的一方当事人。在证据的证明力无法判定时，应当依据最高人民法院《关于民事诉讼证据的若干规定》第73条，按照举证责任的分配规则作出裁判。

2. 关于合同的撤销权。

在《中华人民共和国合同法》中存在两类撤销权：一类是第54条规定的合同在订立时因存在重大误解、显失公平，或者存在欺诈、胁迫、乘人之危等法定事由，受损害的一方当事人享有的撤销权。另一类是第74条规定的合同履行过程中，债权人因债务人放弃到期债权或者无偿转让财产、低价转让财产而享有的撤销权。《中华人民共和国合同法》第54条撤销权和第74条撤销权虽然均名为撤销权，但在权利的行使主体、行使方式、行使原因、行使期间、行使后的法律后果等方面有根本性的区别。《中华人民共和国合同法》第54条规定的撤销权只能由订立合同的一方当事人（撤销权人）在法定除斥期间内向人民法院或者仲裁机构书面明确提出或口头提出并记录在卷，撤销的事由是在合同订立时或合同中存在重大误解、显失公平，或者存在欺诈、胁迫、乘人之危等，该撤销权行使后导致合同被撤销、双方返还等法律后果（见《中华人民共和国合同法》第58条的规定）。《中华人民共和国合同法》第74条规定的撤销权只能由债权人在法定除斥期间内向人民法院书面明确提出或口头提出并记录在卷，撤销的事由是债务人放弃到期债权或者无偿转让财产、低价转让财产，行使后导致债务人的处分行为自始无效的法律后果（见最高人民法院《关于适用〈中华人民共和国合同法〉若干问题的解释（一）》第25条的规定）。两类撤销权并不难以区分，只要准确把握住：一个是在合同订立过程中发生的，是对合同本身产生争议的撤销权；而另一个是在合同履行过程中发生的，是对具体的处分行为发生争议的撤销权。

【承办人简介】

何君姬，女，1977年5月20日出生，兰州大学法律硕士学位。2004年9月至今在甘肃省人民检察院民事行政检察处工作，现为办案二科科长，正科级助理检察员，三级检察官。

40. 林新义与甘肃省秦安县货运配载服务站、甘肃省秦安县货运配载服务站第八分站、任斌居间合同纠纷抗诉案

【监督机关】甘肃省人民检察院

【监督方式】抗诉

【基本案情】

申请人（一审原告、二审被上诉人）：林新义，男，汉族，1961 年 6 月 19 日出生，天水市星火厂工人，住该厂家属区 11 号楼。

其他当事人（一审被告、二审上诉人）：任斌，男，汉族，1968 年 12 月 11 日出生，天水市秦城区人，住秦安县兴国镇体育新村 9 号。

其他当事人（一审被告）：甘肃省秦安县货运配载服务站，住所地：秦安县解放路 1 号；法定代表人：李军，站长。

其他当事人（一审被告）：甘肃省秦安县货运配载服务站第八分站（以下简称第八分站），负责人：任斌，站长。

2006 年 1 月 12 日，林新义通过电话联系的方式，要求第八分站给其联系一辆承运 20 吨苹果的货车去上海，商定运费每吨 550 元，中介费 100 元。第八分站为林新义找到一辆车号为陕 A－08358 的康明斯货车，司机张全胜向第八分站出示了行驶证和驾驶证。第八分站将联系到张全胜的情况告知林新义后，林新义表示同意。于是，第八分站提供了一份公路货物运输合同，该合同载明了货物运输的起止地、重量、总价值、运杂费及由林新义负责押运等事项，司机张全胜作为承运方签了名，第八分站作为中介单位加盖了印章。之后，张全胜持该合同找到林新义，二人经协商，将原合同中的运输数量由 20 吨改为 18 吨，运费由 1.1 万元降为 1 万元后，林新义在公路货物运输合同甲方（托运方）栏签了名。在苹果装车起运前，林新义向张全胜预付运费 4500 元，然后自己坐火车去了上海。张全胜在将该苹果拉出秦安后，即不知去向。林新义因联系不上张全胜，便要求第八分站寻找张全胜及其车辆，但第八

分站没有找到。林新义和第八分站共同向公安机关报案，经查询，张全胜所出示的车的手续均系伪造。公案机关也未侦破此案。

甘肃省秦安县货运配载服务站是秦安县运管所与省交通厅联合创办的经济实体，属集体企业，具有独立的法人资格，经营范围是货运配载信息中介等，并持有工商机关注册登记的营业执照，第八分站在经营活动中使用的是秦安县公路运输管理所颁发的经营许可证，未办理工商部门办理的营业执照，经济类型是集体，属于甘肃省秦安县货运配载服务站的下属机构。

另查明，根据庭审笔录及第八分站提供的公路货物运输合同反映，第八分站未向林新义提供能够证明张全胜身份的重要证明——身份证，仅提供了驾驶证、车牌号、车型、发动机号及电话。

2006 年 4 月 26 日，林新义将甘肃省秦安县货运配载服务站、第八分站及其负责人任斌诉至秦安县人民法院。

【原审裁判情况】

2006 年 9 月 8 日，秦安县人民法院作出〔2006〕秦民初字第 122 号民事判决，认为：林新义与第八分站于 2006 年 1 月 12 日，达成的中介服务合同合法有效，依法应予保护，第八分站对其介绍车辆的真实情况和运输人的信誉状况未全面审查致使原告价值 8 万元的苹果受损的事实存在，依据《中华人民共和国合同法》第 425 条的规定，第八分站作为中介人应承担损害赔偿的主要责任，原告没有跟车押运，亦有一定的过错，应适当减轻第八分站的赔偿责任。第八分站辩解其没有收取中介费不担责的理由于法无据，不予支持；辩解其在该合同签订中电话告知原告车辆情况不熟，要林新义自己审查的主张因无证据支持，不予采信。秦安县货运配载服务站明知第八分站在实际经营中与其共同使用一个营业执照，并且未举出其与第八分站之间是内部自然排序，没有一定联系的证据，故秦安县货运配载服务站应承担赔偿的连带责任。任斌个人是第八分站的实际经营者，中介服务的受益人，实际为个体工商户，故任斌个人亦应承担赔偿的连带责任。据此，依据《中华人民共和国合同法》第 425 条、《中华人民共和国民法通则》第 29 条、第 84 条之规定，判决：（1）甘肃省秦安县货运配载服务站第八分站在判决生效后 10 日内一次性赔偿给原告林新义经济损失 64000 元；（2）甘肃省秦安县货运配载服务站及任斌个人承担赔偿上述原告经济损失的连带责任。案件受理费 3178 元，诉讼费 2418 元，合计人民币 5659 元，原告林新义负担 1359 元，被告甘肃省秦安县货运配载服务站第八分站负担 4300 元。

任斌不服〔2006〕秦民初字第 122 号民事判决，向天水市中级人民法院提起上诉。

2007 年 2 月 7 日，天水市中级人民法院作出〔2007〕天民二终字第 06 号民事判决，认为，任斌与林新义口头达成的居间合同成立，应受法律保护。任斌作为第八分站的负责人受林新义电话委托，为其寻找货运车辆，并就其知道的承运人情况如实报告了委托人林新义，尽到了居间人的义务。林新义提出由于任斌的第八分站介绍的货运司机车辆虚假，造成货物损失，要求居间人承担赔偿责任的理由，因其货物损失系货运过程中的灭失，任斌不是货运合同主体，且任斌的第八分站提供的公路货物运输合同中明确约定，由托运人林新义负责押运。该站只起中介作用，不负其他责任。同时，《中华人民共和国合同法》第 425 条规定，居间人只有故意隐瞒真实情况，对委托人利益造成损害的，居间人才承担责任。该案中林新义举不出任斌的第八分站故意隐瞒及提供虚假情况的证据，故其主张不能成立。另外，任斌第八分站是经过县运管所审批，属县货运站的下属机构，有资格从事信息服务。一审判决认定事实不清，判处不当。依照《中华人民共和国民事诉讼法》第 153 条第 1 款第 2 项之规定，判决：（1）撤销秦安县人民法院〔2006〕秦民初字第 122 号民事判决；（2）驳回林新义的诉讼请求。

【监督意见】

林新义不服法院终审判决，到检察机关申诉。甘肃省人民检察院经审查后提出抗诉，理由如下：

《中华人民共和国合同法》第 425 条规定："居间人应当就订立合同的事项向委托人如实报告。居间人故意隐瞒与订立合同有关的重要事实或者提供虚假情况，损害委托人利益的，不得要求支付报酬并应当承担损害赔偿责任。"这就要求居间人的居间活动应体现出诚实信用原则，居间人要尽到必要的注意义务。居间合同的订立是以委托人和居间人之间的相互信任为前提，委托人让居间人给其提供订立合同的机会，是基于相信以居间为职业的居间人能为委托人订立合同提供真实而便捷的途径；同时居间合同是有偿合同，作为居间人提供订立合同机会，如能促成合同订立便能取得酬金，而居间人为取得报酬理应认真履行职责，尽职为委托人服务。

本案中，第八分站给林新义提供了订立货运合同的媒介服务，促成林新义与张全胜签订了公路货物运输合同。张全胜在履行合同时拉走货物，不知去向。由于张全胜所提供的车的手续均系伪造，公安机关也未能侦破此案，致使林新义的经济损失无法向张全胜追回。张全胜所提供的车的手续均系伪造是林新义无法向张全胜追回经济损失的主要原因。第八分站与林新义之间形成居间合同的法律关系。作为居间人的第八分站，应当负有向委托人林新义如实报告的义务，同时也应认真履行必要的审查注意义务。而事实上，第八分站向林新义提供的有关张全胜的情况均是虚假的，同时身份证作为证明身份的重要、基本证件，第八分站也未能向林新义提供张全胜的身份证，这更进一步说明第八分站在履行居间合同时未能认真履行必要的、基本的审查注意义务，主观上存有过错。

所以，林新义虽然没有跟车，对其造成的损失存有过错，但在居间合同的履行过程中第八分站也存有过错，林新义的损失与第八分站在履行居间合同时的过错有一定的关联，第八分站应当适当赔偿林新义的损失，这符合权利与义务相一致原则，也体现了诚实信用原则在本案的贯彻落实。

【监督结果】

甘肃省人民检察院抗诉后，甘肃省高级人民法院将本案交由天水市中级人民法院再审。2008年4月2日天水市中级人民法院作出〔2008〕天民抗字第06号民事裁定，依法另行组成合议庭对本案进行了再审。天水市中级人民法院经审理认为，《中华人民共和国合同法》第425条规定："居间人应当就订立合同的事项向委托人如实报告。居间人故意隐瞒与订立合同有关的重要事实或者提供虚假情况，损害委托人利益的，不得要求支付报酬并应当承担损害赔偿责任。"本案中虽然造成林新义财产损失的直接原因是承运人涉嫌刑事诈骗犯罪，也确无证据证实居间人系故意隐瞒或者故意提供虚假情况，但并不能就此认为对林新义的货物损失，任斌一方不承担任何责任。第425条规定的是居间人在居间活动中的主要义务而非全部义务，居间人履行合同的行为同时应当符合合同法总则中公平原则和诚实信用原则的要求，应在自己能力所及范围内谨慎、尽责地办理居间事务。任斌在接受林新义委托为其寻找承运车辆过程中，虽然没有能力对有关证件的真伪进行实质审查，但是作为提供货运信息服务的专业人员，对驾驶证、行驶证、身份证、车辆资料等进行细致的形式审查并留存相关材料备查是其所应尽到的最低限度的注意义务。而该案中任斌轻信承运人的陈述，对驾驶证、行驶证只是将相关信息摘抄于货运合同上，且对证实司机身份的基本证件身份证根本未进行审查，故应当认定其履行居间合同存在瑕疵，对原审被上诉人林新义财产损害后果应承担部分损害赔偿责任。

同时，商业交易中潜藏着各种风险，本案被上诉人遭受诈骗的情形亦属于风险的一种。为防范商业风险，民事主体应加强自我保护意识，在选择交易对象时应更加谨慎。林新义在任斌向其介绍承运人后，仍然有进一步审查承运人身份的机会，有选择是否继续进行交易的权利。如欲最大限度地降低风险，可以采取自行或派人押运。要求承运人提供担保或者购买商业保险等方式。就防范货物运输途中的风险而言，作为提供配载信息服务的居间人的注意义务是次要的。而本案中原审被上诉人林新义既未认真审查承运人的身份，且在货运合同中明确写明由其负责押运的情形下未进行押运或采取其他防范措施，存在重大过失，应由其自行承担损失的主要部分。关于居间人应当承担的责任份额，由于任斌既非货运合同的当事人，也非任何一方当事人的代理人，其作为居间人仅处于介绍人的地位。任斌既未实际接收货物，亦不负有对货物的保管义务，林新义要求任斌对全部损失承担责任，没有法律依据。况且任斌仅向承运人一方收取了少量的信息费，如要求其对全部损失承担责任，显然也与情理及公平原则不符。甘肃省人民检察院抗诉意见部分成立，结合案件具体情况，应由原审上诉人任斌赔偿原审被上诉人林新义经济损失8000元。判决：（1）撤销天水市中级人民法院〔2007〕天民二终字第06号、天水市秦安县人民法院〔2006〕秦民初字第122号民事判决。（2）任斌、第八分站在本判决生效后十日内赔偿林新义经济损失8000元。（3）甘肃省秦安县货运配载服务站承担连带赔偿责任。

【点评】

本案涉及的主要是居间合同的相关问题。

一、居间合同的概念和特征

居间合同，是指居间人向委托人报告订立合同的机会或者提供订立合同的媒介服务，委托人支付报酬的合同。向他方报告订立合同的机会或者提供订立合同的媒介服务的一方为居间人，接受他方所提供的订约机会并支付报酬的一方为委托人。居间合同具有以下特征：（1）居间合同是由居间人向委托人提供居间服务的合同。居间人向委托人报告订立合同的机会或者提供订立合同的媒介服务，委托人是否与第三人订立合同，由委托人决定，居间人不是委托人与第三人之间的合同的当事人。（2）居间人对委托人与第三人之间的合同没有介入权。居间人只负责向委托人报告订立合同的机会或者为委托人与第三人订约居中斡旋，传达双方意思，起牵线搭桥的作用，对合同没有实质的介入权。（3）居间合同是双方、有偿、诺成合同。如果委托人根据居间人提供的信息，与第三人签订了合同，需要向居间人支付报酬。

二、居间合同的效力

居间合同的效力，分为对居间人的效力和对委托人的效力。

1. 对居间人的效力。（1）居间人有如实报告的义务。《中华人民共和国合同法》第425条第1款规定："居间人应当就有关订立合同的事项向委托人如实报告。"这是居间人在居间合同中承担的主要义务，居间人应依诚实信用原则履行此项义务。居间合同的目的是促成委托人与第三人订立合同，就要求居间人必须采取实事求是的态度据实报告或为媒介，不得欺骗有关当事人，不得隐瞒有关事实。订约的有关事项，包括相对人的资信状况、生产能力、产品质量以及履约能力等与订立合同有关事项。对居间人来说，不可能全部具体了解，只须就其所知道的情况如实报告委托人就可以了。但作为居间人应当尽可能掌握更多的情况，提供给委托人，以供其选择。（2）居间人损害赔偿责任。如果居间人报告不真实，与第三人恶意串通，故意隐瞒事实或者提供虚假情况，给委托人造成损害的，不但不得要求支付报酬，还应承担赔偿责任。（3）居间人自己承担居间费用义务。居间人促成合同成立的，居间活动的费用由居间人负担，《中华人民共和国合同法》第426条第2款对此作了规定。居间合同的标的是居间报酬，一般情况下，居间人自己承担居间费用，在合同促成之后，可以向委托人请求支付报酬，因为费用已作为成本计算在报酬之内了，就不得再另外请求给付费用。当然，根据合同意思自治原则，居间费用的承担，居间人与委托人也是可以另行约定的。

2. 对委托人的效力。（1）委托人支付报酬的义务。《中华人民共和国合同法》第426条第1款规定，居间人促成合同成立的，委托人应当按照约定支付报酬。（2）在居间人未促成合同成立的情形下，承担居间活动必要费用的偿还义务。《中华人民共和国合同法》第427条规定了此项义务。居间活动费用是居间人在促成合同成立的活动中支出的必要费用，与报酬不是一个概念。合同法规定，居间费用由居间人承担，委托人无须另外支付居间费用。如果合同没有促成，本着公平和诚实信用原则，法律规定在合同未促成的情况下，由委托人支付必要的居间费用，如居间人在居间活动中支出的交通费等。

本案是居间合同纠纷的一个典型案例，此类案件的模式是委托人作为原告，居间人作为被告参加诉讼，委托人依据居间人提供的信息与第三人订立合同，但该合同的履行却造成委托人损失，例如介绍空车配载信息，承运人将委托人的货物运走后却下落不明；房屋中介中，委托人在缔结合同后并在履行义务中才发现对方根本无权处分房屋，而委托人为此却已经付出了一定的代价；等等。由于第三人逃避法律责任，往往下落不明，一去不返，在此种情况下，作为委托人往往只好要求居间人赔偿，而作为居间人不愿赔偿或双方就赔偿标准无法形成一致意见，从而引起纠纷。

根据《中华人民共和国合同法》第425条规定："居间人应当就有关订立合同事项向委托人如实报告。居间人故意隐瞒与订立合同有关的重要事实或者提供虚假情况，损害委托人利益的，不得要求支付报酬并应当承担损害赔偿责任。"同时根据"谁主张，谁举证"的原则，委托人要求居间人承担损害赔偿必须有证据证明居间人故意隐瞒与订立合同有关的重要事实或者提供虚假情况。但在实践中，作为委托人很难取得证据来证明居间人故意隐瞒与订立合同有关的重要事实或者提供虚假情况损害委托人利益的，即使有，也只是一些证明力很弱的间接证据，这样委托人就要承担举证不能的法律后果，从而丧失索赔机会。

"诚实信用"、"公平合理"原则是贯穿《中华人民共和国合同法》始终的基本原则，在居间合同的此类纠纷中，法院如果仅依照《中华人民共和国合同法》第425条规定，片面强调"谁主张，谁举证"，驳回委托人诉讼请求，有悖《中华人民共和国合同法》的立法精神，对委托人而言，显失公平。所以在处理这类居间合同纠纷中，除强调原告方即委托人的举证责任的同时，还应要求被告即居间人举证证明其在居间活动中，已经做到了必要的注意义务。具体而言，本案中居间人任斌应提供其已充分注意到了承运人的身份证明，货车所有权属及车况，并以书面方式加以转载或复印留档的证据。只有这样才能真正体现作为有偿合同中的居间人是否尽了注意义务，如不能举证证明其已尽居间人的注意义务，即为过失，就应对委托人因此所受的损害，负赔偿责任，这也符合权利和义务相一致的原则，同时体现了诚实信用原则，并有利于规范居间活动。

【承办人简介】

万小鹏，男，1977年11月出生，甘肃省华亭县人，法学硕士，2011年10月被授予"甘肃省检察业务专家"称号，2011年11月任甘肃省人民检察院民事行政检察处副处长。

41. 莫郁沁等 4 人与天水市秦州区玉泉镇伏羲路村民委员会承包地征收补偿费纠纷抗诉案

【监督机关】甘肃省人民检察院

【监督方式】抗诉

【基本案情】

申请人（一审原告、二审上诉人）：莫郁沁，女，1935 年 7 月 20 日出生，汉族，天水市秦州区玉泉镇伏羲路村农民，住该村。

申请人（一审原告、二审上诉人）：马恩全，男，1968 年 1 月 20 日出生，民族、职业、住址同上，系莫郁沁之子。

申请人（一审原告、二审上诉人）：刘存娃，男，1955 年 1 月 29 日出生，民族、职业、住址同上。

申请人（一审原告、二审上诉人）：米世忠，男，1924 年 9 月 25 日出生，民族、职业、住址同上。

其他当事人（一审被告、二审被上诉人）：天水市秦州区玉泉镇伏羲路村民委员会（以下简称伏羲路村委会）；法定代表人：陈全生，村委会主任。

其他当事人（一审原告）：王自学，男，1933 年 3 月 8 日出生，汉族，天水市秦州区玉泉镇伏羲路村农民，住该村。

其他当事人（一审原告）：师长德，男，1936 年 7 月 19 日出生，民族、职业、住址同上。

其他当事人（一审原告）：师永生，男，1966 年 2 月 18 日出生，民族、职业、住址同上，系师长德之子。

其他当事人（一审原告）：刘润林，男，现年 44 岁，民族、职业、住址同上。

其他当事人（一审原告）：马小玲，女，现年 52 岁，民族、职业、住址同上。

其他当事人（一审原告）：刘根林，男，1959 年 9 月 14 日出生，民族、职业、住址同上，系刘润林之兄。

1986年11月5日，原天水市秦城区城建局（甲方）与环城乡（现为玉泉镇）伏羲路村第一、二村民小组（乙方）签订征用土地协议书，约定：甲方征用乙方位于坚家河路南侧庆华厂东侧土地一块，计14.45亩……安置补助费：经环城乡政府核实，伏羲路村第一、二村民小组现有土地219.67亩，人口616人，人均土地0.356亩，征地14.45亩，应安置农业人口40.59人，按规定每安置一个农业人口按年产值的4倍补偿，应付安置补助费162360元，天水市蔬菜食杂公司安置15人后相应核减安置补助费每人4000元，计6万元，实付安置补助费102360元。此后，原秦城区城建局向伏羲路村委会支付安置补助费102360元，伏羲路村第一、二村民小组共有15名农业人口被蔬菜食杂公司安置。其中，莫郁沁、师永生、刘润林家每户被征地1.2亩，获安置农业人口2名；刘存娃、米世忠、王自学、马小玲家每户被征地0.6亩，获安置农业人口1名。村委会将收取的征地安置补助费用于发展村集体第三产业，未予分配。

1988年8月16日，伏羲路村委会向未安置人员每人借支临时安置补助费1000元，约定待村里土地全部征完后将该款收回队里参加整体分配。2005年4月26日，伏羲路村委会第一村民小组公布历年征地补偿费分配情况，仍未将涉案征地安置补助费予以分配。2005年9月29日，莫郁沁、马恩全、刘存娃、米世忠等10人向天水市秦州区人民法院提起民事诉讼，要求伏羲路村委会给付征地安置补助费4万元。

【原审裁判情况】

天水市秦州区人民法院经审理认为：按照当时政策规定原告等10人家中均有一名安置人员，其应获得安置补助费已被国家核减，已无权要求分配安置补偿费，集体共同部分的土地补偿费应留在村集体，由集体经济组织统一安排和使用，以组织被征用土地的农民创办乡镇企业，发展第三产业等方式，有效地安置土地被征用的农民。莫郁沁等人的诉讼请求，没有法律依据，依法不予支持。依照《中华人民共和国土地管理法实施条例》第26条的规定判决：驳回原告的诉讼请求。

莫郁沁、马恩全、刘存娃、米世忠不服该判决，向天水市中级人民法院提起上诉。

天水市中级人民法院经审理认为：1986年伏羲路村的土地被国家征用，所获得的安置补助费，按国家当时的政策甘肃省人民政府甘政发〔1983〕183号文件《甘肃省国家建设征用土地实施办法》第4条第4款第5项的规定，"各项补偿、补助费，除地面附着物的所有权确属个人应付给本人的以外，均应付给被征地生产队，专款专存，用于发展集体生产，安置社员生活，不得分掉，任何单位和个人不得平调、挪用"。村委会将此款未予分配，用于发展了集体生产，且收益每年年终也分配了村民。莫郁沁等现请求予以分配，无法律依据，本院不予支持。一审判决认定事实清楚，判处正确。依据《中华人民共和国民事诉讼法》第 153 条第 1 款第 1 项之规定，判决：驳回上诉，维持原判。

【监督意见】

莫郁沁、马恩全、刘存娃、米世忠不服终审判决，向检察机关申诉。2008 年 7 月 8 日，甘肃省人民检察院以甘检民抗字〔2008〕第 40 号民事抗诉书向甘肃省高级人民法院提出抗诉。理由是：

1. 两审法院认定案件主要事实的依据不足。首先，根据我国《土地管理法》及《农村土地承包法》的相关规定，安置补助费具有很强的人身性，在需安置农民已被安置的情况下，归安置单位所有，在需安置农民未被安置或放弃统一安置的情况下，归需安置农民个人所有。其次，根据我国《土地管理法》第 47 条的规定，需要安置的农业人口数，按照被征收的耕地数量除以征地前被征收单位平均每人占有耕地的数量计算。据此，被征地农户家庭中需安置农业人口数，也应根据该农户被征土地的亩数来确定。两审法院未对莫郁沁等 10 户农户被征土地的亩数、需安置农业人口数予以审查认定，仅以该 10 户中均已有一名安置人员为由，认定莫郁沁等人已无权要求分配安置补助费，缺乏事实和法律依据。

2. 二审判决适用《甘肃省国家建设征用土地实施办法》的相关规定，驳回莫郁沁等人的上诉请求，适用法律不当。《甘肃省国家建设征用土地实施办法》（以下简称《办法》）于 1983 年 5 月 28 日由甘肃省人民政府公布施行。虽然《办法》中规定安置补助费"用于发展集体生产，安置社员生活，不得分掉"，但是最高人民法院《关于审理涉及农村土地承包纠纷案件适用法律问题的解释》（以下简称《解释》）第 23 条明确规定："承包地被依法征收，放弃统一安置的家庭承包方，请求发包方给付已经收到的安置补助费的，应予支持。"同时，该《解释》第 27 条第 1 款规定："本法于 2005 年 9 月 1 日起施行。施行后受理的第一审案件，适用本解释的规定。"因此，本案属于《解释》的适用范围。当《解释》与《办法》的规定相冲突时，根据《解释》与《办法》的效力等级以及"新法优于旧法"原则，《解释》应得到优先适用。二审法院适用《办法》对本案作出判决，属适用法律不当。

【监督结果】

甘肃省高级人民法院受理抗诉后，将本案交由天水市中级人民法院再审。

再审法院经审理认为，我国的农村承包地，具有农村社会保障的功能。安置补助费的设立目的就是保障失地农民的基本生活。根据《中华人民共和国土地管理法实施条例》第26条第2款的规定，征用土地的安置补助费必须专款专用，不得挪作他用。1986年伏羲路村的部分土地被国家征用，依据《征地协议》，用地方给付了征地补偿费、青苗补偿费、安置补助费及地面附着物补偿费。原审上诉人及原审原告家中均有人员被安置工作，对安置工作的人员也相应核减了其安置补助费。从每户村民被征地的情况看，该村人均占有土地0.356亩，除去渠、沟、坎等无法耕种的土地，实际人均占地更少。而实际征地0.6亩安置1人，相当于还有一人成为失地农民，但对这些被征地人员并未予以安置，伏羲村委会每年年终将举办第三产业的受益给全体村民分红，并非对失地人员进行工作安置。同时，最高人民法院《关于审理涉及农村土地承包纠纷案件适用法律问题的解释》第23条规定："承包地被依法征收，放弃统一安置的家庭承包方，请求发包方给付已经收到的安置补助费的，应予支持。"因此莫郁沁等人请求分配征地安置补助费的诉讼请求符合法律规定，应予支持。同时，因莫郁沁等10人已分别借支1000元临时安置补助费，村委会认为应当扣减的理由成立，应予支持。对于莫郁沁等人主张的利息，一是《土地管理法实施条例》施行于1999年1月1日，对于施行前村委会依据当时政策不予分配是合法的，故利息计算应从1999年起算。二是因该宗征地的安置补助费一直由村委会占有并使用，用于发展第三产业，获得的收益，每年年终给全体村民分红，本案中该10名诉讼请求人也得到了分红。故对该部分利息请求不予支持。综上，原一、二审判决认定事实不清，适用法律错误。经本院审判委员会讨论，抗诉机关抗诉理由成立。依据《中华人民共和国民事诉讼法》第186条、最高人民法院《关于适用〈中华人民共和国民事诉讼法〉若干问题的意见》第201条、《中华人民共和国土地管理法实施条例》第26条第2款之规定，判决：（1）撤销原一、二审判决；（2）由伏羲路村委会于本判决生效之日起15日内付莫郁沁等10人各4000元安置补助费，扣除该10人领取的临时安置补助费各1000元，实际支付每人3000元；（3）驳回以上10人的其他诉讼请求。

【点评】

近年来，随着我国城市化进程的不断推进，越来越多的农村集体土地被征用，引发了大量的征地补偿费纠纷。征地补偿费的实质是，国家基于公共利益的需要强制征收农村集体所有的土地时，对土地征收给原土地权利人所造成的损失依法给予的经济补偿。在我国农村，由于普遍实行家庭承包经营制度，土地权利人主要包括土地所有权人、家庭承包经营权人和土地附着物的权利人。

与此相对应，农村土地征收补偿费也由土地补偿费、安置补助费及地上附着物和青苗补偿费三部分构成。其中，土地补偿费是对农村集体土地所有权丧失的补偿，其受益主体是农村集体经济组织内部的全体成员；安置补助费是对家庭承包经营权丧失的补偿，在原承包方已被安置的情况下，归安置单位所有，在原承包方未被安置或放弃统一安置的情况下，归需要安置的个人所有；地上附着物和青苗补偿费是对地上生长的农作物以及地上建筑物、构筑物等财产损失的补偿，一般归家庭承包方所有，若承包经营权以转包、出租等方式流转给第三人的，则归青苗的实际投入人以及附着物实际所有人所有，同时，不排除当事人基于意思自治另行作出其他约定。

由于在我国当前的土地征收制度模式下，被征地的承包农户不是征收法律关系的主体，相关的征地补偿费往往被统一支付给农村集体经济组织，村集体经济组织与其成员之间因各类征地补偿费的分配而产生的纠纷随之大量产生。在此类纠纷中，有关地上附着物和青苗补偿费的纠纷，因权利人一般比较明确，所占比例相对较小。产生纠纷的主要是土地补偿费和安置补助费的分配问题。土地补偿费的分配，涉及对农村集体经济组织成员资格的认定，只要是具有村集体经济组织成员资格的人，即应当享有均等分配土地补偿费的权利。这是由土地补偿费的性质所决定的。因此，土地补偿费的分配与农村集体经济组织的收益分配不同，它不考虑集体经济组织成员对集体经济组织的贡献大小。安置补助费的分配，仅在被征地的家庭承包户之间进行。这是因为，在我国农村，家庭承包经营权具有社会保障的功能。国家征收集体土地后，农户对土地的承包经营权随之丧失，继而也失去了生活的基本保障。设立安置补助费的目的，正是为了保障因征地而失去承包地的农户的基本生活。因此，安置补助费指向的是农村集体经济组织内的失地农户，而非集体经济组织的全部成员，更非集体经济组织外的单位或个人。这是安置补助费与土地补偿费、地上附着物和青苗补偿费之间最显著的区别。

本案中涉及的争议有两点：一是被征地农户在其部分家庭成员被安置的情况下，是否还有权向村集体主张分配安置补助费；二是村集体将村第三产业的收益分配给全体村民，是否等于统一安置了被征地农户。在理解了安置补助费的概念和性质之后，上述争议也就迎刃而解。首先，由于安置补助费是对被征地农户丧失土地承包经营权的补偿，该权益最终应归属于被征地农户。在征地方已足额给付安置补助费的情况下，被征地农户家中需安置人口未得到全部的安置，就有权向村集体请求给付相应的安置补助费。而被征地农户家中需安置人口数的确定，参照《中华人民共和国土地管理法》第47条的规定，应按照该户被征土地的亩数除以征地前其所在村（或村民小组）人均占有耕地的亩数来计算。其次，安置补助费具有很强的人身性，其仅指向被征地农户。本案中，村集体将收到的安置补助费用于发展第三产业，并将收益年终给全体村民分红，并没有体现出安置补助费的人身性，不属于对被征地农户的安置。实际上，村民在年终获得分红，依据的是其在村集体经济组织的成员权，而非其承包地被征收后的安置补偿权。

本案是关于安置补助费分配纠纷的一个典型案例。司法实践中，村委会和村民对土地征收的相关法律和政策理解不一，导致双方对征地补偿费的分配产生争议，是产生此类纠纷的主要原因之一。其中，村委会对收到的征地补偿费不分、少分或者分配方案不符合法律规定，是此类纠纷中比较常见的问题。本案的标的额虽不大，但涉及的人数较多。抗诉后，再审法院作出撤销原判、由村委会支付莫郁沁等 10 人安置补助费各 4000 元的判决，使 10 户农民的切身利益在一案中得到维护，取得了良好的社会效果。

【承办人简介】

常小锐，女，1976 年 4 月出生，陕西省米脂县人，法律硕士研究生。2006 年 8 月进入甘肃省人民检察院民事行政检察处工作，2008 年 8 月被任命为助理检察员，2011 年 10 月被授予"甘肃省检察业务专家"称号。

42. 孙永瑞与范四新、靳群牛、青海省华侨装饰设计有限公司损害股东权益纠纷抗诉案

【监督机关】青海省人民检察院

【监督方式】抗诉

【基本案情】

申请人（一审被告、二审被上诉人）：孙永瑞，男，1958年2月13日出生，汉族，原系青海碧波潭餐饮有限责任公司法定代表人，住西宁市海晏路27号。

其他当事人（一审原告、二审上诉人）：范四新，男，1960年8月21日出生，汉族，原系青海碧波潭餐饮有限责任公司股东，住西宁市南山路75号。

其他当事人（一审原告、二审上诉人）：靳群牛，男，1969年6月2日出生，汉族，原系青海碧波潭餐饮有限责任公司股东，住西宁市柴达木路165号。

其他当事人（一审第三人、二审被上诉人）：青海省华侨装饰设计有限公司，住所地：西宁市祁连西路湟水河市场197002号；法定代表人：于疆，董事长。

2004年12月，青海碧波潭餐饮有限责任公司（以下简称碧波潭公司）负责人孙永瑞，因其公司经营困难，口头向青海省华侨装饰设计有限公司（以下简称华侨公司）董事长于疆提出借款事宜，2005年1月11日，华侨公司以转账方式，将50万元转入碧波潭公司银行账户，后华侨公司多次要求碧波潭公司偿还欠款，但碧波潭公司以经营不善、无力偿还为由一直未予偿还，2006年5月24日，华侨公司向西宁市城北区人民法院提起诉讼，要求碧波潭公司偿还借款50万元。在法院审理过程中，孙永瑞以碧波潭公司法定代表人的身份参加诉讼，经法院主持调解，双方当事人达成调解协议，由碧波潭公司偿还华侨公司借款50万元及利息4万元，案件诉讼费17420元由碧波潭公司承担。后孙永瑞向范四新邮寄了民事调解书。华侨公司申请法院强制执行后，

华侨公司与碧波潭公司达成执行和解协议，协议加盖碧波潭公司公章，华侨公司法定代表人、碧波潭公司孙永瑞、范四新、靳群牛在协议上签名。后范四新、靳群牛提出异议，认为该款项是华侨公司给付的工程质量保证金，孙永瑞将质量保证金作为借款与华侨公司达成调解协议，未尽到对公司的忠实和勤勉义务，损害了他们的股东利益。于 2007 年 11 月 15 日诉至西宁市城北区人民法院。

另查明，2004 年 9 月 22 日，孙永瑞、范四新、刘洪青共同出资 500 万元设立了碧波潭公司，2005 年 8 月 10 日，刘洪青将其股份转让给靳群牛。2007 年 5 月，碧波潭公司作出股东会决议，决定以 2000 万元价格向青海生物产业园开发建设有限公司转让公司股权及整体资产，股东孙永瑞、范四新、靳群牛在该决议上签字。2007 年 5 月 26 日，碧波潭公司股东孙永瑞、范四新、靳群牛与青海生物产业园开发建设有限公司签订了股权转让意向书，该意向书确定了碧波潭公司注册资本为 500 万元，三位股东实际出资 1668 万元，股权结构为孙永瑞 42.3%，范四新 38.5%，靳群牛 19.2%。2007 年 5 月，范四新作为公司转让及资金清算的负责人分别与孙永瑞、靳群牛达成了转让款分配协议，孙永瑞、靳群牛在协议书上签字认可，现孙永瑞、范四新、靳群牛已实际退出了碧波潭公司的经营管理活动。

【原审裁判情况】

西宁市城北区人民法院经审理，判决驳回了原告范四新、靳群牛的诉讼请求。范四新、靳群牛不服，提起上诉。西宁市中级人民法院裁定发回重审。西宁市城北区人民法院经重审，于 2008 年 12 月 16 日作出〔2008〕北民二初字第 93 号民事裁定，驳回原告范四新、靳群牛的起诉。范四新、靳群牛仍不服，提起上诉。西宁市中级人民法院于 2009 年 2 月 27 日作出〔2009〕宁民二终字第 52 号民事裁定，撤销西宁市城北区人民法院〔2008〕北民二初字第 93 号民事判决，指令该院重新审理。

2009 年 9 月 23 日，西宁市城北区人民法院作出〔2009〕北民一初字第 133 号民事判决。判决认为，本案是碧波潭公司股东范四新和实际持股人靳群牛认为碧波潭公司法定代表人孙永瑞损害股东权益而提起的诉讼，但被告孙永瑞作为碧波潭公司的法定代表人，有权代表公司实施相应的民事法律行为，且被告代表公司对外达成调解协议后，有证据证明向原告范四新邮寄告知了对外达成的调解协议。同时，范四新和靳群牛作为具有完全民事行为能力的股东和实际持股人，在执行和解协议上签名，证明其对孙永瑞的民事法律行为的认可。故原告以被告未告知，损害了股东权益为由，要求赔偿损失证据不足，判决：驳回原告范四新、靳群牛的诉讼请求。

范四新、靳群牛仍不服，向西宁市中级人民法院提起上诉。

西宁市中级人民法院经审理认为：双方当事人对 2005 年 1 月 11 日的收据均不持异议，应予确认。该 50 万元虽已由孙永瑞代表碧波潭公司与华侨公司达成调解协议，且该民事调解书已生效，但公司以法人意志对外承担责任并不影响公司内部对具体责任人的责任追究以及具体责任人的责任承担。孙永瑞作为碧波潭公司法定代表人未经其他两位股东同意，擅自将 50 万元质量保证金以借款名义与第三人达成调解协议，使公司承担了实际上并不存在的债务，孙永瑞的行为违背了忠实义务，侵害了公司及股东利益，应当就该笔债务损失向公司承担赔偿责任。孙永瑞在免除其所占份额部分外，应按范四新、靳群牛所占公司股份比例对其二人承担赔偿责任。鉴于碧波潭公司三位股东已实际退出了公司的经营管理活动，故该损失赔偿应按三股东的股权结构实际落实于各股东。根据法院对碧波潭公司最终执行的数额 630281 元（调解书确定的 50 万元借款本金、4 万元利息、17420 元的案件受理费及执行费等费用），孙永瑞在免除其所占份额部分外，应按范四新、靳群牛所占公司股份比例对其二人承担赔偿责任。上诉人范四新、靳群牛的部分上诉请求成立，应予支持。一审法院认定事实不清，应予纠正。遂判决：（1）撤销西宁市城北区人民法院〔2009〕北民一初字第 133 号民事判决；（2）孙永瑞于本判决生效后十日内赔偿范四新经济损失 242658 元，赔偿靳群牛经济损失 121014 元。

【监督意见】

孙永瑞不服二审判决，向检察机关提出申诉。

2010 年 5 月 31 日，青海省人民检察院以〔2010〕青检民行抗字第 4 号民事抗诉书，向青海省高级人民法院提出抗诉。理由如下：

1. 讼争 50 万元款项应属于借款，二审判决认定为质量保证金缺乏依据。首先，西宁市城北区人民法院〔2006〕北民廿初字第 207 号民事调解书在查明的事实中确认了讼争 50 万元款项属于碧波潭公司向华侨公司的借款，这是经生效裁判文书所确认的事实，具有免证效力，理应作为定案依据使用。虽然最高人民法院《关于民事诉讼证据的若干规定》第 67 条规定："在诉讼中，当事人为达成调解协议或者和解的目的作出妥协所涉及的对案件事实的认可，不得在其后的诉讼中作为对其不利的证据。"从该条规定看，当事人认可案件事实的目的必须是为达成调解协议或者和解的目的而作出的，否则应确认事实的法律效力。本案中，并无任何证据证明碧波潭公司和华侨公司为达成调解协议而作出了将讼争 50 万元款项认定为借款，且这是公司之间的行为，并不涉及碧波潭公司股东的个人行为，因此，西宁市城北区人民法院〔2006〕北民二初字第 207 号民事调解书确认的事实应当具有法律效力，即讼争 50 万元应当认定为碧波潭公司向华侨公司所借的借款。其次，2005年1月，碧波潭公司与华侨公司发生讼争50万元款项转账期间，双方并未发生任何业务往来，并不存在支付所谓保证金的事实。从本案实际情况看，直至2005年5月，碧波潭公司才与华侨公司之间发生装饰工程的施工关系，从双方签订的《建筑装饰工程施工合同》内容看，仅仅约定了工程保修款为合同总价款的5%，关于工程质量的约定中，双方并未约定质量保证金50万元的条款，且保修款的数额与50万元之间相去甚远，两者显然不可等同。因此，讼争50万元认定为质量保证金的依据明显不足。最后，讼争50万元款项经西宁市城北区人民法院主持调解，碧波潭公司与华侨公司间达成了由碧波潭公司偿还华侨公司50万元借款的协议后，在该款的执行阶段，华侨公司与碧波潭公司达成一份《和解协议书》，约定碧波潭公司应当归还50万元借款本金，及承担诉讼费、执行费等。碧波潭公司的股东范四新、靳群牛均在该和解协议书上签字认可。作为具有完全民事行为能力人的股东和实际持股人，范四新、靳群牛在和解协议上签订的行为表明两人已经知道讼争50万元款项的性质是借款，并认可按照碧波潭公司与华侨公司间达成的调解协议偿还借款。在此情况下，范四新、靳群牛在本案中又主张讼争50万元是质量保证金，显然违背了诚实信用原则，其主张应不予采信。综上，虽然由碧波潭公司出具的收据上载明讼争50万元款项属于质量保证金，但本案有充分证据证明讼争50万元款项属于借款，因此，本院认为，本案讼争的50万元款项的性质应确定为碧波潭公司向华侨公司的借款。

2. 孙永瑞的行为并未违反对公司的忠实义务，二审判决认定其违反了忠实义务属适用法律错误。首先，根据《中华人民共和国公司法》第148条之规定，一般认为，董事的忠实义务包括以下两重含义：一是董事必须诚实正当地行使职权，不得利用职权损害公司利益。董事作为公司的受任人，行使职权应以公司利益为准则，衡量其是否诚实正当行使职权的标准在于公司利益是否是董事行使职权的主要动机。对此，《中华人民共和国公司法》第148条、第149条就规定了董事的具体忠实义务，如董事不得利用职权收受贿赂或者其他非法收入，不得侵占公司的财产等。二是在自身利益与公司利益冲突场合，董事不得使个人利益优于公司利益。结合本案的具体情况，判断孙永瑞的行为是否违反了忠实义务，关键在于孙永瑞是否将所借的50万元借款用于公司经营，孙永瑞以公司经营需要，向华侨公司借款，且无任何证据证明该笔款项用于了经营之外的事项，这表明借款是为了公司发展而正当行使了职权，显然并未损害公司利益，此后与华侨公司之间达成的调解协议也只是履行职权的正常表现。其次，公司章程是记载公司经营管理事项的契约，体现了私法自治原则在公司法中的运用，从碧波潭公司的公司章程内容看，执行董事即法定代表人可以行使如下职权：执行股东会决议，决定公司的经营计划和投资方案，决定公司内部机构设置，制定公司财务预决算等。从公司章程规定的执行董事的职权看，本案孙永瑞出于公司经营需要向华侨公司借款的行为，属于公司经营计划的范畴，并不属于对公司忠实义务的违反。

3. 本案孙永瑞就讼争行为无须向公司承担赔偿责任。根据《中华人民共和国公司法》第150条的规定，董事承担赔偿责任须具备以下条件：一是董事存在违反法律、行政法规或者公司章程规定的行为；二是董事的违法、违规行为是在执行公司职务时发生的；三是造成了公司的实际损失；四是董事的职务行为与公司的损失之间存在因果关系。本案中，作为碧波潭公司的执行董事和法定代表人，孙永瑞与华侨公司就讼争50万元借款达成了调解协议的行为，属于其职权范围内的事项，并未违反法律、行政法规或者公司章程的规定，且出于公司经营需要借款，为了公司利益而还款，并未对公司造成损失，因此无须向公司承担赔偿责任。

综上，本案孙永瑞的行为并未违反对公司的忠实义务，并未对公司造成损失，无须对公司承担赔偿责任。二审判决认定孙永瑞擅自将50万元质量保证金以借款名义与华侨公司达成调解协议的行为违背了忠实义务，应当向公司承担赔偿责任，属于认定事实错误。

【监督结果】

青海省高级人民法院受理本案后，于2011年3月1日作出〔2010〕青民再字第49号民事判决。判决认为，本案系公司股东之间权益纠纷，孙永瑞作为公司法定代表人因履行职务行为产生的法律后果对公司和股东具有拘束力。华侨公司与碧波潭公司发生的借款合同纠纷诉讼中，孙永瑞作为碧波潭公司的法定代表人，与华侨公司达成调解协议，将50万元以借款名义予以归还，并承担利息和诉讼费，该调解协议已经西宁市城北区人民法院作出的民事调解书确认，碧波潭公司股东范四新、靳群牛主张50万元是质量保证金非借款证据不足。孙永瑞代表碧波潭公司归还借款及利息的行为并未给该公司及股东造成损害。原二审判决按股东孙永瑞、范四新、靳群牛在公司所占的股权比例，判令孙永瑞向范四新、靳群牛分别赔偿损失242658元、121014元有误，应予纠正。青海省人民检察院的抗诉理由成立，应予支持。本案经本院审判委员会讨论决定，依照《中华人民共和国民事诉讼法》第153条第1款第3项、第186条第1款的规定，判决如下：（1）撤销西宁市中级人民法院〔2009〕宁民二终字第144号民事判决；（2）维持西宁市城北区人民法院〔2009〕北民一初字第133号民事判决。

【点评】

公司是现代企业制度的基本组织形式。自公司制度建立后，基于公司股东之间不和谐关系困扰等因素影响，侵害股东权益特别是中小股东权益的纠纷逐渐增多。于2006年1月1日起施行的《中华人民共和国公司法》增加了股东尤其是中小股东利益的保护机制，不仅在股东的实体权利上作了全面改进，而且在程序权利上保障了股东权的真正落实，基本实现了限制大股东权利、保护中小股东权益的制度设计。本案的纠纷属于有限责任公司股东权益纠纷，涉及的法律问题即是股东权益的保护以及救济机制。

一、股东权益的内容

有限责任公司的股东是指向公司出资，持有公司股权，享有股东权利和承担股东义务的投资者。根据《中华人民共和国公司法》第4条的规定，股东权益主要体现为股东享有股权，具体包括以下权利，即资产收益权、参与重大决策权、选择管理者等权利。资产收益权是指股东按照其对公司的投资份额通过公司盈余分配从公司获得红利的权利。参与公司重大决策权是指，股东对公司的重大行为通过在股东会或股东大会上表决，由股东会或股东大会作出决议的方式作出决定。选择管理者的权利是指，股东通过股东会或者股东大会作出决议的方式选择公司的董事、监事的权利。此外，在《中华人民共和国公司法》的其他诸多条文中，都规定了股东的具体权利，如股东直接起诉权、股东代表诉讼权、公司剩余财产分配权、优先认购新股权、股东会的临时召集请求权等。

二、股东权益纠纷的保护机制

《中华人民共和国公司法》对中小股东保护制度设置了几项重要制度，包括累积投票制度、表决权回避制度、异议股东股份收买请求权制度、股东知情权制度、少数股东权制度、代表诉讼制度等。鉴于本案主要涉及其中的两项权利：股东直接诉讼权、股东代表诉讼权，因此，笔者仅对该两项权利做一论述。

（一）股东直接诉讼

《中华人民共和国公司法》第153条规定："董事、高级管理人员违反法律、行政法规或者公司章程的规定，损害股东利益的，股东可以直接向人民法院提起诉讼。"这是《中华人民共和国公司法》对股东直接诉讼的规定。根据该条，股东提起直接诉讼须具备以下要件：（1）每一个股东均可以在董事、高级管理人员损害其自身利益时提起诉讼，股东提起该诉讼只要具备股东身份即可；（2）提起诉讼的事由是董事、高级管理人员违反法律、行政法规或者公司章程的规定，损害了股东的利益；（3）提起诉讼的时间，应当按照民法通则的规定，自股东知道或者应当知道其权利受到侵害时起 2 年之内向人民法院提起诉讼，同时，从权利被侵害之日起超过 20 年的，不予保护。

（二）股东代表诉讼

股东派生诉讼由英美衡平法所创设，英国 1828 年最早出现派生诉讼权利，美国联邦最高法院在 1857 年确立了此项权利，此后，法、德、日等大陆法系国家也先后引进了此项制度。2005 年修订《中华人民共和国公司法》时，我国终于确立了股东派生诉讼制度。论及股东代表诉讼制度的法理基础，主要有股东权利说，董事忠实、注意义务违反说，股东信托义务说等观点。笔者以为，无论采用哪种股东代表诉讼制度的理论和实践，只要法律赋予了股东诉权，都能对董事、高级管理人员的权力构成一种制衡，都能起到一种法律约束力。确立股东代表诉讼，一方面是维护股东实体权利的基础，另一方面是公司法上利益衡平的重要保证，股东代表诉讼制度通过赋予中小股东超越公司内部控制的司法救济权，鼓励中小股东积极主动地求助于法律诉讼，维护自己的合法权益。

所谓股东代表诉讼，又称股东派生诉讼或股东代位诉讼，是指当公司怠于通过诉讼手段追究有关侵权人员的民事责任及实现其他权利时，具有法定资格的股东为了公司的利益而依据法定程序代公司提起诉讼。根据《中华人民共和国公司法》第 152 条的规定，股东提起代表诉讼应当具备以下条件：（1）提起代表诉讼的股东资格。法律对股东资格作了如下限定：有限责任公司的股东以及股东有限公司连续 180 日以上单独或者合计持有公司 1% 以上股份的股东，方有权提起股东代表诉讼。法律之所以对股东资格作出如此限定，其立法本意在于防止个别股东随意使用此项诉讼权利，影响公司正常的生产经营活动。（2）提起代表诉讼的前置条件。当发生公司董事、监事、高级管理人员违反法定义务，损害公司利益的情形时，股东首先应当依法先向法定的公司有关机构提出请求，请求公司有关机构向人民法院起诉；只有当公司有关机构拒绝履行职责或者怠于履行职责，此时股东为维护公司利益方可向人民法院起诉。法律之所以设置该前置条件，其主要目的是对股东诉讼作必要限制，避免滥诉给公司造成不利影响。（3）提起代表诉讼的事由。股东代表诉讼主要针对的是董事、监事、高级管理人员违反对公司的忠实和勤勉义务，给公司造成损害的行为提起的诉讼。

实践中，大股东操纵董事、高级管理人员损害公司利益以及中小股东利益的情况时有发生，迫切需要强化对公司利益和中小股东利益的保护机制。保护中小股东利益体现在公司法的诸多制度之中，如股东大会召集权、提案权、质询权、异议权等，但是，最重要的则要归结于诉权，即诉诸法院请求保护其作为股东得享有的各项合法权益的权利。

三、结语

随着我国市场经济的逐步完善，公司作为主要的经济主体在经济生活中的作用日益明显。与此同时，公司之间的纠纷也逐渐增多。司法作为社会公平正义的最后一道防线，首要的是要遵循司法正义的基本理念，即确保程序正义、实体正义和形式正义。笔者以为，遵循司法正义理念应表现为司法的适度而非全面干预。这主要体现在审理公司纠纷案件时应把握以下原则：应坚持私法自治原则、审慎对待公司章程效力原则、不宜随意干预公司股利分配原则、高级管理人员合理谨慎的注意义务原则。如此，才能准确裁判公司纠纷，为市场经济的健康有序发展提供有力的司法保障。

【承办人简介】

王水明，男，1975年4月出生，法律硕士学位，现为青海省人民检察院民事行政检察处副处长，青海省法学会特邀研究员，青海民族大学法学院兼职讲师。

43. 李少斌与马丽红房屋买卖合同纠纷抗诉案

【监督机关】宁夏回族自治区人民检察院

【监督方式】抗诉

【基本案情】

申请人（一审原告、二审被上诉人）：李少斌，男，1952 年 2 月 10 日出生，汉族，个体，住宁夏平罗县城北门转盘明华瓷砖店内。

其他当事人（一审被告、二审上诉人）：马丽红，女，1958 年 10 月 5 日出生，汉族，初中文化，个体，住宁夏平罗县城北门转盘西侧自建楼房。

马丽红与梁治平系夫妻关系，梁治平原系平罗县公安局交通警察队干警，2007 年 10 月 5 日因病死亡。1992 年 9 月 19 日，平罗县公安局交通警察队将该队所有的位于平罗县城北门转盘西南角的五间住房出售给马丽红、梁治平夫妇，购房款由梁治平于当日交付。马丽红、梁治平夫妇未办理该房屋的所有权证，仅于 1995 年办理了该房屋的土地使用证（后因丢失于 2005 年 4 月 6 日补办了该证）。1998 年 11 月 1 日，梁治平与李少斌签订一份《房屋买卖合同》，将上述房屋以 20 万元的价格出售给李少斌，李少斌自此使用该房至今。1999 年 4 月 5 日，李少斌向梁治平付清 20 万元房款后，梁治平给李少斌出具收条一份。2000 年 1 月 4 日，李少斌与平罗县公安局交警队签订一份《房地产买卖契约》。2000 年 1 月 17 日，李少斌办理了讼争房产的所有权证书。此外，李少斌还曾于 1998 年 11 月 3 日、2001 年 9 月 13 日、2001 年 9 月 20 日先后三次经过公证购买了以"马丽红"作为出售方的马丽红、梁治平夫妇的另外三套房产。

2005 年 6 月，马丽红将李少斌、平罗县公安局交警队诉至平罗县人民法院，要求确认李少斌与平罗县公安局交警队所签的《房地产买卖契约》无效。平罗县人民法院审理后作出〔2005〕平民初字第 975 号民事判决，认为是梁治平处分了讼争的房产，李少斌与梁治平所签的房屋买卖合同合法有效，并判决驳回了马丽红的诉讼请求。马丽红不服该判决提起上诉，石嘴山市中级人民法院审理后作出〔2006〕石民终字第 122 号民事判决，改判支持了马丽红的诉讼请求。2006年6月，马丽红以平罗县房产管理站为被告向平罗县人民法院提起行政诉讼，要求撤销平罗县房产管理站为李少斌颁发的平房字〔2000〕第01206号房屋所有权证书，平罗县人民法院审理后作出判决，支持了马丽红的诉讼请求，撤销了平房字〔2000〕第01206号房屋所有权证书。

2007年5月，李少斌以马丽红、梁治平为被告向平罗县人民法院提起诉讼，请求确认其与梁治平签订的房屋买卖合同合法有效。在该案的审理过程中，马丽红向法院提交了一份1998年11月1日梁治平与李少斌签订的《房屋租赁合同》，以证明梁治平系将本案讼争房产出租给李少斌使用，租赁期限为5年，即自1998年11月1日起至2003年10月30日止。李少斌对该份《房屋租赁合同》上自己的签名有异议，并申请对此进行笔迹鉴定。法院未委托鉴定部门予以鉴定。

【原审裁判情况】

平罗县人民法院于2008年3月24日作出〔2007〕平民初字第697号民事判决。判决认为，因李少斌系善意取得，故判决原告李少斌与被告马丽红之夫梁治平于1998年11月1日签订的《房屋买卖合同》合法有效。

马丽红不服该判决，上诉至石嘴山市中级人民法院。

石嘴山市中级人民法院于2008年12月15日作出〔2008〕石民终字第287号民事裁定。裁定认为，原审采用了未经庭审质证的证据，违反法定程序。现上诉人马丽红提交了新证据致使本案事实发生了变化，裁定：撤销原判，发回重审。

平罗县人民法院于2009年9月30日作出〔2009〕平民初字第21号判决。判决认为，李少斌从1999年4月搬进讼争的房屋居住，而马丽红直到2005年6月提起诉讼，其声称不知道其夫出售房屋的事实，从其自1992年与交警队签订房屋买卖合同及交售房款看，马丽红是明知的、合作的，意思表示完全统一。1998年马丽红之夫梁治平卖给原告的房屋，从证据的高度盖然性规则出发，其夫妻之间也是明知、认可，其内心完全可以产生确认。根据最高人民法院《关于适用〈中华人民共和国婚姻法〉若干问题的解释（一）》第17条第2项规定："夫或妻因日常生活需要对夫妻共同财产作出重要处理决定，夫妻双方应当平等协商，取得一致意见，他人有理由相信其为夫妻双方共同意思表示的，一方不得以不同意或不知道为由对抗善意第三人。"按照婚姻法及其司法解释的规定，夫妻关系存续期间购买的房屋属于夫妻共同财产，夫或妻在处理夫妻共同财产上的权利是平等的，任何一方均有权决定。按照最高人民法院对民法通则的司法解释，处分共同财产应经财产共有人同意，否则一般认定处分行为无效。但第三人是善意、有偿取得，则应保护第三人的权益。一般在夫妻关系存续期间一方处分房产，第三人有理由相信其为夫妻共同意思表示的，另一方不得以不同意或不知道为由对抗善意第三人。第三人在房屋买卖过程中只要尽了相应的注意义务，按照普通人的生活常识和认知能力，有理由认为夫或妻一方可全权处理房屋，那么就无须进一步了解夫或妻另一方对出卖房屋的意思表示。并且原告李少斌曾于1998年11月3日通过马丽红、2001年9月13日通过马丽红及平罗县农村信用合作联社、2001年9月20日通过马丽红及平罗县城市信用社三次购得登记在马丽红名下的其他住房（系贷款抵押房产）。本案所讼争房屋，李少斌给梁治平支付了20万元的房款并实际占有房屋，马丽红就不能再以不知情向第三方主张权利，但可以向过错方主张赔偿。最高人民法院《关于贯彻执行〈中华人民共和国民法通则〉若干问题的意见（试行）》第89条规定："共同共有人对共同财产享有共同的权利，承担共同的义务。在共同共有关系存续期间，部分共有人擅自处分共有财产的，一般认定无效，但第三人善意、有偿取得该财产的，应当维护第三人的合法权益，对其他共有人的损失，由擅自处分共同财产的人赔偿。"由此可以看出，由于夫妻关系以及财产共有的特殊性，在处理共同财产时，为保证交易安全，"司法解释"条款是根据司法实践中，夫或妻一方处理共同财产后，另一方以不知情或其他理由提出诉讼或抗辩而作出的保护善意第三人权益的规定。本案李少斌出于善意，又以合理的市场价格购买讼争的房产，马丽红又不能提供李少斌知道其夫梁治平出卖房屋而其不同意的证据，因此，李少斌与梁治平签订的房屋买卖合同合法有效，应受法律保护。李少斌的诉讼请求能够成立，予以支持。依据《中华人民共和国合同法》第4条、第5条、第6条、第7条、第8条、第44条、第130条，最高人民法院《关于适用〈中华人民共和国婚姻法〉若干问题的解释（一）》第17条第2项，最高人民法院《关于贯彻执行〈中华人民共和国民法通则〉若干问题的意见（试行）》第89条的规定，判决：原告李少斌与梁治平于1998年11月1日签订的《房屋买卖合同》合法有效。

马丽红不服该判决，上诉至石嘴山市中级人民法院。

石嘴山市中级人民法院于2010年3月8日作出〔2010〕石民终字第33号民事判决。判决认为，马丽红主张李少斌与其夫梁治平签订的房屋买卖合同无效，李少斌并不是善意第三人的上诉理由应予支持。理由如下：1992年9月19日，马丽红与平罗交警队签订了一份房屋买卖合同。1993年马丽红在其购买的住房院内盖了8间上下二层楼房，一层是临街8间门面房，二层是8间住房（依次从北至南的1—8号门面房中，只有2号和6号房屋里留有通往二层的室内楼梯和通往后院的门），后又加盖了两间平房门面房和修建了一部外部通往二楼的楼梯。1998年11月1日，该二层楼房和后院及房屋所有权均归马丽红夫妻所有，是不可能将其不可分割的后院及房屋单独出售；由于梁治平在外与她人非婚生育一子，对婚姻家庭不忠诚，属有过错方，梁治平在与李少斌于 1998 年 11 月 1 日签订房屋买卖协议的同时，又给马丽红一份梁治平与李少斌（李少斌不认可是其签名）签订的租房协议，李少斌才于同日使用了该房，从梁治平的该行为看，梁治平没有把其卖房行为告诉马丽红；原审从证据高度盖然性规则出发，认定马丽红是明知的、合作的、意思完全一致的，显属不妥。从李少斌与梁治平签订的房屋买卖协议内容看，房款交清梁治平才交付房屋，但房款是 1999 年 4 月 5 日才交清，而房是 1998 年 11 月 1 日就已交付，显然是梁治平与李少斌协商一致的，且故意隐瞒了马丽红。马丽红提出其不知梁治平的卖房行为理由成立。从马丽红贷款还贷情况看，在同一时期，马丽红无钱还贷，只好用 5 套门面房抵给银行，梁治平没有将该笔卖房款用于婚姻家庭。从办理房屋过户手续看，该诉争房屋房产证应先办在马丽红名下（1995 年该诉争房屋土地证已办理在马丽红名下"证号 95－2710"），再由马丽红夫妻给李少斌办理过户，但梁治平与李少斌协议一致，李少斌与平罗县交警队签订了本案诉争房屋的买卖协议（该买卖协议被本院生效判决确认无效），直接办理了房产过户登记（该房产证已被平罗县人民法院生效判决撤销）。李少斌既然花钱购买的是本案的全部诉争房屋，但该诉争房屋中的一间至今由马丽红使用，李少斌也未主张权利，同样不符合常理。综上，梁治平与李少斌的上述行为，侵犯了马丽红的合法利益，因此，李少斌并不是善意取得第三人。原审依据最高人民法院《关于适用〈中华人民共和国婚姻法〉若干问题的解释（一）》第 17 条第 2 项的规定"夫或妻因日常生活需要对夫妻共同做重要处理决定，夫妻双方应当平等协商，取得一致意见，他人有理由相信其为夫妻双方共同意思表示的，另一方不得以不同意或不知道为由对抗善意第三人"和最高人民法院《关于贯彻执行〈中华人民共和国民法通则〉若干问题的意见（试行）》第 89 条的规定"共同共有人对共同财产享有共同的权利，承担共同的义务。在共同共有关系存续期间，部分共有人擅自处分共有财产的，一般认定无效。但第三人善意、有偿取得该项财产的，应当维护第三人的合法权益；对其他共有人的损失，由擅自处分共有财产人赔偿"，认定李少斌是善意取得第三人，显属认定事实不当。依据最高人民法院《关于贯彻执行〈中华人民共和国民法通则〉若干问题的意见（试行）》第 89 条，《中华人民共和国民事诉讼法》第 153 条第 1 款第 3 项、第 158 条的规定，判决：（1）撤销平罗县人民法院〔2009〕平民初字第 21 号民事判决；（2）被上诉人李少斌与梁治平签订的房屋买卖协议无效。

【监督意见】

李少斌不服终审判决，向检察机关提出申诉。2010 年 12 月 3 日，宁夏回族自治区人民检察院以宁检民抗〔2010〕27 号民事抗诉书向宁夏回族自治区高级人民法院提出抗诉。理由如下：石嘴山市中级人民法院〔2010〕石民终字第 33 号民事判决认定"同时梁治平给马丽红一份其与李少斌签订的房屋租赁协议"、"马丽红是不可能将其不可分割的后院及房屋单独出售"、"梁治平没有将售房款用于婚姻家庭生活"、"梁治平没有将卖房行为告诉马丽红"的基本事实缺乏证据证明。

本案争议的焦点是：1998 年 11 月 1 日李少斌与马丽红之夫梁治平所签的《房屋买卖合同》是否有效问题。为此，李少斌向法院提交了 1999 年 4 月 5 日梁治平给其出具的收到房款 20 万元的"收条"，以证明该合同已经实际履行的情况。为反驳李少斌的诉讼请求，马丽红向法院提交了 1998 年 11 月 1 日李少斌与其夫梁治平所签的《房屋租赁合同》，以证明讼争房屋系租赁而非买卖的事实，对此李少斌予以否认并且申请对《房屋租赁合同》上自己签名的真伪进行鉴定，这是查清案件争议事实的关键所在，而石嘴山市中级人民法院却在未委托鉴定部门对《房屋租赁合同》上"李少斌"的签名真伪性作出鉴定结论的情况下，仅以梁治平有婚外情就认定李少斌"并非善意第三人"，且作出"李少斌与梁治平签订的房屋买卖协议无效"的判决，致使判决认定的基本事实缺乏证据证明。

【监督结果】

宁夏回族自治区高级人民法院受理本案后，于 2011 年 5 月 25 日作出〔2011〕宁民提字第 11 号民事判决，认为：根据最高人民法院《关于适用〈中华人民共和国婚姻法〉若干问题的解释（一）》第 17 条第 2 项"夫或妻非因日常生活需要对夫妻共同财产做重要处理决定，夫妻双方应当平等协商，取得一致意见。他人有理由相信其为夫妻双方共同意思表示的，另一方不得以不同意或不知道为由对抗善意第三人"的规定，夫妻对共同财产有平等处理的权力，在做出重大处理决定时应当协商一致，夫或妻一方处分共同财产后，另一方没有相应证据不得以不同意或不知道为由对抗善意第三人。综合本案事实和证据，李少斌与梁治平签订房屋买卖协议后，梁治平即将房屋交与李少斌占有、使用，作为妻子的马丽红非但未阻止而是积极予以配合，在其后长达 6 年多的时间里，马丽红未对李少斌占有使用该房屋一事提出过异议，也未向李少斌主张过房屋租金或购房款，马丽红所称其对李少斌购买该房不知情有违常理。李少斌完全有理由相信梁治平出售房屋是经过其夫妻协商一致的行为，且其向梁治平支付的 20 万元购房款不低于当时房屋交易的合理价格。现马丽红声称对其丈夫梁治平出售房屋一事不知情，本人未在房屋转让协议上签字等，均不足以对抗善意买受人李少斌。即使梁治平擅自处分共有房屋，马丽红确实不同意或不知情，但由于李少斌是善意、有偿取得涉案房屋，也应当维护其合法利益。李少斌与马丽红之夫梁治平签订的《房屋买卖合同》应确认为合法有效。综上，因李少斌与梁治平签订《房屋买卖合同》时尽到了普通购房人所应尽的注意义务，是出于善意，并且支付了合理的对价，应当认定《房屋买卖合同》有效。检察机关的抗诉理由成立，本院应予支持。本案经本院审判委员会讨论决定，依照《中华人民共和国合同法》第 8 条、第 44 条，最高人民法院《关于适用〈中华人民共和国婚姻法〉若干问题的解释（一）》第 17 条第 2 项，最高人民法院《关于贯彻执行〈中华人民共和国民法通则〉若干问题的意见（试行）》第 89 条，《中华人民共和国民事诉讼法》第 186 条第 1 款、第 153 条第 1 款第 2 项的规定，判决：（1）撤销宁夏回族自治区石嘴山市中级人民法院〔2010〕石民终字第 33 号民事判决；（2）维持宁夏回族自治区平罗县人民法院〔2009〕平民初字第 21 号民事判决，即：李少斌与梁治平于 1998 年 11 月 1 日签订的《房屋买卖合同》合法有效。

【点评】

近年来，在二手房交易中，夫妻一方与第三方签订房屋买卖合同后，由于房价上涨等原因，另一方以不知情或不同意为由主张处分行为无效的情况比较常见。在法院"夫告妻"或"妻告夫"的诉讼闹剧愈演愈烈的形势下，如何更好地处理此类案件就成为迫在眉睫的问题。本案系具有代表性的典型案例，其中涉及善意取得制度。

认定此类合同是否有效，关键是看购房人是否善意，即善意取得制度。善意取得，是指财产占有人无权处分其占有财产，如果他将该财产转让给第三人，受让人取得该财产时出于善意，则受让人将依法即时取得对该财产的所有权或其他物权。这里的财产包括了动产和不动产。《中华人民共和国物权法》第 106 条是关于善意取得制度的规定。善意取得制度承认善意买受人可以即时取得所有权，则交易者就能放心地进行交易，从而有利于市场经济的健康发展。善意取得的构成要件包括：（1）受让人受让该财产时是善意的；（2）以合理的价格有偿转让；（3）转让财产依照法律规定应当登记的已经登记，不需要登记的已经交付给受让人。配偶单方出售夫妻共有房屋系无权处分行为，原则上受让人只有在有理由相信出让人系有权处分，并且支付合理对价的前提下受让房屋，才能被视为出于善意。可见，这里的重点就是如何判断受让人是否为善意，应采取推定的方法，即推定受让人是善意的，应当由原权利人对受让人是否具有恶意进行举证，如果不能证明其为恶意，则推定其为善意。关于善意的确定时间，通常认为证明受让人的善意应当限于财产受让时，即让与人交付财产时受让人须为善意，至于以后是否为善意，则不影响善意取得的效力。具体到本案，判断夫妻一方擅自卖房是否有效，关键并不在于夫妻之间的关系如何，两人是否经过协商，而应从购房人的角度出发，以购房人是否善意、有偿作为条件，毕竟夫妻之间的关系、协商是不能为他人所知晓的。

综观本案，诉讼时间长达 4 年之久，当事人的诉累可想而知。如果认定房屋买卖合同无效，对于善意买受人来说无疑是不公平的，将会造成合同订立、履约以及纠纷解决费用的大量浪费，而且导致人们对合同的不信任，滋长诈欺、背信者的侥幸心理，也不利于发挥合同法鼓励交易的功能。今后，为避免类似案件的发生，对于购房人而言，尽量不要与夫妻一方单独签署购房合同，最好要求夫妻双方共同签字。

【承办人简介】

朱智巧，女，1973 年 2 月 13 日出生。2006 年取得兰州大学法律硕士学位。1997 年至 2010 年 10 月，在宁夏银川市兴庆区人民法院工作，2005 年起担任该院民三庭副庭长。2010 年到宁夏回族自治区人民检察院民事行政检察处工作。

44. 宁夏利莱达园林绿化工程有限公司与徐建海、李佐新买卖合同纠纷抗诉案

【监督机关】 宁夏回族自治区人民检察院

【监督方式】 抗诉

【基本案情】

申请人（一审被告、二审上诉人）：宁夏利莱达园林绿化工程有限公司（以下简称利莱达公司），住所地：银川市金凤区庆丰路 30 号；法定代表人：丁磊，经理。

其他当事人（一审原告、二审被上诉人）：徐建海，男，汉族，1965 年 2 月 17 日出生，个体，住山西省太谷县小白乡上庄村。

其他当事人：李佐新，男，汉族，1968 年 8 月 26 日出生，住宁夏彭阳县城阳乡杨塬村后山队 61 号。

2008 年 3 月 4 日，利莱达公司与李佐新签订了一份苹果苗木购销合同。李佐新与徐建海口头协议商定，由徐建海按照李佐新的要求联系购买树苗，并负责将树苗交付利莱达公司。徐建海在山东省泰安市联系到苗木后，与李佐新一起赶到泰安市，双方共同实地看了树苗，李佐新支付部分货款（注：李佐新称付了 12 万元，徐建海自认收到 3 万元）给徐建海后返回宁夏。2008 年 3 月 17 日，徐建海将采购的树苗共计 11250 棵送到宁夏，并将此批树苗交付给利莱达公司。利莱达公司验收时发现不是合同约定的苹果树苗而是海棠树苗，故拒绝接收。李佐新从利莱达公司借支 5000 元鉴定费，经鉴定为海棠树苗，后经利莱达公司与李佐新协商，利莱达公司同意将所送的 11250 棵海棠树苗全部栽种。

2008 年 4 月 24 日，利莱达公司出具介绍信："证明：李佐新、徐建海送来海棠树苗 11250 棵。" 2008 年 4 月 25 日利莱达公司给徐建海出具介绍信："兹有徐建海同志为我单位提供苗木 3.25 万元（海棠树 25 元/棵），需出具发票，望贵局予以办理。" 后徐建海因索要货款未果，于 2008 年 4 月 26 日将利

莱达公司起诉至银川市金凤区人民法院，请求法院判决利莱达公司向其支付苗木款 281250 元（11250×25 元/棵）。

另查明，利莱达公司与李佐新于 2008 年 3 月 27 日达成供货协议一份，内容为："甲方：宁夏利莱达园林绿化工程有限公司，乙方：李佐新。经甲、乙双方协商，由乙方向甲方供海棠苗（底径 3cm）11500 株，已由乙方拉入甲方工地，每株 11.00 元，共计 126500 元。付款方式 2008 年 4 月 5 日前甲方给乙方 30000.00 元，剩余款甲方应在 2008 年 5 月 15 日前一次性付清……甲方只以乙方李佐新为供苗人和结算人，与任何人无关。本协议签字后生效，并具有法律效力。甲方：潘存忠，乙方：李佐新，甲方处并加盖利莱达公司公章。2008 年 3 月 27 日。"对该协议一、二审法院在审理查明和事实认定中均未予提及并作出判断。

还查明，2008 年 4 月 13 日、4 月 16 日、11 月 16 日徐建海单独向利莱达公司先后三次供应海棠苗木。2009 年 7 月 3 日，李佐新依据 2008 年 3 月 27 日与利莱达公司签订的《供货合同》，将利莱达公司起诉至银川市金凤区人民法院。2009 年 8 月 24 日，银川市金凤区人民法院因审理徐建海案依法裁定中止此案审理。

【原审裁判情况】

2009 年 8 月 16 日，银川市金凤区人民法院作出〔2008〕金民初字第 824 号民事判决。判决认为，徐建海作为实际供货人和李佐新与利莱达公司之间形成实际购销苗木合同关系，有徐建海当庭出示的利莱达公司与李佐新签订的苗木购销合同书、介绍信在卷佐证，可以采信。根据利莱达公司给徐建海所出具的 2008 年 4 月 25 日的介绍信可以认定，双方对海棠树苗的价格确定为 25 元/棵。故此对于徐建海主张利莱达公司支付 281250 元苗木款的请求予以支持，对于徐建海和李佐新之间的关系，系另一法律关系调整的范畴，双方可以通过协商或另案诉讼处理。判决如下：（1）限利莱达公司于判决生效后 10 日内偿还徐建海拖欠货款 281250 元。（2）当事人的其他诉讼请求本案不予支持。

利莱达公司不服该判决，上诉至银川市中级人民法院。

2010 年 11 月 25 日，银川市中级人民法院作出〔2010〕银民终字第 695 号民事判决。判决认为，徐建海作为实际供货人和李佐新与利莱达公司之间形成实际购销苗木合同关系。根据利莱达公司给徐建海出具介绍信可以认定，双方对海棠树苗的价格作了明确约定，利莱达公司应该支付给徐建海海棠树苗款。徐建海和李佐新之间的关系属另一法律关系调整的范畴，本院不予确认。利莱达公司上诉称涉案树苗与徐建海无关，无相关证据证实，本院不予支持。利莱达公司向法庭出示的证据不能证明其目的，本院不予采信。综上，原判认定事实清楚，证据确实充分，法律适用正确。判决如下：驳回上诉，维持原判。

【监督意见】

利莱达公司不服银川市中级人民法院〔2010〕银民终字第695号民事判决，向检察机关提出申诉，2011年11月14日，宁夏回族自治区人民检察院以宁检民抗字〔2012〕03号民事抗诉书向宁夏回族自治区高级人民法院提出抗诉。理由如下：

1. 原审法院认定徐建海作为实际供货人和李佐新与利莱达公司之间形成实际购销苗木合同关系缺乏证据证明。原审法院认定该事实的证据分别为利莱达公司2008年4月24日、25日先后出具给徐建海的两份介绍信。2008年4月24日，利莱达公司出具的介绍信内容为："证明：李佐新、徐建海送来海棠树苗11250棵。"只能证明李佐新、徐建海曾向利莱达公司送去海棠树苗11250棵的事实，不能证明徐建海是实际供货人和李佐新与利莱达公司之间形成实际购销苗木合同关系。2008年4月25日利莱达公司给徐建海出具介绍信："兹有徐建海同志为我单位提供苗木3.25万元（海棠树25元/棵），需出具发票，望贵局予以办理。"此份证据一方面价款与涉案苗木总价款有较大出入，25元/棵的价格与利莱达公司和李佐新约定的11元/棵的价格也不相符，同时由于徐建海在2008年4月之后自己三次单独向利莱达公司提供过海棠树苗，因此，不排除是徐建海单独供货时的苗木价款，因此该证据也不能证明利莱达公司与徐建海是对2008年3月17日送到利莱达公司的海棠树苗的价格作了明确约定。此外，从该介绍信出具目的看，也是为了帮助徐建海出具发票而非专门为证明涉案苗木价款给徐建海出具的价款标准。原审判决以介绍信作为涉案苗木款项计算标准不当。

2. 原审法院认定利莱达公司购买11250棵海棠苗的合同相对人是徐建海，证据不足。无证据证明2008年3月27日，利莱达公司与李佐新就涉案海棠苗木签订的供货合同主体或债权债务有变更及转移情况，李佐新仍是就涉案苗木唯一可以向利莱达主张权利的合同相对人，徐建海不具有向利莱达公司主张苗木款项的合同主体资格。本案也不存在可以突破合同相对性的法定情形，徐建海越过合同相对人直接向利莱达公司主张权利没有法律依据。

3. 原审法院对利莱达公司与李佐新于2008年3月27日签订的供货合同遗漏判断，导致作出徐建海作为实际供货人和李佐新与利莱达公司之间形成实际购销苗木合同关系的认定，证据不足。2008年3月4日，李佐新在与利莱达公司签订书面苹果苗木购销合同后，就同一标的物与徐建海达成口头购销协议并支付了部分货款。后因徐建海将合同约定的标的物苹果树苗错误履行为海棠树苗，经利莱达公司与李佐新协商，双方于 2008 年 3 月 27 日就徐建海提供的此批海棠苗木重新达成供货合同一份，内容为："甲方：宁夏利莱达园林绿化工程有限公司，乙方：李佐新。经甲、乙双方协商，由乙方向甲方供海棠苗（底径 3cm）11500.00 株，已由乙方拉入甲方工地，每株 11.00 元，共计 126500 元。……甲方只以乙方李佐新为供苗人和结算人，与任何人无关。本协议签字后生效，并具有法律效力。甲方：潘存忠，乙方：李佐新，甲方处并加盖利莱达公司公章。2008 年 3 月 27 日。"可见，在涉案海棠苗木买卖中，当事人双方为利莱达公司与李佐新，因此，李佐新是涉案海棠苗木向利莱达公司主张苗木款项的合同相对人。法院在审理该案中并未对上述证据予以查证并作出判断而认定徐建海与利莱达公司形成实际购销苗木合同关系，证据不足。

【监督结果】

宁夏回族自治区高级人民法院受理本案后，于 2012 年 7 月 24 日作出〔2012〕宁民提字第 10 号民事裁定书，裁定认为，李佐新与利莱达公司 2008 年 3 月 4 日签订苗木购销合同，双方于 2008 年 3 月 17 日接交海棠苗木后，就涉案苗木又签订了供苗协议，该协议是李佐新与利莱达公司双方协商对原购销合同的变更。故李佐新与利莱达公司存在苗木购销合同关系。李佐新与利莱达公司是苗木购销合同的相对人。李佐新与徐建海双方达成口头协议，李佐新支付了部分货款要求徐建海采购苗木，系李佐新与徐建海之间的约定，不能认定徐建海与利莱达公司形成购销苗木合同关系。徐建海直接向利莱达公司主张本案所涉苗木款缺乏事实和法律依据。检察机关关于"本案不存在可以突破合同相对性的法定情形，徐建海直接向利莱达公司主张权利没有法律依据"的抗诉理由成立。利莱达公司 2008 年 4 月 24 日出具的介绍信只能证明李佐新、徐建海给利莱达公司送过海棠苗木的事实，不能证明徐建海与利莱达公司就本案所涉苗木有过合同约定。2008 年 4 月 25 日的介绍信明确注明"需出具发票，望贵局予以办理"。说明该介绍信是为出具发票所用。因该证据与 2008 年 3 月 27 日利莱达公司与李佐新所签订的供苗协议内容矛盾，介绍信所载苗木价款 3.25 万元与利莱达公司和李佐新签订的供苗协议中的苗木价款 126500 元有较大出入，25 元/棵的价格也与利莱达公司和李佐新约定的 11 元/棵的价格不相符，且 2008 年 4 月 13 日至 16 日后徐建海又另行单独给利莱达公司提供过苗木，故该介绍信不能作为本案认定利莱达公司给付徐建海苗木款的依据，检察机关关于"原审判决以介绍信作为涉案苗木款计算标准不当"的抗诉理由成立。综上，原一、二审判决认定事实不清，证据不足，检察机关的抗诉理由成立，应予以支持。依照《中华人民共和国民事诉讼法》第 186 条第 1 款、第 108 条第 1 项及最高人民法院《关于适用〈中华人民共和国民事诉讼法〉

若干问题的意见》第 210 条第 1 项之规定，裁定如下：（1）撤销宁夏回族自治区银川市中级人民法院〔2010〕银民终字第 695 号民事判决及宁夏回族自治区银川市金凤区人民法院〔2008〕金民初字第 824 号民事判决；（2）驳回徐建海的起诉。

【点评】

本案经宁夏高级人民法院再审，完全采纳了检察机关的抗诉理由，再审法院依据《民事诉讼法》（本法已于 2012 年 8 月 31 日修改）第 108 条第 1 项"原告是与本案有直接利害关系的公民、法人和其他组织"撤销了一、二审判决，从程序上驳回了原告的起诉，可以说检察机关抗诉取得了较好的效果。

这里着重阐述一下驳回起诉与驳回诉讼请求的问题。当事人没有诉权被法院驳回起诉，当事人没有胜诉权被法院驳回诉讼请求，一个是程序上的问题，另一个是实体法上的问题，在审判实践中常常被弄错，如应驳回起诉的被驳回诉讼请求，或反之。《民事诉讼法》第 108 条第 1 项"原告是与本案有直接利害关系的公民、法人和其他组织"，首先，如何理解这个"利害关系"，具体到本案是由于合同关系实体法关于合同相对性所规定的，但是原告没有合同关系不一定不能告，这要看实体法上是否存在突破合同相对性的规定。什么是合同相对性呢？合同相对性，在大陆法系中称为债的相对性，该规则最早起源于罗马法。在罗马法中债被称为"法锁"，意指当事人之间之羁束状态而言，换言之，是指债能够且也只能对债权人和债务人产生拘束力。由于债本质上是当事人之间一方请求他方为一定行为或不为一定行为的法律关系，而物权是支配权，所以债权不能像物权那样具有排他性，而只能对特定人产生效力。结合本案，检察机关的抗诉理由之一是"本案不存在可以突破合同相对性的法定情形，徐建海直接向利莱达公司主张权利没有法律依据"，法院再审认定"李佐新与利莱达公司存在苗木购销合同关系。李佐新与利莱达公司是苗木购销合同的相对人。李佐新与徐建海双方达成口头协议，李佐新支付了部分货款要求徐建海采购苗木，系李佐新与徐建海之间的约定，不能认定徐建海与利莱达公司形成购销苗木合同关系。徐建海直接向利莱达公司主张本案所涉苗木款缺乏事实和法律依据"，所以法院根据"原告是与本案有直接利害关系的公民、法人和其他组织"的规定，裁定驳回了原告的起诉正确。

之所以在抗诉书中没有明确提出应驳回原告起诉，是因为考虑到法院对原告诉权的审查和原告诉讼主张（请求）的审查是有区别的，前者是程序上审查，后者是经过一定的审判程序在实体上审查，这属于法院根据案件审理情况裁决的权力，不宜在抗诉书中明确。

总之，如何适用《民事诉讼法》第 108 条的规定在司法实践中较难把握，这一条规定比较简单，但其含义非常丰富，主要包括原告是否适格，被告是否明确，原被告之间是否具有法律关系或利害关系，原告具备起诉证据等起诉条件。其中原被告之间是否具有利害关系这个条件，在掌握时还涉及实体法的适用，因此，它是在这些条件中比较难掌握，也是出现错误比较多的。

【承办人简介】

陈宁辉，男，1971 年 10 月 22 日出生，汉族，中共党员，大学本科，法学学士，宁夏回族自治区人民检察院助理检察员。

45. 姜伯涛与徐玉坤承包合同纠纷抗诉案

【监督机关】 新疆生产建设兵团农八师检察分院
【监督方式】 抗诉
【基本案情】

申请人（一审被告、反诉原告，二审上诉人，再审被申诉人）：姜伯涛，男，1949 年 7 月 27 日生，汉族，系石河子农科院退休干部，住石河子农科院家属区 40 栋 322 号。

其他当事人（一审原告、反诉被告，二审被上诉人，再审申诉人）：徐玉坤，男，1940 年 12 月 26 日生，汉族，系石河子市供电公司退休干部，住石河子市工三区 51 栋 112 号。

2001 年 6 月 18 日，徐玉坤与姜伯涛签订一份承包经营合同，徐玉坤将自己所属的玛纳斯县方正胶化厂承包给姜伯涛经营 5 年（2001 年 6 月 18 日至 2006 年 6 月 18 日止），承包共 18 万元，其中包括房、地租用费 5.5 万元，由姜伯涛直接支付给生产房、地所有者。自合同生效起，每年 4 月 1 日首付 1.5 万元，10 月 1 日付清本年度剩余承包费 1 万元；徐玉坤为姜伯涛提供承包期内正常生产的设备及确保水、电、路通，财产设备清单及使用证书，并协助姜伯涛办理开办企业经营的一切合法手续，处理好生产前的一切；姜伯涛在承包期内因生产需要所增加的设备所有权归其所有，承包期满后，姜伯涛在承包期间所增加的设备经折旧定价移给徐玉坤，折旧定价后的设备款从姜伯涛支付给徐玉坤的承包费中扣除。合同签订后，徐玉坤将该厂交给姜伯涛经营，双方确认姜伯涛共向徐玉坤支付承包费 2.1 万元。2004 年 10 月，玛纳斯县政府通知方正胶化厂该厂土地将被征用，让其做好搬迁准备，致使不能实现双方订立承包合同的目的。

2005 年 1 月徐玉坤向石河子市人民法院提起民事诉讼，要求姜伯涛支付承包费 6.9 万元，赔偿利息损失 3192.75 元。姜伯涛提出反诉，认为按照承包合同的约定，在承包期间所增加的设备经折旧定价后应从承包费中扣除。其不欠徐玉坤的承包费，要求解除与徐玉坤签订的承包合同。

【原审裁判情况】

石河子市人民法院经审理后认为：徐玉坤与姜伯涛签订的承包合同合法有效，双方均应按照合同约定履行自己的义务，徐玉坤在履行了提供承包期内正常生产的设备及确保水、电、路通的义务后，姜伯涛应履行支付承包款的义务，姜伯涛未履行支付承包费的义务，属违约行为，应承担违约责任。对徐玉坤主张姜伯涛支付承包费及赔偿银行利息损失的诉讼请求，本院予以支持。对于双方在合同中约定的应从承包费中扣除的设备，根据双方的确认及价格鉴定，本院对应扣除的设备总价款 36750 元予以确认。对于护厂费 500 元，因双方认可，本院予以确认。因玛纳斯县政府以口头形式通知厂区的用地被征用导致承包合同的目的无法实现，对姜伯涛要求解除合同的反诉请求，本院予以支持。

姜伯涛不服一审判决，向农八师中级人民法院提出上诉。

农八师中级人民法院除认定一审所查明的双方当事人均无异议的事实外，另查明：徐玉坤认可姜伯涛支付的 500 元的护厂费。2001 年 6 月 7 日，徐玉坤给姜伯涛出具了一张条据，内容为："关于变压器问题，可以暂转我厂使用，待将款（21600）付清后，再过户我厂名下。费用可以从承包费中扣除，具体时间不定死，按实际情况，协商办理。"姜伯涛提供一张 2002 年 6 月 10 日的发票，上面注明：电力变压器 50kVA 的金额为 21360 元。徐玉坤对该条据和发票的真实无异议，但认为 21360 元的变压器应折旧后从承包款中扣除。对姜伯涛提供的 2002 年 9 月 19 日张志建出具的收条一张，内容为："收到江老板修房款 5100 元。"及姜伯涛自己于 2002 年 9 月书写的"红砖 1820 元，修锅炉使用，吊装烟筒费 200 元，无缝钢管 700 元"的条据，徐玉坤对该两张条据的真实性不予认可。

农八师中级人民法院经审理后根据姜伯涛的上诉理由和徐玉坤的答辩意见，将本案的争议焦点归纳为：（1）变压器、电线杆、低压电线是否应全价从承包费中扣除；因徐玉坤未能保证姜伯涛的正常生产用电，经徐玉坤同意，姜伯涛购买了价值 21630 元的变压器一台，徐玉坤书面认可变压器费用应从承包费中扣除，并未注明承包期满后折旧扣除，故变压器价款应全额从承包费中扣除，姜伯涛该上诉理由成立，本院予以支持。原审判决将变压器作为新增设备折旧处理不当，应予纠正。姜伯涛未提供电线杆、低压电线原购买价格的依据，故只能依据原审评估价格从承包费中扣除。（2）新建锅炉房是否应作为新增设备折旧后从承包费中扣除；姜伯涛修建锅炉房未经徐玉坤同意，且姜伯涛提供的自写条据不具有证明力，证人未出庭作证，其出具的收条的真实性徐玉坤有异议，本院不予认定，故对姜伯涛的该部分上诉请求，本院不予支持。

（3）姜伯涛购买屈忠宇的料池是否应从承包费中扣除；关于新增料池，姜伯涛不能举证证明其主张的事实，故应承担举证不利的后果，本院不予支持。判决姜伯涛给付徐玉坤承包费 25050 元。

二审判决生效后，徐玉坤向石河子市人民法院申请强制执行，在法院执行移交该厂设备时，徐玉坤以姜伯涛移交的锅炉证件不全不合格为由拒绝接收，致使该案未能履行。后徐玉坤向农八师中级人民法院申请再审。

再审查明：根据姜伯涛的申请，农八师中级人民法院向昌吉回族自治州质量技术监督局调取了一份证明，内容为："2002 年 11 月，玛纳斯县诚信胶化厂一台出厂编号为 92 - 9 - 18、型号为 SZG0.5 - 0.7 - AII 的锅炉在我局办理了使用登记，登记注册代码为 11206523002002110024，使用证编号为锅新HB0073（该使用证在锅炉定期检验合格情况下有效）。"

农八师中级人民法院再审后认为：双方当事人在平等自愿、协商一致的基础上签订的承包合同，不违反法律、行政法规的强制性规定，应为有效合同。本案双方当事人争议的焦点是：姜伯涛是否将涉案锅炉和变压器实际交付给了徐玉坤，如交付，即应从姜伯涛应给付徐玉坤的承包费中扣除，否则，不应扣除。从再审查明的事实看，变压器在徐玉坤提出要做耐压和耐油试验而尚未做的情况下，变压器已被他人拉走，由此说明，姜伯涛并未将变压器实际交付给徐玉坤。因此，原二审判决从姜伯涛应给付徐玉坤的承包费中扣除，缺乏事实根据。关于锅炉，徐玉坤在石河子市人民法院 2006 年 4 月 29 日的执行笔录及徐玉坤给该院写的书面材料中均明确表示，此锅炉证件不全，没有最新检验报告，是不合炉子，我不能接收。因此认定徐玉坤已接收了锅炉，证据不足。同时根据昌吉回族自治州质量技术监督局提供的证明来看，该锅炉是 1992 年 9 月 18 日出厂，2002 年 11 月在该局办理了使用证，该使用证只在锅炉定期检验合格情况下有效，该证明不能证实该锅炉进行了定期检验并合格。原二审判决从姜伯涛应给付徐玉坤的承包费中扣除，与事实不符。综上，徐玉坤再审申请的理由成立，对其再审请求予以支持。原二审判决认定部分事实不清，实体处理不当，应予纠正。判决：姜伯涛给付徐玉坤承包费 6.03 万元。

【监督意见】

姜伯涛因不服农八师中级人民法院再审民事判决，向检察机关申请监督。2009 年 10 月 19 日，新疆生产建设兵团人民检察院作出新兵检民抗〔2009〕3 号民事抗诉书，向新疆维吾尔自治区高级人民法院生产建设兵团分院提出抗诉。主要理由为：

一、再审法院判决依据错误

本案双方当事人在再审期间所争议的涉案变压器是否应全价从承包费中扣

除、新建锅炉是否应作为新增设备折旧从承包费中扣除，应依据当事人双方签订的协议和案件相关证据作出认定。2001年6月18日，徐玉坤与姜伯涛签订的承包合同约定："徐玉坤为姜伯涛提供承包期内正常生产的设备及确保水、电、路通，徐玉坤为姜伯涛提供财产设备清单及财产设备使用证书，并大力协助姜伯涛处理好生产前的一切；承包期满后，姜伯涛在承包期间所增加的设备经折旧定价移交给徐玉坤，折旧定价后的设备款从姜伯涛支付给徐玉坤的承包费用中扣除。"根据此约定，涉案变压器、锅炉应为徐玉坤提供的设备。关于是否全额扣除或是折旧扣除，应以合同或约定为依据作出判决，而再审法院是以双方在执行中是否交付了涉案变压器、锅炉为前提条件作出判决，违背了法律的规定。

（一）关于变压器费用如何扣除的问题

徐玉坤曾于2001年6月27日，给姜伯涛出具了一张条据，内容为："关于变压器问题，可以暂转我厂使用，待将款（21600）付清后，再过户我厂名下。费用可以从承包费中扣除，具体时间不定死，按实际情况，协商办理。"此条据是关于变压器的特别约定，优于一般约定。由此可以证实徐玉坤认可由姜伯涛出资垫付购买变压器，变压器款付清后费用从承包费中扣除，提供变压器是合同约定的徐玉坤应当履行的义务，购买变压器是徐玉坤认可的行为，因此购买变压器款应当全额从承包费中扣除，而不是折旧扣除。而再审法院以执行中姜伯涛并未将变压器实际交付给徐玉坤为依据改变了原二审法院作出的判决，此改判缺乏法律依据。

（二）关于锅炉费用如何扣除的问题

再审法院认定："关于锅炉，徐玉坤在石河子市人民法院2006年4月29日的执行笔录及徐玉坤给该院写的书面材料中均明确表示，此锅炉证件不全，没有最新检验报告，是不合格炉子，我不能接收。因此认定徐玉坤已接收了锅炉，证据不足。"判决锅炉费不予从承包费中扣除。从本案证据看，玛纳斯县锅容管特安全监察部门于2002年3月9日发出锅容管特安全监察指令书，要求锅炉立即停止运行、压力容器按规定申请检验办理使用证；2003年3月25日高尔枢与姜伯涛签订了《关于改造高温炉的合同》；2002年9月25日胶化厂交锅炉检验费、2002年10月6日胶化厂购买炉条、2002年11月19日胶化厂付锅炉及安装费的发票，可以证实徐玉坤提供的锅炉不能正常使用，姜伯涛为保障生产，对锅炉进行了必要的检验、改造及安装等。对此，依照2001年6月18日双方签订的承包合同的约定，徐玉坤应将姜伯涛垫付有关锅炉的费用，进行折旧，并从承包费中扣除。

二、判决认定的基本事实缺乏证据证明

本案在终审判决执行过程中双方当事人就变压器、锅炉的交付产生了分歧。

（一）关于变压器的交付问题

2006 年 4 月 21 日，石河子市人民法院在执行过程中，对相关物品进行清点后，姜伯涛将厂房移交给徐玉坤并支付看管费 200 元给徐玉坤，徐玉坤表示同意。2006 年 4 月 29 日，石河子市人民法院再次执行时，徐玉坤开始要求对变压器做耐压和耐油试验，在双方争执不下后又明确表示"变压器今天我接收了"。农八师中级人民法院 2008 年 5 月 30 日对石河子市人民法院执行员孙金梁的调查笔录记明："徐玉坤的变压器被他人保管，徐玉坤说变压器坏了，我说去鉴定，徐玉坤说行，我就把变压器给徐玉坤，最后徐玉坤将变压器装车去鉴定并签收，徐玉坤后来给我说变压器没拿走，被债权人拿走了。"以上证据足以证实，在徐玉坤所有并看管的厂区内，人民法院已对生效判决确定的变压器进行了交付执行，此后发生的灭失风险已完全转移至徐玉坤。且再审的庭审笔录已经明确反映，变压器是王银明拉走的，且王银明出庭作证，当庭证实因徐玉坤欠其款，在 2006 年他们交接后，将变压器拿走顶欠款，并证实在徐玉坤的厂区内拿走了徐玉坤控制管理的变压器，并且给徐玉坤打过招呼，而徐玉坤未作意思表示。然而农八师中级人民法院的再审判决无视证人证言所证实的基本事实，认定"变压器已被他人拉走，未能实际履行"，系认定案件的基本事实错误。

（二）关于锅炉的交付问题

本案在一审、二审期间，徐玉坤认可锅炉属于新增设备，同意并确认了锅炉的评估价格，并未就锅炉的折旧价款从承包费中扣除提出异议，其提出的再审理由是锅炉是不合格炉子，不能接收。首先，锅炉是否合格。姜伯涛购买使用的锅炉有产品质量合格证，并且在昌吉回族自治州质量技术监督局进行了注册使用登记，可以确定购买使用的是合格产品，且昌吉回族自治州质量技术监督局出具的证明仅是证明该锅炉使用证在定期检验合格情况下有效，并没有确认该锅炉为不合格。本案没有任何证据证实该锅炉是不合格锅炉。石河子市价格事务所对该锅炉进行了评估，徐玉坤并未对评估价格提出异议，表明其认可锅炉的现存价值。其次，本案讼争始于 2005 年 1 月，姜伯涛使用的该锅炉参加了 2004 年度检验并合格，也就是在一、二审判决确定期间，该锅炉的使用证是合格有效的。再次，生效判决确定解除双方的承包合同，讼争锅炉拆抵徐玉坤的承包费，锅炉置于徐玉坤所有的厂区内，无须移动只要交付相关手续就应当认定交付已经完成，2006 年 4 月 21 日，石河子市人民法院的执行笔录证明，在执行员的主持下，姜伯涛将该锅炉的 2004 年检验报告表、锅炉合格证、图纸及锅炉配件移交给了徐玉坤，并交给徐玉坤 200 元的护厂费，此时锅炉已在徐玉坤的管理之下。最后，石河子市人民法院执行员孙金梁亦证实"锅炉没别的问题，就牵扯合格证的问题当时就签收交接了"。本案在再审庭审过程中，姜伯涛提供的证人王志宽出庭证实，徐玉坤在 2006 年 4 月 29 日执行的当晚，就将锅炉拆卸后卖给废品收购站，其以自己的行为表示接受了锅炉。因此，再审判决以锅炉不合格，徐玉坤没有接收锅炉为由，支持徐玉坤的再审请求，与事实不符，亦无证据证实。

【监督结果】

新疆维吾尔自治区高级人民法院生产建设兵团分院经过再审，撤销了农八师中级人民法院判决，裁定将本案发回重审。重审后，农八师中级人民法院作出终审判决，判决采纳了检察机关的抗诉意见，解除了徐玉坤与姜伯涛于 2001 年 6 月 18 日签订的承包合同，驳回了徐玉坤要求姜伯涛给付承包费和利息损失的诉讼请求。

【点评】

本案涉及合同的法律解释原则和高度盖然性证据规则的运用。

一、合同的法律解释原则

本案涉及的第一个问题是合同的法律解释问题。即合同双方当事人对合同中的某一条款理解发生分歧又不能通过协商解决时，请求法院对有分歧的合同条款作出含义明确的解释。本案的裁判机理主要是运用合同解释的规则和方法正确认定变压器和锅炉费用的扣除问题。

合同解释主要是对当事人有争议的条款的解释，但根据个案，有时也需要结合合同的全部内容乃至相关联的合同内容确定有争议内容的确切含义。合同解释有多种规则和方法，虽然其都是为了确认合同条款的真意，探求当事人的效果意思，进而正确处理纠纷，但各种方法的运用也要遵循一定的规则。我国《合同法》第 125 条第 1 款规定："当事人对合同条款的理解有争议的，应当按照合同所使用的词句、合同的有关条款、合同的目的、交易习惯以及诚实信用原则，确定该条款的真实意思。"本案中，只有按照我国《合同法》所确定的合同解释规则顺序对争议条款进行解释，才能得出法律结论。

（一）从文义上对合同条款进行解释

文义解释是指通过对合同所使用的文字词句含义的解释来确定当事人的真实意思。由于文义解释强调要以当事人表示出来的意思为准，所以文义解释坚持的是表示主义或客观主义原则。从解释规则逻辑关系上讲，文义解释是合同解释的第一步，只有在文义解释不能实现合同解释的目的时，才可采用合同解释的其他方法。本案中，在双方当事人签订的合同中，关于设备的内容有两点：一是徐玉坤提供正常生产的设备及确保水、电、路通；二是姜伯涛在承包期间所增加的设备经折旧定价移交给徐玉坤，折旧定价后的设备款从姜伯涛支付给徐玉坤的承包费中扣除。从文义上理解，不是所有的姜伯涛购买的设备都是新增设备，只是因生产需要所增加的设备才折旧扣除，正常的生产设备及确保水、电、路通的设备应由徐玉坤提供。本案中变压器系正常生产的设备，非生产需要所增加的设备，且购买经徐玉坤同意。故从文义上解释，变压器费用应全价扣除。关于锅炉，因徐玉坤提供锅炉不能正常使用，姜伯涛对锅炉进行了检验、改造及安装，系新增设备费用，可进行折旧扣除。

（二）从体系上对合同进行解释

合同是一个有机的整体，当事人合同意思贯穿整个合同，孤立地看某一个条文，可能不明其义，因此，有时应将争议的部分和其他部分系统地看，才能正确地解释争议的内容，所以，体系解释的方法是指对合同各个条款进行互相解释，以确定各个条款特别是争议条款的真实意思。

本案合同是一份承包经营合同，双方约定徐玉坤将方正胶化厂承包给姜伯涛经营，并提供厂房、基本设备、正常生产的水、电、路通等生产前的一切条件，姜伯涛交付承包费等相关费用。因徐玉坤未能保证正常生产用电，经徐玉坤同意，姜伯涛购买了变压器，在徐玉坤出具的条据中，只说从承包费中扣除，却没有说明是全价还是折旧扣除，从合同体系上对此解释，应全价扣除购买变压器的费用。

（三）从意思表示主义的角度对合同条款进行解释

意思表示主义也称主观主义，它强调在解释合同时要以当事人内在的意思为准，要透过合同文义去探求当事人的内心真义。根据我国《合同法》第125条的规定，合同解释一般应遵循文义表示为基础，意思表示为补充的原则。实践中，后者一般是在一方当事人受欺诈或胁迫时适用。不存在欺诈、胁迫的情况下，该方法则可以用来印证和检验文义解释的正确性。本案就属于此种情况，尽管根据文义解释之后可以作出变压器应全价扣除、锅炉就折旧扣除结论。但稳妥起见，同时也为了充分说理，仍有必要再采用意思表示主义的解释方法对争议的问题作出进一步的分析研究。为此，检察机关依据合同的约定及案件事实进行综合分析，得出了再审法院的错误。

二、高度盖然性证据规则的运用

本案涉及的第二个问题是高度盖然性的证明标准的运用。最高人民法院《关于民事诉讼证据的若干规定》第73条规定，双方当事人对同一事实分别举出相反的证据，但都没足够的依据否定对方证据的，人民法院应当结合案件情况，判断一方提供证据的证明力是否明显大于另一方提供证据的证明力，并对证明力较大的证据予以确认。这就是高度盖然性规则。盖然性规则是指由于受到主观和客观上的条件限制，要求法官就某一案件事实的认定依据庭审活动在对证据的调查、审查、判断之后形成相当程度上的内心确信的一种证明规则。按照这一标准，对特定的案件事实负有举证责任的当事人必须要提供足够的证据，达到"明显优势"的程度，才能卸除其举证责任，使法院作出对他有利的事实认定。这里的"明显优势"，不是100%的客观真实，而是一种相对真实，有51%—99%的确定性即可。实行这种证明标准，明确了"法律真实"的证明要求，显然体现了民事诉讼解决私权纷争的性质和功能，兼顾了诉讼程序的多元化价值，符合市场经济对民事诉讼的客观要求，符合现代民事诉讼的客观规律。采用这种标准，负有举证责任的一方当事人为了支持自己的诉讼主张，必须向法官承担说服责任，只要当事人通过庭审活动中的举证、质证和辩论活动使得法官在心证上形成对该方当事人事实主张更趋采信方面的较大倾斜，那么，该方当事人的举证负担即告卸除——举证责任免除的边际。

本案再审法院以申诉人在执行中未交付涉案物品作出判决。对于是否交付物品应根据本案的证据进行分析。关于变压器的交付问题。法官执行时的记录、执行员的证言、证人王银明的证言及双方对姜伯涛将厂房移交给徐玉坤并支付看管费200元均认可等证据之间相互印证，其证明力大于徐玉坤所主张证人王银明不在交付现场不能证明变压器已交付。关于锅炉的交付问题。徐玉坤主张锅炉不合格，其不接受，且未移交，而本案证据却是购买锅炉有产品质量合格证且在有关质量技术监督局进行了注册使用登记，并无不合格的证据。且锅炉本就置于徐玉坤的厂区内，并法官执行时履行了交付手续，亦有证人证实徐玉坤于执行当日，将锅炉拆卸后卖给废品收购站，因而，从以上证据分析，变压器、锅炉已交付的可能性大于未交付的可能性，故根据盖然性规则应认定变压器和锅炉已交付。

【承办人简介】

尚丽，女，汉族，西北政法学院法律硕士研究生，现任兵团检察院民事行政检察处处长。曾荣获全国检察机关优秀调研成果三等奖、优秀论文、新疆维吾尔自治区优秀检察调研成果二等奖、兵团哲学社会科学理论研究优秀撰稿人。

46. 桐城市劳动和社会保障局与陈宝英、高祥行政纠纷抗诉案

【监督机关】安徽省安庆市人民检察院

【监督方式】抗诉

【基本案情】

申请人（原审被告）：桐城市劳动和社会保障局，法定代表人：段鹏飞。

其他当事人（原审原告）：陈宝英，女，1974年2月15日出生，汉族，无民事行为能力，住桐城市大关镇麻山村。

其他当事人（原审原告）：高祥，男，1996年11月16日出生，汉族，系陈宝英之子；法定代理人：姚秀珍，女，1937年5月25日出生，汉族，住桐城市大关镇缸窑村，系陈宝英母亲。

高跃文生前系桐城市大拇指耐磨材料有限公司职工。2008年3月16日下班途中，高跃文无证驾驶无号牌两轮摩托车与陈光林驾驶的普通货车相撞，致其死亡。经桐城市公安局交通警察大队交通事故认定，陈光林负事故的主要责任，高跃文违反了《中华人民共和国道路交通安全法》第8条、第19条的规定，负事故的次要责任。2008年6月1日，高跃文妻陈宝英、子高祥二人申请工伤认定，桐城市劳动和社会保障局以高跃文无证驾驶无号牌摩托车为由，作出〔2008〕桐劳工字第006号《不予认定通知书》，陈宝英、高祥二人不服，申请复议，桐城市行政复议机关以桐复决字〔2008〕第5号行政复议决定书维持了桐城市劳动和社会保障局作出的具体行政行为。陈宝英、高祥二人遂向桐城市人民法院提起行政诉讼，要求撤销〔2008〕桐劳工字第006号《不予认定通知书》，责令桐城市劳动和社会保障局重新作出工伤认定。

【原审裁判情况】

桐城市人民法院审理认为：《工伤保险条例》第16条规定，职工有下列情形之一的，不得认定为工伤或视同工伤：因犯罪或违反治安管理伤亡的……高跃文无证驾驶无号牌摩托车，违反《中华人民共和国道路交通安全法》的

相关规定，不属于违反治安管理的行为。桐城市劳动和社会保障局依据《工伤保险条例》第16条第1项之规定，不予认定高跃文为因工伤亡，属适用法律错误。陈宝英、高祥要求撤销《不予认定通知书》并责令桐城市劳动和社会保障局重新作出工伤认定的理由成立，本院应予支持。依据《中华人民共和国行政诉讼法》第54条第2项之规定，判决：撤销桐城市劳动和社会保障局2008年6月11日作出的〔2008〕桐劳工字第006号《不予认定通知书》；责令桐城市劳动和社会保障局在本判决生效后30日内重新作出具体行政行为。

【监督意见】

桐城市劳动和社会保障局不服桐城市人民法院生效判决，向检察机关提出申诉。2009年4月10日，安庆市人民检察院以庆检民行抗〔2009〕3号行政抗诉书，向安庆市中级人民法院提出抗诉，理由如下：

原《治安管理处罚条例》第27条第2项规定："无证驾驶的人、醉酒的人驾驶机动车辆，或者把机动车辆交给无驾驶证的人驾驶的，处十五日以下拘留、二百元以下罚款或者警告。"2004年5月实施的《中华人民共和国道路交通安全法》第99条规定："有下列行为之一的，由公安机关交通管理部门处二百元以上二千元以下罚款：（一）未取得机动车驾驶证、机动车驾驶证被吊销或者机动车驾驶证被暂扣期间驾驶机动车的……"因此，为了避免重复第1款规定，2006年3月实施的《中华人民共和国治安管理处罚法》未对无证驾驶的行为作出处罚规定。《中华人民共和国治安管理处罚法》第1条规定："为维护社会治安秩序，保障公共安全，保护公民、法人和其他组织的合法权益，规范和保障公安机关及其人民警察依法履行治安管理职责，制定本法"；第4条第1款规定："在中华人民共和国领域内发生的违反治安管理行为，除法律有特别规定的外，适用本法。"违反道路安全法规显然是妨害公共安全的行为，相对于《中华人民共和国治安管理处罚法》，《中华人民共和国道路交通安全法》是特别法，而违反《中华人民共和国道路交通安全法》的行为，当然也是违反治安管理的行为。原审判决狭义地理解违反治安管理的行为，适用法律确有错误。

【监督结果】

2009年5月31日，安庆市中级人民法院以〔2009〕宜行监字第7号裁定，指令桐城市人民法院再审本案。桐城市人民法院受理本案后，于2009年9月29日作出〔2009〕桐行再初字第1号行政判决书。判决认为：《工伤保险条例》第16条规定，职工因违反治安管理伤亡的，不得认定工伤或者视同工伤。《工伤保险条例》施行时，《中华人民共和国道路交通安全法》、《中华人民共和国治安管理处罚法》尚未出台，当时配套施行的《中华人民共和国治安管理处罚条例》明确规定了无驾驶证的人驾驶机动车辆的行为属于违反治安管理的行为。由于《中华人民共和国道路交通安全法》已对无驾驶证的人驾驶机动车辆的行为如何处罚进行了明确系统的规定，故随后出台的《中华人民共和国治安管理处罚法》对该行为不再重复规定，但无驾驶证的人驾驶机动车辆的行为违反了法律的强制性规定，危及了公共安全的性质并没有发生改变。违反治安管理行为应当是违反了《中华人民共和国治安管理处罚法》和其他有关治安管理的法律、行政法规、规章的行为。原审认定高跃文无驾驶证驾驶无号牌摩托车，违反了《中华人民共和国道路交通安全法》的相关规定，不属于违反治安管理行为，显然不妥。综上所述，桐城市劳动和社会保障局根据《工伤保险条例》第 16 条规定作出〔2008〕桐劳工字第 006 号《不予认定通知书》正确，检察机关的抗诉理由成立。判决：（1）撤销〔2008〕桐行初字第 14 号行政判决；（2）维持桐城市劳动和社会保障局作出的〔2008〕桐劳工字第 006 号《不予认定通知书》，驳回陈宝英、高祥的诉讼请求。

判后，陈宝英、高祥仍然不服，向安庆市中级人民法院提出上诉。

案经安庆市中级人民法院请示安徽省高级人民法院，仍然存在分歧意见。安徽省高级人民法院审判委员会第一种意见认为：虽然《治安管理处罚条例》明确规定了无证驾驶的人驾驶机动车辆的行为属于违反治安管理的行为，但该条例在 2006 年 3 月 1 日已废止，高跃文无证驾驶的行为发生在 2008 年 3 月 16 日，应适用 3 月 1 日实施的《中华人民共和国治安处罚法》，该法规并没有将无证驾驶的行为纳入违反治安管理的行为；本案中，公安机关的《交通事故认定书》不是对治安管理违法行为的确认，劳动保障行政部门也无权对违反治安管理的行为进行认定。因此，没有证据证明高跃文的行为是违反治安管理的行为。第二种意见认为：《工伤保险条例》施行时，配套施行的是《治安管理处罚条例》。《工伤保险条例》中的"治安管理"应属于《治安管理处罚条例》规定的广义上的"治安管理"，《治安管理处罚条例》明确规定了无证驾驶的行为属于违反治安管理的行为。因此，高跃文无证驾驶的行为是违反广义上的治安管理的行为。审判委员会多数人持第一种意见。2010 年 6 月 28 日，安徽省高级人民法院请示至最高人民法院。2010 年 12 月 14 日，最高人民法院行政审判庭以〔2010〕行他字第 182 号答复原则同意审判委员会的第二种意见，也即支持了检察机关的抗诉意见。2011 年 3 月 2 日，安庆市中级人民法院以〔2009〕宜行再终字第 6 号判决书，判决驳回陈宝英、高祥的上诉，维持桐城市人民法院〔2009〕桐行再初字第 1 号行政判决。

【点评】

本案的关键是辨明什么是违反治安管理的行为。要辨明违反治安管理的行为，首先要弄清什么是治安管理。治安管理即治安行政管理，是公安机关为维护公共秩序和社会安定而实施的社会行政管理。是维护社会秩序手段之一，即具有维护社会安宁、公共安全作用的法律所规范的秩序。我国治安管理体现为公安机关运用专门的组织管理手段贯彻执行治安法规的各种活动。其管理范围包括：户口管理、特种行业管理、交通管理、消防管理、公共秩序管理、危险物品管理等。无证驾驶是违反交通法规的行为，显然属于公安机关治安管理范畴。

本案的审理还涉及法解释学。法律解释方法分为三类：文义解释、论理解释和社会学解释。其中论理解释又包括：体系解释、法意解释、比较解释、目的解释和合宪性解释。

法意解释，又称立法解释，或沿革解释，或历史解释。系指探求立法者或准立法者于制定法律时所作的价值判断及其所欲实现的目的，以推知立法者的意思。立法史及立法过程中的有关资料，均为立法解释的主要依据。同时，在作法意解释时，还必须依社会现有观念，对立法资料予以评估，进行价值判断，以发现法律客观的规范意旨。2004 年 10 月 22 日，时任公安部副部长田期玉在第十届全国人民代表大会常务委员会第十二次会议上作的《关于〈中华人民共和国治安处罚法（草案）〉的说明》中指出："消防法、道路交通安全法、居民身份证法等法律对相应的违法行为及处罚已有系统规定的，草案不再重复规定。"显然，《中华人民共和国治安管理处罚法》未对无证驾驶机动车及其处罚作出规定，是为了避免重复规定。依据现有社会观念，无证驾驶机动车也显然是妨害社会治安秩序和公共安全的。

目的解释是指以法律规范目的为根据，阐释法律疑义的一种解释方法。目的解释之功能在于维持法律秩序之体系性和安定性，并贯彻立法目的。《中华人民共和国治安管理处罚法》第 1 条关于立法目的明确规定：为维护社会治安秩序，保障公共安全，保护公民、法人和其他组织的合法权益，规范和保障公安机关及其人民警察依法履行治安管理职责，制定本法；第 4 条关于适用范围也明确规定：在中华人民共和国领域内发生的违反治安管理行为，除法律有特别规定的外，适用本法。依照上述规定，违反道路安全法规显然是妨害公共安全的行为。

法律解释是一个以法律目的为主导的思维过程。每一种解释方法，各具功能，但亦有限制，不能绝对化。每一种解释方法分量有不同，但须相互补充，共同协力，方能获得合理的解释结果，于个案中妥当调和当事人利益，贯彻正义之理念。

【承办人简介】

梁红，女，43岁，汉族，华东政法大学法律硕士学位，安徽省安庆市人民检察院民事行政检察处副处长。1991年参加工作，2004年进入民事行政检察部门以来，办理各类民事行政抗诉案件200余件，撰写民事检察理论文章若干篇。

47. 邢延兵与熊成章、兰建林、郧西县房地产管理局房屋权属登记纠纷抗诉案

【监督机关】 湖北省十堰市人民检察院、湖北省十堰市郧西县人民检察院

【监督方式】 抗诉

【基本案情】

申请人（原审第三人）：邢延兵，男，1976年11月25日出生，汉族，湖北省郧西县人，个体医师，住本县城关镇王家坪村5组。

其他当事人（原审第三人）：兰建林，男，1974年9月12日出生，汉族，湖北省郧西县人，村民，住本县城关镇王家坪村5组。

其他当事人（原审原告）：熊成章，男，1966年11月12日出生，汉族，湖北省郧西县人，个体工商户，住本县城关镇王家坪村5组，现暂住十堰市二汽设备制造厂。

其他当事人（原审被告）：郧西县房地产管理局，法定代表人：付承平，局长。

1995年11月25日，熊成章与兰春德约定，兰春德所建房屋的一半卖给熊成章，熊成章在兰春德建房时须预付部分现金。此后，兰春德在熊成章处借了部分现金，出具了借条。同年11月27日，兰建林父亲兰绪章与兰春德经审批，办理了集体建设用地及建房施工等手续，并于次年5月建成房屋四间。2000年，兰绪章以兰建林的名义办理了其中二间房屋的集体土地建设用地使用证，并经所在村委会签署"同意"意见后，向郧西县房地产管理局（以下简称县房管局）申请房屋所有权登记。该房屋所有权证由兰春德领回。2005年12月2日，熊成章与兰建林订立租房协议：双方共同表明，虽房产证办在兰建林的名下，如以后出售，兰建林无权干涉和单独处理。兰春德在该协议上加注：若出售本房须经我同意为准。2006年5月15日，兰建林与邢延兵订立了房屋买卖协议，将上述房屋转让给邢延兵。协议约定了四至边界等，兰妻张华亦在甲方栏签名。经兰建林、邢延兵申请，县房管局对房屋进行了估价和安

全鉴定，双方填写了房地产转让价格申报过户单。县房管局为邢延兵颁发房屋所有权证后，将兰建林的原证收回注销。刑延兵支付部分房款后未实际入住。

2006年9月29日，熊成章以县房管局为被告，兰建林、邢延兵为第三人，向郧西县法院提起行政诉讼，请求判令撤销被告为邢延兵办理的房屋所有权证书。同年12月7日，熊成章认为其不具有原告主体资格，其房屋所有权需通过民事诉讼进行确认而申请撤诉。同日，郧西县人民法院裁定准予其撤诉。2007年10月10日，熊成章以相同的事实和理由，再次向郧西县人民法院提起行政诉讼。

【原审裁判情况】

2007年12月6日，郧西县人民法院作出〔2007〕西行初字第11号行政判决。判决认为，县房管局2000年9月15日依据房屋建设用地人兰绪章的房屋权属登记申请书，无任何证据而将该房屋登记在兰建林名下，并颁发所有权证的行为明显缺乏事实和法律依据，属违法登记。兰建林不是房屋所有权人而将房屋处分给邢延兵，且双方共同申请办理产权变更登记的行为，县房管局亦未进行审查核实。熊成章认为该房屋是其与兰春德合建，应归其所有。县房管局对该房屋进行权属登记与熊成章有法律上的利害关系，熊成章依法具有诉权，属合法的诉讼主体；熊成章于2006年1月知道县房管局将房屋登记在兰建林名下，于2007年10月起诉，未超过法定期限。县房管局辩称的理由不能成立，不予支持。熊成章诉称县房管局登记行为错误，其主张合法，予以采纳。依照《中华人民共和国行政诉讼法》第54条第1款第2项第1、2目，最高人民法院《关于执行〈中华人民共和国行政诉讼法〉若干问题的解释》第12条、第41条第1款、第42条、第57条第2款第2项之规定，判决：县房管局为兰建林颁发房屋所有权证书的行政行为违法；撤销县房管局为邢延兵颁发的房屋所有权证书。

【监督意见】

判后，邢延兵不服，向郧西县人民检察院提出申诉，勋西县人民检察院经审查后向十堰市人民检察院提请抗诉。2008年5月23日，十堰市人民检察院作出十检民行抗〔2008〕9号行政抗诉书，向十堰市中级人民法院提出抗诉。抗诉理由是：原审认定的事实主要证据不足、违反法定程序、适用法律错误。

1. 原审认定熊成章与兰春德合资建房，熊成章是本案适格原告主要证据不足。

原审证据已证实，诉争房屋的相关建房手续是以兰绪章、兰春德名义办理的。房屋建成后，兰绪章将其所有的房屋登记在其子兰建林名下，不违反法律规定。熊成章未提供其与兰春德合资建房的事实依据，仅有的只是其与兰春德

1995 年 11 月 25 日订立的房屋买卖协议及兰春德出具的借据，但上述证据只能证明二人之间的买卖关系和借贷关系。原审认定熊成章与兰春德商议在王家坪村五组建房，因其户口未在该村便以兰绪章、兰春德名义申请用地的事实无证据证明，因此原审认定"县房管局无任何证据而将房屋登记在兰建林名下并颁发房产证的行为缺乏事实和法律依据属违法登记"属认定事实错误。熊成章与兰春德之间的买卖关系和借贷关系并非本案行政诉讼审理范畴。熊成章不能证明其与县房管局的房屋登记行为具有法律上的利害关系，因此原审认定熊成章是本案的适格原告，依法享有诉权属认定事实的主要证据不足。

2. 原审判决适用法律明显错误，且程序违法。

本案中，兰绪章在建成砖混结构房屋一层四间后，以兰建林的名义办理了其中二间房屋的集体土地建设用地使用证，并向县房管局申请办理该房屋所有权登记。2000 年 9 月 17 日，县房管局为兰建林颁发了房屋所有权证书。这已排除了熊成章成为该房屋事实上的物权人或者成为法律上的物权人的可能，行政登记机关也就不承担向其告知相关事项的义务。最高人民法院《关于执行〈中华人民共和国行政诉讼法〉若干问题的解释》第 41 条第 1 款、第 42 条的规定，不适用熊成章之情形。同时，原审中熊成章和兰建林签订的租房协议表明，熊成章最迟在 2005 年 12 月 2 日就已明确知道了兰绪章已将房屋办在兰建林名下之事，但其却迟于 2006 年 9 月 29 日才向人民法院提起行政诉讼，请求撤销县房管局为兰建林颁发的房产证。根据《中华人民共和国行政诉讼法》第 39 条的规定，"公民直接向人民法院提起诉讼的，应当在知道作出具体行政行为之日起三个月内提出"。熊成章的起诉明显超过法定期间。同时，原审在准予熊成章撤诉后，对其以相同的事实和理由再次提起的诉讼，仍予以受理，属明显违反最高人民法院《关于执行〈中华人民共和国行政诉讼法〉若干问题的解释》第 36 条的规定。

【监督结果】

2008 年 7 月 1 日，十堰市中级人民法院作出〔2008〕十法行监字第 1 号行政裁定，指令郧西县人民法院对本案另行组成合议庭进行再审。2008 年 9 月 24 日，郧西县人民法院作出〔2008〕西行再字第 8 号行政裁定。裁定认为，熊成章以县房管局为被告，以兰建林、邢延兵为第三人于 2006 年 10 月 26 日向本院提起行政诉讼。2006 年 12 月 7 日，郧西县人民法院裁定准予熊成章撤诉后，熊成章又于 2007 年 10 月 16 日重新起诉。熊成章虽在重新起诉时提交了兰春德、周克林、张德云、李泽立的证言，但这类证据不能证明被诉行政行为违法。因此，人民法院准许熊成章撤诉后，熊成章基于同一事实和理由重新起诉，人民法院应不予受理。依据最高人民法院《关于执行〈中华人民共和国行政诉讼法〉若干问题的解释》第 36 条、第 63 条第 1 款第 2 项之规定，经该院审判委员会讨论，裁定：撤销郧西县人民法院〔2007〕西行初字第 11 号行政判决书；驳回熊成章的起诉。

熊成章不服判决提起上诉，2009 年 1 月 7 日，十堰市中级人民法院作出〔2008〕十法行再终字第 4 号行政裁定：撤销郧西县人民法院〔2008〕西行再字第 8 号行政裁定；指令郧西县人民法院对该案继续审理。2009 年 6 月 4 日，郧西县人民法院作出〔2009〕西行再字第 1 号行政判决。判决认为，与具体行政行为有利害关系的公民、法人或者其他组织对该行为不服的，可以提起行政诉讼。熊成章作为本案原告要求确认县房管局为第三人兰建林办理的房屋所用权证书的行为违法，并要求撤销县房管局为第三人邢延兵办理的房屋所有权证书的诉讼请求，应当提交县房管局的房屋登记行为与其有法律上的利害关系的证据。但熊成章提交的证据仅证实诉争房屋的建房手续是以兰绪章、兰春德的名义办理的，该房屋属兰绪章、兰春德所有。房屋建成后，兰绪章将其所有的房屋登记在其子兰建林名下。且熊成章与兰春德之间的房屋买卖协议及兰春德的借条，只能证明熊成章与兰春德之间存在买卖关系和借贷关系，不能证明熊成章与兰绪章之间或者与兰春德之间存在合资建房的关系，不能证明对该房屋享有物权。县房管局为第三人兰建林所作的房屋初始登记及为第三人邢延兵所作房屋变更登记与熊成章主张的权利损害之间没有因果关系。因此，熊成章以与兰春德之间属合资建房，该房屋应归其所有，县房管局的行为侵犯其合法权益的理由不能成立，不予支持。熊成章作为本案原告不适格，不具备诉讼主体资格，对其起诉应予驳回。裁定：撤销郧西县人民法院〔2007〕西行初字第 11 号行政判决；驳回熊成章的起诉。

【点评】

本案争议的主要焦点是，熊成章与县房管局的房屋登记行为是否具有法律上的利害关系，即熊成章是否为本案的适格原告。

原审有充分证据证明，涉案房屋的建房手续是以兰绪章、兰春德名义办理的。房屋建成后，兰绪章在以兰建林的名义办理了其中二间房屋的集体土地建设用地使用证的基础上，以所有权人兰建林名义向县房管局申请办理房屋所有权登记，王家坪村委会在其申请上签署了"同意"的意见。县房管局为兰建林颁发房屋所有权证书后，由兰春德领回该证。

上述事实表明，县房管局为兰建林颁发房产证的行为，是根据国土部门颁发的集体土地建设用地使用证，以及村委会签批的同意意见作出的，且作为房屋建房申请人兰绪章和兰春德分别以主动申请和代领房产证的行为对该房屋的初始登记表示认可，因此该登记行为并无不当。

熊成章在诉讼中提交的证据仅有其与兰春德 1995 年 11 月 25 日订立的房屋买卖协议及兰春德出具的借据，但上述证据只能证明二人之间的买卖关系和借贷关系。在熊成章无证据证实其与兰春德合资建房，亦无证据证明双方买卖的标的与被诉房屋登记行为指向的为同一房屋的情形下，其与县房管局的颁证行为并无法律上的利害关系。因此，县房管局没有义务告知其有关行政行为的内容和起诉期限，本案不应适用最高人民法院《关于执行〈中华人民共和国行政诉讼法〉若干问题的解释》第 41 条第 1 款的规定。同时，根据《中华人民共和国行政诉讼法》第 39 条和最高人民法院《关于执行〈中华人民共和国行政诉讼法〉若干问题的解释》第 42 条的规定，公民直接向人民法院提起诉讼的，应当在知道具体行政行为内容之日起 3 个月内提出，从行政行为作出之日起最长超过 5 年，涉及不动产最长超过 20 年的，法院不予受理。本案中，熊成章于 2005 年 12 月 2 日与兰建林签订租赁协议时就已明确了租赁房屋登记在兰建林名下的事实，即已知晓县房管局作出的具体行政行为内容，其于 2006 年 9 月提起诉讼明显超出了起诉期限。此外，原审在裁定准予熊成章撤诉后，对其以同一事实和理由重新提起的诉讼予以受理，明显违反最高人民法院《关于执行〈中华人民共和国行政诉讼法〉若干问题的解释》第 36 条的规定。

再审判决采纳了论述充分的抗诉理由，对该案予以改判，维持了县房管局依法作出的房屋登记行为，维护了房屋法定所有人以及买受人的合法权益。

【承办人简介】

庹章华，男，1961 年 3 月 13 日出生，湖北郧西人，武汉大学法学专业（自考）大专学历，现任郧西县人民检察院民事行政检察科科长，一级检察官，多次获得十堰市检察院"民行办案能手"、"先进检察官"等荣誉称号。

48. 乌鲁木齐隆盛达副食品有限公司与乌鲁木齐市国土资源局土地行政处罚纠纷抗诉案

【监督机关】新疆维吾尔自治区人民检察院

【监督方式】抗诉

【基本案情】

申请人（一审原告、二审上诉人）：乌鲁木齐隆盛达副食品有限公司，法定代表人：刘建国，经理。

其他当事人（一审被告、二审被上诉人）：乌鲁木齐市国土资源局，法定代表人：辛建军，局长。

1997 年 10 月 28 日，乌鲁木齐市国土资源局（以下简称乌市国土局）与乌鲁木齐隆盛达副食品有限公司（以下简称隆盛达公司）签订了国有土地使用权出让合同，并于同年 10 月 29 日、10 月 30 日给隆盛达公司分别颁发了〔1997〕县土建字第 018 号建设用地批准书和乌县国用〔97〕字第 3163 号国有土地使用证。2000 年 12 月 26 日，隆盛达公司与新疆瑞达房地产公司（以下简称瑞达公司）签订《开发土地协议书》，隆盛达公司收取瑞达公司定金 50 万元。2001 年 9 月 16 日，隆盛达公司与新疆金坤房地产开发公司（以下简称金坤公司）签订一份联建协议书，并收取定金 200 万元。2002 年 12 月 5 日，乌市国土局以原告闲置土地、非法转让土地为由下达了市国土资行决〔2003〕86 号行政处罚决定书，内容为：决定依法无偿收回隆盛达公司位于乌市南湖土地证号为乌县国用〔97〕字第 3163 号土地使用权，终止 1997 年 10 月 28 日原县仓房沟副食品有限公司与县土地管理局签订的国有土地使用权出让合同。注销乌县国用〔97〕字第 3163 号国有土地使用证。没收违法所得 250 万元，并处违法所得 250 万元的 10% 罚款 25 万元，共计 275 万元。隆盛达公司对此处罚决定不服，向自治区国土资源厅提起行政复议。2004 年 4 月 1 日，自治区国土资源厅作出新国土资复决字〔2004〕01 号行政复议决定书，维持乌市国土局市资行决〔2003〕86 号行政处罚决定。隆盛达公司对乌市国土局的处罚决定不服诉至法院。

另查明，1999 年 8 月 30 日，因农业银行乌鲁木齐县支行诉隆盛达公司贷款纠纷一案，乌鲁木齐市中级人民法院作出〔1999〕乌中法执字第 31 号协助执行通知书，查封了该案土地。2001 年 5 月 8 日解封。同年 10 月 25 日，因新疆百商五交化有限公司诉隆盛达公司欠款纠纷一案，乌鲁木齐市新市区人民法院作出〔2001〕新民一初字第 3829 号协助执行通知书，二次查封了该宗土地，2002 年 2 月 21 日解封。同年 2 月 28 日，因金坤公司诉隆盛达公司联建协议纠纷一案，该宗土地被乌鲁木齐市天山区人民法院第三次查封，一直未解封。

【原审裁判情况】

2004 年 10 月 8 日，乌鲁木齐市水磨沟区人民法院作出〔2004〕水行初字第 39 号行政判决。判决认为，隆盛达公司于 1997 年 10 月 30 日取得南湖路 12 号土地使用权后，至 2003 年 12 月 5 日国土资源局对隆盛达公司作出市国土资行决〔2003〕86 号行政处罚决定前这一期间，隆盛达公司只投资 29 万元用于修路、建围墙等，再未有其他投资和建设，投资额不足总投资额的 25%，违反了《中华人民共和国城市房地产管理法》第 25 条、《闲置土地处置办法》（国土资源部令第 5 号）第 4 条中有关土地闲置的规定。原告与瑞达公司、金坤公司签订开发、联建协议，并收取其定金，按照《新疆维吾尔自治区实施〈中华人民共和国城市房地产管理法〉办法》第 28 条第 2 项的规定，原告的行为已构成非法转让土地行为。判决：维持乌市国土局对隆盛达公司作出的市国土资行决〔2003〕86 号行政处罚决定。

隆盛达公司不服法院判决，上诉至乌鲁木齐市中级人民法院。

2005 年 2 月 5 日，乌鲁木齐市中级人民法院作出〔2005〕乌中行终字第 7 号行政判决。判决认为，隆盛达公司于 1997 年 10 月 28 日与乌市国土局签订了国有土地使用权出让合同，合同第 14 条明确约定，乙方（隆盛达公司）根据本合同和土地使用条件投资开发利用土地，且投资必须达到总投资（不包括出让金）的 25%（或建成面积达到设计总面积 25%）后，有权将土地的余期使用权转让、出租；第 17 条约定，乙方（隆盛达公司）取得土地使用权后未按合同规定建设的，应缴纳已付出让金 0.01% 的违约金，连续两年不投资建设的，甲方（土地部门）有权无偿收回土地使用权。隆盛达公司在取得乌鲁木开市南湖路 12 号土地使用权后，至 2003 年 12 月 5 日国土资源局对隆盛达公司作出行政处罚决定前的这一期间，仅仅在该土地投资了 29 万元，再无其他投资和建设，投资额及建成面积远不足总投资额或设计总面积的 25%，又与瑞达公司、金坤公司签订开发、联建协议，并收取定金，转让土地使用权，既违反了国有土地使用权出让合同的约定，又违反《中华人民共和国城市房地产管理法》第25条、《闲置土地处置办法》（中华人民共和国国土资源部令第5号）第4条、《新疆维吾尔自治区实施〈中华人民共和国城市房地产管理法〉办法》第18条第2项的规定。隆盛达公司的行为构成闲置土地、非法转让土地。故乌市国土局对隆盛达公司作出的行政处罚决定，适用法律、法规正确、证据确凿，符合法定程序。隆盛达公司的上诉理由不能成立，本院不予支持。原判认定事实清楚，适用法律、法规正确。判决：驳回上诉，维持原判。

【监督意见】

隆盛达公司不服二审判决，向检察机关申请监督。新疆维吾尔自治区人民检察院经审查后，向新疆维吾尔自治区高级人民法院提出抗诉，理由如下：

1. 隆盛达公司的行为并未构成闲置土地。《中华人民共和国城市房地产管理法》第25条规定："……满二年未动工开发的，可以无偿收回土地使用权；但是，因不可抗力或者政府、政府有关部门的行为或者动工开发必需的前期工作造成动工开发迟延的除外。"该案中，隆盛达公司在1997年10月30日依法取得南湖路12号土地使用权后，投资了29万元进行修建围墙，平整道路，挖掘地基等项工作。后又于2000年12月26日和2001年9月16日与瑞达公司、金坤公司签订联建协议，共同开发该宗土地。因该宗土地先后三次被法院查封，使得开发无法进行。同时，市国土资源局收回该宗土地的时候，该宗土地正在自治区高级人民法院的民事诉讼审理之中。因而该宗土地闲置的原因属于《中华人民共和国城市房地产管理法》第25条规定中的除外情形，乌市国土局以土地闲置两年为由收回该宗土地的使用权与事实不符。

2. 隆盛达公司的行为并未构成非法转让土地。《中华人民共和国城市房地产管理法》第27条规定："依法取得的土地使用权，可以依照本法和有关法律、行政法规的规定、作价入股，合资、合作开发经营房地产。"隆盛达公司与新疆瑞达房地产公司、新疆金坤房地产公司签订的联建协议实质上属于合资、合作开发经营房地产，是合法有效的。同时，乌鲁木齐市中级人民法院〔2002〕乌中民初字第53号民事判决认定瑞达公司与隆盛达公司订立的开发土地协议书是双方当事人之间真实意思表示，符合法律规定，双方均应依协议书的约定履行。自治区高级人民法院〔2003〕新民一终字第71号民事判决也认定《合作开发土地协议》是双方当事人的真实意思表示，且内容不违反国家法律禁止性规定为有效合同，双方均应严格合同约定履行各自的义务。所以，隆盛达公司的行为并未构成非法转让土地。而终审判决认定了乌市国土局的行政处罚行为，即认可双方的开发或联建协议为非法土地转让，与上述两份生效判决相悖、与本案事实不符。判决：撤销乌鲁木齐市水磨沟区人民法院〔2004〕水行初字第 39 号行政判决和乌鲁木齐市中级人民法院〔2005〕乌中行终字第 7 号行政判决；撤销乌市国土局对隆盛达公司作出的市国土资行决〔2003〕86 号行政处罚决定。

【监督结果】

2009 年 5 月 13 日，新疆维吾尔自治区高级人民法院作出〔2008〕新行再终字第 1 号判决。判决认为，本案主要有两个争议焦点：一是隆盛达公司是否构成土地闲置；二是隆盛达公司是否非法转让土地。

一、关于闲置土地问题

根据《中华人民共和国城市房地产管理法》和《土地闲置处置办法》的相关规定，构成土地闲置需要两个条件：一是满两年未动工开发；二是因不可抗力或者政府、政府有关部门的行为或者动工开发必需的前期工作造成动工开发迟延。政府部门处置闲置土地的目的，主要是防止土地使用权人故意将土地闲置，而达到抬高地价、收取高额差价的倒卖行为。故闲置土地的行为应当是一种具有主观故意的行为。本案中，隆盛达公司以出让方式取得南湖 12 号土地的使用权后，即投入了前期基础工程建设（投资 29.6 万元进行修建围墙、平整道路、挖掘地基等项工作），没有闲置土地的直接故意。隆盛达公司取得该宗土地仅 1 年后，乌鲁木齐市中级人民法院就将该宗土地查封。人民法院查封土地的目的，是保证债权人的利益，也就是说，一旦土地使用权涉诉被封，土地使用权有可能会因为人民法院的司法裁判而发生转移。在此情况下，隆盛达公司暂停开发亦是正常的，继续投入资金进行开发建设可能会致损失扩大。乌市国土局认为人民法院查封土地并不必然导致隆盛达公司对该宗土地开发的停止，该观点不符合客观实际。依据国土资源部 1998 年 12 月 11 日国土资函〔1998〕33 号《对收回被司法机关查封国有土地使用权问题的批复》的答复意见，对于司法机关依法进行的查封，在查封期限内，人民政府不能收回国有土地使用权。南湖 12 号土地最后一次被乌鲁木齐市天山区人民法院查封后，一直未被解封。在乌市国土局进行土地案件调查处理过程中，该宗土地仍处于查封状态，同时兼有民事纠纷正在人民法院诉讼过程中。故隆盛达公司主观上没有闲置土地的故意，乌市国土局以隆盛达公司闲置土地为由决定无偿收回土地使用权，无事实依据和法律依据。

二、关于非法转让土地问题

《中华人民共和国城市房地产管理法》第 27 条规定："依法取得的土地使用权，可以依照本法和有关法律、行政法规的规定，作价入股，合资、合作开发经营房地产。"本案中，一是隆盛达公司因资金缺乏而与瑞达公司、金坤公司的开发协议未违反法律规定。隆盛达公司收取的 250 万元定金，只是双方履约的保证，对方履行了联建协议，隆盛达公司就必须返还定金。250 万元并不是土地使用权的对价。二是隆盛达公司与瑞达公司、金坤公司的开发联建协议均经过人民法院的合法有效确认，认定双方有关土地开发协议书是双方当事人之间真实意思表示，且内容不违反法律禁止性规定。三是乌市国土局认为，隆盛达公司的行为违反《新疆维吾尔自治区实施〈中华人民共和国城市房地产管理法〉办法》第 18 条第 2 项的规定，构成房地产转让。但市国土资行决〔2003〕86 号行政处罚决定中并未适用《新疆维吾尔自治区实施〈中华人民共和国城市房地产管理法〉办法》的相关规定，此办法不能作为乌市国土局作出土地行政处罚决定的法律依据。故乌市国土局认定隆盛达公司非法转让土地无事实依据和法律依据。

【点评】

　　土地闲置，在社会上造成了诸多不良影响，不仅直接导致土地低效利用和资源的浪费和可耕种面积减少，还令城市规划遭到破坏，城市环境变差，影响了城市空间结构的优化和城市功能的全面提升，不利于土地市场的健康发展，给城市经济发展的后劲带来了不利因素。闲置土地形成的原因是多种多样的：一是历史原因，因拆迁不到位、规划调整、资金不到位等原因影响开发进度，造成了"烂尾楼"、"烂尾地"；二是纠纷原因，包括司法查封、债务纠纷、居民纠纷造成的土地闲置；三是部分企业为等待开发时机，延缓建设而形成的囤积土地；四是违法占地、违法建设，还有因不可抗力造成的闲置土地等。

　　闲置土地的处置是一项系统的社会工程，有些闲置土地涉及司法查封、银行抵押、欠缴部分土地出让金等情况，比较复杂，在处置中，要涉及各方面利益的再调整，不能简单收回了之。在收回涉及抵押、司法查封的闲置土地中，当抵押权、司法查封权先于闲置土地的收回权时，行政权与司法权有时面临着"撞车"。这一冲突的实质是：行政机关对已经设定了抵押权的国有土地使用权及已被司法机关查封的国有土地使用权能否收回。换句话说，收回权与抵押权、司法权相比较，哪个更应该优先得到满足。笔者认为，抵押权、司法查封权先于收回权设立而产生冲突时，如若土地管理部门在行使收回权之前，土地使用权已被抵押或司法查封，那么根据担保权优先的法律原则，国家行政机关在此时作为一般民事主体，国家行政机关的收回权作为一项普通民事权利，自然不能优先于已设定的抵押权，当然更不能优先于司法查封权。如果在抵押权或司法查封权设立之前产生收回权的事由已经发生，而收回权的设立却在抵押权或司法查封权发生之后，此时，收回权与抵押权或司法查封权谁得为优先？笔者认为，根据法律规定，产生收回权的事由一经发生，国家即应行使该权利

（权力），如果国家急于行使权力（权利），导致抵押权或司法查封权先设立，则为保护善意第三人的利益，应该认为，先设立的抵押权或司法查封权优先于收回权。

对于闲置土地的处置，土地行政主管部门也应当建立健全预防和处置闲置土地的长效机制，建立出让合同跟踪制度。在土地出让合同签订后，国土部门要继续跟踪监督土地开发建设状况，发现构成闲置土地行为的，及时予以处置。非政府原因造成闲置土地的，坚决无偿收回闲置满两年的土地；征收土地闲置费、征缴增值地价税将大大增加用地者囤积土地，炒地皮的成本，从根本上消除土地闲置的动力。

【承办人简介】

王华武，男，1960年11月出生，汉族，中共党员，本科学历，1998年9月部队转业至自治区检察院工作，现任新疆维吾尔自治区人民检察院正处级检察员。

49. 李盈庭与蔡记兵、湖南宁乡花明公路运输有限公司人身损害赔偿纠纷抗诉、检察建议案

【监督机关】 长沙市人民检察院、宁乡县人民检察院

【监督方式】 抗诉、检察建议

【基本案情】

申请人（案外利害关系人）：中国平安财产保险股份有限公司湖南分公司，住所地：长沙市芙蓉中路 458 号平安大厦 21 楼；法定代表人：程孝忠，该公司总经理。

被申诉人（原审原告）：李盈庭，男，1949 年 2 月 9 日出生，汉族，居民，住宁乡县玉潭镇同心路 5 – 25 号。

被申诉人（原审被告）：蔡记兵，男，1964 年 11 月 21 日出生，汉族，居民，住宁乡县青山桥镇造福村花门组。

被申诉人（原审被告）：湖南宁乡花明公路运输有限公司，住所地：宁乡县玉潭镇白马大道 125 号；法定代表人：刘克锋，该公司董事长。

利害关系人（原审原告委托代理人）：李长云，男，1964 年 12 月 3 日出生，汉族，湖南宁乡花明公路运输有限公司职工，住宁乡县玉潭镇城郊居民联组。

2008 年 9 月 13 日，湖南宁乡花明公路运输有限公司（以下简称花明公司）驾驶员蔡记兵驾驶湘 AY4365 号中型客车（车主彭福桂，挂靠花明公司营运），行至宁乡县回龙铺地段时，与行人李新立发生交通事故，致李新立死亡。宁乡县公安局交警大队出具的事故责任认定书认定，湘 AY4365 客车驾驶员蔡记兵负事故的主要责任。李新立无配偶子女，死亡时主要亲属有母亲朱正南、哥哥李盈庭和一个弟弟，其母年事已高，由李盈庭为主处理善后事宜。2008 年 10 月 20 日，车主彭福桂与李盈庭达成协议，一次性赔偿死者亲属损失 18.8 万元；2009 年 1 月 20 日，李盈庭领取了全部赔偿款。花明公司安排公司安全员李长云为主处理事故，在支付赔偿款后，李长云要求李盈庭留下了一

张签名的空白纸，随后在空白纸上加上"委托书：本人委托李长云同志与保险公司、花明公司索赔的全权代理人。2009.2.16"的字样，并向花明公司经理聂健提出由他代理李盈庭起诉花明公司，法院判决公司赔偿后，花明公司以该判决为依据起诉保险公司，可以得到超过18.8万元的保险赔偿。

【原审裁判情况】

2009年2月21日，李长云自书《民事起诉状》，持上述"委托书"，以李盈庭为原告，以花明公司、蔡记兵为被告，向宁乡县人民法院提起诉讼，要求两被告共同赔偿各种损失318868元。

宁乡县人民法院收到起诉状后，没有核实当事人身份，即以"公路旅客运输合同纠纷"受理立案。时任民事审判二庭审判员的何某某，以花明公司的案子都是由他办理为由，要求承办该案。成为该案办案人后，何某某通知花明公司到法院领取起诉状副本、应诉通知、合议庭组成人员名单、开庭传票等，但没有通知另一被告蔡记兵，而是交花明公司代收。2009年3月10日，何某某在法官办公室开庭审理此案。原告李盈庭、被告蔡记兵均未到庭，仅李长云与花明公司经理聂健到庭。另外两名合议庭人员一人未到庭，另一人中途离庭，由一名实习学生作为书记员担任记录。庭审中，李长云将诉讼请求变更为284587元，双方对事实与证据均不持异议。何某某未经合议庭合议即当庭宣判，判决由花明公司赔偿原告李盈庭各项损失共计284587元，驳回对被告蔡记兵的诉讼请求。宣判后，何某某以"公路旅客运输合同"为案由制作了〔2009〕宁民初字第657号民事判决书，对案件事实表述为："2008年9月13日原告李盈庭之弟李新立（已死亡）搭乘被告蔡记兵驾驶的湘AY4365号中型普通客车，从宁乡县城前往双凫铺镇，当李立新搭乘的客车行驶至宁乡县回龙铺地段时与另一货车相撞，造成搭乘人员李新立当场死亡、车辆受损的交通事故。"判决书经庭长签署后即制作送达花明公司和李长云，但未送达原告李盈庭和被告蔡记兵。之后何某某感到所述事实与起诉状有异，担心错案追究，又重新写了一份以"人身损害赔偿纠纷"为案由的判决书，对事实的表述修改为："2008年9月13日原告李盈庭之弟李新立（已死亡）横过斑马线时被蔡记兵驾驶的湘AY4365号中型普通客车，从宁乡县城前往双凫铺镇，行驶至宁乡县回龙铺地段时，将行人李立新当场压死。"在判决书发文稿上自行签上了其他两名合议庭组成人员名字，并冒签了庭长名字，于2009年3月12日再次向花明公司、李长云送达了该判决书，但没有收回原已发出的判决书。在整理案卷时，何某某又补作合议庭笔录并冒签其他两位合议庭人员名字。

2009年3月27日，花明公司以〔2009〕宁民初字第657号民事判决书为依据，向宁乡县人民法院提起诉讼，要求中国平安财产保险股份有限公司湖南分公司（以下简称平安保险公司）赔偿花明公司损失287462元。该案亦由何某某承办，并于2009年5月6日开庭审理，当日作出〔2009〕宁民初字第1010号民事判决，判令平安保险公司支付花明公司赔偿款287462元。平安保险公司不服，上诉至长沙市中级人民法院。长沙市中级人民法院于2009年9月21日作出〔2009〕长中民二终字第2301号民事判决：驳回上诉，维持原判。

判决生效后，平安保险公司没有按照判决执行。宁乡县人民法院遂作出〔2009〕宁民执字第614号《罚款决定书》，对平安保险公司处以罚款10万元。

【监督意见】

2009年12月23日，平安保险公司宁乡支公司到宁乡县人民检察院申请监督，理由为：宁乡县人民法院以拒不执行〔2009〕长中民二终字第2301号民事判决为由对其罚款10万元，向该公司送达了执行通知书和罚款决定书，但执行通知书时间是2009年10月20日，而罚款决定书时间是10月3日。宁乡县人民检察院经调查，发现该案系执行法官工作责任性不强，罚款决定书的日期为笔误。但检察机关在调阅案卷时，发现存档的〔2009〕宁民初字第657号判决书与申诉人提供的〔2009〕宁民初字第657号判决书的复印件，虽然判决结果相同，但认定的事实有异，认为该案可能是一起虚假诉讼。经调查，宁乡县人民检察院查明了宁乡县人民法院在受理、审理该案时的一系列违法行为：（1）违反《中华人民共和国民事诉讼法》第108条第1项的规定，没有严格审查原告是否系与本案有直接利害关系的公民即受理立案。因立案审查不严，导致一起人为的虚假诉讼。（2）违反《中华人民共和国民事诉讼法》第59条的规定，没有严格审查诉讼代理人的代理资格和代理权限。该案仅有一张署名为李盈庭的处理交通事故的"委托书"，并没有"特别授权"的具体内容，承办法官何某某明知李长云是被告花明公司的职工，为原告代理有可能损害原告的利益，不具备担任诉讼代理人的条件，不但允许其担任诉讼代理人，而且在授权不明的情况下允许其特别授权代理，违反了法律的明确规定。（3）违反了《中华人民共和国民事诉讼法》第130条关于缺席判决的规定。（4）违反了《中华人民共和国民事诉讼法》第77条、第78条关于送达的规定。（5）违反合议庭规则，伪造合议庭笔录，冒用合议庭成员签名。（6）严重违反案件审批一般原则，冒用庭长签名。在整个诉讼过程中，花明公司同时扮演了原告、代理人、被告三个角色；承办法官何某某则一人包揽了审判长、陪审员、书记员、庭长多人工作，导致了这起虚假诉讼。

2010年1月26日，宁乡县人民检察院提请长沙市人民检察院对宁乡县人民法院〔2009〕宁民初字第657号民事判决提出抗诉。2010年4月9日，长沙市人民检察院向长沙市中级人民法院提出抗诉。

【监督结果】

2010 年 4 月 27 日，长沙市中级人民法院裁定宁乡县人民法院对该案进行再审。2011 年 1 月 21 日，宁乡县人民法院作出〔2010〕宁民再初字第 1 号民事裁定：（1）撤销〔2009〕宁民初字第 657 号民事判决；（2）驳回原审原告李盈庭的起诉。2012 年 4 月，长沙市中级人民法院裁定撤销宁乡县人民法院〔2009〕宁民初字第 1010 号民事判决和长沙市中级人民法院〔2009〕长中民二终字第 2301 号民事判决，发回宁乡县人民法院重审。

2010 年 9 月 16 日，宁乡县人民检察院向宁乡县人民法院发出宁检民建字〔2010〕第 15 号《检察建议书》，建议纠正宁乡县人民法院在审理〔2009〕宁民初字第 657 号案中存在的违法行为，并建议其加强立案审查，加强对法官的监督，防止虚假诉讼。2010 年 10 月 15 日，宁乡县人民法院撤销〔2009〕宁民执字第 614 号《罚款决定书》。2010 年 11 月 26 日，宁乡县人民法院对何某某作出调离审判岗位等处分决定。2011 年 11 月 4 日，长沙市中级人民法院发布《关于防范和治理虚假民事诉讼行为的若干意见》。

2010 年 9 月 16 日，宁乡县人民检察院向中国平安保险股份有限公司湖南分公司发出宁检民建字〔2010〕第 14 号《检察建议书》，建议其完善保险理赔程序。

【点评】

本案中，检察机关从一起民事诉讼出现的两份判决入手，综合运用抗诉、调查渎职行为、检察建议等监督方式与手段，实现了监督错误判决、执行裁定、决定，查处渎职法官的综合效果，一案纠三错，不但净化了诉讼秩序，也为建立预防虚假诉讼的长效机制进行了有益的探索，彰显了多元化监督格局的民行检察监督模式的重要价值。

1. 对事监督与对人监督相结合，促进司法公正。抗诉作为民行检察监督的主要途径，为维护司法公正起到了重要作用。但随着司法实践的发展，单纯抗诉监督模式由于只能纠正错误裁判，只能实现对事监督，在对人监督上缺少作为，其难以全面、有效维护司法公正的弊端也越来越明显，而多元化监督格局，作为一种机制创新，实现了对人监督与对事监督相结合。从司法实践来看，大部分错误的生效判决都与审判人员的违法渎职行为有关。本案正是因为承办法官的违法渎职，才导致一起虚假诉讼的得逞。因此，对法院审判人员、执行人员在诉讼中的违法行为的监督，有助于促使审判和执行人员审慎地行使司法权，减少审判过程和执行活动的违法行为发生，有效促进司法公正。此外，本案中检察机关除了运用抗诉纠正错误判决外，还针对案件具体情况，综合运用检察建议的方式，纠正法院在审理过程中的违法行为，并建议其加强立案审查，加强对法官的监督，防止虚假诉讼再次发生，推动了预防虚假诉讼机制的形成。

2. 立足案件与延伸职能相结合，全面维护社会秩序。首先，通过对生效裁判的监督，依法矫正当事人之间的权利义务关系，使当事人之间的权利义务秩序得以修复。其次，通过调查承办法官的违法渎职行为、向法院发出检察建议的方式，对法院的诉讼违法行为进行监督，矫正失范的审判权，使之回归到正常的法治秩序。最后，针对办案中发现的苗头性、倾向性的虚假理赔问题，及时向中国平安保险股份有限公司湖南分公司发出检察建议书，建议其完善保险理赔程序。通过这种向有关机关提检察建议的方式，着眼于从源头上减少矛盾、增强工作的前瞻性、主动性，督促消除隐患、强化管理、建立长效机制，促进了相关领域的正常秩序的构建。

【承办人简介】

余晓玲，女，35岁，本科学历，湖南省宁乡县人民检察院检察员，一级检察官，时任民事行政检察科科长。

50. 扬州大学与南京高熊实业有限公司合作协议纠纷检察建议案

【监督机关】最高人民检察院

【监督方式】检察建议

【基本案情】

申请人（一审被告、二审被上诉人）：扬州大学，住所地：江苏省扬州市大学南路 88 号；法定代表人：郭荣，该校校长。

其他当事人（一审原告、二审上诉人）：南京高熊实业有限公司，住所地：江苏省南京市鼓楼区北四卫头 4 号；法定代表人：熊文正，该公司总经理。

2000 年 7 月 17 日，扬州大学与高熊实业有限公司（以下简称高熊公司）签订了一份合作协议，约定双方合作建设广陵学院。主要内容是：双方合作建设新校园，校园总投资规划预算 1.8 亿元人民币；高熊公司负责投资建设，所建校园的房地产及一切设施的所有权均归扬州大学所有；扬州大学分两阶段给予高熊公司一定数额的投资回报。协议第 3 条"双方责任"约定：第一阶段投资回报年限以实际投资成本确定。实际投资数由施工前期费用、建筑费用和工程变更及按国家规定的应纳入高熊公司工程建设总费用中的其他费用等方面组成。施工前期费用按实结算，建筑成本按扬州大学设计要求以江苏省相关专业定额标准和取费标准执行，材料价格执行当地指导价，工程变更部分和材料调差部分以及相关政策性调整，以审计结果为准，按实结算。

2001 年 1 月扬州大学交付土地后，工程建设全面展开。2001 年 11 月 19 日，高熊公司向扬州大学送达一份委托书，称："……特委托贵校按合作协议约定时间将应付给南京高熊实业有限公司的回报款（金额以最后决算审计数为准）直接付给交通银行扬州分行。"同日，扬州大学在该委托书的回执栏签上了"已收到上述委托书，同意委托书内容"。工程建设完工后，经验收合格。工程竣工后，双方依约定对工程投资情况进行了部分审计（扬州大学委托建设银行扬州市分行造价咨询部作为其财务代表），完成了对前期投资、污水处理站和图书馆工程结算的审核。

2003 年 6 月 25 日，高熊公司以扬州大学未按时支付回报款为由向江苏省高级人民法院提起民事诉讼，要求按约定支付投资回报款。扬州大学向江苏省高级人民法院书面申请，要求对广陵学院项目进行审计。2005 年 7 月 12 日，江苏省高级人民法院决定审计，要求高熊公司提供审计资料。2005 年 8 月 15 日，高熊公司致函江苏省高级人民法院，认为本案审计没有约定和法定依据而无须审计，高熊公司近三年人员资料流失严重，客观上无法递交审计资料。2005 年 9 月 9 日，江苏省高级人民法院司法鉴定处认为当事人提供的现有审计资料严重不足，无法开展审计，中止了本案的审计工作。

【原审裁判情况】

2005 年 11 月 14 日，江苏省高级人民法院作出了〔2003〕苏民二初字第 10 号民事判决。认为：（1）本案应当审计。（2）高熊公司拒不提供审计资料，应当承担举证不能的法律后果。判决：驳回高熊公司对扬州大学的诉讼请求。

高熊公司不服一审判决，上诉至最高人民法院。最高人民法院作出〔2006〕民一终字第 6-1 号民事判决（以下简称 6-1 号判决）。判决认为，本案双方当事人争议的焦点问题是：是否需要通过审计来确定高熊公司的实际投资数额。

扬州大学与高熊公司签订的《合作协议》及补充协议，其约定的基本内容是双方合作建设广陵学院，由高熊公司支付投资回报款，所建校园的房地产及一切设施的所有权归扬州大学所有。双方自愿选择投资合作方式，有关政府主管部门也作了批复，没有违反法律、法规的禁止性规定，故应当认定为有效。扬州大学广陵学院工程项目资金属于民间资本，不是国家投资或融资，不属于国家强制审计的项目。从双方签订的《合作协议》及补充协议的内容来看，并没有明确约定必须通过审计来确定高熊公司的实际投资数额。虽然本案中的一些建设工程施工合同约定了以审计结果作为结算依据，但这些合同的签约主体并非本案双方当事人，高熊公司与扬州大学之间是合作投资关系，不是建设工程承包关系。

扬州大学与高熊公司在《合作协议》中已明确约定："实际投资数由施工前期费用、建筑费用和工程变更及按国家规定的应纳入乙方工程建设总费用中的其他费用等方面组成。"一审法院已经审理查明："所有工程决算书均有高熊公司、施工单位、监理公司盖章及有关人员签字，扬州大学没有在决算书上盖章，但扬州大学的工地现场代表陈惟海在工程决算书上除赶工措施费以外均签字审核。根据所有工程决算书中的数据汇总，工程造价总计为 15172.77731

万元。另外，前期费用为 1535.859796 万元。扬州大学单方对高熊公司支付的前期费用进行了审核，高熊公司支付了前期费用的审核费 38.9967 万元。上述工程造价、前期费用和前期费用审核费三部分合计 16747.633806 万元。"扬州大学对一审法院认定的这些事实没有上诉。

在 30 多份建筑工程决算书上，有高熊公司、施工单位、监理单位、扬州大学四方的签字。根据双方《合作协议》的约定，扬州大学参与工程质量管理，负责选择工程监理。而根据扬州大学 2001 年 3 月 15 日与监理公司签订的《建设工程委托监理合同》，该监理公司应当是代表扬州大学的。根据《建筑法》第 32 条的规定："建筑工程监理应当依照法律、性质法规及有关的技术标准、设计文件和建筑工程承包合同，对承包单位在施工质量、建设工期和建设资金使用等方面，代表建设单位实施监督。"《建设工程委托监理合同》第 17 条也约定了监理人的权利，即"在工程施工合同约定的工程价格范围内，工程款支付的审核和签字权，以及工程结算的复核确认权与否决权。未经总监理工程师签字确认，委托人不支付工程款"。故扬州大学否认工程决算书的效力依据不足。对于高熊公司主张总投资中包括的施工单位让利和管理费用两个部分不应予以支持，因施工单位让利 604.302336 万元，高熊公司并未实际支出或者实际投入，而管理费用 520.55808 万元，高熊公司依照合同约定可以收取有关投资回报款，不应重复收取管理费用。综上，高熊公司对广陵学院的实际总投资应当确定为 16747.633806 万元，由工程造价、前期费用及前期费用审核费三部分组成。对协议约定的 8.84 万平方米建筑面积投资可以认定已达到 1500 万元，其余的 1747.633806 万元是对超出约定部分 1.05 万平方米建筑面积的投资。工程决算书具有合同效力，对高熊公司投资的工程造价数额作了确定。扬州大学主张对实际总投资数额进行审计，没有合同依据和法律依据。一审判决认定高熊公司承担举证不能的法律后果，驳回其诉讼请求，适用法律不当，应予纠正。

扬州大学大学对广陵学院的实际支出款项为 9204.172011 万元，其中：（1）向邗江县汊河镇政府支付的征地费用 3220.54 万元，按照补充协议约定该款应当由扬州大学支付。（2）扬州大学先后向高熊公司支付了 1200 万元、1800 万元、800 万元的投资回报款，2003 年 1 月 17 日高熊公司向扬州大学借款 900 万元，2002 年 11 月 27 日扬州大学向邗建公司支付工程款 392 万元、2001 和 2002 年向监理公司支付监理费 85.55 万元、支付编标等费用 29.65651 万元、2002 年 8 月支付人防费 32 万元，以上款项合计 5239.20651 万元。（3）2003 年 1 月 29 日给绿洲公司借款 50 万元、2002 年 7 月至 12 月支付的水增容费 61.191746 万元、2002 年 8 月至 12 月支付电缆、点增容、配电房费用

313.769231万元、支付污水处理工程设备款112.0689万元、2002年9月至2003年1月支付水箱、泵房费57.062634万元以及支付西大门、传达室装修款18.5万元和图书馆装修款131.83299万元，上述款项与双方的《合作协议》无关。

《中华人民共和国民事诉讼法》第139条规定："人民法院审理案件，其中一部分事实已经清楚，可以就该部分现行判决。"鉴于本案的实际情况，扬州大学应先支付高熊公司对广陵学院的实际总投资16747.633806万元，其余的问题本院另行调解或者判决，诉讼费负担问题也将另行确定。由于扬州大学已支付与双方《合作协议》有关的款项5239.20651万元，加之一审法院先予执行的3000万元，扬州大学还应支付高熊公司8508.427296万元。

综上，依照《中华人民共和国民事诉讼法》第153条第1款第2项之规定，判决如下：（1）撤销江苏省高级人民法院〔2003〕苏民二初字第10号民事判决；（2）扬州大学应于本判决生效之日起10日内向高熊公司支付8508.427296万元。

2007年11月7日，最高人民法院作出了〔2006〕民一终字第6-2号民事判决（以下简称6-2号判决），判决认为，本案涉及的焦点问题是：

第一，双方签订《合作协议》及《关于广陵学院建设的补充协议》的效力问题。本案涉及的《合作协议》及《关于广陵学院建设的补充协议》是扬州大学与高熊公司自愿就合作投资建设扬州大学广陵学院所签订的投资协议，是双方当事人的真实意思表示，不违反国家法律和行政法规的强制性规定，应认定为合法、有效。《合作协议》的基本内容是关于项目的投资及建设的分工、项目建成后的产权归属及投资回报约定，不属于建设工程承包合同，作为投资方之一的高熊公司，无须具备建筑企业施工资质。从双方的合作方式来看，高熊公司代理扬州大学办理征地以外的一切相关手续并负责投资建设，并非扬州大学所称"不承担任何风险"，本院已在〔2006〕民一终字第6-1号民事判决中认定双方签订的《合作协议》有效，扬州大学关于《合作协议》无效的主张缺乏事实和法律依据，本院不予采纳。

第二，是否应当通过审计来确定高熊公司的实际投资数额。合作开发项目的当事人就一方或者双方的投资数额发生争议后，必须通过审计的方式确定投资数额的前提条件是当事人在合同中对审计问题作出了明确约定。由于合同在当事人之间具有法律约束力，在当事人没有就审计问题做出约定的情况下，只有在国家强制审计的项目中，才能以审计所得出的结论否定合同约定的投资数额及结算方式。本案当事人讼争涉及的广陵学院项目，资金来源属于民间投资，不属于国家强制审计范畴。双方当事人在《合作协议》及《关于广陵学院建设的补充协议》中，并未约定对整个工程项目进行审计，在高熊公司确于已经建成并投入使用的广陵学院项目中有巨额投资，按照《合作协议》约定应当收回成本并获取相应回报的前提下，一审判决以高熊公司拒不提供审计资料驳回其诉讼请求不当。确认建设工程项目造价的最基本方式是工程决算，由投资单位、建设单位、施工单位、监理单位签字的工程决算书应当成为确认工程造价的依据。在本案中，高熊公司、施工单位及监理单位均已在工程决算书上签字盖章，但其理由是《合作协议》约定了审计而未进行审计，因而否定工程决算书的效力。按照双方当事人在《合作协议》中的有关约定，涉及审计问题的内容，仅有"工程变更部分和材料调差部分以及相关政策性调整，以审计结果为准，按实结算"，扬州大学将其扩大理解为对整个工程进行审计，不符合双方当事人签订合同时的真实意思表示。对此本院已在〔2006〕民一终字第6-1号民事判决中认定无须对高熊公司的实际投资数额进行审计，扬州大学坚持认为应当通过审计确定高熊公司投资数额的理由不能成立，本院不予采信。

第三，对于高熊公司主张投资回报款的具体数额。按照2000年10月12日高熊公司与扬州大学签订的《关于广陵学院建设的补充协议》的约定，高熊公司总投资确定为15000万元，应当收取的投资回报款项为：第一阶段2001年1200万元，2002年1800万元，2003年至2010年每年均为2200万元，2011年尾款按照18000万元总投资为995万元，按照15000万元的总投资应减为829.17万元；第二阶段为2012年和2013年，每年投资回报款为2000万元。扬州大学应当按照上述时间、年限、金额向高熊公司逐期支付。2001年和2002年的投资回报款扬州大学已经付清，2003年至2007年的投资回报款已经到期，扣除扬州大学2003年1月9日付款800万元、2003年1月17日高熊公司借款900万元以及2005年1月24日先予执行3000万元，扬州大学应当支付给高熊公司投资回报款6300万元。

对于超出协议约定的建筑面积1.05万平方米部分的投资款1747.633806万元，冲抵扬州大学支付的工程款392万元、监理费85.55万元、编标等费用29.65651万元、人防费32万元后，冲抵款项合计539.20651万元，剩余1208.427296万元应当由扬州大学支付给高熊公司。

第四，扬州大学应如何承担违约责任问题。扬州大学延迟支付投资回报款，应当按照《合作协议》的约定承担相应的违约责任。扬州大学2003年1月10之前应付2200万元回报款，逾期付款1400万元7天，500万元727天；2004年投资回报款2200万元，逾期付款374天；2005年2200万元投资回报款，逾期付款14天，按照银行贷款逾期付款滞纳金标准每日万分之二点一计算，合计滞纳金 2576490 元。根据《合作协议》的约定，扬州大学逾期付款还应当承担百分之二的赔偿金。截至 2005 年 1 月 24 日，扬州大学拖欠投资回报款 1900 万元，赔偿金为 38 万元，滞纳金和赔偿金两项合计 2956490 元。

对于 2008 年度的投资回报款，按照《合作协议》的约定，扬州大学应于 2008 年 1 月 10 日前支付 2200 万元，因本院已先行判决扬州大学支付高熊公司投资款 8508.427296 万元，在扣除已到期的投资回报款 6300 万元、逾期付款滞纳金及赔偿金 2956490 元、超出协议约定面积的投资款 1208.427296 万元后，扬州大学实际应支付 2008 年的投资回报款数额为 1495.649 万元。

综上，依照《中华人民共和国民事诉讼法》第 153 条第 1 款第 2 项之规定，判决：（1）扬州大学与高熊公司签订的《合作协议》及《关于广陵学院建设的补充协议》有效，扬州大学应按协议约定的时间和金额向高熊公司支付每期的投资回报额；（2）扬州大学应向高熊公司支付截至 2007 年度的投资回报款 6300 万元，支付逾期付款滞纳金及赔偿金 2956490 元（计算截至 2005 年 1 月 24 日），并计算至付清之日止；（3）扬州大学应向高熊公司支付超出协议约定的建筑面积 1.05 万平方米的投资款 1208.427296 万元。本院〔2006〕民一终字第 6－1 号民事判决已先行判决的扬州大学支付高熊公司投资款 8508.427296 万元的款项，已包含上述判决第 2、3 项所述金额。

【监督意见】

扬州大学不服终审判决，向最高人民检察院申请监督。最高人民检察院经审查认为，最高人民法院〔2006〕民一终字第 6－1 号及第 6－2 号民事判决（以下分别简称 6－1 号判决、6－2 号判决）认定的基本事实缺乏证据证明，判决事项与当事人的约定和诉讼请求不符。2011 年 4 月 19 日，最高人民检察院向最高人民法院提出再审检察建议。具体理由是：

1. 双方当事人明确约定了审计的结算方式，并且已经部分履行。终审判决认定没有约定审计方式，不符合本案事实。

本案中，合作协议第 3 条约定了包括审计在内的几种结算方式，即"按实结算"、"按扬州大学设计要求以江苏省相关专业定额标准和取费标准执行"、"材料价格执行当地指导价"、"以审计结果为准，按实结算"。6－1 号判决认为合作协议及其补充协议没有约定审计内容，与该协议不符；6－2 号判决更正了这一明显错误，改为"并未约定对整个工程进行审计……仅有'工程变更部分和材料调差部分以及相关政策性调整，以审计结果为准，按实结算'"。如果说合作协议关于审计的上述约定不够全面，则 2001 年 11 月 19 日的委托书关于投资回报款"以最后决算审计数为准"之约定（高熊公司提议，扬州大学同意），就是对整个工程的审计约定，并且是对合作协议上述约定的修改完善。6－1 号、6－2 号两个判决都对委托书避而不谈，遗漏了对本案十分重要的证据、事实。双方当事人不但约定了审计等内容，并且已经部分履行了审计约定。例如，在高熊公司配合下，扬州大学于 2001 年 8 月 17 日完成了对部分前期费用的审计，于 2003 年 7 月 6 日完成了污水处理工程的审计，于 2003 年 9 月 12 日完成了图书馆工程的审计。只是因后来发生矛盾，才未再对其他工程的决算情况继续审计。这一合作审计的事实，进一步证明了终审判决认定"未约定审计"缺乏依据。

2. 当事人并未约定最终投资数额，因此不存在 6－2 号判决所称的"以审计结论否认约定的投资数额"问题。

合作协议第 1 条约定"校园总投资规划预算 1.8 亿元人民币"，补充协议第 1 条又约定"原协议高熊公司总投资 1.8 亿确定为 1.5 亿元"，都只是一种预算。合作协议第 3 条不但约定确定回报款的依据是"实际投资数"，而且约定了各部分"实际投资数"的各种确定方法。因此，合作协议没有约定最终投资数额，不存在判决所说的"以审计结论否认约定的投资数额"问题。如果存在"合同约定的投资数额"，则合作协议第 3 条就不会另行约定详细的确定投资额的方法，双方也不会在委托书中要求"以最后决算审计数为准"，高熊公司更不会以"决算书"来证明投资总额。终审判决一方面认定高熊公司的决算报价就是"实际投资数"，另一方面又认定双方约定了"实际投资数"，这本身也是自相矛盾的。

3. 本案不存在双方共同完成、认可的决算书，因此不能用决算书来认定实际投资数额。

监理公司和工地代表的职责，是在施工关系中代表甲方（建设方，在本案的施工合同中甲方是高熊公司），与乙方（施工方）进行沟通、开展工作。合作协议中明确约定，扬州大学选任监理公司（以及工地代表）只是为了参与工程质量管理，不是为了参与投资数的审核；在本案争议的合作关系中，监理公司和工地代表没有任何权利义务，也不代表任何一方。也正由于此，监理公司和工地代表均明确表示无权代表扬州大学审定、审核工程造价。在图书馆安装工程和土建工程决算书上，既有监理公司签章，也有工地代表签字；在污水处理工程的 11 份决算书上，有监理公司签章，但没有工地代表签字。双方当事人对这两项工程都合作进行了审计，说明监理公司或工地代表的签字并非代表扬州大学认可决算书；否则，这些合作审计就没有必要。因此，本案中不存在监理公司或工地代表代扬州大学在决算书上签字认可工程造价的问题。6－1 号判决认定监理公司代表扬州大学在决算书上签字，并进而认定"在 30 多份建筑工程决算书上，有高熊公司、施工单位、监理单位、扬州大学四方的签字"，缺乏根据。6-2号判决注意到了6-1号判决的这一问题，不再认为监理公司或工地代表代扬州大学在决算书签字盖章，并将相关判决理由调整为："在本案中，高熊公司、施工单位及监理单位均已在决算书上签字盖章……扬州大学虽未在工程决算书上盖章，但其理由是《合作协议》约定了审计而非进行审计……理由不能成立。"但是，扬州大学没有在决算书上签章，也没有委托他人代为签章，这是一个基本事实；不论扬州大学拒绝签章的理由能否成立，都不能改变这一基本事实，即该决算书未经扬州大学认可。另外，合作协议和委托书约定有审计内容，扬州大学拒绝签章的理由亦非"不能成立"。

4. 6-1号判决认为一审判决已经认定实际总投资为16747.633806万元，是重大误解。

所谓一审判决中提到的实际总投资16747.633806万元，是高熊公司在一审中的单方主张，扬州大学对此并未认可，一审判决未予认定，扬州大学也无须上诉。因此，6-1号判决认定"一审法院已经审理查明：'……上述工程造价、前期费用和前期费用审核费三部分合计16747.633806万元。'扬州大学对一审法院认定的这些事实没有上诉"，是对一审判决的重大误解。对此，6-2号判决已予纠正，不再以之作为判决理由，亦说明6-1号判决的上述认定缺乏依据。

5. 6-2号判决认定高熊公司确实"有巨额投资"，据此认定"一审判决以高熊公司拒不提供审计资料驳回其诉讼请求不当"，其理由不能成立。

造价鉴定解决的不是"有无巨额投资"，而是"投资的具体数额"。正因为"有巨额投资"，所以才需要通过造价鉴定确认其投资数额。终审判决以"有巨额投资"来否定对"投资数额"鉴定的必要性，混淆了两个不同的概念。最高人民法院《关于民事诉讼证据的若干规定》第25条第2款规定："对需要鉴定的事项负有举证责任的当事人，在人民法院指定的期限内无正当理由不提出鉴定申请或者不预交鉴定费用或者拒不提供相关材料，致使对案件争议的事实无法通过鉴定结论予以认定的，应当对该事实承担举证不能的法律后果。"一审法院依据该规定作出判决，亦有根据。

6. 终审判决超出了当事人的诉讼请求。

高熊公司的诉讼请求之一是"判决确认双方的投资合作关系合法有效；并判令被告按约定的时间和金额支付每期应付的投资回报款"，未要求一次性支付全部的投资回报款。但是，6-1号判决却是要求扬州大学在十日内一次性支付全部投资款8508.427296万元，超出了当事人的诉讼请求，违反了当事人的约定。6-2号判决注意到了6-1号判决的这一明显错误，力图补正，所以虽然对超出约定的投资款、至 2007 年的回报款及违约责任作了判决，但同时注明已包括在 6-1 号判决的 8508.427296 万元中，没有在 6-1 号判决之外增加扬州大学的付款责任。

7. 终审判决对第一阶段投资回报款数额的计算违反当事人约定。

双方当事人在合作协议附表"动态成本回收期测算"中约定 2000 年至 2010 年按年利率 6% 的每年成本回收数额，在附注中另注明：（1）回报期内如遇银行利率调整，年回报金额作相应调整。……（3）当年实际投资数 =（本金 - 年回报收入）×1.06 = 次年本金数。2002 年 2 月 20 日，中国人民银行以银发〔2002〕48 号文颁布《关于降低存、贷款利率的通知》，决定从 2002 年 2 月 21 日，降低金融机构存、贷款利率；对于贷款年利率，一至三年（含三年）期的由 5.94% 下调至 5.49%；三至五年（含五年）期的由 6.03% 下调至 5.58%；五年以上的由 6.21% 下调至 5.76%。根据上述"回报期内如遇银行利率调整，年回报金额作相应调整"之约定，高熊公司的第一阶段投资回报应予相应调整，但终审判决却仍按原"动态成本回收期测算"确定投资回报数，违反了当事人约定。综上所述，合作协议明确约定要对实际投资额"据实结算"（包括审计），双方均同意委托书中明确提出的投资回报数"以最后决算审计数为准"，扬州大学要求对高熊公司的决算报价进行审计有合同根据。即使没有这一约定，在双方当事人因故不能共同完成决算、对实际投资额产生争议时，法院的职责就是通过鉴定或者其他方式查明实际投资额。本案终审判决既不鉴定，也不审查核实，直接将高熊公司的决算报价（且只有决算书的封面，并有涂改）作为实际投资额，要求扬州大学照此付款，是将一方当事人的意志强加于另一方。这样做实际上是放弃了法院查明事实、解决争议的职责，导致扬州大学可能多支付数千万元投资款。工程造价属于专门性问题，不鉴定难以解决该争议；即使因特殊原因不能做鉴定，也应当通过其他适当方式审查核实，予以确定，例如：（1）对于经过招标的 10 个单项工程，可以参考招标价；（2）对于未经招标的 24 项工程，可以参考原始施工合同中约定的工程造价；（3）如果确有工程变更，可以就变更部分另行鉴定。

【监督结果】

2011 年 11 月 9 日，最高人民法院作出〔2011〕民再字第 3 号民事裁定，认为：原判决认定事实不清，证据不足，经审判委员会讨论决定：（1）撤销本院〔2006〕民一终字第 6-1 号、第 6-2 号民事判决和江苏省高级人民法院〔2003〕苏民二初字第 10 号民事判决；（2）本案发回江苏省高级人民法院重审。

【点评】

一、检察机关对于先行判决的部分可以进行监督

《民事诉讼法》（本法已于 2012 年 8 月 31 日修改）第 153 条规定："人民法院审理案件，其中一部分事实已经清楚，可以就该部分先行判决。"二审法院先行作出部分判决后，本案虽然尚未审结，但该先行判决的部分仍然是终局的判决，且已经发生法律效力，因此人民检察院可以依法抗诉或者提出再审检察建议。本案中，最高人民法院先行作出了部分判决，即〔2006〕民一终字第 6-1 号判决，扬州大学针对该判决向最高人民检察院申请监督，最高人民检察院予以受理；此后最高人民法院作出〔2006〕民一终字第 6-2 号判决，扬州大学又向最高人民检察院申请监督，最高人民检察院对该案一并受理。

二、明确当事人的争议事项是人民法院正确审理案件的基本前提

（一）本案的基本争议是实际投资额

正是因为有了争议，当事人才向人民法院起诉要求解决；人民法院在民事审判中的基本职责，就是解决当事人之间的民事争议。因此，没有争议也就没有民事诉讼。明确诉讼当事人的争议之所在，包括事实争议争议和法律争议，是人民法院正确审理民事案件的基本前提。高熊公司在起诉中认为本案中的各项投资合计 17872.49422 万元，因此要求法院判决扬州大学立即支付超出原协议约定（1.5 亿元）的投资款 2872.49422 万元，并支付尚欠付的 2003 年度投资回报款 1400 万元等。扬州大学则认为，需要通过审计才能确定实际投资额。这说明，双方当事人对于本案的实际投资数额没有共识，存在争议，这是本案的基本争议；当事人之间的基本争议，例如关于投资回报款的争议，也是以实际投资额的争议事实为基础的。

（二）与实际投资额相关的几个基本事实

在本案中，双方的合作协议第 1 条约定"校园总投资规划预算 1.8 亿元人民币"，补充协议第一条又约定"原协议高熊公司总投资 1.8 亿确定为 1.5 亿元"，这两者都只是一种预算；合作协议第 3 条不但约定确定回报款的依据是"实际投资数"（不是预算），而且约定了各部分"实际投资数"的各种确定方法。因此，双方在合作协议和补充协议中并未约定最终投资数额，这是一个基本事实。高熊公司在起诉中主张实际投资额为 17872.49422 万元，其依据是自己对各个工程项目制作的决算书，以及前期费用、前期费用审核费、施工单位让利和管理费用等，这也说明其主张的实际投资额依据亦非合同约定。扬州大学与高熊公司曾就实际投资数额进行过合作审计，但最终未能完成便发生争议。这说明，双方当事人一直未能共同核定实际投资数额。这是又一个基本事实。由于合同中未对实际投资额作出明确约定，并由于双方未能通过审计共同

核定实际投资额，高熊公司才经过单方决算后认为其实际投资额应是17872.49422万元，扬州大学才主张尚需审计才能确定实际投资额。总之，双方当事人对于本案中的实际投资额存有争议，这是一个基本事实；没有这一争议，也就没有本案的发生。

三、如何正确认识扬州大学主张的"审计"

本案中的争议焦点，即实际投资额，是一个事实问题。在双方当事人对于实际投资额发生争议的情况下，比较常见的解决方法就是由第三方专业机构对工程造价进行鉴定。在本案中，扬州大学曾委托建设银行扬州市分行造价咨询部派员作为自己的基建财务代表，由高熊公司配合，审计工程造价；因此可知，扬州大学所主张的审计，实际上就是指第三方专业机构的工程造价鉴定。终审判决在"审计"概念上大作文章，认为"扬州大学广陵学院工程项目资金属于民间资本，不是国家投资或融资，不属于国家审计项目"。其实，如前所述，扬州大学所主张的审计，并非国家审计机关的审计；终审判决以本案工程不属于强制审计项目，因而认为扬州大学的审计主张没有法律根据，实际上是在偷换概念。认定本案的实际投资额，属于认定案件事实的一种。即使法律或合同没有明确规定工程造价鉴定，人民法院为查明争议事实，也可以根据需要进行工程造价鉴定。因此，人民法院是否委托工程造价鉴定，完全基于查明案件事实的需要，与法律或合同是否规定了相关审计要求无关。终审判决认为法律和合同没有明确规定审计要求，因而认为本案不能进行工程造价（扬州大学的审计），其理由不能成立。另外，如前所述，双方当事人明确约定了审计的结算方式，并且已经部分履行；终审判决认定没有约定审计方式，也不符合本案事实。

四、民事审判的基本任务，就是正确解决民事争议

人民法院的基本职责是解决民事争议。在本案中，双方当事人之间的争议既然是实际投资额，人民法院对于本案的正确裁判方法就是通过适当的方法确定实际投资额。如何确定一个案件中的实际投资额，在逻辑上无非有四种可能性：第一，双方当事人共同核算（协商确定）实际投资额；第二，一方当事人计算出了实际投资额，并且经审查核实认为确有根据的，人民法院可据以认定；第三，没有前述两种情况时，人民法院请第三方专业机构提供造价鉴定（即扬州大学主张的审计）；第四，无法根据前三种办法确定时，可以通过其他合理方法确定。在本案中，双方当事人在诉前曾经合作审计，试图核定实际投资额，但未能成功；在诉讼中高熊公司也不同意继续提供资料配合审计，因此第一种方法已无法适用。高熊公司提供了自己的单方决算书来证明本案的实际投资额，但是相关决算书只有封面，不能显示其计算方法与依据，更没有相

关的基本资料印证，因此这些决算书中的结论无法审查核实，也就无法无法作为认定实际投资额的依据。一审判决中提到，高熊公司决算书中的工程造价和前期费用、前期费用审核费三部分合计 16747.633806 万元；终审判决将之误认为这是一审判决认定的实际投资额，扬州大学未对这一"事实认定"提出上诉，从而确认了这就是本案"实际投资额"，是一个重大误解。正是这一重大误解，导致终人民法院直接以高熊公司的单方主张（未经任何审核）作为判决结论，本案的基本争议并未得到解决。

在前述两种方法不能适用的情况下，人民法院解决争议的通常办法就是委托第三方中介机构进行工程造价鉴定，也即扬州大学主张的"审计"。如前所述，终审判决认为扬州大学主张审计没有法律依据和合同依据，因而认为本案不能审计（造价鉴定），是错误的。其实，即便这一认定是正确的，确实不能通过审计确定实际投资额，人民法院为了履行解决争议的职责，也应当使用其他适当方式来解决这一争议。但是，终审判决一方面否定了扬州大学主张的审计解决方案（认为没有法律与合同依据），另一方面却没有给出其他解决方案（有法律与合同依据的方案），这实际上是放弃了人民法院解决争议的基本职责，导致当事人的争议问题一直悬而未决。

当然，如果真如高熊公司所言，因人员资料流失严重，客观上无法递交审计资料，导致本案无法进行造价鉴定，高熊公司就要为此承担相应的后果。不过，高熊公司为避免遭受重大损失，还可以提供其他相关证据，由人民法院通过其他适当方式确定实际投资额，因此再审检察建议中提到："即使因特殊原因不能做鉴定，也应当通过其他适当方式审查核实，予以确定，例如：（1）对于经过招标的 10 个单项工程，可以参考招标价；（2）对于未经招标的 24 项工程，可以参考原始施工合同中约定的工程造价；（3）如果确有工程变更，可以就变更部分另行鉴定。"

【承办人简介】

孙加瑞，男，法学博士，1987 年复旦大学法律学系毕业，分配到河南省高级人民法院工作，2000 年获授中国社会科学院研究生院民商法博士学位后到最高人民检察院工作至今。现为最高人民检察院民事行政检察厅检察员，全国检察业务专家。

51. **北京建工四建工程建设有限公司与北京御川房地产开**
发有限责任公司、北京天石恒房地产开发有限公司借
款合同纠纷检察建议案

【监督机关】北京市东城区人民检察院

【监督方式】检察建议

【基本案情】

申请人（案外第三人）：北京建工四建工程建设有限公司。

其他当事人（原审原告）：北京御川房地产开发有限责任公司。

其他当事人（原审被告）：北京天石恒房地产开发有限公司。

2003年9月29日，中国建设银行朝阳支行（以下简称建行朝阳支行）与北京天石恒房地产开发有限公司（以下简称天石恒公司）签订《借款合同》，约定天石恒公司向建行朝阳支行借款1600万元，借款期限自2003年9月29日至2004年7月12日。同日，建行朝阳支行与北京建工四建工程建设有限公司（以下简称建工四建公司）签订《保证合同》，约定建工四建公司就上述借款承担连带责任保证。后建行朝阳支行依约向天石恒公司发放了贷款，但天石恒公司未按约偿还借款本息，建工四建公司亦未履行保证义务。

【原审裁判情况】

2004年10月10日，建行朝阳支行将天石恒公司及建工四建公司诉至法院，要求支付借款本金及利息。北京市第二中级人民法院（以下简称二中法）于同年11月23日作出一审判决，支持原告的诉讼请求。北京市高级人民法院于2005年6月13日作出终审判决，判令天石恒公司向建行朝阳支行偿还借款本金及利息，建工四建公司承担连带清偿责任，建工四建公司履行保证责任后有权向天石恒公司追偿。

此后，建工四建公司代天石恒公司清偿了全部债务，并取得了对天石恒公司的追偿权后，遂向法院申请强制执行。二中法分别于2005年7月7日、2007年7月31日，先后查封了天石恒公司所有的位于朝阳区南太平庄北巷的全部未售房产、位于东城区安内大街永康胡同官书院小区 14 号和 15 号楼的全部未售房产及该院小区 8、13 号楼（原为 D、C 楼）及地下车库。

但在执行过程中，北京御川房地产开发有限公司（以下简称御川公司）作为案外人提出执行异议，称其与天石恒公司存在借款纠纷，经法院调解，天石恒公司已将官书院小区的地下车库用于抵偿借款，北京市东城区人民法院（以下简称东城法院）也已根据申请对该车库采取了强制执行措施，通知东城房地局将天石恒公司所有的官书院小区的地下车库过户到御川公司名下。2010年 5 月 19 日，二中法针对御川公司提出的异议申请，作出裁定，中止建工四建公司申请的对官书院小区地下车库的执行。

御川公司于 2004 年 10 月 18 日将天石恒公司诉至东城法院，要求返还借款。诉讼中双方认可：2002 年 12 月 1 日，御川公司与天石恒公司签订 129 万余元的借款协议，借款期限止于 2004 年 9 月 30 日，天石恒公司逾期未还款。东城法院受理该案 11 天后，即 2004 年 10 月 29 日，根据双方达成的调解协议，制作了〔2004〕东民初字第 6343 号民事调解书，主要内容为：天石恒公司于 2004 年 11 月 15 日前归还御川公司 129 万余元借款；如上述期限内不能归还，天石恒公司所有的官书院小区地下车库归御川公司所有，用于抵销上述债务。

【监督意见】

建工四建公司对天石恒公司与御川公司之间的诉讼调解协议向检察机关申请监督。北京市东城区人民检察院经审查认为：东城法院〔2004〕东民初字第 6343 号民事调解涉嫌虚假诉讼，于 2011 年 3 月 4 日向东城法院提出再审检察建议，理由如下：

1. 从天石恒公司目前状况来看，官书院小区地下车库是其唯一未设定他项权利的财产。根据申诉人建工四建公司提供的材料，天石恒公司目前所有的财产包括位于南太平庄未售房产、官书院小区 14、15、8、13 号楼未售房产及地下车库。南太平庄房产多为回迁住房，回迁人正与法院积极协商解封事宜，且法院查封该房产至今已 5 年多的时间，拍卖、变卖该房产以抵偿债务肯定存在很大困难。关于官书院小区房产，据东城区房管局市场管理科于 2008 年 10 月 17 日出具的《关于官书院小区查封问题的说明函》：二中法〔2005〕二中执字第 586 号、〔2005〕二中执字第 626 号协助执行通知书送达办理查封日期时，官书院小区房产共有 34 套未在该科办理预售登记手续，但均为已抵押的房产。该说明函后附有已抵押房产的明细，为 14、15 号楼的部分房屋。此外，天石恒公司于 2010 年 5 月 10 日出具《官书院小区情况说明》，主要内容为 8、13 号楼在法院查封前已作为安置房屋分配给回迁居民，并已付清房款，不属于天石恒公司资产，故不应予以查封。该说明由东城区房屋管理局盖章予以确认。上述材料证实，建工四建公司通过拍卖、变卖已查封房产实现债权存在较大困难，只有对官书院小区地下车库进行处理才可能是实现其债权的有效途径。

2. 从标的物价值来看，官书院小区地下车库大大超出天石恒公司用以抵偿的债务数额。调解协议中天石恒公司用以抵债的官书院小区地下车库面积为4031.9平方米。根据天石恒公司于2008年8月12日委托深圳市世联土地房地产评估有限公司北京分公司的评估报告，该地下车位的价值为每个26万元，如按照每个车位最大占地面积40平方米计算，4031.9平方米可划分100余个车位，车库价值至少为2600万元。而天石恒公司对御川公司所负债务仅为129万余元，以如此巨大的财产去折抵，显然不符合市场经济的运行法则和商人的正常理性。而采用另外一种计算方法，即用4031.9平方米的车库去抵销129万余元的债务，每平方米车库价值为320余元，明显低于市场价格。

3. 从御川公司与天石恒公司的关联关系来看，双方具有操控诉讼的重大嫌疑。根据工商档案材料，御川公司成立于2000年，注册资本额2600万元，股东为：王刚（股权41%）、王强（股权30%）、王红（股权19%）、卢蔷（股权10%），原法定代表人为王刚，2001年5月变更为王强；天石恒公司注册资本额3000万元，股东为王刚（股权13.33%）、北京东城区住宅建设开发公司（股权6.67%）、海南天石恒公司（股权80%），原法定代表人为王刚，2002年5月变更为王强。其中，海南天石恒公司92%的股权由王刚、王强、王红、卢蔷四人占有。经比对相应的身份证号码及户籍信息，上述同名之人均为同一人。

4. 从御川公司提起诉讼的时间来看，与前一案具有高度"巧合性"。建行朝阳支行与天石恒公司及建工四建公司的诉讼，二中法于2004年10月10日受理后进入诉讼程序；御川公司于8日后即10月18日起诉天石恒公司，东城法院于同日受理，11天后即10月29日调解结案。两起诉讼发生的时间极为接近，天石恒公司在10月14日得知自己被诉后，马上安排控股股东全资所有的御川公司向自己提起诉讼，并在半个月后抢在前一诉讼判决前迅速调解结案，利用法院生效的法律文书，将巨额资产转移。

【监督结果】

北京市东城区人民法院2011年5月5日裁定另行组成合议庭进行再审。再审期间，北京市东城区人民法院主持双方重新达成调解协议，并于2011年6月16日制作新的调解书。该调解书一方面认定原调解协议第2条将尚未取得所有权的地下车库用于抵销债务的内容违反法律规定，且不应在借款纠纷中确定物权的转让；另一方面确认了双方新的调解内容，即天石恒公司返还御川公司借款 129.36 万元。

【点评】

诉讼是维护合法权益和解决争议的重要手段之一，但近年来借助民事诉讼这一合法形式，谋取不正当利益的虚假诉讼现象不断出现。这不仅严重侵害了第三人的合法权益，浪费了宝贵的司法资源，也扰乱了正常的审判秩序，损害了法律的严肃性和权威性，其正成为检察机关近些年的监督重点。但由于虚假诉讼案件的"虚假"情况会产生于各个环节，没有统一的判断标准，因此，在认定其是否虚假上有相当的难度，而本案的成功办理对判定虚假诉讼的特征具有一定的参考意义。首先，从案件类型看，虚假诉讼多发于财产纠纷案件中，双方当事人之间关系简单，极易通过财产移转达到规避法律义务的结果，本案即为一起典型的借贷纠纷；其次，从当事人的情况来看，虚假诉讼案件的当事人之间关系一般较为特殊，本案中御川公司与天石恒公司拥有同一的法定代表人，他们之间的关联关系不言而喻，双方具有操控诉讼的重大嫌疑；再次，从案件诉讼情况看，因双方对案件处理无争议，所以一般虚假诉讼案件审判周期较短，且多以调解结案，本案的调解从提起诉讼到结案，只用了 11 天时间；最后，从诉讼目的来看，当事人通过虚假诉讼获取非法利益，损害他人合法权益，本案中天石恒公司意图通过与御川公司达成调解协议转移财产，达到规避对建工四建公司所负债务的目的。虚假诉讼具有一定的隐蔽性，本案作为一起具有典型特征的虚假诉讼案件，对于今后在诉讼监督过程中如何判定虚假诉讼具有积极意义。

本案对探索虚假诉讼的监督方式同样具有很强的借鉴意义。对虚假诉讼进行法律监督一直是检察机关诉讼监督的难点。此类案件与一般民事申诉案件不同，其表现为具有虚假诉讼的高度盖然性，此类案件若选择抗诉的监督方式，则会在抗点的选择上存在一定难度。因此，通过再审检察建议的方式对涉嫌虚假诉讼的案件进行监督更易达到监督的目的。本案正是通过再审检察建议的方式，积极与法院沟通，最终获得法院的认同，达到了与抗诉相同的监督效果。

【承办人简介】

刘艳，女，1976 年 12 月出生，中国政法大学毕业，法学学士学位。2006 年取得法律硕士学位。1999 年 9 月进入北京市东城区人民检察院民事行政检察处工作至今。

52. 卢俊龙与大同市南郊区口泉乡三脚沟煤矿合同纠纷检 察建议案

【监督机关】山西省人民检察院

【监督方式】检察建议

【基本案情】

申请人（一审原告、二审上诉人）：卢俊龙，男，1965 年 6 月 11 日出生，汉族，住浙江省丽水市莲都区怡景花园 1 幢 401 室。

其他当事人（一审被告、二审上诉人）：大同市南郊区口泉乡三脚沟煤矿；法定代表人：范海生，矿长。

其他当事人（原审第三人）：山西煤炭运销集团大同有限公司；法定代表人：王东文，董事长。

其他当事人（原审第三人）：山西煤炭运销集团有限公司；法定代表人：刘建中，董事长。

大同市南郊区口泉乡三脚沟煤矿（以下简称三脚沟煤矿）成立于 2003 年 2 月 24 日，工商登记为集体所有制企业，从成立之日起至 2007 年 4 月 3 日，张学文担任矿法定代表人。2007 年 1 月 23 日，大同市南郊区口泉乡人民政府与张学文签订协议，约定张学文须在 2007 年 1 月 26 日 12 点前足额缴纳资源有偿使用价款，否则按张学文自动放弃煤矿经营权处理。为筹集资金，张学文代表三脚沟煤矿于次日与卢俊龙签订了《股权转让协议》。协议约定：（1）甲方（三脚沟煤矿）以 1860 万元人民币的价格将该矿 26% 的股权转让给乙方（卢俊龙），乙方前期投入 1200 万元作为第一笔转让款，新证换好后支付第二笔转让款 660 万元；（2）甲方保证将转让款全部用于煤矿的投资与建设；（3）在乙方支付了转让款后，双方今后对煤矿的投资和收益按照新的股权比例负担和分配；（4）甲方违约除退还乙方全部投资及相应利息外，仍应按照乙方实际投资的一倍向乙方承担违约责任。卢俊龙及三脚沟煤矿法定代表人张学文在协议上签字。协议签订后，为缴纳资源有偿使用价款，卢俊龙与张学文于 2007 年 1 月 26 日共同向陈泽民借款人民币 900 万元。张学文对该笔借款出具了收条，至 2010 年 4 月 2 日止该笔借款的本金、利息由卢俊龙及张学文共同付清，其中，张学文支付 950 万元，卢俊龙支付 148 万元。之后，张学文在卢俊龙不知情的情况下，于 2007 年 3 月 5 日又与杜义签订《口泉乡三脚沟煤矿联营协议》，约定由杜义向三脚沟煤矿投资 5600 万元，杜义占煤矿股份的70%，张学文占煤矿股份的 30%，由杜义独立进行煤矿的安全生产经营管理。该协议有杜义及张学文的签字。2007 年 4 月 4 日，口泉乡经委任命范海生为三脚沟煤矿矿长、法定代表人，实际经营管理三脚沟煤矿。因张学文擅自将股权又转让他人，卢俊龙遂于 2008 年 1 月 29 日和 2009 年 8 月 27 日两次以张学文涉嫌诈骗为由向大同市公安局报案、上访，大同市公安局分别于 2008 年 12月 29 日和 2009 年 10 月 13 日作出《不予立案通知书》和《公安机关处理信访事项答复意见书》，认为卢俊龙反映事项属经济纠纷，非公安机关管辖案件。

2009 年 8 月 17 日，山西省煤矿企业兼并重组整合工作领导组同意由第三人山西煤运公司作为主体企业重组整合三脚沟煤矿。2009 年 10 月 1 日，山西煤运大同公司与三脚沟煤矿及口泉乡经委签订了《煤矿企业兼并重组资产转让协议书》，至 2010 年 9 月 30 日止，山西煤运大同公司共向三脚沟煤矿支付资产转让款总计人民币 10498.65 万元，款项付至了大同市南郊区政府指定的财政专户。

2010 年 4 月 6 日，卢俊龙以煤矿投资合同纠纷为由，将三脚沟煤矿诉至太原市中级人民法院，请求判令三脚沟煤矿返还投资款 1200 万元本金及利息，同时支付违约金 1200 万元。

【原审裁判情况】

2010 年 12 月 21 日，太原市中级人民法院作出〔2010〕并民初字第 76 号民事判决。判决认为：（1）《股权转让协议》列明的合同双方为卢俊龙与三脚沟煤矿，并由三脚沟煤矿的法定代表人张学文签字认可，虽没有盖公章，但张学文作为法定代表人有权代表三脚沟煤矿对外签订合同，三脚沟煤矿为法律责任的承担者。（2）本案中卢俊龙分别于 2008 年 1 月 29 日和 2009 年 8 月 27 日两次以张学文涉嫌经济诈骗罪向大同市公安局报案、上访。卢俊龙的报案和上访均为其就 1200 万元投资款主张权利的行为，故卢俊龙于 2010 年 4 月 6 日起诉未过诉讼时效。（3）卢俊龙与三脚沟煤矿签订的《股权转让协议》合法有效。三脚沟煤矿提出该协议为虚假协议的主张，因其未申请对该协议进行鉴定，不予支持。（4）三脚沟煤矿在收到卢俊龙转让款后，又与他人签订了联营协议，其行为属单方解除合同，构成合同违约，应当承担违约责任。考虑到协议约定的 1200 万元违约金过高，判定三脚沟煤矿支付违约金 360 万元。

（5）省煤运和大同煤运与三脚沟煤矿的债权债务无关，不应就本案承担民事责任。判决：三脚沟煤矿返还卢俊龙投资款本金 1200 万元及利息，并支付卢俊龙违约金人民币 360 万元。

判后，卢俊龙、三脚沟煤矿均提起上诉。

2011 年 6 月 24 日，山西省高级人民法院作出〔2011〕晋民终字第 113 号民事判决。判决认为：（1）因卢俊龙提交的《股权转让协议》既没有加盖三脚沟煤矿的公章，煤矿原法定代表人张学文对其签字又不予认可，且张学文的签字与案件其他证据中的签字用肉眼看均不一致，同时蔡善国的证人证言证明其从未见过卢俊龙与张学文在太原签订过任何协议。故认定卢俊龙提交的证据不能证明其与三脚沟煤矿签订过《股权转让协议》。（2）卢俊龙提供的证据仅能证明其及其他案外人与张学文个人之间存在商业往来，不能证明其向三脚沟煤矿投资 1200 万元的事实，其与张学文之间的经济纠纷可另案起诉。2005 年 8 月 2 日，卢俊龙、陈建军、吕晓萌等九人签订《共同投资协议书》经营三脚沟煤矿，并由吕晓萌与三脚沟煤矿签订《合作经营协议》，但本案审理中各方当事人均未能提供证据证明《共同投资协议书》的履行情况，卢俊龙个人不能作为实际出资人主张合作经营期间的经济纠纷。卢俊龙提出其向三脚沟煤矿投资 1200 万元的主张证据不足，应驳回该诉讼请求。（3）卢俊龙向公安机关控告、上访，均以张学文涉嫌诈骗为由，属其向张学文个人主张权利，不构成对三脚沟煤矿提起诉讼时诉讼时效中断的事由，故本案已超过诉讼时效，应依法驳回其诉讼请求。（4）省煤运和大同煤运与三脚沟煤矿的债权债务无关，不应就本案承担民事责任。判决：撤销一审判决，驳回卢俊龙的诉讼请求。

【监督意见】

卢俊龙不服二审判决，向山西省人民检察院申请监督。2011 年 11 月 24 日，山西省人民检察院以晋检民再建〔2011〕第 1 号再审检察建议书向山西省高级人民法院提出再审检察建议。理由如下：

1. 二审判决认定卢俊龙起诉已过诉讼时效，属适用法律错误。

最高人民法院《关于审理民事案件适用诉讼时效制度若干问题的规定》第 15 条规定："权利人向公安机关、人民检察院、人民法院报案或者控告，请求保护其民事权利的，诉讼时效从其报案或者控告之日起中断。上述机关决定不立案、撤销案件、不起诉的，诉讼时效期间从权利人知道或者应当知道不立案、撤销案件或者不起诉之日起重新计算。"本案中，卢俊龙为保护其 1200 万元投资权益，曾于 2008 年 1 月 29 日、2009 年 8 月 27 日两次以张学文涉嫌经济诈骗为由向大同市公安局报案、上访，大同市公安局分别于 2008 年 12 月 29 日、2009 年 10 月 13 日作出不予立案的通知和答复，因此本案诉讼时效从

2009 年 8 月 27 日起中断，并在卢俊龙知道或者应当知道公安机关作出的最终答复意见时重新计算，故卢俊龙于 2010 年 4 月 6 日向一审法院起诉未过诉讼时效。

2. 二审判决认定卢俊龙提供的证据不能证明其与三脚沟煤矿签订过《股权转让协议》，缺乏证据证明。

《中华人民共和国民法通则》第 38 条规定："依照法律或者法人组织章程规定，代表法人行使职权的负责人，是法人的法定代表人。"本案中，三脚沟煤矿为自负盈亏的企业法人，张学文作为三脚沟煤矿法定代表人，依据法律及《三脚沟煤矿企业组织章程》，其代表三脚沟煤矿签订的合同对三脚沟煤矿当然具有法律拘束力。同时，张学文与口泉乡政府签署的《缴纳资源费协议书》、《口泉乡三脚沟煤矿联营协议》等其他张学文代表三脚沟煤矿签订的各类协议上，都均只有张学文的签字而无单位公章，二审法院对以上协议的效力均予以认可。因此，在对卢俊龙提供的《股权转让协议》的效力认定上，二审法院应当遵循同一标准和原则，不应以《股权转让协议》未加盖公章为由否定其效力。

本案《股权转让协议》的真伪是双方当事人争议的焦点，其中的关键则是张学文签字的真假问题，而确定签字真假需具备鉴定资格的专业部门通过笔迹鉴定来确定。三脚沟煤矿主张《股权转让协议》系伪造，按照举证规则应提供证明《股权转让协议》系伪造的证据，而三脚沟煤矿对此却未提供任何证据，且在一审法院充分说明当事人举证责任及申请鉴定权利的情况下，也从未主张申请笔迹鉴定，故理应承担举证不能的法律后果。二审法院仅凭"肉眼判断"，即认定《股权转让协议》中"张学文"的签名与其他协议、收据中签名不一致，进而认定"张学文"签名为假，显然缺乏客观性、合法性。在从大同市公安局调取的该局对张学文涉嫌诈骗调查工作中对张学文、蔡善国和诸国斌的询问笔录中，张学文本人已承认他在太原与卢俊龙签订过《股权转让协议》，蔡善国和诸国斌对此也予以认可，这已能证明卢俊龙与张学文签订过《股权转让协议》事实的存在，故二审判决认定卢俊龙的证据不能证明其与三脚沟煤矿签订过《股权转让协议》，缺乏证据证明。

3. 二审判决以卢俊龙不能证明自己投资了 1200 万元为由，认为应由案外人向三脚沟煤矿主张权利，缺乏法律依据。

本案中，在三脚沟煤矿与卢俊龙签订《股权转让协议》前，案外人吕晓萌作为一方，诸国斌、蔡善国、陈文庆、吕晓萌共同作为一方，先后与三脚沟煤矿签订了合作经营协议。二审判决即以该两次合作经营的事实为依据，以卢俊龙不能证明自己投资了 1200 万元为由，认为应由诸国斌、蔡善国、陈文庆、吕晓萌向三脚沟煤矿主张权利。显然，二审判决已偏离了本案当事人诉讼请求所依据的法律关系，以案外合同关系的存在剥夺卢俊龙依据本案《股权转让协议》所享有的权利，显然没有法律依据。

卢俊龙为证明其主张，提供了有三脚沟煤矿原法定代表人张学文签字的《股权转让协议》原件、卢俊龙向张学文账号汇款的转账凭证、张学文出具的收据等证据，形成了完整的证据链条，充分证明卢俊龙确实对三脚沟煤矿投资1200万元，二审判决以向张学文账号汇款不代表向三脚沟煤矿投资为由，认为卢俊龙不能证明其主张，显然缺乏证据证明。虽然卢俊龙投入的1200万元并非全部由其本人出资，其中包括陈建军、蔡善国、诸国斌的投资，但卢俊龙合同当事人的法律地位并不因其部分投资款来源于他人而改变。而且依据陈建军一审时的声明和蔡善国、诸国斌的公安询问笔录，已能证明该三人认可卢俊龙代表其三人与三脚沟煤矿签订《股权转让协议》。因此，卢俊龙有权按照协议约定向三脚沟煤矿主张权利。

【监督结果】

山西省人民法院受理本案后，于2012年1月12日作出〔2011〕晋民再字第78号民事判决，认为：（1）《股权转让协议》虽没有盖三脚沟煤矿的公章，但张学文作为法定代表人，其有权利代表三脚沟煤矿对外签订合同，三脚沟煤矿应为法律责任的承担者，卢俊龙与三脚沟煤矿是本案适格当事人。（2）虽然张学文在法院审理过程中否认《股权转让协议》上的签名，但张学文在大同市公安局对其的询问笔录中认可《股权转让协议》上的签名，同时蔡善国在大同市公安局对其的询问笔录中也认可卢俊龙代表他们与张学文签订过协议，而且三脚沟煤矿对"张学文"的签名一直未申请鉴定，可以推定《股权转让协议》上的签名系张学文签名。（3）协议签订后，张学文又将煤矿转让给杜义，致使协议没有履行，但是《股权转让协议》中已确认卢俊龙前期投入了1200万元，张学文出具的1200万元的收条以及卢俊龙提供的一些付款凭证可以证明1200万元已投入煤矿。因三脚沟煤矿又将煤矿转让给他人，导致协议没有履行，构成违约，三脚沟煤矿应当按照协议承担违约责任。（4）卢俊龙的诉讼请求未过诉讼时效。原一审法院和山西省人民检察院检察建议书已作详细论述，本次再审予以采纳。（5）山西煤运、山西煤运大同公司与原被告之间的诉讼不存在法律上的利害关系，不应承担优先支付责任，但山西煤运大同公司负有协助付款的义务。综上，山西省人民检察院的检察建议正确，应予支持。依照《中华人民共和国民事诉讼法》第186条第1款、第153条第1款第3项的规定，判决：（1）撤销本院〔2011〕晋民终字第113号民事判决。（2）维持太原市中级人民法院〔2010〕并民初字第76号民事判决。

【点评】

本案检察机关建议理由全部被再审法院采纳，取得了良好的法律效果和社会效果。本案焦点是卢俊龙与三脚沟煤矿是否签订过《股权转让协议》，以及卢俊龙起诉时是否已过诉讼时效，主要涉及以下两个方面：

一、关于民事诉讼中举证责任的分配及单一证据和全案证据的审查认定问题

1. 最高人民法院《关于民事诉讼证据的若干规定》第2条规定："当事人对自己提出的诉讼请求所依据的事实或反驳对方诉讼请求所依据的事实有责任提供证据加以证明。没有证据或者证据不足以证明当事人的事实主张的，由负有举证责任的当事人承担不利后果。"该条明确规定了民事举证责任的双重含义，即第一层为行为责任的分配规则；第二层为结果责任的法律性质实为败诉风险的负担。行为责任和结果责任作为举证责任的组成部分，从正反两个方面对当事人在诉讼中所应尽的责任进行了规定：一方面，当事人尽力履行行为责任以求胜诉；另一方面，当事人未能完成行为责任，其主张事实处于不真实状态时，其承担败诉后果是应有之义。关于民事诉讼举证责任分配规则，《关于民事诉讼证据的若干规定》进行了细化，如第5条规定了合同纠纷案件的举证责任分配，即"主张合同关系成立并生效的一方当事人对合同订立和生效的事实承担举证责任；主张合同关系变更、解除、终止、撤销的一方当事人对引起合同关系变动的事实承担举证责任"。该条规定体现了法律要件分类说在举证责任分配上的具体运用，依据该学说，民事实体法的全部法律规范可分为两大类：一类是发生一定权利的"权利法律规范"；另一类是妨碍权利发生效果或消灭既存权利或遏制及排除权利行使的"对立规范"。在此分类基础上，举证责任的分配原则是：主张权利存在的当事人，应当就权利发生法律要件存在的事实予以举证证明；凡否定权利存在的当事人，应当就权利妨碍法律要件或权利消灭法律要件以及权利制约法律要件存在的事实加以证明。换句话说，就是当法律要件事实存否不明确的情形下，如该事实属权利发生法律要件事实，则由主张权利存在的当事人负举证责任，如该事实属权利妨碍等法律要件事实时，则由否定权利存在的当事人负举证责任。本案中，卢俊龙主张双方签订了《股权转让协议》，要求三脚沟煤矿依据该协议约定承担违约责任，而三脚沟煤矿反驳主张该《股权转让协议》为虚假协议，依前所述，卢俊龙应承担证明《股权转让协议》真实有效的举证责任，而三脚沟煤矿应承担证明《股权转让协议》虚假的举证责任。当三脚沟煤矿所提供的反驳证据使《股权转让协议》是否真实存在处于真伪不明时，因《股权转让协议》属权利发生法律要件事实，故应由主张该协议真实存在的卢俊龙承担诉讼不利后果；而当

三脚沟煤矿所提供的反驳证据不足以使《股权转让协议》是否真实存在处于真伪不明，即《股权转让协议》真实存在的可能性更大时，理应由三脚沟煤矿承担诉讼不利的后果。

2. 在举证责任分配明确的情况下，正确评判案件举证责任一方所主张事实的最终状态是否达到高度盖然性，是判定该方是否承担实体责任的基础，而作为评判的依据则是对证据证明力的正确认定。对证据证明力的认定又包括单一证据的认定和全案证据的认定。对单一证据的认定，主要是从证据的客观性、关联性、合法性三个基本属性入手，审查原裁判在单一证据的采信上是否有误。对全案证据进行综合审查判断，须从各个证据与案件事实的关联程度及各证据相互间的协调一致性来判断所有证据的整体证明力。本案中，卢俊龙提供了有三脚沟煤矿原法定代表人张学文签字的《股权转让协议》原件及转账凭证、张学文出具的收据等辅助证据，而三脚沟煤矿提供了原法定代表人张学文、证人蔡善国、诸国斌的书面证言以及其所称是卢俊龙向公安机关控告时提交的《股权转让协议》复印件等证据材料。而三脚沟煤矿提供的证据材料并不足以证明《股权转让协议》为虚假协议，也不能反驳卢俊龙提供的《股权转让协议》原件的证明力。

最高人民法院《关于民事诉讼证据的若干规定》第64条规定："审判人员应当依照法定程序，全面、客观地审核证据，依据法律的规定，遵循法官职业道德，运用逻辑推理和日常生活经验，对证据有无证明力和证明力大小独立进行判决，并公开判决的理由和结果。"本条规定确立了法官依法独立审查判断证据的原则，赋予了法官审查判断证据的自由裁量权，应适用于单一证据和全案证据的审查。该原则有以下要点：（1）法官应当保持中立立场，避免先入为主。（2）遵循法官职业道德。（3）正确运用逻辑推理和日常生活经验。按照相关法律规定，在审判实践中确定签名的真伪涉及笔迹鉴定等专业领域，只有专门机构中具备鉴定资格的专业人员才能进行认定。本案中二审法院仅凭法官"肉眼判断"，即认定《股权转让协议》中"张学文"的签名与其他协议、收据中签名不一致，进而认定"张学文"的签名为假，从而否认《股权转让协议》的效力，显然违背了法官对证据进行审核认定所适用的日常生活经验应当是为普通人所普遍接受或体察的社会生活经验的原则，已超越审判人员的自由裁量权范围，缺乏公正性和合法性。

二、关于本案诉讼时效何时起算的问题

诉讼时效是关乎当事人权利能否受到人民法院保护的先决条件，只有在诉讼时效内的诉求才可能受到法律支持。《中华人民共和国民法通则》第140条规定："诉讼时效因提起诉讼、当事人一方提出要求或者同意履行义务而中断。从中断时起，诉讼时效期间重新计算。"我国法律也规定了多种诉讼时效中断的情形，那么当事人通过刑事案件向公安机关报案是否是保护其民事权益的行为，能否引起民事诉讼时效中断呢？最高人民法院《关于审理民事案件适用诉讼时效制度若干问题的规定》第15条规定："权利人向公安机关、人民检察院、人民法院报案或者控告，请求保护其民事权利的，诉讼时效从其报案或者控告之日起中断。上述机关决定不立案、撤销案件、不起诉的，诉讼时效期间从权利人知道或者应当知道不立案、撤销案件或者不起诉之日起重新计算。"本案中，三脚沟煤矿在与卢俊龙签订了《股权转让协议》后，又与他人签订《合作经营合同》，并于2007年4月4日更换了法定代表人。卢俊龙知情后为保护其1200万元投资权益分别于2008年1月29日和2009年8月27日，两次以张学文涉嫌经济诈骗罪向大同市公安局报案、上访，卢俊龙向公安机关举报的目的与本案的诉求均是卢俊龙为使其在三脚沟煤矿的1200万元投资权益免受非法侵害而请求有关机关予以保护。张学文在与卢俊龙签订了《股权转让协议》后又与他人签订《合作经营合同》，以上行为是张学文以该矿的法定代表人的身份进行的，其代表的是三脚沟煤矿，故对张学文进行控告代表了向该矿主张权利。因此卢俊龙向公安机关举报张学文的行为符合上述规定之情形，本案诉讼时效应当从2009年8月27日起中断，并在卢俊龙知道或者应当知道公安机关作出的答复意见时重新计算，故原告于2010年4月6日向一审法院起诉未过诉讼时效。二审法院认为卢俊龙向公安机关控告属其向张学文个人主张权利，仅构成对张学文个人提起诉讼时效中断的事由，不构成对三脚沟煤矿提起诉讼时诉讼时效中断事由的认定于法无据，错误地剥夺了申诉人卢俊龙的诉权，导致其实体权利也完全被剥夺，显属适用法律错误。

【承办人简介】

宁建新，男，1967年3月出生，1987年7月毕业于中国政法大学法律系，获法学学士学位，2007年6月武汉大学研究生毕业，获法学硕士学位。1987年至今在山西省人民检察院工作，曾任研究室副主任、侦查监督处副处长、反贪局综合指导处处长（兼院侦查指挥中心办公室主任）、民事行政检察处处长。现任山西省吕梁市人民检察院检察长。

53. 内蒙古鄂托克前旗新宇化工有限公司清算小组与毛春慧借款合同纠纷检察建议案

【监督机关】鄂托克前旗人民检察院

【监督方式】检察建议

【基本案情】

申请人（原审被告）：内蒙古鄂托克前旗新宇化工有限公司清算领导小组。

其他当事人（原审原告）：毛春慧，女，38岁，汉族，个体户，住银川市兴庆区富强巷7-1-202号。

符东辉在任鄂托克前旗新宇化工有限公司（以下简称新宇化工公司）法定代表人期间，分别于2007年3月6日和2007年6月1日以新宇化工公司的名义给毛春慧出具两张总额共计500万元的借条。2007年8月5日，新宇化工公司响应政府节能减排政策进行关停，取得了1200万元的政府关停补偿款。当日，新宇化工公司召开股东大会，作出了进入清算程序的决议，并罢免了新宇化工公司董事长符东辉的职务，符东辉不再担任公司法定代表人。之后，新宇化工公司成立了清算小组对公司进行清算。2008年4月3日，毛春慧将新宇化工公司诉至鄂托克前旗人民法院，要求该公司偿还欠款500万元。

【原审裁判情况】

新宇化工公司原法定代表人符东辉在未通知新宇化工公司清算小组的情况下，委托代理人到庭应诉，并在法院的主持下与毛春慧达成调解协议。调解协议的内容为：（1）新宇化工公司于2008年4月10日前一次性偿还毛春慧人民币500万元。（2）双方当事人再无其他争议事项。2008年4月8日，鄂托克前旗人民法院以〔2008〕鄂前民二初字第241号民事调解书确认了上述调解协议。

【监督意见】

新宇化工公司清算小组认为〔2008〕鄂前民二初字第241号民事调解书

侵犯了新宇化工公司股东的权益，向检察机关申请监督。

由于符东辉当时因涉嫌犯罪被公安机关拘留，鄂托克前旗人民检察院在依法调查核实后，查明上述两张借条是符东辉在新宇化工公司清算期间向毛春慧出具，出具借条时间不真实，符东辉利用其在清算期间尚掌握公司印章的便利条件在借条上加盖了新宇化工公司的公章。符东辉的上述行为并未取得新宇化工公司股东和清算小组同意，并且该500万元并非用于公司的生产和经营，也未入新宇化工公司的账目。鄂托克前旗人民检察院认为该调解协议系毛春慧与符东辉恶意串通而进行的虚假调解，调解协议内容违反了法律规定，向鄂托克前旗人民法院提出检察建议，建议对该案进行再审。

【监督结果】

鄂托克前旗人民法院受理并采纳了再审检察建议，启动了再审程序，撤销了〔2008〕鄂前民二初字第241号民事调解书。

【点评】

近年来，人民法院以调解形式结案的民事纠纷案件所占比例呈上升之势，部分基层人民法院调解比例甚至达到80%以上。一些案件当事人通过虚假调解、恶意调解损害了第三人利益，这些案件数量虽少但影响较大。由于此类案件是双方当事人"自愿"达成协议，违法行为的隐蔽性较强，法院在审理过程中很难发现，利益被侵害者发现后调解书已经发生法律效力，救济困难。针对上述情况，检察机关积极探索开展调解监督工作。本案即属于典型的虚假调解损害第三人利益的调解监督案件。在办案过程中，检察机关针对申请人所反映的情况，采取调查核实措施，证实了该调解协议的违法性，向人民法院提出检察建议，最终人民法院撤销了虚假的调解协议，维护了第三人的合法权益，取得了良好的法律效果和社会效果。

【承办人简介】

杜春艳，女，2000年毕业于内蒙古大学法学院，2004年到鄂托克前旗检察院工作，先后在公诉科、政工科和民事行政检察科工作，2011年被鄂尔多斯市检察院记个人三等功。

54. 菊娜不服乌拉特前旗人民法院保全措施检察建议案

【监督机关】乌拉特前旗人民检察院

【监督方式】检察建议

【基本案情】

申请人：菊娜，女，15 岁，蒙古族，学生，现住乌拉特前旗白彦花镇乌宝力格嘎查。

2008 年 12 月 11 日，菊娜的父亲因家庭琐事将其母亲伤害致死外逃，留下 13 岁的菊娜一人生活，家庭财产由其姑姑旭仁其木格代管。后菊娜要求其外祖母做其监护人，要求其姑姑返还财产，被拒绝。菊娜于 2010 年 4 月 7 日向乌拉特前旗人民法院提起诉讼。经法院主持调解，双方当事人达成调解协议：由旭仁其木格返还菊娜家中的电视机、洗衣机等物品以及 11223 元现金。随后，该案进入执行程序。

在法院执行过程中，第三人因借贷纠纷起诉菊娜父亲，并向乌拉特前旗人民法院提出诉讼保全申请，要求保全本案中的执行案款 11223 元现金。

【原审裁判情况】

乌拉特前旗人民法院依据申请作出裁定，将菊娜所诉之案的案款 11223 元现金全部冻结。由于菊娜不能及时领到案款，又没有其他生活来源，生活和上学受到严重影响。

【监督意见】

菊娜不服乌拉特前旗人民法院的保全行为，向乌拉特前旗人民检察院申请监督。

乌拉特前旗人民检察院通过审查发现，菊娜是一名年仅 15 岁正在读书的未成年人，其母亲去世、父亲离家外逃，家中无任何经济来源。乌拉特前旗人民法院裁定将其家庭仅有的 11223 元现金全部冻结，必然会造成其生活和学习得不到保障。根据最高人民法院《关于人民法院民事执行中查封、扣押、冻结财产的规定》第 5 条第 2 项、第 3 项的规定，人民法院对被执行人及其所扶养家属所必需的生活费用及被执行人及其所扶养家属完成义务教育所必需的物品不得查封、扣押、冻结。乌拉特前旗人民法院的保全行为已经违反了上述法律规定。

2010年9月9日，乌拉特前旗人民检察院向乌拉特前旗人民法院发出乌前检民〔2010〕第2号检察建议，建议法院对其错误的保全行为予以纠正，以保障当事人的合法权益。

【监督结果】

乌拉特前旗人民法院采纳了检察机关的建议，及时作出〔2010〕乌民初字第664号民事裁定，解除了对11223元的冻结，并将案款支付给菊娜。

【点评】

该案虽然标的额很小，但对于地处我国西部牧区一个家破人亡境地的"孤儿"而言，将会关系到其正常的学习和生活。人民法院将该笔本应及时兑现的案款冻结后，申请人的生活和学习立即受到严重影响。在检察机关的监督下，人民法院及时纠正了违法行为，使申诉人生活和学习得以保障，维护了司法的权威，化解了社会矛盾，促进了社会和谐。该案的及时办结，在当地群众中反响甚好，取得了极好的社会效果。

【承办人简介】

李瑞芬，女，1974年出生，汉族，大学文化，中共党员，1995年从内蒙古财经学院毕业分配到巴彦淖尔市乌拉特前旗人民检察院工作，现任乌拉特前旗人民检察院党支部委员、民事行政检察科科长。

55. 本溪市平山区北台镇金田采石场不服辽宁省本溪市平山区人民法院不予立案检察建议案

【监督机关】辽宁省本溪市平山区人民检察院
【监督方式】检察建议
【基本案情】

申请人：本溪市平山区北台镇金田采石场，住所地：本溪市平山区北台镇；法定代表人：陈立中，系该采石场业主。

其他当事人：本溪北营钢铁（集团）股份有限公司，住所地：本溪市平山区北台镇；法定代表人：杨新华，系该公司董事长。

2003 年 1 月 29 日，陈立中与原金田采石场业主张冠发签订了采石场转让协议书，陈立中以 32 万元取得了北台镇宁家村金田采石场的采矿权，后陈立中投入资金与设备进行生产。2005 年，本溪北营钢铁（集团）股份有限公司在距本溪市平山区北台镇金田采石场 300 米以内搭建高压电塔。

2009 年 1 月 7 日，本溪市平山区北台镇金田采石场的安全生产许可证到期，需要重新进行安全评估，换发新证。经葫芦岛安全科学技术研究所对金田采石场进行安全现状评价，发现本溪北营钢铁（集团）股份有限公司，在距金田采石场距离小于 300 米以内建成的高压电塔，存在安全隐患，不能通过安全评估。根据辽宁省经济委员会文件（辽经电力〔2006〕68 号文件附件：《辽宁省距电力设施 500 米内爆破作业许可制度》）的规定，除非金田采石场得到安全生产监察部门的行政许可，否则不具备生产经营条件。安全生产监督部门根据部门规章的规定认为在高压线 500 米以内，确有必要时，在做好防护措施的前提下可以临时爆破，但不能进行爆破性生产，因此金田采石场不能生产。

金田采石场与本溪北营钢铁（集团）股份有限公司协商未果，诉至本溪市平山区人民法院，要求法院判令本溪北营钢铁（集团）股份有限公司立刻停止侵害、排除妨害、恢复原状或赔偿损失。

【原审裁判情况】

本溪市平山区人民法院以损害事实不清为由,一直不予立案也不向当事人送达不予受理裁定书。

【监督意见】

金田采石场多次要求法院立案未果,向检察机关申诉。2011 年 11 月 20 日,本溪市人民检察院以本检民建字〔2011〕3 号检察建议书,向本溪市平山区人民法院提出监督意见。理由如下:

本溪北营钢铁(集团)股份有限公司在距本溪市平山区北台镇金田采石场 300 米以内搭建高压电塔的行为违反了《中华人民共和国电力法》第 52 条、《辽宁省电力设施保护条例》第 22 条以及《电力设施保护条例实施细则》第 10 条的相关规定,对本溪市平山区北台镇金田采石场的正常生产造成了安全隐患。为此,辽宁省安全生产监督管理局对本溪市平山区北台镇金田采石场不予颁发安全生产许可证,致使本溪市平山区北台镇金田采石场停产。本溪市平山区北台镇金田采石场对本溪北营钢铁(集团)股份有限公司提起侵权之诉符合《中华人民共和国民事诉讼法》第 108 条的规定,法院应当立案受理。

【监督结果】

本溪市平山区人民法院接到检察机关的检察建议书后,找到双方当事人了解情况,认真研究案情后,采纳了检察机关的监督意见,作出了立案受理的裁定。

【点评】

本案的侵权法律关系并不复杂,但因为一方是当地的大型国有企业,致使法院立案困难。而检察机关是否可以对法院的立案活动进行监督,在 2013 年《民事诉讼法》修改之前,一直存在争议,这主要是因为当时法律规定过于粗疏以及检察机关多年来未能对自身性质、任务形成清晰、完整、正确的认识所造成的。本案办理于 2011 年,当时的辽宁省本溪市检察院大胆探索、提出了立案监督的检察建议,并多次与法院沟通终于实现了监督目的。

一、检察机关民事行政诉讼立案监督的必要性

依据我国《刑事诉讼法》,公安机关办理刑事案件应当立案而不立案的,检察院应要求公安机关说明不立案理由,理由不成立的,应通知公安机关立案。但对于民事行政案件"有案不立"的情况,在《民事诉讼法》修改之前,并没有法律规定,是民行检察监督的空白。我们可以看到,有些民事行政争议,原告起诉是符合法律规定条件的,而人民法院既不予受理又不给当事人以任何书面答复,随意限制和剥夺当事人的诉权,导致当事人在诉讼上告状无门,造成当事人多次上告、四处上访,甚至被迫违法采取私力救济,由此也引

发了一些社会问题。针对上述现象，全国人大代表与社会各机关都有反映。2013 年 1 月 1 日，修改后的《民事诉讼法》颁布实施，其第 14 条修改为："人民检察院有权对民事诉讼实行法律监督。"第 208 条第 3 款增加了检察机关对法院审判监督程序以外的其他审判程序中的违法行为的监督，这里面就包括对法院立案活动的监督。

在司法实践中存在的"不立不裁"现象主要表现在人民法院对符合起诉条件的民事行政案件既不立案，也不制作、送达不予受理的书面裁定，或者对符合起诉条件的案件却错误地告知当事人到其他部门寻求解决。"不立不裁"的后果使当事人等同于丧失了起诉权，同时由于人民法院不制作书面裁定，当事人无法向上一级人民法院提出上诉，也无法通过审判监督程序来维护其合法权益。出现上述现象的原因，一是我国民事行政诉讼法律有关受理立案审查的规定不完善，内容过于简单，立法当时没有注意到实践中会发生"不立不裁"现象，当然对"不立不裁"现象的法律救济也就没作任何具体规定。二是监督机制不健全，虽然近年来人民法院开始规范案件的受理活动，实行立审分离改革，"不立不裁"现象有所减少，但这毕竟是内部的监督制约，这项改革只能在一定程度上解决"不当立而立"的问题，并不能解决"当立而不立"的问题。权力机关、社会舆论等监督方式，因其监督活动不具司法属性又有很大的局限性，且当事人想引起其关注又非常困难，因此也无法取得很好的效果。检察机关作为法律监督机关，在《民事诉讼法》修改之前，只是对人民法院生效的民事行政判决、裁定进行监督，对人民法院受立案、执行等活动的监督法律未设明文规定。三是法院片面追求结案率，为了进行绩效考核，法院制定了结案率制度。为了追求 100% 的结案率，有的法院在每年的 11 月左右就停止收案，当事人在此期间申请立案，法院或者告知下一年再来，或者拖着不立。四是法院部分立案法官业务水平不高，习惯于凭经验办案，不注意更新知识，特别出现一些新型案件、疑难案件、模糊案件时，不能正确理解法律规定，对应予受理的案件不予受理，极少数立案法官渎职弄权的情况仍然存在。五是减少涉法上访案件数量的需要，近年来，涉法访、集体访、进省访、进京访等数量急剧增加，有些无理访、纠缠访、重复访已严重影响国家机关的正常工作秩序，为解决这一问题，国家有关部门制定了一些相应措施，包括定期通报各地区、各部门涉法访、进京访的数量，因此，有的法院对容易引起集体访、越级访的案件和当事人采取了"不立不裁"的办法。

二、检察机关民事行政诉讼立案监督的依据

检察机关作为国家的法律监督机关，依法对审判机关的民事行政诉讼立案活动进行监督，过去虽少有实践，但却不是没有依据，在"两高"通过了

《关于对民事审判活动与行政诉讼实行法律监督的若干意见（试行）》通过后，特别是《民事诉讼法》修改之后，监督的依据更加充分。

检察机关作为国家的法律监督机关，是由宪法和多部基本法律规定的，监督的对象主要是侦查机关、审判机关、监狱机关及其工作人员，其职责是通过监督上述国家机关及其工作人员的执法、司法活动保证国家法律的统一正确实施。对审判活动特别是对民事行政诉讼活动的检察监督开展得较晚。在《民事诉讼法》修改之前，仅限于通过依法纠正审判违法行为和对确有错误的裁判提出抗诉进行事后监督。但是，立案活动作为整个诉讼过程的一部分，也应当置于检察机关的法律监督之下，我们所说的"事后"监督，应当是指法院违法情形发生之后，而不是案件审结之后。人民法院在立案过程中的"不立不裁"，不但妨碍了当事人诉讼权利的行使，同时也违背了人民法院在诉讼法律关系当中所应承担的诉讼义务，这种违法的不作为一方面积聚了社会矛盾，另一方面也影响到了国家法律的统一正确实施，因而审判机关的民事行政诉讼立案活动应当接受检察机关的法律监督。

三、检察机关民事行政诉讼立案监督的性质

对于法院立案活动的检察监督属于法律适用监督。我国三部诉讼法规定，人民检察院有权分别对刑事、民事、行政诉讼活动实行法律监督，检察机关的法律监督工作的对象主要是法律适用的监督。虽然在当前的检察工作中，查处国家机关工作人员的职务犯罪等也属检察机关的重要职责，但对法律适用进行监督仍然是检察权的核心。检察监督为法律适用监督，这在刑事诉讼当中表现得最为直接，在民事诉讼法、行政诉讼法当中，虽然关于检察机关对审判机关适用法律进行监督的规定不很完备，但检察机关对认为确有错误的生效裁判提出抗诉或者发出检察建议作为一项法律制度规定下来，集中体现了检察监督的对象为法律适用监督。在《民事诉讼法》修改之后，检察机关除了运用抗诉或（再审）检察建议的方式，通过引起案件再审实行监督目的外，还可以通过其他检察建议对于审判监督程序以外的其他违法行为进行监督，这当然包括对立案活动的监督。修改后的《民事诉讼法》第14条规定，人民检察院有权对民事诉讼活动实行法律监督；《行政诉讼法》第10条规定，人民检察院有权对行政诉讼实行法律监督。这里的民事审判诉讼活动、行政诉讼活动都是一个动态的过程。立案活动也是诉讼活动的一部分，因此人民法院在民事行政诉讼立案过程中的违法情形也应纳入检察机关的法律监督范围。检察机关的法律适用监督在民事行政诉讼中应是全方位的，不能局限在某个方面或某个阶段，人民法院的每一程序法适用行为都应在检察机关的监督之下，否则就会产生监督"真空"、"漏洞"。

四、检察机关对民事行政诉讼立案监督的意义

检察机关对审判机关的民事行政诉讼立案监督不但具有法律依据，符合司法制衡原则，同时还具有专职性、权威性、强制性、程序性、排他性等特点，能够发挥其他监督方式不可替代、无法比拟的作用。

一是有利于实现司法公正。司法公正既是现代司法制度的存在基石和生命，又是司法活动的永恒目标和最终归宿，人民法院的各种诉讼活动必须以公正为前提和价值追求，而受理立案是诉讼活动的开始，是私权进入国家司法救济程序的入口。当前人民法院受理立案过程中的司法不公问题比较突出，不少"不立不裁"案件背后隐藏着这样那样的问题，虽然人民法院自身也可对"不立不裁"案件进行复查、纠正，但要不要复查、纠正取决于人民法院，缺少外部强有力的制约，而且从现实情况看，法院自己纠正自己容易受利益趋同、本位主义的影响，很难取得实效，因此明确赋予检察机关民事行政诉讼立案检察监督权就显得非常必要。二是有利于保障当事人的合法权益。起诉权是国家法律赋予社会主体在其权益受到侵害或与他人发生权利义务争执时，请求人民法院通过审判方式保护其合法权益的权利，是当事人进行诉讼所享有的程序性权利，同时也是当事人实体权利得以满足的前提。由于法律规定的粗疏，以及法官受利益驱动、办案经验、水平等方方面面因素的影响，有时会发生当事人在起诉立案过程中诉讼权利受侵害的情形，如果检察机关适时介入，不但为当事人正当行使诉权提供了救济，同时还能助其最终实现实体法上的权利。三是有利于维护社会稳定，改善司法机关与涉讼当事人的关系。当事人在得不到国家司法救济的情况下，就失去了对法律的信仰，往往通过私力救济等过激手段解决问题，这不仅影响了国家法律的统一实施，削减法律权威，还容易引发其他社会矛盾，不利于社会稳定，如果明确赋予检察机关民事行政诉讼立案监督权，检察机关通过一定的程序，对人民法院应当受理立案而拒不立案的案件依法与法院进行交涉，使之重新回到司法程序加以解决，有助于及时化解社会矛盾，进一步树立司法机关公正执法、执法为民的形象和权威。

【承办人简介】

曲斌，辽宁省本溪市人，民行检察业务骨干，辽宁大学法学硕士，现任辽宁省本溪市人民检察院民事行政检察处检察员；《辽海讲坛》民法专门人才，辽宁省社科联人才库成员。

56. 山东耶莉娅服装集团总公司不服山东省青岛市黄岛区人民法院民事执行裁定检察建议案

【监督机关】山东省青岛市黄岛区人民检察院
【监督方式】检察建议
【基本案情】

申请人（原审案外人）：山东耶莉娅服装集团总公司，住所地：潍坊市潍城区北宫西街126号；法定代表人：袁文和，董事长。

其他当事人（原审申请执行人）：刘炳超，男，1956年5月22日出生，汉族，现住青岛经济技术开发区阿里山路138号。

其他当事人（原审被申请执行人）：山东拳王实业集团有限公司，住所地：山东省潍坊市潍城经济技术开发区玉清西街以北开拓路西侧；法定代表人：刘波，董事长。

其他当事人（原审被申请执行人）：刘波，男，1956年10月9日出生，汉族，住潍坊市潍城区东园先锋街9号内2号楼2201室。

其他当事人（原审被申请执行人）：刘冬青，女，1956年3月28日出生，汉族，住潍坊市潍城区东园先锋街9号内2号楼2201室。

其他当事人（原审被申请执行人）：巩守芳，女，45岁，汉族，住山东省青岛市黄岛区五台山路812号1单元401室。

其他当事人（原审被申请执行人）：宋智佳，男，12岁，汉族，住山东省青岛市黄岛区五台山路812号1单元401室。

1990年12月31日，潍坊市呢绒服装厂与潍坊衬衫厂签订《协议书》一份，约定：潍坊衬衫厂将距该生产南楼墙基2.53米以北的南院以及在此范围内的所有建筑物有偿转让给潍坊市呢绒服装厂。其中包括：（1）原潍坊衬衫厂、潍坊市呢绒服装厂共用的生产楼属原潍坊衬衫厂所有的22间共计1123.48平方米；（2）院内潍坊衬衫厂产权所有的配电室71.66平方米、职工食堂143.98平方米及厕所归潍坊市呢绒服装厂所有；（3）潍坊市呢绒服装厂向潍坊衬衫厂缴纳人民币 38 万元作为有偿转让费。1991 年，潍坊市呢绒服装厂支付转让费 38 万元，合法占有了该厂房及院落。由于上述房产转让时，潍坊衬衫厂尚未办理初始登记，导致上述房产无法及时过户给潍坊市呢绒服装厂。1994 年，潍坊衬衫厂将上述房产登记在自己名下，但未将已办成房产证的事实告知潍坊市呢绒服装厂。

1994 年，以潍坊市呢绒服装厂为核心组建成立了山东耶莉娅服装集团总公司。1996 年，潍坊衬衫厂出资 1318 万元与潍坊外贸服装厂、潍坊童装厂共同成立山东拳王实业集团有限公司。2007 年 8 月 28 日，刘炳超作为出借人与刘波作为借款人、山东拳王实业集团有限公司作为抵押人、宋立波（于 2008 年 2 月去世）作为担保人签订《房地产（抵押）借款合同》，约定山东拳王实业集团有限公司、刘波向刘炳超借款人民币本金加费用 262.5 万元，借款期限自 2007 年 8 月 28 日至 2007 年 11 月 27 日止。

因不能按期还款，刘炳超诉至山东省青岛市黄岛区人民法院，请求判令山东拳王实业集团有限公司、刘波、刘冬青、巩守芳（宋立波妻子）、宋智佳（宋立波儿子）连带支付借款本金、利息、违约金等相关费用共计 334.894 万元。

【原审裁判情况】

2009 年 3 月 10 日，山东省青岛市黄岛区人民法院作出〔2008〕黄民初字第 2720 号民事判决。判决：（1）山东拳王实业集团有限公司、刘波于本判决生效之日起 10 日内共同偿还刘炳超借款本金人民币 243.75 万元；（2）山东拳王实业集团有限公司、刘波于本判决生效之日起 10 日内共同支付刘炳超借款利息（以本金 243.75 万元自出借之日起至履行清偿义务之日止按中国人民银行同期贷款利率的四倍计算再扣除已支付利息 33.125 万元）；（3）刘冬青对上述款项负连带清偿责任；（4）巩守芳、宋智佳对上述款项在保留宋智佳对宋立波遗产适当份额后，巩守芳、宋智佳在继承宋立波遗产范围内承担对山东拳王实业集团有限公司、刘波的连带清偿责任；（5）山东拳王实业集团有限公司、刘波共同支付刘炳超主张债权而支出的费用 13.99411 万元；（6）驳回刘炳超的其他诉讼请求。

山东拳王实业集团有限公司不服判决，提起上诉。

2009 年 8 月 20 日，山东省青岛市中级人民法院作出〔2009〕青民四终字第 211 号民事判决，维持山东省青岛市黄岛区人民法院〔2008〕黄民初字第 2720 号民事判决主文第 1、3、4、5、6 项及诉讼费承担部分；变更第 2 项为：山东拳王实业集团有限公司、刘波于本判决生效之日起 10 日内共同支付刘炳超借款利息（以本金 243.75 万元，自出借之日起至判决确定的给付之日止按中国人民银行同期贷款利率的 4 倍计算再扣除已支付利息 33.125 万元）。

上述判决生效后，山东拳王实业集团有限公司、刘波未能履行付款义务，刘炳超遂向山东省青岛市黄岛区人民法院申请强制执行。山东省青岛市黄岛区人民法院以〔2009〕黄执字第 1456 号民事裁定书查封坐落于潍坊市潍城区北宫西街 122 号的房产一宗（产权证号为潍房权证潍城字第 125328—125332 号）。该查封包含了潍坊衬衫厂早已转让给山东耶莉娅服装集团总公司的 1123.48 平方米厂房。

山东耶莉娅服装集团总公司对此提出异议。2011 年 2 月 25 日，山东省青岛市黄岛区人民法院作出〔2009〕黄执字第 1456 - 1 号民事裁定，认为山东耶莉娅服装集团总公司提出的异议不成立，应当予以驳回。理由如下：（1）根据《中华人民共和国物权法》第 6 条、第 9 条第 1 款、第 17 条的规定，本案争议的房产没有登记在案外人名下，根据上述规定，不能认定该房产属案外人所有。（2）根据最高人民法院《关于人民法院民事执行中查封、扣押、冻结财产的规定》第 17 条的规定，案外人在长达数十年的时间没有办理过户登记，也没有通过诉讼等法律途径要求办理过户登记，应推定案外人有过错，故其请求于法无据。综上，依照《中华人民共和国民事诉讼法》第 204 条和最高人民法院《关于适用〈中华人民共和国民事诉讼法〉执行程序若干问题的解释》第 15 条的规定，裁定驳回案外人山东耶莉娅服装集团总公司提出的异议。

【监督意见】

山东耶莉娅服装集团总公司对山东省青岛市黄岛区人民法院作出〔2009〕黄执字第 1456 号、第 1456 - 1 号民事裁定不服，向山东省青岛市黄岛区人民检察院申请执行监督。2011 年 4 月 22 日，山东省青岛市黄岛区人民检察院以青黄检民建〔2011〕6 号检察建议书向山东省青岛市黄岛区人民法院提出检察建议。理由如下：

山东省青岛市黄岛区人民法院根据〔2009〕黄执字第 1456 号民事裁定书查封潍坊衬衫厂坐落在潍坊市潍城区北宫西街 122 号房产，其中包含了潍坊衬衫厂早已转让给山东耶莉娅服装集团总公司的 1123.48 平方米厂房。本案的被执行人是山东拳王实业集团有限公司、刘波、刘冬青、巩守芳、宋智佳，并无潍坊衬衫厂。根据《中华人民共和国公司法》的规定，山东拳王实业集团有限公司是独立企业法人，应以自己的财产独立承担民事责任，而不应查封是山东拳王实业集团有限公司股东的潍坊衬衫厂的财产。鉴于以上事实，根据《关于民事执行案件监督的规定（试行）》（青黄检会发〔2009〕3 号）第 18 条之规定，建议山东省青岛市黄岛区人民法院尽快依法对已查封的潍坊衬衫厂坐落在潍坊市潍城区北宫西街 122 号 1123.48 平方米房产终止执行，保护案外人的合法权益。

【监督结果】

山东省青岛市黄岛区人民法院受理本案后，于 2011 年 4 月 29 日作出回函称："同意你院的意见。现作如下答复：一、我院已对坐落在潍坊市潍城区北宫西街 122 号房产终止执行。二、加大执行力度，尽快办结此案。" 2011 年 8 月 23 日，山东省青岛市黄岛区人民检察院派员专程监督山东省青岛市黄岛区人民法院执行局赴潍坊市依法解除了被查封的潍坊衬衫厂坐落在潍坊市潍城区北宫西街 122 号 1123.48 平方米厂房。本案在执行过程中，被执行人支付了申请执行人刘炳超的全部欠款。现该案件已经执行终结。

【点评】

本案是一件典型的因法院错误查封引起的执行监督案件，检察机关对错误的查封执行行为依法进行监督，并通过检察建议的方式纠正了错误的执行行为。本案的成功办理，是基层检察机关根据最高人民法院、最高人民检察院会签的《关于在部分地方开展民事执行活动法律监督试点工作的通知》的要求，积极开展民事执行活动法律监督的成果。同时也为完善民事执行检察监督法律制度积累了司法实践经验。本案争议的焦点是山东省青岛市黄岛区人民法院是否可以查封登记在潍坊衬衫厂名下的坐落在潍坊市潍城区北宫西街 122 号 1123.48 平方米房产。

《中华人民共和国公司法》第 3 条规定："公司是企业法人，有独立的法人财产，享有法人财产权。公司以其全部财产对公司的债务承担责任。有限责任公司的股东以其认缴的出资额为限对公司承担责任；股份有限公司的股东以其认购的股份为限对公司承担责任。" 第 20 条规定："公司股东应当遵守法律、行政法规和公司规章，依法行使股东权利，不得滥用股东权利损害公司或者其他股东的利益；不得滥用公司法人独立地位和股东有限责任损害公司债权人的利益。公司股东滥用股东权利给公司或者其他股东造成损失的，应当依法承担赔偿责任。公司股东滥用公司法人独立地位和股东有限责任，逃避债务，严重损害公司债权人利益的，应当对公司债务承担连带责任。" 从上述规定中，可以看出公司对其债务承担的是独立责任、无限责任和直接责任，是公司人格独立的体现。而公司股东仅承担有限责任，且不对公司债务直接负责，只有在出现"公司法人人格否认"的情况下才对公司债务承担连带责任、无限责任。

本案中，山东拳王实业集团有限公司是依法成立的有限责任公司，是独立的企业法人，有独立的法人财产，享有法人财产权。山东拳王实业集团有限公司的对外债务，应以其公司财产独立承担民事责任。而潍坊衬衫厂作为山东拳王实业集团有限公司的股东，根据《中华人民共和国公司法》第3条的规定，仅承担有限责任，不对公司债权人直接负责。在无证据证明潍坊衬衫厂存在《中华人民共和国公司法》第20条第3款规定的情形，即滥用山东拳王实业集团有限公司法人人格和股东有限责任的行为严重侵害公司债权人利益的情况下，不应该用潍坊衬衫厂的财产来偿还公司债务。且本案的被执行人是山东拳王实业集团有限公司、刘波、刘冬青、巩守芳、宋智佳，并无潍坊衬衫厂。显然，山东省青岛市黄岛区人民法院查封山东拳王实业集团有限公司的股东潍坊衬衫厂坐落在潍坊市潍城区北宫西街122号房产一宗是错误的。

【承办人简介】

王春卫，男，1970年3月出生，大学文化，中共党员，现任山东省青岛市黄岛区人民检察院民事行政检察处处长，曾荣获"山东省优秀公诉人"、"青岛市优秀检察官"、全区"十佳人民满意公务员"等荣誉称号。

57. 郑州中诚置业发展有限公司不服新乡市中级人民法院民事调解书、执行裁定检察建议案

【监督机关】 河南省新乡市人民检察院

【监督方式】 检察建议

【基本案情】

申请人（原审案外人）：郑州中诚置业发展有限公司，住所地：郑州市东太康路 72 号；法定代表人：王张兴，董事长。

其他当事人（原审原告）：李柱润，男，1962 年 9 月 1 日出生，住中国香港。

其他当事人（原审被告）：广东凯利特贸易有限公司，住所地：广州市五羊新城广场 2516 室；负责人：何宁（加拿大籍）。

其他当事人（原审被告）：新乡远望科技有限公司，住所地：新乡市牧野区工业园区；法定代表人：宋雪岳，董事长。

2000 年，郑州中诚置业发展有限公司（以下简称郑州中诚公司）投资 3.2 亿元开发汇龙城购物广场，2003 年 3 月开业伊始正逢"非典"疫情，汇龙城经营陷入低谷。北京远望集团副总裁、河南区总经理王随岳同意收购汇龙城资产。郑州中诚公司由王随岳接管之后仍无法运转。王随岳承诺增资的 1700 万元完成后，随即划走 1600 万元。其间，王随岳利用接触到郑州中诚公司印章及内部资料的便利，串通新乡远望科技有限公司（以下简称新乡远望公司）的宋雪岳，恶意将郑州中诚公司注册为新乡远望公司的股东。2004 年 5 月，王随岳退出郑州中诚公司。2005 年，胡润百富榜前 50 强企业上海家饰佳控股集团收购郑州中诚公司，对"汇龙城"投资 3 亿元，与百盛联手打造购物中心。

2004 年 4 月 9 日，香港人李柱润、广东凯利特贸易有限公司（以下简称广东凯利特公司）负责人何宁与新乡远望公司负责人宋雪岳三人签订了一份借款担保协议，出借人为李柱润，借款人为广东凯利特公司，新乡远望公司为

担保人，借款金额5000万元。该借款并未实际发生，但李柱润、何宁与宋雪岳三人又于2006年8月10日达成一份还款协议。

2007年8月16日，李柱润诉至河南省新乡市中级人民法院，要求新乡远望公司和广东凯利特公司偿还借款本金5000万元、利息3100万元和复利468万元。

【原审裁判情况】

2007年9月17日，新乡市中级人民法院立案。2007年9月29日，三方当事人达成调解协议书。同日，新乡市中级人民法院作出〔2007〕新民三初字第68号民事调解书：（1）李柱润起诉广东凯利特公司、新乡远望公司欠款总额8768万元，李柱润放弃768万元，实欠8000万元；（2）广东凯利特公司2007年10月10日前还李柱润500万元。自2007年11月至2008年4月，每月还款1000万元，剩余1500万元，广东凯利特公司于2008年5月底以前付清；（3）如广东凯利特公司未按上述协议履行，则广东凯利特公司、新乡远望公司实欠8300万元；（4）以上条款，新乡远望公司负连带清偿责任。案件受理费47.02万元，减半收取23.51万元，由广东凯利特公司负担。上述协议，符合有关法律规定，予以确认。本调解书经三方当事人签收后，即具有法律效力。

2007年11月13日，李柱润向新乡市中级人民法院申请执行。新乡市中级人民法院执行中查明，广东凯利特公司及法人代表均查不到下落；新乡远望公司住所地属租赁性质，2003年由赵新宏出资700万元，新乡市康泽生物工程有限责任公司出资300万元共同组建，后郑州中诚公司以房地产出资1.8531亿元增加为股东，但其出资的房地产未办理财产转移手续。2007年12月10日，新乡市中级人民法院作出〔2008〕新中法执字第7-2号民事裁定，将郑州中诚公司追加为本案被执行人，在其出资范围内承担相应的法律责任。2007年12月14日，新乡市中级人民法院作出民事裁定，将郑州中诚公司所有的位于郑州市管城回族区东太康路72号新纪元生活广场负一层至六层（76388.48平方米）予以查封，期限2年。2008年1月31日，新乡市中级人民法院又分别作出民事裁定，冻结郑州中诚公司银行账户上的存款人民币8350万元，期限6个月；将郑州中诚公司银行账户上的存款人民币37.9万元予以扣划，扣划存款后，继续冻结银行存款8312.1万元。

【监督意见】

新乡市中级人民法院采取执行措施后，郑州中诚公司才获知新乡市中级人民法院〔2007〕新民三初字第68号民事调解书。随即，郑州中诚公司便向公安机关报案。公安机关认为不属于其管辖范围。郑州中诚公司又向新乡市中级人民法院提出执行异议，法院未予处理。2008 年 2 月 2 日，郑州中诚公司向检察机关提出申诉。新乡市人民检察院经调查取证，掌握了本案相关当事人精心策划虚构借款担保事实、企图通过诉讼达到侵占郑州中诚公司巨额财产的情况。新乡市人民检察院依法向公安部门移交了当事人涉嫌犯罪的相关证据，公安机关对刑事案件进行了立案侦查。

针对本案调解活动和执行中存在的违法问题，新乡市人民检察院于 2008 年 3 月 2 日以新市检民建〔2008〕1 号文向新乡市中级人民法院发出检察建议书，提出如下建议：（1）鉴于宋雪岳、李柱润、何宁涉嫌诈骗、虚假出资、抽逃出资犯罪，建议将该案刑事部分移送公安机关立案侦查。（2）最高人民法院《关于在审理经济纠纷案件中涉及经济犯罪嫌疑若干问题的规定》第 12 条规定："人民法院已立案审理的经济纠纷案件，公安机关或检察机关认为有经济犯罪嫌疑，并说明理由附有关材料函告受理该案的人民法院的，有关人民法院应当认真审查。经过审查，认为确有经济犯罪嫌疑的，应当将案件移送公安机关或检察机关。"根据该条规定，建议新乡市中级人民法院立即撤销〔2008〕新中法执字第 7 - 2 号民事裁定、〔2007〕新中民三初字第 68 号民事调解书，以避免给当事人造成更大的损失。

【监督结果】

新乡市中级人民法院收到检察建议后，经审判委员会讨论于 2008 年 3 月 3 日决定对本案民事调解书进行再审。2008 年 4 月 25 日，新乡市中级人民法院审判委员会讨论决定依照最高人民法院《关于在审理经济纠纷案件中涉及经济犯罪嫌疑若干问题的规定》第 12 条规定作出〔2008〕新中民再字第 69 号民事裁定：（1）撤销新乡市中级人民法院〔2007〕新民三初字第 68 号民事调解书；（2）本案终结诉讼；（3）将本案移送公安机关。

2008 年 5 月 8 日，新乡市中级人民法院作出〔2008〕新中法执字第 7 - 13 号民事裁定：（1）撤销本院〔2008〕新中法执字第 7 - 2 号民事裁定书；（2）解除对郑州中诚置业发展有限公司位于郑州市管城回族区东太康路 72 号新纪元生活广场（预售证号 0730）负一层至六层 76388.48 平方米房屋产权的查封；（3）解除对郑州中诚置业发展有限公司银行账户存款人民币 8350 万元的冻结，返还已扣划的银行存款人民币 37.9 万元；（4）本案终结执行。

【点评】

本案中，检察机关依法履行检察监督职能，采取检察建议方式，从对法院的执行裁定进行监督入手，针对调解活动中存在的虚假诉讼问题，促使法院启动再审程序，最终撤销了违法的民事调解书和执行裁定。

本案发生时，我国《民事诉讼法》没有明确规定检察机关对民事调解和执行活动的监督权。最高人民法院于 1999 年 1 月 26 日出台的《关于人民检察院对民事调解书提出抗诉人民法院应否受理问题的批复》（法释〔1999〕4号）规定："人民检察院对民事调解书提出抗诉的，人民法院不予受理。"从而排除了检察机关以抗诉方式监督民事调解的可能性。但是，该案的成功办理为完善检察机关对调解活动的监督立法，提供了司法实践基础。2011 年 3 月 10 日，最高人民法院、最高人民检察院《关于对民事审判活动与行政诉讼实行法律监督的若干意见（试行)》中，明确将法院民事调解书纳入检察监督的范围。修改后的《民事诉讼法》也明确规定，将检察机关的监督范围扩大为民事诉讼活动全过程，从而为检察机关监督人民法院的民事调解和执行活动提供了明确的法律依据。民事检察必将在依法治国，维护公平正义，构建社会主义和谐社会中发挥更加重要的作用。

【承办人简介】

苏保国，男，1978 年 11 月出生，汉族，中共党员，现为河南省新乡市人民检察院三级检察官。2011 年 6 月被河南省人民检察院授予"全省民行检察优秀办案能手"荣誉称号。

58. 武汉市蔡甸区人民法院民事审判程序违法检察建议案

【监督机关】武汉市蔡甸区人民检察院

【监督方式】检察建议

【基本案情】

武汉市蔡甸区人民检察院于 2010 年 3 月接到群众举报，反映武汉市蔡甸区人民法院聘用未经区人大任命的司法工作人员肖某某、邵某等人作为人民陪审员，参加合议庭审理案件，严重影响裁判的公正与威信。蔡甸区人民检察院经审查查明：肖某某、邵某系武汉市蔡甸区司法局蔡甸街法律服务所工作人员。2008 年 4 月至 2010 年 3 月期间，湖北省武汉市蔡甸区人民法院在审理民事案件过程中，多次邀请肖某某、邵某二人担任人民陪审员，与承办案件的审判人员组成合议庭审理民事案件。其中，蔡甸区法院民一庭审判员何某某担任审判长与肖某某、邵某组成合议庭审判案件 17 起；审判员罗某担任审判长与肖某某、邵某组成合议庭审判案件 3 起。该 20 起民事判决均已生效。在此期间，肖某某、邵某也经常作为诉讼代理人代理蔡甸区法院审理的民事诉讼案件。蔡甸区人大常委会于 2005 年 3 月 9 日公布的关于任命蔡甸区人民陪审员的《蔡甸区人大常委会公报》和 2008 年 4 月 14 日公布的《蔡甸区人民法院人民陪审员名册》中，均无二人的名字。二人所属单位蔡甸区司法局亦书面证实，2005 年 5 月至 2010 年 5 月期间，二人未经蔡甸区人大常委会任命为人民陪审员。

【监督意见】

武汉市蔡甸区人民检察院认为：根据《中华人民共和国民事诉讼法》第 40 条规定，人民法院审理第一审民事案件，由审判员、陪审员共同组成合议庭或者由审判员组成合议庭。2005 年 5 月 1 日实施的全国人大常委会《关于完善人民陪审员制度的决定》第 1 条规定，人民陪审员依照本决定产生，依法参加人民法院的审判活动；第 5 条规定，人民代表大会常务委员会的组成人员，人民法院、人民检察院、公安机关、国家安全机关、司法行政机关的工作人员和执业律师等人员，不得担任人民陪审员；第 8 条规定，符合担任人民陪审员条件的公民，由基层人民法院院长提出人选，提请同级人民代表大会常务委员会任命。可见，任命为人民陪审员至少必须具备两个条件：一是不属于人民代表大会常务委员会的组成人员，公、检、法、司、安全机关的工作人员和执业律师等人员；二是在程序上必须由同级人大常委会任命，其他机关、个人都无权任命。肖某某、邵某为司法行政机关工作人员，依法不能被任命为人民陪审员，且未经蔡甸区人大常委会任命为人民陪审员。蔡甸区人民法院在审理该20件民事案件中，明知二人未经区人大任命为人民陪审员而让他们组成合议庭审理案件，违反了《中华人民共和国民事诉讼法》第40条的规定，属审判组织的组成不合法。据此，蔡甸区人民检察院向蔡甸区人民法院提出再审检察建议，建议法院对案件进行再审；并建议蔡甸区法院结合该20件审判组织违法的问题，进行全面清查、整顿，开展审判活动规范化教育，杜绝此类问题再次发生。

【监督结果】

蔡甸区人民法院接到再审检察建议书后，及时对案件进行了再审，并对审判组织违法问题进行了全面清查。蔡甸区人民法院于2011年1月7日书面复函蔡甸区人民检察院清查结果，并剖析了原因、分清了责任、回复了处理决定。认为检察机关检察建议书指出的违法事实属实，违法原因是在贯彻上级精神建立诉调对接机制时，忽视了全国人大常委会《关于完善人民陪审员制度的决定》中有关人民陪审员任免规定，将辖区10位基层司法所的人民调解员自行聘请为特邀人民陪审员参加审案。该法院通过组织全院干警开展集中学习，进行规范执法教育；对人民陪审员任免途径进行了整顿，10名被区人大常委会任命为人民陪审员的基层司法所人民调解员，已依法免去人民陪审员职务。

【点评】

《民事诉讼法》（本法已于2012年8月31日修改）第40条第3款规定："陪审员在执行陪审职务时，与审判员有同等的权利义务。"因此，为确保审判质量和审判公正，我国法律对人民陪审员的选任有严格的规定，一是必须具备国家承认的任职资格，二是需经人民法院院长提名，报经同级人民代表大会常务委员会任命，二者缺一不可。任职资格中有排除性规定，即"人民代表大会常务委员会的组成人员，人民法院、人民检察院、公安机关、国家安全机关、司法行政机关的工作人员和执业律师等人员，不得担任人民陪审员"。本案中，武汉市蔡甸区人民法院在探索建立司法调解和人民调解衔接配合工作机制过程中，片面强调诉调对接，忽视了全国人大常委会关于人民陪审员任免的规定。其违法表现在：一是该院自行下文任命辖区内10位基层司法所的人民调解员为"特邀人民陪审员"，不仅任命程序违法，而且名称与全国人大常委会《关于完善人民陪审员制度的决定》不符。根据该规定，不存在"特邀人民陪审员"的说法。人民陪审员和审判员都是法律职务，法律对其任命的程序和任职条件有明确规定，人民法院不能在法外随意创设法律职务、超越权限下达所谓的任命。二是让不具备人民陪审员资格的人员组成合议庭审理案件，审判组织的组成违法。基于以上违法事实，蔡甸区人民检察院运用检察建议方式及时进行监督。蔡甸区人民法院在接到监督意见后，诚恳接受了监督意见，分析了违法原因，明确了责任，采取了一系列整改措施，不仅查清了"特邀人民陪审员"参与陪审的同类违法案件175件，还自查自纠了检察机关没有发现的将辖区基层司法人员向人大提名任命为人民陪审员的违法问题，收到了类案监督的成效。

【承办人简介】

夏远高，男，1970年11月出生，中南财经政法大学法律专业研究生毕业，硕士学位。1991年8月参加工作，2010年起从事民行检察工作，现任武汉市蔡甸区人民检察院检察委员会委员，民事行政检察科科长。

59. 湖南力健科技发展有限公司、林再兴与湖南华森置业发展有限公司民间借贷纠纷、债权转让合同纠纷检察建议案

【监督机关】长沙市岳麓区人民检察院

【监督方式】检察建议

【基本案情】

申请人（案外人）：湖南省监狱管理局，法定代表人：黄春阳，局长。

其他当事人（原审原告）：湖南力健科技发展有限公司，法定代表人：李卓力，董事长。

其他当事人（原审原告）：林再兴，男，1968 年 3 月 25 日出生，汉族，住长沙市芙蓉区和光公寓 2355 房。

其他当事人（原审被告）：湖南华森置业发展有限公司，法定代表人：谢双贵，董事长。

2005 年 2 月，湖南省监狱管理局（以下简称省监狱局）与湖南华森置业发展有限公司（以下简称华森公司）签订了房屋买卖合同。合同约定华森公司以每平方米 1700 元的价格向省监狱局出售住宅 400 套和 150 个车位。合同签订后，省监狱局干警职工交付了部分购房款和 150 个车位款共计 3874 万元。从 2007 年 4 月到 10 月间，由华森公司承建的省监狱局职工干警居住楼（万明佳园）单体建筑项目陆续封顶。

华森公司在开发省监狱局职工干警居住楼（万明佳园）期间，向个体商人林再兴借款 2500 万元，向朱定一等借款 3283 万元，且均约定了高额利息。2007 年 11 月 26 日，华森公司致函省监狱局，以开发成本增加为由，要求省监狱局提高房屋价格。省监狱局复函拒绝。后双方多次协商均未达成一致意见，工程全面停工。此后，华森公司与债权人林再兴、朱定一通过伪造约定管辖法院的协议、借款协议、指定付款函、债权转让协议书等相关材料，将高额利息计算成借款本金，把 5000 多万元的债务虚增至 1.7 亿元，后拆分为 19 起

案件，分别以湖南力健科技发展有限公司（以下简称力健公司）和林再兴的名义向长沙市岳麓区人民法院起诉。

【原审裁判情况】

2008 年 4 月，岳麓区法院受理了此 19 案，采用调解结案的方式，先后作出长沙市岳麓区法院〔2008〕岳民二初字第 0821—0835 号和〔2008〕岳民一初字第 0857—0860 号共计 19 份民事调解书，将价值 1.7 亿元的万明佳园房产抵偿给了力健公司和林再兴。

【监督意见】

2009 年 6 月 26 日，省监狱局以长沙市岳麓区法院〔2008〕岳民二初字第 0821—0835 号和〔2008〕岳民一初字第 0857—0860 号共计 19 份民事调解书在实体和程序上均存在严重违法为由，请求检察机关进行监督。岳麓区人民检察院经审查，于 2009 年 7 月 31 日向岳麓区法院发出了长岳检民行建〔2009〕2—16 号、长岳检民行建〔2009〕17—20 号再审检察建议书，建议岳麓区法院对该系列案件进行再审。主要理由是：

1. 岳麓区人民法院受理的力健公司债权转让合同纠纷 15 件案件中，存在部分债权非法、重复诉讼、证据单一、伪造债权凭证，当事人恶意串通利用诉讼转移资产，损害第三人利益等违法行为。

（1）岳麓区人民法院对于力健公司债权转让合同纠纷 15 件案件无管辖权。本案中各方当事人住所地和涉案房地产均不在岳麓区，原审据以确定管辖的《债权转让协议书》系当事人为达到由岳麓区人民法院管辖而伪造的，既不是当事人真实意思表示，也没有债权转让的客观事实，属于以合法形式掩盖非法目的的行为，依法属于无效协议。因此，本案岳麓区人民法院没有管辖权。

（2）本案认定案件基本事实的主要证据是伪造的。原调解书认定陈战军等人对华森公司存在债权 1.0495 亿元，并依法将债权转让给力健公司的法律事实，所依据的证据系当事人通过拆分入账凭据、将利息当做本金计算复利、将其他公司借款纳入华森公司借款、将已归还的借款仍重复计入欠款等行为所伪造的，与客观事实严重不符，属于认定事实错误。

2. 岳麓区人民法院受理的林再兴诉华森公司民间借贷纠纷 4 件案件中，原、被告串通伪造证据，隐瞒事实真相，导致岳麓区人民法院〔2008〕岳民一初字第 0857—0860 号民事调解书认定事实错误。

（1）林再兴诉华森公司民间借贷纠纷案件 4 件案件，岳麓区人民法院均无管辖权，属于管辖错误。案件中原、被告双方当事人的住所地和经常居住地均不在岳麓区，借款行为发生地、协议签订地也均不在岳麓区，为达到案件由岳麓区人民法院管辖的目的，双方当事人伪造了4份《借款协议》，将《借款协议》的签订地伪造成长沙市岳麓区，并在伪造的《借款协议》中约定出现纠纷由岳麓区人民法院管辖。因此，该4件案件岳麓区人民法院均无管辖权。

（2）岳麓区人民法院在审理〔2008〕岳民一初字第0857—0860号林再兴诉华森公司民间借贷纠纷案时，没有认真审核证据的真伪，导致事实认定有误。

【监督结果】

岳麓区人民法院采纳岳麓区人民检察院再审检察建议，于2009年9月25日对该19个案件进行再审。再审中，省监狱局以案件的审理与其有利害关系为由要求以第三人的身份参与诉讼，岳麓区法院予以准许。岳麓区人民法院再审认为，原审原、被告对管辖权的约定为无效约定，岳麓区人民法院对该19件案均无管辖权。〔2008〕岳民二初字第0821—0835号案件中的15份《债权转让协议》为无效协议，当事人签订该15份协议的真实目的不是转让债权，而是采取签订债权转让的形式通过诉讼途径达到用万明佳园的房产抵偿债务的目的。当事人之间并不存在债权债务关系，上述债权转让不是其真实意思表示；原审原、被告恶意串通，隐瞒事实真相，达成的调解协议内容损害了第三人省监狱局购房干警的合法利益。依据《中华人民共和国民事诉讼法》第22条、第25条、第108条第4项、第179条第1款第7项之规定，裁定：（1）撤销岳麓区法院〔2008〕岳民二初字第0821—0835号及〔2008〕岳民一初字第0857—0860号民事调解书；（2）驳回原审原告力健公司及林再兴的起诉。

【点评】

上述19起案件的办理，不仅维护了省监督管理局380名狱警的切身利益，使因利益冲突而导致的群访事件得以平息，也化解了与开发商之间的对立情绪，使停工的房产建设工程恢复施工，而且还平息了大量农民工的不满情绪，真正做到了案结事了，有效地维护了社会的稳定，得到了广大人民的称赞。其价值主要体现在两个方面：一是纠正错误调解书，确保法律正确实施，维护了司法公正和司法权威。司法权威来源于法院裁判的正当性。本案中，检察机关针对错误的调解书，通过履行法律监督职能，使人民法院通过再审予以纠正，在维护了司法公正的同时，也维护了司法权威。二是维护当事人合法权益，有效化解社会矛盾。该19起案件因为错误调解，损害了第三人的重大利益，引发群体上访，造成社会不稳定因素，检察机关依法进行监督后，人民法院依法纠正错误，有效化解了矛盾冲突，消除了社会不稳定因素，充分体现了民事检察在构建和谐社会中的积极作用。

【承办人简介】

卜雪凡，女，1974 年 1 月出生，汉族，先后任宁乡县人民法院书记员、助理审判员、审判员，岳麓区检察院检察员、民事行政检察科副科长、民事行政检察科科长，现任岳麓区人民检察院副检察长。

60. 湖南省常德市中级人民法院执行活动违法检察建议案

【监督机关】湖南省常德市人民检察院

【监督方式】检察建议

【基本案情】

原审申请执行人：中国人民银行常德市中心支行、中国工商银行股份有限公司常德市武陵支行。

原审被执行人：常德市鑫城房地产开发有限公司。

2007年3月28日，常德市中级人民法院对中国人民银行常德市中心支行（以下简称常德人行）与常德市鑫城房地产开发有限公司（以下简称鑫城公司）借款纠纷一案作出〔2006〕常民二初字第10号民事判决，判决鑫城公司支付常德人行借款本金5175677.65元及其利息。4月3日，常德市武陵区人民法院就中国工商银行股份有限公司常德武陵支行（以下简称武陵工行）与鑫城公司借款合同纠纷一案作出〔2007〕武民初字第325号民事判决，判决鑫城公司支付借款本金1040万元及其利息，如鑫城公司到期不能偿还上述借款，武陵工行对常他项〔2003〕字第19号土地他项权利证书所载明的抵押物享有优先受偿权。上述二案判决后，常德市中级人民法院和常德市武陵区人民法院依当事人申请分别对鑫城公司名下土地进入了执行中的拍卖程序。6月6日，常德市中级人民法院经常德人行的申请，对常德市武陵区人民法院发出了〔2007〕常法提执字第2号提级执行函，决定凡以鑫城公司为被执行人的案件全部提级执行。常德市中级人民法院提执后，未对执行标的物的价格进行重新评估（武陵区人民法院已评估）。6月7日，常德市中级人民法院对常德市安信拍卖公司、常德市万通拍卖公司发出通知，停止对鑫城公司名下土地的拍卖。6月11日，常德市中级人民法院对常德市安信拍卖公司、常德市万通拍卖公司再次发出通知，恢复拍卖程序。6月12日，上述两拍卖公司联名在《常德晚报》上刊登拍卖公告，公告载明："现定于2007年6月18日上午9点58分在市房地产局五楼会议室进行整体公开拍卖。"公告还载明"请有意竞买者携带本人身份证或企业法人证明、授权委托书及保证金300万元到我公司报名"，报名时间及标的展示时间"从即日起至 6 月 17 日下午 5 时止"，报名地点"常德市安信拍卖有限责任公司"。截至 2007 年 6 月 17 日下午 5 时止，竞买人张家界山水天下置业有限公司（以下简称山水天下公司）并未到常德市安信拍卖有限公司报名竞买。6 月 19 日常德市中级人民法院对常德市安信拍卖有限公司、常德市万通拍卖有限公司发出通知，通知要求上述两拍卖公司为张家界公司办理报名手续。6 月 20 日，在常德市中级人民法院的组织和监督下，山水天下公司以 2200 万元的竞价竞买到了鑫城公司名下土地。8 月 8 日，山水天下公司与深圳市冠旗集团公司（以下简称冠旗公司）联名向常德市中级人民法院致函，要求将竞买人山水天下公司变更为冠旗公司。8 月 20 日，常德市中级人民法院作出〔2007〕常执字第 20 号民事裁定书，裁定鑫城公司位于常德市柳叶湖戴家岗村三宗 49069.48 平方米土地使用权归冠旗公司所有。

另查明，武陵区人民法院在确定土地评估机构即常德市万源评估咨询有限公司和拍卖机构即常德市安信拍卖有限公司、常德市万通拍卖有限公司时，均以无法联系被执行人鑫城公司为由采取指定方式确定。常德市中级人民法院提执后，未对上述委托进行变更。被拍卖的鑫城公司名下土地位于柳叶湖戴家岗村，土地总面积为 49069.48 平方米，土地用途为住宅用地，土地级别为四级，经常德市万源评估咨询有限公司评估总地价为 2119.5 万元，单价每平方米为 432 元。常德市国土资源局于 2007 年 10 月 11 日挂牌出让了五岔新区 A6 号地块。该地块土地面积为 13365.96 平方米，级别为五级，用途为工业商业综合用地，出让年限为 40 年，评估价为每平方米 451 元，出让成交单价为每平方米 823 元，成交总价款为 1100 万元。

【监督意见】

2007 年下半年，湖南省常德市人民检察院在参与办理常德市鑫城房地产开发有限公司"龙吟水榭"房地产项目专案过程中，发现常德市中级人民法院在办理中国人民银行常德市中心支行、中国工商银行股份有限公司常德市武陵支行申请执行与常德市鑫城房地产开发有限公司的 2 起借款纠纷案件时存在程序违法情况。经进一步审查，查明了以下违法情况：

1. 执行法院未依照最高人民法院《关于人民法院民事执行中拍卖、变卖财产的规定》（以下简称《关于拍卖、变卖财产的规定》）第 5 条、第 7 条之规定确定评估机构和拍卖机构。原执行法院武陵区人民法院在未通知被执行人鑫城公司的情况下，直接指定评估机构和拍卖机构显然有违公开、公正的原则，有损被执行人鑫城公司之合法权益。常德市中级人民法院提级执行后未重新组织当事人确定评估、拍卖机构，对武陵区人民法院指定的评估、拍卖机构未予变更，也未对执行标的进行重新评估。

2. 常德市中级人民法院对拍卖公司的拍卖行为未尽监督之责，违反了《关于拍卖、变卖财产的规定》第 3 条之规定。一是拍卖公告期不符合法定期限。根据《关于拍卖、变卖财产的规定》第 11 条第 2 款之规定，拍卖不动产及其他财产权的，拍卖公告期为 15 天，而拍卖机构公告的拍卖期只有 7 天（2007 年 6 月 12 日至 2007 年 6 月 18 日）；二是公告到期后，拍卖机构未按拍卖公告载明的时间，迟延两天即 6 月 20 日才组织公开拍卖。对拍卖机构上述不规范行为，依法负有监督职责的常德市中级人民法院未予监督纠正，损害了被执行人和竞买人的合法权益。

3. 常德市中级人民法院在拍卖公告到期后，以通知的形式要求拍卖机构给山水天下公司办理报名手续不当。截至竞买报名截止时间 6 月 17 日下午 5 时，山水天下公司并未到拍卖机构报名竞买。6 月 19 日，常德市中级人民法院通知拍卖机构为山水天下公司办理报名手续。常德市中级人民法院的上述行为有损其他竞买人的合法权益。而且，常德市中级人民法院在拍卖完毕后，以裁定的形式将竞买人山水天下公司变更为冠旗公司，上述变更裁定不仅缺乏法律依据，而且使山水天下公司与冠旗公司漏缴应依法缴纳的交易税费。

4. 拍卖标的物的评估价格明显低于市场价格，显失公正。据调查，本案拍卖标的物——鑫城公司名下土地同区域 A6 号地块，土地级别为五级，用途为工业商业综合用地，出让年限为 40 年，评估价为每平方米 451 元，2007 年 10 月 11 日出让成交单价为每平方米 823 元，成交总价款为 1100 万元。而本案被拍卖土地，土地级别为四级，用途为住宅用地，出让剩余年限为 66 年，评估价为每平方米 432 元，评估总地价为 2119.50 万元，拍卖成交价为每平方米 448 元，拍卖总价款为 2200 万元。上述二宗土地的交易情况相比较，成交时间均为 2007 下半年，鑫城公司名下土地的土地级别、出让年限、用途明显优于五岔新村 A6 号地块，但评估价与成交价格明显偏低。

常德市人民检察院于 2008 年 6 月 21 日向常德市中级人民法院发出〔2008〕湘常检民建字第 1 号检察建议书，建议该院撤销〔2007〕常执字第 20 号民事裁定。

【监督结果】

常德市中级人民法院收到检察建议书后，认为检察建议书提出的监督理由成立，于 2009 年 9 月 17 日作出〔2007〕常执字第 20 - 1 号执行裁定书，裁定撤销该院于 2007 年 8 月 20 日作出的〔2007〕常执字第 20 号民事裁定书；对鑫城公司位于常德市柳叶湖戴家岗村的三宗 49069.48 平方米土地使用权予以重新拍卖。2009 年 10 月 12 日该宗土地重新进行拍卖，拍卖成交价总额为 4800 万元。

【点评】

当前，因法院执行乱而致使当事人合法权益得不到法律保护的情况时有发生，我国各级法院在面临执行难的同时，执行权也相应膨胀，虽然法院采取了审执分离等内部监督制约措施，但囿于外部有效监督、制约机制的缺失，民事、行政案件执行乱已渐成为我国司法痼疾，各界对检察机关监督法院民事、行政执行活动的呼声日益强烈。为保障法律统一正确实施，维护当事人合法权益，维护司法公信力，2012 年 8 月修改的《民事诉讼法》赋予了检察机关监督法院执行活动的权力。虽然本起执行监督案件在修改后《民事诉讼法》之前办结，但其中关于检察机关对执行活动的法律监督也较为原则，该案的成功办理为检察机关依法开展执行活动法律监督，完善执行监督的对象、方式、措施等提供了实证依据。

1. 执行监督的对象。执行活动法律监督是程序性监督，既有对人民法院作出的执行裁定、决定的监督，又有对人民法院执行行为的监督，还包括人民法院不履行或者怠于履行执行职责的监督，监督重点在于维护生效裁判、调解书、决定、仲裁裁决、公证文件等的效力，维护当事人权益，保障法律统一正确实施。与民事、行政诉讼审判程序中违法行为监督工作不同，执行监督要求检察机关办案人员必须具备较强的民事行政法律理解及执行能力，能够敏锐地发现监督线索及存在的问题。

2. 执行监督的方式。执行监督以向法院出具正式法律文书进行监督，宜采用检察建议的方式。对执行监督中发现的执行人员、审判人员违法违纪行为，则可根据"两高三部"《关于对司法工作人员在诉讼活动中的渎职行为加强法律监督的若干规定（试行）》进行调查，根据调查核实情况作出相应处理。

3. 执行监督的原则。执行监督体现的是检察机关对法院执行权的监督，属对公权力的监督，监督的内容是人民法院的执行活动是否符合法律规定，检察机关不得代行执行权。

本起执行案件涉案标的大、案情复杂、社会影响大。检察机关发现线索后，积极行使法律监督权、合理运用调查权，及时发出执行监督检察建议。原执行裁定被撤销后，鑫城公司名下该地块被重新拍卖，成交总价款为 4800 万元，扣除拍卖执行等费用，重新拍卖后实际增加鑫城公司收入 2000 余万元。该笔款项除清偿二申请执行人债务外，其余均被用于鑫城公司处理房地产开发善后事宜，如清结建筑工程款、清偿其他债权人债务、履行购房合同等，执行人与被执行人也对检察机关的执行监督工作表示满意，本案收到了良好的政治、法律、社会效果。

【承办人简介】

杨仲，男，1971 年 8 月 15 日出生，1996 年毕业于中南财经政法大学经济法专业，获法学学士学位。同年 8 月，分配至湖南省常德市人民检察院工作，先后在反贪污贿赂局、民事行政检察科、研究室工作，现任常德市人民检察院研究室主任。

61. 广西壮族自治区宜州市人民法院执行活动违法检察建议案

【监督机关】广西壮族自治区宜州市人民检察院
【监督方式】检察建议
【基本案情】

申请人（原审原告、反诉被告）：石朝纪，男，1948 年 6 月出生，壮族，农民，住宜州市刘三姐乡三合社区田底屯。

申诉人（原审原告、反诉被告）：彭秀姣，女，1951 年 2 月出生，壮族，农民，住址同上，与石朝纪系夫妻关系。

其他当事人（原审被告、反诉原告）：彭庆木，男，1974 年 3 月出生，壮族，农民，住宜州市刘三姐乡三合社区中和村拉坝屯 33 号。

2006 年 6 月 27 日，石朝纪、彭秀姣之子彭实酒后无证驾驶两轮摩托车与彭庆木无证驾驶拼装方向盘式拖拉机发生碰撞，造成彭实当场死亡，两车不同程度损坏的交通事故。案发后，宜州市交通警察大队作出责任认定：彭实应负主要责任，彭庆木应负次要责任。2006 年 8 月 8 日，石朝纪、彭秀姣诉至宜州市人民法院，请求判令彭庆木赔偿死亡赔偿金、被抚养人生活费、丧葬费、摩托车维修费、精神抚慰金等共计 90109.48 元。彭庆木提出反诉，请求判令石朝纪、彭秀姣承担上述费用的 80%。

【原审裁判情况】

2006 年 10 月 31 日，宜州市人民法院作出〔2006〕宜民初字第 727 号民事判决，判令彭庆木赔偿石朝纪、彭秀姣丧葬费、死亡补偿费、赡养费共计 26688.40 元；石朝纪、彭秀姣赔偿彭庆木拖车费、车辆修理、材料费、停车费共计 1491 元。相抵后，彭庆木应赔偿石朝纪、彭秀姣 25197.40 元。一审判决后，双方当事人均未提起上诉。2006 年 11 月 27 日，石朝纪、彭秀姣向宜州市人民法院申请执行。2007 年 2 月 27 日，在执行法官主持下，双方当事人达成执行和解协议，约定彭庆木于达成执行和解协议的当日给付 5000 元（已

当庭交付），2008 年 12 月 31 日前给付 1 万元，2009 年 12 月 31 日前给付
7197.40 元。2007 年 2 月 28 日，宜州市人民法院作出终结本院本案本次执行
程序的〔2007〕宜执字第 1-1 号民事裁定，主要内容为：一是对双方当事人
于 2007 年 2 月 27 日达成的执行和解协议予以确认；二是告知如被执行人未按
约定履行义务，权利人有权依法申请执行。后因彭庆木未按约定履行义务，石
朝纪、彭秀姣申请宜州市人民法院恢复执行。2009 年 1 月 19 日，石朝纪、彭
秀姣从宜州市人民法院执行庭领取彭庆木给付的赔偿款 1 万元，尚欠的
15197.40 元彭庆木一直未予给付。2011 年 12 月 15 日，石朝纪以宜州市人民
法院怠于执行为由，向宜州市人民检察院申诉，请求检察机关予以监督。

【监督意见】

宜州市人民检察院于 2012 年 4 月 26 日决定立案后，即向宜州市人民法院
执行庭提出查阅本案执行卷宗的要求，但被石朝纪、彭秀姣申请执行案的主办
执行员、执行庭庭长吴某某以种种借口和理由予以拒绝。据此，宜州市人民检
察院民事行政检察部门工作人员察觉到吴某某可能在本案的执行过程当中存在
渎职违法行为，遂根据"两高三部"会签的《关于对司法工作人员在诉讼活
动中的渎职行为加强法律监督的若干规定（试行）》第 2 条、第 3 条第 9 项、
第 12 项及第 4 条之规定，经检察长批准，对宜州市人民法院执行庭的司法工
作人员可能存在的渎职违法行为进行调查核实。经调查发现，2009 年 6 月 25
日，宜州市人民法院执行庭朱某某假石朝纪、彭秀姣之名冒领彭庆木已向宜州
市人民法院执行庭交付的赔偿款 1 万元、假覃兰花等人之名冒领覃兰花等人诉
中国大地保险公司柳州中心公司一案中被执行人已向宜州市人民法院执行庭交
付的赔偿款 40666 元，共计 50666 元。朱某某冒领该两笔款项后，即与吴某某
进行了私分，至案发时止一直未支付给申请执行人。同时，还发现朱某某有截
留其他执行款项的违法行为。根据调查结论，宜州市人民检察院民事行政检察
部门认为吴某某、朱某某冒领、私分执行款项的行为已涉嫌贪污罪，依据
"两高三部"会签的《关于对司法工作人员在诉讼活动中的渎职行为加强法律
监督的若干规定（试行）》第 10 条第 1 项之规定，遂将吴某某、朱某某涉嫌
犯罪的线索移送该院反贪污贿赂局立案侦查。

2012 年 6 月 26 日，宜州市人民检察院建议宜州市人民法院及时执行宜州
市人民法院〔2006〕宜民初字第 727 号民事判决所确定的义务，及时将已执
行到案的款项支付给申请人石朝纪、彭秀姣。

【监督结果】

宜州市人民法院于 2012 年 6 月 30 日函复宜州市人民检察院，称：已对执
行法官的违法行为予以纠正，及时执行了〔2006〕宜民初字第 727 号民事判

决所确定的义务，全部执行款项已支付给石朝纪，并责令朱某某将截留的执行款项及时退赔。现朱某某已将上述款项全部退赔。同时，宜州市人民法院附上了石朝纪、彭秀姣于 2012 年 6 月 29 日从宜州市人民法院领取 15197.40 元执行款项的收条。

【点评】

在"两高三部"会签的《关于对司法工作人员在诉讼活动中的渎职行为加强法律监督的若干规定（试行）》印发之前，即有相当部分的地方检察机关针对司法工作人员在诉讼过程中的渎职违法行为进行法律监督的探索工作，但苦于缺乏相应的法律依据且相关机关之间亦未能就此达成共识，调查核实工作往往因为被调查人所属机关或部门的拒绝或不配合而难以取得成功。《关于对司法工作人员在诉讼活动中的渎职行为加强法律监督的若干规定（试行）》印发之后，为检察机关进行此类法律监督提供了依据。

本案中，宜州市人民检察院的监督工作初始仅针对宜州市人民法院可能存在的怠于执行的情形。但在审查过程中发现法院的执行人员可能存在渎职违法行为时，即及时根据《关于对司法工作人员在诉讼活动中的渎职行为加强法律监督的若干规定（试行）》的有关规定，报经检察长批准后，对宜州市人民法院执行庭的司法工作人员可能存在的渎职违法行为进行调查核实。当民事行政检察部门根据调查结论认为吴某某、朱某某冒领、私分执行款项的行为已涉嫌贪污罪，依法应当追究其刑事责任时，遂又根据《关于对司法工作人员在诉讼活动中的渎职行为加强法律监督的若干规定（试行）》的规定，及时将吴某某、朱某某涉嫌犯罪的线索移送该院侦查部门处理。体现了监督措施的适用与违法情形的性质、程度相适应，实现了对事监督与对人监督的有机结合。

任何行为的主体，即使是国家机关、法人或其他组织，落实在具体的执行上，最终均离不开个人。司法机关在刑事、民事、行政诉讼过程所作出的司法行为，概不例外。对违法司法行为的纠正，即对事的监督，仅涉及其客体或内容，与其最终的行为主体——个人无关。然而，对其最终行为主体——个人的监督，即对人的监督，包括党纪、政纪处分直至追究刑事责任，能够有效地从源头上预防和减少违法情形的发生。检察机关依法进行的法律监督，除了对事的监督外，理所当然应当包括对人的监督。就民行检察工作而言，检察机关针对审判机关在民事、行政诉讼过程中的违法情形进行的监督，其监督对象除外观上的主体——法院外，还应当包括其最终的行为主体——司法工作人员。检察机关只有把对事的监督和对人的监督有机结合起来，才能真正地维护司法公正和司法权威，保障国家法律的统一正确实施。

【承办人简介】

饶远玲，女，1969年11月出生，汉族，中共党员，大学法律专业本科毕业，广西壮族自治区宜州市人民检察院检察员，广西第二届全区民事行政检察"十佳办案能手"。

62. 牟文丽与张甫斌、景良明买卖合同纠纷检察建议案

【监督机关】四川省雅安市雨城区人民检察院

【监督方式】检察建议

【基本案情】

申请人（原审案外人）：牟文丽，女，1968年11月27日生，汉族，住四川省雅安市雨城区大众路101号。

其他当事人（原审原告）：张甫斌，男，1967年9月16日生，汉族，住四川省成都市金牛区一环路北四段168号。

其他当事人（原审被告）：景良明，男，1964年9月20日生，汉族，住四川省雅安市雨城区文定街10号。

雅安市中级人民法院于2008年11月26日就牟文丽与景良明离婚纠纷作出〔2008〕雅民终字第274号民事判决，判决雨城区大众路"恒鑫苑"2幢附14号住房及中大街33号1幢1楼10号门面1/2的产权归景良明所有，景良明支付牟文丽财产折价款52.74万元。牟文丽于2009年1月21日向雅安市雨城区人民法院申请执行财产折价款，当日，人民法院查封了景良明的上述两处房产。上述门面1/2产权在诉讼中经牟文丽与景良明共同确认价值为69万元，而景良明于2009年1月8日将其以50万元的价格卖给了张甫斌，并称转让款已用于归还他人欠款。2009年1月20日，张甫斌以景良明拒不配合办理过户登记手续为由，向雨城区人民法院提起诉讼要求景良明协助办理买卖门面的过户登记手续。

【原审裁判情况】

雅安市雨城区人民法院于2009年2月4日以〔2009〕雨城民初字第220号民事调解书确认了景良明与张甫斌的买卖合同效力，并确认由景良明协助张甫斌办理买卖门面的过户登记手续。

【监督意见】

牟文丽认为〔2009〕雨城民初字第220号民事调解书违法，并致〔2008〕雅民终字第274号民事判决不能得到执行，侵犯了其合法权利，向检察机关申

请监督。雅安市雨城区人民检察院经审查后向雅安市雨城区人民法院发出检察建议书，建议对该案进行再审。理由如下：

1. 雅安市雨城区人民法院经牟文丽申请于 2009 年 1 月 21 日裁定查封了雨城区大众路"恒鑫苑"2 幢附 14 号住房及中大街 33 号 1 幢 1 楼 10 号门面 1/2 的产权，查封期间不得变卖、转让和抵押。而雅安市雨城区人民法院〔2009〕雨城民初字第 220 号民事调解书于 2009 年 2 月 4 日作出，将买卖已被人民法院查封的房屋的行为确认为有效，不符合法律规定。

2. 景良明明知其门面在执行程序中已被人民法院查封，但在人民法院审理其与张甫斌房屋买卖合同纠纷案中对此故意向法官隐瞒，致使人民法院违法确认了双方的房屋买卖效力，违反诚实信用原则。

【监督结果】

雅安市雨城区人民法院采纳了再审检察建议，于 2009 年 10 月 26 日裁定再审该案。人民法院再审认为，景良明在其债务履行期限届满前将其价值约 70 万元的财产以 50 万元的明显低价变卖给张甫斌，并称所得价款已全部用完，明显具有逃避债务的非法目的。景良明在与张甫斌签订买卖合同后曾到房管部门要求过户，张甫斌主张景良明拒不配合办理过户登记手续的事实不成立。张甫斌在购买门面前看过景良明的离婚判决，明知景良明在巨额债务未履行的情况下将其门面以远低于实际价值的价格匆忙变卖是为了逃避债务，其购买行为不具善意。景良明与张甫斌的买卖行为使第三人的合法权利受到损害，该行为属于"以合法形式掩盖非法目的"的无效行为。据此判决：（1）撤销雨城区人民法院〔2009〕雨城民初字第 220 号民事调解书；（2）驳回张甫斌的诉讼请求。张甫斌不服一审判决提出上诉，雅安市中级人民法院经审理维持了一审判决。

【点评】

该再审检察建议案具有三方面的典型性：

1. 本案是检察机关对虚假恶意诉讼进行监督的典型案例。虚假恶意诉讼是当事人为侵害国家、集体、第三人合法利益，恶意串通、虚构事实、制造虚假案件，骗取人民法院判决书或调解书，以达到其非法目的所进行的诉讼。景良明为达到逃避执行生效判决的非法目的，在其债务履行期限届满前将其财产以明显的低价变卖，并称所得价款已全部用于偿还欠款。张甫斌在购买门面前看过景良明的离婚判决，明知景良明低价变卖门面是为了逃避债务的履行。景良明与张甫斌的买卖行为属"恶意串通，损害国家、集体或者第三人利益"和"以合法形式掩盖非法目的"的无效行为。张甫斌提出的相应诉讼属虚假恶意诉讼。但人民法院基于审查不够细致及办案部门间信息沟通不畅的原因，违法调解了该虚假诉讼案。检察机关依据案外人的申诉启动监督程序，发挥监督优势，查明案件事实，揭露虚假恶意诉讼当事人的非法意图，纠正了违法调解。

2. 本案是检察机关对人民法院违法调解进行监督的典型案例。近年来，人民法院通过调解方式化解了大量社会矛盾，同时也出现了违反自愿、合法原则或侵犯国家、集体或者第三人利益的违法调解，需要检察机关加强监督。本案中，检察机关运用再审检察建议方式进行监督，便捷、高效地纠正了违法调解，维护了第三人的合法利益。

3. 本案是检察机关延伸民事行政监督职能，追究拒不执行判决、裁定刑事责任的典型案例。景良明利用人民法院判决确定的履行期限空当和人民法院办案部门间信息沟通不畅之机，与他人恶意串通，通过虚假调解，既损害了第三人的合法利益，又严重扰乱了司法秩序，严重损害了司法权威。本案中，检察机关在履行民事行政监督职能的同时，及时向侦查部门移送犯罪线索，并最终对景良明拒不执行判决、裁定的行为进行了刑事追究，有力地打击了恶意扰乱司法秩序的行为，维护了司法权威。

【承办人简介】

高楠，男，1961 年 5 月出生，汉族，雅安市雨城区人民检察院民事行政检察科科长。

63. 浙江省金华市环境保护局行政不作为检察建议案

【监督机关】金华市人民检察院

【监督方式】检察建议

【基本案情】

2012年5月，金华市人民检察院接群众举报及媒体单位反映：位于金华市金东区孝顺镇下辖的满塘、施古井、上范、浦口、车客、雅璜、夏宅、下王等村出现数千吨来路不明的疑似有毒有害工业废料污泥堆。污泥堆的出现严重影响生产生活，破坏了当地的生态环境。

接到举报后，金华市人民检察院立即组织力量开展调查，向当地村委委员等相关人员了解情况，赶赴现场察看实情，并拍照固定证据。据调查得知，当地少数不法人员在利益驱动下，将义乌、东阳等地的电镀、化纤、印染等企业产生的有毒或有害工业固体废料污泥，在未作任何无害化处理的情况下，陆续拉至金东区孝顺镇各地，随意倾倒在公路沿线、村路沿线、田地、林地、水库、村庄周边等地。据了解，此类不法行为最早始于2007年，近两三年呈愈演愈烈之势。从2012年5月下旬开始，市级媒体多次、连续进行了曝光。时至今日，包括金义都市区核心区域在内北起曹宅孝顺两镇，南至义乌江畔的满塘水库边、义乌江边、满塘村、施古井村、上范村、浦口村、车客村、雅璜村、夏宅村、下王村、金义南线旁等地都已发现此类工业废料污泥，范围极广、数量巨大。随着调查的深入，不断有新的倾倒地点被发现。

数年来，不法人员随意倾倒未经无害化处理的工业固体废料污泥的行为，与金义都市新区的定位要求相悖，严重危害到公共利益和人民群众的生命健康与财产利益，为金义都市新区的建设埋下了生态环境治理后患，造成了极其恶劣的社会影响。不法分子损害国家利益和社会公共利益的行径一直未引起相关职能部门的重视及有效直接监管。

【监督意见】

2012年6月11日，金华市人民检察院向金华市环境保护局发出金检民行建〔2012〕8号检察建议书，督促其依法履行职责：（1）全面开展调查，查明案情，彻底查清所有违法倾倒地点；（2）依法追究有关不法人员的相关法律责任；（3）采取有效措施对倾倒地进行处理，最大限度地恢复和保护生态环境；（4）制定和完善工作制度，建立监管的长效机制，并抓好落实，杜绝此类事件的再度发生。

【监督结果】

金华市环境保护局收到《检察建议书》后高度重视，立即成立了金东区工业废料污泥非法倾倒事件处置工作领导小组，局领导多次召集有关部门协调工业污泥处置和利用工作。具体开展了以下几项举措：一是金华市金东区环保分局组织监察力量对金东区所倾倒的工业废料进行了调查，初步估计非法倾倒污泥总量约为2590吨。非法倾倒点涉及3镇12处。二是根据调查情况，该局以金环发〔2012〕73号文件向市人民政府汇报调查情况、前期处置工作、下一步措施等工作情况，同时市环保局、金东区环保分局也积极向区政府汇报工作情况。三是对已经查明来源的杨大龙村、寺前村二处300余吨工业废料污泥，分别由浙江梦娜针织袜业股份有限公司、义乌市水处理有限责任公司后宅运行部清理完毕；小黄村、金虎页岩砖瓦厂内的1000吨污泥由两制砖厂消化。其余委托金华市利民保洁有限公司清理，目前已对孝顺镇府前街、雅璜村、义乌江边（下范村）、金义东沿线（粟塘村）4处16堆共400余吨印染污泥作清理。四是分管局领导主持召开了由市支队、市固管中心、义乌市环保局、金东区环保分局等部门参加的协调会，明确了任务和分工。义乌市环保局对浙江梦娜针织袜业股份有限公司、义乌市水处理有限责任公司开展立案处理。对涉及倾倒污泥的肇事者，分别由金东环保分局、义乌市环保局移交当地公安部门处理。五是建章立制，规范污泥的处置，从源头控制，预防非法倾倒。该局下发了《关于进一步加强全市工业企业污水处理污泥环境管理工作的意见》文件，要求各县（市、区）环保局按照文件要求，对照污水处理污泥六项管理要求逐一落实，确保污泥产生台账记录清楚、去向明了、规范处置。与公安部门建立联动执法机制，并出台环境执法联动协作机制实施意见，成立公安局驻环保局联络室。六是建立巡查制度。金东区环保分局每天二人一辆车加强巡查，各个乡镇、街道将非法倾倒污泥作为巡防队的重点工作，护村队加密巡逻，在街道、路口拉起10余条警示横幅，形成了人人监督的良好氛围。

【点评】

本案是金华市检察机关充分履行监督职能，采用检察建议方式及时、成功调查处置金华市环境保护局行政不作为的行政执法监督的典型案例。行政执法监督是检察机关立足宪法和法律定位，促进行政机关依法行政，参与社会管理创新的一项重要职能。金华市检察机关在工作中，以服务大局、保障民生民利为出发点和立足点，在不断加强诉讼监督的同时，充分运用检察建议的作用，积极开展行政执法监督，推动政府落实社会管理责任、化解行政纠纷和矛盾，取得了良好的法律效果和社会效果。

【承办人简介】

朱怡，女，1982年出生，助理检察员，毕业于浙江工业大学法律系。2008年选调进入金华市人民检察院民事行政检察处工作至今。2007年、2009年、2012年获院级嘉奖荣誉称号。

64. 山东省日照市岚山区行政执法监督检察建议案

【监督机关】山东省日照市岚山区人民检察院

【监督方式】检察建议

【基本案情】

2011 年 3 月，有村民向日照市岚山区人民检察院反映，岚山区巨峰镇大王家沟、纪家沟等村存在非法开采铁矿砂、破坏耕地行为，村民多次向有关部门反映，但问题一直未得到有效解决。时值农村"两委"换届，村民酝酿集体上访，社会矛盾一触即发，巨峰镇党委、政府也希望检察机关介入，以尽快解决问题。鉴于耕地长期遭受破坏查处不力，可能存在监管不到位、行政不作为的情形，日照市岚山区人民检察院决定由民事行政检察部门负责，其他部门配合，对该问题进行调查。

经调查发现，村民反映问题属实。2008 年 6 月以来，日照市岚山区古庄建材有限公司、五莲富凯石材有限公司等多家采矿企业到岚山区巨峰镇大王家沟村、纪家沟村、土山河村一带开采铁矿砂。这些采矿企业在未取得采矿许可证，未经行政许可的情况下，以土地整理的名义，仅与日照市矿业协会及村委会签订矿产资源开发利用协议，以每年每亩 8000 元的价格租用耕地，擅自进行铁矿产资源开采。采矿企业为追究利益最大化，尽可能多地获取铁矿资源，在开采过程中，未按照土地整理规定保留熟土层，直接进行深层开采，导致熟土层流失殆尽，耕地被挖成十几米的壕沟，尾矿砂随意堆放在道路和耕地上，形成了一个个体积巨大的砂丘，开采现场机器轰鸣，砂粒飞扬，生态环境被严重破坏。其中，日照市岚山区古装建材有限公司非法采矿占用耕地 980 多亩，五莲富凯石材有限公司非法采矿占用耕地 390 多亩。至日照市岚山区人民检察院介入时，合同期满已逾两年，非法采矿企业仅对少量耕地进行了平整复垦，大量被破坏的耕地没有按照协议进行平整复垦。经农业局专家鉴定，由于熟土层遭到严重破坏，该镇 1000 余亩耕地无法种植农作物，给农业生产带来严重的不良影响。

【监督意见】

2011 年 3 月 16 日，日照市岚山区人民检察院向日照市国土资源局岚山分局发出日岚检行建〔2011〕1 号检察建议，建议该局依法加大行政执法力度，严厉打击和遏制采矿企业非法采矿、破坏耕地的违法行为，及时组织采矿企业对遭受破坏的耕地进行回填复垦，切实维护国家矿产资源和耕地安全。理由主要为：日照市岚山区古庄建材有限公司、五莲富凯石材有限公司等采矿企业违反了《中华人民共和国矿产资源法》第 3 条、第 39 条和《中华人民共和国土地管理法》第 36 条、第 74 条之规定，未经行政许可，未取得采矿许可证，长期从事违法采矿活动。采矿企业借平整土地之名，行非法采矿之实，致耕地破坏之果，属行政违法行为。日照市国土资源局岚山分局对非法采矿、破坏耕地行为查处不力、监管不到位，致使耕地被严重破坏，严重侵害了群众切身利益，危害了国家土地资源安全和生态环境安全，属于行政不作为。根据《人民检察院检察建议工作规定（试行）》第 3 条、第 5 条和山东省人民代表大会常务委员会《关于加强人民检察院法律监督工作的决议》第 1 条、第 9 条等相关法律规定，建议该局依法及时履行监管职责。同时，日照市岚山区人民检察院还对调查中发现的巨峰镇国土所长在履行监管职责过程中有收受贿赂嫌疑，3 名非法采矿企业责任人涉嫌非法占用农用地犯罪，按有关规定移送有关部门处理。

【监督结果】

日照市国土资源局岚山分局接到日岚检行建〔2011〕1 号检察建议后，积极履行监管职责，加大了执法力度，采取四条措施制止企业的非法行为：一是加大对非法采矿破坏耕地行为的执法查处力度，下达停止开采通知，依法扣押装载机等机械设备 8 台。二是责令和督促非法采矿企业限期复垦被破坏的耕地，国土局组成多个工作组，昼夜值班，现场督促回填复垦。三是加大对土地矿产资源监管力度，由区国土资源分局监察、矿管、国土所和驻国土局公安办事处组成联合工作组，对辖区采矿情况进行执法检查，查处非法采矿行为。四是严格执行法律法规和各项规章制度，定期开展执法巡访调查，杜绝非法采矿破坏耕地行为再次发生。日照市岚山区检察院多次派员跟踪监督检察建议落实情况，确保复垦质量和进度，非法采矿企业在 1 个月内将遭破坏的 1000 余亩耕地彻底进行了平整、复垦，采矿留下的深坑被改造成为蓄水池，解决了农业用水难题。复垦后的耕地重新进行了分配，当年种植的花生、红薯、玉米等农作物喜获丰收，334 户 1145 位农民受益。巨峰镇是日照绿茶主产区，该镇计划将该区域改造为连片茶园，改造后预计每年将给村民带来上千万元的收益。调查发现的 3 名非法采矿企业责任人，因涉嫌非法占用农用地罪被公安机关立案查处。岚山区巨峰镇国土资源所原所长黄某，利用职务之便，收受采矿企业及个人贿赂、挪用公款，数额巨大，被法院判处有期徒刑 12 年。

【点评】

近年来，我国经济迅速发展，城市迅速扩张，由此引发的土地、资源、环境问题日益突出，国家利益、社会公共利益特别是农民利益遭受侵犯的现象时有发生，而个别行政执法机关的不作为、乱作为，进一步使得积累的社会矛盾难以解决，使得资源环境被破坏的结果难以根治。作为国家法律监督机关的人民检察院，如何在经济社会发展和社会管理创新中发挥应有的作用，促进行政机关依法行政，是摆在我们面前的重要课题。为此，山东省检察机关根据全国第二次民行检察工作会议精神和省人大常委会《关于加强人民检察院法律监督工作的决议》，自 2009 年起，探索开展行政检察促进社会管理创新试点工作，尝试检察机关在履行法律监督职责过程中，发现国家利益、社会公共利益遭受侵害，相关行政主管部门未依法履行法定职责时，督促其采取相应措施，改进管理方式，依法保护国家利益、社会公共利益，提高社会管理水平。

日照市岚山区人民检察院作为省检察院确定的试点单位之一，在履行法律监督职责过程中，发现日照市国土资源局岚山分局对本辖区内非法采矿、破坏耕地行为监管不到位、不作为，致使耕地、矿产资源遭受严重破坏，环境日益恶化，群众强烈不满，决定以此为切入点，紧紧依靠当地党委领导和支持，充分发挥行政检察职能，积极受理群众诉求。在有关各部门的有力配合、协调下，整合内部职能部门力量，成功办理了被破坏的 1000 多亩土地复耕案件，依法向国土资源部门发出督促履行法定职责的检察建议，督促其积极作为。国土资源部门通过加大执法查处力度，制止了违法开矿行为，使遭受破坏的耕地彻底得到了平整、复垦，334 户 1145 名农民重新获得耕地，并移送职务犯罪案件线索 1 件、刑事犯罪案件线索 3 件，既保障了农民权益，化解了社会矛盾，优化了生态环境，又惩罚了违法犯罪，提高了办案水平，得到了当地党委政府充分肯定和广大人民群众的高度评价。此案的成功办理，是检察机关围绕服务经济社会发展大局，深入推进"社会矛盾化解、社会管理创新、公正廉洁执法"三项重点工作的有益探索和尝试，受到了最高人民检察院、山东省人民检察院主要领导及当地党委、人大主要领导的批示肯定。最高人民检察院曹建明检察长批示："山东日照岚山区检察院认真贯彻中央要求，充分发挥检察职能，积极探索民行检察工作参与和促进社会管理创新的思路和方法，通过执法办案，不仅依法严肃查办了职务犯罪，督促被破坏的 1000 多亩耕地全部复耕，而且有力促进了依法行政，促进了行政执法机关加强和改进社会管理，取得了很好的法律效果和社会效果。"最高人民检察院、山东省人民检察院分别下发文件，向全国、全省检察机关转发该案的经验做法，山东省人民检察院2011年度向省人大的工作报告中引用了该案例，《检察日报》、《山东法制报》、正义网等新闻媒体也作了专题报道。

检察机关对行政执法活动探索开展法律监督，符合检察机关的宪法定位。《中华人民共和国宪法》第129条明确规定："中华人民共和国人民检察院是国家的法律监督机关。"人民检察院负有保障国家法律统一正确实施的法定职责。行政执法机关作为国家法律的重要执行机关，执法活动本身就是法律实施活动，在执法活动中不作为、乱作为，会严重损害国家法律尊严，损害国家利益和社会公共利益，在无其他有效救济途径的情况下，检察机关通过法律监督纠正其违法行为，符合宪法精神。同时，这项探索工作是落实省人大《决议》的重要举措。山东省人大常委会于2009年通过了《关于加强人民检察院法律监督工作的决议》，《决议》第1条和第9条明确规定了检察机关监督行政执法机关、国家工作人员职权行为的职责和行政部门的相应义务，为检察机关开展对行政执法活动的法律监督提供了依据。另外，加强和创新社会管理，是中央政法委部署开展的三项重点工作之一，也是政法工作的中心任务之一。行政执法部门是社会管理主体，行政检察与行政执法活动关系紧密，检察机关通过开展行政执法检察监督，积极参与和促进社会管理创新，符合中央精神，符合科学发展观要求。

这项工作的探索实践，没有现成的经验可供借鉴，办理这类案件，首先要准确理解和把握民行检察的法律监督属性、职能定位和基本要求，正确把握检察权与行政权之间的界限和各自的运行规律，依法、规范、稳妥、审慎地行使检察权，严格禁止和避免代行或超越行政管理权，切实做到监督到位而不越位，适度而不过度。第一，要树立大局意识和服务意识。服务经济社会发展大局是检察机关的重要使命，是党和人民对检察工作的基本要求，也是衡量检察工作成效的重要标准，开展行政执法监督工作，要紧紧围绕党和政府的中心工作，找准服务大局的切入点和结合点。第二，要坚持国家利益、社会公共利益原则。对于行政相对人认为其自身利益受到行政行为侵害的案件，应当引导其通过自身的救济渠道如行政复议、行政诉讼等解决。只有当国家利益、社会公共利益遭受侵害，相应的行政主管部门未依法履行法定职责时，检察机关才介入监督。第三，要突出重点，注重实效。行政机关是社会管理的主体，行政管理涉及经济社会的方方面面，范围极广，而检察机关特别是基层检察院人力、物力、财力有限，监督不可能面面俱到，应从党委政府、人民群众关注的重点领域入手，针对问题多发、易发且监督乏力、社会影响大的案件进行监督，坚持办案考虑稳定，执法服务发展，监督促进和谐，确保监督成效。第四，要营造良好的监督环境。检察机关要与相关行政执法部门多沟通协调，解决工作中遇到的困难和问题，努力形成良性互动机制，优化外部执法监督环境。

【承办人简介】

刘新华，男，1974年3月出生，汉族，大学文化，中共党员。山东省日照市岚山区人民检察院民事行政检察科干警，2009年被山东省人民检察院评为"民事行政检察优秀办案人"。